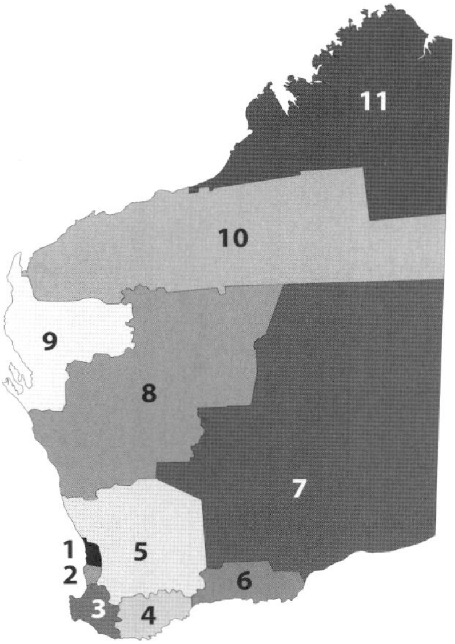

Westaustralien (WA) in Kürze

Fläche 2.525.500 km²
Anteil / Gesamtfläche Australiens 32.9 %
Einwohner 2.188.500
Aborigine-Anteil 3.8 %
Hauptstadt Perth (1.554.769 Einwohner)
Gegründet 1829 als Swan River Kolonie

Regionen

1 Perth
2 Peel
3 South West
4 Great Southern
5 Heartlands
6 Esperance
7 Goldfields
8 Mid West
9 Gascoyne
10 Pilbara
11 Kimberley

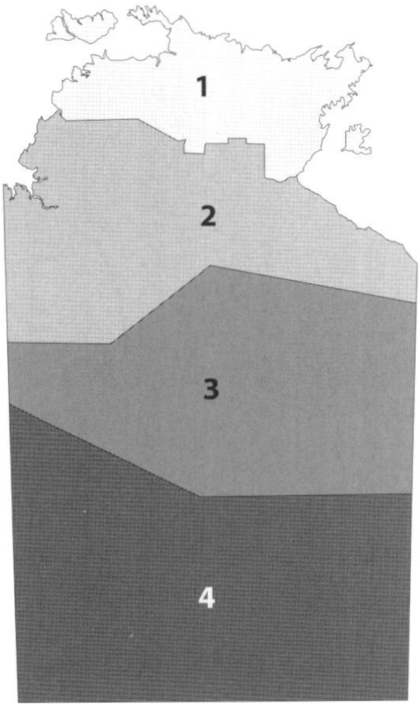

Northern Territory (NT) in Kürze

Fläche 1.346.200 km²
Anteil / Gesamtfläche Australiens 17.5 %
Einwohner 210.700
Aborigine-Anteil 29 %
Hauptstadt Darwin (117.400 Einwohner)
Gegründet 1911

Regionen

1 Darwin | Top End
2 Katherine | Top End
3 Tennant Creek
4 NT Centre | Rotes Zentrum

impressum

australienweit - Westaustralien und das Top End
3. Auflage 2009 | 1. Auflage 2005
ISBN: 978-3-9809763-4-3

www.verlag360grad.de / info@verlag360grad.de

Reproduktion der Fotos Lutz Jäkel
Bildbearbeitung Janine Günther
Karten & Grafiken Karl-Heinz Günther

Fotos Janine Günther (Fotos auf Seite 206 und 228, Jens Mohr)
Buchumschlag vorne Nambung NP und Durchfahrt des Jim Jim Creek im Kakadu NP
Buchumschlag hinten Kennedy Range NP und Boab bei Wyndham

Layout Verlag 360°
Druck Dimograf, Bielsko-Biała, Polen

Aktuelle Änderungen unter www.australienweit.de > updates.

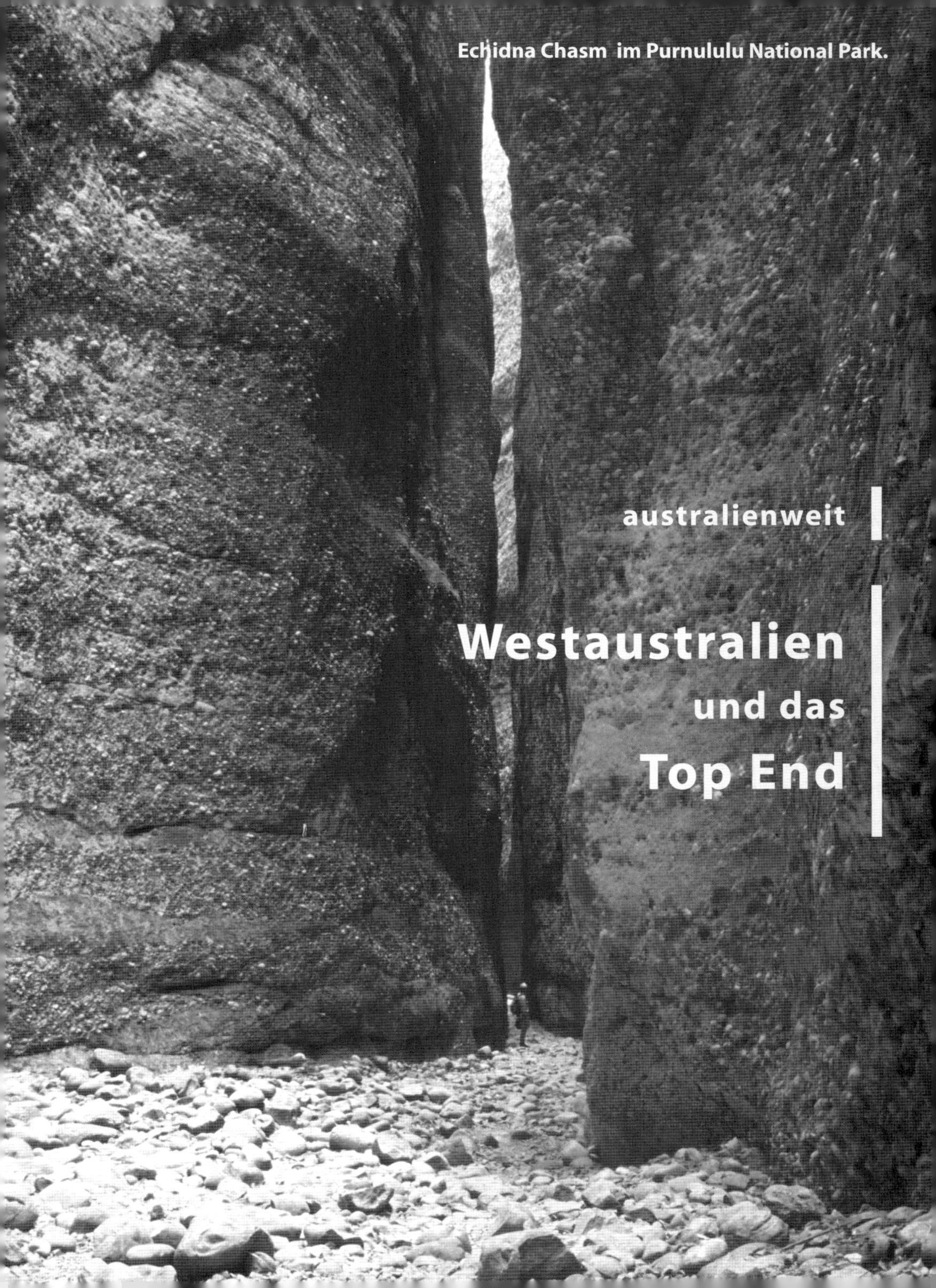

Echidna Chasm im Purnululu National Park.

australienweit

Westaustralien
und das
Top End

inhalt

Australien von A bis Z 78 - 120

Farbliche Einstimmung 121 - 152

Reiseteil 153 - 397

Literaturnachweis / Literaturempfehlung 398 - 399

Web-Adressen / Vielen Dank... 399

Englische Tier- und Pflanzennamen 400 - 402

Register 403 - 408

Abkürzungen / Besonderheiten

Staaten / Territorien

ACT	Australian Capital Territory
NSW	New South Wales
NT	Northern Territory
QLD	Queensland
SA	South Australia
TAS	Tasmania / Tasmanien
VIC	Victoria
WA	Western Australia / Westaustralien

Unterkunftsmöglichkeiten

BB	Bed and Breakfast
BP	Backpacker
CP	Campingplatz
H/M	Hotel/Motel
JH	Jugendherberge
S	Selbstversorger-Übernachtungsmöglichkeit

Straßen

Ave	Avenue
Cr	Crescent
Dr	Drive
Hwy	Highway
Pde	Parade
Pl	Place
Rd	Road
St	Street
Tce	Terrrace

Anderes

BBQ	Barbecue (▷ 91)
BYO	*Bring Your Own* (▷ 10)
DEC	*Department of Environment and Conservation* (▷ 24)
MP	*Marine Park* / Meeresschutzgebiet
NP	*National Park* / Nationalpark
NR	*Nature Reserve* / Landschaftsschutzgebiet
RH	Roadhouse
2WD	zweiradangetriebenes Fahrzeug
4WD	Allradfahrzeug

Symbole im Text

🕓	Öffnungszeiten
→	Hinweg
⇆	Hin- und Rückweg
↺	Rundwanderweg
▶	Foto auf Seite…
▷	weitere Informationen auf Seite…
▽	weitere Informationen folgen im selben Abschnitt…

Die **Schilder** weisen auf detaillierte Informationen zu folgenden Themen hin:

Flora Fauna Natur Geologie Geschichte Aborigines Aktuelles speziell WA speziell NT

Jedes **Schutzgebiet** endet mit folgender **Symbolleiste**:

$ Eintritt | Campsite | WC | Wasser | Gas-Barbecue | Müll

Jede **Ortschaft** endet mit folgender **Symbolleiste**:

Touristenbüro inkl. Adresse und Öffnungszeiten

Unterkunftsmöglichkeiten inkl. Anzahl ^{1}, ^{2}, * (drei oder mehr)

oder Supermarkt oder Einkaufszentrum inkl. Adresse und Öffnungszeiten

öffentlicher Wasserhahn, Standort

Die **Legende** zu sämtlichen Landkarten befindet sich auf der Umschlagklappe hinten.

Flora und Fauna

Hinter dem deutschen **Pflanzen- bzw. Tiernamen** steht jeweils einmal *in kursiv* die englische Bezeichnung. Pflanzen- und Tierarten für die es keine deutsche Übersetzung gibt, werden bei ihrem englischen, *in kursiv* geschriebenen Namen genannt bzw. wenn selbst ein englischer Name fehlt bei ihrem lateinischen.
Da einige **Pflanzen** regional unterschiedliche Namen haben oder dieselben Namen für unterschiedliche Pflanzen gebraucht werden, garantieren nur die lateinischen Bezeichnungen eine eindeutige Bestimmung.
Eine **deutsch-englisch-lateinische Namensliste** aller im Buch vorkommenden Tier- und Pflanzenarten findet man unter www.australienweit.de/deutsch-latein.

Englisch oder Deutsch ?

Geographische Begriffe und Eigennamen wurden NICHT übersetzt. Einzig die Bundesstaaten **Tasmanien** (Tasmania) und **Westaustralien** (Western Australia) sowie die **Kimberleys** (die im Englischen ohne »s« geschrieben werden), sind eingedeutscht worden, da deren Übersetzungen im deutschen Sprachgebrauch geläufiger sind.
Besonders häufig verwendete geographische Begriffe:
archipelago/Archipel, *bay*/Bucht, *beach*/Strand, *billabong*/permanentes Wasserloch (bzw. See) *cave*/Höhle, *cliff*/Klippe, *creek*/Bach, *desert*/Wüste, *falls*/Wasserfälle, *gorge*/Schlucht, *gulf*/Golf, *hill*/Hügel (Berg) *inlet*/Mündungssee, *island*/Insel, *lake*/See, *mount* (*Mt*)/Berg, *peninsula*/Halbinsel, *range*/Gebirge, *reef*/Riff, *river*/Fluss, *rock*/Fels (Berg), *sound*/Sund, *strait*/Meerenge

Englische Begriffe, die aus Mangel einer 100 %igen deutschen Entsprechung eingedeutscht verwendet werden:
Campsite ~ einfacher Zeltplatz
Communities ~ Aborigine-Gemeinden
Foodcourt ~ verschiedene Eßstände unter einem gemeinsamen Dach (oft in Einkaufspassagen oder -zentren)
Homestead ~ Farmhaus
Mallee ~ Baum, der in Strauchform wächst (▷ 93)
Roadhouse ~ Raststätte
Roadtrain ~ Lastwagen von bis zu 53.5 m Länge
Scenic Drive ~ landschaftlich besonders reizvolle Straße
Take Away ~ Mischung aus Imbiss und Café

Gut zu wissen,...

Telefon an einer Kreuzung im Outback.

Aborigine-Land. Einige Gebiete, hauptsächlich im Zentrum und Norden des Kontinents, sind den traditionellen Besitzern zurückgegeben worden und werden heute von den jeweils dort beheimateten Aborigine-Völkern bewohnt und verwaltet. Für das Betreten dieser **Communities** als auch für das Befahren von Straßen, die durch solche führen, braucht man eine **Genehmigung/** *permit*. Einige Straßen sind von der Genehmigungspflicht ausgenommen, so wie die Gibb River Road und die Tanami Road. Communities, die sich dem Tourismus geöffnet haben und Unterkünfte anbieten oder Sehenswürdigkeiten vermarkten, verlangen gewöhnlich kein *permit*, erheben dafür aber oft eine Eintrittsgebühr, die vor Ort kassiert wird. *Permits* dagegen sind in der Regel kostenlos und müssen bei der zuständigen Behörde beantragt werden. Im gleichen Zuge sollte man sich über mögliche Restriktionen bei der Mitnahme von Alkohol erkundigen, da in einigen Communities ein generelles oder eingeschränktes Alkoholverbot besteht.
Ein einfaches Transit-*permit* wird meist innerhalb weniger Tage ausgestellt und entweder per Fax, Post oder per Email zugestellt; wer persönlich erscheint, bekommt es oft gleich ausgehändigt. Die **Bearbeitungszeit** für *permits*, die einen längeren Aufenthalt gewähren, dauert bis zu drei Wochen.

WA

Für **WA** erhält man das *permit* entweder online unter www.dia.wa.gov.au > *Entry Permits > Apply for a permit online*

...oder per Fax / Post bei:
The Permits Officer - ***Aboriginal Lands Trust***
P O Box 7770 Cloisters Square
Perth WA 6850
Tel. 9235 8000 / Fax 9235 8088

...oder persönlich bei:
Aboriginal Lands Trust Office [www.dia.wa.gov.au, 🕓 Mo-Fr 8.30-16.30 h]
197 St Georges Terrace (1. Stock)
Perth WA 6000

Bei der Benutzung genehmigungspflichtiger Straßen, die sowohl durch WA als auch durch das NT führen, wie z. B. die Great Central Road von Leonora (WA) bis zum Uluru – Kata Tjuta NP (NT), muss man bei BEIDEN zuständigen Behörden ein *permit* beantragen.

NT

Für das **NT** sind, je nach Region, zwei verschiedene Behörden zuständig:

(für die Communities im Zentrum)
The Permits Officer - Central Land Council
[www.clc.org.au, 🕓 Mo-Fr 8.30-12 h u. 14-16 h]
P O Box 3321 / 31-33 Stuart Highway
Alice Springs NT 0871
Tel. 8951 6211 / Fax 8953 4343

(für die Communities im Norden)
The Permits Officer - Northern Land Council
[www.nlc.org.au, 🕓 Mo-Fr 8.30-16 h]
P O Box 42921 / 9 Rowling Street
Casuarina NT 0811
Tel. 8920 5178 / Fax 8945 2633

Bei beiden Behörden des NT können zwar die Antragsformulare aus dem Internet herunter geladen werden, alles weitere muss jedoch persönlich, per Fax oder Post erfolgen.

Weitere Informationen findet man auf den Websites des *Aboriginal Lands Trust* und der beiden *Land Councils* des NT.

Alkohol. Alkoholgenuss, -kauf und -ausschank unterliegen in Australien einigen Reglementierungen. So ist der Alkoholkonsum in der Öffentlichkeit verboten und kaufen kann man Alkohol nur in so genannten **Bottle Shops** (auch Liquor Shops). Da einige Ortschaften im Norden und Inland, wie z. B. Port Hedland oder Halls Creek, mit starken Alkoholproblemen zu kämpfen haben, wurde der Verkauf von alkoholischen Getränken in diesen Ortschaften EIN WENIG eingeschränkt (z. B. nur ein 4-l-Weinkarton und nur ein 30er Karton *full-strength* Bier pro Person und Tag). Die **Einschränkungen** variieren von Ort zu Ort und gelten nicht überall und nicht in jedem Bottle Shop für Touristen. **Karfreitag**/*Good Friday* ist der Alkoholverkauf und -ausschank generell verboten.

Lokalitäten brauchen eine kostenpflichtige Genehmigung/*license*, um Alkohol ausschenken zu dürfen. Restaurants, die diese Lizenz nicht besitzen/*unlicensed*, erlauben ihren Gästen oft alkoholische Getränke mitzubringen. Gekennzeichnet sind diese Gaststätten mit dem Kürzel **BYO** (***Bring Your Own***). Einige erheben für diese Erlaubnis plus der Bereitstellung von Gläsern eine Korkgebühr/*corkage fee*, die, je nach Lokal, mal pro Flasche ($4-$7) und mal pro Kopf ($2-$4) berechnet wird.

Obwohl Bier immer noch das Nationalgetränk Nr. 1 ist, gewinnt **Wein** zunehmend an Popularität. Die ertragreichsten Weinregionen befinden sich zwar in SA, doch auch WA besitzt einige exzellente Weinanbaugebiete (▷ 176).

Echt australisch und gleichzeitig ein echter Alptraum für so manchen europäischen Weinliebhaber sind die durchaus salonfähigen Weinkartons/*casks*. Es gibt Vorratsgrößen von 2 bis 5 l, darunter auch einige ausgezeichnete Premium-Weine (ab $12).

Bier gibt es in drei Alkoholstärken: *light* (unter 3 %), *mid-strength* (bis 4 %) und *full-strength* (ca. 4,9 %). Die meisten Staaten haben ihre eigenen Biersorten. Typisch westaustralisch ist *Emu*, während man im NT das queensländische XXXX bevorzugt. Verkauft wird Bier entweder in Flaschen/*stubbies* (0.375 l) oder Dosen/*cans* (0.375 l).

Angeln. Angeln/*fishing* ist ein beliebter Volkssport, der auf dem ganzen Kontinent ausgiebig praktiziert wird. Um an dem Angelvergnügen teilzunehmen, braucht man **keinen Angelschein**, muss aber ein paar, je nach Staat bzw. Territorium variierende, Regeln beachten.

WA

In WA gibt es für jede Fischart eine Fangquote/*bag limit* sowie eine **Mindest- und Maximalgröße**/*size limit*. Nur für drei Meerestiere braucht man eine **Lizenz**/*recreational fishing licence*: Meerohren/*abalones*, Westaustralische Langusten (▷ 262) und Große Australkrebse/*marrons*. Außerdem benötigt man eine Genehmigung für das Fischen mit Netzen/*net fishing* und das Angeln an Binnengewässern/*freshwater angling*. Die Lizenzen können bei den Filialen des *Department of Fisheries* [Hauptsitz: 168-170 St Georges Tce, Perth, Tel. 9482 7333] erworben werden.

Weitere Informationen und Antragsformulare unter www.fish.wa.gov.au > *Recreational Fishing*.

NT

Im NT gibt es nur für wenige Arten eine Fangquote sowie eine einzuhaltende Mindest- und Maximalgröße, so z. B. für den Barramundi. Ansonsten gilt quasi nur eine Regel: man darf **nie mehr als 30 Fische pro Person** in Besitz haben.

Weitere Informationen und Ausnahmeregelungen unter www.fisheries.nt.gov.au > *Recreational Fishing*.

Ausrüstung. Obwohl sich der 5. Kontinent gerne als raues Abenteuerland verkauft, lässt sich nicht leugnen: Australien ist ein zivilisiertes Land. Reisende, die auf den Hauptrouten bleiben, brauchen keine Überlebensausrüstung. Eine **»normale« Campingausstattung** reicht aus. Wer nicht alles von zu Hause mitschleppen möchte, findet in den großen Ortschaften eine gute Auswahl an Campingartikeln, die zudem (bei einem Kurs von ca. $1:0.60€) oft günstiger sind als in Deutschland. Neben speziellen Outdoor-Läden bieten

einige Warenhausketten wie *Kmart* und *Big W* Ausrüstungsgegenstände an. Eine ebenfalls günstige Fundgrube an allerlei Nützlichem (Geschirr, Werkzeug, Plastikwaren, Campingstühle etc.) sind die »2-Dollar-Ramsch-Läden« wie *Crazy Clarke's* oder *King Kong*.
Wer in einem angemieteten Campmobil reist, braucht sich um die Ausrüstung in der Regel nicht zu sorgen. Für alle anderen ein paar Tipps und Preisbeispiele:

◆ Die weiteste Entfernung zwischen zwei Tankstellen entlang der Hauptrouten beträgt in WA 288 km (zwischen Fitzroy Crossing und Halls Creek) und im NT 228 km (zwischen Kununurra und Timber Creek). Wer auf den asphaltierten Highways bleibt, kann deshalb auf einen **Benzinkanister**/*fuel can* verzichten. Fern der Hauptrouten nehmen die Distanzen zwischen den Tankstellen zu und ein oder gar mehrere Benzinkanister (20 l / $30-$40) sind unverzichtbar.

◆ Ein **Gas-Campingkocher**/*gas stove* mit zwei Flammen kostet zwischen $60 und $70. Gasflaschen/*gas cylinders* gibt es in verschiedenen Größen (z. B. 3.3 l / ca. $40) und füllen lassen kann man sie auf fast allen Campingplätzen und vielen Tankstellen (z. B. 3.3 l / pro Füllung $12-$15). Einige Tankstellen (vor allem in Städten) nehmen Gasflaschen nur noch im Tausch entgegen. Diese Alternative ist sowohl beim Flaschenkauf als auch beim Auffüllen teurer für den Kunden und setzt beim Tausch voraus, dass man die in Größe und Marke richtige Flasche besitzt.

◆ Des Campers Kühlschrank ist der *Esky*, eine **Kühlbox**, die es in diversen Größen gibt ($35-$70). Gekühlt wird die Box entweder mit Eis oder Kühlelementen/*bricks* (Kühlschränke zum Gefrieren der Elemente gibt es auf vielen Campingplätzen). Eis wird praktisch überall verkauft, im Roadhouse wie im Supermarkt ($2-$5).
Preise für **elektrische oder gasbetriebene Kühlboxen** beginnen ab $500. Die zwei marktführenden Unternehmen sind *Waeco* [www.waeco.com.au] und *Engel* [www.engelaustralia.com.au].

Behelfsweise kann man seine Lebensmittel kühl halten, indem man sie in feuchte Tücher wickelt und der Sonne oder dem Wind aussetzt, da das verdunstende Wasser eine Kühlung bewirkt. Allerdings dürfen die Tücher nie austrocknen, sonst dreht sich der Spieß schnell um.

◆ Wer plant, ein Fahrzeug zu kaufen und auch darin zu schlafen, wird meterweise **Moskitonetz**/*insect screening* brauchen, um es »abzudichten«. Die größte Auswahl findet man in Campingläden und in Baumärkten wie *Bunnings* oder *Mitre 10*.

Um die offene Heckklappe mit Moskitonetz abzudichten, lässt sich bei den meisten Fahrzeugtypen die breite Gummidichtung nutzen. An dieser befestigt man das Moskitonetz mittels eines darüber gestülpten, straffen Gummibands. Ist die Gummiwulst nicht breit genug, um dem Druck des Gummibands standzuhalten, kann man mit Klammern nachhelfen. Am besten halten Foldbackklammern/*fold back clips*, die es u. a. günstig in Supermärkten gibt.

Je nach Maschengröße kostet der Meter (1.20 m breit) zwischen $10 und $20. Da breites, feinmaschiges Netz mitunter schwer zu finden ist, lohnt es sich dies bereits von zu Hause mitzubringen.

◆ Da es in vielen Nationalparks keine Müllentsorgung gibt, sollte man stets große, reißfeste **Müllsäcke**/*rubbish bags* mit sich führen.

◆ Nicht fehlen darf eine **Schaufel**/*shovel* oder ein **Spaten**/*spade* (ab $10) und zwar nicht nur, um den eigenen Wagen im Falle eines Falles wieder freizuschaufeln, sondern auch um die Buschetikette zu wahren, denn nicht überall gibt es Toiletten. Das zu grabende Loch sollte wenn möglich eine Tiefe von 30 cm haben sowie einen gebührenden Abstand zu Wasserläufen.

◆ Auf einigen Campsites und in einigen Nationalparks gibt es keine oder nur beschränkte Wasservorräte. Deshalb ist das Mitführen von mindestens einem **Wasserkanister**/*water can* (20 l / ca. $20) sinnvoll.

◆ Wer ins »richtige« Outback vordringen will, benötigt eine entsprechend umfangreichere **Outback-Ausrüstung**. Je entlegener das Ziel, desto sorgfältiger sollte sie zusammengestellt sein. Die Minimal-Ausrüstung umfasst neben passendem Werkzeug, eine Pumpe, um den Reifendruck zu verändern, Schläuche und Schellen in unterschiedlichen Größen, einen Keilriemen, einen zweiten Ersatzreifen, ein Reifenreparatur-Kit und ein Stück Seife. Mit Letzterem lassen sich Lecks im Benzintank provisorisch stopfen, indem man etwas weich geknetete Seife in das Loch drückt. Je nachdem wie gut die Haftung ist, muss man die Prozedur täglich bis wöchentlich wiederholen. Als nützlich erweisen kann sich auch eine Epoxy-Knetmasse/*Epoxy paste* oder *putty* ($10-$15, erhältlich in allen Autozubehörläden), mit der man u. a. Risse im Kühler und Gastank abdichten kann.
Der **Treibstoffvorrat** sollte so bemessen sein, dass er nicht nur zur nächsten, sondern auch zur übernächsten Tankmöglichkeit reicht. Durch plötzliche Regenfälle bedingte Straßensperrungen können zu Versorgungsengpässen führen oder nicht eingeplante Umleitungen von beachtlicher Länge zur Folge haben. Auch **Nahrungs- und Wasservorräte** sollten in AUSREICHENDEN Mengen mitgeführt werden. Dabei sollten Notsituationen, so wie eine mögliche Autopanne und ein damit einhergehender Zwangsaufenthalt, einkalkuliert werden.
Zudem ist es ratsam, sich bei Touren ins Outback bei Freunden abzumelden, so dass im Notfall eine Suche eingeleitet werden kann. Deshalb ist es entscheidend, bei einer Autopanne das Fahrzeug nicht zu verlassen, denn ein Auto ist leichter zu finden als ein durchs Buschland wandernder Mensch. Wer auf Nummer sicher gehen will, rüstet sich mit einem **Funkgerät**/*two-way* oder *CB radio* (ab $350), **Satellitentelefon**/*satellite phone* (ab $1000) oder einer **EPIRB / PLB - Notrufsender**/*EPIRB* (auch Notrufbake, ab $500) aus. Satellitentelefone und Notrufsender können auch bei einigen australienweiten Unternehmen ausgeliehen werden, darunter *EPIRBhire* [www.epirbhire.com.au] und GPSOZ [www.gpsoz.com.au].

Automobilclub. Wer in einem deutschen, schweizerischen oder österreichischen Automobilclub Mitglied ist, wird automatisch auch vom australischen *Royal Automobile Club* (RAC) als solches akzeptiert und hat somit Anspruch auf die bescheidenen Standard-Serviceleistungen. Einzige Voraussetzung ist ein **gültiger Mitgliedsausweis** des heimischen Automobilclubs. Der RAC wird von den jeweiligen Staaten bzw. Territorien eigenständig verwaltet und die Serviceleistungen variieren. Die australienweite **Rufnummer der Pannenhilfe** lautet 13 1111.

WA In WA ist der **RACW** [www.rac.com.au] zuständig, der Geschäftsstellen in Perth [832 Wellington St, West Perth, 🕐 Mo-Fr 8.30-17 h, Sa 9-12 h], Bunbury, Albany, Mandurah, Kalgoorlie und Geraldton unterhält. In diesen kann man günstiges **Informationsmaterial** wie Unterkunftsführer (▷ 38) und Kartenmaterial (▷ 22) erstehen. Bei den Preisen wird zwischen Mitgliedern/*members* und Nicht-Mitgliedern/*non-members* unterschieden, wobei Letztere bis zu 50 % mehr bezahlen.

Die **Standard-Serviceleistungen** für Mitglieder beschränken sich auf einen kostenlosen Abschleppdienst von 10 km (Stadt) bzw. 80 km (Land) in Richtung der nächsten Werkstatt. Außerdem hat man in den städtischen Regionen Perth, Mandurah, Bunbury, Kalgoorlie, Geraldton und Albany Anspruch auf eine Pannenhilfe.

Darüber hinaus bietet der RACW in seinen Vertragswerkstätten zwei **Gebrauchtwagen-Inspektionen**/*pre-purchase inspections* an, den *Vehicle Appraisal* und den etwas umfangreicheren *Master Check*. Der Preis variiert je nach Inspektion und Fahrzeugtyp zwischen $130 und $270 für Mitglieder sowie zwischen $172 und $309 für Nicht-Mitglieder. Bei welchen Vertragswerkstätten die Inspektionen durchgeführt werden, erfährt man in den Filialen vor Ort.

Wer sich für den Kauf eines Autos entschieden hat, kann beim RACW eine Zusatzversicherung abschließen. Dies ist ratsam, da die gesetzliche Pflichtversicherung (die in den Gebühren der Fahrzeugregistrierung enthalten ist) nur Personenschäden abdeckt. Für Touristen steht eine einzige **Sachschaden-Haftpflichtversicherung**/*third party insurance* zur Wahl, die, je nach Fahrzeugtyp, zwischen $90 und $160 pro Jahr kostet und ausschließlich Schäden am Fremdfahrzeug abdeckt. Der Eigenanteil pro Schadensfall beträgt $1000. Kündigt man vor Ablauf der Versicherungsdauer, erhält man die nicht in Anspruch genommen Gebühren zurück.

NT

Im NT waltet der **AANT**, der nur in Darwin [79-81 Smith St, 🕓 Mo-Fr 9-17 h, www.aant.com.au] eine Geschäftsstelle besitzt, in der man ebenfalls günstiges **Informationsmaterial** erstehen kann. Mitglieder/*members* erhalten auch im NT bis zu 50 % Rabatt. Darüber hinaus bietet der AANT für seine Mitglieder eine **Gebrauchtwagen-Inspektion**/*pre-purchase inspection* ($150-$180) an.

Die **Standard-Serviceleistungen** umfassen einen kostenlosen Abschleppdienst von 8 km (Stadt) bzw. 32 km (Land) sowie einem Zuschuss von $22, falls ein Schlüsseldienst in Anspruch genommen werden muss.

Im Gegensatz zum RACW versichert der AANT keine Touristen. Wer eine **Sachschaden-Haftpflichtversicherung** abschließen will, muss auf einen privaten Anbieter zurückgreifen. Eine Alternative ist *Lumley General Insurance* [309 Kent St, Sydney], deren Agent in der Innenstadt von Darwin sitzt [*Northern Territory Tours and Travel*, Shop 8, Harry Chan Arcade, Smith St]. Die Kosten liegen bei $215 für drei Monate und $400 für ein Jahr.

Essen & Essgewohnheiten. »*Wonder white*/Wunderweiß« ist in Australien nicht der Name eines Waschmittels, sondern einer Brotsorte. Ein Name, der bestens darauf vorbereitet, was einen erwartet. Vollkornbrot ist zwar auf dem Vormarsch, doch die Regale der meisten Supermärkte und Bäckereien werden immer noch von blendend weißem, in Scheiben geschnittenem **Toastbrot** beherrscht. Vegetarier sollten einen Blick auf die im Brot enthaltenen Zutaten werfen, denn manche Bäckereien mischen tierische Fette/*animal shortenings* unter den Teig.

Wer sich etwas wahrhaft australisches auf das weiße Brot schmieren möchte, nimmt **Vegemite**, einen tiefbraunen, salzigen Hefeextrakt, der einen robusten Magen voraussetzt – angeblich aber sehr gesund sein soll. Er ist den englischen Geschmacksnerven in etwas abgewandelter Zusammensetzung als **Marmite** bekannt. Das dritte Produkt in der Runde ist **Promite**, ebenfalls braun, salzig und äußerst gewöhnungsbedürftig.

Neben der Vorliebe für düstere Brotaufstriche haben sich auch andere englische Essgewohnheiten gehalten. So beginnt der Tag in vielen Unterkünften mit einem herzhaften **englischen Frühstück**, bestehend aus Würstchen, Speck, Spiegelei, Bohnen und gebackenen Tomaten. Während des Tages vertreibt man sich den Hunger mit **Pasteten**/*pies*, die mit den unterschiedlichsten (auch fleischlosen) Füllungen angeboten werden oder mit **Fish & Chips**, einem panierten Stück Fisch mit Pommes Frites, das traditionell mit Essig/*vinegar* beträufelt wird. Zur Kaffeezeit wird dann **Devonshire Tea** serviert: brötchenförmiges Buttergebäck/*scones*, das mit cremiger Sahne/*whipped cream* und Marmelade/*jam* bestrichen wird plus einer Kanne Tee.

Doch nicht nur die englische, sondern auch die **asiatische Küche** hat die australischen Essgewohnheiten stark beeinflusst. Neben dem obligatorischen China Restaurant, das fast jede Ortschaft besitzt, haben viele Supermärkte eine auffallend große Abteilung mit asiatischen Produkten, angefangen von Curry-Pasten über fremdartige Fertiggerichte bis hin zur Kokosnussmilch.

Beendet wird der Tag bevorzugt australisch – mit einem BBQ (▷ 91). Gegrillt wird Gemüse, Fisch und vor allem Fleisch. In einem Land, in dem die Zahl der Rinder die der Einwohner um ein Vielfaches übertrifft, gehört **Rindfleisch** zum Grundnahrungsmittel. Ob als Teigtaschenfüllung, Hamburger oder Steak – selbst skeptische Zungen müssen zugeben, dass das Fleisch des australischen Outback-Rindes besser schmeckt als das der europäischen Mastkuh. Wobei man sich natürlich nicht der Illusion hingegeben darf, dass alle australischen Rinder vor ihrer Schlachtung glücklich durch das Outback gezogen sind. Mastbetriebe gibt es auch in Australien. BSE, nach offiziellen Angaben, nicht.

Känguru-, Emu- und Krokodilfleisch sind eher die Ausnahme auf dem australischen Speisezettel. Lediglich in einigen wenigen Restaurants landen sie als kulinarische Attraktion auf dem Teller.

Neben Fleisch bietet Australiens Küche ein mannigfaltiges Angebot an **Meerestieren**. Zu den schmackhaftesten Fischen zählen der Pink Schnapper/*pink snapper*, der Kaiserschnapper/*red emperor*, die Gemeine Meeräsche/*sea mullet* und der Barramundi/*barramundi*. Darüber hinaus ist WA für seinen Reichtum an Krustentieren bekannt, so wie Langusten (▷ 262), Garnelen/*prawns* und den im Südwesten vorkommenden Flusskrebsen/*freshwater crayfish*.

Feiertage. Aktuelle Daten der Feiertage/*public holidays* unter www.oztourism.com.au > *Holiday dates*.

Neujahr/*New Year's Day* 1. Januar
Australia Day Ende Januar
Labour Day Anfang März (nur WA)
Anzac Day 25. April
Ostern/*Easter* beweglich
May Day Anfang Mai (nur NT)
Foundation Day 1. Juni (nur WA)
Queens Birthday Anfang Juni (NT) / beweglich, meist September oder Oktober (WA)
Picnic Day Anfang August (nur NT)
1. Weihnachtstag/*Christmas Day* 25. Dezember
2. Weihnachtstag/*Boxing Day* 26. Dezember

Fallen Feiertage auf ein Wochenende, werden sie am darauf folgenden Alltag »nachgeholt«.

Gefahren. Der 5. Kontinent ist berüchtigt für seine große Anzahl giftiger und gefährlicher Tiere. Kaum einer denkt deshalb bei den Gefahren einer Australienreise an Verkehrsunfälle. Dabei ist die Chance, in einen Verkehrsunfall mit tödlichem Ausgang verwickelt zu werden, um ein Vielfaches größer, als z. B. von einer Schlange gebissen zu werden. Während jährlich durchschnittlich 1600 Menschen auf Australiens Straßen sterben, gehören Todesfälle, verursacht durch Schlangen, Spinnen, Haie oder Krokodile, eher zu den Ausnahmen. Genau genommen ist daher eine Fahrt auf dem Highway (trotz der folgenden Seiten) viel gefährlicher als eine Wanderung durch das Buschland – vorausgesetzt, man weiß von den Gefahren und wie man ihnen aus dem Weg geht.

◆ Einzellige **Amöben**/*amoebas* der Art *Naegleria*

fowleri sind der Auslöser für die fast immer tödlich endende Gehirnhautentzündung Amoebic Meningitis. Die Amöben leben im Frischwasser mit einem Salzgehalt unter 2 % und einer bevorzugten Temperatur zwischen 28°C und 40°C. Potentiell gefährlich sind deshalb alle aufgeheizten, stehenden Gewässer inklusive einiger beliebter Badepools. Da die Krankheit nur ausbricht, wenn amöbenhaltiges Wasser in die Nase gelangt, lässt sich das Risiko minimieren, indem man auf das Tauchen und Planschen verzichtet. Da sich

von Seh- und Sprechstörungen, die meist die bevorstehende Bewusstlosigkeit und den darauf folgenden Atemstillstand ankündigen

◆ Dass auch **Buschfeuer**/*bush fire* zu einer tödlichen Gefahr werden können, zeigte sich u. a. im Februar/März 2009, als bei mehreren schweren Bränden in Victoria über 300 Menschen ums Leben kamen. Ist man vom Feuer eingeschlossen, so sind die Überlebenschancen im Auto größer als im Freien. Das geschlossene Fahrzeug sollte auf einer möglichst vegetationslosen Fläche mit der Schnauze Richtung Feuerfront geparkt werden. Da die Hitzeentwicklung im Fußraum am niedrigsten ist, sollte man sich auf den Boden legen und mit Decken oder Kleidungsstücken zudecken. Der Benzintank, so heißt der wenig beruhigende Satz in den offiziellen Verhaltensregeln, wird nicht explodieren, solange er kein Leck hat.

nderer bleibt einem nur, sich mit allen aren (möglichst befeuchteten) Kleidungs- einzuwickeln. Besonders wichtig ist ein Tuch vor Nase und Mund. Mit Glück ıan einen natürlichen Schutz unter Felsen einer Kuhle mit wenig Vegetation.

schöne Campmöglichkeiten befinden Flussufern, oft unter großen **Eukalypten**. ollte man berücksichtigen, dass einige Arvie der Flusseukalyptus (▶ 144), während r Trockenperioden nicht nur ihre Blätter, ganze Äste abwerfen, um ihr Überleben rn. Das Campen unter dicken, teils abgeen Ästen sollte daher vermieden werden.

nidges werden in Australien die Mitglierser Familien aus der Unterordnung der bezeichnet. Neben den Stechmücken Familie *Culicidae* gibt es noch eine weitecenfamilie, die dem Menschen zwar nicht ch, aber lästig werden kann. Dies ist die der **Gnitzen**/*biting midges* (auch Bart-), die in Australien immerhin 264 Arten ei allen Arten handelt es sich um nur 0.5 bis 3 mm große Tiere, die mit stechend-saugenden Mundwerkzeugen ausgestattet sind. Wie auch die Weibchen der Stechmücken müssen Gnitzenweibchen erst Proteine zu sich nehmen, um ihre Eier entwickeln zu können. Diese Proteine erhalten sie aus dem Blut von Menschen oder Tieren. Im Gegensatz zu den Stechmücken übertragen die australischen Gnitzenarten keine Krank-

heiten, allerdings können ihre juckenden Stiche heftige allergische Reaktionen auslösen, die sich durch Kratzen verstärken. Bei allergischen Hautreaktionen helfen Antihistamine.
Da die meisten australischen Arten im feuchten Sand leben und dort auch ihre Eier hineinlegen, sind Gnitzen in Australien auch unter dem Namen *sand flies* bekannt. Besonders massiv ist ihr Auftreten an einigen Sandstränden, aber auch entlang von See- und Flussufern können Gnitzen sehr lästig werden.
Symptome: deutlich spürbare Stiche, Rötungen und Schwellungen, die gewöhnlich nach einigen Tagen wieder abklingen

◆ Obwohl **Haie**/*sharks* die gesamte Küste bevölkern und sich täglich zigtausende Menschen im Wasser tummeln, sind Haiangriffe sehr selten. Die meisten Arten, so wie die diversen Riffhaie, sind für den Menschen ungefährlich. Da aber auch gefährliche Arten vorkommen, darunter der Bullenhai/*bull shark*, der Weiße Hai/*white pointer* und der Tigerhai/*tiger shark*, sollte man allen Haien mit Vorsicht begegnen.

◆ Selbst unter den Schnecken gibt es einige Arten, deren Gift bereits Menschenleben gekostet hat. Sie alle gehören zur Familie der **Kegelschnecken**/*cone shells*, die sich von Weichtieren und Fischen ernähren. Die auserwählte Beute wird mit einem lähmenden Gift getötet. Fühlt sich die Kegelschnecke bedroht, setzt sie das Gift auch zur Verteidigung ein. Deshalb sollte man keine lebenden Schnecken aufheben, auch wenn ihre fein gemusterten, bis zu 12 cm großen Gehäuse beliebte Sammelobjekte sind. Am Strand angespülte Gehäuse sind fast immer leer, trotzdem kann es nicht schaden, sich davon mit einem langen Stock zu überzeugen.
Symptome: Schwellungen und Schmerzen rund um die Stichwunde, Beeinträchtigung des Hör- und Sehvermögens, Atemstillstand

◆ Mit durchschnittlich ein bis zwei Opfern pro Jahr gehören **Krokodile**/*crocodiles* eher zu den harmlosen Tieren des Kontinents. Der tropische Norden ist Heimat des Australienkrokodils (▷ 341) und des Leistenkrokodils (▶ 341), wobei nur Letzteres dem Menschen wirklich gefährlich werden kann.
Die meisten Angriffe passieren am Ende der Trockenzeit, wenn die Temperaturen hoch und die Wasserstände in Seen und Flüssen niedrig sind. Der durch die niedrigen Wasserstände bedingte Platzmangel macht die territorial lebenden Tiere aggressiv und die Aussicht auf ein erfrischendes Bad lässt die Menschen ihre Vorsicht vergessen...
Seit Oktober 2002 sind acht Menschen dem Leistenkrokodil zum Opfer gefallen – fast alle Unfäl-

Hübsch, aber tödlich. Die Netz-Kegelschnecke/*textile cone* gehört zu den zehn giftigsten Kegelschneckenarten der Welt.

Vielerorts, wo sich der Lebensraum von Mensch und Krokodil überschneiden, stehen Warnschilder, die unbedingt ernstzunehmen sind. Doch auch ohne Schilder gilt für die gesamte Nordküste ab Port Hedland, gesunde Vorsicht beim Campen an Gewässern und dem Baden in solchen.

le hätten mit etwas gesundem Menschenverstand vermieden werden können. Interessanterweise handelte es sich bei allen Opfern, mit einer Ausnahme, um Einheimische, die bestens mit dem Terrain und der Gefahr vertraut gewesen waren. Seitdem das Leistenkrokodil Anfang der 1970er unter Naturschutz gestellt worden ist, hat sich sein stark dezimierter Bestand wieder erholt.

◆ Eine nur im tropischen Norden und auch dort nur punktuell in einigen Monsunwäldern vorkommende Infektionskrankheit ist das Tsutsugamushi-Fieber/*scrub typhus*. Ausgelöst wird die Krankheit durch Bakterien (*Rickettsia tsutsugamushi*), die von **Milben**/*mites* bzw. von deren Larven auf den Menschen übertragen werden. Da das Verbreitungsgebiet der Überträgermilben sehr begrenzt ist, tritt die Krankheit bislang nur an wenigen Orten auf, darunter einige kaum zugängliche Gebiete in den Kimberleys. Eine der am stärksten betroffenen Regionen ist der Litchfield NP (NT), in dem seit 1990 acht Fälle registriert wurden. Da die Milbenlarven im Strauchwerk dicht über dem Erdboden leben, wird in den Gefahrengebieten das Tragen langer Kleidung empfohlen. Außerdem sollte man sich nie direkt auf den Erdboden setzen, sondern stets auf eine Unterlage. Das Einsprühen oder -cremen mit Insektenschutzmittel verringert ebenfalls das Risiko. Da die Krankheit in schweren Fällen tödlich verläuft, sollte man auf keine der Vorsichtsmaßnahmen verzichten.
<u>Symptome:</u> Kopfschmerzen, Schweißausbrüche, geschwollene Lymphknoten, hohes Fieber, geistige Verwirrung, Hautausschlag sowie mögliche Geschwürbildung an der Bisswunde.

◆ Rund 400 (Stech-)Mückenarten können einem in Australien das Leben schwer machen, darunter einige, die als Überträger tödlicher Virenerkrankungen bekannt sind. Die Viren werden nur auf den Menschen übertragen, wenn dieser von einer infizierten **Mücke**/*mosquito* (auch *mozzie*) gestochen wird. Über 5000 von Mücken übertragene Krankheitsfälle werden jährlich auf dem Kontinent registriert, die meisten davon in WA, dem NT und QLD.

◆ Bei den meisten registrierten Fälle handelt es sich um Ross River Fieber, eine Fiebererkrankung, die durch den in Australien beheimateten Ross River Virus ausgelöst wird. Da der Virus es feucht und warm liebt, findet er im tropischen Norden fast das ganze Jahr hindurch günstige Lebensbedingungen. Im kühleren Süden beschränkt sich seine Aktivität auf die Monate September bis Mai. Regnet es bei gleichzeitig hohen Temperaturen extrem viel, kann es zu regelrechten Epidemien von Ross River Fieber kommen. Im Süden von WA sind die Küstenregionen zwischen Mandurah und Busselton sowie der Großtraum Perth potentiell besonders gefährdet. Ross River Fieber ist keine lebensbedrohende Krankheit, ihre Symptome können sich jedoch über Monate oder gar Jahre hinziehen.
Dasselbe gilt für das Barmah Forest Fieber, das durch den ebenfalls weit verbreiteten Barmah Forest Virus ausgelöst wird. Die Symptome beider Krankheiten sind nahezu identisch.
<u>Symptome:</u> geschwollene Lymphknoten, Fieber, Müdigkeit, Kopfschmerzen, rheumatische Symptome wie geschwollene oder schmerzende Gelenke

◆ Die gefährlichste von Mücken übertragene Krankheit ist die Australische Encephalitis, auch Murray Valley Encephalitis genannt. Sie wird durch zwei verschiedene Viren ausgelöst, den Murray Valley Encephalitis Virus und den Kunjin Virus. Beide Viren kommen nur im Norden des Kontinents vor. In WA gehören vor allem die Kimberleys zum Risikogebiet und nach besonders regnerischen Sommern auch die Pilbara und die Gascoyne. Im Top End ist der Virus ganzjährig zu finden, wobei er zwischen Februar und Juni besonders aktiv ist. Glücklicherweise tritt die Krankheit sehr selten auf, denn von 1000 Personen, die

von einer infizierten Mücke gestochen werden, erkrankt durchschnittlich nur eine einzige. Bricht die Erkrankung aus, endet sie in 20 % aller Fälle tödlich.
Symptome: Appetitlosigkeit, Unwohlsein, Fieber, Schläfrigkeit, starke Kopfschmerzen, steifer Nacken, Erbrechen und Schwindel

◆ Obwohl Australien von der Weltgesundheitsbehörde 1981 als »Malaria frei« erklärt worden ist, werden jährlich einige Hundert Krankheitsfälle gemeldet. Bei den meisten handelt es sich um »Urlaubssouvenirs« aus Malaria gefährdeten Ländern. Ebenfalls verantwortlich gemacht wird die geographische Nähe zu Südostasien und die Tatsache, dass die Überträgermücken der Gattung *Anopheles* auch im Norden Australiens heimisch sind. Malaria wird nicht, wie die anderen Erkrankungen, durch Viren, sondern durch Parasiten ausgelöst.
Symptome: Erkältungssymptome wie z. B. Kopf- und Muskelschmerzen, Schüttelfrost, Übelkeit, Durchfall, hohes Fieber, das in Schüben einsetzt

Der **einzige 100 %ige Schutz** gegen die genannten Krankheiten ist, sich nicht von Mücken stechen zu lassen. Um dieses Risiko zu minimieren, empfiehlt sich das Tragen langer, nicht zu eng am Körper anliegender Kleidung aus festem Stoff. Alle freien Körperteile sollten mit Insektenschutzmittel/*insect repellent* eingecremt oder eingesprüht werden. Creme/*lotion* gilt als effektiver als Spray. Das Mittel sollte DEET (*diethyl toluamide*) enthalten, da dies der einzig bekannte Wirkstoff gegen die virenübertragenen Mückenarten ist. Beide bekannten australischen Insektenschutzmittel *Rid* und *Aerogard* enthalten diesen Wirkstoff und sind in jedem Supermarkt erhältlich. Produkte, die mit *tropical strength* ausgezeichnet sind, enthalten einen besonders hohen Anteil an DEET. Wie bei allen Erkrankungen ist Früherkennung extrem wichtig. Schon bei geringstem Verdacht sollte man einen Arzt aufsuchen. Die Inkubationszeit einiger Virenerkrankungen beträgt bis zu drei Wochen.

◆ Die gefährlichsten Meeresbewohner Australiens bestehen zu 95 % aus Wasser und sind nur wenige Gramm schwer: **Quallen**/*jellyfish*.

◆ Besonders gefürchtet ist die in tropischen Gewässern beheimatete **Würfelqualle**/*box jellyfish*, auch Seewespe/*sea wasp* genannt. In den Monaten Oktober bis Juni taucht sie regelmäßig an der gesamten Nord- sowie Nordostküste Australiens auf, sporadisch auch das ganze Jahr hindurch. An den vier »Ecken« ihres fast durchsichtigen, kastenförmigen Körpers hängen bis zu 3 m lange Tentakel. Jeder Tentakel ist mit Tausenden von Härchen bedeckt, die bei Berührung kleine Mengen Gift in das Opfer injizieren. Bei großflächigem Kontakt können sich die kleinen Mengen zu einer tödlichen Dosis addieren. Als erste Hilfe empfiehlt sich, die an der Haut klammernden Tentakel mit Essig zu übergießen. Dieser verhindert, dass das Tier noch mehr Gift injiziert.
Symptome: sofort stark einsetzende Schmerzen an den Berührungsstellen, bei großflächigem Kontakt Kreislaufzusammenbruch und Atemnot

◆ Ebenfalls gefährlich ist die **Portugiesische Galeere**/*Portuguese man-o'-war*. Sie ist leicht an ihrem bläulich schimmernden, aufgeblasenen Körper zu erkennen, der auf der Wasseroberfläche treibt. Bei der Portugiesischen Galeere handelt es sich genau genommen nicht um eine Qualle, sondern um eine Polypenkolonie. Wie auch bei der Würfelqualle sind die Tentakel bzw. die Nesselfäden am gefährlichsten. Sie können eine Länge von 10 bis 50 m erreichen. Selbst am Strand angespülte Exemplare behalten noch mehrere Stunden die Fähigkeit, ihr extrem wirksames Gift zu injizieren. Im allgemeinen Sprachgebrauch wird die Portugiesi-

Bluebottles sind oft nicht viel größer als eine 1-$-Münze.

sche Galeere oft als *bluebottle* bezeichnet, obwohl dieser Name eigentlich einem kleineren Verwandten, nämlich *Physalia utriculus*, zusteht, der nicht ganz so gefährlich ist.
Bei beiden wird inzwischen von der ersten Hilfe mit Essig abgeraten, da dieser dazu führen kann, dass die Tiere noch mehr Gift abgeben.
Symptome: brennende Schmerzen an den Berührungsstellen, Übelkeit, Herz- und Kreislaufstörungen, Atemnot

◆ Die kleinste Qualle, die das Potential hat, einen Menschen zu töten, ist die nur 1 bis 2.5 cm große **Irukandji-Qualle**/*Irukandji*. Sie wurde erst in den 1960er Jahren als eigenständige Art identifiziert und ist seitdem für mindestens zwei Todesfälle verantwortlich. Ihr Verbreitungsgebiet erstreckt sich entlang der tropischen Nord- sowie Nordostküste, wobei die meisten Fälle, inklusive der beiden Todesfälle, vor der Küste von QLD registriert wurden.
Der Name Irukandji umfasst inzwischen mehrere Arten, die alle dieselben Symptome hervorrufen. Die einzige tödliche und zugleich kleinste Art ist *Carukia barnesi*.
Der Berührungsmoment bleibt von dem Betroffenen meist unbemerkt; erst nach ungefähr 30 min setzen die Symptome ein
Symptome: in Schüben einsetzende stechende Unterleibs- und/oder Rückenschmerzen sowie starke Muskelkrämpfe, Schweißausbrüche, Übelkeit, beengendes Gefühl im Brustkorb

◆ Australien ist berüchtigt für seine Vielzahl an giftigen **Schlangen**/*snakes*. Von den knapp 200 australischen Arten können gut 40 dem Menschen gefährlich werden, davon sind 14 in WA und zehn im NT beheimatet. Beunruhigende Zahlen, die jedoch über das Risiko gebissen zu werden, nur wenig aussagen, denn die meisten Schlangen sind scheu und fürchten sich viel mehr vor dem Menschen als umgekehrt. Trotzdem ist gesunde Vorsicht angebracht, vor allem bei Wanderungen durch dichtes, uneinsehbares Buschwerk. Da Erschütterung und Lärm die scheuen Tiere gewöhnlich (aber nicht immer!) in die Flucht schlagen, sollte man sein Kommen stets geräuschvoll durch festes Auftreten ankündigen. Gefährlich wird es, wenn der Schlange kein Fluchtweg mehr offen steht oder sie reglos verharrt und man auf sie tritt. In solchen Fällen verteidigt sie sich, je nach Art, mit einem oder mehreren Bissen. Doch nicht jeder Biss hat für den Menschen Konsequenzen. Manchmal injiziert die Schlange kein oder zu wenig Gift. Von den 2000 bis 3000 Menschen, die jährlich auf dem Kontinent gebissen werden, müssen nur wenige Hundert überhaupt behandelt werden und dank wirksamer Gegenseren sterben durchschnittlich nur zwei.
Im Falle eines Schlangenbisses ist es für die spätere Behandlung mit dem Gegenserum hilfreich zu wissen, welche Schlange den Biss verursacht hat. Deshalb sollte man versuchen, sich Größe, Farbe und Musterung der Schlange zu merken. Zur Not kann die Identität der Schlange aber auch später im Krankenhaus, anhand des in der Bisswunde verbliebenen Giftes, festgestellt werden. Aus diesem Grund ist es wichtig, dass die Bisswunde vor Ort nicht ausgewaschen oder anderweitig behandelt wird. Damit sich das Gift so langsam wie möglich durch den Körper des Opfers arbeitet, ist Ruhe von äußerster Wichtigkeit. Vor allem der gebissene Körperteil sollte absolut still gehalten werden.

◆ Die dünne Ozonschicht an den Polen ist dafür verantwortlich, dass Australien eine der höchsten

Hautkrebsraten der Welt aufweist. Wer sich zur Mittagszeit ungeschützt in der gleißenden **Sonne** aufhält, kann förmlich spüren, wie seine Haut verbrennt. Langes Sonnenbaden ist auf dem 5. Kontinent längst out und Sonnencreme (Schutzfaktor 30, wasserabweisend) plus Kopfbedeckung gehören zum absoluten Mindestmaß an Sonnenschutz. Wer zwischen 10 und 15 h nicht auf sonnige Aktivitäten verzichten will, sollte sich zusätzlich durch das Tragen langärmliger Kleidung schützen. Für besonders empfindliche und stark der Sonne ausgesetzte Körperteile wie Gesicht oder Nacken empfiehlt sich das Auftragen einer festen Zinkcreme/*zinc cream* (in den meisten Supermärkten erhältlich).

◆ Nur zwei der ca. 3000 australischen Spinnenarten produzieren ein Gift toxisch genug, um einen Menschen zu töten. Die berüchtigtere der beiden **Spinnen**/*spiders*, die Sydney Trichternetzspinne/*Sydney funnel-web spider*, kommt ausschließlich in NSW vor. Die mit der Europäischen Schwarzen Witwe eng verwandte **Rotrückenspinne**/*red-back spider*, auch Australische Schwarze Witwe genannt, ist dagegen auf dem gesamten Kontinent zu Hause. Sie wird bis zu 1.5 cm groß und besitzt eine auffallend rote Zeichnung auf ihrem schwarzen, runden Rücken. Das scheue Tier geht dem Menschen, falls möglich, aus dem Weg. Nur wenn es sich in die Enge getrieben fühlt, setzt es seine kräftigen Mundwerkzeuge zur Verteidigung ein und injiziert sein tödliches Gift. Da die Rotrückenspinne eine Vorliebe für geschützte, trockene Orte hat, findet man sie häufig unter Picknicktischen oder in menschlichen Bauten wie den Buschtoiletten. Nicht ohne Grund gibt es deshalb einen bekannten Song des australischen Countrysängers Slim Newton mit folgendem Refrain:

There was a redback on the toilet seat
When I was there last night
I didn´t see him in the dark
But, boy, I felt his bite!

Obwohl jährlich Hunderte von Menschen von einer Rotrückenspinne gebissen werden, ist seit der Entwicklung eines wirksamen Gegenserums im Jahre 1956 niemand mehr an den Folgen eines Bisses gestorben. Da sich das Gift extrem langsam durch den Körper arbeitet und erst nach mehreren Stunden oder Tagen seine tödliche Wirkung entfaltet, bleibt in der Regel genügend Zeit einen Arzt aufzusuchen.
<u>Symptome:</u> der Biss ist schmerzlos, nach Stunden beginnt sich die Bissstelle weißlich zu verfärben und wird klebrig, Schüttelfrost und Schweißausbrüche, wobei nur der gebissene Körperteil Schweiß produziert, der Rest des Körpers aber trocken bleibt

◆ Die gesamte Küste Australiens wird von verschiedenen Stachelrochenarten bevölkert. Alle **Stachelrochen**/*stingrays* haben am Ende ihres langen Schwanzes einen oder mehrere Stachel, den bzw. die sie zu ihrer Verteidigung einsetzen und mittels dem bzw. derer sie ein Gift injizieren. Das Gift ist zwar nicht stark genug, um einen Menschen zu töten, allerdings sind die Stacheln vieler Arten mit Widerhaken versehen, die in der Wunde zurückbleiben und zu schweren Entzündungen führen können. Sollte der Stachel zufälligerweise genau die Herzregion des Opfers treffen, so erfolgt der Tod meist binnen kürzester Zeit. Eines der berühmtesten Opfer ist der in QLD geborene Zoobesitzer und Medienstar Steve Irwin, der im September 2006 während Unterwasser-Dreharbeiten durch solch einen unglücklichen Stich ums Leben kam.
Doch nicht nur auf Tauchgängen ist Vorsicht angebracht, sondern auch in unmittelbarer Nähe der Küste, wo die Tiere regungslos, halb im Sand vergraben, auf dem Grund liegen. In dieser Position sind sie leicht zu übersehen und die Gefahr ist groß, dass man auf sie tritt. Geräuschvolles Planschen verschreckt die Tiere in der Regel.

◆ **Steinfische**/*stonefishes* sind Meister der Tarnung, denn sie verschmelzen, dank ihrer bräunli-

chen Färbung und ihrer fetzenartigen Haut, vollständig mit der Umgebung. Da Bewegungslosigkeit ein Teil ihrer Tarnung ist, fliehen sie nicht zwangsläufig, wenn man sich ihnen nähert. Ein Tritt auf einen Steinfisch kann tödlich enden, da das Gift in der Rückenflosse einiger Steinfischarten toxischer ist als das einer Kobra. Nur feste Schuhsohlen schützen, durch einfache Badelatschen oder Gummisohlen geht der Stich hindurch. Von den verschiedenen Steinfischarten ist der Echte Steinfisch, der auch passenderweise als Lebender Stein bezeichnet wird, die bekannteste und gefährlichste Art.
Steinfische leben in allen tropischen Gewässern, wobei Küstenabschnitte mit Mangroven zu ihren favorisierten Lebensräumen gehören.
Symptome: sofort einsetzender heftiger Schmerz und Anschwellung des gestochenen Körperteils, Herz- und Kreislaufstörungen, Atemlähmung

◆ Die **Zecken**/*ticks* in WA und im NT übertragen keine lebensgefährlichen Krankheiten. Trotzdem sollten sie umgehend entfernt werden, da alle Zeckenstiche zu Entzündungen führen können. Am besten benutzt man eine Pinzette, die möglichst tief in die Haut gedrückt wird, so dass man unten am Kopf der Zecke ansetzen kann, um das Tier mit einem einzigen Ruck herauszuziehen. Nicht herausdrehen oder vorher mit Öl oder Insektenschutzmittel abtöten, denn je mehr die Zecke unter Stress gesetzt wird, desto mehr Speichel und Bakterien »hustet« sie in den Körper ihres Opfers. Falls der Kopf der Zecke in der Haut zurückbleibt, sollte man einen Arzt aufsuchen.

◆ **Zyklone** ▷ 290

Geld. Geldausgeben ist auch in Australien unproblematisch. Die gängigsten **Kreditkarten** (American Express, Visa, Mastercard-Eurocard) werden praktisch überall akzeptiert, selbst in entlegenen Ortschaften und Roadhouses. Neben den Aufklebern der Kartenanbieter weist in Australien das Schild EFTPOS darauf hin, dass Kreditkarten akzeptiert werden. Einige Geschäfte und Campingplätze nehmen Kreditkarten erst ab einem Mindestbetrag von $10, selten von $20 an. Etwas aus der Mode gekommen, aber immer noch ein empfehlenswertes Zahlungsmittel sind **Reiseschecks** von *American Express*, zumal man sie bereits erstehen kann, wenn der Wechselkurs günstig ist. Am besten ausgestellt in Australischen Dollars, da sie so von vielen Geschäften, Supermärkten, Tankstellen, Hotels etc. wie Bargeld akzeptiert werden. Allerdings hat die Akzeptanz in den letzten Jahren deutlich nachgelassen, doch in großen Supermärkten oder Kaufhausketten ist das Einwechseln nach wie vor möglich. Der Restbetrag wird in bar herausgegeben, so hat man gleichzeitig immer Bargeld in der Tasche. Die meisten Banken erheben beim Einlösen von Reiseschecks eine Gebühr/*commission* von $5 bis $11. Nur Banken, die vertraglich mit *American Express* zusammenarbeiten, lösen die Schecks gebührenfrei ein. Da sich die vertraglichen Bindungen oft ändern, sollte man sich beim Kauf der Schecks nach den aktuellen Vertragspartnern erkundigen. Stets kostenlos ist das Einlösen der Schecks in den Filialen von *American Express*. Bei längerem Aufenthalt lohnt sich die Eröffnung eines Kontos. Ein Reisepass genügt, um bei einer australischen Bank ein **Konto** einzurichten/*to open an account*. Die zwei großen australienweiten Banken sind *Commonwealth Bank* [www.commbank.com.au] und *ANZ Bank* [www.anz.com.au]. Das Ausstellen einer EC-Karte dauert gewöhnlich zwei Wochen. Auf Wunsch schickt die Bank die Karte postlagernd an ein beliebiges australisches Postamt, so braucht man nicht vor Ort zu warten. Einige Banken geben auch sofort Karten aus. Bis das Geld aus Deutschland schließlich auf dem australischen Konto ankommt, vergehen, je nach Bank, drei Tage bis zwei Wochen. Um den Prozess zu beschleunigen, lohnt es sich vor Reiseantritt die Transaktion mit seiner heimischen Bank zu besprechen und in Erfahrung zu bringen, mit welcher australischen Bank die Hausbank zusammenarbeitet, denn sobald Vermittlerbanken eingeschaltet werden müssen, dauert der Transfer entsprechend länger. Einen sehr kundenfreundlichen **Service für EC-Karten** Benutzer bieten die großen Supermarkt- und Warenhausketten, so wie *Woolworths* oder *Big W*. Dort kann man sich beim Bezahlen des Einkaufs mit der Karte zusätzlich einen, allerdings nach oben begrenzten, Barbetrag auszahlen lassen. Bis zu $200 erhält man normalerweise anstandslos.

Etwas **Bargeld** bzw. **Kleingeld** sollte man während der Reise immer mit sich führen. So muss man z. B. beim Besuch eines Nationalparks oder dem Übernachten auf einer Campsite, die Eintritts- bzw. Übernachtungsgebühren passend in eine Geldbox einwerfen.

Seit einigen Jahren sind die 1- und 2-Cent-Münzen abgeschafft. Beim Bezahlen wird deshalb entweder **auf- oder abgerundet**.

Internet. In fast jeder Ortschaft hat man inzwischen Zugang zum Internet. In größeren bzw. touristischen Orten gibt es Internet-Cafés, während in kleineren Ortschaften Touristenbüros und Bibliotheken diesen Service anbieten. In einigen Bibliotheken ist der Zugang sogar kostenlos – dementsprechend groß ist der Andrang, weshalb man die Computer meist vorbuchen muss. In WA gibt es darüber hinaus über 100 vom Staat geförderte *Telecentres* [Standorte unter www.telecentres.wa.gov.au], die moderne Anlagen bieten und manchmal sogar etwas preisgünstiger sind als die anderen Anbieter.

Der durchschnittliche Preis für 30 min Internetzugang liegt bei $4 bis $6 und für 60 min bei $6 bis $8; in einigen Internet-Cafés auch darunter.

Kartenmaterial. Das Straßennetz der westlichen Kontinenthälfte ist äußerst überschaubar. Deshalb reicht für das Bereisen des Landes im Prinzip eine einzige Übersichtskarte. Da der Maßstab allerdings etwas gewöhnungsbedürftig ist und Regionalkarten zudem noch andere wertvolle Hinweise enthalten, wie z. B. Campsites, Rastplätze, Tankstellen und Sehenswürdigkeiten, empfiehlt sich eine Kombination aus beiden.

Das **beste Kartenmaterial** bieten die jeweiligen Automobilclubs. In WA hat der RACW (▷ 12) neben einer Gesamtkarte gleich 17 Regionalkarten im Programm, viele davon inklusive Stadtplänen [erhältlich in allen Filialen, $1.75-$3.50 für Mitglieder / $3.50-$7 für Nicht-Mitglieder oder online unter www.rac.com.au].

Im NT gibt der AANT (▷ 13) lediglich eine, dafür aber sehr ausführliche Karte aus, die *Northern Territory Road Map* ($7).

Ebenfalls empfehlenswert sind die Regionalkarten von *Hema Maps*, auf denen einige unbefestigte Straßen und 4WD-Pisten verzeichnet sind, die auf den RACW-Karten fehlen.

Kartenmaterial erhält man u. a. in Zeitungsgeschäften oder Buchläden. **Kartenfachgeschäfte** mit einem großen Angebot an topographischen als auch anderen Karten gibt es in Perth [*The Perth Map Centre*, 900 Hay St], Fremantle [*Chart & Map Shop*, 14 Collie St] und Darwin [*NT Maps*, Cavenagh St / Bennett St (Eingang), beim *Land Information Centre* im 1. Stock].

Klima. Auf Grund seiner Größe und Lage vereint der Kontinent die unterschiedlichsten Klimazonen. Die deutlichste Klimagrenze bildet der Wendekreis des Steinbocks/*tropic of capricorn*. Dieser Breitengrad trennt die gemäßigten Zonen der südlichen Kontinenthälfte von den tropisch bis subtropischen Zonen des Nordens.

◆ **Südlich des Wendekreises des Steinbocks** sind die Jahreszeiten den unseren entgegengesetzt. Während zu Weihnachten das Thermometer nicht selten auf 35°C steigt, werden im Juni/Juli die Heizungen aktiviert.

Das Klima der **westaustralischen Südküste** ähnelt dem der warmen Mittelmeerländer Europas. Die Sommermonate Dezember, Januar und Februar sind regenarm und warm bis heiß mit durchschnittlichen Temperaturen von 25°C bis 30°C. Selbst in den Wintermonaten Juni, Juli und August fällt das Thermometer selten unter 10°C. Allerdings ist der Winter die Hauptniederschlagszeit und mit lang anhaltenden Regenperioden und grauem Himmel muss gerechnet werden. Unberechenbar ist das Wetter im Frühling (Sept.-Nov.), der mal sommerlich warm, mal winterlich kühl und regnerisch ausfällt.

Die durchschnittlichen Jahrestemperaturen an der **Westküste** liegen um ca. 5 °C höher als an der Südküste und an beiden Küsten sind lang anhaltende Hitzeperioden im Sommer keine Seltenheit. Der meiste Regen fällt auch hier in den Wintermonaten, doch je weiter man nach Norden reist, desto geringer ist die jährliche Niederschlagsmenge. So fällt in Carnarvon im Winter nur noch ein Drittel der Regenmenge, die in Perth fällt.

Die größten Temperaturschwankungen verzeichnet das **Inland**. In den Sommermonaten übersteigt das Thermometer regelmäßig 40°C und selbst in den Wintermonaten liegen die Tagestemperaturen noch zwischen 15°C und 20°C. Die Winternächte (Mai-Juli) dagegen sind zuweilen eisigkalt mit Temperaturen unter 5°C und Bodenfrost. Die Niederschlagsmenge ist ganzjährig gering.

◆ **Nördlich des Wendekreises des Steinbocks** beginnen »offiziell« die Tropen, in deren Einflussbereich **der gesamte Norden sowie Nordwesten** liegt. Während die Aborigines das tropische Jahr in sechs Jahreszeiten unterteilen, unterscheiden wir gewöhnlich nur zwischen zweien, der Regenzeit/*wet season* (Nov.-April) und der Trockenzeit/*dry season* (Mai-Okt.). Kennzeichnend für die tropische Klimazone ist, dass der Regen nicht im Winter, sondern im Sommer fällt. Dezember bis März sind die regenreichsten Monate. Dabei fällt im größten Teil der westaustralischen Tropen jährlich weniger Niederschlag als in Perth. Das ändert sich je weiter man Richtung Norden reist. Während die Ortschaften der Kimberleys einen Jahresniederschlag zwischen 550 und 750 mm verzeichnen, sind es in Katherine bereits durchschnittlich 1000 mm und in Darwin sogar 1600 mm. Der meiste Regen fällt im Zuge kurzer Gewitterstürme am späten Nachmittag oder in der Nacht. Während der Hauptregenmonate kann es, zumindest im Top End, auch mehrere Tage durchregnen.

Das erste Mal einen tropischen Regenguss mitzuerleben, ist ein ebenso eindrucksvolles wie feuchtes Ereignis. Die herabstürzenden Wassermassen können binnen kurzer Zeit zu weitläufigen Überflutungen führen, von denen auch Campsites und Straßen nicht verschont bleiben. Manche Nebenstraßen sind während der Regenzeit monatelang unpassierbar und kurzzeitig können auch die Highways von Straßensperrungen betroffen sein. Außerdem sind einige Nationalparks, darunter der Litchfield NP und Kakadu NP, nur eingeschränkt zugänglich und andere, so wie der Windjana Gorge NP und der Purnululu NP, vollständig geschlossen.

Ein weiteres Merkmal der Tropen sind die ganzjährig hohen Temperaturen. Am »kühlsten« ist es während der Trockenzeit in den Monaten Juni, Juli und August mit durchschnittlichen Tagestemperaturen um 30°C und angenehmen Nachttemperaturen unter 20°C. In der Regenzeit fällt das Thermometer selbst in der Nacht selten unter 25°C und am Tage selten unter 35°C. Hinzu kommt die extrem hohe Luftfeuchtigkeit, die sich, insbesondere in den Monaten Januar bis März, lähmend auf jegliche Aktivität auswirkt. Darwin z. B. verzeichnet in dieser Zeit zwischen 70 und 80 % Luftfeuchtigkeit.

Die Übergangsmonate zwischen Trockenzeit und Regenzeit (Sept./Okt.-Dez./Jan.) werden als *built up season* bezeichnet. In diesen Monaten beginnt die Luftfeuchtigkeit zu steigen und die ersten Gewitterstürme ziehen mit dramatischen Wolkenformationen und spektakulären »Blitz-Shows« über das Land.

Die Regenzeit ist gleichzeitig Hauptsaison für **Zyklone** (▷ 290). Begleitet werden die Wirbelstürme von heftigen Regenfällen, die zu Überflutungen und dadurch zu Straßensperrungen führen können.

Informationen rund ums Wetter unter www.bom.gov.au.

Kriminalität. Obwohl Australien immer noch als **eines der sichersten Reiseländer der Welt** gilt, steigt auch hier die Kriminalitätsrate. Wie überall auf der Welt sind vor allem die städtischen Regionen von der wachsenden Kriminalität betroffen. Eine Ursache ist das zunehmende Drogenproblem und die daraus resultierende Beschaffungskriminalität. **Raubüberfälle** sind jedoch selten und so kann man sich in allen Ortschaften und Städten zu jeder Tageszeit frei und sicher durch die Straßen bewegen.
Diebstahl ist ein ernsteres Problem – nicht nur in der Stadt selbst, sondern auch auf einsamen Parkplätzen umliegender Nationalparks. Auf einigen stehen bereits Schilder, die vor einer erhöhten Autoaufbruchsgefahr warnen. Glücklicherweise sind Schilder wie diese die absolute Ausnahme und sobald man die städtischen Regionen hinter sich gelassen hat, kann man gewöhnlich seinen Wagen samt Gepäck überall ohne Sorge zurücklassen.
Auf Campingplätzen und Campsites scheint die Welt ebenfalls noch in Ordnung. Hier lassen die meisten Australier ihr Hab und Gut offen liegen und selbst über Nacht wird nichts weggeschlossen. Auch die Lebensmittel im gemeinschaftlich genutzten Kühlschrank der Campingplätze sind am nächsten Tag noch dort, wo man sie am Abend zuvor hingelegt hat.
Eine Maßnahme, die sich im Kampf gegen den **Autodiebstahl** als erfolgreich erwiesen hat, ist die Einführung der automatischen Wegfahrsperre, mit der jedes in WA zugelassene Fahrzeug (egal welchen Baujahrs) ausgestattet sein muss.

Mehrwertsteuer. Im Jahre 2000 wurde in Australien eine Mehrwertsteuer, die *Goods and Services Tax* kurz *GST*, eingeführt. Sie hat, ausgenommen von Grundnahrungsmitteln, alle Waren und Dienstleistungen um ca. 10 % verteuert.
Wer während der letzten 30 Urlaubstage Waren im Wert von mindestens $300 erwirbt, kann sich die Mehrwertsteuer in allen australischen Flughäfen zurückerstatten lassen. Voraussetzung ist, dass die Waren in einem einzigen Geschäft gekauft worden sind bzw. auf einer einzigen Rechnung/*tax invoice* (ein einfacher Bon reicht nicht!) stehen. Außerdem gilt dies nur für Waren, die im Handgepäck transportiert werden. Meist gibt es auf Internationalen Flughäfen spezielle TRS (*Tourist Refund Scheme*)-Stände, falls nicht, muss man sich an den Zoll wenden. Ausführliche Informationen (auch auf Deutsch) unter www.customs.gov.au > *travellers* > *tourist refund scheme*.

Nationalparks. Ob bizarre Felsformationen, tiefe Schluchten oder gewaltige Wasserfälle, die spektakulärsten Naturschönheiten Australiens liegen in Nationalparks/*national parks*. Bis auf einige Ausnahmen unterstehen die Parks den Staaten bzw. Territorien und werden von den jeweiligen Naturschutzbehörden verwaltet.

WA Für die Parks in WA ist das ***Department of Environment and Conservation*** kurz **DEC** zuständig. Ausgestattet sind die meisten Schutzgebiete mit Toiletten, Picknickplätzen und kostenlosen Gas-BBQs (▷ 91), manchmal auch mit einem Besucherzentrum/*visitor centre*, das über die Besonderheiten des Gebietes informiert. In einigen der Parks sind **Ranger** stationiert, die nach dem Rechten sehen und Ansprechpartner für Besucher sind. Außerdem gibt es ein mal mehr oder weniger großes Angebot an **Wanderwegen** und in vielen Nationalparks stehen **Campsites** (▷ 40) für Besucher bereit. Als einzige Übernachtungsmöglichkeit innerhalb der Parkgrenzen bieten sie das Privileg, direkt im »Busch« zu campen und die Natur hautnah zu erleben. Die Campsites werden entweder von Rangern oder freiwilligen Mitarbeitern, so genannten *camp hosts*, beaufsichtigt, die auch die Gebühren einsammeln. Falls niemand zum Kassieren vor Ort ist, muss man sich selbst registrieren/*self registration*, das heißt man steckt das passende Geld in einen bereitliegenden

Briefumschlag, vermerkt Autokennzeichen und Ankunftsdatum und wirft den Umschlag in eine Geldbox. Die Preise pro Nacht liegen für Campsites mit einfacher Ausstattung bei $6.50 Erw. / $2 Kind bzw. für besser ausgestattete bei $7.50 Erw. / $2 Kind. Teure Ausnahmen sind der Purnululu NP, der King Leopold ConP und der Windjana Gorge NP (alle drei in den Kimberleys), in denen die Übernachtungskosten bei $10 Erw. / $2 Kind liegen. Bislang gilt für alle Campsites: wer zuerst kommt, mahlt zuerst. Nach bestehenden Plänen soll zukünftig für ein paar der populäreren Campsites ein **Vorbuchungssystem** eingeführt werden (genaue Informationen standen bei Druck noch nicht fest).

Da sich DEC zum größten Teil selbst finanziert, wird neben einer Campgebühr in 27 der Parks eine **Eintrittsgebühr** erhoben. Der Eintritt kostet $10 pro Fahrzeug (gültig für bis zu 8 Personen), Motorradfahrer zahlen $5. Bezahlt wird beim Ranger an der Zufahrt zum Park oder per Selbstregistrierung, wobei man den markierten Abschnitt als Quittung behält und auf dem Armaturenbrett platziert. Da quasi alle bekannten Nationalparks gebührenpflichig sind, lohnt sich fast immer der Kauf eines **Nationalpark-Passes**. Es gibt einen Jahrespass/*Annual All Parks Pass* ($75) und einen Ferienpass/*Holiday Pass* ($35), der für einen Monat gültig ist. Beide Pässe können entweder in den Zweigstellen der Naturschutzbehörde, einigen Touristenbüros oder an den von Rangern besetzten Haupteingängen der Parks erworben werden.

Neben Nationalparks gibt es noch **Staatsforste**/*state forests* und **Landschaftsschutzgebiete**/*nature reserves* und *conservation parks*, die ebenfalls von DEC verwaltet werden. Sie genießen den gleichen Schutzstatus wie Nationalparks und bieten Besuchern meist die gleiche Ausstattung. Der Eintritt ist in der Regel kostenlos, lediglich für das Campen wird eine Gebühr erhoben.

Offene Feuer, so wie das abendliche Lagerfeuer/*campfire*, sind in den meisten westaustralischen Schutzgebieten verboten. Ausgenommen von dem Feuerverbot sind einige Nationalparks im Südwesten. Das Mitbringen von **Haustieren** ist in allen Schutzgebieten untersagt.

Weitere Informationen über DEC und Nationalparks unter www.dec.wa.gov.au.

NT

Im NT kümmert sich ***Parks and Wildlife Commission Northern Territory*** um die Nationalparks und Schutzgebiete, oft im Auftrag oder zusammen mit dem jeweils dort beheimateten Aborigine-Volk, denn viele Parks liegen auf Aborigine-Land. Nur die beiden bekanntesten Nationalparks, der Kakadu NP und der Uluru – Kata Tjuta NP, werden vom nationalen *Department of Environment and Heritage* verwaltet. Bis auf den Uluru – Kata Tjuta NP [$25 Erw. / Kinder bis 16 frei, gültig für drei Tage] ist der **Eintritt** in allen Parks des NT frei.

Die **Campgebühren** variieren zwischen $3.30 Erw. / $1.65 Kind und $8.80 Erw. / $5 Kind. Einige sind sogar kostenlos. Die Gebühren werden entweder per Selbstregistrierung bezahlt, an einem Kiosk oder im Besucherzentrum des jeweiligen Parks. Dadurch geht der Kontakt mit den Rangern als Ansprechpartner etwas verloren. Allerdings werden in der Hauptsaison (Mai/Juni-Sept./Okt.) kostenlose **Ranger-Führungen**/*guided walks* oder *ranger talks* und auf einigen Campsites abendliche **Dia-Shows**/*slide shows* angeboten. In einigen Nationalparks wie dem Kakadu NP auch ganzjährig.

Im Gegensatz zu den meisten westaustralischen Parks sind **offene Feuer** fast überall erlaubt. Die meisten Campsites im NT sind sogar mit individuellen Feuerstellen ausgestattet und selbst das Sammeln von Feuerholz ist in vielen Parks gestattet. Ansonsten ist die Ausstattung denen der westaustralischen Parks ähnlich, angefangen von Toiletten bis hin zu Besucherzentren. Das Mitbringen von Haustieren ist ebenfalls verboten.

Weitere Informationen über Parks und Schutzgebiete unter www.nt.gov.au > *Land and Environment* und www.deh.gov.au > *Parks & Reserves*.

Notruf. Die australienweite Notrufnummer für Polizei, Feuerwehr und Krankenwagen ist: **000**

Öffnungszeiten.
Banken: Mo-Fr 9.30-16 h, einige Filialen haben Fr bis 17 h geöffnet
Geschäfte: Mo-Fr 9-17 h oder 17.30 h (Do meist -21 h), Sa 9-12 h, So geschlossen, bis auf einige Ausnahmen wie in Perth und in Fremantle
Post: Mo-Fr 9-17 h, manchmal auch Sa 9-12 h
Supermärkte: Die Öffnungszeiten der Supermärkte variieren stark. Im **Süden von WA** haben die großen Supermarktketten wie *Coles* und *Woolworths* gewöhnlich Mo-Fr 8-18 h (Do -21 h) und Sa 8-17 h geöffnet; So ist bis auf wenige Ausnahmen geschlossen. Kleinere Ketten wie *Supa Valu* und *Dewsons* haben dagegen oft täglich geöffnet (meist von 7-19 h).
Im **Norden von WA** sowie im **Top End** haben meist auch die großen Supermärkte täglich geöffnet mit Öffnungszeiten zwischen 5 und 23 h.

Post. Die Farbe der australischen Post ist rot, genau wie die Briefkästen/*mail boxes.* **Geöffnet** haben die Postämter/*post offices* in der Regel von Montag bis Freitag von 9 bis 17 h (einige Filialen auch Sa 9-12 h). Außer Briefmarken/*stamps*, kann man in den Postämtern auch alles andere rund ums Schreiben erstehen, darunter vorfrankierte Postkarten ($1.50) und Luftpostbriefe/*aerogrammes* ($1.15). Das **Porto**/*postage* für eine Postkarte/*postcard* nach Europa beträgt $1.35, für einen Brief/*letter* (bis 50 g) $2.05. Beide brauchen ca. eine Woche. Wer ein Paket/*parcel* nach Europa schicken will, kann zwischen drei Kategorien wählen: *express* (2-4 Tage), *air* (4-7 Tage) und *sea* (2-4 Monate). Wiegt das Paket oder der Brief über 500 g, muss man sich beim Postamt ausweisen. Diese Maßnahme wurde 2002 aus Angst vor Anschlägen mit Briefbomben eingeführt.
Wer Post von daheim erwartet, kann sich diese **postlagernd** zum nächsten Hauptpostamt [Standorte unter www.auspost.com.au > *Find a postal outlet*] schicken lassen, wo sie bis zu vier Wochen aufbewahrt wird. Neben dem Empfängernamen sollte die Post mit dem deutlichen Zusatz *poste restante* gekennzeichnet sein. Beim Abholen ist die Vorlage eines Reisepasses erforderlich.
Beim **Adressieren eines Briefes** nach Australien sollte bedacht werden, dass die Hausnummer stets vor dem Straßennamen steht. Außerdem wird die handschriftliche »1« gewöhnlich als Strich geschrieben, unsere »deutsche 1« wird von vielen Australiern mit einer »7« verwechselt!

Rauchen. Das Rauchen ist an vielen Orten verboten, so z. B. in allen öffentlichen Einrichtungen, in Verkehrsmitteln als auch Restaurants, Cafés, Einkaufszentren und Taxis. Einige Bars und Hotels sind vom Rauchverbot ausgenommen. Eine Schachtel (20 Stück) kostet zwischen $6 bis $9.

Reisekosten. Obwohl das Preisniveau zwischen den einzelnen Staaten bzw. Territorien etwas variiert, liegt es bei einem Kurs von $1 zu 0.60€ in allen leicht unter dem deutschen Preisniveau. Auf Grund Australiens enormer Ausmaße unterliegen die Preise jedoch starken regionalen Schwankungen, das betrifft insbesondere WA, den größten Staat. Generell gilt: Je weiter weg von Großstädten, also je höher die Transportkosten, desto teurer wird es für den Käufer. Davon betroffen sind nicht nur **Lebensmittel**, sondern auch andere Dinge wie Campingartikel, Autoersatzteile, Benzin und sogar die westaustralische Tageszeitung *The West Australian*, die im Norden nicht mehr $1.20, sondern $2.05 kostet. Besonders teuer sind die kleinen Ortschaften im dünn besiedelten Norden von WA. Hier kosten **Brot** (ein Paket Toastbrot ca. $1.90 in Perth / $2.90 in Derby), **Obst**, **Gemüse** und **Alkohol** mitunter über 30 % mehr als in Perth. Weitgehend einheitlich sind die Lebensmittelpreise der Supermarktketten *Woolworths* und *Coles*.
Benzin ist allgemein günstiger als in Deutschland, unterliegt aber ebenfalls preislichen Schwankungen, so kostet Benzin bleifrei/*regular unleaded petrol* (ULP) zwischen $1.20 und $1.35 in städti-

schen und zwischen $1.35 und $1.65 in entlegenen Regionen und Roadhouses. Diesel/*diesel* ist mal billiger (ca. 2c), mal teurer (bis zu 10c !) als Normalbenzin und Super/*premium unleaded petrol* (PULP) durchschnittlich 5c teurer als Normalbenzin. Bei Gas/*liquefied petroleum gas* (LPG) ist die Preisspanne am größten und liegt zwischen 60c und $1. Eine kleine Liste aktueller Benzinpreise findet man unter www.4wdaustralia.com.au > *National Fuel Prices.*

Ebenfalls preiswerter als in Deutschland sind die **Preise in der Gastronomie**. In einem durchschnittlichen Mittelklasse Restaurant kostet die Vorspeise/*starter* $5 bis $8, das Hauptgericht/*mains* $12 bis $18 (Fisch und Fleisch Spezialitäten bis $25), der Nachtisch/*desert* $5 bis $7. Für ein Bier (0.375 l) zahlt man je nach Alkoholgehalt zwischen $4 und $6, ein Flasche Wein erhält man ab $15 und alkoholfreie Getränke wie Kaffee oder Cola kosten zwischen $2.50 und $4.

Die **Eintrittspreise für private Wildparks und Freilichtmuseen** liegen zwischen $10 und $15 für Erwachsene und $5 bis $10 für Kinder, der **Eintritt für öffentliche Museen** zwischen $2 und $5 für Erwachsene und die Hälfte für Kinder. Einige öffentliche Museen erwarten lediglich eine kleine Spende/*donation* von $1 oder $2, manchmal ist der Eintritt auch frei. Gegen Vorlage eines internationalen Studentenausweises bekommt man in einigen Museen eine Ermäßigung/*concession.*

Preise für **Unterkünfte** (▷ 38), **Campingartikel** (▷ 10) und **Touren** (▷ 33) werden in den entsprechenden Kapiteln behandelt.

Reisekrankenversicherung. Deutschland, Österreich und die Schweiz haben bezüglich der Gesundheitsfürsorge kein Sozialversicherungsabkommen mit Australien. Aus diesem Grund können Reisende weder Leistungen der heimischen Krankenversicherung (privat wie gesetzlich) in Anspruch nehmen noch die der staatlichen australischen Krankenversicherung *Medicare.* Der Abschluss einer Auslandskrankenversicherung ist daher unerlässlich. Die Höhe der Tarife hängt bei allen Anbietern von der Länge der Reise, dem Alter und dem Geschlecht ab. Für Langzeitreisende gehört die *Central* [www.central.de] zurzeit zu den günstigsten Anbietern.

Wer möchte kann sich auch in Australien bei der privaten Krankenkasse *Medibank Private* [www.medibank.com.au] versichern lassen. Die Tarife liegen für Touristen, je nach Leistung, bei ca. $90 bis $270 pro Monat.

Reisezeit. Neben dem Klima (▷ 22) und seinen Auswirkungen auf die Passierbarkeit der Straßen sind noch drei weitere Faktoren bei der Wahl der Reisezeit zu berücksichtigen: die Blütezeit, die australischen Schulferien und die alljährliche »**Rentner-Migration**«.

Wer die Natur in Blüte erleben möchte, sollte die unterschiedlichen **Blütezeiten** der einzelnen Regionen bedenken. Als Faustregel für WA gilt: Je südlicher, desto später beginnt die Blüte. In der Pilbara und Gascoyne setzt sie (je nach Regenfällen) schon im Juni/Juli ein, im Raum Kalbarri im August/September, im Raum Perth im September/Oktober und an der Südküste im Oktober/November. In den tropischen Kimberleys sowie im gesamten Top End ist die Blütezeit sehr uneinheitlich und erstreckt sich über das ganze Jahr. Dennoch verändert sich gerade in den Tropen das Vegetationsbild im Laufe eines Jahres dramatisch: Üppig und grün erscheint die Landschaft während der Regen- und zu Beginn der Trockenzeit, ausgedörrt und karg zum Ende der Trockenzeit.

Da die Australier selbst sehr reise- und vor allem campfreudig sind, sind während der **australischen Schulferien** viele populäre Ferienorte und Nationalparks überlaufen und mit ausgebuchten Unterkünften muss gerechnet werden. Dabei konzentriert sich der Andrang in den Frühjahrsferien (Ende Sept.-Mitte Okt.) und Sommerferien (Mitte Dez.-Anfang Febr.) auf die südlichen Regionen Australiens und in den Herbstferien (Mitte April-Anfang Mai) und Winterferien (Anfang Juli-Mitte Juli) auf die nördlichen. Die Ferien der einzelnen Staaten bzw. Territorien weichen leicht voneinander ab [aktuelle Daten unter www.oz-tourism.com.au > *Resources* > *School Holidays*]. Im tropischen Norden ist zwischen Mai und September Hauptsaison. In diese Monate fällt auch der **alljährliche Zug der Rentner**, die mit dem Einsetzen der kühlen Wintermonate im Süden mit ihren Wohnwagengespannen in den warmen Norden ziehen, um dort zu »überwintern«. Auf Campingplätzen, Campsites und selbst Rastplätzen kommt es deshalb während der Hauptmonate Juni, Juli und August regelmäßig zu Engpässen und selbst in so untouristischen Orten wie Karratha oder Derby ist oft kein Stellplatz mehr frei.

Schürfrechte. Um nach Gold oder anderen unterirdischen Schätzen zu graben, braucht man sowohl in WA als auch im NT ein **Schürfrecht**.

WA

In WA kostet das *Miner's Right* $25 und ist ein Leben lang gültig. Man erhält es, nebst der informativen Broschüre *Prospecting in Western Australia*, in den Filialen des *Department of Mines and Petroleum* [Hauptsitz: 100 Plain St, East Perth]. Die Formblätter und genauen Regeln können aus dem Internet herunter geladen werden unter www.dmp.wa.gov.au >*Mineral Services* > *Exploring* > *Prospecting WA*.

NT

Im NT ist das kostenlose ***Fossicker's Permit*** eine reine pro forma **Genehmigung** (ein Jahr gültig), die von dem *Department of Regional Development, Primary Industry, Fisheries and Resources* ausgegeben wird. Man erhält sie entweder online [www.fossicking.nt.gov.au > *Registration Form*] oder bei verschiedenen Einrichtungen [www.fossicking.nt.gov.au > *Agents*]. Darüber hinaus bietet die Website gutes Kartenmaterial [> *Northern Territory Fossicking Area Map*] und allgemeine Informationen [> *Fossicking Conditions*].

Geologisches Kartenmaterial (u. a. über die verschiedenen Bodenschätze) findet man unter www.ga.gov.au > *Maps of Australia*.

Souvenirs. Klassische Souvenirs à la Plüschkänguru oder bedrucktem T-Shirt findet man in großer Auswahl in zahlreichen Souvenirläden. Sucht man dagegen etwas typisch Australisches und noch dazu Praktisches geht man besser ins Schuhgeschäft. Mittlerweile werden die populären **Arbeiterschuhe** der Marken *Rossi* und *Bundaberg* zwar auch in Europa angeboten, dort allerdings durchschnittlich für den doppelten Preis. In Australien kosten sie, je nach Ausführung und Größe, zwischen $60 bis $120. Oft noch günstiger als in Schuhgeschäften erhält man sie in Outdoor-Läden oder Bauhausketten wie *Mitre 10*. Auch **Hüte und Mäntel** der Marke *Drizabone* sind erheblich günstiger als in Deutschland.
Kunstgegenstände der Aborigines sind ebenfalls beliebte Mitbringsel, insbesondere Didgeridoos, von denen es gerüchteweise in Deutschland und der Schweiz bereits mehr geben soll als in Australien. Traditionell wird das Blasinstrument aus einem von Termiten ausgehöhlten Ast oder Stamm ganz bestimmter tropischer Baumarten gefertigt. Da die Termiten aber der enormen Nachfrage nicht mehr nachkommen, sind die meisten der angebotenen Didgeridoos künstlich ausgebohrt. Meist kann man den Unterschied zwischen einem echten und ausgebohrten fühlen und sehen, denn die Termiten hinterlassen geriffelte Spuren und die ausgebohrten sind innen glatt. Während man jedoch auch den unechten Didgeridoos Töne entlocken kann, wartet man auf die Rückkehr der bemalten Bumerangs, die in den meisten Galerien angeboten werden, vergeblich...
Wer originale Aborigine-Kunstgegenstände erwerben möchte, sollte eine der lokalen Galerien bzw. Werkstätten aufzusuchen, wie es sie z. B. in Kununurra oder Derby gibt. Zwar wirken diese von außen nicht immer so einladend wie die herausgeputzten Galerien in den touristischen Zentren, dafür werden hier Kunstgegenstände der umliegenden Communities angeboten und das *Made in China* fehlt...

Sprache. Offizielle Amtssprache ist Englisch. Gesprochen wird allerdings etwas, das, je nach Region und Sprecher, mal mehr oder weniger danach klingt. Es ist eine Mischung aus britischem und amerikanischem Englisch, angereichert mit Worten aus den aboriginal Sprachen und einigen echt australischen Wortkreationen. Selbst wer relativ gut Englisch spricht und versteht, hat es da nicht immer leicht. Hinzu kommt die australische Vorliebe Wörter abzukürzen: Kilometer werden zu *k's*, das Barbecue zu einem *barbie* und Western Australia zu *WA*. Gewöhnungsbedürftig ist auch die breite, lang gezogene Aussprache einiger Vokale, so dass aus dem *G'day* etwa ein *G'daii* wird. Was die Betonung der einzelnen Silben, vor allem bei Ortsnamen angeht, scheinen sich selbst die Australier nicht immer einig zu sein. Dies gilt nicht nur für die zungenbrecherischen Namen der Aborigine-Communities wie Ngalingkdji oder Djugerari, sondern auch für scheinbar einfache Ortsnamen wie den der westaustralischen Stadt Carnarvon, der mal CARnarvon und mal CarNArvon ausgesprochen wird.

Zungenübungen.

Zu den häufig gebrauchten australischen Wörtern gehören:

Aussie / Australier
barra / Abkürzung für ***barramundi*** (schmackhafter Speisefisch)
billabong / Wasserloch (meist ganzjährig mit Wasser gefüllt)
billy / einfacher Teekessel aus Blech
bitumen / Asphalt, asphaltiert
blackfella bzw. ***whitefella*** / Bezeichnung für schwarze bzw. weiße Australier
bloke / Kumpel, Mann
bull bar (auch ***roo bar***) / Schutzrammer am Auto
bull dust / sehr feiner Sand bzw. Staub
bush / als Busch bezeichnen die Australier alles Land außerhalb der Ortschaften; ***to go bush*** heißt soviel wie zum Campen aufs Land fahren
bush tucker / Buschnahrung (▷ 118)
corroboree / feierliche Zusammenkunft der Aborigines
damper / eine Art Fladenbrot, das aus Mehl und Wasser zubereitet wird
didgeridoo / Musikinstrument der Aborigines
dinghy / kleines Boot
dunny / Buschtoilette, Plumpsklo (▷ 89)
esky / Kühlbox
fossicking / nach Edelsteinen suchen
goanna / Waran
jetty / Pier (wobei es sich um einen nur wenige Meter kurzen Anlegesteg oder um einen kilometerlangen Pier handeln kann)
joey / junges Beuteltier
mate / Kumpel, nicht gleichzusetzen mit Freund
oz / Bezeichnung für Australien
stubbie / 375 ml Bierflasche
stubbie holder / eine Art Kunststoffummantelung, die das Bier kühl hält
swag / Mischung aus Schlafsack und Zelt für eine Person
station / Farm
take away / Imbiss oder Café oder beides in einem; ***for take away*** zum mitnehmen
thongs / Badelatschen
ute / Abkürzung von ***utility***, Bezeichnung für Autos mit Ladefläche (Pick-Ups)
walkabout / herumwandern, durch den Busch wandern
willy-willy / Windrose

Englische Tier- und Pflanzennamen (▷ 400)

Straßenverhältnisse. Wer sich außerhalb der Großstädte mit dem Fahrzeug durch das Land bewegt, wird feststellen, wie entspannend Auto-

enden. Meist sind die Tiere von dem Licht der Scheinwerfer dermaßen geblendet, dass sie regungslos auf der Straße verharren und auch hupen nicht hilft.
Straßensperrungen auf Grund von Überflutungen oder anderen Ursachen sind auf jeden Fall ernst zu nehmen. Bei Nichtbeachtung drohen hohe Geldbußen. Aktuelle **Informationen über Straßenzustände**/*road conditions* und etwaige Sperrungen erhält man u. a. in Touristenbüros, Gemeindeverwaltungen, auf der Website www.exploroz.com > *National Road Conditions* und unter den kostenfreien Rufnummern bzw. auf den Websites der zuständigen Behörden [in WA: *Main Roads Western Australia*, Tel. 1800 013 314, www.mainroads.wa.gov.au > *Road Conditions* / im NT: *Department of Infrastructure, Planning and Environment*, Tel. 1800 246 199, www.ipe.nt.gov.au > *Road conditions*].

Stromspannung. Die Stromspannung beträgt 240 / 250 Volt und die Steckdosen sind dreipolig, weshalb ein Adapter von Nöten ist.

Telefonieren. Fast alle öffentlichen Telefonzellen/*pay phones* akzeptieren sowohl Münzen/*coins* als auch Telefonkarten/*phonecards*. Die erhobene Mindestgebühr für Ortsgespräche/*local calls*, Ferngespräche/*long distance calls* sowie internationale Gespräche/*international calls* beträgt 50c. Die Gebühren für internationale Gespräche sind extrem hoch (ca. 60c pro Minute) und sinken auch während der Niedrigtarif-Zeiten (Mo-Sa 18-6 h, So ganztägig) nur minimal.
Am billigsten telefoniert man ins Ausland mit Telefonkarten von privaten Anbietern, so wie *Gotalk* [www.cardcall.com.au], *GPS* [www.telpacific.com.au] oder *Eurocity* [www.chi-tel.com], die Preise zwischen 3c und 15c pro Minute anbieten. Einige Anbieter berechnen pro Gespräch Vermittlungsgebühren/*verification fees* (auch *connection fees*), selbst wenn man niemanden erreicht hat. Erhältlich sind die Karten (oft nur in Form eines Kassenbons) in Zeitungsgeschäften zu einem Betrag von $10 aufwärts. Sie alle funktionieren mit Geheimnummer und die Prozedur ist bei allen Anbietern ähnlich.

1. Zunächst wählt man die Nummer des Anbieters, wobei man unterschiedliche Optionen hat. Die günstigen Tarife gelten nur für Städte mit eigener Einwahlnummer/*local access number* (aufgelistet auf Karte oder Werbeflyer). Bei diesen verliert man die zuvor eingeworfenen 50c (auch falls besetzt oder der gewünschte Gesprächsteilnehmer nicht erreichbar ist!). Dasselbe gilt für die 1300er Nummer, die australienweit gültig ist, aber mit etwas teureren Gebühren abrechnet. Am teuersten ist die 1800er Freinummer, die dafür ohne den Einwurf von 50c die Verbindung herstellt.

2. Per Tastendruck wählt man die gewünschte Sprache (nicht immer ist Deutsch dabei) und gibt dann nach Aufforderung seine Geheimnummer ein.

3. Nachdem man sein Kartenguthaben erfahren hat, wählt man die gewünschte Nummer.

4. Will man ein weiteres Gespräch führen, nicht auflegen, sondern, je nach Anbieter, eine andere Tastenkombination drücken (bei *Talk Tomato* z. B. zweimal den *hash key #*), da sonst bei der lokalen und 1300er Nummer noch mal 50c investiert werden müssen.

Das **Telefonieren mit einem Handy**/*mobile phone* ist nur in Städten und dicht besiedelten Regionen möglich. Da in Australien wie auch in Europa das GSM-Netz Standard ist, funktioniert das von zu Hause mitgebrachte Handy auch ohne neue SIM-Karte problemlos. Allerdings sind die Gebühren enorm hoch.
Günstiger telefoniert man mit einer neuen SIM-Karte (und somit unter neuer Rufnummer). Die SIM-Karte ist Bestandteil des so genannten *starter kit* ($20-$25), das in den Geschäften der ver-

schiedenen Telefongesellschaften erhältlich ist. Fast alle Gesellschaften bieten eine reisefreundliche Abrechnung über Prepaid-Karten an, die es u. a. in Supermärkten und Zeitungsgeschäften zu kaufen gibt.
Bevor man sich für einen Anbieter entscheidet, sollte man sich mit den unterschiedlichen Netzabdeckungen vertraut machen. Das am besten ausgebaute (aber gleichzeitig auch das teuerste) Mobilfunknetz bietet zurzeit die australische Telefongesellschaft *Telstra* [www.telstra.com.au]. Neben dem GSM-Netz unterhält Telstra noch ein zweites Netz, das *Next G Network*, das eine erheblich bessere Netzabdeckung außerhalb der urbanen Zentren bietet. Der einzige Nachteil, die heimischen Handys sind für dieses Netz nicht tauglich, weshalb die Anschaffung eines neuen Handys nötig ist. Die Preise für *Next G Network* taugliche Handys beginnen bei ca. $150.

Für internationale Gespräche von Australien wählt man:
Internationale Vorwahl 0011 + den Ländercode (Deutschland: 49, England: 44, Schweiz: 41, Österreich: 43, Niederlande: 31) + gewünschte Rufnummer inkl. Vorwahl aber ohne die erste 0.
Für Gespräche nach Australien wählt man:
Vorwahl Australien 0061 + die Vorwahl des Staates bzw. Territoriums, aber ohne die 0 (WA, NT & SA: 08, VIC: 03, NSW & ACT: 02, QLD: 07, TAS: 03) + die gewünschte Rufnummer.
Die **australienweite Notrufnummer** für Polizei, Feuerwehr und Krankenwagen ist: 000. Wer von einem Handy anruft, kann auch die international gültige Notrufnummer **112** wählen und wird dann weiter geleitet.

Toiletten. Als Reisender ist man ganz besonders auf sie angewiesen: öffentliche Toiletten. Ausgeschildert sind sie mit *public toilets* oder der amerikanischen Variante *rest rooms*. In kleineren Ortschaften liest man manchmal die förmliche britische Version *public conveniences*. Wer partout kein Risiko eingehen will, kann sich unter www.toiletmap.gov.au mit den Standorten der über 14.000 öffentlichen Toiletten vertraut machen...

Touristenbüros. Fast jede Ortschaft hat ein Touristenbüro/*tourist information*. Selbst in untouristischen Siedlungen gibt es zumindest eine Informationsstelle in der Gemeindeverwaltung/*shire office* oder eine Informationstafel/*information bay* (meist an der Einfahrt zur Ortschaft).
Touristenbüros sind eine wertvolle Anlaufstelle, denn sie bieten **kostenloses Informationsmaterial** und informieren über die **Unterkunftsmöglichkeiten** vor Ort sowie über die **lokalen Attraktionen**. Zudem nehmen sie Buchungen für Unterkünfte und Touren entgegen und viele haben einen öffentlichen Internetzugang.
Das Angebot an organisierten **Touren** ist extrem groß und vielfältig und reicht von Bootstouren über 4WD-Touren bis hin zu Rundflügen. Die Preise für Touren variieren je nach Gebotenem und liegen bei 1- bis 2-stündigen Bootstouren zwischen $40 und $80 Erw. / $30 und $60 Kind. Halbtagestouren mit einem 4WD beginnen ab $80 und Ganztagestouren ab $110. Für einen 1- bis 2-stündigen Rundflug muss man mit ca. $260 pro Person rechnen und für einen 15- bis 30-minütigen Hubschrauberflug mit ca. $180.
Oft sind die Touristenbüros in kleineren Ortschaften besser ausgestattet und liebevoller hergerichtet als in touristischen Hochburgen bzw. in großen Städten. Die meisten Touristenbüros haben täglich zwischen 9 und 17 h geöffnet, allerdings können ihre Öffnungszeiten saisonal stark variieren. Das gilt vor allem für den tropischen Norden, wo in der Regenzeit, die Touristenbüros nur eingeschränkt geöffnet haben.

Transportmittel. Die beste Möglichkeit das Land zu erkunden, bietet zweifelsfrei **das eigene Fahrzeug**. Nur mit diesem kann man in alle Ecken und Winkel des Kontinents vordringen. Man ist unabhängig von den knapp berechneten Zeitplänen der Tourenanbieter und dem auf die Hauptstrecken beschränkten Bus- und Bahnnetz.

Auto

Allradfahrzeug/*4 Wheel Drive* (4WD) oder konventionelles zweiradangetriebenes Fahrzeug/ *2 Wheel Drive* (2WD)?

Diese Entscheidung hängt neben den finanziellen Mitteln ganz von der geplanten Route ab. Plant man, bestimmte Pisten wie die Canning Stock Route zu fahren oder in entlegene Teile des Landes vorzudringen, die nur über 4WD-Pisten erreichbar sind, ist ein teureres Allradfahrzeug Voraussetzung. Der kraftvolle Antrieb, die hohe Bodenfreiheit/*high clearance* und das bei einigen Modellen nach oben gelegte Luftansaugrohr/ *snorkel* sorgen für mehr Mobilität und die bessere Aufhängung für mehr Fahrkomfort bei längeren Strecken auf nicht asphaltierten Straßen. Einige wenige Nationalparks, darunter der Purnululu NP, und einige wenige Attraktionen, wie z. B. die Jim Jim Falls im Kakadu NP, können ausschließlich mit einem 4WD erreicht werden. Dennoch ist ein 4WD weder Voraussetzung, um den Westen noch um den Norden zu bereisen, denn von diesen wenigen Sehenswürdigkeiten abgesehen, sind alle beliebten Reiseziele durch ein gut ausgebautes Straßennetz miteinander verbunden.

Mieten oder Kaufen?

Wer nur wenig Zeit hat, fährt besser mit einem **Mietfahrzeug**. Die Auswahl an Anbietern ist groß ebenso das Angebot an Fahrzeugtypen. Campmobile sind besonders geeignet das Land kennen zu lernen und daher sehr gefragt. Bei einer 3-wöchigen Mietdauer zahlt man für ein einfaches Campmobil (2-3 Pers.), je nach Saison, zwischen $50 und $140 und für einen 4WD-Camper zwischen $120 und $250 pro Tag. Beim Mieten eines Fahrzeuges hat man die Wahl zwischen einem nationalen oder regionalen Anbieter.

Die **regionalen Anbieter** sind meist preisgünstiger als die großen nationalen Autovermietungen, bieten jedoch selten Campmobile an und nehmen oft keine Reservierungen von Übersee entgegen. Außerdem darf man sich nur räumlich eingeschränkt im Land bewegen, das heißt, im Vertrag wird ein Radius festgelegt, den man nicht verlassen darf. Mietet man z. B. einen Wagen in Perth, darf man sich im Süden meist frei bewegen, Richtung Norden aber nicht weiter als Carnarvon fahren. Während der jeweiligen Hauptsaison des Gebietes sind die regionalen Anbieter genauso ausgebucht wie die nationalen Anbieter und eine rechtzeitige Reservierung ist empfehlenswert. Preisbeispiele plus Websites regionaler Anbieter unter »Perth« (▷ 162) und »Darwin« (▷ 387).

Sobald man sich ohne räumliche Einschränkung auf dem Kontinent bewegen möchte, muss man auf einen **nationalen Anbieter** zurückgreifen. Neben *Hertz* [www.hertz.de] und *Avis* [www.avis.de] gibt es viele Vermieter, die sich auf Campmobile spezialisiert haben. Die beiden marktführenden Anbieter sind *Britz* [www.britz.com] und *Maui* [www.maui-rentals.com], die mittlerweile fusioniert sind. Weitere Anbieter sind *Apollo* [www.apollocamper.com], *Boomerang Campers* [www.boomerangcampers.com], *Campabout Oz* [www.campaboutoz.com.au], *Camperworld* [www.camperworld.com.au], *Four Wheel Drive Hire Service* [www.4wdhire.com.au], *Kea Campers* [www.keacampers.com.au], *Swiss Aussie Holidays* [www.swissaussie.com] und *Trailmaster* [www.trailmaster.com.au]. Auf einen eher jüngeren Kundenkreis zugeschnitten (sprich buntbemalte Auto, einfache Ausstattung, dafür günstige Preise) sind die Unternehmen *Backpacker Campervans* [www.backpackercampervans.com], *Travellers Auto Barn* [www.travellers-autobarn.com] und *Wicked* [www.wickedcampers.com.au].

Für welchen Anbieter man sich auch entscheidet, die Vertragsbedingungen sollte man genau studieren, insbesondere die im Mietpreis enthaltene **Fahrzeugversicherung/***insurance.* Der zu bezahlende Eigenanteil/*excess* im Falle eines Schadens beträgt mitunter $1500 bis $3500 und Wasserschäden, die bei Flussdurchquerungen entstehen oder Schäden an der Windschutzscheibe sind oft generell ausgeschlossen. Eine **Zusatzversicherung**, die den Eigenanteil reduziert und den Versicherungsschutz erweitert, kann noch mal zusätzlich $10 bis $25 für einfache Pkws und $15 bis $40 für Wohnmobile pro Tag kosten.

Die geplante Reiseroute und das ausgewählte Mietfahrzeug müssen zueinander passen. Je nach Fahrzeugmodell gibt es für bestimmte **Strecken und Straßentypen Einschränkungen**. So muss man mit einem 2WD grundsätzlich auf asphaltierten Straßen bleiben und selbst bei der Anmietung eines 4WD dürfen nicht alle Pisten ohne vorherige Genehmigung befahren werden.

Unbegrenzte **Freikilometer**/*unlimited kilometres* sind in einem so großen Land wichtig. Bei günstigen Angeboten sind die Freikilometer meist auf 100 oder 150 km pro Tag begrenzt. Jeder zusätzliche Kilometer kostet zwischen 20c und 30c.

Das **Mindestalter** für das Anmieten eines Fahrzeuges ist vom Fahrzeugtyp und Anbieter abhängig und liegt zwischen 21 und 25 Jahren.

Bei längerem Aufenthalt wird das Anmieten eines Autos meist zu teuer, eine andere Alternative ist daher der **Fahrzeugkauf.** Eine wertvolle Entscheidungshilfe für unsichere Käufer bietet eine Gebrauchtwagen-Inspektion, in der man Sicherheit und Fahrtüchtigkeit des potentiellen Kaufobjektes prüfen lassen kann. Angeboten wird dieser Service in WA vom RACW (▷ 12) und vom privaten Versicherungsunternehmen SGIO [168 St. Georges Tce, Perth, www.sgio.com.au] und im NT vom AANT (▷ 13). Die Preise für eine solche Inspektion variieren nach Fahrzeugmodell von $130 bis $281.

Da in Australien das Auto Transportmittel Nr. 1 ist, ist die Auswahl an Gebrauchtwagen relativ groß. Das Durchschnittsalter der zugelassenen Pkws liegt bei ca. zehn Jahren. Ältere Modelle sind deshalb keine Seltenheit und auch die mögliche Ersatzteilbeschaffung bereitet keine Probleme. Zur Wahl stehen folgende Autotypen mit Preisbeispielen für Modelle jenseits des Durchschnittsalters: Pkw/*sedan* ($1.500-$2.000), Kombi/*station wagon* ($1800-$3500), Lieferwagen/*van* ($2500-$5.000), Campmobile/*campervan* mit Hoch oder Klappdach/*pop top* ($5000-$8000), VW Busse/*Volkswagen combi* ($2000-$5000), *panel van* (australische Mischung aus Lieferwagen und Kombi, $3000-$5000), All-

Tipps für den Autokauf

Reifenprofil prüfen! Viele Händler lackieren die Reifen mit einem Spray, so dass sie wie neu aussehen. Die Preise für neue 2WD-Reifen starten bei $90, für 4WD-Reifen bei $160.

Windschutzscheibe inspizieren! Kleine Löcher, Kratzer oder Sprünge sind keine Seltenheit. Während Einschlagslöcher meist stabil sind, wandern Sprünge oft im Laufe der Zeit, bis sie das andere Ende der Scheibe erreicht haben. Eine neue Windschutzscheibe/*windscreen* kostet zwischen $220 bis $420.

Nach dem Steuerriemen/*timing belt* fragen! Der Riemen ist ein entscheidendes Verschleißteil im Motor und muss, je nach Modell, alle 70.000 bis 100.000 km ausgewechselt werden. Ein Reißen des Riemens hat fast immer einen Motorschaden zur Folge! Einige wenige Modelle besitzen statt des Riemens eine Kette, die oft nur nachgestellt werden muss.

Wagen mit Automatikgetriebe/*automatic gear* gelten als anfälliger als solche mit Schaltgetriebe/*manual*. Außerdem können sie im Falle eines Falles nicht zum Starten angeschoben werden. Ältere Automatikfahrzeuge verbrauchen zudem etwas mehr Treibstoff.

Diesel/*diesel* ist nicht wesentlich billiger, manchmal sogar teurer als Normalbenzin. Allerdings ist Diesel fernab der Hauptrouten der gängigste Treibstoff und sowohl auf vielen Farmen als auch in Aborigine-Communities erhältlich. Hinzu kommt, dass Diesel-Fahrzeuge, wegen des Fehlens der Zündanlage, bei Wasserdurchquerrungen unempfindlicher sind.

Fahrzeuge mit *dual cab* (auch *dual tanks* oder *dual fuel*) besitzen zusätzlich einen **Autogastank**. Da Gas/*gas* erheblich günstiger ist als Benzin, kann sich die Anschaffung eines solchen Fahrzeuges trotz des höheren Kaufpreises auszahlen.

Alle in WA registrierten Fahrzeuge müssen mit einer **Wegfahrsperre**/*immobilizer* ausgestattet sein. Einbaukosten beginnen ab $150 aufwärts.

radfahrzeuge/*4 Wheel Drives* ($6000-$10.000). Bebilderte Typenerklärungen findet man unter www.carmarket.com.au > *Photo Gallery*.

WA **Kauf und Verkauf eines in WA registrierten Fahrzeuges** ist gänzlich unbürokratisch. Beim Ummelden muss nur ein einziges vom *Department of Planning and Infrastructure* herausgegebenes Formular (*Vehicle Licence Tranfer – Notification of Change of Ownership*) ausgefüllt werden. Auf diesem sollte eine westaustralische Adresse angegeben werden (und sei es, die eines Hotels oder Campingplatzes). Die anfallende Gebühr/*stamp duty* beträgt für Autos mit einem Marktwert unter $15.000 2.75 % des Kaufpreises plus einer *transfer fee* von $14.20. Erhältlich sind die Formulare in vielen Postfilialen, online oder direkt in den Registrierungsstellen/*licensing centres* [www.dpi.wa.gov.au > *Licensing Services* > *Forms* für Formulare bzw. *Licensing Centres* für Filialen], in denen man bei Abgabe des Formulars auch die Gebühren bezahlt.

Falls man plant, den Wagen in einem anderen Staat bzw. Territorium wieder zu verkaufen, lässt sich die Prozedur auch postalisch oder telefonisch (Tel. 1300 655 322) regeln, sofern man im Besitz des besagten Formulars ist. Umgekehrt, einen Wagen mit Nummernschildern eines anderen Staates in WA wieder loszuwerden, kann sehr problematisch werden, da alle Staaten bzw. Territorien bezüglich der Ummeldung unterschiedliche Verordnungen und Formblätter haben.

Einen TÜV wie in anderen australischen Staaten gibt es in WA nicht. Alles auf was man achten muss, ist eine gültige Registrierung/*registration* des Fahrzeuges. In WA kann man ein Fahrzeug für sechs oder zwölf Monate registrieren lassen. Die Kosten richten sich nach dem Gewicht des Fahrzeuges und liegen bei sechs Monaten zwischen $200 und $400. Ein Aufkleber an der Windschutzscheibe, der *registration sticker*, zeigt an, bis wann die Gebühren bezahlt sind. Dieser Aufkleber zusammen mit dem Kaufvertrag und der Quittung für die Registrierungsgebühr sind die einzigen »Fahrzeugpapiere« die man erhält. Als Käufer übernimmt man die bereits vom Verkäufer bezahlten registrierten Monate. Vier bis sechs Wochen vor Ablauf der Registrierung bekommt man die neue Zahlungsaufforderung zugeschickt und zwar an die im Ummeldeformular angegebene Adresse bzw. (wer dies vorher schriftlich beantragt hat) an eine andere beliebige australische Anschrift. Die Zahlungsaufforderung enthält eine Rechnungsnummer/*account number*, mittels der man online bezahlen kann.

Die Registrierungsgebühr deckt nicht nur die Steuern ab, sondern beinhaltet auch eine Haftpflichtversicherung für Personenschäden. Eine Versicherung für Sachschäden ist in Australien nicht Pflicht. Jedem ist selbst überlassen, ob er den Versicherungsschutz um eine Sachschaden-Haftpflichtversicherung erweitern möchte (▷ 13). Mehr zum Thema Autokauf unter »Perth« (▷ 161).

NT **Der Kauf und Verkauf eines im NT registrierten Fahrzeuges** ist für Touristen mit ein paar Einschränkungen verbunden. Zunächst kann die Ummeldung NUR persönlich in den zuständigen Filialen des *Department of Planning and Infrastructure* erfolgen [Filialen unter www.nt.gov.au/transport > *Contact us*]. Vorgelegt werden müssen der Reisepass und ein gültiges Visum. Die anfallende Ummeldegebühr beträgt 3 % des Fahrzeugkaufpreises plus einer *transfer fee* von $14.40. Als Tourist erhält man in der Regel nur eine Registrierung für drei Monate. Die Kosten richten sich nach Gewicht und Hubraum des Fahrzeuges und liegen bei $200 bis $300. Der Käufer übernimmt die vom Verkäufer bereits bezahlten Monate.

Befindet man sich bei Ablauf der Registrierung noch im NT, kann man die Registrierung gewöhnlich einmal verlängern. Dabei ist zu beachten, dass im NT eine jährliche TÜV/*MOT*-Pflicht [Gebühren $38.50 pro Fahrzeug] besteht, der dann möglicherweise nachzukommen ist.

Falls man sich bei Ablauf der Registrierung bereits in einem anderen Staat bzw. Territorium befindet, muss man den Wagen dort umregistrieren lassen (und je nach Staat bzw. Territorium auch wieder durch den TÜV). Das gleiche gilt für den Käufer eines NT-Fahrzeuges außerhalb des NT. Da von Touristen keine Ummeldung per Post oder Telefon akzeptiert wird, muss man den Wagen auf den jeweiligen Staat bzw. das jeweilige Territorium ummelden, in dem der Kauf abgeschlossen wird. In diesem Fall kann der Käufer die vom Vorbesitzer bezahlten Registrierungsmonate nicht übernehmen, der Verkäufer jedoch die überzahlten Monate vom *Department of Planning and Infrastructure* zurückfordern.
Mehr zum Thema Autokauf unter »Darwin« (▷ 387).

Wem ein Mietfahrzeug zu teuer und der Fahrzeugkauf zu zeitaufwendig ist, kann ein **Fahrzeug mit Rückkaufgarantie/** *buy back guarantee* erwerben. Das heißt, man kauft ein Fahrzeug bei einem Händler und verkauft es am Ende der Reise zu vorher ausgehandelten Bedingungen (z. B. zu einem festgelegten Prozentsatz des Kaufpreises) an den Händler zurück. Das spart Zeit für den Wiederverkauf, schmälert aber nicht das Risiko eines Gebrauchtwagenkaufs.
Während in anderen Staaten relativ viele Autohändler *buy back*-Verträge anbieten, gibt es in WA und im Top End allerdings keine nennenswerten Adressen. Ein australienweit operierender Anbieter mit Sitz in Perth ist *Travellers Auto Barn* [365 Newcastle, Northbridge, www.travellers-autobarn.com].

Bahn

Die Möglichkeiten WA und das NT per Bahn zu erkunden, sind äußerst beschränkt. In WA gibt es nur zwei Bahnlinien, auf denen Personenzüge verkehren. Die erste Linie führt von Perth nach Süden bis Bunbury und wird mehrmals täglich vom *Australind* bedient. Auf der zweiten Strecke von Perth Richtung Osten verkehren der *Avon Link* bis Northam und der *Prospector* bis Kalgoorlie. Alle drei Züge werden von *Transwa* [West Parade, East Perth Terminal, Perth, www.transwa.wa.gov.au] eingesetzt. Der einzige überregionale Zug ist der *Indian Pacific*, der von *Great Southern Railway* [West Parade, East Perth Terminal, Perth, www.gsr.com.au] betrieben wird. Er verkehrt von Perth via Kalgoorlie quer über die Nullarbor Plain bis nach Adelaide/Melbourne/Sydney.
Das Top End ist erst seit 2004 ans Bahnnetz angeschlossen. Der ebenfalls von *Great Southern Railway* betriebene *The Ghan*, verkehrt von Adelaide via Alice Springs und Katherine bis Darwin.

Bus

Das einzige **transkontinentale Busunternehmen**, das alle Staaten und Territorien miteinander verbindet ist *Greyhound Australia* [www.greyhound.com.au > *greyhound network*]. Das Unternehmen entstand aus einem Zusammenschluss der beiden Busunternehmen *Mc Cafferty's Express Coaches* und *Greyhound Pioneer*. Für Vielfahrer werden verschiedene Pässe angeboten.
In WA operieren darüber hinaus regional noch drei weitere Linienbus-Unternehmen.

- *Integrity Coach Lines* [Wellington St, Central Bus Station, Perth, www.integritycoachlines.com.au] verkehrt entlang der Westküste von Perth via Geraldton bis Exmouth und weiter nach Broome.
- Das staatliche Unternehmen *Transwa* [West Parade, East Perth Terminal, Perth, www.transwa.wa.gov.au] bedient mit seinen Bussen und Bahnen die gesamte südliche Hälfte von WA.
- Spezialisiert auf die Goldfields ist das Unternehmen *Goldrush Tours* [16 Lane St, Kalgoorlie, www.goldrushtours.com.au], das sowohl organisierte Touren als auch einen Linienbus zwischen Perth und Kalgoorlie anbietet.

Eine bei Rucksacktouristen beliebte **Mischung aus Linienbus und organisierter Tour** bietet das Unternehmen *easyrider tours* [224 William St, Northbridge, www.easyridertours.com.au], dessen Busse auf verschiedenen Routen den Westen durchqueren und weiter ins NT nach Darwin fahren. Entlang dieser Routen hält der Bus an lokalen Sehenswürdigkeiten bzw. fährt in die populärsten Nationalparks. Übernachtet wird in Ortschaften mit Backpacker-Unterkünften, die auf Wunsch bei *easyrider tours* vorgebucht werden können. Wahlweise werden so genannte *jump on jump off* Optionen angeboten, die einem erlauben, an einigen Orten länger zu bleiben. Ein zweiter, ähnlich organisierter Anbieter ist *Western Travel Bug* [224 Scarborough Beach Rd, Doubleview, www.travelbug.com.au], der allerdings ausschließlich den Südwesten bedient.

Flugzeug

Angesichts Australiens Größe ist das Fliegen eine zeitsparende Alternative, um »weite Sprünge« zu machen. Bei dem Erwerb eines Flugtickets nach Australien kann man bei einigen Fluggesellschaften gleich zusätzlich inneraustralische Flugcoupons erwerben. Der zu bezahlende Aufpreis pro Flugcoupon ist in der Regel sehr viel niedriger als die Standard Preise vor Ort.

Neben der australischen Fluglinie *Qantas* [www.qantas.de] gibt es zwei weitere überregionale Fluglinien: *Virgin Blue* [www.virginblue.com.au], *Tiger Airways* [www.tigerairways.com.au] und eine Billigflugtochter von Qantas namens *Jet Star Airways* [www.jetstarairways.com], beide allerdings mit einem sehr eingeschränkten Flugnetz auf der westlichen Kontinenthälfte.

WA besitzt zudem zwei Hausfluglinien, *Skywest* [www.skywest.com.au], die 17 Orte anfliegt, *Oz Jet* [www.ozjet.com.au], die zwischen Perth und Derby verkehrt und *Northwest Regional Airlines* [www.northwestregional.com.au], die nur im Norden operiert.

Unterkunftsmöglichkeiten. Das Angebot an Übernachtungsmöglichkeiten ist auf dem gesamten Kontinent außerordentlich groß und vielseitig. In untouristischen Gegenden verringert sich zwar die Auswahl, aber ein einfaches Hotel, Motel oder einen Campingplatz findet man allemal. Etwas gewöhnungsbedürftig für Langschläfer ist in vielen Häusern die frühe Check-Out-Zeit von 10 h.

Ein zeitaufwendiges Suchen der Unterkünfte entfällt, denn über 80 % aller Ortschaften in WA und im NT haben weniger als 3000 (!!!) Einwohner und sind daher äußerst übersichtlich. Alle wichtigen Einrichtungen einschließlich der Unterkünfte liegen an der Hauptstraße oder sind von dieser ausgeschildert. Zudem gibt es in fast jedem Ort ein Touristenbüro, das kostenlos über die Unterkunftssituation informiert.

Zusätzlich gibt es folgende empfehlenswerte **Unterkunftsführer** bzw. Websites:

- Am ausführlichsten sind die jährlich aktualisierten Hefte des australischen Automobilclubs (▷ 13), so wie der *National Accommodation Guide* ($10 für Mitglieder / $20 für Nicht-Mitglieder), der die gesamte Palette an Übernachtungsmöglichkeiten für den ganzen Kontinent auflistet (ausgenommen Campsites und Campingplätze) oder der *National Tourist Park Guide* ($9 für Mitglieder / $18 für Nicht-Mitglieder) für Camper. Für die einzelnen Staaten bzw. Territorien gibt es Sonderausgaben, für WA *Western Australia Experience* und für das NT eine Gemeinschaftsausgabe mit SA *Experience South Australia & Northern Territory* ($8 für Mitglieder / $16 für Nicht-Mitglieder).
- In gut ausgestatteten Touristenbüros findet man viele kostenlose Unterkunftsbroschüren, darunter der *Western Australia Accommodation and Tours Listing* [www.staywa.net.au], der verschiedene Unterkünfte in ganz WA auflistet und die Broschüre *Farms, Stations and Country Retreats*, die speziell für Farm-Unterkünfte ist. Für das NT gibt es z. B. *Jasons Northern Territory accommodation guide* [www.jasons.com], der, je nach Ausgabe, auch QLD oder SA beinhaltet.

◆ **Backpacker-Unterkünfte/** *backpacker accommodation* (auch *backpacker hostels* oder einfach *backpackers*) sind zwar in erster Linie auf ein jün-

geres Publikum zugeschnitten, bieten aber auch älteren Reisenden eine günstige Übernachtungsalternative. Es handelt sich gewissermaßen um eine Mischung aus einfachem Hotel und Jugendherberge. Man kann entweder ein einzelnes Bett in einem Schlafraum/*dormitory* oder *bunkroom* (meist 4-8 Bettzimmer mit Etagenbetten) mieten oder ein eigenes Einzel- oder Doppelzimmer. Die Preise für ein Bett liegen zwischen $15 und $22, für ein Einzelzimmer zahlt man meist den Preis eines Doppelzimmers von $50 bis $70. Bei einem Aufenthalt ab einer Woche gibt es günstige Wochenraten/*weekly rates*.
Generell sind die Unterkünfte eher etwas für weniger Anspruchsvolle. Die Zimmer sind meist klein und das Bett ist das einzige Möbelstück im Raum. Die Ausstattung, der Zustand der Einrichtung und die Sauberkeit der Häuser variieren stark. Da man hier ganz auf die Bedürfnisse von Rucksacktouristen/*backpackers* eingestellt ist, gibt es immer eine Gemeinschaftsküche/*shared kitchen* mit Herd, Kühlschrank etc. und meist einen Aufenthaltsraum mit Fernseher. Die sanitären Einrichtungen werden gewöhnlich gemeinschaftlich genutzt, manchmal gibt es auch Zimmer mit eigenem Bad und WC/*ensuite*.
Für diejenigen, die planen öfter in Backpacker-Unterkünften zu übernachten, kann sich der Kauf einer Mitgliedskarte rentieren. Mit dieser erhält man sowohl in den jeweils angeschlossenen Häusern einen Rabatt als auch andere Ermäßigungen, wie z. B. beim Kauf eines Bustickets oder bei der Teilnahme an Touren. Zwei Karten stehen zur Wahl: die *VIP Backpacker Membership Card* [www.backpackers.com] und die *Nomads Adventure Card* [www.nomadsworld.com]. Beide können in den jeweils angeschlossenen Unterkünften sowie online bestellt werden.
Listen von Backpacker-Unterkünften unter www.aussiebackbackpacker.com.au, www.hostels.com und www.backpackingaround.com.

◆ **Bed and Breakfast**, kurz B & B, bietet eine gesellige Alternative zur anonymen Hotel/Motel Übernachtung, denn etwas Plaudern mit den Gastgebern gehört immer dazu. Auch in der Einrichtung spiegelt sich die persönliche Note der Gastgeber wieder und so ist kein B & B wie das nächste. Die meisten B & B haben bis zu vier Zimmer mit Platz für vier bis zehn Gäste. Der Preis für ein Doppelzimmer liegt durchschnittlich zwischen $100 und $150, für ein Einzelzimmer zwischen $80 und $120. Neben dem im Preis enthaltenen Frühstück bieten einige Häuser auch warme Mahlzeiten an (ca. $15-$20 pro Person). Besonders groß ist die Auswahl an B & Bs in touristischen Orten, in weniger populären Regionen dünnt sich das Angebot stark aus.
Listen von B & Bs unter www.babs. com.au, www.ozbedandbreakfast.com und www.bed-and-breakfast.au.com.

◆ **Campingplätze**/*caravan parks* gehören zur Grundausstattung jeder Ortschaft. Sie bieten **Stellplätze** mit Strom/*powered sites* und ohne Strom/*unpowered sites*. Der durchschnittliche Preis für zwei Personen und Campmobil bzw. Zelt und Auto liegt zwischen $18 und $25 für einen Stellplatz ohne Strom und $23 bis $35 für einen mit Strom. Jeder weitere Erwachsene zahlt ca. $8, jedes Kind ca. $6. In populären Regionen und großen Städten bieten einige Campingplätze nur noch Stellplätze mit Strom an.
Neben der Standardausstattung bieten viele Plätze eine Waschküche/*laundry* mit Waschmaschinen/*washing machines* ($2-$3) und Trocknern/*dryer* ($1) sowie eine Küche für Camper/*campers kitchen* mit Sitzplätzen, Koch- und BBQ-Gelegenheiten nebst Kühlschrank.
Neben Stellplätzen vermieten viele Campingplätze **fest installierte Wohnwagen**/*on-site-vans*. Ausgestattet mit Küche (inkl. Geschirr), jedoch ohne WC und Dusche bieten sie Übernachtungsmöglichkeiten für bis zu vier Personen. Die Preise variieren zwischen $40 und $60.
Moderner ausgestattet und geräumiger sind die kleinen **Ferienhäuser in Containerform**/*cabins*, in denen von der Mikrowelle bis zum Fernseher

alles vorhanden ist. Hier hat man meist die Wahl zwischen einer *cabin* mit Bad und WC (*ensuite* $75-$90) oder einer ohne (*standard* $55-$70).
Die **Preise der Campingplätze unterscheiden sich erheblich** nach Region, Lage und Saison. An besonders populären Orten und in großen Städten wie z. B. Perth und Albany zahlt man auf einigen Plätzen sogar schon zwischen $40 und $50 pro Stellplatz.
Es gibt zwei große Campingplatz-Ketten, *Big 4* [www.big4.com.au] und *Top Tourist* [www.top-touristparks.com.au], deren Plätze sich hauptsächlich in touristischen Orten befinden. Beide rühmen sich eines besonders hohen Standards, denn ein Kinderspielplatz/*playground* und die Küche für Camper gehören stets dazu. Wer vorzugsweise auf eine dieser beiden Ketten zurückgreifen möchte, kann durch eine Mitgliedschaft Geld sparen (wobei beide Ketten ohnhin ein relativ hohes Preisniveau haben). Bei *Big 4* zahlt man $40 und bei *Top Tourist* $25 für jeweils eine zwei Jahre gültige Mitgliedschaft und erhält dafür einen Preisnachlass von 10 % pro Aufenthalt (maximal $30 bei *Big 4* bzw. $20 bei *Top Tourist*).
Listen von Campingplätzen unter www.camping.com.au, www.goseeaustralia.com.au und für WA unter www.caravanwa.com.au.

◆ Neben den konventionellen Campingplätzen gibt es in Australien so genannte **Campsites** (auch **Campgrounds**). Es handelt sich um einfache Plätze, die von der jeweiligen Gemeinde bereitgestellt und verwaltet werden. Die Kosten betragen durchschnittlich $3 bis $9 pro Person und Nacht, manche sind sogar umsonst. Bezahlt wird meist per *honour box* (auch *donation box*), das heißt, es steht eine Geldbox bereit, in die man den passenden Betrag einwirft. In vielen Nationalparks (▷ 24) gibt es ebenfalls Campsites, die aber nicht von der Gemeinde verwaltet werden, sondern von der für die Parks zuständigen Behörde. Die Ausstattung der Gemeinde- wie auch der Nationalpark-Campsites schwankt zwischen Folgenden:
Einige haben *no facilities*, sie bieten dem Reisenden also nichts außer einem offiziellen Platz, um sein Lager aufzuschlagen. Viele bieten zumindest einfache Buschtoiletten/*pit toilets* (▷ 89), manche auch kalte oder sogar warme Duschen. Nicht immer ist Wasser vorhanden (und falls doch ist es nicht immer trinkbar!), deshalb sollte man sich vorher über die Wassersituation informieren.
Die Gemeinde-Campsites sind generell nicht ausgeschildert! Einige sind auf den Straßenkarten der Automobilclubs vermerkt und einige sind in diesem Reiseführer aufgeführt; alle weiteren Plätze findet man jedoch nur mit Hilfe eines speziellen Campsite-Führers. Es stehen diverse Führer zur Auswahl, in denen alle Campsites samt Lage und Ausstattung genau beschrieben sind. Die »Standardwerke« für WA sind *Free campsites of W.A. south* und *Free campsites of W.A. north*, die den Süden bzw. den Norden von WA abdecken (erhältlich in Zeitungsläden/*newsagents* oder in Camping-Ausrüstungsgeschäften für je $15).

◆ Einen Einblick in das Leben auf einer Farm gewähren die **Farm-Unterkünfte/*farmstays*** (auch *country retreats* oder *station retreats*). Diese Farmen haben ihre Gatter dem Tourismus geöffnet und bieten eine Kombination aus verschiedenen Unterkunftsarten, angefangen von Stellplätzen für Camper ($10 bis $15 pro Person) über Zimmer im Farmhaus (ab $100 für zwei Personen bzw. $150 mit Vollpension/*full board*) bis hin zu vollausgestatteten Ferienhäuschen/*self contained cottages* oder *chalets* .
Die meisten Farmen liegen ein paar Kilometer vom Highway entfernt, sind aber durch große Hinweisschilder (die auch über die Art der Unterkunft Auskunft geben) gut ausgeschildert.
Listen von Farm-Unterkünften unter www.farmstaywa.com

◆ Das **freie Campen** jenseits von Campingplätzen und Campsites ist in Australien relativ unproblematisch und quasi überall dort erlaubt, wo kein ausdrückliches Campverbot besteht oder

sich das Land in Privatbesitz befindet. Generell verboten ist das Campen innerhalb geschlossener Ortschaften, in Nationalparks (außerhalb der ausgewiesenen Campsites) und auf Aborigine-Land. Außerdem sollte das Campen in der Nähe von Aborigine-Communities aus Sicherheitsgründen vermieden werden.
Beim Campen auf Privatbesitz, wie z. B. auf Farmgelände, braucht man eigentlich die Genehmigung des Besitzers. Allerdings wird gemeinhin unterschieden, ob jemand für mehrere Tage oder Wochen sein Lager aufschlägt oder ob jemand nur einen Übernachtungsstopp in der Nähe der Straße einlegt. Letzteres wird vor allem in den dünn besiedelten Teilen des Landes, in denen das Netz an offiziellen Campmöglichkeiten nicht so engmaschig ist, allgemein toleriert und von Reisenden ausgiebig praktiziert. Ein beliebter Treffpunkt für eine kostenlose Nacht entlang der Reiseroute sind die **Rastplätze**/*rest areas*. Einige Rastplätze, vor allem im Nordwesten und Norden von WA, sind so schön gelegen (oft direkt am Flussufer), dass sie sich während der »Rentner-Migration« (▷ 27) in regelrechte Dauercamps verwandeln, in denen abends die Generatoren um die Wette brummen. Um die immer weitere Ausdehnung dieser »inoffiziellen Rastplatz-Campsites« zu unterbinden, wurden viele Rastplätze inzwischen umzäunt, weshalb es zur Hauptsaison mitunter recht eng werden kann. Auf den populärsten Plätzen wurden außerdem Schilder aufgestellt, die darauf hinweisen, dass man hier nur 24 Stunden Campen darf (woran sich die meisten aber nicht zu stören scheinen). Fast alle 24 h Rastplätze sind mit Toiletten, Mülltonnen, Picknicktischen und Feuerstellen (im NT manchmal sogar mit Brennholz und Wassertank) ausgestattet.

◆ **Jugendherbergen**/*youth hostels* entsprechen in Preis und Leistung den Backpacker-Unterkünften. In vielen Ortschaften ist die Jugendherberge ohnehin gleichzeitig Backpacker-Unterkunft. Diese ist dann mit dem *YHA*-Schild gekennzeichnet und akzeptiert den Jugendherbergsausweis für Ermäßigungen.
Listen von Jugendherbergen unter www.yha.com.au.

◆ Fast jeder Ort besitzt mindestens ein Motel oder Hotel. **Motels** befinden sich meist an der Ein- oder Ausfahrt der Ortschaft und bieten Appartment ähnliche Räumlichkeiten/*units* mit eigenem Bad und WC (*ensuite*). In einigen Motels sind die *units* darüber hinaus mit Kochgelegenheit/*cooking facilities* ausgestattet. Früher unterschieden sich Motels von Hotels in erster Linie durch das Fehlen eines Restaurants bzw. einer Bar, inzwischen bieten auch viele Motels ein angeschlossenes Lokal. Preislich sind Motels bei gleichem Standard oft günstiger als Hotels. Die Preise für ein Doppelzimmer liegen ca. bei $90 bis $150, in vier und fünf Sterne Motels bei bis zu $200. Kinder kosten zusätzlich $15 bis $30. Viele Motels sind nationalen oder internationalen Ketten angeschlossen und werben mit günstigen Kuponangeboten, darunter *Best Western* [www.bestwestern.com], *Australian Golden Chain* [www.goldenchain.com.au] und *Flag* [www.flagchoice.com.au].
Hotels besitzen in Australien immer eine Lizenz zum Alkoholausschank und daher immer eine Bar und meistens ein Restaurant. Selbst wenn kein Restaurant angeschlossen ist, gibt es zumindest an der Bar eine kleine Auswahl an Gerichten, die so genannten *counter meals*. In einfachen Hotels erhält man ein Doppelzimmer mitunter schon ab $70, während die Preise in einem Mittelklasse Hotel zwischen $110 und $170 liegen. In der Luxusklasse ist die Preisgrenze nach oben offen.
Listen von Motels/Hotels unter www.australia-hotels.net, www.about-australia.com und www.check-in.com.au.

◆ **Roadhouse** ▷ 109

◆ Unter **Übernachtungsmöglichkeiten für Selbstversorger**/*self-catering accommodation* werden Ferienwohnungen/*holiday flats*, Ferienhäuschen/*chalets* oder *cottages*, containerartige Ferienhäuser/*cabins* (auch *units*) und Appartments/*apartments* zusammengefasst. Sie alle besitzen neben der Standardausstattung eine voll ausgestattete Küche oder Küchenzeile. Je nach Räumlichkeiten können die Unterkunftsarten von zwei bis zehn Personen genutzt werden. Die Preise für zwei Personen liegen zwischen $90 und $160. Preise für luxuriöse *chalets* oder *cottages* in populären Ferienorten starten bei $200. Einige Campingplätze bieten ebenfalls *chalets* und *cabins* an, meist zu günstigeren Preisen.

Verkehrsregeln. In Australien herrscht **Linksverkehr**. Als Autofahrer gewöhnt man sich in der Regel recht schnell an das spiegelverkehrte Fahren, als Fußgänger schaut man allerdings noch nach Wochen beim Überqueren der Straße zuerst zur »falschen« Seite.

Die **Höchstgeschwindigkeit** innerhalb geschlossener Ortschaften beträgt in WA, wenn nicht anders ausgeschildert, 50 km/h. Im NT gelten zurzeit 60 km/h (eine Reduzierung auf 50 km/h ist im Gespräch). Vor Schulen, in den so genannten *school zones*, ist die Geschwindigkeit sowohl in WA als auch im NT in der Zeit von 7.30 bis 9 h und 14/14.30 bis 15.30/16 h auf 40 km/h begrenzt. Außerhalb geschlossener Ortschaften beträgt die Höchstgeschwindigkeit in WA 110 km/h. Im NT dagegen gibt es keine Geschwindigkeitsbegrenzung, nur für den Lasseter Highway gilt eine Höchstgeschwindigkeit von 110 km/h.

Falls durch Zeichen nicht anders geregelt, gilt **rechts vor links**. Dies gilt auch beim Kreisverkehr, der grundsätzlich Vorfahrt hat. Endet eine Straße allerdings auf einer Durchgangsstraße (T-Kreuzung), so hat der Verkehr der Durchgangsstraße aus BEIDEN Richtungen automatisch Vorfahrt. Hier gilt nicht rechts vor links. Zwei **parallel verlaufende durchgezogene Linien** symbolisieren lediglich ein Überholverbot, dürfen aber zum Abbiegen überquert werden.

Es besteht **Gurtpflicht** und das **Telefonieren mit Handy**/*mobile phone* ist während der Fahrt verboten.

Auf staubigen Pisten wird empfohlen mit **eingeschaltetem Abblendlicht** zu fahren. Außerdem sollte man bei entgegenkommendem Verkehr die Geschwindigkeit drosseln, um die eigene Staubfahne zu reduzieren.

Die **Promillegrenze** liegt bei 0.5‰. Überschreitungen werden streng geahndet u. a. mit Gefängnisstrafen.

Touristen aus Ländern, in denen der Führerschein nicht in englischer Sprache ausgestellt ist, brauchen einen **Internationalen Führerschein**. Dieser ist jedoch NUR im Zusammenhang mit dem heimischen gültig.

Neben dem weltbekannten gelben Känguru-Schild gibt es eine Reihe weiterer **Warnschilder**, auf denen steht u. a. BUMP/Bodenschwelle, CREST/schlecht einzusehende Kuppe, DIP/Bodensenke, FLOODWAY/Straßenüberflutung, GATE/Gatter (könnte geschlossen sein!) GRID/Kuhgitter, NARROW BRIDGE/Fahrbahnverengung auf der Brücke, ONE LANE BRIDGE/einspurige Brücke, STOCK CROSSING oder STRAYING STOCK/freilaufendes Vieh und TRAFFIC HAZARD AHEAD/Gefahrenstelle.

Andere **Hinweisschilder** sind: DETOUR oder

Nicht alle Schilder bedürfen einer Übersetzung.

DEVIATION/Umleitung, ROAD WORK AHEAD/Baustelle, PREPARE TO STOP/zum Anhalten bereit halten, REDUCE SPEED/Geschwindigkeit drosseln, NO ENTRY/Einfahrt verboten, NO THROUGH ROAD/Sackgasse, FORM ONE LANE/im Reißverschlussverfahren eine Spur bilden, KEEP LEFT/links halten und ROAD CLOSED/Straße gesperrt.

Visa. Für die Einreise nach Australien benötigt man ein Visum. Für Urlauber stehen zwei Visa zur Wahl: das ***Electronic Travel Authority*** (ETA), das zu einem Aufenthalt von bis zu drei Monaten berechtigt und das ***Tourist Visa*** (e676), mit dem man bis zu zwölf Monaten im Land bleiben darf. Ersteres wird gewöhnlich bereits beim Erwerb eines Flugtickets vom Reisebüro kostenlos beantragt. Falls nicht, kann es, wie auch das e676-Visum, von deutschen, schweizerischen und österreichischen Staatsbürgern online beantragt werden [www.germany.embassy.gov.au > Visa und Einwanderung > Besuchervisa]. Während das ETA kostenlos ausgestellt wird, entfällt auf das e676-Visum eine Gebühr von $100. Die Bearbeitungszeit dauert bis zu zwei Wochen.
Telefonische Auskünfte erteilt die australische Botschaft in Berlin unter Tel. 030 / 700 129 129 [🕓 Mo-Do 13-17 h und Fr 13-16 h].
Wer sich erst in Australien für einen längeren Aufenthalt entscheidet, muss sein Visum vor Ort verlängern. Zuständig sind die Dienststellen der Einwanderungsbehörde [*Department of Immigration and Multicultural Affairs*, Dienststellen unter: www.immi.gov.au > *Contact us* > *Departmental Offices*]. Die Gebühren betragen $240 pro Person und man muss einen Nachweis über seine finanziellen Mittel vorlegen (z. B. Kontoauszug oder Reiseschecks). Mindestens $1000 pro Person und Monat plus weiteren $1500, falls kein gültiges Rückflugticket vorhanden ist, müssen nachgewiesen werden.
Keines der Touristenvisa berechtigt zum Arbeiten in Australien. Wer plant, im Urlaub zu jobben, braucht **ein Touristenvisum mit Arbeitsgenehmigung**/*Working Holiday Maker Visa.* Dieses erlaubt 18- bis 30-jährigen Besuchern während eines Aufenthalts von bis zu einem Jahr ihre Reisekasse aufzubessern. Man darf allerdings nicht länger als sechs Monate für denselben Arbeitgeber tätig sein. Eine Verlängerung um ein weiteres Jahr ist seit 2005 möglich.
Für Studenten, die in Australien studieren und jobben möchten, gibt es das **Studenten Visum**/*student visa*. Dieses berechtigt allerdings nicht automatisch zum Arbeiten. Nur mit einer zusätzlichen Arbeitsgenehmigung, die man erst in Australien beantragen kann, darf man während des Studiums bis zu 20 Stunden pro Woche arbeiten.

Zoll. Um den australischen Kontinent von importierten Schädlingen und Krankheitskeimen freizuhalten, bestehen für die Einfuhr bestimmter Waren strenge Quarantäne-Vorschriften. So ist die **Einfuhr von Lebensmitteln, Tieren und Pflanzen sowie Tier- und Pflanzenprodukten größtenteils verboten**. Ausnahmen bestehen für einige abgepackte Lebensmittel (z. B. Pralinen oder Gewürze) und einige tierische Produkte (z. B. Muscheln) und pflanzliche Produkte (z. B. aus Rattan geflochtene Einkaufskörbe). Allerdings müssen ALLE Produkte ausnahmslos beim Zoll deklariert werden, damit sie auf Anzeichen von Schädlingsbefall untersucht werden können. Eine genaue Liste von Dingen, die nicht mit ins Land gebracht werden dürfen bzw. die deklariert werden müssen, findet man unter www.aqis.gov.au > *What can't I take into Australia?*
Außerdem gibt es Beschränkungen für die Einfuhr von **Tabakwaren** (250 Zigaretten oder 250 g Tabak oder 50 Zigarren), **Alkohol** (2.25 l), **anderen Artikeln** (im Wert von $400) und **Bargeld** ($5000 sind frei, höhere Summen müssen deklariert werden).
Gesonderte Ein- und Ausfuhrverbote gelten für **bedrohte Tier- und Pflanzenarten** und für aus diesen gefertigte Produkte, so wie Elfenbein-Artikel oder einige Muschelarten wie die **Australische Rifftrompete**/*Australian trumpet.*

Geschichte

Geisterstadt Gwalia in den Goldfields.

Die geologische Geschichte des 5. Kontinents

Eine Insel wird geboren

Die Geschichte Australiens begann zur selben Zeit, als sich die ersten Landmassen auf unserem bis dahin nur von Wasser bedeckten Planeten bildeten – **vor 4.6 Mrd. Jahren**. Unter dieser Urmasse befanden sich bereits Gesteinsblöcke, aus denen sich einmal der 5. Kontinent zu seiner vollen Pracht entwickeln würde. Doch bis es soweit war, musste Australien einen buchstäblich langen Weg zurücklegen.

Von inneren Erdkräften angetrieben und auf tektonischen Platten driftend, wanderte der 5. Kontinent, wie auch alle anderen, kreuz und quer über die Erde. So weiß man heute, dass sich Australien noch vor ca. 500 Mio. Jahren »hochkant« auf der Nordhalbkugel befand, etwa dort, wo heute China liegt. Danach ging es nach Süden und erst als das heutige Queensland den Südpol touchierte, änderte Australien erneut seinen Kurs und steuerte wieder Richtung Norden.

Infolge der ständigen Driftbewegungen kam es zu Kollisionen und dadurch zum Verschmelzen von Landmassen zu so genannten Großkontinenten. Diese wiederum vereinigten sich im Laufe der Zeit zu einem einzigen Urkontinent. Der letzte uns bekannte Urkontinent, der alle Landmassen der Erde in sich vereinigte, hieß **Pangäa**. Er existierte Millionen von Jahren, während denen Australien mit dem Rest der Welt verbunden war.

Dass Australien zur Insel wurde, ist das Resultat der anhaltenden Aktivität unserer Erde. Unter dem Druck der Erdkräfte begann Pangäa vor ungefähr 200 Mio. Jahren wieder in tektonische Platten auseinander zu brechen. Der erste Schritt war die Zweiteilung in einen Nordkontinent Laurasien und einen Südkontinent **Gondwana**. Ersterer vereinigte Nordamerika, Europa und Asien und Letzterer Australien, Südamerika, Afrika, Indien und die Antarktis. Vor 130 Mio. Jahren begannen schließlich auch diese beiden Landmassen zu zerfallen und zwar in die uns heute bekannten Kontinente. Nur Australien und die Antarktis schienen zunächst unzertrennlich. Sie hielten noch aneinander fest, lange nachdem sich die anderen Gondwana-Mitglieder abgespalten hatten. Erst vor 45 Mio. Jahren zerriss auch

Australiens Inselwerdung

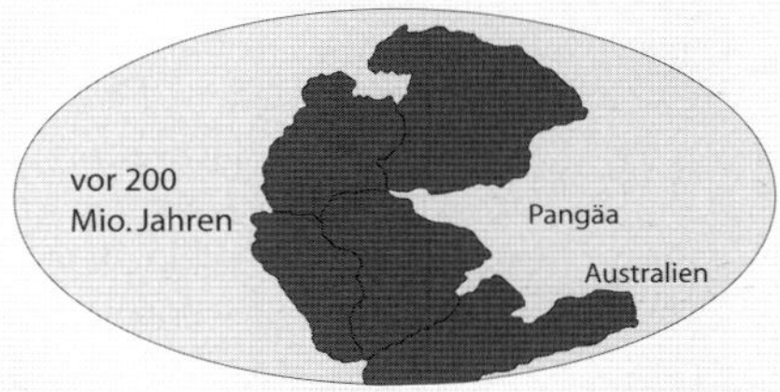

Australien ist Teil des Großkontinents Pangäa

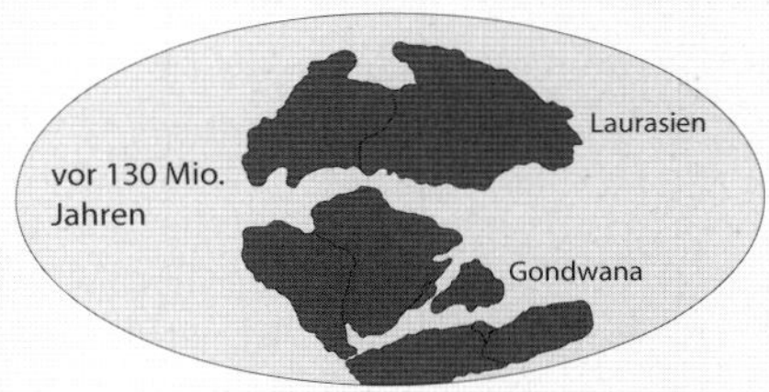

Pangäa hat sich in Laurasien und Gondwana geteilt, die nun ihrerseits auseinanderbrechen

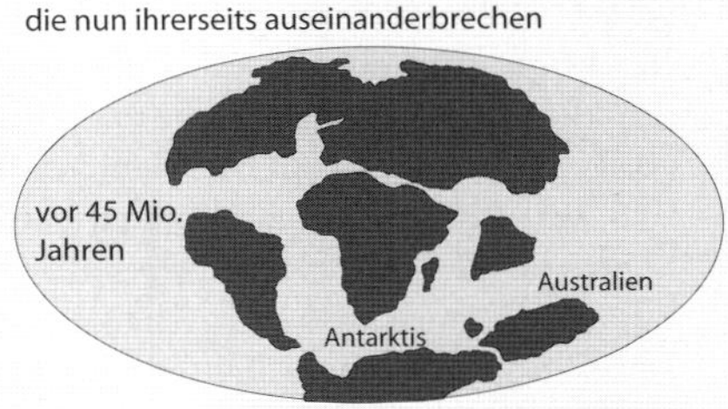

Australien und die Antarktis brechen auseinander

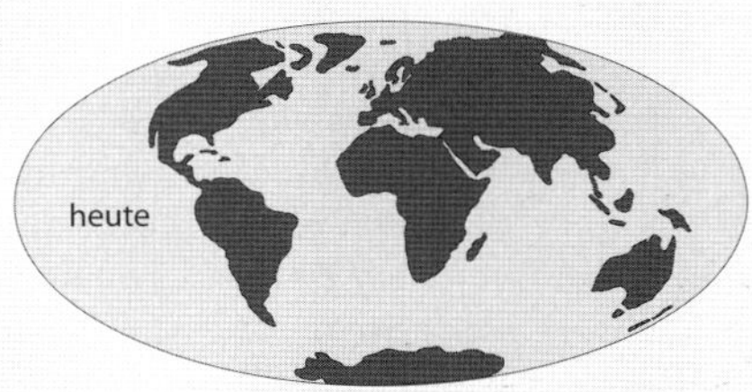

Australien driftet durchschnittlich 6 cm im Jahr in nordöstliche Richtung

diese Verbindung, Australien brach frei und wurde zur Insel. Langsam, durchschnittlich 5 bis 6 cm im Jahr, rückte Australien in seine heutige Position.

Australiens Sintflut

Während die Kontinente über unseren Planeten drifteten, haben Vulkanismus, Eiszeiten, Erosion und allen voran tektonische Kräfte immer wieder ihre Kreativität bewiesen und das Gesicht und die Form unserer Kontinente unzählige Male verändert. Auch der durch die Eiszeiten bedingte stark **schwankende Meeresspiegel** spielte eine tragende Rolle bei der Landschaftsgestaltung. Im Laufe seiner Geschichte waren große Teile Australiens immer wieder von einem seichten Meer bedeckt. So weisen im Roten Zentrum gefundene Meeresfossilien auf die Existenz eines riesigen Binnenmeeres vor über 450 Mio. Jahren hin. Noch vor 350 Mio. Jahren bedeckte ein tropisches Meer das Urgestein der Kimberleys und prähistorische Fische tummelten sich in einem ausgedehnten Riffsystem, dem Devonian Great Barrier Reef (▷ 347). Seine bislang größte »Flutkatastrophe« erlebte Australien vor 120 Mio. Jahren, als das Meer über den Gulf of Carpentaria (zwischen Cape York und dem Arnhem Land) einbrach und Australien in **vier eigenständige Inseln** zerteilte.

Flach, alt und trocken

Dort, wo zwei tektonische Platten aufeinander treffen, entsteht geologische Unruhe. Gebirge falten sich auf, tektonisch labile Gräben entstehen, Beben lassen die Erde erzittern. Je näher ein Land am Rande einer tektonischen Platte liegt, desto aktiver ist seine geologische Geschichte. Länder bzw. Kontinente, die in der ruhigeren Mitte einer Platte ihren Platz eingenommen haben, können deshalb meist auf eine geologisch stabilere Vergangenheit zurückblicken. Australien befindet sich in einer solchen Position. Der 5. Kontinent ruht in der Mitte der Indisch-Australischen Platte und blieb seit dem Auseinanderbrechen Pangäas weitgehend von **tektonischen Landschaftsveränderungen** verschont. Nur im Osten und Südosten des Kontinents haben Vulkanismus und die vor ca. 80 Mio. Jahren beginnende Auffaltung der Great Dividing Range das Landschaftsbild noch einmal nachhaltig verändert. Der große Rest des Landes kann, trotz aller Turbulenzen des frühen Erdzeitalters, auf eine lange und verhältnismäßig stabile Vergangenheit zurückblicken. Lediglich äußere Einflüsse wie Wasser und Wind meißelten Australien in seine heutige Form. Dabei leistete die Erosion ganze Arbeit und schmirgelte das Land auf eine Durchschnittshöhe von 300 m herunter, was Australien den Titel »**flachster Kontinent**« einbrachte.
Nicht gerecht wird Australien dem Titel »**ältester Kontinent**«. Obwohl seine »Bausteine« zu den ältesten der Welt gehören, findet man solche auch anderswo auf der Erde. Während die Urgesteine auf geologisch aktiveren Kontinenten jedoch unter neueren Schichten begraben oder mit ihnen vermischt worden sind, präsentiert Australien seine durch die Erosion freigelegten, archaischen Gesteinsschichten den Geologen vergleichsweise auf einem Silbertablett. Besonders reich an geologischen Schätzen ist der Westen, vor allem die Pilbara. Hier fand man nicht nur Zirkonkristalle, die einst Teil der vor über 4 Mrd. Jahren erkalteten Erdkruste waren, sondern auch die ersten fossilen Beweise von Leben – eingeschlossen in 3.5 Mrd. Jahre alten Gesteinsschichten.

Dank fossiler Funde weiß man heute auch, dass Australien den Titel »**trockenster Kontinent**« erst seit kurzem verdient. Kurz, zumindest im erdzeitgeschichtlichen Sinn, denn noch zu Zeiten **Gondwanas** war das Klima viel feuchter als heute und tropisch bis subtropische Regenwälder bedeckten weite Teile Australiens. Dass wir heute staubige Senken vorfinden, wo einst Süßwasserseen lagen und karge Grasvegetation, wo einst tropische Gewächse gediehen, ist die Folge mehrerer globaler Klimawechsel, kombiniert mit dem stetigen nordwärts Driften des Kontinents. Erst vor rund 20.000 Jahren begann die bis heute anhaltende Austrocknung des Landes. Lebende Zeugen aus grüneren und feuchteren Zeiten haben bis heute in ökologischen Nischen überleben können, dazu gehören die Troglobiten (▷ 294) der Cape Range Peninsula, der kleine Mangrovenwald (▷ 173) in Bunbury und die Millstream-Fächerpalme (▷ 324) im Millstream-Chichester NP.

Die Entwicklung der Flora und Fauna

Der gemeinsame Ursprung

Als die ersten Lebewesen aus dem Wasser stiegen und das Land als Lebensraum für sich eroberten, war der 5. Kontinent noch Teil des Urkontinents Pangäa. Auch als die ersten Dinosaurier über die Erde stampften und vielerorts ihre Fußabdrücke (▷ 332) hinterließen, war Australien noch über die Antarktis mit dem Rest der Welt verbunden.
Doch während die Evolution unaufhaltsam voranschritt, zerbrachen erst Pangäa und später Laurasien und Gondwana. Dadurch wurde auseinander gerissen, was gemeinsamen Ursprungs war. Dies erklärt, warum die Kontinente, die am längsten miteinander verbunden waren, die meisten **Gemeinsamkeiten in der Tier- und Pflanzenwelt** aufweisen. Im Falle Australiens waren dies die anderen Mitglieder Gondwanas: Afrika, Südamerika und die Antarktis. Mit ihnen verbindet Australien mehr als mit seinem heutigen geographischen Nachbarn Asien. Ein Beweis für die gemeinsame Gondwana-Vergangenheit sind die Beuteltiere Südamerikas, die Opossums, und die im arktischen Eis gefundenen Samen und Pollen von Pflanzen, die heute noch in Australien vorkommen.

Abgenabelt von der Welt

Erst als die letzten Landbrücken fielen, ging die Evolution auf jedem Kontinent ihre eigenen Wege. Nachdem Australien sich vor ca. 45 Mio. Jahren von seinem letzten Verbündeten, der Antarktis, löste, begann **eine Evolutionsgeschichte der besonderen Art**. Nirgendwo sonst auf der Welt hüpfen Kängurus durch das Buschland, dösen Koalas in den Bäumen oder gibt es so seltsame Kreaturen wie das Schnabeltier. Sie alle sind das Ergebnis Australiens langer geographischer Isolation, denn ohne Verbindung zu anderen Ländern musste die Evolution mit dem Vorlieb nehmen, was sie vorfand – **Beuteltiere** (▷ 100) und **Kloakentiere** (▷ 270). Beide bilden jeweils eine der drei Unterklassen der Säugetiere. Die dritte Unterklasse bilden die höheren Säugetiere, die heutzutage auf allen anderen Kontinenten dominieren. Obwohl angenommen wird, dass sich die Entwicklungswege der drei Unterklassen schon vor mehr als 100 Mio. Jahren getrennt haben, fehlten die höheren Säugetiere auf dem 5. Kontinent, als dieser zur Insel wurde. Ohne »höhere« Konkurrenten und Raubtiere konnten sich deshalb die Beuteltiere und Kloakentiere ungestört entfalten.

Eine Frage der Größe

Einen buchstäblichen Höhepunkt erlebte die Entwicklungsgeschichte der Beuteltiere mit der **Megafauna.** Als Vorfahren der heutigen Beutler unterschieden sie sich von diesen weniger im Aussehen als in ihrer beachtlichen Größe. Stolze 3 m erreichte das damalige **Riesenkänguru** und wäre somit leicht in der Lage gewesen über die meisten Campmobile hinwegzuschauen. Das wohl eigentümlichste Tier jener Zeit war das **Diprotodon**. Es war 2 m groß und, ähnlich eines Wombats, von massigem Wuchs. Schon 1847 fand man ein gut erhaltenes Skelett, das in Sydney ausgestellt, u. a. vom preußischen Entdecker Ludwig Leichhardt bestaunt wurde. Dieser teilte die Hoffnung anderer Entdecker, einem solchen Tier im damals noch unerforschten Inland zu begegnen. Doch er kam zu spät. Die Megafauna begann vor 20.000 Jahren innerhalb eines relativ kurzen Zeitraums auszusterben. Über das »Warum« gibt es bislang nur Theorien.
Die Tatsache, dass ihr Aussterben mit der klimatischen Austrocknung des Kontinents zusammenfiel, halten viele für keinen Zufall. Große Tiere fressen viel – das könnte ihnen zum Verhängnis geworden sein, denn als das Weideland zu versteppen begann und Seen und Wasserlöcher austrockneten, bekamen die Gefräßigsten den Nahrungsmangel zuerst zu spüren. Allerdings waren nicht alle Regionen Australiens vom Klimawechsel derart stark betroffen, dass dies ein Massensterben erklären würde. Außerdem war die Artenvielfalt groß und die Tiere an die unterschiedlichsten Lebensbedingungen angepasst. Ebenfalls gegen diese Theorie spricht, dass das Rote Riesenkänguru (▷ 250), der größte Vertreter der heute lebenden Beuteltiere, ausgerechnet in den unfruchtbarsten und trockensten Teilen Australiens beheimatet ist.
Auch die zweite Theorie hat einen Haken. Sie macht die Ankunft des Menschen vor über 50.000 Jahren für das Aussterben verantwortlich. Große, schwerfällige Tiere sind **eine verlockende Beute für ein Volk von Jägern und Sammlern**. Auch der riesige, emuähnliche Moa aus dem Nachbarland Neuseeland hatte dies zu spüren bekommen. Er starb aus, keine 600 Jahre, nachdem die Maoris ihn auf ihren Speisezettel gesetzt hatten. Dennoch spricht gegen diese Theorie, dass sich Mensch und Megafauna in Australien bereits 30.000 Jahre lang, scheinbar ohne große Auswirkungen, einen Kontinent geteilt hatten. Sicherlich haben die Aborigines auf diese leichte Beute nicht verzichtet, doch dass sie alle Arten fast gleichzeitig bis zur Ausrottung gejagt haben, ist eher unwahrscheinlich. Eine weitaus bedeutendere Rolle haben vermutlich ihre mit Absicht gelegten **Buschfeuer** gespielt, die Australiens

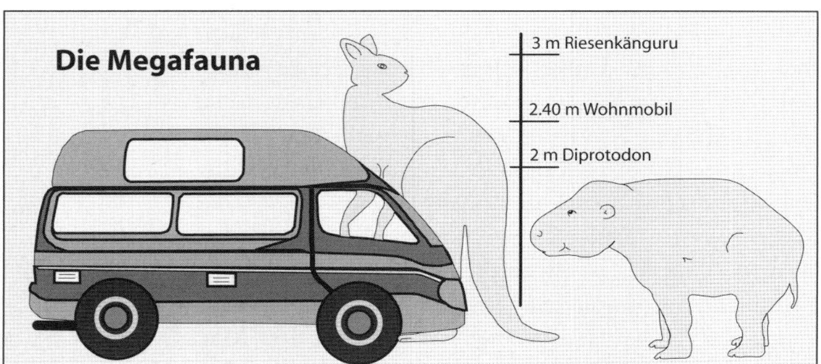

Landschaft und Vegetation nachhaltig veränderten. Vielleicht eine zu einschneidende Veränderung, an die sich die Megafauna nicht schnell genug hatte anpassen können.

Die Aborigines

Die Zeit ist reif

Seit Australien vor ca. 45 Mio. Jahren zur Insel wurde, haben die Ozeane einen **natürlichen Burggraben** um den Kontinent gebildet. Weder Mensch noch Tier hatten ihn lange Zeit überwinden können. Doch mit jedem Zentimeter, mit dem sich der 5. Kontinent Asien näherte, wuchs die Wahrscheinlichkeit, dass fremdländische Lebewesen den Sprung nach Australien schaffen würden. Die vermutlich ersten, die das australische Ufer erreichten, waren Vögel. Ihnen folgten Fledertiere, Nagetiere und schließlich der Mensch. Er setzte vor mindestens 50.000 Jahren das erste Mal Fuß auf australischen Boden. Ohne seetaugliche Boote war das Wasser auch für ihn lange Zeit ein ernstzunehmendes Hindernis gewesen und so musste er warten, bis sich eine Gelegenheit bot. Sie kam mit dem Hereinbrechen der letzten Eiszeiten. Drastische Klimaveränderungen haben in der Erdgeschichte immer wieder zu großflächigen Vereisungen geführt, so auch innerhalb der letzten 120.000 Jahre. Zwar blieben in dieser Zeit die Länder auf der Südhalbkugel weitgehend von einer Eisdecke verschont, doch durch die enorme Wassermenge, die auf der Nordhalbkugel im Eis gebunden war, sank der Meeresspiegel weltweit. Und je mehr er sank, desto mehr »wuchsen« die Landmassen zusammen. Während der letzten Höhepunkte der Vereisung vor 53.000 und 20.000 Jahren fiel der Meeresspiegel um über 100 m. Schon bei einem Absinken von nur 65 m bildete sich eine Landbrücke zwischen Australien und Neuguinea und beide verschmolzen zu einer einzigen Landmasse, genannt **Sahul**.

Die ersten Siedler, die Sahul erreichten, kamen vermutlich aus Südostasien. Insel für Insel näherten sie sich dem Kontinent. Die Indonesische Inselkette bot ihnen eine reichhaltige Auswahl an Wegen, aber welchen sie auch wählten, nie war es ihnen möglich, Sahul trockenen Fußes zu erreichen. Immer blieben ein paar Meerespassagen von mindestens 50 km, die überwunden werden mussten. Ein gefährliches Unterfangen, bedenkt man, dass den ersten Siedlern nur einfache Boote oder gar zusammengeschnürte Flöße zur Verfügung standen.

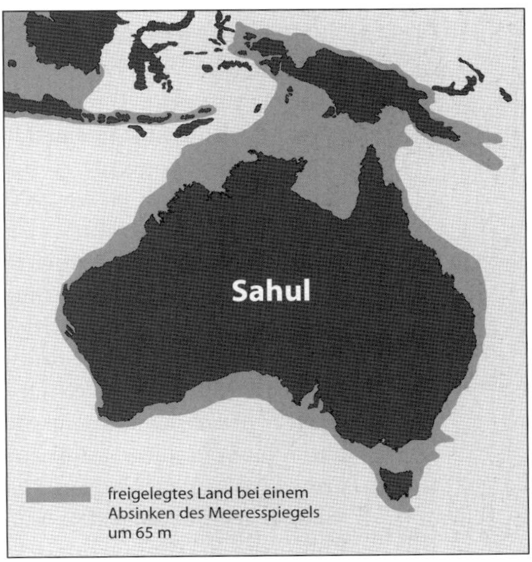

Warum also nahmen sie die Gefahren auf sich? Zwangen veränderte Lebensbedingungen in ihren eigenen Ländern sie zum Aufbruch oder waren die ersten Australier Schiffbrüchige, vom Kurs abgekommene Fischer? Fragen, die wohl nie beantwortet werden können. Allerdings war die Entdeckung neuer Nahrungs- und Lebensräume im Zeitalter der Nomadenvölker wahrscheinlich nur eine Frage der Zeit und Australiens Zeit war nun gekommen.

Mungo contra WLH 50

Größer und grüner war Australien, als die ersten Siedler es erreichten. Auf Grund des niedrigen Meeresspiegels war sowohl neues Land entlang der Küste freigelegt worden als auch eine Landbrücke nach Neuguinea entstanden. Dadurch war Australien um ein Viertel seiner heutigen Größe angewachsen. Wälder bedeckten große Teile des Landes, Seen und Flüsse waren mit Wasser gefüllt, einige Vulkane im Osten und Südosten noch aktiv und durchs Buschland zogen die riesigen Vertreter der Megafauna, die einen wahrhaft großen Eindruck auf die ersten Australier gemacht haben müssen. Ob bei dieser ersten Begegnung Angst oder die Aussicht auf ein opulentes Mahl im Vordergrund standen, werden wir wohl nie erfahren. Dank **archäologischer Funde** wissen wir jedoch, dass diese Begegnung vor mindestens 50.000 Jahren stattgefunden haben muss. »Von Anfang an da« heißt auf lateinisch *ab origene* und so nannte man die ersten Siedler dieses Kontinents **Aborigines**.

Man nimmt an, dass ihre Einwanderung in Wellen erfolgte. Insbesondere drei Ausgrabungsstätten weisen darauf hin, dass dabei **Gruppen unterschiedlichster Abstammung** den Kontinent erreicht haben müssen. Eine der wichtigsten Fundstätten für die archäologische Geschichte Australiens liegt in New South Wales am heute ausgetrockneten Mungo-See. Dort fand man in den 1960er Jahren das Grab einer Frau. Nach ihrem Tod war sie verbrannt worden und ihre Knochen hatte man in Stücke geschlagen. Ca. 26.000 Jahre sind seit diesem Begräbnis vergangen. Nachdem Archäologen ihren Schädel Stück für Stück wieder zusammengesetzt hatten, stellten sie erstaunt fest, dass ihm, trotz seines hohen Alters, so urzeitliche Merkmale wie eine flache Stirn oder dicke Augenwülste fehlten. Der Fund eines zweiten Skeletts, dessen Alter man auf 30.000 Jahre schätzte, bestätigte, dass beide einem feingliedrigen, **modernen Menschentypus** angehörten, der sogar noch graziler im Bau war als die heute in dieser Region lebenden Aborigines.

Ein paar Jahre später fand man 400 km weiter, am Rande des Sumpfgebietes Kow Swamp, zahlreiche Überreste eines viel **primitiveren Menschentypus**. Grob und schwer im Knochenbau einschließlich dicker Augenwülste schien er auf einer viel früheren Entwicklungsstufe zu stehen. Umso überraschter war man, als man feststellte, dass diese Knochen bis zu 2000 Jahre jünger waren als die der grazilen Mungo-Menschen. Vom Knochenbau zu verschieden, um miteinander verwandt zu sein, müssen beide Menschentypen theoretisch Tausende von Jahren nebeneinanderher gelebt haben. Doch jede Theorie hat ihre Zweifler und so betrachteten einige Archäologen die morphologischen Unterschiede beider als überbewertet.

Erst das Erscheinen eines dritten Menschentypus auf der archäologischen Bildfläche zerstreute jegliche Zweifel. Den unromantischen Namen WLH 50 gab man einem Schädel, der die Kow Swamp-Skelette an primitiven Merkmalen noch bei weitem übertraf. Man fand ihn nur 200 km entfernt vom Mungo-See, am Wilundra-See. Mit einem geschätzten Alter von 30.000 Jahren war er zweifelsfrei nicht nur räumlicher, sondern auch zeitlicher Nachbar der Mungo-Menschen. Ein eindeutiger Beweis, dass Völker verschiedenster Entwicklungsstufen und Herkunft gleichzeitig den Kontinent besiedelt hatten. Von welcher dieser Gruppen die Aborigines abstammen, bleibt bis heute Spekulation. Da sie mit keiner der Gruppen viele morphologische Gemeinsamkeiten haben, wird angenommen, dass sie sich höchstwahrscheinlich aus einer **Vermischung der Rassen** entwickelt haben.

Leben im »Vielvölkerstaat«

Die Siedlungsgeschichte einer jeden Insel beginnt dort, wo die Menschen ankommen – an der Küste. Da Australiens Besiedlung höchstwahrscheinlich zu einem Zeitpunkt begann, als der Meeresspiegel extrem niedrig war, liegen die Küstenstreifen, die zuerst besiedelt wurden, heute unter Wasser. Deshalb ging das erste Kapitel der australischen Geschichte verloren.

Trotz fehlender archäologischer Beweise geht man davon aus, dass die ersten Siedler zuerst den Norden besiedelten, da sie aus dieser Richtung kamen. Von hier aus verbreiteten sie sich über den ganzen Kontinent und passten sich den unterschiedlichsten klimatischen und landschaftlichen Bedingungen an. Sie formten jedoch nicht ein einheitliches Volk, sondern lebten in **verschiedenen Volksgruppen** (▷ 183) zusammen, deren Anzahl bei der Ankunft der Briten auf 600 geschätzt wird. Jedes Volk hatte sein eigenes Land, mit dem es eine enge Bindung einging. Je nach Größe und Fruchtbarkeit des Gebietes schwankte die Zahl seiner Mitglieder zwischen mehreren Hundert und mehreren Tausend.

Die Völker wiederum waren in kleine Gruppen unterteilt, deren Kern die **Großfamilie** bildete (Vater, Mutter, Kinder und nähere Verwandte). In diesen Gruppen zogen sie auf der Suche nach Wasser und Nahrung durch das Land. Als **Jäger und Sammler** waren die Ureinwohner auf das angewiesen, was das Land hergab – und was immer es war, es wurde gerecht geteilt. Während in anderen Teilen der Welt der Besitz in den Vordergrund und das Teilen in den Hintergrund rückte, hielten die Aborigines an diesem sozialen Prinzip fest. Ohne Besitz und Anspruchsdenken gab es keine reichtumsbedingten sozialen Unterschiede. Es gab weder Herren noch Untertanen, nicht einmal ein offizielles Oberhaupt, weshalb der mitunter benutzte Begriff »Stamm« (in dem es laut Definition immer ein Stammesoberhaupt gibt) in Bezug auf die Aborigine-Kultur nicht ganz korrekt ist. Entscheidungen wurden gemeinsam getroffen, wobei der Meinung der älteren und erfahrenen Mitglieder größeres Gewicht beigemessen wurde. In der Aborigine-Gesellschaft wurde nach Kenntnissen und Fähigkeiten entschieden und nicht nach Macht und Einfluss. Dies war eine wesentliche Grundlage für das lange Überleben ihrer Kultur.

Doch von einer guten Lebensphilosophie wird man nicht satt. Die Nahrungsmittelressourcen eines jeden Landes sind begrenzt und je mehr die Menschen sich vermehren, desto knapper wird die Nahrung. Überbevölkerung, Hunger und Elend sind die direkten Folgen; Konkurrenzkampf und der Zerfall einer einheitlichen Kultur meist die indirekten. Deshalb achteten die Ureinwohner stets darauf, dass ihre Bevölkerung nicht unkontrolliert wuchs und entwickelten eine **Bevölkerungspolitik**, deren Praktiken in der weißen Kultur auf Unverständnis und Ablehnung stießen bzw. noch heute stoßen. Kam es z. B. durch Dürreperioden zu Nahrungsmittelknappheit, so stand das Überleben der Gruppe absolut im Vordergrund. Säuglingstötungen und das Zurücklassen von Gebrechlichen konnten für ein Volk von Jägern und Sammlern von existenzieller Bedeutung sein. Damit es aber erst gar nicht dazu kam, achteten sie auch in Zeiten des Überflusses streng auf die Bevölkerungszahl. Durch das Verabreichen von Kräutern und das Praktizieren von Abtreibungen bzw. das Herbeiführen von Fehlgeburten hielten sie ihre Bevölkerungszahl **im Einklang mit den natürlichen Ressourcen**. Man schätzt, dass nicht mehr als 1 Mio. Aborigines (andere Schätzungen variieren, je nach Quelle, zwischen 300.000 und 2 Mio.) auf dem Kontinent lebten, als die britische Flagge gehisst wurde.

Feuer statt Acker(n)

Etwas, das in der Geschichte der meisten Völker als bedeutsamer Entwicklungsschritt gefeiert wird, aber nie Einzug in die Kultur der Aborigines gehalten hat, ist die **Landwirtschaft**. Dafür gab es gute Gründe. Zum einen fehlten dem 5. Kontinent zum domestizieren geeignete Tiere und zum anderen, bis auf wenige Ausnahmen, kultivierbare Pflanzen. Außerdem mangelte es den meisten Regionen an fruchtbaren Böden und verlässlichen Niederschlägen. Der wohl entscheidende Grund aber, warum sich die Landwirtschaft in der Aborigine-Kultur nicht durchgesetzt hat, war das Fehlen der Notwendigkeit. Warum ein Feld beackern, bewässern und ernten, wenn der Tisch von Mutter Natur ohnehin das ganze Jahr über reich gedeckt war. Die ersten Australier wussten genau, wo sie, zu welcher Jahreszeit, was finden würden. Gingen die Nahrungsmittelressourcen eines Gebietes zur Neige, zogen sie einfach weiter. Hinzu kam, dass es im Gegensatz zur Nördlichen Hemisphäre keinen langen nahrungsarmen Winter gab und so brauchten sie keine Nahrung zu horten, sondern jagten und sammelten nur, was sie für den täglichen Bedarf benötigten. Entgegen der weit verbreiteten Annahme, die Aborigines wären den ganzen Tag mit dem mühsamen Sammeln von Buschnahrung beschäftigt gewesen, dauerte die **tägliche Nahrungsbeschaffung** gewöhnlich nur wenige Stunden. Den größten Teil des Tages konnten sie sich deshalb dem widmen, was ihnen wichtig war, der Familie, der Kunst und der Religion.

Achtung! Schilder wie diese kündigen in Westaustralien das Legen eines kontrollierten Buschfeuers an.

Allerdings wäre es falsch zu behaupten, die Aborigines hätten ihr Land in gar keiner Weise bearbeitet. Auch sie griffen in die Natur ein, um sich das Leben zu erleichtern und die natürlichen Ernteerträge zu steigern. Nur hatten sie weder Pflug noch Egge gewählt, sondern das Feuer. Die Vorteile der »**Feuerwirtschaft**/*fire stick farming*« waren ebenso überzeugend, wie die, die in anderen Teilen der Welt für die Landwirtschaft sprachen. Das Feuer ebnete ihnen den Weg durch dichtes Buschland und hartes Spinifex-Grasland. Es half ihnen beim Jagen, denn fliehende Tiere waren eine leichte Beute und was nicht schnell genug fliehen konnte, wurde später gegrillt eingesammelt. Darüber hinaus verhinderte das regelmäßige Abrennen des Unterholzes die Ansammlung von trockenem Laub und Gestrüpp, die Brennstoff für ein wirklich zerstörerisches Feuer hätten liefern können.

In Tausenden von Jahren wurden Millionen Buschfeuer entfacht und wahrscheinlich keines gelöscht. Dies blieb nicht ohne Folgen für die Vegetation. Pflanzen wurden feuerresistent und vermehrten sich auf Kosten feuerunverträglicher Arten. Dichter Wald wich lichtem Buschland und aus undurchdringlichem Gestrüpp wurde offenes Grasland. Als die Feuer der Aborigines nach Ankunft der Briten erloschen, geriet die Natur aus ihrem inzwischen feuerabhängigen Gleichgewicht. Viele Jahre hat es gedauert, bevor die weißen Einwanderer Sinn und Zweck der gelegten Feuer erkannten und diese Tradition wieder aufnahmen.

Unterdrückt oder emanzipiert?

In den ersten anthropologischen Berichten, die über die Aborigines verfasst wurden, wurde immer wieder die **grausame Unterdrückung der Frau** dokumentiert. Sie schien nichts weiter zu sein als Last- und Arbeitstier. War es für eine Gruppe Zeit weiter zu ziehen, so trug der Mann seine Würde und den Speer, während die Frau sich mit dem ganzen Rest abmühte. Ging es um die tägliche Arbeitsteilung, so war der Mann für das Jagen verantwortlich, während die Frau Buschnahrung (▷ 118) sammelte, Essen kochte, sich um das Lager, die Kinder und das Wohlergehen ihres Mannes kümmerte. Patriarchalische Zustände wie bei uns in vergangenen Jahrhunderten, wird manch einer jetzt denken und genau deshalb sind Zweifel angesagt. Augenzeugen sind selten objektiv. Sie neigen dazu, das, was sie aus ihrer eigenen Erfahrung oder Kultur kennen, in das, was sie sehen, hineinzuinterpretieren. Da die ersten Berichterstatter alle in der ausgeprägten Mann-Frau-Gesellschaft des 19. Jahrhunderts aufgewachsen waren, hielt sich die Unvoreingenommenheit ihrer Beobachtungen in Grenzen. Über 100 Jahre galt die Aborigine-Frau deshalb als zweitklassig. Erst Mitte des 20. Jahrhunderts begannen Anthropologen diese ersten Berichte nach und nach zu widerlegen. Sie erkannten, dass trotz der bestehenden strikten Trennung von Aufgaben und Pflichten, Mann und Frau in der Aborigine-Gesellschaft **in Wirklichkeit gleichberechtigt** waren. Immerhin fielen der Frau zwei wesentliche Aufgaben zu, ohne die ihre Gesellschaft nicht hätte fortbestehen können: die Nahrungsbeschaffung und das Kindergebären. Bis zu 90 % des täglichen Nahrungsbedarfs gingen aus der Buschnahrungs-Suche der Frauen hervor und wie bei den meisten Naturvölkern wurden sie für das Kindergebären sehr geachtet, schließlich waren Kinder die Erben ihrer Kultur. Wer, wenn nicht ihre Nachkommen würden die Geschichten der Traumzeit am Leben erhalten.

Religion war ein weiterer Bereich ihres Lebens, der oft **geschlechtlichen Trennungen** unterlag. Es gab Zeremonien und Traumzeitgeschichten, die nur Männern oder nur Frauen vorbehalten waren. Beiden war es untersagt mit dem anderen Geschlecht über ihre heiligen Bereiche zu sprechen. Da aber unter den ersten Anthropologen kaum Frauen waren, konnte die religiöse Eigenständigkeit der Aborigine-Frau lange Zeit nicht erkannt werden. Dabei hätten die ersten Anthropologen nur den Geschichten der Traumzeit lauschen müssen, in denen der Frau nicht selten eine bedeutendere Rolle als dem Mann zukommt, so wie im Mythos der Djanggawul-Schwestern.

Der Mythos der Djanggawul-Schwestern

Im Mythos der Djanggawul-Schwestern waren die Frauen alleinige Besitzer des heiligen Wissens. Nur sie und nicht die Männer kannten die Lieder und Rituale der Traumzeit. Eines Tages beobachteten die Schwestern, wie ihre Brüder und Söhne das heilige Wissen stehlen wollten. Anstatt sie jedoch daran zu hindern, ließen die Frauen sie gewähren. Sie erkannten, dass für den Zusammenhalt und den Frieden innerhalb der Gruppe das Teilen des heiligen Wissens notwendig war. Außerdem hatten die Frauen nichts zu verlieren, schließlich war ihnen das heilige Wissen ja schon bekannt.

Die Traumzeit

In anderen Teilen der Welt bauten die Menschen Kirchen, Tempel und Moscheen, um den Göttern zu huldigen – in Australien nicht. **Die Altäre der Aborigines schuf die Natur**. Ihr bekanntestes Heiligtum ist der mächtige Monolith Uluru (Ayers Rock). Doch nicht alle Heiligtümer sind derart imposant und an manch einem unscheinbaren Wasserloch oder verwitterten Steinhaufen würden wir wohl achtlos vorübergehen, ohne eine religiöse Bedeutung auch nur zu erahnen.

Die Ureinwohner Australiens glauben an keinen Gott, kennen weder Himmel noch Hölle, weder Päpste noch Pastoren. Dennoch sind sie keine Gottlosen. Das Land – ihr Land – ist ihnen heilig. Nirgendwo sonst kommt die tiefe Verwurzelung der Aborigines mit ihrem Land stärker zum Ausdruck als in ihren religiösen Anschauungen. Nach der Vorstellung der Aborigines wurde das Land von so genannten Ahnen- oder **Schöpferwesen** geschaffen. Diese schwebten einst über die körperlose Urmasse und gaben ihr Gestalt in Form von Bergen, Flüssen und Tälern. Gleichzeitig schufen sie alles Leben. Ob Tier, Pflanze oder Mensch alles und jeder erhielt seinen Sinn und seine Aufgabe und dadurch seine Bedeutung im universellen Ganzen. So begegnet jeder Aborigine allem Erschaffenen mit tiefem Respekt.

Nach getaner Arbeit zogen sich die Schöpferwesen wieder zurück in die Tiefe der Ozeane, in unterirdische Höhlen oder in den Himmel. Von dort aus beobachten sie ihr Land und wachen über die Einhaltung der Gesetze. Sie sind allgegenwärtig und können zu jeder Zeit und an jedem Ort Einfluss nehmen auf das Leben eines jeden Aborigines. Von dem Wirken dieser Schöpferwesen, ihrer göttlichen Kraft und Weisheit erzählen die **Geschichten der Traumzeit**.

Die **Traumpfade** zeichnen die Wege nach, die die Schöpferwesen auf ihren kreativen Reisen durch das Land einschlugen. Sie verbinden alle Orte, an denen bedeutende Ereignisse der Traumzeit stattgefunden haben. Von Zeit zu Zeit wandern die Ureinwohner zu diesen heiligen Stätten, um ihre Traumzeitwesen zu feiern. Während dieser so genannten *corroborees* nehmen sie durch Tanz, Musik und Gesang Kontakt zu ihren Ahnenwesen auf und durchspielen Ereignisse der Traumzeit. Von herausragender Wichtigkeit sind die Lieder und Geschichten, die während der **Zeremonien** weitergegeben werden. Sie enthalten nicht nur alles Wissen von den heiligen Stätten, seinen Gesetzen und Verhaltensmaßregeln, sondern auch praktische Informationen über das jeweilige Gebiet, wie z. B. Hinweise auf das Nahrungsmittelangebot oder auf permanente Wasserstellen.

Da die Ureinwohner **keine schriftlichen Aufzeichnungen** kannten, wurden die Lieder und Geschichten der Traumzeit von Generation zu Generation mündlich weitergegeben. Eine korrekte und lückenlose Weitergabe war dabei von existenzieller Bedeutung, denn kam es zu

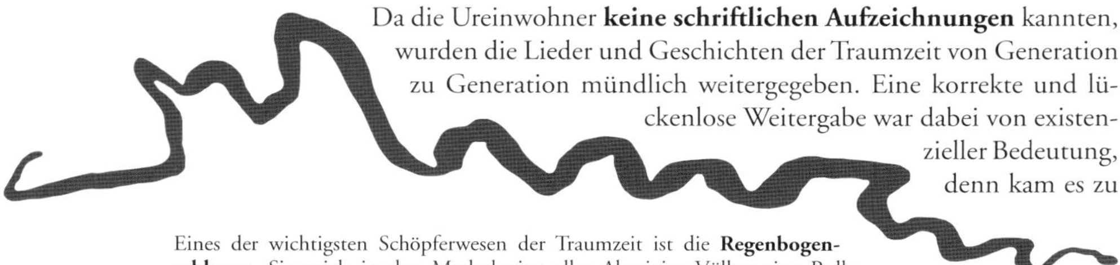

Eines der wichtigsten Schöpferwesen der Traumzeit ist die **Regenbogenschlange**. Sie spielt in den Mythologien aller Aborigine-Völker eine Rolle, wenngleich sich ihr Name und Geschlecht von Volk zu Volk ändert. So heißt SIE z. B. bei den Miriwoong **Galeroong** und ER bei den Jawoyn **Bula**.

Unterbrechungen dieses Flusses, wie seit der Inbesitznahme des Landes durch die Briten, ging ein Teil ihrer Religion unwiederbringlich verloren. Das Gleiche gilt bei Verlust von heiligen Stätten, sei es durch Zerstörung oder durch Entweihung.
Mensch und Land bilden in der Ureinwohner-Gesellschaft eine unzertrennliche Einheit. Verliert der Aborigine sein Land, verliert er seine Identität, seinen Sinn und Lebenszweck – einfach alles.

Der Traum ist aus

Die Kultur der Aborigines gehört zu den ältesten und beständigsten dieser Welt. Hätte ihre Isolation nicht vor etwas mehr als 200 Jahren ein jähes Ende gefunden, würden sie wahrscheinlich im Wesentlichen immer noch so leben wie vor Tausenden von Jahren. Stets waren sie in der Lage gewesen, sich den drastischen Veränderungen ihres Landes und des Klimas anzupassen. Weder die dramatische Austrocknung des Kontinents und der damit verbundene Verlust ihrer Wasser- und Nahrungsquellen noch der steigende Meeresspiegel, der ihnen ein Viertel ihres Landes raubte, brachte die Aborigines aus dem Gleichgewicht, denn die Zeit war immer auf ihrer Seite gewesen. Alle diese Veränderungen hatten sich so langsam vollzogen, dass ihnen eine allmähliche Anpassung an die neuen Lebensbedingungen möglich gewesen war.
Als die Briten 1788 auf der Bildfläche erschienen, zeigten sie weniger Geduld. **Invasion, Völkermord und Krieg** sind drei Begriffe, die im Zusammenhang mit der schwarzweißen Geschichte Australiens gerne vermieden werden, dennoch beschreiben sie am ehesten, was wirklich geschah. Mehr und mehr weiße Siedler strömten nach Australien und beanspruchten mehr und mehr Land. Land, das sie den Aborigines stahlen. Diese mussten nun zusehen, wie Farmen und Siedlungen aus dem Boden schossen, ihr heiliges Land zerpflügt wurde und Kühe und Schafe dort grasten, wo sie einst Jagd auf Kängurus gemacht hatten.
Wagten einzelne Aborigines sich den weißen Eindringlingen zu widersetzen und ihr Land zu verteidigen, gingen die Kolonialherren nicht nur unerbittlich gegen die Widerständler vor, sondern oft gegen das gesamte Volk. So genannte **Strafexpeditionen**, während denen ganze Aborigine-Gruppen niedergemetzelt wurden, sind trauriger, wenn auch fester Bestandteil der schwarzweißen Geschichte. Auf Tasmanien, wo es wegen des begehrten Weidelandes und der im Vergleich zum Festland herrschenden Enge zu den heftigsten Konfrontationen kam, lockten sogar hohe Kopfgeldprämien, an der offiziellen Aborigine-Jagd teilzunehmen. Dort bekam man 1828 für jeden gefangenen Erwachsenen £5 und £2 für jedes Kind. 48 Jahre später, am 7. Mai 1876, starb der letzte tasmanische Aborigine.
Die treibende Kraft bei der **erbarmungslosen Verfolgung** der Aborigines war meistens nicht die Regierung, sondern die weiße Bevölkerung, allen voran die Farmer. Sie hatten für ihr Land bezahlt und fühlten sich nun im Recht dieses mit allen Mitteln zu verteidigen. Selbst vor so niederträchtigen Methoden wie dem Austeilen von vergiftetem Mehl schreckten sie nicht zurück. Konsequenzen hatten sie kaum zu fürchten, schließlich wurde das Töten eines Aborigines von vielen Richtern noch bis zum Ende des 19. Jahrhunderts als Kavaliersdelikt betrachtet.
Für ein rasches Sinken der Aborigine-Bevölkerung sorgte jedoch nicht nur die Selbstjustiz der Weißen, sondern auch **eingeschleppte Krankheiten** wie Masern, Grippe

oder Pocken. Sie waren eine zu große Herausforderung für das Immunsystem der Ureinwohner und rafften allein zwischen 1835 und 1850 schätzungsweise 40 bis 50 % der schwarzen Bevölkerung dahin. Begünstigt wurde die epidemieartige Ausbreitung der Krankheiten durch den ohnehin schon angeschlagenen Gesundheitszustand der Ureinwohner. **Alkohol** und das weiße Mehl der Briten waren ein schlechter Ersatz für die gesunde Buschnahrung, die sie gewohnt waren.
Verzweifelung, Wut und Hoffnungslosigkeit machten sich breit unter den ersten Australiern. Dies wiederum hatte einen negativen Effekt auf die **Geburtenrate**. Warum Kinder gebären, wenn es nichts mehr gab, was man ihnen weiter vererben konnte? Als nach der vorletzten Jahrhundertwende die Bevölkerungszahl der Aborigines zeitweilig unter 50.000 fiel, hofften viele Briten – manche insgeheim, andere laut verkündend – dass sich das »Problem« Ureinwohner von selbst erledigen würde.

Das Erwachen

Als sich 1901 die Kolonien zu einer Föderation (▷ 72) zusammenschlossen, betrachtete man die Aborigines bereits als aussterbende Rasse. Deshalb verschwendete man nicht viel Zeit, die Ureinwohner und ihre etwaigen Rechte in die Verfassung aufzunehmen und erwähnte sie nur an zwei Stellen. Zum einen wurde festgehalten, dass sie rechtlich nicht wie die weißen Bürger der Föderation unterstanden, sondern weiterhin den einzelnen Staaten und zum anderen, dass sie beim offiziellen Zensus ausgeschlossen waren. **Aborigines zählten nicht.** Demzufolge standen ihnen auch keine Grundrechte wie Freizügigkeit, freie Meinungsäußerung oder das Wahlrecht zu.
Als schließlich abzusehen war, dass die Aborigines nicht, wie zunächst erhofft, aussterben würden, begann man immer strikter in ihr Leben einzugreifen. Jeder Staat hatte ein eigenes **Aborigine-Ministerium**, das quasi die Vormundschaft für die Aborigines übernahm und uneingeschränkte Kontrolle über das Leben seiner »Schützlinge« ausübte. Das Ministerium wiederum ernannte so genannte *protectors*, die vor Ort für die Ureinwohner zuständig waren. In kleinen Gemeinden übernahm diese Funktion meist die Polizei. Ohne die Zustimmung des Ministeriums durfte kein Ureinwohner heiraten, reisen, den Job wechseln oder Land und Vieh erwerben. Der Besuch eines Lokals, in dem Alkohol ausgeschenkt wurde, war den Aborigines generell untersagt und Ausgangssperren bei Dunkelheit hielten die Ureinwohner von sozialen Aktivitäten wie Kino oder Tanzveranstaltungen fern.
Um Schwarz und Weiß auch räumlich voneinander getrennt zu halten, wurden viele Aborigines von der Regierung in ausgewiesene Reservate zwangsumgesiedelt. Die meisten Reservate bestanden lediglich aus einem eingezäunten, staubigen Platz, auf dem sich bestenfalls notdürftig zusammengezimmerte Wellblechhütten befanden. Andere Ureinwohner wurden von **Missionen** wie New Norcia (▷ 314) in die »Obhut« genommen und lernten dort statt Nächstenliebe oft nur die Bedeutung von harter Arbeit kennen.
Schwarze, die sich »anständig« benahmen, konnten nach 1934 eine Ausnahmegenehmigung beantragen und dadurch die gleichen Rechte wie ein Weißer erwerben. Eine Steigerung der Ausnahmegenehmigung war die 1943 eingeführte »Staatsbürgerschaft« für Aborigines, die gemeinhin als **Hundemarke**/*dog tag* bekannt war. Der Aborigine

> **Buchtipp**
> In zwei empfehlenswerten Büchern wird dieser Teil der Geschichte aus den Augen von Betroffenen geschildert. Alice Nannup und Jack McPhee wurden beide zu Beginn des 20. Jahrhunderts im Norden von Westaustralien geboren und durchlebten als so genannte Mischlinge (Mutter schwarz, Vater weiß) den ganzen Irrsinn der damaligen Aborigine-Politik. Mit einem unglaublichen Leichtmut und bewundernswerten Humor erzählen beide ihre Lebensgeschichte.
>
> *When the Pelican Laughed* von Alice Nannup, Lauren Marsh und Stephen Kinnana, Fremantle Arts Centre Press 1992, Western Australia (nur auf Engl. erhältlich)
>
> *Wanamurraganya Die Geschichte von Jack McPhee* von Sally Morgan, Unionsverlag 1997, Zürich

Jack McPhee kommentiert diese paradoxe Staatsbürgerschaft in Sally Morgans Buch *Wanamurraganya Die Geschichte von Jack McPhee* verwundert mit folgenden Worten: »Es war mir vorher nie in den Sinn gekommen, dass ich kein australischer Bürger war. Ich dachte, jeder, der hier geboren war, war ein Australier. Meine Mutter war vor den Weißen hier gewesen, deshalb hätte ich nie gedacht, dass wir als Fremde in unserem eigenen Land angesehen wurden.«

Beide Ausnahmegenehmigungen konnten dem Besitzer sofort wieder entzogen werden, falls dieser bestimmte Auflagen nicht einhielt. Auflagen, die die Ureinwohner zur **Aufgabe ihrer Kultur** nötigten. So durften sie weder mit anderen Aborigines verkehren (auch nicht mit Familienmitgliedern) noch an ihren traditionellen Zusammenkünften, den *corroborees*, teilnehmen. Einige akzeptierten dennoch diese Einschränkungen, denn die Hundemarke eröffnete ihnen den Zugang zu besseren Arbeits- und Lebensbedingungen sowie zur sozialen Unterstützung.

Erst in den 1960er Jahren verlor das Aborigine-Ministerium einschließlich seiner Hundemarke endgültig die Macht über das Leben der Ureinwohner. Während dieser Zeit entstanden die ersten Bürgerrechtsbewegungen, die sich für die Rechte der Ureinwohner einsetzten. In einem beispiellosen als *Freedom Ride* bekannten Werbezug, machte 1965 der aboriginal Politiker Charles Perkins zusammen mit einer Gruppe weißer Studenten auf die Rassendiskriminierung in Australien aufmerksam und weckte Sympathie und Verständnis für die Situation der Ureinwohner. Die Bürgerrechtsbewegungen gipfelten in einem 1967 abgehaltenen Referendum, in dem über die **Einführung der Bürgerrechte für die Ureinwohner** abgestimmt werden sollte. YES sollten all jene wählen, die der Rassendiskriminierung ein Ende setzen wollten. Das Ergebnis war überwältigend. 90.8 % der Wahlberechtigten stimmten für eine Gleichberechtigung von Schwarz und Weiß und beendeten dadurch ein trauriges Kapitel der australischen Geschichte.

Die Torres Strait Islander

Die Aborigines waren nicht die einzigen, die durch das 1967er Referendum als australische Staatsbürger anerkannt wurden. Es gab noch ein zweites Volk, das seit der Ankunft der Briten das gleiche Schicksal erlitten hatte wie die Aborigines, die Torres Strait Islander. Dieses Volk ist nicht auf dem Festland zu Hause, sondern auf den Torres Strait Inseln, die in der gleichnamigen Meerenge zwischen Cape York (QLD) und Neuguinea liegen. Obwohl die ältesten archäologischen Beweise ihrer Besiedlung nur 700 bis 800 Jahre zurückreichen, geht man von einer mindestens **4000 Jahre alten**

Besiedlungsgeschichte aus.
Die Torres Strait Islander kamen nicht wie die Aborigines einst aus Südostasien, sondern stammen von den **Melanesiern** ab. In ihren Bräuchen, den religiösen Anschauungen und vor allem im Aussehen ähneln sie mehr den Ureinwohnern Neuguineas als den Aborigines. Da die Inseln jedoch Teil von Queensland sind, werden ihre Bewohner zu den Ureinwohnern Australiens gezählt.

Die Gestohlene Generation

Gemäß der Konvention der Vereinten Nationen von 1948 gilt die **gewaltsame Entfernung von Kindern** aus ihrer ethnischen Gruppe und deren Zwangseingliederung in eine andere als Völkermord. Bis spät in die 1960er Jahre hat Australien genau dies getan. Kinder gemischter Abstammung, meist Abkömmlinge einer schwarzen Frau und eines weißen Mannes, wurden gewaltsam von ihren leiblichen Eltern getrennt. Um die Endgültigkeit dieser Maßnahme zu demonstrieren, wurden die Kinder oft in einen anderen Landesteil gebracht und jeder elterliche Kontakt strikt untersagt. Die meisten Eltern haben nie erfahren, was aus ihren Kindern geworden ist – und umgekehrt.
Seit 1937 war diese Assimilation offizieller Bestandteil der australischen Politik. Begründet wurde das Fortnehmen der Kinder mit der Höherwertigkeit der weißen Rasse. Die schwarzen Wilden galten dagegen als minderwertig und unterentwickelt. Meinungen wie die von Baldwin Spencer, der 1937 vor dem australischen Bundesparlament als Gutachter auftrat, waren durchaus verbreitet. »Der Ureinwohner ist eine seltsame Mischung, geistig auf der Höhe eines Kindes, das kaum Kontrolle über seine Gefühle hat......er hat kein Verantwortungsbewusstsein und, abgesehen von wenigen Ausnahmen, ist er nicht in der Lage selbständig zu handeln.« Über Mischlinge fügte Spencer hinzu: »Die Mutter befindet sich auf einem geistig sehr niedrigen Niveau, während der Vater meist ein ungehobeltes, eher unkultiviertes Mitglied der höheren Rasse ist.« Daher kam er zu dem Schluss, dass »obgleich es vielleicht grausam erscheint, Mutter und Kind zu trennen, es besser sei, dies zu tun.« In Westaustralien verkündete der verantwortliche *chief protector* der Aborigines 1909: »Ich würde keinen Moment zögern, jeden Mischling von seiner aboriginal Mutter zu trennen, denn ganz gleich wie wahnsinnig vor Kummer sie auch im Moment ist, schon bald hat sie ihren Nachwuchs vergessen.«
Das offizielle Ziel war, die **Mischlingskinder** in die weiße Gesellschaft zu integrieren und ihnen eine Ausbildung zu ermöglichen – die Wirklichkeit sah jedoch anders aus. Statt der versprochenen Ausbildung wurden die Kinder nach Bedarf als Arbeitskräfte eingesetzt. Man schickte sie auf Farmen, in Missionen oder zu Privatleuten, wo sie der Willkür der jeweils verantwortlichen Person ausgeliefert waren. Lebten die Kinder z. B. auf einer Farm, so gehörten sie dem Farmer. Er konnte über sie verfügen, wie er wollte. Misshandlungen und sexueller Missbrauch gehörten oft zum Alltag.
Man schätzt, dass zwischen 1870 und 1970 über **100.000 Kinder ihren Eltern gestohlen** und ihrer Identität beraubt worden sind. In Australien spricht man heute von der Gestohlenen Generation/*The Stolen Generation*. Viele dieser Menschen leiden noch heute unter den traumatischen Erlebnissen der Vergangenheit und versuchen verzweifelt Familienangehörige aufzuspüren.

Erst seit Ende der 1980er Jahre wird dieses Unrecht öffentlich thematisiert und diskutiert. Nachdem eingesetzte Kommissionen ihre Untersuchungsberichte vorgelegt hatten und das ganze Ausmaß der Grausamkeiten bekannt wurde, konnten weder Regierung noch Kirche ihre Fehler leugnen. So erklärte der Vertreter Australiens 1988 in einer Rede vor dem Menschenrechtskomitee der Vereinten Nation: »[Australien] erkennt an, dass die Politik des Staates in Hinsicht auf die Obhut der aboriginal Kinder, insbesondere während der Nachkriegszeit, **ein schwerer Fehler** gewesen war.«

Zwei wichtige Urteile

Nachdem die Aborigines und Torres Strait Islander 1967 die australische Staatsbürgerschaft erhalten hatten, begannen die ersten Volksgruppen Gebietsansprüche auf ihr ursprüngliches Land zu erheben. Doch bis 1992 wurden sämtliche Ansprüche der Ureinwohner von den Gerichten kategorisch zurückgewiesen, da Australien vor der Inbesitznahme der Briten zur *terra nullius* erklärt worden war, also zum unbesiedelten, herrenlosen Land.

Erst die Gerichtsentscheidung im spektakulären **Mabo Fall** führte dieses Prinzip ad absurdum. Der Ureinwohner Edward Koiki Mabo konnte vor dem Obersten Gericht Australiens beweisen, dass seine Vorfahren seit Hunderten von Jahren auf einer der Torres Strait Inseln kontinuierlich gelebt und gearbeitet hatten. Folglich besaß er einen ursprünglichen Landanspruch/*native title*. In einem weltweit Aufsehen erregenden Urteil bestätigte der Oberste Gerichtshof diesen Anspruch und verwarf somit die Rechtsauffassung einer *terra nullius*. Als Konsequenz aus diesem Urteil konnten die zuständigen australischen Gerichte Landrechtsklagen der Ureinwohner nicht mehr grundsätzlich abweisen.

In einer zweiten bedeutsamen Entscheidung, dem **WIK Urteil** von 1996, verfügte das Oberste Gericht, dass bestehende Pachtverträge für Weideland nicht automatisch die Rechtsansprüche der Ureinwohner auf dieses Land ausschließen würden. Damals klagten unterschiedliche Aborigine-Völker der Cape York Peninsula, die sich unter dem Namen WIK zusammengeschlossen hatten, auf Land, das teils von Farmern gepachtet worden war.

Beide Urteile garantieren den Aborigines zwar keinen Sieg bei zukünftigen **Landrechtsklagen**, sind aber ein wichtiger Schritt zur Gleichstellung von schwarzen und weißen Australiern.

Jäger und Sammler im 21. Jahrhundert

Der australische Kontinent zählt heute über 20 Mio. Einwohner, rund 2.4 % davon stammen von den Ureinwohnern ab. Die meisten aboriginal Einwohner leben in New South Wales; den prozentual höchsten Anteil verzeichnet das Northern Territory mit über 25 % aboriginal Bewohnern.

Viele Aborigines leben heute in selbstverwalteten **Communities**. Dort frönen sie jedoch keineswegs einem glücklichen Jäger-und-Sammler-Leben, sondern sehen, hin und her gerissen zwischen zwei Kulturen, einer oft perspektivlosen Zukunft entgegen. Auf der einen Seite haben sie ihre Unabhängigkeit und traditionelle Lebensweise verloren und auf der anderen scheint vielen eine Integration in die ihnen fremde weiße Kul-

tur unmöglich. Verständlich, bedenkt man, dass viele an den Ureinwohnern verübte Verbrechen erst zwei manchmal auch nur eine Generation zurückliegen.
Der Versuch, den Kummer und die Frustration in Alkohol zu ertränken, endet nicht selten in Depressionen und führt immer häufiger zur **Gewalt gegen Frauen und Kinder.** Diese Form der Gewalt, insbesondere der sexuelle Missbrauch von Kindern, war in der intakten Ureinwohnergemeinschaft unbekannt. Inzwischen stehen Kindesmissbrauch oder gewalttätige Auseinandersetzungen unter Erwachsenen in einigen Communities auf der Tagesordnung. So ist die Wahrscheinlichkeit, dass ein Aborigine eines gewaltsamen Todes stirbt, doppelt so hoch wie bei einem weißen Australier. Um das Alkoholproblem mit seinen gewalttätigen Auswirkungen in den Griff zu bekommen, wurden inzwischen viele Communities zu so genannten *Dry Communities*, sprich alkoholfreien Zonen, erklärt. Der Erfolg dieser Maßnahme verringert sich allerdings parallel mit der Entfernung bis zum nächsten Bottle Shop außerhalb der Community...
Eine zweite Berauschung, die das Leben in den Communities stark beeinflusst, ist **das Schnüffeln von Benzin**. Da Benzin billiger und leichter zu beschaffen ist als Alkohol, greifen vor allem junge Aborigines zu dieser Droge, um ihrem tristen Dasein für ein paar Stunden zu entfliehen. Eine Flucht, die häufig mit dem Tod endet. Das Durchschnittsalter der Benzin-Schnüffler ist 20 Jahre, aber auch 14- und 15-jährige sind unter den Opfern. Als Gegenmaßnahme wurde der Benzinverkauf in vielen Communities eingestellt oder das Normalbenzin durch **Opal-Treibstoff** ersetzt.

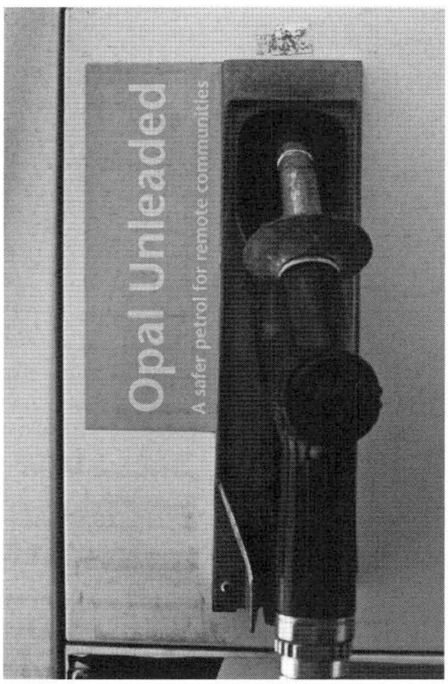

Opal-Treibstoff enthält kaum Rausch fördernde Stoffe und ist daher zum Schnüffeln ungeeignet.

Bezeichnend hoch ist auch die **Kriminalitätsrate**. Trotz ihres prozentual geringen Anteils an der Gesamtbevölkerung sind im Schnitt 20 % aller Inhaftierten Aborigines. Den höchsten Prozentsatz, fast 70 %, verzeichnet das Northern Territory, gefolgt von Westaustralien mit über 30 %. So erschreckend hoch wie die Kriminalitätsrate, so bedrückend niedrig ist die **durchschnittliche Lebenserwartung**. Während ein weißer Australier sein Leben rund 77 (♂) bzw. 82 (♀) Jahre genießen kann, endet das eines Aborigines knapp 20 Jahre früher.
Traurige Zahlen und Fakten, die eine deutliche Sprache sprechen. Sie offenbaren unmissverständlich die gewaltigen sozialen Unterschiede zwischen schwarzen und weißen Australiern. Auch die **Landrechtsbewegung** hat bislang an dem Elend nur wenig ändern können. Obwohl sich bereits über 15 % des gesamten Kontinents in Besitz der Aborigines befinden (das meiste davon im Northern Territory), hat dies das Rad der Geschichte nicht zurückdrehen können. Und selbst vorwärts dreht es nur langsam, denn die sozialen Probleme sitzen tief und können weder ausschließlich mit Geld noch mit Landrückgaben gelöst werden.
Auf der anderen Seite kann man auch die Kritik einiger weißer Australier verstehen, die Aborigines seien den **Versuchungen des Alkohols und des Geldes** nur allzu gerne erlegen. Immerhin geschieht der Griff zur Flasche aus freien Stücken und angeblich heiliges Land wird hartnäckig per Landrechtsklage zurückerfochten, um es später wieder

für einen stolzen Preis an die Weißen zu verpachten. Auch mangelt es regional nicht an Bemühungen der weißen Bevölkerung, die Aborigines in das Gemeindeleben einzubinden. Bemühungen, die einige zu schätzen wissen, andere aber ablehnen.
Einen weiteren Auswuchs der Zivilisation, den sich ausgerechnet die Aborigines zu Eigen gemacht haben und der auf scharfe Kritik stößt, ist die **Bürokratie**. So braucht man als Nicht-Aborigine nicht nur für das Betreten der Communities eine **Genehmigung** (▷ 9), sondern sogar für das Durchfahren, selbst wenn man auf Hauptverbindungsstraßen bleibt. Außerdem sind einige Genehmigungen kostenintensiv und an abstruse Auflagen gebunden. Wer z. B. vom Kakadu NP zum **Garig Gunak Barlu NP** auf der Coburg Peninsula fahren möchte, muss nicht nur $232,10 für die sieben Tage gültige Genehmigung hinblättern, sondern muss auch unterschreiben, dass er die knapp 300 km lange, nicht asphaltierte Strecke in einem Tag, und zwar nonstop zurücklegt. Nicht einmal eine Kaffeepause ist erlaubt und Fotografieren ist selbst aus dem fahrenden Fahrzeug verboten. Ein ähnlicher Irrsinn gilt für die Great Central Road, die Leonora in Westaustralien mit dem Uluru-Kata Tjuta NP verbindet – nur ist dieser Irrsinn immerhin noch umsonst.
Allerdings verlangen auch einige Farmer, auf deren Gelände sich natürliche Sehenswürdigkeiten befinden ein Eintrittsgeld und für das Befahren von privaten Farmpisten muss man nicht selten enorme »Instandhaltungsbeteiligungen« bezahlen. Also, was dem einen recht ist, ist dem anderen billig. Trotzdem wäre es doch schade, würde sich herausstellen, dass die Aborigines am Ende doch die besseren Weißen sind…

Say Sorry

Im Mai 2000 fand in Sydney eine der **größten Demonstrationen in der Geschichte** Australiens statt. SAY SORRY verlangten mehr als 200.000 Menschen vom seinerzeit amtierenden Premierminister John Howard, während sie über die Sydney Harbour Bridge marschierten. Die SAY SORRY-Demonstration war die Antwort des Volkes auf Howards sture Weigerung, sich im Namen der weißen Australier bei den Aborigines und den Torres Strait Islanders für die Verbrechen an der Gestohlenen Generation zu entschuldigen. Eine solche Entschuldigung wäre ein entscheidender Schritt für einen **ernsthaften Versöhnungsprozess zwischen schwarzen und weißen Australiern** gewesen. Doch John Howard hielt an seiner lapidaren Begründung fest, dass es nicht angebracht sei, sich für Sachen zu entschuldigen, für die man nicht persönlich verantwortlich ist.
Der im November 2007 gewählte ***Labor*-Premierminister Kevin Rudd** teilte die Ansicht seines Vorgängers nicht. Am 13. Februar 2008 holte er nach, was ein Großteil des Volkes acht Jahre zuvor gefordert hatte. In einer bewegenden Rede **entschuldigte er sich im Namen der Regierung** und des australischen Parlaments bei der Gestohlenen Generation für die Leiden und Erniedrigungen, die sie durch die damalige Gesetzgebung erdulden mussten. Gleichzeitig versprach er sich dafür einzusetzen, die soziale Kluft zwischen Schwarz und Weiß abzubauen und sich der menschenunwürdigen Bedingungen in den Aborigine-Communties anzunehmen. Er beendete seine Rede mit den auffordernden Worten: »Lasst und diese Gelegenheit ergreifen, um **eine neue Zukunft** zu gestalten für dieses großartige Land: Australien«.

Die europäische Geschichte

Der Wettlauf beginnt

Um zwei Waagschalen im Gleichgewicht zu halten, muss man sie mit zwei gleichschweren Teilen beladen. Dieses Faktum übertrug der griechische Astronom Ptolemäus (100-180 n. Ch.) auf die Erde. Um nicht aus der Bahn geworfen zu werden, so folgerte er, musste es zu den bekannten Ländern der Nordhalbkugel ein entsprechendes Gegengewicht auf der Südhalbkugel geben – **das unbekannte Südland**, die *Terra australis incognita.*

Bis weit ins nächste Jahrtausend blieb die Existenz des Südlands reine Spekulation. Erst die Weiterentwicklung des Schiffbaus und der Navigationssysteme ermöglichte den Menschen sich vor Ort ein Bild zu machen. Angetrieben von vielversprechenden **Gerüchten über fruchtbare Länder, Gold und Gewürze** drangen die seefahrenden Völker nun in jene Regionen der Landkarte vor, die bislang nur Seeungeheuer geziert hatten. Dabei wurde der ideelle Entdeckergeist meist von den wirtschaftlichen Interessen in den Hintergrund gedrängt. Die Gier nach Land, Macht und Reichtum bestimmte das Treiben. Der Wettlauf um die noch nicht entdeckten Kontinente hatte begonnen. Auch das Mysterium Südland beflügelte die Fantasien der Entdecker und Kolonialmächte. Doch trotz der gezielten Suche verpassten ihre Schiffe zunächst das unbekannte Südland geradezu beharrlich. Welche Nation schließlich als Sieger aus diesem Wettlauf hervorging, bleibt bis heute spekulativ.

Ein potentieller Anwärter auf das Siegerpodest ist **China**. Bereits im 15. Jahrhundert durchkreuzten seine riesigen Dschunken auf der Suche nach Sandelholz und neuen Handelspartnern die umliegenden Gewässer. Zwar ist die Wahrscheinlichkeit auf Grund der geographischen Nähe beider Länder groß, dass es während dieser Zeit zu einem Landfall kam, doch liegen dafür bislang nur recht zweifelhafte Beweise vor. Einer davon ist eine kleine Reiterfigur aus der Ming-Dynastie (14.-17. Jahrhundert), die man 1879 bei Darwin fand. Ungeklärt bleibt allerdings, ob sie wirklich während der Ming-Dynastie dorthin gelangte oder erst zu einem späteren Zeitpunkt.

Der zweite Kandidat ist **Portugal**. Anfang des 16. Jahrhunderts war Portugal eine einflussreiche Seemacht, die wegen des blühenden Gewürzhandels im ostindischen Raum stark vertreten war. Keine 500 km von der nordaustralischen Küste entfernt, liegt die Insel Timor, die zu jener Zeit fest in portugiesischer Hand war. Sollten die Portugiesen wirklich nach Tausenden von Seemeilen auf Timor angelangt, auf weitere Entdeckungsfahrten in dieser Region verzichtet haben? Ebenfalls für die Portugiesen sprechen die Dieppe-Landkarten. Die in der französischen Stadt Dieppe angefertigten Karten zeigen einen Kontinent an ungefähr der Stelle, an der sich Australien befindet. Da die Karten zwischen 1536 und 1566 entstanden, also zu einer Zeit, als nur die Portugiesen mit ihren Schiffen in diesem Raum vertreten waren, nimmt man an, dass die französischen Kartographen sich widerrechtlich portugiesischer Originalkarten bedient hatten. Dies würde ferner erklären, warum viele der auf den Karten verwendeten Bezeichnungen und Namen portugiesisch sind. Doch auch dieser Beweis wird durch das Fehlen der portugiesischen Originalkarten lediglich zum Indiz. Angeblich wurden sie 1755 während des großen Erdbebens in Lissabon vernichtet.

Noch weniger als ein Indiz, nämlich nur seinen Namen, hinterließ der spanische Seefahrer Luis Vaez de Torres. Er durchquerte 1606 auf der Suche nach dem unbekannten Südland die Meerenge zwischen Neuguinea und Cape York (QLD), die heutige Torres Strait, ohne, durch einen Landfall oder auch nur einer Sichtung der australischen Küste, den Wettlauf für **Spanien** gewonnen zu haben.

Seegurken und Gewürze

Die ersten Fremden, die nachweislich regelmäßig den 5. Kontinent besuchten, waren **indonesische Fischer und Händler**, allen voran die Makassaren der Insel Celébes. Sie kamen jedoch nicht, um Land in Besitz zu nehmen, sondern wegen der Seegurken. Spätestens seit Beginn des 17. Jahrhunderts machten die Makassaren Jahr für Jahr an der Nordküste Australiens Jagd auf essbare Seegurkenarten, die in China teuer bezahlt wurden.

Zur gleichen Zeit drang erneut eine europäische Nation in den indonesischen Raum vor, die Holländer. Ihr Interesse galt Gewürzen und anderen exotischen Gütern, deren Handel florierte. Die treibende Kraft Hollands, die hinter dem systematischen Erforschen neuer Handelsmöglichkeiten steckte, war die **Holländische Ostindische Kompanie**, kurz VOC (Verenigde Oostindische Compagnie). Diese 1602 von reichen Kaufleuten gegründete Handelsgesellschaft verfügte über genügend Kapital und Einfluss, Holland binnen weniger Jahre zur größten Handelsmacht der Welt aufsteigen zu lassen.

Eine der ersten von der VOC finanzierten **Entdeckungsfahrten** galt der Erkundung des australischen Nachbarlandes Neuguinea, von dessen Existenz man bereits seit 1526 wusste. Allerdings war man nicht sicher, ob es sich um eine Insel, einen Kontinent oder gar um einen Teil des sagenhaften Südlands handelte. Deshalb sandte die VOC 1606 das Schiff *Duyfken* unter dem Kommando von Willem Jansz mit dem Auftrag nach Neuguinea, die tatsächliche Ausdehnung des Landes festzustellen. Da **Willem Jansz** aber die Meerenge zwischen Australien und Neuguinea verfehlte (sie wurde erst ein paar Monate später von Luis Vaez de Torres entdeckt), kehrte er mit nur sehr unbefriedigenden Ergebnissen zurück. Wahrscheinlich wäre sein Name daher schnell in Vergessenheit geraten, hätte er nicht bei dieser Gelegenheit **zufällig die Küste Australiens entdeckt** und mit einem kurzen Landgang beehrt. Jansz jedoch sollte sein Leben lang verborgen bleiben, dass er einen neuen Kontinent entdeckt hatte, denn er war fest davon überzeugt, vor Neuguinea geankert zu haben. Obwohl sein Logbuch verloren ging, weiß man heute, dass es sich nicht um Neuguinea, sondern um die Westküste der Cape York Peninsula gehandelt hat.

Skorbut und die Entdeckung der Westküste

Weder die Suche nach Gold noch nach Seegurken oder Gewürzen führte letztendlich zur **ersten wohl dokumentierten Entdeckung Australiens**, sondern der Kampf gegen Skorbut. Skorbut war bis zum Ende des 18. Jahrhunderts ein ständiger Begleiter von Expeditions- und Handelsschiffen. Heute weiß man, dass Vitamin C-Mangel der Auslöser ist, doch damals war die Ursache noch unbekannt. Waren die frischen Lebensmittel an Bord aufgebraucht, stieg die Todesrate mit jedem weiteren Tag auf See und somit

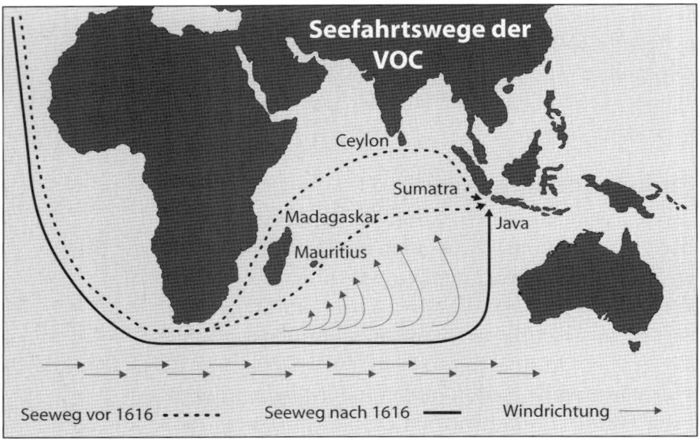

auch die Gefahr, dass nicht genug Seeleute am Leben blieben, um das Schiff sicher in einen Hafen zurückzubringen. Ein Umstand, der auch der Holländischen Ostindischen Kompanie Sorgen bereitete, schließlich brauchten ihre Schiffe fast ein Jahr, um von Holland zu ihrem Hauptstützpunkt Batavia (heute Jakarta) auf Java zu gelangen. Nichts lag den Schiffseignern deshalb mehr am Herzen, als einen schnelleren Weg nach Java zu entdecken. 1611 war es soweit. Ein besserer Weg war gefunden. Statt sich dicht an der ostafrikanischen Küste zu halten, um dann über Ceylon (heute Sri Lanka) nach Batavia zu gelangen, verließen die Schiffe nun das Kap der Guten Hoffnung mit direktem Ostkurs. Kurz vor der australischen Westküste, von deren Existenz man noch nichts ahnte, wechselten sie den Kurs und segelten Richtung Norden auf Java zu. Obwohl der Weg an Seemeilen nicht kürzer war, brauchten die Schiffe wegen der verlässlichen Winde nur knapp sechs Monate. Die Herren der VOC waren begeistert und befahlen bald darauf all ihren Schiffen dieser Route zu folgen.

Einer der ersten, der diese Order erhalten hatte, war **Dirk Hartog** mit seinem Schiff *Eendracht*. Unglücklicherweise verpasste er jedoch den rechtzeitigen Dreh nach Norden und landete so unverhofft, am 25. Oktober 1616, an der Küste eines unbekannten Landes, der Westküste Australiens. Dort ankerte er vor einer kleinen Insel, die heute seinen Namen trägt. Nach bereits über acht Monaten auf See wütete Skorbut auch unter seiner Mannschaft und Trinkwasser und Nahrung waren derart knapp, dass er sich gezwungen sah, nach nur zwei Tagen weiterzusegeln. Allerdings nicht ohne seine Visitenkarte zu hinterlassen, eine Zinnplatte mit den eingestanzten Daten seines Landfalls, die er an einen Pfosten genagelt, auf der besagten Insel zurückließ. Mit dieser Zinnplatte, die heute im Rijksmuseum in Amsterdam zu bewundern ist, verschaffte sich Dirk Hartog Eintritt in die Geschichtsbücher, denn sie war der **erste stichhaltige Beweis für einen europäischen Landkontakt**.

Die *Eendracht* sollte nicht das einzige Schiff bleiben, das sich zu lange von den Westwinden treiben ließ. Andere Schiffe der VOC folgten. Für die meisten verlief die Begegnung mit dem neu entdeckten Kontinent wegen der vielen Riffe allerdings nicht so glimpflich. Noch heute zeugen zahlreiche Schiffwracks von den Dramen, die sich vor der Westküste abgespielt haben müssen. Und da jedes dieser Schiffwracks ein schmerzliches Loch in den Geldsack der VOC riss, entsandte die Handelsgesellschaft regelmäßig Expeditionen, die das **Geheimnis des neuen Landes lüften** sollten. Die gefährliche Küste sollte kartiert und das Land nach seinem wirtschaftlichen Nutzen ausgekundschaftet werden.

Die vier bekanntesten Expeditionen wurden geleitet von Frederick de Houtman (im Jahre 1619), Pieter Nuyts (im Jahre 1627), Abel Tasman (im Jahre 1644) und zu guter Letzt Willem de Vlamigh (in den Jahren 1696-97). Alle vier trugen dazu bei das Bild des unbekannten Kontinents, dem Abel Tasman den Namen »**Neuholland**« gab, zu vervollständigen. Da allerdings auf keiner der Expeditionen etwas entdeckt wurde, das für die VOC von Wert gewesen wäre, verloren die Holländer schnell das Interesse an dem Land. »Ein Land«, so bemerkte Willem de Vlamingh in seinem Tagebuch, »braun und ausgedörrt, weder für Tiere, geschweige denn für Menschen zum Leben geeignet.«

Zwei Engländer in Australien

Der erste Engländer, der australischen Boden betrat, war der Freibeuter **William Dampier** (1652-1715). Während eines Beutezuges ging er 1688 für ein paar Tage an der Nordküste von Westaustralien an Land und war, wie auch die Holländer zuvor, wenig beeindruckt von dem, was er vorfand. Dennoch kehrte er zehn Jahre später zu diesem Kontinent zurück, diesmal mit dem offiziellen Auftrag der Krone, die Küste eingehender zu erforschen. Ein erster Landfall erfolgte an der Westküste, ganz in der Nähe, wo auch Dirk Hartog schon seine zinnerne Visitenkarte hinterlassen hatte. Wegen der hohen Anzahl von Haien nannte er das Gebiet **Shark Bay**. Von hier aus segelte er weiter Richtung Norden, musste aber, noch bevor er die Küste der Kimberleys erreichte, seinen ursprünglichen Plan, den Kontinent einmal zu umrunden, auf Grund des desolaten Zustands seines Schiffes aufgeben. Somit überließ er die Entdeckung der Ostküste einem zweiten Engländer, einem, den man wohl am ehesten mit der Entdeckung Australiens in Zusammenhang bringt, James Cook.

Als **James Cook** 1768 zu seiner legendären ersten Entdeckungsfahrt aufbrach, waren zwei Drittel der australischen Küstenlinie schon bekannt und kartiert. Viel blieb also nicht übrig für den vermeintlichen Entdecker Australiens. Geboren 1728 auf einer Farm in Yorkshire, hatte er seiner einfachen Herkunft zum Trotz die Leiter des Erfolges schnell erklommen. Als er im August 1768 als Kommandant der *Endeavour* in See stach, nahm er zunächst Kurs auf Tahiti, wo er sich über ein Jahr mit astronomischen Beobachtungen beschäftigte. Danach, so lauteten seine Instruktionen, sollte er Neuseeland kartieren, für die britische Krone in Besitz nehmen und auf einer Route seiner Wahl nach England zurückkehren. Australien, das immer noch den Namen Neuholland trug, war mit keinem Wort erwähnt worden.

Als einer der wenigen **Entdecker aus Leidenschaft** entschied James Cook sich für eine Route, die ihn unweigerlich an die noch unbekannte Ostküste Neuhollands führen musste. Dort ging er am 29. April 1770 nicht unweit der Stelle vor Anker, an der einmal das bekannteste Opernhaus der Welt stehen sollte, die Oper von Sydney. Seine Ankunft blieb nicht unbeobachtet. Die Bucht, die sich James Cook für seinen Landfall ausgesucht hatte und der er später den Namen Botany Bay gab, war Heimat des Iora-Volkes, von denen sich mehrere Männer, Frauen und Kinder gerade in der Bucht aufhielten. Seltsamerweise ignorierten sie die Ankömmlinge zunächst vollständig. Erst als James Cook, zusammen mit

James Cook war zwar einer der größten Entdecker seiner Zeit, nicht aber der Entdecker Australiens.

einigen anderen, ein Beiboot bestieg und sich der Küste näherte, ergriffen die meisten Aborigines die Flucht. Nur zwei der Männer blieben an der Küste zurück und betrachteten argwöhnisch den an Land kommenden Trupp. Da alle Versuche sich verständlich zu machen scheiterten, griff James Cook auf einen damals beliebten Trick zurück, um die Ureinwohner milde zu stimmen: Er warf ihnen Glasperlen und Nägel entgegen. Von diesen Gastgeschenken nicht sonderlich beeindruckt, blieb die Stimmung feindlich und einer der beiden Aborigines begann mit Steinen nach den Eindringlingen zu werfen. Eine Geste, die wiederum die kriegserprobten Briten nur wenig beeindruckt haben musste. Als allerdings der zweite Mann zu seinem Speer griff, antworteten die Briten vorsichtshalber mit Musketenschüssen, bis die beiden Aborigines sich zurückzogen.

Hätte das Iora-Volk geahnt, was dieser Landfall nach sich ziehen würde, so hätte es sich vielleicht intensiver zur Wehr gesetzt. Stattdessen gingen die Aborigines den Ankömmlingen an den darauf folgenden Tagen aus dem Weg. James Cook, der vergeblich versuchte, mit ihnen in Kontakt zu kommen, erwies sich immerhin als sensibler Beobachter und notierte in sein Tagebuch »...alles, was sie scheinbar von uns wollten, war, dass wir wieder gehen.«

Eine Woche später stach die *Endeavour* in See. Während James Cook die Ostküste in Richtung Norden entlang segelte, wurde er nicht müde die **landschaftliche Schönheit und Fruchtbarkeit des Landes** zu loben und widersprach damit allen vorangegangenen Berichten, die Neuholland als trockenes und karges Land abgestempelt hatten. Darum zögerte er nicht lange, taufte den Osten in **New South Wales** um und nahm ihn für die britische Krone in Besitz.

Das kurze französische Kapitel

Am 30. März 1772, als James Cook gerade mitten in den Vorbereitungen seiner nächsten Expedition steckte, erhob eine zweite Nation Anspruch auf den australischen Kontinent. Ort des Geschehens war wieder Shark Bay. Hier war der französische Kapitän **Saint Aloüarn** mit seinem Schiff *Gros Ventre* vor Anker gegangen. Ohne viel Zeit zu verlieren, hatte er ein Erkundungsteam ausgesandt, um **das Land für Frankreich in Besitz zu nehmen**. Zur Untermauerung seines Anspruchs ließ er zwei Flaschen vergraben, die neben einer feierlichen Erklärung jeweils eine Ecu-Münze enthielten.

Doch weder Saint Aloüarn noch ein Mitglied des Teams, das die französische Flagge gehisst hatte, sollten ihrem König Ludwig XVI. Bericht erstatten können. Auf dem Heimweg nach Frankreich wüteten Skorbut und tropische Krankheiten derart heftig unter der Besatzung, dass kaum einer überlebte und so gerieten die Flaschen samt Proklamation in Vergessenheit...

Nach jahrelanger vergeblicher Suche fand man 1998 eine der Münzen (geprägt 1766) und eine der Flaschen, die mit einer Bleikappe verschlossen war. Bereits vor der Öffnung wurde die Flasche vergeblich nach dem erhofften Dokument durchleuchtet. Nach der Öffnung bestätigte eine mikroskopische Untersuchung, dass niemals Papier in der Flasche aufbewahrt worden war. Alles was man fand, war ein Gemisch aus Sand, Pflanzenresten und Chitin (von Insekten).

Die Ankunft

Ende des 18. Jahrhunderts waren die Gefängnisse Großbritanniens überfüllter denn je. Durch die Unabhängigkeitserklärung der ehemals britischen Kolonien in Nordamerika hatte Großbritannien nicht nur ein Stück seines Empires verloren, sondern auch seinen langjährigen Abnehmer von Sträflingen. Neues Land wurde benötigt, um sich der Kriminellen zu entledigen. **Joseph Banks**, der ehemalige Botaniker der *Endeavour*, der zusammen mit James Cook die Ostküste Australiens bereist hatte, brachte New South Wales ins Gespräch. Seine und James Cooks positiven Berichte über die grüne, fruchtbare Küste trugen erheblich dazu bei, dass die Wahl schließlich auf Australien fiel. Ein weiteres Argument, das für New South Wales sprach, war die Annahme, dass von den Ureinwohnern **kein ernstzunehmender Widerstand zu erwarten** war. »Es gibt nur wenige und die sind feige«, hatte der nicht ganz so sensible Botaniker Joseph Banks während der Reise notiert.

Im Mai 1787 verließ die erste Flotte oder besser der erste Gefangenentransport, bestehend aus elf Schiffen mit über tausend Passagieren an Bord, England mit Kurs auf New South Wales. Kommandant dieser Flotte war Arthur Phillip, der noch in England vom König Georg III. zum Gouverneur der neuen Kolonie ernannt worden war. Ihm oblag es, an der Botany Bay eine **Strafkolonie** zu errichten. Vor Ort stellte er schnell fest, dass die Bucht nicht annähernd den schmeichelhaften Berichten von Cook und Banks entsprach. Mit einem kleinen Team erkundete er die Umgebung, bis er ein Stück nördlicher ein optimales natürliches Hafenbecken fand, Port Jackson, den heutigen Hafen von Sydney. Dort ließ er am Abend des 17. Januar 1788 unter lautem Jubelgeschrei die britische Flagge hissen.

Terra nullius

Im Zeitalter des Kolonialismus trafen die Kolonialmächte immer wieder auf dasselbe Problem: ihr begehrtes Land war schon besetzt. Auch im Falle Australiens gab es darüber keine Zweifel. Dampier, Cook und Co, sie alle hatten über die Ureinwohner berichtet. Fielen ihre Beschreibungen auch sehr unterschiedlich aus, in einem waren sich alle einig: **die Aborigines schienen das Land weder zu besitzen noch zu bewirtschaften** – zumindest nicht nach europäischen Maßstäben. Es gab keine Zäune, die Besitz absteckten, keine Äcker oder Plantagen, die von einem Kultivieren des Landes zeugten und keine Wohnhäuser, die auf eine permanente Besiedlung schließen ließen. »Das Land«, so schrieb James Cook, »befindet sich in einem von Menschenhand und Fleiß unberührten Zustand.« Also erklärten die Briten es bei ihrer Inbesitznahme zur *Terra nullius*, zum **unbesiedelten, freien Land**.

Ein Volk von Verbrechern

Zwei gestohlene Hühner waren Thomas Hawell zum Verhängnis geworden. Des Diebstahls angeklagt und überführt, lautete sein hartes Urteil sieben Jahre Gefängnis. Auch die 13-jährige Elizabeth Hayward erwarteten sieben Jahre, denn sie hatte einem seidenen Nachthemd samt Haube nicht widerstehen können. Beide gehörten zu den ersten **736 Sträflingen**, die man nach New South Wales abgeschoben hatte. Wie die meisten anderen waren sie keine Schwerverbrecher, sondern wegen geringfügiger Delikte verurteilt und an das andere Ende der Welt deportiert worden. Ausgesetzt in einem Land, das so gar nichts gemeinsam hatte mit ihrer grünen, fruchtbaren Heimat, verlangte man nun von ihnen, aus dem Nichts eine sich selbst erhaltende Kolonie aufzubauen. In Ketten gelegt und mit der Peitsche in Schach gehalten, hielt sich die Arbeitsmoral der Sträflinge verständlicherweise in Grenzen. Motivation war allerdings nicht das einzige, was der jungen Kolonie fehlte. Die meisten der deportierten Sträflinge kamen aus den Slums Londons. Sie hatten nie gelernt, einen Acker zu bestellen oder ein Haus zu bauen. Fähigkeiten, die nun dringend benötigt wurden.

Hunger war ein weiteres Problem, mit dem die junge Kolonie zu kämpfen hatte. Die mitgebrachten Nahrungsmittel waren schnell aufgebraucht und die eingeführten Pflanzensamen und Keimlinge sprossen nur sehr zögerlich auf dem trockenen, harten Boden. Ohne die von Zeit zu Zeit eintreffenden Proviantschiffe wäre die mickrige Siedlung am Port Jackson buchstäblich verhungert.

Zu all diesen Widrigkeiten kamen die Ureinwohner hinzu. »Wilde«, wie sie von den meisten genannt wurden, die mit Speeren bewaffnet den ohnehin schon schweren Überlebenskampf der Siedler verschärften. Gouverneur Arthur Phillip hatte vom König Instruktionen erhalten, den Aborigines mit aller Freundlichkeit zu begegnen und alles daran zu setzen, ihr Vertrauen zu gewinnen. Daher ließ er in den ersten Monaten manche ihrer Vergehen durchgehen, während er seine Soldaten und die Sträflinge stets hart bestrafte. Diese einseitige Milde gegenüber den »unzivilisierten Wilden« empfanden viele Weiße als ungeheuere **Erniedrigung und Ungerechtigkeit** und so kam früh Hass gegen die Ureinwohner auf. Auch die später eintreffenden freien Siedler, insbesondere die Großgrundbesitzer, hatten guten Grund die Aborigines zu hassen. Immerhin hatten sie ihr Land, das sie nun gegen die »Wilden« verteidigen mussten, offiziell und rechtmäßig von der Britischen Krone erworben.

Mit dem stetigen Wachsen der Kolonie nahmen die Auseinandersetzungen mit den Aborigines zu und eine Politik der Freundlichkeit war auch von Seiten der Regierung nicht länger aufrecht zu erhalten. Als sich der in diesen ersten Jahren aufgestaute Hass entlud, entfachte er eine Welle von **Rassismus und Gewalt**, die bis heute nicht verebbt ist.

Der Westen fasst Fuß

Über hundert Jahre lang hatte Großbritannien einen Teil seiner unerwünschten Bevölkerung nach Australien geschifft. Insgesamt 162.000 Sträflinge wurden bis 1868 deportiert. Zusammen mit den freien Siedlern, die seit 1793, angezogen von der Möglichkeit für wenig Geld viel Land zu erwerben, ebenfalls nach Australien strömten, wuchs die Kolonie. Wie einst die Aborigines, die sich von Norden her über das Land verbreiteten, begannen nun die Briten vom heutigen Sydney aus, den Kontinent zu erforschen und nach und nach in Besitz zu nehmen.

Schon Ende des 18. Jahrhunderts waren die ersten Hungerjahre überstanden. Ackerbau und Viehzucht verzeichneten inzwischen beachtliche Erfolge und niemand zweifelte mehr am Gedeihen der Kolonie. Das Land der ehemaligen Strafkolonie war plötzlich kostbar geworden und so begann man sich ernsthafte **Sorgen um den Westen** zu machen. Dieser trug immer noch den Namen Neuholland und war gewissermaßen Niemandsland. Die Tatsache, dass immer mehr französische Expeditionsschiffe die westaustralische Küste auskundschafteten, machte die Briten zunehmend nervös. Das Letzte, was sie wollten, war diesen Kontinent mit den Franzosen zu teilen. Um einer möglichen französischen Inbesitznahme zuvorzukommen – seltsamerweise schienen alle das kurze französische Kapitel (▷ 66) vergessen zu haben – sandte Großbritannien 1826 **Mayor Edmund Lockyer** gen Westen, wo er am 24. Dezember des gleichen Jahres die **erste weiße Siedlung von WA** gründete, das heutige Albany. Obwohl Lockyer dort offiziell den Rest des Landes für die britische Krone in Besitz nahm, erfolgte die eigentliche Kolonisierung des Westens erst drei Jahre später am Swan River. **James Stirling**, Kapitän der Royal Navy (geb. 1791 in England), hatte Fluss und Umgebung 1827 während einer kurzen Expedition in Augenschein genommen und war so angetan von der scheinbaren Fruchtbarkeit des Landes, dass er die Regierung erfolgreich überzeugte, am Swan River eine neue Kolonie zu gründen, die **Swan River Kolonie**. Die im Mai 1829 an diesem Fluss gegründete Siedlung trug zunächst den Namen *Swan River Settlement* und wurde später in Perth umbenannt.

Der Swan River, an dem 1829 die gleichnamige Kolnie bzw. das zukünftige Perth gegründet wurde, verdankt seinen Namen den schwarzen Trauerschwänen, die den Fluss bevölkern.

Australiens erste freie Kolonie...

In einem entscheidenden Punkt sollte sich die Kolonie im Westen von denen im Osten unterscheiden: man wollte auf Sträflinge verzichten. Statt einer weiteren Sträflingskolonie plante man im Westen, Australiens erste freie Kolonie zu gründen.
Um genügend freie Siedler für die neue Kolonie zu gewinnen, hatte die Presse in Großbritannien kräftig die Werbetrommel gerührt und den Westen in den höchsten Tönen angepriesen. Als die ersten Siedler schließlich westaustralischen Boden betraten, waren ihre Erwartungen dementsprechend hoch. Die Ernüchterung folgte schnell. Die meisten Siedler kamen aus der unteren Mittelschicht, waren jung und an ein städtisches Leben gewöhnt. Sie hatten all ihr Hab und Gut verkauft und sich von der durch die Presse hervorgerufenen »Swan River Kolonie Manie« anstecken lassen. Doch statt des ersehnten Paradieses oder zumindest einer annehmbaren Siedlung, erwartete sie ein provisorisches Zeltlager inmitten eines fremdartigen Landes.
Wie schon im Osten galt die erste Sorge der **Nahrungsmittelversorgung**. Wollte die kleine isolierte Kolonie überleben, musste sie so rasch wie möglich selbst Nahrungsmittel produzieren. Allerdings stellte sich bald heraus, dass die sandigen Böden entlang des Swan River keineswegs so fruchtbar waren, wie Stirling sie beschrieben hatte. Noch im Gründungsjahr der Kolonie sandte man deshalb den ersten von Ensign Robert Dale geleiteten Expeditionstrupp aus, mit dem Ziel, **brauchbares Land für Ackerbau und Viehzucht** zu finden. Diese Expedition führte zur Entdeckung und Besiedlung des fruchtbaren Avon Valley und zur Gründung der Stadt York. Die Suche nach fruchtbarem, besiedelbarem Land war auch Triebfeder für viele weitere Expeditionen, von denen die wichtigsten von John Septimus Roe, George Grey (▷ 267) und den beiden Brüdern Augustus Charles Gregory und Francis Thomas Gregory (▷ 322) angeführt wurden.

...wird zur Sträflingskolonie

Zwölf Jahre nach ihrem Bestehen zählte die Swan River Kolonie lediglich 2.760 weiße Siedler und Kapital, Nahrung und Arbeitskraft waren immer noch Mangelware. Insbesondere das Defizit an Arbeitskräften wurde bald als Ursache für die kränkelnde Kolonie erkannt. Ohne **die Arbeitskraft von Sträflingen** schien es eben doch nicht zu gehen. Deshalb bat man 1849, nicht ohne Bedauern und Widerspruch, die Krone um die Entsendung von Sträflingen. Allerdings stellte der Westen zwei Bedingungen. Man wollte nur Männer und nur solche, die am Ende ihrer Haftstrafe angelangt waren. Diesen wurde bei Ankunft ein *ticket-of-leave* ausgestellt, das den Sträflingen gestattete, das Gefängnis unter bestimmten Auflagen zu verlassen. So waren die so genannten *ticket-of-leavers* von doppeltem Nutzen für die Kolonie. Sie konnten sofort zur Arbeit eingesetzt werden und trugen nach ihrer Entlassung zwangsweise als »freie« Siedler zum Wachsen der Bevölkerung bei, da ihnen das Geld für eine Schiffspassage zurück nach Großbritannien fehlte. Im Juni 1850 erreichte **das erste Schiff mit 75 sehnsüchtig erwarteten Häftlingen** an Bord den Westen. Noch 10.000 weitere Häftlinge sollten bis 1868 folgen und das Überleben der einsamen Kolonie sichern.

Gold! Gold! Gold!

Die Ankunft der Sträflinge hatte Westaustralien zwar einen ersten wirtschaftlichen Fortschritt beschert, doch erst der Ruf des Goldes weckte die kleine Kolonie aus ihrem Dornröschenschlaf. Den **ersten vielversprechenden Goldfund** (▷ 352) machte man 1885 in den Kimberleys. Obwohl sich die dort entdeckten Goldfelder als nicht sehr ergiebig erwiesen, erfüllten sie doch ihren Zweck. Sie hatten bewiesen, dass es in Westaustralien Gold gab und den Appetit der einströmenden Goldsucher angeregt. Wie zuvor in den östlichen Kolonien, in denen der Goldrausch zu einem willkommenen Bevölkerungsanstieg und plötzlichem Wohlstand geführt hatte, hoffte man nun auch im Westen auf einen kräftigen Aufschwung. Mit einer ausgesetzten Belohnung von £5000 für die Entdeckung ergiebiger Goldfelder spornte die Regierung die Suche an. Mit Erfolg! Nach den Kimberleys wurden zwischen 1888 und 1892 Goldfelder in der Pilbara, der Ashburton-, und der Murchison-Region entdeckt. Die **reichsten Goldvorkommen fand man 1892/93** (▷ 237) in der Region, die bis heute den Namen Goldfields trägt. Die Goldader, die sich durch diese Felder zieht, gehört zu den ergiebigsten der Welt und wurde als Goldene Meile bekannt. In ihrem Mittelpunkt entstanden die beiden Städte Coolgardie und Kalgoorlie.

Der Zustrom an Glücksrittern ließ nicht lange auf sich warten. Innerhalb von nur 15 Jahren, zwischen 1886 und 1901, explodierte die Bevölkerung von Westaustralien von 30.000 auf 184.000. Kapital strömte ins Land, Siedlungen entstanden, das Straßen- und Eisenbahnnetz wurde ausgebaut und das Land durch Telgraphenstationen vernetzt. Mit einem Schlag war der ungeliebte Westen zum goldenen Westen geworden.

Das *Commonwealth of Australia*

Bis Anfang des 19. Jahrhunderts war Australien eher ein geographischer Begriff. Die einzelnen Kolonien New South Wales, South Australia, Victoria, Queensland, Tasmanien und Westaustralien teilten sich zwar einen Kontinent, entwickelten sich aber völ-

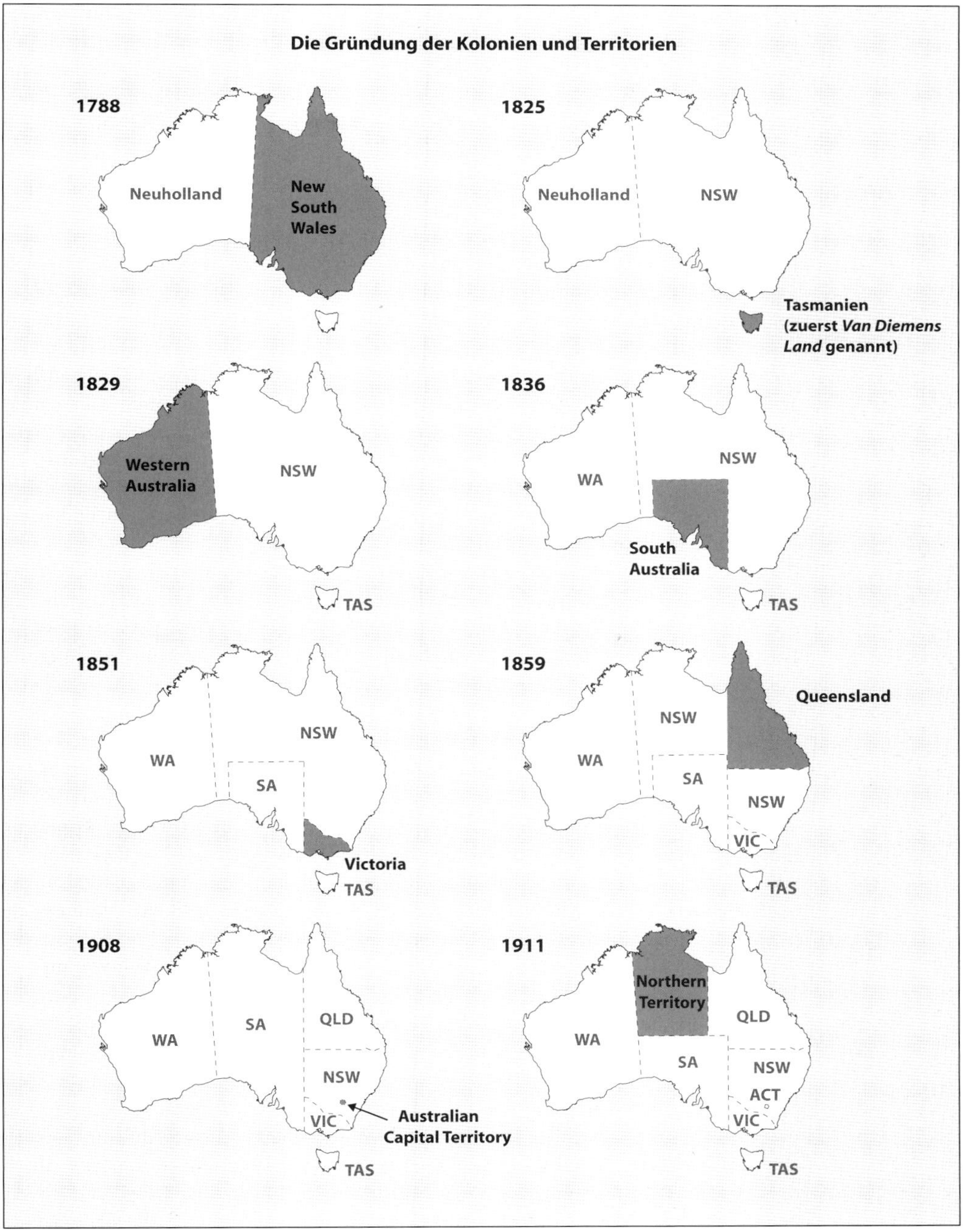
Die Gründung der Kolonien und Territorien
1788
Neuholland
New South Wales
1825
Neuholland
NSW
Tasmanien (zuerst *Van Diemens Land* genannt)
1829
Western Australia
NSW
TAS
1836
WA
NSW
South Australia
TAS
1851
WA
NSW
SA
Victoria
TAS
1859
WA
NSW
Queensland
SA
NSW
VIC
TAS
1908
WA
SA
QLD
NSW
VIC
Australian Capital Territory
TAS
1911
Northern Territory
WA
QLD
SA
NSW
ACT
VIC
TAS

lig unabhängig voneinander. Statt Zusammenarbeit stand **Konkurrenz im Vordergrund**. Jahrzehntelang buhlten sie um die Einwohner der anderen Kolonien, die sie so dringend brauchten, um ihr eigenes Land aufzubauen. Sie errichteten Zollschranken und betrieben eine gegeneinander gerichtete Handelspolitik. Die Kommunikationsmöglichkeiten des Post- und Fernmeldewesens waren auf die einzelnen Kolonien beschränkt, die jeweiligen Eisenbahngesellschaften arbeiteten mit unterschiedlichen **Spurbreiten**.

Erst 1901 schlossen sich die Kolonien zu einer **Föderation** zusammen, dem ***Commonwealth of Australia***. Der Hauptgrund war der zunehmende Druck der britischen Regierung, die einen Zusammenschluss der Streitkräfte und eine nationale Zentralregierung forderte. Die junge Föderation stand nun vor zwei Fragen: Welches Regierungssystem sollte man wählen und sollte man Melbourne oder Sydney zur **Hauptstadt** küren? Letztere Frage erwies sich als die bei weitem schwierigere. Nach einem fast sieben Jahre dauernden Tauziehen der beiden Städte, traf man sich schließlich, auch in geographischer Hinsicht, auf halber Strecke und gründete eine neue Stadt auf »neutralem« Boden. Im Jahre 1908 legte man den Grundstein für das Australian Capital Territory (ACT), in dessen Grenzen die neue Retortenhauptstadt Canberra entstand.

Bei der Frage der **Regierungsform** entschied man sich für eine Mischung aus dem britischen und amerikanischen System. Zwei gleichberechtigte Kammern bilden die Legislative: das Repräsentantenhaus/*House of Representatives* und der Senat/*Senate*. Um die bevölkerungsschwachen Staaten wie Tasmanien und Westaustralien nicht zu benachteiligen, entsendet jeder Staat gleich viele Abgeordnete in den Senat. Nur die Abgeordneten des Repräsentantenhauses werden nach dem Verhältniswahlrecht gewählt. Das oberste Gericht/*High Court* Australiens wurde 1903 gegründet. Es ist Hüter der Verfassung und oberste Berufungsinstanz.

Das Northern Territory

Im Jahre 1911 wurde der letzte Staat bzw. das letzte Territorium aus der Taufe gehoben, das Northern Territory. Noch bis 1863 gehörte das Gebiet zu New South Wales, an dem es seit den Anfängen der Kolonialisierung wie ein **überflüssiger Appendix** hing. Lediglich drei winzige, kurzlebige Siedlungen wurden vor 1863 von der britischen Regierung aus handelspolitischen Gründen etabliert: Fort Dundas (1824-1829) auf Melville Island sowie Raffles Bay (1827-1829) und Victoria (1838-1849), die beide im Arnhem Land auf der Cobourg Peninsula lagen. Alle drei Siedlungen waren nur auf dem Seeweg zu erreichen.

Der erste Expeditionstrupp, der sich auf dem Landweg zu einer der beiden Siedlungen durchkämpfte, wurde vom preußischen Entdecker **Ludwig Leichhardt** geleitet. Leichhardt war 1844 von einer Farm nördlich von Brisbane aufgebrochen und stolperte, ausgemergelt und erschöpft, über ein Jahr später, am 17. Dezember 1845, in die Siedlung Victoria. Seine Berichte von fruchtbaren Landstrichen lenkten zum ersten Mal die Aufmerksamkeit auf den nördlichen Zipfel Australiens. Als ein Jahrzehnt danach auch der Entdecker Augustus Charles Gregory während seiner Expedition quer durch den Norden auf gutes Weideland stieß, begannen South Australia und später auch das neu gegründete Queensland ihr Interesse am Norden zu bekunden. Verstärkt wurde das Interesse der beiden Kolonien, als man beschloss, den australischen Kontinent via eines von Java kommenden Unterseekabels an das weltweite Telegraphennetz anzubinden. Dieses Vorhaben löste hitzige Diskussionen über die weiterführende Route der Überlandtelegraphenlinie aus, die beide Kolonien jeweils über ihr Hoheitsgebiet verlegt haben wollten.

Die Regierung von South Australia handelte am schnellsten und verlieh ihrem Interesse Nachdruck, indem sie eine stattliche **Belohnung** für denjenigen aussetzte, der als Erster eine direkte Überlandroute von Adelaide nach Norden auskundschaften würde. Dieser Route sollten dann sowohl die zukünftigen Siedler als auch die ersehnte Telegraphenlinie folgen. Die Belohnung kassierte der beharrliche Entdecker John McDouall Stuart, der, inklusive zwei erfolgloser Anläufe, über zwei Jahre brauchte, bis er schließlich den Norden erreichte. Als Stuart im Januar 1863 wieder nach Adelaide zurückkehrte, machten seine positiven Berichte, vor allem über das heutige Top End, einen tiefen Eindruck auf die Regierung. »Falls dieses Land besiedelt wird«, resümierte Stuart, »wird es eine der besten Kolonien der Krone sein«. Ohne lange zu zögern, setzte die Regierung von South Australia alle Hebel in Bewegung, um sich den nördlichen Teil des Kontinents einzuverleiben. Regierende wie Investoren träumten von einem tropischen Garten Eden mit saftigen Weideflächen und ertragreichen Feldern, auf denen Reis, Zuckerrohr, Kaffee und Tabak gedeihen würden. Am 6. Juni 1863 nahm der Traum Gestalt an. An diesem Tag wurde der Norden, mit Einwilligung der britischen Regierung, **von South Australia annektiert**.

Bis zur Besiedlung war es allerdings noch ein langer Weg, denn zunächst musste das Land abgesteckt und vermessen werden. Ein kostspieliges Unternehmen, das die Regierung nur finanzieren konnte, indem sie das Land schon vorher verkaufte. Folglich griffen als Erste Spekulanten aus den reicheren Gesellschaftsschichten zu einschließlich vieler Politiker, so wie der damalige Gouverneur und spätere Premier von South Australia, Sir Henry Ayer.

Doch die **Erschließung des Nordens** stellte sich als harsches Unterfangen heraus. Ein erster Siedlungsversuch scheiterte kläglich und nach zweieinhalb Jahren war man mit der Erschließung keinen Schritt vorangekommen. Unter dem Druck der zunehmend nervös werdenden Investoren versprach die Regierung jedem Landbesitzer, gegen einen weiteren Aufschub von fünf Jahren, die doppelte Menge an Land.

Im Februar 1869 startete die Regierung einen zweiten **Siedlungsversuch**. Dieser führte zur Gründung der Stadt Palmerston, des späteren Darwins, und brachte die Besiedlung des Nordens langsam ins Rollen. Der Traum von einem Garten Eden war allerdings schnell zerplatzt, denn das Land erwies sich alles andere als profitabel. Ein paar Monate im Jahr goss es in Sturzbächen, die anderen Monate zeigte sich kein Wölkchen am blauen Himmel. Mal war der Boden schlammig weich, mal trocken und knochenhart. An Landwirtschaft war in den meisten Gebieten nicht zu denken. Mensch wie Vieh litten unter den extremen Klimaverhältnissen und es gab weder Arbeitskräfte noch Straßen, geschweige denn einen lokalen Markt, auf dem irgendetwas ver- oder gekauft werden konnte. Die einzigen Höhepunkte der folgenden Jahre waren die 1872 fertig gestellte Überlandtelegraphenlinie von Palmerston nach Adelaide sowie erste Funde von Gold und anderen Rohstoffen, die zu einem kurzen wirtschaftlichen Aufblühen

führten.
Der Versuch, die Wirtschaft des Nordens mit Hilfe von billigen **chinesischen Arbeitskräften** anzukurbeln, gelang nur sporadisch und wurde gerade dort, wo die findigen und fleißigen Chinesen etwas auf die Beine stellten, von rassistischen Übergriffen weißer Siedler im Keime erstickt. Rein zahlenmäßig war die Furcht vor chinesischer Fremdbestimmung nicht ganz unbegründet. Immerhin lebten 1888 viermal so viele Chinesen wie weiße Australier im nördlichen South Australia.
Alles in allem hatte sich der Norden **wirtschaftlich als Flop erwiesen**. Als Anfang des 20. Jahrhunderts die öffentlichen Schulden auf £4 Mio. angewachsen waren, versuchte South Australia seinen nördlichen Ballast wieder loszuwerden. Doch an wen? Kein anderer Staat war gewillt, den verschuldeten Norden zu übernehmen, selbst Queensland hatte dem unnützen Land inzwischen den Rücken gekehrt. Blieb nur noch die neu gegründete **Bundesregierung als potentieller Abnehmer**. Nach mehreren Verhandlungsjahren willigte die Bundesregierung 1911 schließlich ein und der Norden wurde zum Northern Territory. Eine erste Volkszählung bestätigte noch einmal seine ökonomische Bedeutungslosigkeit. Von inzwischen 5 Mio. weißen Australiern lebten hier gerade mal 3031 Menschen und es sah nicht so aus, als würde sich daran in nächster Zukunft etwas ändern.

Das letzte Jahrhundert

Das 20. Jahrhundert begann für den 5. Kontinent mit einem bedeutsamen Ereignis, dem **Zusammenschluss der australischen Kolonien** zum *Commonwealth of Australia* (▷ 70). Durch diesen Akt wurden die Kolonien zu eigenständigen Staaten, die einer Bundesregierung unterstanden. Nicht minder bedeutsam für den weiteren Verlauf der Geschichte war die zeitgleiche Einführung einer **rassendiskriminierenden Einwanderungspolitik**, der *White Australia Policy* (▷ 114), die »zu« ausländische Einwanderer vom Kontinent fern hielt.
In den kommenden Jahrzehnten geriet die junge Nation, trotz ihrer isolierten Lage, in den Sog des weltpolitischen Geschehens. Als der **I. Weltkrieg** ausbrach und Großbritannien sein Commonwealth Mitglied Australien zur Unterstützung aufrief, reagierte die Nation mit patriotischem Eifer. Mehr Männer als ausgerüstet und transportiert werden konnten, drängten in das australisch-neuseeländische Armeekorps (▷ 79), dessen verlustreiche Schlacht bei Gallipoli bis heute unvergessen ist.
Nach dem I. Weltkrieg setzte, begünstigt durch zahlreiche britische Einwanderer und gute Exportgeschäfte im Woll- und Fleischhandel, ein wirtschaftlicher Aufschwung ein, der jedoch durch den Börsenkrach von 1929 und der nachfolgenden **Weltwirtschaftkrise** ein jähes Ende fand. Die Exportmärkte brachen zusammen und Tausende Australier wurden arbeitslos.
1942, drei Jahre nach Ausbruch des **II. Weltkrieges**, war Australien zum ersten Mal selbst Ziel militärischer Angriffe. Japanische Kampfgeschwader bombardierten mehrere Ortschaften im Norden, ganz besonders betroffen war Darwin. Mit jeder Bombe, die auf australischen Boden einschlug, vergrößerte sich die **Angst vor einer japanischen Invasion**. Plötzlich wurde den Australiern bewusst, wie verwundbar sie auf ihrer großen Insel waren und wie wenig Gegenwehr sie aus eigener Kraft gegen einen mög-

lichen Angreifer aufzubringen vermochten. Diese Erkenntnis plus der Tatsache, dass das britische Mutterland mit seinem eigenen Schutz ausreichend beschäftigt war, trieb die Australier an die Seite der USA. Sie war die einzige militärische Macht, die dem australischen Kontinent Schutz gewähren konnte. Doch die Beziehung zwischen den Vereinigten Staaten und dem 5. Kontinent war eine Verbindung ungleicher Partner. Australien brauchte die USA, aber die USA nicht Australien. Am augenfälligsten demonstrierte Australien seine Treue zum großen Bruder, wenn sich dieser in militärische Abenteuer verstrickte. Die konservativen Nachkriegsregierungen schickten australische Männer nach Korea und nach Vietnam und die 2003 amtierende konservative Regierung setzte diese Tradition fort und entsandte Truppen in den Irak.
Die bitteren Erfahrungen im II. Weltkrieg und die nach dem Krieg geschürte Angst vor dem Kommunismus machten den Australiern ferner deutlich, wie unterbesiedelt der Kontinent war. Als Folge daraus öffnete das Land seine Türen. Statt wie bislang überwiegend britische Einwanderer hinein zu lassen, nahm man nun nicht nur großzügig andere weiße Europäer auf, sondern warb sogar aktiv in Ländern wie Italien, Griechenland und Jugoslawien um Einwanderer. Die aufgehängten Werbeplakate, die ein verheißungsvolles, sonniges Australien zeigten, stießen im kriegszerstörten Europa auf offene Ohren. Bis 1966 kamen über 2 Mio. Menschen und verhalfen Australien zu einem **Anstieg der Bevölkerung** auf 11 Mio.
Schwarze und Asiaten waren allerdings weiterhin unerwünscht. Dies änderte sich erst 1972, als die frisch gewählte *Labor*-Regierung unter Gough Whitlam offiziell das Ende der *White Australia Policy* verkündete.
Dem Northern Territory bescherten die 1970er Jahre in zwei Schritten einen gewissen Grad an Selbständigkeit. Im Jahre 1974 in Form einer gesetzgebenden Versammlung und 1978 in Form einer eigenen, von der Bundesregierung in Teilbereichen unabhängigen Regierung. Damit näherte sich das Northern Territory in Rechten und Selbständigkeit dem Status eines Staates. Den endgültigen Schritt zur Eigenstaatlichkeit lehnten jedoch 51.3 % der Bevölkerung in einem 1998 durchgeführten Referendum ab. Da das Northern Territory immer noch finanziell am Tropf der Bundesregierung hängt, befürchteten viele Territorianer mit der Eigenstaatlichkeit vermutlich das Ende des Geldsegens.
Auch in wirtschaftlicher Hinsicht läuteten die 1970er Jahre für den gesamten Kontinent eine Kehrtwendung ein. Während bis dato Australien überwiegend ein Agrarland war, dessen Wohlstand auf Rindern und Schafen basierte, sorgten die **Entdeckungen üppiger Rohstoffvorkommen** für eine allmähliche Verlagerung des wirtschaftlichen Schwerpunktes. Ganz besonders begünstigt war und ist Westaustralien mit seinen enormen Eisenerzstätten, Diamantvorkommen, Goldminen und zahlreichen weiteren Rohstoffen. Das Northern Territory erlebte durch Funde von Bodenschätzen, insbesondere von Uran (▷ 395) und Bauxit sowie Erdöl und Erdgas, ebenfalls einen anhaltenden wirtschaftlichen Boom.
Eine grundlegende Änderung erfuhr auch die Außenhandelspolitik. Zwar sind die USA und Europa nach wie vor willkommene Handelspartner, aber die wirtschaftliche Orientierung geht eindeutig Richtung Asien. Immerhin ist der ehemalige Erzfeind **Japan zusammen mit China zum wichtigsten Handelspartner aufgestiegen**.

Mitte der 1980er Jahre gewann ein weiterer Wirtschaftssektor stark an Bedeutung, der **Tourismus**. Anfang der 1970er Jahre zählte der Kontinent nicht einmal eine halbe Million Besucher im Jahr, inzwischen sind es um die 5 Mio. Die Touristen lassen jährlich durchschnittlich $16 Mrd. im Land, was 4.5 % des Bruttoinlandproduktes entspricht.

Macht und Politik

Wie begonnen, nämlich mit der Gründung des *Commonwealth of Australia*, endete das letzte Jahrhundert mit einem wichtigen Ereignis: dem Volksentscheid von 1999, der beinahe **das Aus für die Queen** bedeutet und Australien zur Republik gemacht hätte (▷ 108). Dadurch hätte sich der 5. Kontinent endgültig der politischen Vormundschaft der Krone entzogen. Doch 54 % der Wähler entschieden sich für die Monarchie und 46 % für eine Republik. So unterstehen die Nationalregierung und die einzelnen Regierungen der Staaten bzw. Territorien weiterhin nominell einem **Generalgouverneur**, der als Vertreter der britischen Krone fungiert. Dieser ernennt und entlässt den Premierminister sowie die einzelnen Premiers der Staaten nebst Kabinett.

Die zwei größten **politischen Parteien Australiens**, die in der Regel den Premierminister stellen, sind die *Australian Labor Party* (ALP) und die konservative *Liberal Party* (LP). Als Mehrheitsbeschaffer der *Liberal Party* fungiert die 1920 gegründete *National Party* (NP), die bis 1974 *Country Party* hieß und sich im Wesentlichen als Interessenvertretung der Farmer versteht. Seit den 1970er Jahren nehmen auch Parteien an den Wahlen teil, die hauptsächlich aus ökologischen und Anti-Atomkraft-Bewegungen in Tasmanien und Westaustralien entstanden sind. Seit dem Zusammenschluss dieser Parteien zur australienweiten Partei *The Australian Greens* (GP) nimmt ihr politischer Einfluss langsam zu. Bei den Bundeswahlen im November 2007 erhielten die Grünen bereits 9.04 % der Stimmen.

Eine Partei von entgegengesetzter politischer Couleur machte im Juni 1998 von sich Reden, als sie aus dem Stand mit elf Abgeordneten (23 % der Stimmen) in das Parlament von Queensland einzog. Die *One Nation Party* (ONP) wurde von einer ehemaligen Fish & Chips-Budenbesitzerin namens **Pauline Hanson** gegründet, die sich mit strammen rechten Parolen ins politische Geschehen einmischte. Ihr dumpfer Nationalismus richtete sich insbesondere gegen Einwanderer aus dem asiatischen Raum und gegen die Ureinwohner, die sich laut Hanson ein bequemes Leben auf Kosten der weißen Steuerzahler machten. Ihre markigen Sprüche fanden vor allem in Queensland Gehör. Bei den Wahlen zum australischen Bundesparlament im Oktober 1998 erhielt ihre Partei in Queensland immerhin 14 % der Stimmen, 5.6 % mehr als im australischen Durchschnitt. Im Jahre 2003 wanderte Pauline Hanson, des Wahlbetruges überführt, ins Gefängnis, kam aber nach nur 78 Tagen Haft wegen eines Verfahrensfehlers wieder frei. Danach zog sich die Imbiss-Dame aus der Politik zurück und verließ die von ihr gegründete *One Nation Party*, deren Wählerstimmen seitdem rapide schwinden. Im Jahre 2007 versuchte Hanson ein Comeback mit der Gründung einer neuen Partei, der *Pauline's United Australia Party*, die in neuer Verpackung das alte Programm aufleben lässt und bei den Bundeswahlen im November 2007 immerhin 1.12 % der Wählerstimmen erhielt.

Ein krisensicherer Staat

Im Jahre 2008/09 geriet auch der 5. Kontinent in den Strudel der **weltweiten Finanzkrise**. Das Zusammenbrechen von Banken und dubiosen Anlagefirmen schlug auch auf die Psyche der australischen Anleger durch. Panikverkäufe von Aktien ließen den australischen Börsenindex, den *ASX All Ordinaries*, in den Keller gehen. Die Finanzkrise wurde ein **Medienereignis** und rasch in eine globale Wirtschaftskrise umgedichtet. In der Tat erhielt die vom Bergbau dominierte Wirtschaft Australiens zumindest punktuell einen spürbaren Dämpfer. Die in den letzten Jahren **hoch gezüchteten Rohstoffpreise** von Kohle, Nickel, Zink und Kupfer sanken temporär um bis zu 70 %. Einige kleinere Bergbaugesellschaften gerieten an die Grenze ihrer Zahlungsfähigkeit und es kam zu ersten Entlassungen.

Das **boomende Westaustralien**, das seit 17 Jahren ein ungebremstes wirtschaftliches Wachstum verzeichnete, kam mit einer Schramme davon. Der Grund dafür sind die reichen Eisenerzvorkommen des Staates. 99 % der australischen Eisenerzlagerstätten liegen in Westaustralien, 89 % davon in der Pilbara. Der Hauptabnehmer des Erzes ist mittlerweile China. Im Finanzjahr 2007/08 (das Finanzjahr beginnt in Australien am 1. Juli und endet am 30. Juni) wurden 58 % des in Westaustralien geförderten Eisenerzes nach China exportiert. Wegen der starken Nachfrage aus Asien ist der Preis für Eisenerz in den letzten fünf Jahren geradezu kometenhaft angestiegen. Während die Tonne Eisenerz im Jahre 2003/04 auf dem Weltmarkt noch bescheidene $30 kostete, betrug ihr Preis im Jahr 2008, trotz einsetzender Finanzkrise, stolze $140. Mit dem Beginn des neuen Geschäftsjahres drängt der Hauptabnehmer China allerdings auf eine 30 bis 40 %ige Preiskürzung (der ausgehandelte Endpreis stand bei Druck des Buches noch nicht fest). Doch selbst wenn es zu dieser drastischen Preiskürzung käme, lege die Preissteigerung gemessen an dem Wirtschaftsjahr 2003/04 immer noch weit über 100 krisensicheren Prozenten.

Eisenerz ist Westaustraliens gewinnträchtigster Exportschlager und half dem Staat die Finanzkrise relativ unbeschadet zu überstehen. Die größte Eisenerz-Mine der Welt befindet sich in der Nähe von Newman am Mt Whaleback.

Die beiden **größten Eisenerzproduzenten** in Westaustralien sind BHP Billiton und Rio Tinto. Beide sahen sich wegen der sinkenden Nachfrage Ende 2008 / Anfang 2009 gezwungen, ihre Fördermengen zeitweise zu drosseln und ihr kostbares Erz zu aktuell ausgehandelten Dumpingpreisen zu verkaufen. Diese lagen mit rund $50 pro Tonne zwar weit unter dem aktuellen Weltmarktpreis, aber immer noch in der Gewinnzone. Viel Grund zum Jammern gab es also nicht, zumal im zweiten Quartal 2009 sowohl die Produktionszahlen als auch die Preise wieder nach oben wiesen.

Die einzige **drastische Auswirkung der Krise** in Westaustralien erlebte ausgerechnet die ohnehin strukturschwache Gemeinde von Raventhorpe an der Südküste. Dort wurde die erst 2008 eröffnete Nickelmine des Bergbaukonzerns BHP Billiton nach nur acht Monaten Betrieb geschlossen und alle 1800 direkt und indirekt Beschäftigten verloren ihre Arbeit.

Australien von A bis Z

Patriotisches aus dem Supermarkt.

Australian New Zealand Army Corps – Trauma oder Legende?

Alljährlich, am 25. April, zelebrieren die Australier einen ihrer bedeutsamsten Nationalfeiertage, den ***Anzac Day***. ANZAC steht für das **australisch-neuseeländische Armeekorps**, eine reine Freiwilligen-Armee, die im I. Weltkrieg zum Einsatz kam.

Die Legende begann im November 1914, als ca. 30.000 Soldaten in der Morgendämmerung den Hafen von Albany an der Südküste Westaustraliens verließen. Ihr Ziel war **Gallipoli**. Dort planten die gegen Deutschland kämpfenden Alliierten die Dardanellen-Meerenge zu erobern, um Zugang zum Schwarzen Meer zu erlangen und um den auf deutscher Seite kämpfenden Türken einen entscheidenden Schlag zu versetzen. Die Soldaten des ANZAC sollten zusammen mit anglofranzösischen Truppen die Halbinsel Gallipoli am nördlichen Ende der Dardanellen einnehmen. Eine erste Landung erfolgte am 25. April 1915. Die schlecht vorbereiteten alliierten Soldaten stießen auf eine wohl vorbereitete türkische Armee und nach monatelangem Gemetzel erfolgte im Dezember 1915 die Evakuierung der alliierten Truppen. Die Bilanz der **militärischen Niederlage** liest sich wie folgt: 33.532 Tote, davon 8.587 Australier und 78.518 Verwundete, davon 19.367 Australier. Gemessen an der Bevölkerungszahl, verlor Australien in diesem Krieg prozentual mehr Menschen als jede andere Nation.

Die Niederlage von Gallipoli mit ihren vielen Opfern veränderte die Stimmung der australischen Bevölkerung grundlegend. Der anfänglichen Kriegs-Euphorie folgte Ernüchterung und die freiwilligen Einschreibungen in die Armee gingen rapide zurück. Um dieser Entwicklung entgegenzuwirken, beabsichtigte die Regierung die **Wehrpflicht** einzuführen, die in einem Volksentscheid abgesegnet werden sollte. Trotz einer erbarmungslosen Kampagne der Wehrpflichtbefürworter, stimmte das Volk mit einer knappen Mehrheit dagegen.

Heute ist das Trauma des Krieges längst wieder vergessen und das australisch-neuseeländische Armeekorps ist zur Legende geworden. Eine **Legende von tapferen Soldaten**, die sich für die Freiheit anderer Völker eingesetzt haben. Über den ganzen Kontinent verteilt finden am 25. April Feierlichkeiten statt, um der im Kriege Gefallenen zu gedenken. Höhepunkt ist der so genannte *Dawn Service* in Albany, eine Andacht, die in der Morgendämmerung auf dem Mt Clarence abgehalten wird. Von hier hat man einen freien Blick auf den Hafen, von dem 1914 die Soldaten des ANZAC in See stachen.

Im Jahre 2001 wurde der *Anzac Day* in Perth mit einer ungewöhnlichen Demonstration begangen. Zum ersten Mal nahmen auch **Aborigines und Torres Strait Islanders** an den Zeremonien teil. Auch sie waren für Australien in den Krieg gezogen und hatten viele Opfer zu beklagen, eine Tatsache, die bis dahin kaum Beachtung gefunden hatte. Unter dem Applaus der Zuschauer marschierten sie an diesem Tag zusammen mit ihren weißen Kameraden hinter einer einzigen Fahne. Applaus bekam auch der seinerzeit amtie-

Ob Premierminister oder Lottoannahmestelle, jeder gedenkt am 25. April den Soldaten des Anzac.

rende Premierminister John Howard, allerdings überwiegend aus den eigenen Reihen. Im Rausche der Festlichkeiten bezeichnete er den Landfall der australisch-neuseeländischen Soldaten auf Gallipoli als die **Geburtsstunde der australischen Nation**. Mit großen Gesten und Worten spart an diesem Tag niemand. Selbst das öffentliche Verkehrsunternehmen von Perth würdigte die Soldaten, indem es in großen Zeitungsannoncen verkündete: »An dem Tag, an dem wir Eurer Opfer gedenken, braucht Ihr nicht ans Fahrgeld zu denken«. Als ob es sich lohnen würde, für eine kostenlose Fahrt mit öffentlichen Verkehrsmitteln in den Krieg zu ziehen…

Blauer Tod

Durchschnittlich alle 48 Stunden stirbt ein Westaustralier an **Asbest**/*asbestos*. Die prognostizierte Todesursache lautet in solch einem Fall: Lungenkrebs, Kehlkopfkrebs, Asbestose oder Mesotheliom. Bei Letzterem handelt es sich um eine äußerst seltene Form von Krebs, die ausschließlich durch den Kontakt mit Asbest ausgelöst wird und in Westaustralien so häufig auftritt, dass der Staat **eine der höchsten Mesotheliom-Raten der Welt** aufweist. Zwei der Gründe für diese traurige Spitzenposition liegen in der Pilbara und heißen Wittenoom Gorge und Yampire Gorge, zwei Schluchten in der Hamersley Range, in denen man Ende der 1930er Jahre mit dem Abbau von blauem Asbest begann.

Asbest ist eine Sammelbezeichnung für **mineralische Silikatfasern**. Die spröden Asbestfasern können sich in mikroskopisch kleine Fasern aufspalten, die dann als gefährlicher Asbeststaub die Luft verseuchen. Es gibt weißen Asbest (Chrysotil) und blauen Asbest (Krokydolith), die beide eine ganze Reihe gefragter Eigenschaften besitzen, darunter eine geringe elektrische Leitfähigkeit, hohe Isolierfähigkeit, Nichtbrennbarkeit und Beständigkeit gegen Feuchtigkeit. Deshalb war Asbest viele Jahre ein begehrter Rohstoff, der in allen Teilen der Welt in verschiedenster Weise genutzt und verarbeitet wurde.

Als Anfang der 1930er Jahre die Nachfrage nach diesem Wunderstoff sprunghaft anstieg, rieb man sich in Westaustralien die Hände, da man bereits wusste, dass das rote Herz der Pilbara, die Hamersley Range, von dünnen, blauen Asbestadern durchzogen war. Eine erste Asbestmine entstand 1937 in der Yampire Gorge, eine zweite knapp 20 km weiter westlich in der Wittenoom Gorge. Als Versorgungspunkt für die Arbeiter und ihre Familien wurde 1947 das gleichnamige Städtchen **Wittenoom** gegründet.

Obwohl Asbest damals noch nicht offiziell als krebserregend galt, gab es bereits erste Gutachten und Beweise, die auf mögliche gesundheitsschädigende Konsequenzen beim Einatmen von Asbestfasern hinwiesen. Deshalb legte das Gesundheitsministerium 1951 einen »sicheren« Grenzwert von 176 Partikeln/pro cm^3 fest. Zehn Jahre später wurde dieser auf fünf Partikel reduziert, heute liegt er bei Null. In Wittenoom jedoch regierte die Minengesellschaft CSR, die von Gutachten dieser Art und etwaigen kostenintensiven Schutzmaßnahmen für ihre Arbeiter nichts wissen wollte. So wurden in den schlecht durchlüfteten Minen **Spitzenkonzentrationen von 1000 Partikeln/pro cm^3** gemessen und einige behaupten, der Messwert sei »nur so niedrig«, da die Messskala nicht weiter reichte... Nachdem die Arbeiter ihre tägliche Dosis in den Minen eingeatmet hatten, brachten sie die an Körper und Kleidung haftenden Fasern mit

nach Hause zu ihren Frauen und Kindern. Nach Hause, in ein Städtchen, in dem der asbestverseuchte Schutt aus den Minen achtlos in der Gegend herum lag und sogar als Belag für den Sportplatz und den Schulhof benutzt wurde.
1966 endete Westaustraliens Asbest-Ära schlagartig. Allerdings nicht wegen der gesundheitlichen Risiken, sondern aus wirtschaftlichen Gründen. Die Minen wurden geschlossen, Wittenoom aufgelöst und die meisten Bewohner zogen fort. Viele von ihnen trugen die tödlichen Fasern bereits in ihren Lungen. Da alle durch Asbest ausgelösten Erkrankungen eine extrem lange Latenzzeit besitzen (manche können noch nach 30 Jahren ausbrechen), schnellte die Todesrate erst mit Verzögerung nach oben. Ungefähr **2000 Menschenleben** hat die Wittenoom-Ära bislang auf dem Gewissen. Umso verwunderlicher, dass nicht alle Einwohner das verseuchte Minenstädtchen verlassen haben. Noch heute zählt die »Geisterstadt« knapp ein Dutzend Bewohner, die eisern an ihrer »Ein-echter-Aussie-läßt-sich-doch-nicht-von-so´n-bisschen-Asbest-einschüchtern-Mentalität« festhalten und sich weigern die Ortschaft zu verlassen. Dabei prangen heutzutage selbst auf Landkarten unmissverständliche **Warnungen** wie: »*Wittenoom and surroundings are contaminated by asbestos fibres.*« (Wittenoom und Umgebung sind mit Asbestfasern verseucht) oder »*The Shire of Ashburton excludes all liability,... to all entrants of this town, as a result or... the inhalation of asbestos dust*«, was nichts anderes heißt, als dass die zuständige Gemeinde keine Haftung für etwaige gesundheitliche Schädigungen übernimmt, die durch das Inhalieren von Asbeststaub auftreten können.

Die grandiosen Weit- und Tiefblicke über und in die Schluchten des Karijini NP, so wie hier der Blick von Kermit´s Pool Richtung Junction Pool, lassen einen gerne vergessen, dass keine 20 km weiter nördlich das einst größte Asbestabbaugebiet von Westaustralien liegt.

Direkt an das ehemalige Abbauzentrum grenzt einer der schönsten Nationalparks Australiens, der **Karijini NP**. Er ist der Touristenmagnet der Region und erfreut sich wachsender Besucherströme. Noch in den 1990er Jahren führten die zwei Zufahrten des Parks durch die beiden berüchtigten Schluchten Yampire Gorge und Wittenoom Gorge, vorbei an den ehemaligen Minen. Heute ist der Park von der gegenüberliegenden Seite aus anzufahren, was allerdings wenig an der Tatsache ändert, dass die Minen nur einen Steinwurf von der Hauptattraktion, einem atemberaubenden Schluchtensystem, entfernt liegen. In der meistbesuchten Schlucht des Parks, der Dales Gorge, liegen sogar an einigen Stellen die faserigen Asbestadern frei. Im Besucherzentrum sucht man jedoch vergeblich nach ausführlichen Informationen über Asbest und seinen möglichen Gefahren. **Aus den Augen aus dem Sinn** scheint auch das Motto im Touristenbüro von Tom Price, dem »Tor zum Karijini NP«, zu sein, in dem die Informationsblätter über Asbest entweder gerade vergriffen oder gut versteckt sind...

Charakterkopf der Kimberleys

Der **Boab/***boab* (▶ 149) ist der Individualist unter den Bäumen. Kein Exemplar gleicht dem nächsten. Manche wachsen in die Breite, andere schießen in die Höhe. Manche erinnern in der Form an eine elegante griechische Amphore, andere mehr an einen unförmigen Sack Kartoffeln. Auch ihre Rinde, obwohl stets von silbergrauer Farbe, ist nie von gleicher Struktur. Mal ist sie glatt, mal faltig, mal rissig und mal pickelig. Zur Trockenzeit verliert der Boab gewöhnlich seine Blätter, um seinen Feuchtigkeitsverlust zu minimieren. Doch ein paar Individualisten trotzen selbst dieser Regel. Einig dagegen sind sich die Bäume in der Blütezeit. Sie findet zwischen November und Februar statt und dauert höchstens eine Woche. Während dieser zieren große, cremefarbene Blüten die knorrigen Charakterköpfe. Die Blüten öffnen sich in der Nacht und werden überwiegend von Motten bestäubt.

Der Boab gehört zur Gattung *Adansonia*, die **weltweit neun verschiedene Arten** umfasst. In Australien ist der Boab (*Adansonia gregorii*), der auch Australischer Affenbrotbaum oder Australischer Baobab genannt wird, der einzige Vertreter dieser Gattung. Die anderen Arten wachsen in Afrika und auf Madagaskar, das als Wiege der Gattung gilt, da hier alle neun Arten gemeinsam vertreten sind. Wie und wann der Boab nach Australien kam, ist bislang noch ein Rätsel. Eine **Erklärung für seine isolierte Existenz** auf dem 5. Kontinent könnte sich in Australiens Gondwana-Vergangenheit (▷ 45) begründen. Mit dem Auseinanderbrechen des Superkontinents Gondwana, zu dem u. a. Australien, Afrika und Madagaskar gehörten, wurde die damalige *Adansonia*-Population praktisch dreigeteilt. Demzufolge wären die urigen Bäume von jeher fester Bestandteil der australischen Flora. Gegen diese Mutmaßung spricht, dass der Boab bislang nur in einem verhältnismäßig winzigen Gebiet, nämlich nur zwischen Derby (WA) und Timber Creek (NT) vorkommt, obwohl Klima und Bodenverhältnisse auch in angrenzenden Regionen günstig wären. Wahrscheinlicher ist deshalb, dass der Boab erst vor wenigen Tausend Jahren das australische Festland erreicht hat. Dies würde auch erklären, warum er sich bis heute langsam nach Osten ausbreitet. Eine einzelne an die Küste angetriebene Boab-Frucht könnte den Anfang gemacht haben; immerhin sind Madagaskar und Australien durch eine starke Meeresströmung miteinander verbunden.

Rätselhaft bleibt auch das Alter der Charakterköpfe. Es heißt, einzelne Exemplare seien über 1000 Jahre alt. In Wirklichkeit ist eine genaue **Altersbestimmung** nicht möglich, da das Innere des Boabs aus feuchtigkeitsspeichernden Fasern besteht und daher im Gegensatz zu anderen Bäumen keine Jahresringe aufweist. Man nimmt jedoch an, dass Boabs extrem langsam wachsen. Ein historischer Beweis dafür steht an der Nordküste der Kimberleys. Dort ging 1820 ein kleiner Forschungstrupp an Land, der die Worte *HMC Mermaid 1820* in die Rinde eines 8.5 m dicken Boabs schnitzte. Genau 180 Jahre später fand man den Baum wieder. Er hatte seitdem nur 4 m an Umfang zugelegt, was in der Tat für ein sehr hohes Alter einiger bauchiger Boabs sprechen würde.

Was von Nachteil für eine verlässliche Altersbestimmung ist, war von Vorteil für die

Der Boab, mal schlank...

mal dick...

mal käuflich...

Aborigines. In sehr trockenen Jahren, wenn Wasser knapp wurde, »zapften« die Ureinwohner den Boab an und gewannen aus seinen feuchten Fasern Flüssigkeit. Doch der Boab war nicht nur Wasser-, sondern auch **Nahrungsquelle**. Besonders begehrt waren die pelzigen, bis zu 25 cm großen Nüsse. Ihr weißes, trockenes Fleisch enthält große Mengen Vitamin C und schmeckt leicht säuerlich. Zerpulvert und in Wasser aufgelöst ergibt es ein gesundes Erfrischungsgetränk. Die harten, im Fleisch der Nuss eingebetteten Samen wurden entweder gemahlen und zu einer essbaren Paste verarbeitet oder geröstet. Schmackhaft sind auch die jungen Sprösslinge, deren Wurzeln ein wenig wie Kohlrabi schmecken.

Einen bitteren Beigeschmack bekam der Boab mit dem Einzug der Briten, die einige ausgehöhlte Exemplare missbrauchten, um Aborigine-Sträflinge darin einzusperren. Der bekannteste dieser **Gefängnisbäume** (▷ 335) steht 7 km südlich von Derby.

Die australische Arche

Von Wasser umgeben und ohne Landbrücken zu anderen Kontinenten driftet Australien seit Jahrmillionen über die Erdoberfläche und wird daher gerne mit der Arche Noah verglichen. An Bord dieser kontinentalen Arche befinden sich die Vertreter von Pflanzen und Tieren, die schon den Großkontinent Gondwana (▷ 45) begrünten und bevölkerten, zuzüglich einiger erst in den letzten paar Millionen Jahren aufgenommener »Schiffbrüchiger« aus dem asiatischen Raum. Zusammen bilden sie den Grundstock für Australiens heutige Tier- und Pflanzenwelt. Das Ergebnis dieser isolierten, immer noch währenden Schiffspassage ist nicht nur eine einzigartige Flora (▷ 92), sondern auch eine Fauna – so artenreich und exotisch, dass sie in manch einem Besucher eine neue Leidenschaft weckt: Tierbeobachtungen. Eine Leidenschaft, der zu frönen es allerdings viel Geduld und eine gute Portion Glück bedarf, denn die Objekte der neu errungenen Begierde zu entdecken ist nicht immer einfach.

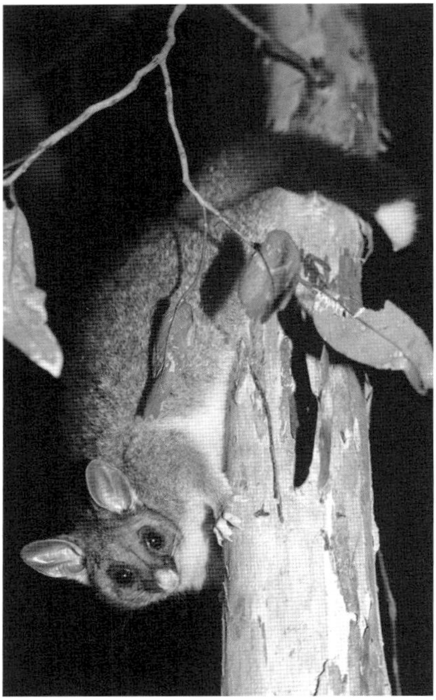

Der katzengroße Fuchskusu/*common brushtail possum* gehört zu den populationsstärksten Beuteltieren, nicht zuletzt weil er sich bestens an menschliche Lebensräume angepasst hat. Besonders häufig ist der neugierige Kletterbeutler entlang der waldigen Ostküste zu beobachten. In Westaustralien kommt er nur in den Wäldern des Südwestens vor. Die nördlichste Grenze seines Verbreitungsgebietes im Westen bilden die Vorgärten in Perth.

Das Juwel der australischen Tierwelt sind zweifellos die **Säugetiere** mit ihren Vertretern den Beuteltieren (▷ 100). Doch da fangen die Schwierigkeiten auch schon an, denn wie nach Edelsteinen muss man auch nach ihnen lange suchen. Von den über 170 Beuteltierarten bekommt man meist nicht mehr als ein Dutzend zu sehen: Graue und Rote Riesenkängurus (▷ 250), Euros (▷ 355), vielleicht noch zwei oder drei kleinere Känguruarten, einen Nasenbeutler/*bandicoot* und, wer die östliche Kontinenthälfte bereist, wird auch noch Koalas, Gleitbeutler/*glider* sowie ein paar Kletterbeutler der Liste hinzufügen können – aber das war´s. Der große verbleibende Rest der Beuteltiervertreter ist nämlich entweder nachtaktiv oder sehr klein – die meisten sind beides. Das gilt auch für die beiden Neuankömmlinge unter den Säugern, die Fledertiere, von denen 76 Arten im Schutz der Nacht umherflattern, und die 64 Arten von **Nagetieren** (▷ 304), die für die meisten Tierbeobachter ohnehin von wenig Interesse sind. Wer fährt schon nach Australien, um Ratten oder Mäuse zu beobachten? Sowohl die Fledertiere als auch die Nagetiere haben die australische Arche erst innerhalb der letzten 15 Mio. Jahre erreicht, als sich diese dem asiatischen Kontinent näherte.

Der letzte Neuankömmling unter den Säugern, der es gerade noch rechtzeitig an Bord geschafft hat, um heute zur heimischen Fauna zu zählen, ist der Dingo (▷ 375). Er kam vor rund 4000 Jahren an Deck. Zu spät aus Sicht einiger Umweltschützer und Farmer, die den Dingo zusammen mit allen anderen vom Menschen eingeführten Vierbeinern wie Katzen, Füchse (▷ 111) und Dromedare (▷ 251) in die Kategorie »Ungeziefer« einordnen. Inklusive 23 importierter Arten und 45 Meeressäugern umfasst die Gemeinschaft der australischen Säugetiere 378 Arten.

Australiens **Vogelwelt** ist bunt, laut und artenstark. Die über 700 gefiederten Vertreter lassen nicht nur eingefleischte Ornithologen zum Fernglas greifen. Selten vergeht ein Tag in freier Natur, an dem man nicht diverse Vogelarten beobachten oder zumindest ihrem Gesang lauschen kann. Obgleich die meisten der 83 australischen Vogelfamilien auch in anderen Teilen der Welt vorkommen, haben sie während ihrer langen Zeit an Bord der australischen Arche eine große Anzahl an Endemiten hervorgebracht. Das gilt auch für die beiden weltweit vertretenen Familien der Kakadus und Papageien, deren farbenprächtige Mitglieder begehrte Beobachtungsobjekte sind. Beide Familien haben auf dem 5. Kontinent eine enorme Artenvielfalt entwickelt. Viele der 14 Kakadu- und 38 Papageienarten leben gesellig. Nacktaugenkakadus (▶ 141) und Rosakakadus/*galahs*

Ob mächtiger Gelbhaubenkakadu (linkes Bild) oder zierlicher Weißbürzel-Honigfresser (rechtes Bild), Wasserhähne üben, vor allem in der Trockenzeit, für alle Arten eine ungemein große Anziehungskraft aus und sind daher gute Plätze zum Vögel beobachten.

sieht man fast ausschließlich in großen Schwärmen, während Gelbhaubenkakadus und Rotflügelsittiche in der Regel paarweise leben. Die kosmopolitische Familie der Tauben zählt rund 20 australische Mitglieder, darunter – auch wenn man es bei dieser Familie nicht gerade erwartet – einige prächtige Exemplare, wie z. B. die im ariden Inland lebende Spinifex-Taube/*spinifex pigeon* (auch Rotschopftaube / ▶ 141). Insgesamt beeindruckt Australiens Avifauna mit rund 300 endemischen Arten und diversen Vogelfamilien, die auf den australasiatischen Raum beschränkt sind, so wie Laubenvögel (▷ 370), Trugschmätzer/*chats*, Honigfresser (▷ 218) als auch die Familie *Maluridae* mit ihren Staffelschwänzen/*fairy-wrens* und Grasschlüpfern/*grasswrens*. Dem melodischen Gesang der Flötenvögel (▷ 208) und Würgatzeln (▷ 294) kann man ebenfalls nur in diesem Winkel der Welt lauschen. Die berühmteste Vogelstimme des Kontinents gehört dem endemischen Kookaburra (▷ 179) , der mit neun weiteren Arten die Familie der Eisvögel repräsentiert.
Wegen des stark schwankenden Nahrungsangebots und der unsteten Wasservorkommen vieler Regionen leben rund ein Viertel aller Vogelarten nomadisch, darunter Australiens größter Vogel, der Emu (▷258), und die uns aus Käfigen bekannten Wellensittiche. Doch selbst in »schlechten Zeiten« ist das Vogelleben bemerkenswert – vor allem nahe natürlicher oder künstlicher Wasserstellen. Verständlich also, dass Vögel beobachten/*bird watching* ein beliebter Zeitvertreib vieler Australier ist.

Reptilien sind ebenfalls dankbare Opfer für den passionierten Tierbeobachter. Mit über 800 beschriebenen Arten übertrumpfen sie an Artenreichtum sowohl die Säugetiere als auch die Vögel und können zudem, dank ihrer Eigenschaft regungslos in der Sonne zu liegen, oft in aller Ruhe studiert werden. Wer es also leid ist, sich Nacht für Nacht mit der Taschenlampe bewaffnet, vergeblich auf die Suche nach den vielen nachtaktiven Kleinbeuteltieren zu machen oder wer sich schon beim Aufschlagen des Vogelbestimmungsbuches nicht mehr daran erinnern kann, ob die Flügelspitzen des eben gesehenen Vogels orangebraun oder braunrot gewesen waren, der sollte in die Welt der Reptilien eintauchen.

Am häufigsten zu beobachten sind Skinke/*skinks*. Die meisten der mehr als 370 australischen Arten gleichen in Körperbau und Größe allerdings den uns aus Europa bekannten Eidechsen und wirken daher nur wenig exotisch. Eine Ausnahme bilden die sechs Arten von Blauzungenskinken/*blue-tongued skinks* (▷ 245). Sie sind auf Grund ihres gedrungenen Körperbaus leicht zu identifizieren und wegen ihrer Eigenart dem Betrachter ihre blaue Zunge entgegenzustrecken äußerst fotogen. Nicht minder viel Aufmerksamkeit erregen einige Vertreter der Agamen/*dragons*, so z. B. die Kragenechse/*frilled lizard* (▶ 138), die ihre Feinde mit dem plötzlichen Aufklappen eines bis zu 30 cm breiten Kragens blufft und der sich im Zeitlupentempo bewegende Dornteufel (▷ 270), dessen kuriosen Körper man daher in aller Ruhe studieren kann.

Ein über 2 m großer, durchs Gras stampfender Waran bietet einen faszinierenden Anblick. Genau wie Schlangen züngeln Warane, da auch sie Geruchsstoffe über ihre Zunge aufnehmen.

Zu den am weitesten verbreiteten Flossenfüßen gehört der Spitzkopf-Flossenfuß, der leicht an seiner spitzen Kopfform zu erkennen ist.

Zu den Favoriten der Tierbeobachter gehören die mächtigen Warane/*monitors*, die in Australien auch als *goannas* bezeichnet werden. Diese Bezeichnung wurde von den ersten europäischen Siedlern geprägt und hat ihren Ursprung wahrscheinlich in dem englischen Wort für Leguan (*iguana*). Der größte australische Waran, der Großwaran, kann bis zu 2.5 m messen; zu den am weitesten verbreiteten Arten gehört Goulds Waran/*Gould's goanna* (auch *sand goanna*), der in Westaustralien auch unter dem Namen *bungarra* bekannt ist.

Für die meisten Schlagzeilen auf dem Kontinent sorgt die kosmopolitische Familie der Krokodile/*crocodiles*, die mit zwei Arten auf dem Kontinent vertreten ist, dem Leistenkrokodil und dem Australienkrokodil (▷ 341). Einen ebenfalls zweifelhaften Ruhm genießen Schlangen/*snakes* (▷ 19), von denen sich knapp 200 Arten durch den australischen Busch schlängeln. Neben den ansehnlichen Pythons (▷ 364) ist der Kontinent vor allem für seine 90 Giftnatterarten berüchtigt. Ihr familienspezifisches Merkmal sind zwei hohle Fangzähne, die über einen dünnen Kanal mit den am hinteren Kopfende liegenden Giftdrüsen verbunden sind. Sobald sich die Fangzähne in das Fleisch eines Beutetieres oder Angreifers bohren, beginnt der Giftfluss. Das Gift von über 40 Arten ist auch für den Menschen gefährlich bis tödlich. Den Schlangen im Aussehen ähnlich, aber nicht mit ihnen verwandt, sind die fast ausschließlich in Australien vorkommenden **Flossenfüße/** *flap-footed lizards* (auch *legless lizards*). Ihre Ähnlichkeit mit Schlangen beruht in erster Linie auf das Fehlen von

Gliedmaßen. Die vorderen Gliedmaßen fehlen vollständig, die hinteren sind zu zwei beschuppten, kaum erkennbaren Stummeln verkümmert. Das größte Familienmitglied ist der Spitzkopf-Flossenfuß/*Burton's snake-lizard*, der knapp 60 cm lang werden kann. Die meisten Arten werden jedoch nicht einmal 20 cm lang und gleichen daher eher Würmern als Schlangen.
Der Artenreichtum von Geckos bleibt selbst den Nachtmenschen unter den Tierbeobachtern gewöhnlich verborgen, denn mit Ausnahme der zwei bis drei Arten, die Dauergast auf den Buschtoiletten sind, huschen die über 110 australischen Arten meist völlig unbemerkt durch die dunkle Nacht. Etwas Ausdauer und Glück braucht man auch zur Beobachtung von Meeresschildkröten (▷ 291) sowie den in Flüssen und Seen heimischen Schlangenhalsschildkröten/*side-necked freshwater turtles* (auch Halswender).

Nur schwer zugänglich ist die feuchte Welt der **Amphibien**. Amphibien werden in Australien, mit Ausnahme der importierten Agakröte (▷ 393), einzig und allein durch Frösche repräsentiert. Es gibt rund 200 Arten, die sich in vier Familien gliedern. Am größten ist die Artenvielfalt in den wasserreichen Gebieten des Landes, im tropischen Norden und entlang der Ostküste. Allerdings gibt es auch einige Arten, die sich perfekt an die ariden Klimabedingungen des Zentrums angepasst haben. Die meisten davon verbringen ein Großteil ihres Lebens unter der Erde, wie z. B. der **Wasserreservoirfrosch**. Der nur 6 cm große Frosch speichert eine beachtliche Menge Feuchtigkeit in seiner Haut und Blase und überlebt die trockenen Monate des Jahres, indem er sich eingräbt und dann eine Art Kokon um sich herum bildet. In dieser fast 100%ig wasserdichten Ummantelung kann er dank seiner gespeicherten Flüssigkeit selbst längere Trockenperioden überstehen. Zu sehen bekommt man den Frosch deshalb nur selten. Am größten sind die Chancen nach heftigen Regenfällen, wenn er ans Tageslicht zurückkehrt.
Leichter zu entdecken ist der im ganzen Norden verbreitete, bis zu 10 cm große Korallenfinger/*common green tree frog* der Gattung *Litoria*, der ein häufiger Gast in den Sanitäranlagen von Campingplätzen ist.
Als weltweite Attraktion gelten die **Magenbrüterfrösche**/*gastric brooding frogs* der Gattung *Rheobatrachus*. Die Weibchen dieser Frösche verschlucken ihre frisch gelegten Eier und nehmen erst wieder

Die eingeführte Agakröte erfüllt alle Charakteristika die man von einer »häßlichen Kröte« erwartet. Sie ist fett, picklig und verfressen, macht selbst beim Sex ein bösartig verkniffenes Gesicht und gehört zu den schlimmsten ökologischen Katastrophen des Kontinents. Kein Wunder, dass sie bei den meisten Tierbeobachtern eher auf Abneigung als auf Gefallen stößt und Umweltschützer sie lieber tot als lebendig sehen.

Zu den heimischen Amphibien gehört der Korallenfinger. Der giftgrüne Frosch hat eine befremdliche Vorliebe für Toiletten entwickelt, in denen er sich bevorzugt unter dem Toilettenrand versteckt. Oft entdeckt man ihn erst, wenn er durch das Spülen seinen Halt verliert.

Nahrung zu sich, nachdem sie, ungefähr sechs Wochen später, die fertig entwickelten Jungtiere nach und nach wieder »ausgespien« haben. Es gibt zwei bekannte Arten, die beide nur in einem jeweils winzigen Gebiet in Queensland heimisch sind bzw. waren. Da man seit den 1980er Jahren keine Exemplare mehr entdeckt hat, muss befürchtet werden, dass beide Arten ausgestorben sind.

Zu den dominantesten Termitenarten, die auf dem 5. Kontinent beheimatet sind, gehören die winzigen Spinifex-Termiten (abgebildet sind Soldaten), deren massige Termitenhügel in den ariden Klimazonen genauso zum Landschaftsbild gehören wie das gleichnamige Gras und weißstämmige Eukalypten.

Seidenspinnen bilden die Gattung *Nephila*. Die Weibchen dieser Gattung gehören mit einer Körpergröße von über 5 cm zu den stattlichsten Vertretern der australischen Spinnentiere. Ihre Netze können einen Durchmesser von über 1 m erreichen und bestehen aus extrem reißfesten, gelblich glänzenden Fäden. Am Rande des Netzes leben die winzigen, nur durchschnittlich 0.5 cm großen Männchen. Sie bauen keine eigenen Netze, sonder ernähren sich von den Beutetieren, die für die Weibchen zu klein sind.

Insekten haben trotz ihrer enormen Präsenz für die meisten Tierbeobachter keine sehr große Anziehungskraft, befinden sich doch unter ihnen so ungeliebte Vertreter wie Mücken (▷ 17) oder Buschfliegen (▷ 103). Dabei sind Insekten in Hinblick auf Artenreichtum und Verbreitung die erfolgreichsten Tiere der Erde. Zurzeit sind weltweit rund 900.000 Arten bekannt, über 200.000 davon in Australien – Tendenz steigend, da jedes Jahr neue Arten entdeckt werden. Zu den erwähnenswerten Vertretern gehören neben Spinifex-Termiten (▷ 286) die im Inland heimischen Honigtopfameisen/*honey-pot ants*, bei denen auserwählte Staatsdiener als lebende Vorratsfässer dienen. Diese werden von ihren Artgenossen solange mit Honigtau gefüttert bis ihr Hinterleib zu einer Kugel anschwillt, der sie bewegungsunfähig macht. In schlechten Zeiten geben sie die in der Kugel gespeicherten Nahrung wieder ab. Nicht minder faszinierend ist das Leben der im Norden heimischen Weberameisen/*green ants*, die ihren Staat auf mehrere zusammengesponnene Blätternester verteilen. Für die typische Geräuschkulisse im australischen Busch sorgen über 200 mehr oder weniger musikalische Zikadenarten – einige Arten erreichen eine Lautstärke von 100 Dezibel und können daher einem Presslufthammer konkurieren.

Zu den kennzeichnenden Körpermerkmalen von Insekten gehört ein dreiteiliger Körper mit sechs Beinen. **Spinnen** dagegen besitzen einen nur zweigeteilten Körper mit acht Beinen und gehören deshalb nicht zu den Insekten. Da sie aber meist ebenso ungeliebt sind, finden sie dennoch an dieser Stelle Erwähnung. Von den über 3000 Spinnenarten Australiens sind vor allem die giftigen Spinnen (▷ 20) berühmt, die Rotrückenspinne und die verschiedenen Trichternetzspinnen. Ebenfalls bemerkenswert sind die flachen Jagdspinnen (▷ 350), die versteckt lebenden *leaf-curling spiders* (▷ 226) und die großen Wolfsspinnen/*wolf spiders*, bei denen die Weibchen die frisch geschlüpften Jungtiere auf dem Rücken tragen. Wer gerne querfeldein wandert, der sollte sich vor den großen Netzen der Seidenspinnen in Acht nehmen. Es gibt Tiere, mit denen selbst der passionierteste Hobby-Zoologe nicht gerne auf Tuchfühlung geht...

Eine australische Sitzung – alles über die Buschtoilette

Die Buschtoilette/*pit toilet*, auch *dunny* genannt, gehört zu Australien wie der Uluru (Ayers Rock) und das Känguru. Kleine, **winddurchlässige Wellblechhäuschen**, die mysteriöserweise auch im tiefsten Busch immer mit einer Rolle Klopapier ausgestattet sind.
Allen anfänglichen Zweifeln zum Trotz gewöhnt man sich recht schnell an die einfachen Plumpsklos und spätestens nach zwei Wochen ist auch der automatische Griff zur Spülung vergessen. Etwas gewöhnungsbedürftig dagegen ist die Tatsache, dass der Artenreichtum an Insekten und Kleintieren innerhalb der Häuschen manchmal größer ist als außerhalb – vor allem Nachts. Apropos Nachts, die Toiletten sind nicht beleuchtet, weshalb eine **Taschenlampe** von großer Nützlichkeit ist. Am besten eine, die man aufsetzen oder hinstellen kann, so umgeht man den leidigen Kampf, sich mit einer Hand auszuziehen und mit der anderen die Taschenlampe zu halten.
Was die **Sauberkeit** der Buschtoiletten angeht, so stehen sie im Prinzip den Spültoiletten in nichts nach. Da sie jedoch meist weit draußen irgendwo im Outback stehen und deshalb nicht so regelmäßig gereinigt werden, hängt ihr Zustand stark von der Reinlichkeit der Benutzer ab und reicht von ekelig bis für längere Sitzungen geeignet.

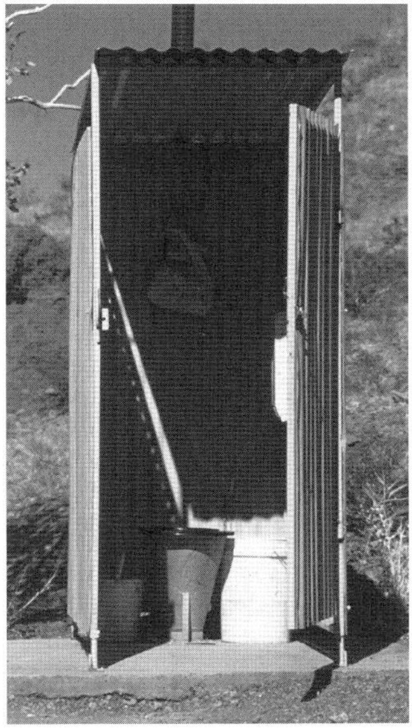
Das stille Örtchen des Outbacks.

Fliegende Ärzte und funkende Lehrer fürs Outback

Die Geschichte der Fliegenden Ärzte begann 1912 mit einem Prediger. In diesem Jahr war der in Victoria geborene Pfarrer **John Flynn** ausgezogen, um in dem dünn besiedelten Outback das Evangelium zu verkünden. Beeindruckt von den in der Einsamkeit des kargen Buschlands lebenden Menschen, die tagein, tagaus mit der Unwirtlichkeit des Landes zu kämpfen hatten, stellte er fest, wie sehr es dem Outback an einer medizinischen Versorgung mangelte. Wurden die hier lebenden Menschen krank oder verletzten sich, führten nicht selten Kleinigkeiten zu Tragödien, denn der nächste Arzt lebte meist Hunderte, manchmal sogar Tausende Kilometer entfernt, eine Fahrt, die für Arzt oder Patient mehrere Wochen dauern konnte.
Eine dieser **Tragödien** ereignete sich im Juli 1917 im Norden Westaustraliens in Halls Creek. Der Farmarbeiter Jimmy Darcy war mit seinem Pferd gestürzt und hatte schwere innere Verletzungen erlitten. Der einzige, der vor Ort etwas von Medizin verstand und zumindest Erste Hilfe leisten konnte, war der Postmeister von Halls Creek, **Fred Tuckett**. Dieser erkannte sofort, dass die Lage ernst war und nur ein richtiger Arzt das Leben des Farmarbeiters retten konnte. Nachdem er vergeblich versucht hatte, medizinische Hilfe aus den beiden nächstgelegenen Siedlungen Wyndham und Derby anzufordern, wandte er sich in seiner Not telegraphisch an Dr. Holland, einen befreundeten Arzt aus Perth. Dieser riet ihm sofort zu operieren. Nach anfänglichem Sträuben sah der Postmeister die Dringlichkeit einer Operation ein und griff, aus Mangel an richtigem OP-Besteck, zum Taschenmesser. Er machte seine Sache ausgesprochen gut. Den-

noch erwies sich der Genesungsprozess des Patienten als schleppend und Dr. Holland entschied nun selbst nach Halls Creek aufzubrechen. Die über 3000 km lange Reise dauerte zehn Tage und war wohl **einer der längsten Hausbesuche der Geschichte**. Als Dr. Holland schließlich in der Morgendämmerung des 11. Tages vor dem Postamt stand, begrüßte ihn Fred Tuckett mit der traurigen Nachricht, dass ihr gemeinsamer Patient am Tag zuvor verstorben war. Eine zusätzliche Malaria-Infektion hatte den geschwächten Körper befallen und war letztendlich Todesursache gewesen.
Als Dr. Holland nach Perth zurückkehrte, traf er zufällig mit dem Pfarrer John Flynn zusammen, für den die tragische Geschichte von Halls Creek ein weiterer Beweis war, dass sich die **medizinische Versorgung im Outback** grundlegend verbessern musste. Warum, so fragte sich John Flynn, nutzen wir nicht das Flugzeug, um den kranken Menschen in diesen Gebieten zu helfen? Jahrelang wurde seine Idee belächelt, doch John Flynn verfolgte seine Vision mit Ehrgeiz und Enthusiasmus. Noch zehn Jahre musste er warten bis ein taugliches Flugzeug und geeignete Kommunikationstechniken bereitstanden, um seinen Traum Wirklichkeit werden zu lassen. Im Mai 1928 hob das erste mit einem Arzt bemannte Flugzeug von der Flugbasis in Cloncurry (QLD) zu seinem ersten Einsatz ab. Die Fliegenden Ärzte waren geboren.
Heute unterhält der ***Royal Flying Doctor Service*** [www.flyingdoctor.net], über den gesamten Kontinent verteilt, 21 Flugbasen mit insgesamt 50 Flugzeugen. Knapp 800 Mitarbeiter stehen im Dienst der Fliegenden Ärzte, über 260.000 Menschen werden jährlich versorgt. Monatliche Visiten zu entlegenen Gemeinden gehören ebenso zum Alltag wie die Ferndiagnose per Funkgerät bzw. heutzutage per Telefon. Ohne die Fliegenden Ärzte wären besonders die abseits gelegenen Farmen und Aborigine-Communities ohne ausreichende medizinische Versorgung. Der *Royal Flying Doctor Service* ist eine gemeinnützige, konfessionslose Organisation. Die jährlichen Kosten von mehreren Millionen Dollar werden überwiegend vom Staat finanziert, der Rest wird von Spenden gedeckt. In Westaustralien unterhält der *Royal Flying Doctor Service* Stationen in Derby, Jandacot (Perth), Port Hedland, Meekathara, und Kalgoorlie, wobei die letzten drei Besucher willkommen heißen. Im Northern Territory kann nur die Basis in Alice Springs besucht werden.
Eine zweite typisch australische Institution sorgt dafür, dass nicht nur medizinische Hilfe, sondern auch Bildung bis in die entlegensten Winkel des Kontinents vordringt, die ***School of the Air***. Sechzehn dieser nützlichen Einrichtungen versorgen auf Outback-Farmen lebende Kinder mit Unterricht. Bis zu 30 Minuten am Tag kommunizieren die Schüler mit ihren Lehrern. Das benötigte Lernmaterial wird ihnen vor jedem neuen Schuljahr zugesandt. Während früher ausschließlich per Funk kommuniziert wurde, haben viele Schulen inzwischen auf Telefon und Internet umgestellt. Auch bei der Lehrstoffvermittlung spielen die technischen Möglichkeiten des Computerzeitalters eine wachsende Rolle. So halten Emails und Downloads zunehmend Einzug in das »Klassenzimmer«. Um einer sozialen Isolation der Schüler vorzubeugen, besuchen die Lehrer ihre Sprösslinge mehrmals im Jahr. Zudem werden diverse Treffen, so genannte *camps*, organisiert, damit sich die Schüler untereinander kennen lernen können.
Da die *School of the Air* die Funkstationen des *Royal Flying Doctor Service* mitbenutzte bzw. -nutzt, befindet sie sich meist an den gleichen Standorten. In Westaustralien

gibt es sie in Derby, Port Hedland, Meekathara, Kalgoorlie und Carnarvon [www.side.wa.edu.au] und im Northern Territory in Katherine und in Alice Springs [www.schools.nt.edu.au]. Alle Schulen (bis auf die in Kalgoorlie) können besichtigt werden.

Grillabend auf Australisch

To have a BBQ, zu Deutsch »**grillen**«, ist Volkssport in Australien. Es gibt kaum etwas australischeres, als am Ende eines erfüllten Tages mit der Grillzange in der einen und dem durch einen *stubbie holder* gekühlten Bier in der anderen Hand, plaudernd um einen ***barbecue*** (BBQ) herumzustehen. Damit auch der Reisende nicht auf seinen allabendlichen Sport verzichten muss, ist ganz Australien von einem dichten BBQ-Netz durchzogen. Die überall herumstehenden **BBQ-Geräte** sind so etwas wie eine öffentliche Institution und können von jedermann benutzt werden. Man findet sie u. a. in Nationalparks, auf Picknickplätzen, in den Grünanlagen von Ortschaften oder auf Campingplätzen. Meist ist ihre Benutzung kostenlos, manchmal muss man 20c bis $1 opfern. Doch wer einmal auf den Geschmack gekommen ist, opfert gerne, denn das Essen ist schnell zubereitet und schmeckt.
Ungleich der meisten heimischen Modelle wird der australische Grill mit Gas betrieben und gegrillt wird nicht auf einem Rost, sondern auf einer Metallplatte. So kommen auch **Vegetarier** auf ihre Kosten, denn gegrillt werden kann praktisch alles einschließlich Kartoffeln und Gemüse. Hier ein paar Tipps für BBQ-Anfänger:

Aller Anfang ist ganz einfach...

Die meisten Geräte sind mit einer Zündautomatik ausgestattet, nur bei einigen Modellen muss man die Flamme selbst anzünden. Mit einem Regler, *low*/niedrige Stufe und *high*/hohe Stufe, kann man die Hitze regulieren.

Wie säubere ich ein BBQ?

Am besten, indem man etwas Öl auf die erhitzte Platte gießt. Mit dem Spachtel, der an jedem Gerät hängen sollte, kratzt man die Platte sauber. Die sich lösenden Teile schiebt man zusammen mit dem Öl in das Loch der Platte. Ist ein BBQ erst einmal verdreckt, bekommt man den untersten schwarzen Belag nicht mehr runter. Macht nichts. Die Hitze tötet alles, was noch leben sollte.

Die richtige Schmierung

Um ein Anbrennen zu verhindern, ist es ratsam, etwas Öl oder Margarine zu benutzen. Das richtige Maß zu finden, bedarf etwas Übung, denn nimmt man zu viel, verschwindet das Fett im Loch der Platte, nimmt man zu wenig, brennt das Essen an.

Heimtückischer Wurzelmörder - *dieback*

Eine der größten Bedrohungen der westaustralischen Flora ist die ***Phytophthora*-Wurzelfäule**, im Englischen *dieback* genannt. Die Verursacher sind im Boden lebende **Pilze** der Gattung *Phytophthora*, von denen *Phytophthora cinnamomi* der häufigste und zerstörerischste ist. Die Pilze befallen die Wurzelsysteme der Pflanzen, die daraufhin nicht mehr in der Lage sind Wasser und Nährstoffe aufzunehmen und schließlich absterben.

Im Kampf gegen den Wurzelmörder ist es wichtig jegliche Straßensperrungen zu respektieren.

Seit Jahrzehnten wütet der heimtückische Wurzelmörder bereits unter der Flora Westaustraliens, Tausende von Quadratkilometern sind infiziert. Besonders betroffen sind die Südküste und die Wälder des Südwestens. Bei der Wahl ihrer Opfer zeigen sich die Mörderpilze wenig wählerisch, denn rund 2000 Pflanzenarten stehen auf ihrer Liste. Wegen ihrer ausgedehnten Wurzelsysteme überdurchschnittlich anfällig sind Banksias (▷ 98), Dryandras und einige Eukalyptusarten wie der majestätische Jarrah (▷ 194).
Da die Pilze ursprünglich nicht in Westaustralien beheimatet waren, nimmt man an, dass sie zu Beginn des 20. Jahrhunderts zusammen mit **importierten Pflanzen** in das Land kamen. Bis sie allerdings entdeckt und mit der tödlichen Wurzelfäule in Zusammenhang gebracht wurden, waren sie jahrelang unwissentlich verbreitet worden. Sie klebten an den Reifen von Fahrzeugen, an den Stiefeln von Wanderern, den Pfoten von Tieren und befanden sich im Sand, der im Straßenbau Verwendung fand.
Selbst nachdem die Gefahr nun erkannt ist, sind die **Abwehrmöglichkeiten** spärlich. Um die Widerstandsfähigkeit der heimischen Pflanzen zu stärken, werden betroffene Regionen regelmäßig mit Phosphite besprüht. Darüber hinaus versucht man eine weitere Ausbreitung der Pilze zu verhindern, indem man infizierte Gebiete zeitweise für die Öffentlichkeit sperrt. Besucher werden gebeten, in stark betroffenen Nationalparks, so wie im Cape Le Grand NP und im Stirling Range NP, die angelegten Wanderwege nicht zu verlassen. Außerdem liegen an einigen Wegen Bürsten bereit, mit denen man seine Stiefel VOR und NACH dem Wandern von möglicher infizierter Erde befreien soll. **Schuhe putzen** im Namen der Pilzbekämpfung – hoffentlich hilft es eine einmalige Pflanzenwelt zu erhalten.

Insel der Endemiten

Australiens **Vegetation** ist von einem fremdartigen Reiz. Rund **80 % der vorkommenden Pflanzenarten sind endemisch**, das heißt sie wachsen nirgendwo sonst auf der Welt. Grund für diesen außergewöhnlich hohen Prozentsatz ist Australiens isolierte Insellage, die das Eindringen von Pflanzen anderer Kontinente lange Zeit erfolgreich verhinderte. Nur selten erreichte der Samen einer fremdländischen Art, schwimmend oder eingebunden in Vogelkot, das australische Ufer und konnte sich unter den Endemiten durchsetzen.
Doch Australiens Flora ist nicht nur einmalig, sondern mit knapp **20.000 Arten** auch extrem artenreich (Deutschland zählt nur ca. 2600). Viele der Pflanzen kommen flächenübergreifend in mehreren Staaten bzw. Territorien vor – entweder durch natürliche Verbreitung oder von Menschenhand gesät. Nur Westaustralien nimmt diesbezüglich eine Sonderstellung ein. Von Wasser umgeben und durch ausgedehnte Halbwüsten vom Rest des Kontinents isoliert, waren bzw. sind zumindest der natürlichen Verbreitung deutliche Grenzen gesetzt. So befinden sich regional unter den 12.500

westaustralischen Arten wiederum ungewöhnlich viele Endemiten. Am niedrigsten ist ihr prozentualer Anteil im tropischen Norden und ariden Zentrum, am höchsten ist er im Südwesten, wo er bis zu 85 % erreicht. In pflanzlicher Hinsicht hat Westaustralien somit mehr **Inselcharakter** als z. B. Tasmanien, das nur mit ca. 30 % endemischen Arten aufwarten kann.

Dem Südwesten verdankt Westaustralien auch seinen Beinamen »**Staat der Wildblumen**/*wildflower state*«. Tausende von Blüten wetteifern zur Hauptblütezeit (▷ 27) um das Auge des Betrachters. Nicht alle Arten bringen jedoch in Pracht oder Größe derart auffällige Blüten hervor wie die Grasbäume (▷ 271), die Flaschenputzer (▷ 204) oder die Mitglieder der Gattung *Banksia* (▽) und *Dryandra*. Ganz im Gegenteil, viele Blüten sind so winzig oder wirken zunächst so fade, dass man erst von nahem ihre ganze Schönheit erfassen kann, so wie bei den Kängurupfoten (▷ 189), Orchideen (▷ 210), *triggerplants* (▷ 227) und Federblüten (▷ 226).

Genau hinschauen muss man auch den Rest des Jahres, wenn die ungeheuere Artenvielfalt in der einheitlich grünen Monotonie des »langweiligen« Buschlands unterzugehen droht. Dann kann man den Eindruck der ersten Entdecker verstehen, die das Land als **karg und eintönig** beschrieben. Aber der Eindruck täuscht.

Trotz der Artenvielfalt ist die **Flora Westaustraliens** leicht zu durchschauen. Neben einzelnen Individuen, die die jeweiligen Vegetationszonen prägen, wird sie im Wesentlichen von drei, leicht zu identifizierenden Familien beherrscht.

Wie so viele australische Blumen wirkt die auf einem dürren Stängel thronende Blüte der *bird orchid* von weitem so unscheinbar, dass man leicht an ihr vorübergeht. Erst von nahem offenbart die Blüte (▶ 152) ihre filigrane Schönheit.

Familie der Myrtengewächse

Die gemäßigten und semiariden Klimazonen prägt die Familie der Myrtengewächse (*Myrtaceae*) mit dem bekanntesten Vertreter der australischen Flora, dem **Eukalyptus**/*eucalyptus*, auch *gum tree* genannt. Die Gattung *Eucalyptus* kommt abgesehen von wenigen Ausnahmen ausschließlich auf dem 5. Kontinent vor. 220 der ungefähr 500 australischen Arten sind in Westaustralien beheimatet, wo sie sich in Wuchsform und Größe den unterschiedlichsten Klima- und Bodenverhältnissen angepasst haben. Während der feuchte Südwesten Heimat von majestätischen Eukalyptusriesen wie dem bis zu 80 m hohen Karri (▷ 185) ist, beträgt die durchschnittliche Baumhöhe in den trockenen Zonen nur zwischen 10 und 20 m.

Auf besonders nährstoffarmen Böden wachsen viele Eukalyptusarten nicht in Baum-, sondern in Strauchform, die als **Mallee** bezeichnet wird. Mallees entwickeln nicht einen einzelnen

Bei diesem in einem Flussbett wachsenden Mallee wurde die ansonsten unterirdische Stammknolle durch die Fluten freigelegt.

Vegetationskarte von Westaustralien

Für die meisten Australier und Besucher ist alles, was nicht »Stadt« ist, »Busch«. Botaniker dagegen unterscheiden allein in Westaustralien zwischen über 100 verschiedenen Vegetationszonen. Sie werden in der Regel auf 10 bis 20 zusammengefasst, von denen die sechs wichtigsten auf dieser Karte vorgestellt werden. In der schraffierten Region wurde die natürliche Vegetation weitgehend durch landwirtschaftliche Nutzung zerstört.

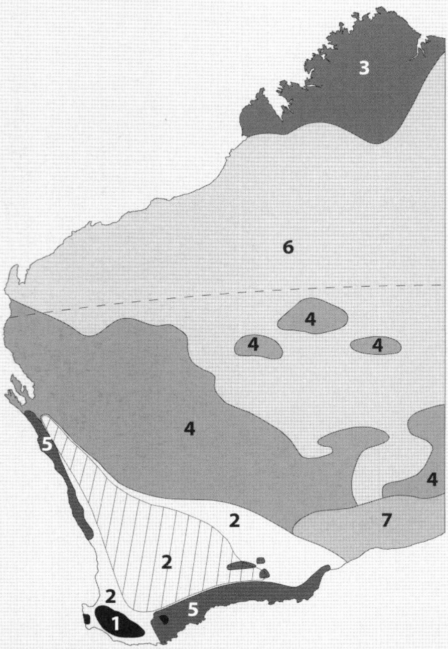

1 Wald/*forest*

Schattige Wälder mit dichtem Unterholz und Baumriesen über 40 m bedecken nur einen winzigen Teil des Staates. Bestandsbildende Arten sind Karri (▷ 185), Jarrah (▷ 194), Marri (▷ 180), Wandoo und im geringeren Maße *blackbutt* und zwei der drei Tinglearten (▷ 193). Bis auf den Marri, der die Gattung *Corymbia* vertritt, gehören alle der Gattung *Eucalyptus* an. Das 2. Stockwerk bilden Arten wie die Karri-Kasuarine (▷ 204) und *karri hazel* mit durchschnittlichen Höhen zwischen 10 und 15 m. Typische Vertreter des Unterholzes sind *snottygobble*, *chorilaena*, *tree hovea* (▶ 151), verschiedene Akazienarten und Repräsentanten der *pea flowers* (▷ 220). In offeneren Wäldern gehören Zamia-Palmen, Grasbäume (▷ 271) und Große Banksias (▷ 190) zum Unterwuchs.

2 *woodland*

Eine gebräuchliche deutsche Übersetzung von *woodland* gibt es nicht. Deshalb wird in diesem Buch die Bezeichnung »waldiges Buschland« gebraucht, die am ehesten beschreibt, was man vorfindet. Im Unterschied zum Wald beträgt die durchschnittliche Baumhöhe nur 10 bis 20 m und da die Bäume weit auseinander stehen, gibt es kein geschlossenes Kronendach. Die bestandsbildenden Arten wechseln je nach Region, gehören aber in der Regel der Gattung *Eucalyptus* an. Handelt es sich dabei um eine Malleeart so spricht man von Mallee-Buschland/*mallee scrubland*, das gewöhnlich nur Höhen zwischen 8 und 10 m aufweist. Weitere dominante Vertreter dieser Vegetationszone sind Akazien und Kasuarinen (▷ 204).

3 Baumsavannen/*tropical woodland* (auch *savanna woodland*) & Grassavannen/*tropical grassland*

Savannen werden überwiegend von Gräsern beherrscht. Besonders dominant ist die Gattung *Sorghum*, deren Vertreter während der Regenzeit über 2 m emporschießen und ein undurchdringliches Dickicht bilden. Je nach Bewuchs unterscheidet man zwischen Grassavannen, die fast baumlos sind, und Baumsavannen, die einen leichten bis dichten Baumbewuchs aufweisen. Unter diesen Bäumen befinden sich einige charakterstarke Individuen, so wie der Boab (▷ 82), die Kimberley-Bauhinie (▷ 370), die Wilde Mango (▷ 365), der Kapokbusch (▷ 394) und die Seidene Grevillea (▷ 376).

4 Mulga-Buschland/*mulga scrubland*
Das Mulga-Buschland wird von der gleichnamigen Akazienart dominiert. Zusammen mit anderen Akazienarten wie *jam* und Vertretern der Gattungen *Senna* und *Eremophila* bildet sie ein lichtes, strauchiges Buschland. Der Boden ist entweder nackt oder weist einen leichten Bewuchs von Spinifex (▷ 309) oder anderen Gräsern auf. Zu den blühenden Attraktionen gehören die flauschigen Mulla-Mulla-Arten (▷ 305), die knallrote Sturts Ruhmesblume (▷ 296), verschiedene Arten von Buschtomaten (Gattung *Solanum* / ▶ 149) und, nach ausgiebigen Regenfällen, Teppiche der unterschiedlichsten Wildblumen.

5 Heidevegetation/*heathland*
Die Heidevegetation ist eine der artenreichsten und zugleich undurchsichtigsten Vegetationszonen. Statt von charakterstarken Arten wird sie von einer Vielzahl von Gattungen geprägt, deren Vertreter fast alle in die Kategorie »niedrige, kleinblättrige Büsche« fallen und bestenfalls während der Blütezeit voneinander zu unterscheiden sind. Die einzelnen Büsche stehen oft dicht beieinander und verschmelzen zu einem kniehohen Pflanzenteppich. Die maximale Höhe der Heidevegetation liegt bei 2 m. Artenstarke Gattungen sind u. a. *Melaleuca*, *Grevillea*, *Dryandra*, *Calothamnus*, *Verticordia* und Vertreter der *pea flowers* (▷ 220) und *triggerplants* (▷ 227). Zu den größeren und markanteren Individuen gehören der Westaustralische Weihnachtsbaum (▷ 226), die Weidenmyrte (▷ 179) und verschiedene Banksiaarten. Ist der Vegetationsteppich von Mallees durchsetzt, spricht man von Mallee-Heide/*mallee heath*.

6 Spinifex-Grasland/*spinifex-grassland*
Spinifex-Grasland bedeckt fast ein Drittel des Kontinents. Es wird neben den verschiedenen Spinifexarten (▷ 309) regional von vereinzelten Sträuchern wie der Kanji-Akazie oder der Kork-Hakea geprägt sowie von kleinwüchsigen Vertretern der Gattungen *Eucalyptus* und *Corymbia*, darunter der *snappy gum* (▷ 304) und die *desert bloodwood*. Der Boden zwischen den Spinifex-Büscheln ist gewöhnlich unbewachsen, außer nach Regenfällen, wenn verschiedene Wildblumen emporsprießen. Großwüchsige Bäume findet man in dieser Vegetationszone nur entlang von Flüssen und Wasserpools, die meist von stattlichen Flusseukalypten und verschiedenen Papierrindenbäumen gesäumt werden.

7 Chenopodiaceen-Steppe/*bluebush-saltbush steppe*
Ein Großteil der Nullarbor Plain wird von weiten baumlosen Steppen bedeckt, in denen zwei Gattungen aus der Familie der *Chenopodiaceae* dominieren. Zum einen die Gattung *Maireana*, deren Vertreter in Australien als *bluebush* bezeichnet werden und zum anderen die Gattung *Atriplex* mit ihren Vertretern den Melden/*saltbushes*. Melden gehören zu den Salzpflanzen und übernehmen in Regionen mit salzhaltigen Böden die Vorherrschaft. In einigen Abschnitten, so wie auf den Roe Plains westlich von Eucla, bestimmen Akazien das Bild, besonders präsent ist die Myall-Akazie.

Stamm, sondern mehrere dünne Stämme, die einer unterirdischen Knolle entspringen. Dies hat den Vorteil, dass bei Buschfeuern lediglich die Stämme vernichtet werden, nicht aber die unterirdische Basis.
Allen Eukalypten gemein ist ihre lichte Erscheinung. Ihre schmalen, ledernen Blätter hängen gewöhnlich schlaff herunter, um der Sonne so wenig Angriffsfläche wie möglich zu bieten. Während langer Trockenperioden können die ansonsten immergrünen Bäume die Verdunstung noch weiter reduzieren, indem sie einen Teil ihrer Blätter abwerfen. Einige Arten, so wie der Flusseukalyptus, stoßen sogar ganze Äste ab, um mit den knappen Wasserressourcen besser haushalten zu können.

Ebenfalls zur Familie der Myrtengewächse gehört die Gattung *Melaleuca*. Sie zählt in

Eukalyptusblüten bestehen aus unzähligen Staubblättern und werden bis zum Aufbrechen von einer festen Kappe geschützt. Die Kappe entsteht durch das Verwachsen der vier Blütenblätter und wird von der sich öffnenden Blüte weggesprengt. Ihr verdankt der Eukalyptus seinen Namen, der aus dem Griechischen stammt und übersetzt »gut (*eu*) bedeckt (*kalyptus*)« bedeutet.

Die Früchte/*fruits* von Eukalypten werden in Australien umgangssprachlich auch *gum nuts* genannt. Sie variieren, je nach Art, in Form und Größe und sind somit ein gutes Erkennungsmerkmal: 1 *mottlecah*, 2 Tuart, 3 *bell-fruited mallee*, 4 Marri, 5 *salmon gum*, 6 *snappy gum*, 7 Jarrah, 8 Karri, [9 1-$-Münze als Größenvergleich]

Westaustralien 120 Arten und wird überwiegend durch kleinwüchsige Büsche repräsentiert. Ihre bekanntesten Vertreter sind die stattlichen **Papierrindenbäume**/*paperbark trees*, die leicht an ihrer papierartigen, mehrschichtigen Rinde zu erkennen sind. Unter der Bezeichnung Papierrindenbäume werden gleich mehrere Arten zusammengefasst, darunter der bis zu 15 m große Silberne Cadjeput, der im Norden gedeiht und kleinere Arten wie der im Süden wachsende Salzwasser-Papierrindenbaum (▶ 148). Papierrindenbäume bevorzugen einen feuchten Standort und gedeihen daher ausschließlich in sumpfigen Gebieten bzw. an Seen und Flussufern.

Familie der Mimosengewächse

In den ariden Klimazonen wird die Vorherrschaft der Myrtengewächse von der Familie der Mimosengewächse (*Mimosaceae*) übernommen, eine Unterfamilie der Hülsenfrüchtler (*Leguminosae*), die in Australien als eigenständige Familie angesehen wird. Ihre artenstärkste Gattung *Acacia* ist mit über 900 Arten auf dem Kontinent vertreten, davon 560 in Westaustralien. **Akazien**/*acacias* sind in Australien besser unter dem Namen *wattle* bekannt und wachsen überwiegend in Strauchform. Sie haben, genau wie die Eukalypten, die klimatisch unterschiedlichsten Lebensräume erobert und sind im schattigen Unterholz der Karriwälder ebenso beheimatet wie in den ariden Halbwüsten des Inlandes, wo sie das Vegetationsbild prägen. Die am weitesten verbreitete Akazienart der Trockenzone ist der Mulgabusch (▶ 146). Dieser bis zu 12 m hohe Akazienbusch ist auf Grund seiner Dominanz für eine ganze Vegetationszone namensgebend, das Mulga-Buschland.

Als Anpassung an das trockene Klima und wahrscheinlich auch auf Grund der armen Böden entwickeln viele australische Akazienarten keine richtigen Blätter, sondern so

genannte **Phyllodien**/*phyllodes*. Phyllodien sind verbreiterte Blattstiele, die die lebenswichtigen Blattfunktionen übernommen haben, aber keine Poren besitzen und daher im Vergleich zu Blättern eine geringere Verdunstung aufweisen.
Während der Blütezeit bestechen Akazien durch ihre üppige, äußerst geruchsintensive Blütenpracht. Alle australischen Arten blühen gelb. Manche, so wie die Hamersley-Akazie (▶146), entwickeln dünne, längliche Blütenstände, die wie kurze, dicke Pfeifenputzer aussehen; andere, darunter die Kanji-Akazie (▶ 146), *dead finish* (▶ 295) und die Weidenblättrige-Akazie/ *orange wattle*, bringen kleine, kugelförmige Blütenköpfchen hervor. Letztere gehört zu jenen Akazienarten, die in europäischen Blumengeschäften oft fälschlicherweise als Mimosen angeboten werden.

Die Küsten-Akazie ist eine von vielen ihrer Gattung, die statt Blätter Phyllodien entwickelt.

Familie der Proteengewächse

Die Familie der Proteengewächse (*Proteaceae*) ist eine alte Gondwana-Familie, die gleich mit drei Gattungen etwas Farbe ins grüne Buschland bringt. Zunächst die Gattung *Grevillea*, die mit 150 Arten die drittstärkste Pflanzengattung von Westaustralien bildet. **Grevilleas**/*grevilleas* werden im Deutschen auch Silbereiche oder Seideneiche genannt. Obwohl einige Arten, so wie die Seidene Grevillea (▷ 376), zu schlanken, bis zu 10 m großen Bäumen hochschießen, wachsen die meisten Arten in Strauchform und erreichen nur eine durchschnittliche Höhe von 2 bis 5 m. Bemerkenswert sind vor allem die filigranen, farbenfrohen Blütenstände, die bei vielen Arten in ihrer Form an Haarbürsten erinnern. Die zunächst bogenförmig nach unten zeigenden Griffel der einzelnen Blüten werden mit voranschreitender Blüte emporgestreckt.

Wie die Fühler eines fremdartigen Insekts ragen die Griffel der Wilsons Grevillea/ *Wilson's grevillea* aus der Blüte heraus.

Eng verwandt mit der Gattung *Grevillea* ist die Gattung *Hakea*, die mit rund 80 Arten in Westaustralien vertreten ist. **Hakeas**/*hakeas* sind wegen ihrer ähnlichen Blütenstände leicht mit Grevilleas zu verwechseln. Ein wichtiges Unterscheidungsmerkmal sind die holzigen Früchte, die bei den meisten Hakearten oft mehrere Monate oder gar Jahre an der Pflanze verbleiben, da sie sich erst nach einem Buschfeuer oder einer extremen Hitzeperiode öffnen. Zwei Vertreter dieser Gattung, die auf Grund ihrer außergewöhnlichen Blattform leicht zu identifizieren sind, sind die *hood-leaved hakea* und die Königs-Hakea (▷ 220), die nur im Fitzgerald River NP gedeiht.

Das hervorstechende Familienmitglied der Proteengewächse

Mit ihren direkt aus dem Erdboden wachsenden Blättern und Blüten sieht die *creeping banksia* aus wie ein schlecht gestecktes Blumenbukett.

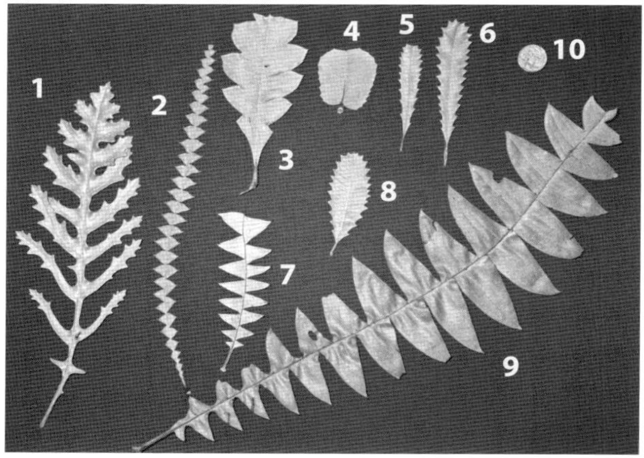

Banksias lassen sich gut anhand ihrer Blätter unterscheiden: 1 *creeping banksia*, 2 *showy banksia*, 3 Stirling Range Banksia, 4 *scarlet banksia*, 5 *sand plain banksia*, 6 *possum banksia*, 7 Baxters Banksia/*Baxter's banksia*, 8 Lemanns Banksia, 9 Große Banksia, [10 1-$-Münze als Größenvergleich]

ist die Gattung *Banksia*. **Banksias**/*banksias* kommen in den unterschiedlichsten Wuchsformen vor, angefangen von der bis zu 20 m hohen Fluss-Banksia/*river banksia* über die buschige, nur bis zu 1.5 m hohe Violette-Banksia/*violet banksia* bis hin zur *creeping banksia*, von der nur die Blätter aus dem Erdboden herausragen. Charakteristisch für die meisten Arten sind die ledernen, wie Sägezähne gezackten Blätter und die wuchtigen, zylinderförmigen Blütenstände, die sich aus Tausenden Einzelblüten zusammensetzen. Das Bestäuben der nektarreichen Blüten wird von Beuteltieren wie dem Honigbeutler (▷ 225) und zahlreichen Vögeln aus der Familie der Honigfresser (▷ 218) übernommen. Wie auch die Hakea gehört die Banksia zu den so genannten

Bei fast allen Banksiaarten liegen die Samen in einem harten, zweiklappigen Gehäuse (linkes Bild), das sich erst nach einem Buschfeuer öffnet. Dasselbe gilt für die meisten Vertreter der Gattung *Hakea*, wie z. B. für die abgebildete *hood-leaved hakea* (rechtes Bild). Die feuerbedingte Samenausschüttung ist ein Merkmal vieler australischer Pflanzenarten, die mit relativ nährstoffarmen Böden vorlieb nehmen müssen. Sie gewährleistet dem heranwachsenden Keimling größere Überlebenschancen, da durch das vorangegangene Feuer einerseits Konkurrenten vernichtet wurden und andererseits der Boden mit nährstoffreicher Asche gedüngt wurde.

Feuerpflanzen (Pyrophyten), die, stimuliert durch freigesetztes Äthylen und Ammoniak, erst nach einem Buschfeuer ihre Samen ausschütten.

Jagd auf das Wappentier

Die Liebe der Australier zu ihrem Wappentier, dem Känguru, ist nicht grenzenlos. Einmal im Jahr wird eine offizielle **Abschussquote** festgelegt, die das Todesurteil für Millionen von Kängurus und Wallabys bedeutet. Für das Jahr 2009 beträgt die Quote knapp 4 Mio., über die Hälfte der Tiere sind in Queensland zum Abschuss freigegeben. Die restlichen Tiere erwartet ihr Todesurteil in Westaustralien, New South Wales, South Australia und auf zwei tasmanischen Inseln. Erlegt bzw. »geerntet«, so der Terminus im offziellen Sprachgebrauch, werden die Beutler von (mehr oder weniger) **professionellen Kängurujägern**, die gewöhnlich nachts ausziehen und die Tiere mit starken Scheinwerfern blenden, um sie dann leichter abknallen zu können. Nicht in die Quote einbezogen sind die zahllosen Beuteljungen von getöteten Muttertieren.

In den meisten Staaten, einschließlich Westaustralien, können auch Freizeitschützen **eine Lizenz zum Töten von Kängurus** erhalten – vorausgesetzt sie stimmen dem »Verhaltenskodex für das humane Töten von Kängurus« zu, den alle Kängurujäger einhalten müssen. Jeder Schütze muss vor der Jagd so genannte *tags* erwerben, die an die getöteten Tiere angebracht werden müssen. Der Preis pro *tag* ist günstig. Das Leben eines Kängurus varriert von Staat zu Staat ist aber in der Regel weniger als $1 wert. Das Fleisch und die Felle der Tiere landen sowohl auf dem nationalen als auch internationalen Markt und sind inzwischen Teil eines millionenschweren Industriezweigs.

Im »Verhaltenskodex für das humane Töten von Kängurus« wird ein plötzlicher und schmerzloser Tod des Tieres verlangt und deshalb ein Kopfschuss empfohlen.

Die Höhe der jährlichen Abschussquote richtet sich nach den **aktuellen Bestandszahlen**, die bei einigen Beutlern seit der Ankunft der Briten aus den Fugen geraten sind. Während knapp 20 meist kleinere Beuteltierarten den Einzug der Kolonialisten nicht überlebt haben, stieg die Populationsrate einiger größerer Arten, insbesondere die des Roten Riesenkängurus (▷ 153) und des Östlichen und Westlichen Grauen Riesenkängurus/*Eastern* bzw. *Western grey kangaroo*. Ursache des Populationsanstiegs ist paradoxerweise die Ausweitung landwirtschaftlicher Flächen. Zwar ging dadurch Lebensraum verloren, doch profitieren die Beutler von der Errichtung zahlreicher **Viehtränken**. Durch diese permanenten Wasserstellen haben die großen Beutler ihren bislang größten Feind verloren, die Dürre. Ohne eine natürliche Reduzierung des Bestandes nahm ihre Zahl kontinuierlich zu. Die entstandene **Überpopulation** ist vor allem den Farmern ein Dorn im Auge, die in jedem Beuteltier einen Nahrungskonkurrenten ihres lieben Viehs sehen. Doch auch einige Naturschützer und Wissenschaftler unterstreichen die Notwendigkeit, den Bestand bestimmter Känguru- und Wallabyarten zu reduzieren. Zusammen mit den Farmern sitzen sie in einem Komitee, das jährlich über die Höhe der Abschussquote berät und an die Regierung Empfehlungen ausspricht. Gewöhnlich beträgt die Quote zwischen 10 und 20 % der Gesamtpopulation.

Känguru & Co.

Australien ist Heimat von zwei Dritteln aller weltweit vorkommenden Beuteltierarten und wird daher zu Recht als **Land der Beuteltiere** bezeichnet. Neben den bekanntesten Repräsentanten der Beuteltiere, den Riesenkängurus und den Koalas, wird der Kontinent von einer ca. 170 artenstarken Armada aus Nasenbeutlern, Kletterbeutlern, Gleithörnchenbeutlern, Pinselschwanzbeutlern, Bürstenkängurus, Kaninchenkängurus, Bergkängurus, Beutelmäusen und vielen anderen Beutlern bevölkert. Hüpfend, krabbelnd, kletternd und grabend haben sie seit Australiens Inselwerdung (▷ 45) vor 45 Mio. Jahren alle Lebensräume des Kontinents erobert.

Beuteltiere gehören zur **Klasse der Säugetiere**, die sich in **drei Unterklassen** gliedert: höhere Säugetiere/*mammals* (*Eutheria*), Beuteltiere/*marsupials* (*Marsupialia*) und Kloakentiere (▷ 270). Lange Zeit galten Beuteltiere als primitive Vorstufe der höheren Säugetiere, da man annahm, dass ihnen die Plazenta, der so genannte Mutterkuchen, fehle. Durch diesen wird der Embryo in der Gebärmutter eines höheren Säugetieres solange versorgt, bis er vollständig entwickelt ist. Erst dann erfolgt die Geburt. Aus diesem Grund wurden die höheren Säugetiere früher auch Plazentatiere genannt. Später fand man heraus, dass einige Beuteltiere, so wie der Koala und die Nasenbeutler, durchaus eine Plazenta besitzen. Dennoch findet die eigentliche Entwicklung aller **Beuteltierembryonen** nicht in der Gebärmutter, sondern in einem Beutel außerhalb des Muttertieres statt, so dass jedes Beuteltier praktisch zweimal geboren wird. Während der ersten »richtigen« Geburt, die, je nach Art, acht bis 42 Tage nach der Befruchtung stattfindet, verlässt ein völlig unfertiger, oft nur erbsengroßer Embryo das Muttertier. Zielstrebig zieht er sich mit seinen Vorderpfoten (dem einzigen, was bislang ausgebildet ist) durch das Fell der Mutter in den Beutel, in dem sich die Zitzen befinden. Verfehlt der Embryo seinen Weg, was jedoch sehr selten vorkommt, stirbt er. Erreicht er sein Ziel, nimmt er eine der Zitzen in das Maul, die sich daraufhin derart vergrößert, dass der Embryo nicht mehr abfallen kann. Je nach Art bleibt er dort zwischen 35 Tagen und neun Monaten hängen. Ist die embryonale Entwicklungsphase abgeschlossen, verlässt das »fertige« Beuteljunge, in Australien *joey* genannt, den Beutel und wird gewissermaßen zum zweiten Mal geboren.

Bei den Riesenkängurus wird das Junge, nachdem es für den Beutel zu groß geworden ist, noch mehrere Monate von der Mutter gesäugt. Während dieser Zeit befindet sich meist schon wieder ein Embryo im Beutel, der an einer anderen Zitze hängt. Beide benutzten Zitzen geben den Anforderungen entsprechend ein unterschiedliches Milchgemisch ab. Die Zitze, an der das Embryo säugt, produziert eine fettärmere Milch als die Zitze für das Jungtier.

Nicht immer ist der namensgebende **Beutel** so gut ausgebildet wie bei den großen Känguruarten. Einige Beuteltierarten besitzen nur eine Hautfalte, andere wie der Numbat (▷ 208) nicht einmal diese, sondern nur struppige Haarbüschel, an denen sich der Embryo festklammert. Bei den in Erdlöchern lebenden Beutlern wie dem Wombat öffnet sich der Beutel nach hinten, damit beim Graben kein Sand hineingeraten kann.

Manche Beuteltiere besitzen noch eine zweite bemerkenswerte Eigenschaft in Sachen Fortpflanzung. Einige Känguruarten, darunter das Westliche Graue Riesenkänguru (▷ 225), paaren sich bereits wieder, obwohl der erste Embryo noch den Beutel »besetzt«. In solch einem Fall wird die Entwicklung des zweiten Embryos solange in der Gebärmutter gestoppt, bis das erste Junge den Beutel freigemacht hat und der Zeitpunkt hinsichtlich von Futter- und Wasserressourcen günstig ist. Nach lang anhaltenden Dürreperioden, während denen sich die Bestände einiger Beuteltierarten drastisch reduzieren, ermöglicht solch ein **Keimling in der Reserve** die schnelle Regenerierung des Bestandes. Diese hoch entwickelte Fähigkeit auf das Entwicklungsstadium des Embryos Einfluss nehmen zu können, besitzen nur sehr wenige höhere Säugetierarten, darunter einige Fledermausarten, wie z. B. Schreibers Langflügelfledermaus (▷ 346). Somit wäre der Keimling in der Reserve ein weiterer Beweis, dass die Beuteltiere in ihrer Entwicklung nicht hinter den höheren Säugetieren zurückstehen, sondern dass die **Evolution** auf dem 5. Kontinent lediglich eine andere Richtung eingeschlagen hat.

Land der Superlative

Australien ist ein Kontinent der **Superlative**. Von allen bevölkerten Kontinenten der Erde ist er der kleinste, flachste, trockenste, am dünnsten besiedelte, am spätesten entdeckte und der einzige, der gleichzeitig eine Insel ist. Er nennt die meisten Beuteltierarten und die giftigsten Schlangen sein eigen, besitzt den größten Monolithen, das größte Riff, die größte Sandinsel, die größten Rinderfarmen, die meisten Schafe und die längsten Lastwagen.

Doch damit nicht genug! Wer durch das Land reist, wird schnell Australiens Vorliebe für Superlative entdecken und gleichzeitig etwas über **die Kunst des richtigen Formulierens** lernen, schließlich hat jeder Superlativ seine Grenzen. Falls etwas nicht das größte, kleinste, älteste, jüngste, längste, tiefste der Welt ist, dann werden die Grenzen eben enger gezogen und man begnügt sich mit dem größten, kleinsten, ältesten, jüngsten, längsten, tiefsten der Südlichen Hemisphäre. Ist selbst diese noch zu weitläufig, beschränkt man sich auf die eigenen Landesgrenzen, die des eigenen Staates bzw. Territoriums, die der eigenen Region oder wagen Himmelsangaben wie »des Nordens« oder »des Südens«. So kommt jeder in Australien zu seinem Superlativ. Esperance besitzt angeblich »**den tiefsten Hafen im Süden Australiens**«, das winzige Handarbeitsmuseum am Wave Rock die »größte Ausstellung feiner Spitzen der Südlichen Hemisphäre«, Wagin »die größte Nachbildung eines Schafbocks der Südlichen Hemisphäre«, Derby »**die längste Viehtränke** der Südlichen Hemisphäre«, Merredin »den größten horizontalen Kornspeicher der Südlichen Hemisphäre«, **Australind** »die kleinste Kirche Westaustraliens« und das nicht einmal 7000 Einwohner zählende Northam hat sich, ohne Rücksicht auf das ebenfalls im Inland liegende 33.000 Einwohner starke Kalgoorlie, selbst zur »größten Inlandsiedlung von Westaustralien« ernannt.

Ganz besonders hart umkämpft ist der Titel »**längster Pier**«. So behauptet Carnarvon ungeniert sein 1.493 m langer Pier wäre »der längste Pier des Nordens« während Wickham (ebenfalls im Norden) mit seinem 2.5 km langen Pier am Cape Lambert bereits den Titel »längster Pier Australiens« beansprucht. Um Wickham nicht ins Gehege zu kommen, betont Busselton (im Süden), sein 1.837 m langer Pier wäre lediglich der »längste HÖLZERNE Pier der Südlichen Hemisphäre«, wobei Port Germein (in SA) mit seinem, je nach Quelle, 1.5 bis 1.7 km langen, hölzernen Pier diesen Titel auch für sich reklamiert.

Ebenfalls begehrt ist der Zusatz »älteste/r/s«, was wahrscheinlich auf Australiens Minderwertigkeitskomplex bezüglich seiner jungen europäischen Geschichte zurückzuführen ist. Um den begehrten ersten Platz, »**älteste Siedlung Westaustraliens**«, ringen Perth (gegründet 1829), das zeitgleich mit der Swan River Kolonie gegründet wurde und Albany (gegründet 1827), das hartnäckig an die kleine Garnison erinnert, die bereits zwei Jahre zuvor an der Südküste etabliert worden war. Die Ortschaft Augusta (gegründet 1830) hält sich aus dem Streit heraus, indem sie sich bescheiden zur »**DRITT-ältesten Siedlung Westaustraliens**« kürt und das ca. 60 km von der Küste entfernt gelegene York (gegründet 1831) ernennt sich clever zur »**ältesten INLANDsiedlung Westaustraliens**«. Um den Titel »**älteste Ortschaft der Kimberleys**« zanken sich Derby, das sich gerne heimlich als solche bezeichnet und Broome, das den Titel mit 24 Stunden Vorsprung verdient. An der Nordwestküste dagegen haben sich Roebourne und das 14 km entfernt gelegene Cossack friedlich geeinigt, was in erster Linie damit zusammenhängen dürfte, dass Cossack eine Geisterstadt ist, in der niemand mehr lebt, um Einspruch zu erheben. Also hat sich Roebourne (gegründet 1866) widerspruchslos zur »ältesten Stadt des Nordwestens« gekürt und das drei Jahre zuvor gegründete Cossack musste sich mit dem Titel »ältester Hafen des Nordwestens« begnügen.
Generell lässt sich feststellen, dass mit der Unattraktivität einer Ortschaft auch die Anzahl der Superlative steigt. Nehmen wir das von der Welt unbeachtete, in einer Sackgasse liegende **Wyndham**. Aus Mangel an Aufmerksamkeit brüstet sich die kleine Ortschaft gleich mit drei Superlativen innerhalb der Gemeindegrenzen. Da wäre zunächst **The Grotto** (▷ 359), der angeblich »tiefste natürliche Wasserpool der Südlichen Hemisphäre«, dessen Tiefe, je nach Quelle, mal auf 50 m, mal auf 100 m, mal auf sage und schreibe 400 m geschätzt wird. Hoch gepokert wird auch um das Alter des Boabs (▷ 82 & ▶ 149), der auf dem Campingplatz steht. Während der knorrige Riese in einigen Touristenblättern auf kühne 5000 Jahre geschätzt wird, gibt sich der Campingplatzbesitzer bescheiden mit 2000 Jahren zufrieden. Einig sind sich aber alle: es ist der »**älteste Boab der Kimberleys**«. Zuletzt muss noch das **20 m lange Betonkrokodil** erwähnt werden, das einen an der Ortseinfahrt begrüßt. Natürlich handelt es sich nicht um irgendein Krokodil, sondern um »das größte Betonkrokodil Australiens«. Dass es dadurch auch nicht interessanter wird, scheint Wyndham ebenso entgangen zu sein wie die Tatsache, dass der idyllische Badepool The Grotto selbst bei einer Tiefe von nur 2 m nichts an seiner Attraktivität einbüßen und der Boab auch bei einem Alter von nur 500 Jahren nichts an seinem eindrucksvollen Umfang verlieren würde.
Wozu also das Geprahle mit den herbeiformulierten, zweifelhaften Superlativen? Schließlich bleibt der 5. Kontinent doch auch ohne diese, das was er ist, nämlich der beste, aufregendste, schönste, ungewöhnlichste, atemberaubendste und interessanteste aller INSELkontinente.

Milliarden Fliegen können nicht irren...

...Australien ist ein grandioser Kontinent – **wenn nur die Fliegen nicht wären**. Zu Hunderten umschwärmen sie uns wehrlose Zweibeiner, krabbeln in Augenwinkel, klammern sich an Wimpern, verirren sich hinter Brillengläsern, dringen in Ohren und Nase ein und fliegen (mit direktem Kurs auf den Rachen) in unachtsam daherplap-

pernde Münder. Erzwungener Hustenanfall zwecklos.
Die lästigen Insekten sind die **Geißel des Kontinents**. Vor ihnen gibt es kein Entkommen. Doch obwohl man den ganzen Tag ihre Gesellschaft genießt, weiß man im Grunde sehr wenig von ihnen. Wie viele Arten gibt es? Gab es sie schon immer in Australien? Wieso fliegen sie in Augen, Mund und Nase? Was kann man gegen sie unternehmen? Und warum gibt es sie? Auf die letzte Frage gibt es leider nur eine sehr unbefriedigende Antwort, nämlich aus demselben Grund, warum es auch Zecken, Bremsen, Blutegel und Steuerbeamte gibt. Umso leichter lassen sich die anderen Fragen beantworten. Es gibt in Australien **ungefähr 200.000 Insektenarten**, davon gehören 8000 zur Ordnung der Zweiflügler (*Diptera*). Die Mitglieder dieser Ordnung besitzen nicht, wie viele andere Insekten, vier, sondern, wie der Name vermuten lässt, zwei Flügel. Die fehlenden Hinterflügel sind nur ansatzweise erhalten. Innerhalb dieser Ordnung gibt es eine so verwirrend große Anzahl von Unterordnungen und Überfamilien, dass an dieser Stelle nur die so genannten Echten Fliegen der Familie *Muscidae* erwähnt werden sollen – eine kosmopolitische Familie, die mit rund 200 Arten auf dem 5. Kontinent vertreten ist. In Anbetracht dieser enormen Artenvielfalt mag es überraschen, dass nur ein einziger Vertreter dieser Familie dem Menschen wirklich zur Plage wird: die **Buschfliege**/*bush fly*.
Die Buschfliege ist ein Urmitglied der australischen Fauna. Seit Jahrtausenden hatte sie bereits die Aborigines gequält, bevor sie die ersten europäischen Entdecker freudig begrüßte und heute über hilflose Touristen herfällt. Um das Problem »Buschfliege« besser zu verstehen, macht man sich am besten mit ihrem Lebenszyklus vertraut.

Das Leben einer Buschfliege beginnt buchstäblich in der Schei…, denn die befruchteten Weibchen **legen ihre Eier in den Kot von Tieren und Menschen**. Die meist innerhalb eines einzigen Tages schlüpfenden Maden bleiben, je nach Wärme und Nährstoffgehalt des Kots, bis zu zwei Wochen im Dunghaufen, in dem sie sich zweimal häuten. Ist die Larvalentwicklung abgeschlossen, verlässt die Made ihr behagliches Heim, um sich an einer nahe gelegenen Stelle im Boden zu verpuppen. Dem Kokon entsteigen dann einige Tage später die fertig entwickelten Fliegen. Während die Männchen sofort geschlechtsreif sind, müssen die Weibchen erst noch Eiweiß zu sich nehmen, damit sich ihre Eierstöcke entwickeln. Dieses Eiweiß erhalten sie aus den Körperflüssigkeiten von Menschen und Tieren, bevorzugt aus den Augen- und Mundwinkeln, was ihre penetrante Anhänglichkeit erklären dürfte. Nach der Befruchtung legen die Weibchen ihre Eier in einen Dunghaufen und der Kreislauf beginnt von vorne.
Eine entscheidende Rolle in diesem Zyklus spielen **Quantität und Qualität des Dungs**. Im Prinzip gilt: je mehr Dung, desto mehr Brutplätze, desto mehr Fliegen. Allerdings

Im Gegensatz zu der weltweit verbreiteten Stubenfliege gehen die sehr viel kleineren Buschfliegen gewöhnlich nicht auf Lebensmittel, sondern bevorzugen die Körpersäfte von Menschen und Tieren. Diesem Knäckebrot mit Marmelade konnten sie jedoch nicht widerstehen. Es lag genau zwei Minuten unbeobachtet auf dem Tisch!

muss der Kot weich und feucht sein, wie z. B. der von Dingos, Menschen oder Rindern. Die harten kleinen Kotbällchen der meisten Beuteltierarten sind zur Eiablage nur wenig geeignet. Aus Sicht der Fliegen dürfte deshalb die Ankunft der Rinder mit ihren großflächigen Kuhfladen das Beste gewesen sein, was ihnen je passiert ist. Die **enorme Anzahl von Dung produzierendem Vieh** (ein einzelnes Rind kommt auf täglich ca. 10 Kuhfladen!) hat das Buschfliegen-Problem in den letzten 200 Jahren dramatisch verschärft. Die einzige Chance, die Population wieder in den Griff zu bekommen, ist die Reduzierung der Kuhfladen und dies ist der Augenblick, in dem eine neue Tierfamilie ins Spiel kommt, die Familie *Scarabaeidae* mit ihren Vertretern den Blatthornkäfern. In Australien zählt diese Familie über 2000 Mitglieder, darunter rund 300 Arten, die als Mistkäfer/*dung beetles* bezeichnet werden. **Mistkäfer** ernähren sich sowohl im Larval- als auch im Erwachsenenstadium von dem Kot Pflanzen fressender Tiere und tragen somit erheblich zur Beseitigung des Dungs bei. Je nach Gattung und Art deponiert das befruchtete Weibchen die Eier direkt im Dunghaufen oder in einer unterirdischen Brutkammer, die mit Dung ausgestattet wird. Doch im Gegensatz zu den Buschfliegen bevorzugen die meisten heimischen Mistkäferarten den trockenen Kot von Beuteltieren, den sie seit Jahrmillionen gewohnt sind. Die **matschigen Kuhfladen** lassen sie links liegen. Deshalb begann man in den 1960er Jahren auf feuchte Kuhfladen spezialisierte Dungkäfer aus anderen Ländern der Welt nach Australien zu importieren. Über 50 verschiedene Mistkäferarten wurden im Laufe der Zeit eingeführt und auf ihre Tauglichkeit als »biologische Waffe« getestet. Mehr als 20 davon leisten heute ihren Beitrag an der Sisyphusarbeit, den 5. Kontinent von der Schei… zu befreien.

Definitiv zu wenige, wird manch ein Geplagter jetzt denken. Aber es gibt auch eine **gute Nachricht**: Fliegen sind nicht nachtaktiv und jeder Tag geht einmal zu Ende. Spätestens eine halbe Stunde nach Sonnenuntergang verstummt das Summen und man kann sich entspannt zurücklehnen, um die Stille zu genießen. Allerdings nur für einen kurzen Moment – dann ertönt das hohe Summen anderer Insekten. Mücken!

No worries

Um das **australische Lebensgefühl** zu beschreiben, kommt man an zwei Worten nicht vorbei: *no worries*. Sie symbolisieren mehr als alle anderen die Unbeschwertheit, Sorglosigkeit und Unbefangenheit, denen man auf dem 5. Kontinent immer wieder begegnet. *No worries* hat viele Übersetzungen. Es entspricht unserem GERN GESCHEHEN als Erwiderung auf ein Dankeschön; ist Versicherung ALLES KEIN PROBLEM, Aufmunterung WIRD SCHON GUT GEHEN und Beruhigung MACH DIR KEINE SORGEN.

No worries ist die Antwort der Dame im Touristenbüro, bei der man sich für ihre Hilfe bedankt; die Antwort des Automechanikers auf die Frage, ob der geräuschvolle Auspuff noch bis zum Ende der Reise durchhalten wird und die Antwort der Kellnerin, bei der man sich fürs Verschütten des Tees entschuldigt. Auch der Angestellte der Gemeindeverwaltung, bei dem man sich nach dem Straßenzustand erkundigt, erwidert ein freundliches *no worries* genauso wie der Roadhouse-Besitzer, den man fragt, ob er Reiseschecks akzeptiert.

Die gleiche Leichtigkeit, die sich in diesen Antworten widerspiegelt, kennzeichnet auch **das Verhältnis der Menschen untereinander**. Das gilt vor allem für das dünn besiedelte Outback, das 80 % des Kontinents einnimmt, aber nur 4 % der Einwohner beherbergt. Hier draußen wird das Leben der Menschen noch eher von einem Miteinander als von einem Gegeneinander geprägt. Selbst als Fremder wird man nicht argwöhnisch beäugt, sondern wie selbstverständlich in die Gemeinschaft aufgenommen. Da erkundigt sich die Kassiererin im Supermarkt interessiert, ob man seinen Urlaub genießt; Fremde bieten ungefragt ihre Hilfe an, sobald man auf offener Straße den Stadtplan studiert; andere Verkehrsteilnehmer stoppen und fragen, ob alles in Ordnung ist, wenn man auf einsamer Strecke am Straßenrand parkt.
Besonders **familiär** ist das Verhältnis unter Campern, insbesondere auf Campsites und Rastplätzen. Hier wird miteinander geplaudert, als würde man sich schon Jahre kennen, die eigenen Lieblingsplätze werden weiterempfohlen, man bekommt von seinem angelnden Nachbarn Fisch geschenkt, sitzt abends gemeinsam am Lagerfeuer und falls am Morgen danach der Wagen nicht mehr anspringt, *no worries*, dann schaut man nicht lange allein ratlos unter die Motorhaube.
Die anschaulichsten Beispiele für das Miteinander der Menschen findet man wie immer im Straßenverkehr. Aggressives **Fahrverhalten** ist, fern der wenigen Ballungsgebiete, so gut wie unbekannt. Statt in jedem anderen Verkehrsteilnehmer eine Behinderung des eigenen Vorwärtskommens zu sehen, grüßt man einander sogar freundschaftlich. Gegrüßt wird je nach Temperament, manche heben nur den Finger, andere die ganze Hand und wieder andere winken geradezu euphorisch. Selbst beim Überhohlen wird entspannt gegrüßt und falls jemand nicht sofort Gas gibt, wenn die Ampel auf Grün springt, dann wird nicht gleich gehupt, sondern geduldig gewartet. *No worries*, gibt Schlimmeres. Außergewöhnlich höflich geht es auch an den einspurigen Brücken zu. Nähern sich zwei Autos aus entgegengesetzter Richtung, bremsen beide nicht selten gleichzeitig ab und signalisieren dem jeweils anderen per Lichthupe den Vortritt. *No worries*, auf diese paar Sekunden kommt es nun wirklich nicht an.
Natürlich gilt dies nicht immer und für alle Australier. Wie anderswo auf der Welt gibt es auch hier Autofahrer, die vor Fahrbahnverengungen Gas geben, Camper, die die besten Plätze stets für sich behalten, Supermarktkassiererinnen, die einfach nur schweigend ihrer Arbeit nachgehen, Automechaniker, die ihren Kunden unnötigerweise einen neuen Auspuff andrehen – kurzum Australier, denen die Worte *no worries* noch nie über die Lippen gekommen sind. Doch glücklicherweise sind die Chancen gerade einen dieser zu treffen, bei einer **Bevölkerungsdichte** des Outbacks von nur 1.3 Einwohnern per Quadratkilometer, verdammt gering.

Osterhase ade!

Der Osterhase hat auf dem 5. Kontinent einen ernstzunehmenden Konkurrenten bekommen, den **Kaninchennasenbeutler**/*bilby* (auch *dalgyte*). Das bis zu 50 cm große Beuteltier besitzt ein gräuliches Fell, eine spitz zulaufende Schnauze und große Ohren. Ob in Kinderbüchern, Fernsehsendungen oder den Regalen der Supermärkte, erfolgreich stielt der niedliche Beutler seinem europäischen Vorbild die Show. Aber nicht, weil er die schöneren Ohren hat, sondern weil er endemisch ist. Ein echter Aussie also, der im Einklang mit der australischen Natur lebt. Hasen dagegen haben wie auch ihre kleineren Verwandten, die **Kaninchen**, das australische Festland erst vor weniger als 200 Jahren an Bord europäischer Schiffe erreicht und beide Langohren haben sich binnen kürzester Zeit zu einer echten Landplage entwickelt.

So richtig ins Rollen gebracht wurde die **ökologische Katastrophe** durch den Engländer Thomas Austin, der 1854 24 Kaninchen aus England importierte und sie auf seinem Grundstück bei Geelong (VIC) aussetzte, um seiner Jagdleidenschaft zu frönen. Dank fehlender Konkurrenten und optimaler Lebensbedingungen vermehrten sich die Kaninchen sprichwörtlich wie die Karnickel. Nur zwölf Jahre später hatte Austin, zusammen mit seiner Jagdgesellschaft, bereits über 34.000 Kaninchen erlegt. Schnell wurde klar, dass die ewig hungrigen Nager ohne Gegenmaßnahmen ein schwerwiegendes Problem für die Landwirtschaft werden würden. Doch Fallen, Gift, Gewehre und selbst die damaligen Kochbücher, voll mit leckeren Kaninchenrezepten, konnten nur wenig gegen die **stetig wachsende Kaninchenpopulation** ausrichten. Obwohl zwischen 1854 und 1880 Millionen Tiere getötet wurden, war dies nur ein Tropfen auf den heißen Stein.

Während die Population der Hasen nicht ganz so drastisch stieg und sich ihr Verbreitungsgebiet auf die östliche Hälfte des Kontinents beschränkte, wurde das Kaninchen zum Staatsfeind Nr. 1 erklärt. Ein Feind, der keine Grenzen kannte und der um die Jahrhundertwende auf westaustralisches Hoheitsgebiet vordrang. Nun mussten auch die Farmer im Westen um ihre Ernten fürchten. Um Einbußen bei den landwirtschaftlichen Erträgen vorzubeugen, entschied sich die westaustralische Regierung für die Errichtung eines **Kaninchenzaunes**, der den kanincheninfizierten Osten des Kontinents vom Westen trennen sollte. Ein Unternehmen der Superlative. Im September 1907, nach sechs Jahren Arbeit, stand der Zaun. Er begann bei Hopetoun an der Südküste und endete nach 1882 km am Eighty Mile Beach am Indischen Ozean. Er war der längste Zaun der Welt und zugleich einer der nutzlosesten. Schon während seines Baus waren die Kaninchen in den Westen vorgedrungen und vermehrten sich dort unbeeindruckt jeglicher Gegenmaßnahmen. Um wenigstens den landwirtschaftlich wichtigen Südwesten zu schützen, wurden zwei weitere Zäune errichtet – ebenfalls vergeblich.

Der Endemit und der Eindringling.

Was die Kaninchen nicht aufhalten konnte, wurde in den folgenden Jahren zu einer unüberwindbaren Barriere für viele andere Tiere. Zwar schaffte manch ein Känguru den Sprung über den Zaun, für wandernde Emus aber wurde er zur **Todesfalle** und Hunderttausende der majestätischen Vögel verendeten entlang des Zaunes elendig.

Die Wartung der drei Zäune war ein fast ebenso teures und umfangreiches Projekt wie ihre Errichtung. Da sich die Zäune zudem als nutzlos im Kampf gegen die Kaninchen erwiesen, wurden immer mehr Abschnitte vernachlässigt, bis man 1948 die Reparaturen von Seiten der Regierung ganz einstellte.

Weit wirkungsvoller als Zäune war der Virus *Myxomatosis*, den man 1950 freiließ. Dieser von Moskitos übertragene **Virus** befällt ausschließlich Kaninchen und tötete über 90 % der verhassten Nager.

Die restlichen 10 % wurden allerdings schneller gegen den Virus resistent, als sie ausgerottet werden konnten. Auch der 1995 ausgesetzte *Rabbit Calicivirus* erzielte anfänglich große Erfolge, scheiterte aber aus dem gleichen Grund.
Bei all den vergeblichen Schritten, die man auf dem 5. Kontinent bislang unternommen hat, um der **Kaninchenplage** Herr zu werden, kann man die wachsende Abneigung der Australier gegenüber allen langohrigen Eindringlingen nachvollziehen. Der Osterhase ist da keine Ausnahme. Verständlich also, dass die Schokoladen-Osterhasen in den Regalen der Supermärkte zurückbleiben, während die **Schokoladen-Kaninchennasenbeutler** zu einem echten Verkaufsschlager geworden sind.

Police Tracker – vom Gejagten zum Jäger

Jack Bohemia (~1900-1995) war ein *Police Tracker*. Fast sein ganzes Leben lang arbeitete der zum Gooniyandi-Volk gehörende Aborigine für die **Polizei** von Fitzroy Crossing. Geboren wurde Jack Bohemia zu Beginn des 20. Jahrhunderts auf der Old Bohemia Downs Station in der Nähe von Fitzroy Crossing. Dort verdiente er seinen Unterhalt zunächst als Farmarbeiter/*stockman*, wechselte dann auf der Suche nach einem neuen Job zur Polizei und wurde im Laufe der Jahre zu einem der berühmtesten *Police Tracker* Australiens.
Aboriginal *Police Tracker* wie Jack Bohemia leisteten der Polizei, vor allem zu Zeiten als Patrouillen und Verbrecherjagten noch zu Pferd durchgeführt wurden, wertvolle Dienste. Immerhin konnten die Routineritte von Farm zu Farm oft Tage, die Verbrecherjagten auch mal Wochen dauern. Während dieser Zeit verließ sich der in der Wildnis campierende Polizist bzw. Polizeitrupp oft blind auf die **enormen Buschkenntnisse** seines aboriginal Begleiters. Dieser bereitete das Nachtlager vor, sorgte für ausreichend Buschnahrung (▷118), suchte Wasser für Mensch und Pferd und bewahrte mit seinem ausgezeichneten Orientierungssinn seine weißen Vorgesetzten davor, sich hoffnungslos im Busch zu verlaufen. Seine wichtigste Aufgabe war jedoch das Spurenlesen.
Die **Kunst des Spurenlesens** besteht gewöhnlich darin, eine Spur aufzunehmen und ihr zu folgen. Die Fähigkeiten der meisten *Police Tracker* reichten weit darüber hinaus. Sie lasen in einem Fußabdruck wie in einem aufgeschlagenen Buch. Handelte es sich um den Fußabdruck einer ihnen bekannten Person, so konnten sie diese mit erstaunlicher Treffsicherheit anhand eines einzigen Abdruckes identifizieren. War der Fußabdruck von einer unbekannten Person, verriet er den Spurenlesern physische Merkmale wie Gewicht, Alter, Größe und Geschlecht des Verfolgten. Darüber hinaus konnten sie Angaben über die körperliche Verfassung des Gesuchten machen, wussten also, ob er verletzt oder geschwächt war. War es selbst einem Spurenleser nicht möglich auf dem harten, trockenen Boden Fußabdrücke auszumachen, richtete er seine Aufmerksamkeit auf Hinweise in der Natur, so wie auf abgerissene Blätter, abgeknickte Zweige oder platt getretene Insekten.
Für die Ureinwohner waren derartige Fähigkeiten nichts außergewöhnliches. Wie alle **Naturvölker** waren sie Meister im Lesen und Deuten der Zeichen der Natur. Bereits Kinder beherrschten die Kunst des Spurenlesens in einem erstaunlichen Maße. Schon im frühen Kindesalter erhielten sie von ihren Müttern, während der Suche nach Buschnahrung, erste Unterrichtsstunden in Sachen Spurenlesen. Später begleiteten die Jun-

gen ihre Väter auf der Jagd, wo sie ihre Kenntnisse und Fertigkeiten erweiterten.
Was einzelne Ureinwohner dazu bewegte, diese sorgsam erlernten Fähigkeiten den Weißen zur Verfügung zu stellen, scheint schwer nachvollziehbar, zumal es sich bei den Gejagten meist ebenfalls um Aborigines handelte, die entweder des Viehdiebstahls oder des Mordes an Weißen angeklagt waren. Was also veranlasste die *Police Tracker* ihre eigenen Leute an die Briten, die soviel Leid unter ihr Volk gebracht hatten, auszuliefern? Die **Beweggründe** waren so verschieden wie die Charaktere. Einige folgten lediglich ihrem ausgeprägten Gerechtigkeitssinn, der nicht zwischen Schwarzen und Weißen unterschied. Andere hofften auf mehr Respekt und Anerkennung für sich und ihr Volk oder genossen einfach nur die Tatsache, dass sie Fähigkeiten besaßen, die den »überlegenen« Weißen gänzlich fehlten. Doch nicht alle Aborigines verstanden diese Beweggründe und manch ein *Police Tracker* wurde für seine Arbeit von den anderen Leuten seines Volkes geächtet.
Jack Bohemia dagegen genoss unter Weißen wie auch Schwarzen ein hohes Ansehen. Am Ende seiner Laufbahn wurde er sogar von Queen Elizabeth II. für seinen jahrelangen Einsatz mit einem Orden geehrt. Er starb 1995 eines natürlichen Todes und liegt auf dem Friedhof von Fitzroy Crossing begraben.

Queen oder nicht?

Kurz vor der letzten Jahrtausendwende musste Queen Elizabeth II. um 19 Mio. ihrer Untertanen bangen. Mit Sorgenfalten hatte sie bereits seit Jahrzehnten beobachtet, wie sich »ihr« Kontinent auf der anderen Seite der Welt zunehmend von den traditionellen britischen Wurzeln löste. Während das englische Teeservice in den Regalen verstaubte, ehrten die Australier ihren Billy (einfacher Blechtopf, in dem Tee zubereitet wird), anstatt Marmite (typisch englischer Brotaufstrich aus Hefeextrakt) strichen sie sich Vegemite (▷ 13) auf das Brot und statt der englischen Nationalhymne sangen sie seit 1984 ihre eigene oder vorzugsweise das einfache Volkslied *Waltzing Matilda*. Als buchstäbliche Krönung hatten die Befürworter einer australischen Republik für das Jahr 1999 einen **Volksentscheid**/*referendum* angestrengt, in dem abgestimmt werden sollte, ob Königin Elizabeth II. durch einen vom Volk frei gewählten Präsidenten abgelöst werden soll. Ein Sieg der Republikaner hätte die volle Souveränität des Landes sowie seine endgültige **Unabhängigkeit vom britischen Mutterland** bedeutet. Kein Generalgouverneur (▷ 76) wäre mehr befugt gewesen, im Auftrag der Königin, in die Geschicke des Landes einzugreifen. Die Chancen für die Republik standen gut, alle Umfragen deuteten auf einen klaren Sieg hin. Die Tage der Queen schienen gezählt zu sein.
Doch die seinerzeitg amtierende konservative Regierung unter Premierminister John Howard witterte Schwierigkeiten. Von einem monarchistisch gesinnten Staatsoberhaupt, ebenfalls eher konservativ orientiert, war keine unerwünschte Einmischung in die Regierungsarbeit zu befürchten. Ein **frei gewählter Präsident** dagegen, womöglich noch aus dem Lager der Opposition, würde schnell seine eigene Machtfülle entfalten und dadurch zu einer unangenehmen Konkurrenz werden. Deshalb verwässerte die Regierung den Entwurf für die Ausgestaltung einer neuen republikanischen Verfassung und machte ihn so unattraktiv wie möglich. Kurzerhand entfernten sie die elementare Forderung der Republik-Verfechter, den Präsidenten vom Volk frei wählen

zu lassen. Stattdessen sollte das Staatsoberhaupt von den Abgeordneten der beiden Kammern bestimmt werden. Dieser halbherzige Entwurf für eine australische Republik stand nun zur Abstimmung gegen die Monarchie unter Königin Elisabeth II. Unter solchen Umständen war eine **Niederlage der Republikaner** vorprogrammiert, wenn auch eine knappe. 46 % aller Wähler stimmten für eine Republik und 54 % für die Queen. Zwar glätteten sich nach der Verkündung des offiziellen Wahlergebnisses ein paar der königlichen Sorgenfalten – doch nur vorübergehend, denn der nächste Volksentscheid kommt bestimmt. Zumal das Lager der Republik-Verfechter im November 2007 politische Unterstützung vom neu gewählten *Labor*-Premierminister Kevin Rudd erhielt. Dieser ist ein ausgesprochener Befürworter einer Republik und wagte bereits in den Medien die Äußerung, dass das Australien des 21. Jahrhunderts eine Republik sein wird.

Roadhouse – Raststätte des Outbacks

Im Gegensatz zu Landkarten von Europa verbirgt sich auf denen von Australien nicht hinter jedem Punkt eine einwohnerstarke Ortschaft. Eine einzelne bescheidene Raststätte, ein so genanntes Roadhouse, ist manchmal alles, was den Reisenden erwartet. Roadhouses sind jedoch weit mehr als nur einfache Raststätten. Sie erfüllen, insbesondere in den weniger besiedelten Teilen des Landes, alle sozialen und praktischen **Funktionen einer Siedlung**. Hier kann man nicht nur tanken, sondern auch übernachten, speisen, schwatzen, sich betrinken, duschen, Wasservorräte auffüllen und manchmal sogar einkaufen.

Viele Roadhouses sind von eher **rauem Charme**. Ihre Gebäude gehören nicht zu den neuesten, die Einrichtungen ebenfalls nicht. Ihr Gelände wirkt alles andere als aufgeräumt und auch das laute Dröhnen des Dieselgenerators, der den Komplex mit Strom versorgt, ist mehr als gewöhnungsbedürftig. Dennoch, wenn die Alternative fehlt, da die nächste Ortschaft Hunderte von Kilometern entfernt liegt, dann ist das Haus eigentlich gar nicht mehr so hässlich, die Einrichtung doch ganz urig und mit etwas Training gelingt auch das Einschlafen neben dem Generator. Willkommen im Outback.

Im Mittelpunkt des Roadhouse steht der **Take Away**. Hier trifft man sich bei einer großen Auswahl an Fast Food, plaudert mit anderen Reisenden oder genießt einfach nur ein kühles Getränk nach einer langen Fahrt auf Australiens endlosen Highways. Im angeschlossen **Restaurant** geht es meist etwas vornehmer zu. Manchmal weisen Schilder mit der Aufschrift NO THONGS/keine Badelatschen oder NO SHORTS/keine kurzen Hosen darauf hin, dass ab und zu auch im Outback auf eine gewisse Etikette wert gelegt wird. Allerdings nur ab und zu, denn auch das Wort »vornehm« ist reine Auslegungssache.

Einige Roadhouses führen ein spärliches **Sortiment an Lebensmitteln** und anderem Lebenswichtigen, allerdings zu sehr überhöhten Preisen. Deshalb sollte man sich rechtzeitig in der letzten Ortschaft mit allem Nötigen eindecken.

Fast alle Roadhouses bieten **Unterkunftsmöglichkeiten** an, das mindeste ist eine Stellfläche für Camper (meist in unmittelbarer Nähe des Generators). Die Stellgebühren sind in den letzten Jahren explosionsartig angestiegen und liegen bei ca. $17 (ohne Strom) und $22 (mit Strom). Für Nicht-Camper gibt es fast immer Hotel/Motel

Räumlichkeiten. Meist handelt es sich um separate, klimatisierte »Appartmentcontainer« mit Dusche und WC, aber ohne Kochgelegenheit. Die Preise der so genannten *units* liegen zwischen $70 und $90 für eine Person und zwischen $90 und $120 für zwei Personen. Billiger schläft man in den *bunkhouses,* die allerdings verhältnismäßig selten angeboten werden. Übersetzt heißt *bunkhouse* in etwa Schlafbaracke, was erahnen lässt, dass es hier nicht ganz so luxuriös zugeht. Für eine Übernachtung im *bunkhouse* zahlt man ungefähr die Hälfte des Hotel/Motel Preises.

Supermarktpatriotismus

In Australien beginnt der Patriotismus im Supermarkt. Hier, zwischen den prallgefüllten Regalen trennen sich die Wege der preisbewussten Einkäufer und der überzeugten Patrioten. Während Erstere wahllos ihre Einkaufswagen mit Produkten füllen, angetrieben von so niederen Beweggründen wie günstigen Preisen oder einer ansprechenden Verpackung, greift der vermeintliche Patriot ausschließlich zu Produkten, die mit kleinen Aufklebern gekennzeichnet sind. Auf diesen steht dann so etwas wie *Made in Australia*, *Product of Australia*, *Proudly Australian owned* oder wenigstens *Designed in Australia*...(aber *Made in China*). Besonders schwer fällt die Entscheidung bei Orangensäften. Was demonstriert mehr **Vaterlandsliebe**, zwei Liter O-Saft mit dem Aufkleber *100 % Australian* oder drei Liter mit *Bottled here in WA*/Abgefüllt in Westaustralien?

Einige der begehrten Produkte tragen statt der Aufkleber das Konterfei eines bebrillten, dunkelhaarigen Herrn mittleren Alters. Das von der australischen Flagge umrahmte Gesicht, das einem süffisant aus den Regalen entgegengrinst, ist das von **Dick Smith**. Der tüchtige Geschäftsmann machte sein Vermögen mit importierten Elektroartikeln und erzielt nun beträchtliche Gewinne, indem sein echt australisches Unternehmen, echt australische Lebensmittel an echte Australier verkauft. Mit seitenfüllenden Annoncen wirbt er aggressiv in allen Tageszeitungen um die Kaufkraft der Patrioten. »*We're fighting back*/Wir schlagen zurück«, lautet seine Devise, mit der er zum **(Kauf-)Kampf** gegen die feindliche Übernahme von multinationalen Konzernen aufruft. Australien, so Dick Smith, dürfe keine Filiale der dominierenden Wirtschaftmächte USA, Japan und Deutschland werden. Um diesen Kampf zu gewinnen, gibt es gemäß Dick Smith nur einen Weg, den Kauf von australischen Produkten – seinen Produkten. So bleibt der Gewinn im Land, wo er die Wirtschaft stärkt und in neue Arbeitsplätze investiert werden kann. So weit so gut, wenn auch etwas kurzsichtig, wie viele Kritiker meinen.

Natürlich ist die Vorstellung eines wirtschaftlich autarken Australiens absurd, denn Australien ist, genau wie alle anderen Länder, auf den Im- und Export angewiesen. Außerdem müsse man aufpassen, dass sich aus einer gesunden Form von Patriotismus kein dumpfer Nationalismus entwickelt, immerhin steht Australien im Ruf ein multikulturelles Land zu sein.

Und was genau bedeutet überhaupt *Australian Made*? Hergestellt in Australien, aber aus importierten Waren gefertigt? Oder australische Waren bearbeitet mit importierten Maschinen? Die Varianten sind zahlreich und die Übergänge fließend. Kaum ein Käufer weiß **wie viel Prozent australisch** ein Produkt sein muss (es sind übrigens nur 50 %), um diese Auszeichnung zu

verdienen – und kaum einen interessiert's, denn sympathischerweise sehen es die meisten Supermarktpatrioten nicht so verbissen wie Dick Smith. Der Griff zu den eigenen Produkten ist für viele, auch ohne große Ideologien und Werbekampagnen, ganz selbstverständlich, denn etwas **Patriotismus** gehört in Australien immer dazu, selbst beim Einkaufen. Die Sorge der Kritiker, der Patriotismus könne in Rassismus umschlagen, ist bei den meisten Käufern ganz und gar unbegründet. So erklärte z. B. eine 25-jährige, aufgeschlossene Frau aus Perth, wahrscheinlich stellvertretend für viele andere Supermarktpatrioten, ihre Einkaufsphilosophie wie folgt: »Wenn ich eine Dose Mais brauche und es stehen zwei Sorten zur Auswahl, eine australische für $1.20 und eine für 99c aus einem anderen Land, dann greife ich natürlich zur australischen Dose. So wurde ich erzogen, schließlich bin ich Australierin. Wenn aber die australische Dose nun $2 kostet, dann kaufe ich selbstverständlich die für 99c. Ich bin ja nicht verrückt.« Alles hat eben seinen Preis – auch der Patriotismus.

Ten-eighty

Während der letzten 100 Jahre sind in Australien mehr Tierarten ausgestorben als in jedem anderen Land der Erde. Dieser traurige Rekord ist zu einem großen Teil auf den gesunden Appetit von eingeführten **Katzen und Füchsen** zurückzuführen, die zusammen mit den ersten Weißen das Land erreichten. Da der 5. Kontinent bis dahin fast frei von Raubtieren gewesen war, fanden beide gefräßigen Räuber eine geradezu paradiesische Auswahl an kleinen Beutetieren vor und verbreiteten sich pestartig. Die Folge: 18 Tierarten starben innerhalb weniger Jahre aus – die meisten davon wogen zwischen 35 g und 8 kg, dem bevorzugten Beutegewicht von Katzen und Füchsen.
Aber Katzen und Füchse sind nicht die einzigen Schuldigen, denn auch der Mensch hat durch die **Zerstörung von natürlichem Lebensraum** seinen Beitrag geleistet. In Westaustralien ging vor allem im stark landwirtschaftlich genutzten Weizengürtel der Lebensraum vieler Tierarten unwiederbringlich verloren. Kleine Populationen konnten zwar in inselartigen Rückzugsgebieten überleben, waren nun aber besonders anfällig für Räuber. Um einem weiteren Aussterben endemischer Arten in diesen Rückzugsgebieten entgegenzuwirken, hat die Naturschutzbehörde DEC das *Western Shield* Programm ins Leben gerufen. Dieses hat sich zwei Ziele gesetzt. Zunächst versucht man in ausgesuchten Nationalparks die bestehende Katzen- und Fuchspopulation auszurotten. Im Kampf gegen die Räuber profitiert DEC von der Existenz der in Westaustralien beheimateten **Pflanzengattung *Gastrolobium***. Sie gehört zu den *pea flowers* (▷ 220) und ihre zahlreichen Arten produzieren ein starkes Gift namens *sodium fluoroacetate*, das auch »**1080**« (gesprochen *ten-eighty*) genannt wird und bereits in winzigen Mengen tödlich ist. Die einheimische Fauna hat (bis auf den Dingo) im Laufe der Jahrtausende eine Resistenz gegen das Gift entwickelt, weshalb man es bevorzugt benutzt, um **Giftköder** zu prä-

In vielen Nationalparks weisen Hinweisschilder mit der Aufschrift »1080« auf ausgelegte Giftköder hin.

parieren. Über 700.000 solcher Köder werden mindestens viermal im Jahr vom Flugzeug aus über dem Bundesstaat abgeworfen – mit Erfolg. In einigen Schutzgebieten ist seitdem der Bestand an Katzen und Füchsen so drastisch zurückgegangen, dass Schritt zwei des *Western Shield* Programms in Kraft treten konnte: die **Wiederansiedlung seltener endemischer Tierarten**. So bekamen dank *Western Shield* viele vom Aussterben bedrohte Arten, darunter der Kaninchennasenbeutler (▷ 105) und der Numbat (▷ 208), eine zweite Chance. Einen ersten Erfolg feierte man 1995, als das Bürstenrattenkänguru von der Roten Liste bedrohter Tierarten gestrichen werden konnte.

Unter dem Kreuz des Südens – Lektüre für eine sternenklare Nacht

Die meisten, die es zum ersten Mal sehen, sind ein wenig enttäuscht. Größer und irgendwie spektakulärer hat man es sich vorgestellt, das berühmteste Sternbild des Südhimmels, das **Kreuz des Südens**/*southern cross* (*Crux*). In Wirklichkeit ist es das kleinste der 88 Sternbilder und besteht aus nur vier Sternen. Manchmal wie auch auf der australischen Flagge (▷ 115) wird noch ein 5. Stern mit ins Bild aufgenommen. Obwohl das Kreuz mitten auf der Milchstraße liegt, ist es deutlich sichtbar, denn α-*Crux* und β-*Crux* rangieren unter den 25 hellsten Sternen des Firmaments und γ-*Crux* schafft es immerhin noch in die Top 50. Das Kreuz des Südens wurde bereits von Ptolemäus (100-180 n. Chr.) in seinen Schriften erwähnt und gehörte noch bis zum Ende des Mittelalters zum Sternbild des **Zentaurus**/*centaur* (*Centaurus*). Erst danach wurde es als eigenständiges Sternbild anerkannt. Den frühen Seefahrern diente das Kreuz als Navigationshilfe, denn seine verlängerte Hauptachse zeigt ungefähr zum **Himmelssüdpol**/*south celestial pole*. Um diesen ganz genau zu lokalisieren, bedarf es einer weiteren gedachten Linie, die bei den beiden links neben dem Kreuz liegenden Sternen α-Centauri und β-Centauri beginnt. Der Schnittpunkt beider Linien markiert den Himmelssüdpol. α-Centauri ist im Übrigen der dritthellste Stern am Himmel und zusammen mit β-Centauri Teil des Sternbilds Zentaurus. In Australien werden diese beiden hell leuchtenden Sterne *pointers* genannt. Das Kreuz des Südens ist, je nach Standort und Uhrzeit, das ganze Jahr zu sehen. Es erreicht seinen höchsten Stand im Mai und seinen tiefsten im November. Während sich das Kreuz auf der südlichen Kontinenthälfte auch in den Monaten seines tiefsten Standes (Okt.-Dez.) noch gerade über dem Horizont zeigt, ist es von der nördlichen Kontinenthälfte aus zeitweise gar nicht oder erst in den frühen Morgenstunden zu sehen. Seine aktuelle Lage verrät die Tageszeitung *The Australian* auf der Seite des Wetterberichts.

Hat man erst einmal einen Orientierungspunkt, fällt es nicht schwer weitere Sternbilder und Besonderheiten des exotischen Südhimmels zu finden. Zwei erwähnenswerte Objekte befinden sich direkt im Sternbild des Kreuzes. Zwischen α-*Crux* und β-*Crux* erstreckt sich ein auffällig dunkler Fleck, der **Kohlensack**/*coal sack*. Es handelt sich um eine Dunkelwolke bestehend aus interstellarem Staub, die die Sicht auf die dahinter liegenden Sterne blockiert. Doch schon ein Blick durchs Fernglas zeigt, dass der Kohlensack keineswegs so sternenlos ist, wie er zunächst erscheint. Je länger man sich auf den dunklen Fleck konzentriert, desto mehr Sterne wird man entdecken, deren Leuchtkraft stark genug ist, die Wolke zu durchdringen. Am nördlichen Ende des Kohlensacks, gleich unterhalb von β-*Crux*, befindet sich die zweite Besonderheit, das **Schmuckkäst-**

chen/*jewel box*, ein dichter Haufen blau und rot funkelnder Sterne, den man zwar gut durch ein einfaches Fernglas erkennen kann, doch dessen ganze farbliche Pracht erst durch ein Teleskop sichtbar wird. Bei den Sternen handelt es sich um Blaue und Rote Riesen, das heißt sehr junge bzw. sehr alte Sterne.

In unmittelbarer Nähe des Kreuzes, gerade außerhalb der Milchstraße, liegt **Omega Centauri**, der größte Kugelsternhaufen/*globular cluster* unseres Firmaments. Mit bloßem Auge und selbst durch das Fernglas sieht man nur einen unscharfen, blassen Fleck, erst durch ein Teleskop erkennt man, dass es sich um eine Ansammlung von Hunderttausenden Sternen handelt.

Direkt unter dem Kreuz des Südens befindet sich das Sternbild der **Fliege**/*southern fly* (*Musca*). Es besteht aus nur sehr schwach leuchtenden Sternen und wurde erstmalig 1603 von dem deutschen Astronom Johann Bayer in seinem Sternatlas erwähnt.

Beim Auffinden des **Südlichen Dreiecks**/*southern triangle* (*Triangulum Australe*) helfen die *pointers*. Der linke der beiden, α-Centauri, bildet die Spitze eines gedachten Dreiecks, das umgeklappt das Südliche Dreieck formt.

Konkurrenz bekommt das Kreuz des Südens durch das **Falsche Kreuz**/*false cross*, das die Sterne κ-*Carina* und δ-*Carina* des **Schiffskiels**/*keel* (*Carina*) und ε-*Vela* und ι-*Vela* des **Segels**/*sail* (*Vela*) bilden. Das Falsche Kreuz ist größer und fast ebenso hell wie das richtige, weshalb es durchaus verwechselt werden kann. Bei genauerer Betrachtung allerdings sind die Unterschiede offensichtlich, denn die Querachse des Falschen Kreuzes

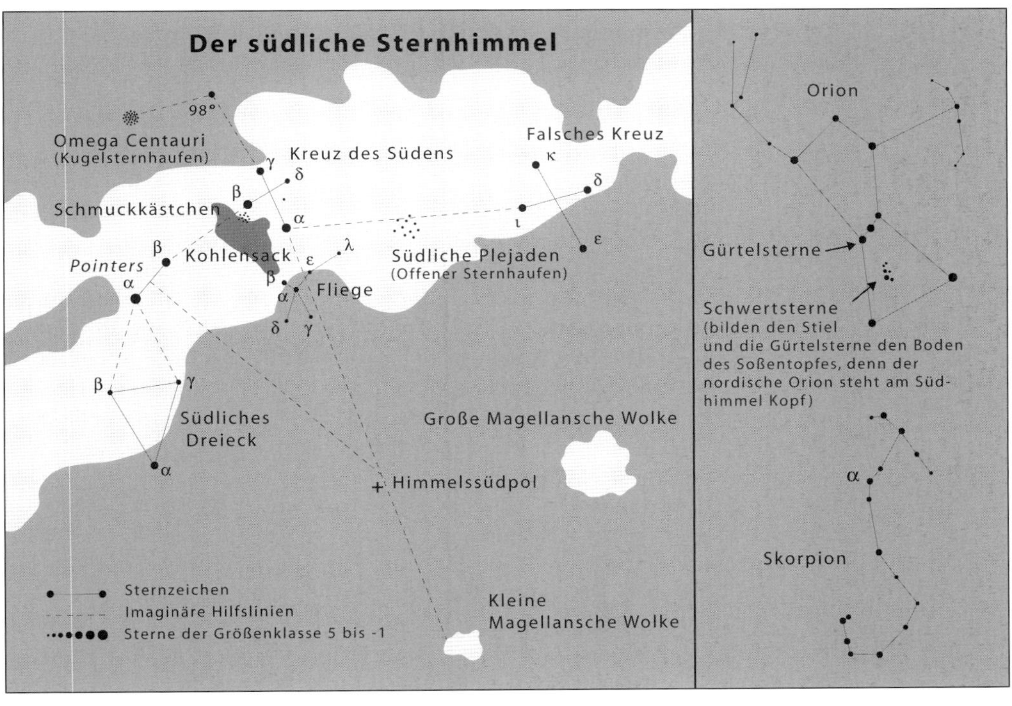

kippt in die andere Richtung und der unterste Stern ist nicht so hell. Außerdem macht es dem richtigen Kreuz nur während der Sommer- und Herbstmonate Konkurrenz, da es während der übrigen Monate bereits am frühen Abend hinter dem Horizont verschwindet.

Auf ungefähr halber Strecke zwischen dem untersten Stern des richtigen Kreuzes und dem linken Stern des falschen Kreuzes kann man einen offenen Sternhaufen/*open cluster* entdecken, den man in Australien die **Südlichen Plejaden**/*southern pleiades* nennt. Im Gegensatz zu Kugelsternhaufen fehlt offenen Sternhaufen die kreisförmige Anordnung. Zudem bestehen sie meist aus weniger als 100 Sternen, während Kugelsternhaufen wie Omega Centauri bis zu 1 Mio. Sterne zählen können.

Die astronomischen Höhepunkte des Südhimmels sind die **Kleine** und die **Große Magellansche Wolke**/*small* und *large magellanic cloud.* Bei den wie Wolkenfetzen aussehenden Objekten handelt es sich um die der Erde am nächsten stehenden Sonnensysteme. Genauer studieren lassen sich unsere Nachbargalaxien nur durch ein Teleskop.

Zwei weitere Sternbilder, die den Südhimmel abwechselnd beherrschen, sind der Orion/*Orion* (*Orion*) und der Skorpion/*scorpion* (*Scorpius*). Der Orion, dessen Gürtelsterne/*Orion's belt* (und Schwertsterne) in Australien als Soßentopf/*sauce pan* bekannt sind, dominiert während der ersten Hälfte des Jahres und der Skorpion mit seinem auffällig rötlich flackernden Stern Antares (α) während der zweiten Hälfte.

Ein typisches Sternbild des Nordhimmels taucht im australischen Herbst/Winter (zumindest auf der nördlichen Kontinenthälfte) für einige Wochen dicht über dem Horizont auf, der **Große Wagen**/*big dipper*, der Teil des **Großen Bären**/*great bear* (*Ursa Major*) ist. Allerdings steht er im Down Under – wie sollte es anders sein – Kopf.

Vom weißen Australien zum Schmelztiegel der Nationen

»Australien den Australiern – der billige Chinese, der billige Nigger und der billige europäische Almosenempfänger müssen auf alle Fälle ausgeschlossen werden«, forderte am 17. Juni 1883 das australische Nachrichtenmagazin *Bulletin*. Nur ein paar Jahre später sollte diese Forderung eine rechtliche Grundlage erhalten. Als 1901 das *Commonwealth of Australia* gegründet wurde, war eines der ersten Gesetze, die erlassen wurden, ein Einwanderungsgesetz, das *Immigration Restriction Act*. Mit diesem begann die **Weiße Einwanderungspolitik** Australiens, die ***White Australia Policy***. Ihr unmissverständliches Ziel war den 5. Kontinent vor ungewollten Einwanderern, vor allem aus dem asiatischen Raum, zu »schützen«. Mit Hilfe eines Diktat-Tests, den jeder Bewerber bestehen musste, betrieb man **selektive Auslese**. Unerwünschte Bewerber ließ man durch diesen Eignungstest fallen, indem man ihnen nicht auf Englisch, sondern z. B. auf Ungarisch oder Gälisch diktierte.

Die Wurzeln dieses rassistischen Gesetzes reichen zurück bis in die Mitte des 19. Jahrhunderts, als im Zuge des Goldbooms die Einwanderungsrate in die Höhe schnellte. 1861 zählte der Kontinent bereits über 1 Mio. Einwohner, fast dreimal so viele wie noch zehn Jahre zuvor (Aborigines waren damals im Zensus ausgeschlossen). Unter den neuen Siedlern waren jedoch nicht nur erwünschte Briten, sondern auch Vertreter anderer Nationen, darunter Amerikaner, Deutsche und Chinesen. Besonders Letztere stießen schnell auf eine wachsende Abneigung. Ihre für Europäer fremdartige Lebens-

weise, ihre Tüchtigkeit und ihre wirtschaftliche Zielstrebigkeit waren den Australiern mehr als suspekt. Die Angst vor »der gelben Gefahr« nahm in den Köpfen der weißen Australier immer mehr Gestalt an und schürte den **Fremdenhass**. Dieser Hass begann sich bald auch auf die Billigarbeitskräfte aus dem polynesischen Raum auszubreiten, die seit 1863 für einen erbärmlichen Lohn auf den Zuckerrohrfeldern von Queensland arbeiteten. Als sich nach dem Abklingen des Goldbooms eine wirtschaftliche Depression anbahnte und die Arbeitslosigkeit unter der weißen Bevölkerung stieg, begann man den Polynesier selbst diese schlecht bezahlten Arbeitsplätze zu neiden.
Bis zum II. Weltkrieg hielt Australien strikt an seiner Weißen Einwanderungspolitik fest und akzeptierte fast ausschließlich Einwanderer aus Großbritannien. Mit dem Fallen der ersten japanischen Bomben im Norden des Kontinents begann sich die Einwanderungspolitik allmählich zu ändern. Australien wurde bewusst, wie spärlich besiedelt und militärisch unterlegen es war. Unter dem **neuen Motto** »*populate or perish*/besiedeln oder untergehen« und »*populate the north*/besiedelt den Norden«, zeigte man sich deshalb nun auch nicht britischen Einwanderern gegenüber tolerant, solange sie eine weiße Hautfarbe hatten. In einigen europäischen Ländern begann die Regierung sogar aktiv um Einwanderer zu werben. Folglich sank der Anteil britischer Einwanderer von immerhin noch 50 % Ende der 60er Jahre bis auf 16.2 % Anfang der 90er Jahre. Unter den Neueinwanderern waren vor allem **Südeuropäer** wie Italiener und Griechen.
Erst 1973 wurde die Weiße Einwanderungspolitik offiziell von der *Labor*-Regierung beendet. Seitdem steht der Kontinent wieder allen Hautfarben offen. So stieg die Einwanderungszahl besonders aus dem asiatischen Raum. Während 1974 nur 10 % aller Einwanderer aus Asien kamen, waren es 1991 bereits 42 %. Um eine langfristige Aufenthaltsgenehmigung zu erhalten, muss man heutzutage einen ausgeklügelten **Punktetest** bestehen. Vergeben werden die Punkte u. a. nach beruflichen Fähigkeiten, verwandtschaftlichen Bindungen, Alter und Sprachkenntnissen. Im Jahre 2004 waren bereits 24 % der Bevölkerung ausländischer Herkunft, Tendenz steigend. Dass ein solch multikultureller Schmelztiegel auch überlaufen kann, bewiesen die weltweit dokumentierten **Ausschreitungen an den Stränden** von Sydney im Dezember 2005. Damals versammelte sich eine Meute von 5000 rassistischen Jugendlichen, die mit plakativen Slogans wie *We grew here! You flew here!*/Wir sind hier aufgewachsen! Ihr eingeflogen!, *wog free zone*/Asiaten frei Zone und *no lebs*/keine Libanesen an die Forderungen des *Bulletin* von 1883 erinnerten.

Wettbewerb der Flaggen

Die australische Flagge ist das Produkt eines Wettbewerbs. Er wurde 1901 ausgeschrieben, als sich die unabhängigen Kolonien Australiens zum *Commonwealth of Australia* (▷ 70) zusammenschlossen. Während bis dahin jede Kolonie ihre eigene Flagge hatte, brauchte man nun eine gemeinsame **nationale Flagge**. Um diese zu finden, wurden zwei Wettbewerbe ins Leben gerufen, deren Einsendungen später zusammengeworfen wurden, einer von der Zeitung *The Melbourne Journal* und der zweite von der nationalen Regierung. Lediglich zwei Bedingungen mussten die Teilnehmer bei der Gestaltung berücksichtigen: Alle Vorschläge sollten das Motiv der britischen Flagge und das Sternbild Kreuz des Südens (▷ 112) enthalten.

Ein Volk, zwei Fahnen.

Die Jury hatte alle Hände voll zu tun. Genau 32.823 Vorschläge aus aller Welt landeten auf ihrem Tisch, darunter so geistreiche Entwürfe wie ein großes Känguru, das mit einem Gewehr bewaffnet auf das Kreuz des Südens zielt und eine Känguruherde, die unter dem Kreuz des Südens Kricket spielt. Am Ende teilten sich fünf Teilnehmer den ersten Preis. Sie hatten fast identische Vorschläge eingereicht, die als **Entwurf für die heutige Flagge** dienten. Auf dieser befindet sich neben dem Union Jack und dem Kreuz des Südens noch ein weiterer Stern, der *Commonwealth Star*. Zu Beginn war er nur sechszackig, wobei jede Zacke für einen der sechs Staaten stand. Als 1908 das Australian Capital Territory gegründet wurde und später das Northern Territory, fügte man noch eine siebte Zacke stellvertretend für alle Territorien hinzu. Gehisst wurde die Flagge zum ersten Mal am 3. September 1901, als der damalige Premierminister Australiens Edmund Barton die Gewinner bekannt gab.

Jeder Staat bzw. jedes Territorium besitzt darüber hinaus seine eigene Flagge. In Westaustralien, dessen Geschichte als Swan River Kolonie begann, ziert seit 1870 neben dem Union Jack ein schwarzer Schwan die blaue **Staatsflagge**. Das Northern Territory dagegen, das erst seit 1978 eine eigene Flagge besitzt, hat sich sowohl von dem königlichen Blau als auch von dem Union Jack befreit. Die Flagge zeigt das Kreuz des Südens auf schwarzem Grund und die stilisierte Blüte einer Sturts Wüstenrose/*Sturt's desert rose*, der Wappenpflanze des Northern Territory, auf ockerfarbenem Grund.

Seit 1972 weht eine weitere Flagge auf dem 5. Kontinent, die **Flagge der Aborigines**. Sie entstand, nachdem im Juni/Juli desselben Jahres Aborigines massiv gegen ihre Benachteiligung in der australischen Gesellschaft demonstriert hatten. Um auf die Fremdheit in ihrem eigenen Land aufmerksam zu machen, hatten sie gegenüber dem Parlamentsgebäude in Canberra ein Zelt errichtet, das ein provisorisches Botschaftsgebäude symbolisieren sollte. Inspiriert von diesen Ereignissen, entwarfen die Künstler Harold Thomas und Gary Foley eine Flagge mit einem gelben Kreis vor schwarzem und rotem Hintergrund. Das Schwarz repräsentiert die Ureinwohner, das Rot die rote Erde Australiens und der gelbe Kreis die Sonne, die als Erneuerer des Lebens gilt.

X-ray paintings und *stencils* – über die Kunst der Aborigines

Die zeitgenössische Kunst der Aborigines erfreut sich wachsender Beliebtheit – nicht zuletzt weil profitable Geschäfte winken. Preise zwischen $1 und $2 Mio. für einzelne Gemälde sind mittlerweile keine Seltenheit mehr. Die bekanntesten Bilder der Ureinwohner bestehen aus einer erdfarbenen Symphonie fein säuberlich aufgetragener Farbtupfer. Diese ergeben bestimmte Muster, mit denen symbolhaft Geschichten aus der Traumzeit visualisiert werden. Interessanterweise handelt es sich bei der **charakteristischen Punktemalerei**/*dot painting* nicht um eine traditionelle Kunstform der Ureinwohner, sondern um eine sehr junge Stilrichtung. Sie entwickelte sich erst in den 1970er Jahren unter dem Einfluss weißer Künstler und Kunstlehrer, die in den ehemaligen Missionen und Reservaten Zentralaustraliens Kunstprojekte durchführten und förderten. Gleichzeitig wurden Vermarktungsfirmen gegründet, um die als ***Western***

Desert Art präsentierten Bilder der internationalen Kunstszene zugänglich zu machen. Der Erfolg ließ nicht lange auf sich warten. Inzwischen ziert das Punktemuster nicht nur Leinwände, Bumerangs und Didgeridoos, sondern auch Topflappen, Kaffeebecher, Socken, T-Shirts, Tischdecken, Geschirrhandtücher etc. Warum sich gerade die Punktemalerei als zeitgenössische Kunstrichtung durchgesetzt hat, bleibt eine strittige Frage. Manche behaupten, die Aborigines bevorzugen diesen Stil, da er sich besonders gut dazu eignet, das heilige und geheime Wissen, das mit der jeweiligen Traumzeitgeschichte in Verbindung steht, in dem Punktemuster »zu verbergen«; andere sind der Meinung, dass marktorientierte Künstler und Kunsthändler die Ureinwohner in diese Richtung gelenkt haben, da die Punktebilder den Geschmack einer breiten Käuferschicht treffen.

Gwion Gwion-Figur aus den Kimberleys.

In den ursprünglichen Kunstformen der Ureinwohner, den **Felsmalereien**/*rock paintings* und **Felsgravuren**/*rock engravings*, haben Punkte keine Rolle gespielt. Statt Acryltupfer dominieren in den prähistorischen Felsgalerien Abbildungen von Tieren, anthropomorphen (menschenähnlichen) Gestalten, Bumerangs, Geistern und Ahnenwesen. Diese wurden entweder gemalt, gesprüht oder mit einem harten Stein in den Fels geritzt bzw. gemeißelt. Als Farbe verwendeten die Ureinwohner Stoffe wie Holzkohle, Lehm und vor allem Ocker (▷ 313). Aufgetragen wurde die Farbe entweder mit den Händen oder mit einem improvisierten Pinsel, bestehend aus einer Feder, einem faserig gekauten Zweig oder zusammengebundenen Tierhaaren. Ebenfalls weit verbreitet war die **Schablonentechnik**/*stencils*, bei der die Farbe mit dem Mund um ein Objekt herum verspritzt wurde. So entstanden die typischen Handschablonen/*hand stencils*, die fast auf dem gesamten Kontinent zu finden sind. In vielen Regionen haben die Ureinwohner darüber hinaus ganz eigene Stilarten entwickelt. Eine der bekanntesten ist die **Röntgenmalerei**/*x-raypaintings*. Diese noch verhältnismäßig junge Stilrichtung (ca. 4000 Jahre) findet man in zahlreichen Felsgalerien des Kakadu NP (NT). Dargestellt sind Menschen und Tiere (vor allem Fische) mit korrekt platzierten Knochen und Organen. In Westaustralien gehören die markanten **Wandjinas** (▷ 339) und **Gwion Gwion-Figuren** (auch Bradshaw-Figuren) der Kimberleys sowie die zahlreichen Felsgravuren der Pilbara (▷ 320) zu den künstlerischen Höhepunkten der Ureinwohner.

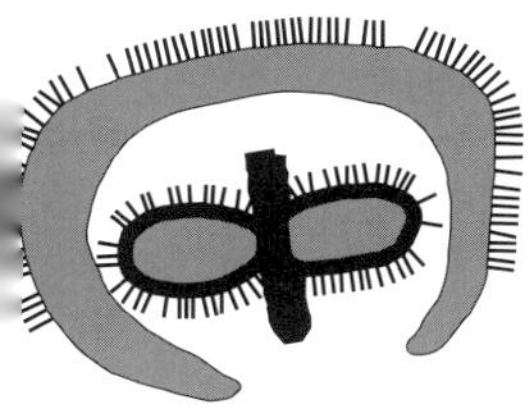

andjinakopf aus den Kimberleys.

Obwohl eine genaue Altersbestimmung der Felsmalereien und -gravuren, nicht zuletzt wegen ihres oft stark verwitterten Zustandes, sehr schwierig ist, gehören die frühen Kunststätten der Aborigines unumstritten zu den ältesten der Welt. Ein Alter von 25.000 Jahren gilt bislang für einzelne Kunstwerke als bewiesen, andere Messergebnisse sprechen sogar von 50.000 Jahren. Eine der **ältesten Kunststätten Australiens** befindet sich tief unter

Bis auf die Gräten entblößt. Zwei im Röntgenstil gemalte Fische im Kakadu NP.

Felsmalerei aus den Kimberleys.

der kargen Nullarbor Plain, im Dunklen der **Koonalda Cave**. Vor ca. 21.000 Jahren drückten dort Aborigines ihre Hände in den weichen Stein und hinterließen ein steinernes Gemälde aus **Fingerrillen** und -abdrücken.

Für die Aborigines war die Kunst **Teil des täglichen Lebens**. Viele Motive stehen in enger Verbindung mit der Schöpfungsgeschichte sprich der **Traumzeit** (▷ 54). Der eigentliche Vorgang des Malens oder Gravierens war dabei von entscheidender Bedeutung. Im Moment des Schaffens verschmolz der Künstler mit den heiligen Ereignissen der Traumzeit, durchlebte sie von neuem und ließ sie in der Gegenwart sichtbar und somit lebendig werden.

Die Aborigines haben ihre Felsbilder sorgsam gepflegt. Jedes Volk war für seine Bilder verantwortlich. Drohten die gemalten Bilder zu verblassen, wurden sie ausgebessert oder, falls nötig, vollständig nachgezeichnet. Einige Abbildungen, wie die der Wandjinas, wurden jährlich aufgefrischt, um den Ahnenwesen den nötigen Respekt zu bezeugen. Mit der **Ankunft der Briten** wurden viele Felsbilder schlagartig »herrenlos«, da ihre Hüter eingeschleppten Krankheiten und bleiernen Gewehrkugeln zum Opfer fielen. Folglich verblassten die nicht konservierten Malereien rasch. Die letzte traditionelle Auffrischung einer Malerei fand 1963 im Kakadu NP (NT) statt. Auch später wurden noch vereinzelt Bilder nachgemalt, wie z. B. 1992 in den Kimberleys, allerdings nicht mit der Zustimmung aller Aborigines der Gemeinde. Da nun ihre traditionelle Verbindung zum Land und den Ahnenwesen unterbrochen ist, sind viele der Meinung, dass man die Malereien lieber verblassen und dadurch die Ahnenwesen und Geister eines natürlichen Todes sterben lassen sollte.

Felsgravur auf der Burrup Peninsula.

Yams-Knollen, Witchetty-Raupen und andere Buschköstlichkeiten

Appetit auf eine Hand voll Raupen, ein paar Boab-Sprösslinge oder geröstete Quandong-Früchte? Dazu vielleicht ein Fruchtsaft gewonnen aus den in Wasser geschwenkten Blüten der Seidenen Grevillea und zum Nachtisch ein Kuchen aus Akaziensamen? Das **Angebot an Buschnahrung**, in Australien *bush tucker* genannt, ist groß. Die Knollen, Wurzeln, Blätter, Früchte, Blüten und Samen Hunderter Pflanzen sind essbar und sorgen nebst verschiedenen Insektenlarven und Kleintieren für einen ausgewogenen Speiseplan.

Bei den Aborigines war das **tägliche Sammeln der Buschnahrung** Aufgabe der Frauen. Während die Männer auf Jagd gingen, wanderten die Frauen, ausgerüstet mit langen Grabstöcken, durchs Buschland. Sie pflückten Beeren und Früchte, sammelten Samen und Kräuter und gruben nach Wurzeln, essbaren Larven oder Yams-Knollen, die für einige Aborigine-Völker zum täglichen Speiseplan gehörten wie die Kartoffel in Deutschland. Eine der beliebtesten Delikatessen, die mit dem Grabstock oder einfach mit den Händen freigelegt wurde, ist die Witchetty-Raupe/*witchetty grub*. Die bis zu 8 cm große Raupe lebt vorzugsweise im Wurzelwerk von Akazien und wurde roh oder geröstet gegessen. Darüber hinaus erweiterten die Frauen, je nach Gebiet und Gelegenheit, das Buschnahrungs-Programm, indem sie im Schlamm von Tümpeln und Flüssen nach Schildkröten und Fröschen suchten oder anderen kleinen Tieren wie Echsen und

Vögeln nachstellten.
Ob Wald oder Wüste, Buschnahrung gab es in jeder Region und zu jeder Jahreszeit. Folglich sorgten vor allem die Frauen für das Überleben ihres Volkes. Das Fleisch, das die Männer ab und zu von einer erfolgreichen Jagd mitbrachten, war zwar eine willkommene Abwechslung, aber keine **verlässliche Nahrungsquelle**. Bei den Aborigine-Völkern des Südwestens, den Nyoongar (▷ 183), betrug der von den Frauen gesammelte Anteil des täglichen Nahrungsbedarfes bis zu 90 %. Doch nicht alle Buschnahrung konnte sofort verspeist werden. Einige Früchte, darunter die **Nüsse der Zamia-Palme**, die einen wichtigen Bestandteil der Nyoongar-Diät darstellten, waren ohne **Vorbehandlung** ungenießbar. Um dem Fruchtfleisch das Gift zu entziehen, wurden die Nüsse zunächst für mehrere Tage vergraben und danach in Wasser eingeweicht.
Heutzutage mundet die Buschnahrung nicht mehr nur Aborigines, auch weiße Australier sind auf den Geschmack gekommen. Immer mehr **Buschdelikatessen** halten Einzug in die australische Küche. Den Capuccino trinkt man heutzutage mit Akaziensamen besprenkelt, Fleisch und Fischgerichte werden mit zerriebenen Eukalyptusblättern gewürzt und in Kochbüchern konkurrieren Rezepte wie »mit Macadamia-Nüssen panierte Lammfilets« und »Quandong-Kompott« mit den traditionellen Gerichten der englischen Cuisine. Für Urlauber werden ***bush tucker*-Touren** angeboten und Restaurants werben mit Gerichten, wie »in Knoblauch geschwenkte Witchetty-Raupen«. Wer mit etwas weniger abenteuerlichen Buschköstlichkeiten beginnen möchte, findet im Supermarkt **Macadamia-Kekse**. Die Früchte des im Osten des Kontinents gedeihenden Macadamia-Nussbaumes sind mittlerweile so begehrt, dass die Pflanze kommerziell angebaut wird und ihre Nüsse in alle Welt exportiert werden. Guten Appetit.

Zwischen Staub und Asphalt

Wer zum ersten Mal nach Australien reist, tut dies gewöhnlich mit erwartungsvollen Bildern im Kopf – Bildern von rot glühenden Felsen, türkisfarbenen Strandbuchten, exotischen Regenwäldern oder weiten Halbwüsten. Ist man dann endlich da, sind es oft die ganz banalen Alltagsdinge, die man am meisten genießt, so wie das australische Lebensmotto *no worries* (▷ 104), das abendliche Ritual am BBQ (▷ 91), das nächtliche Sterne gucken (▷ 112) oder etwa das Fahrerlebnis »Piste«. Nicht jeder wird Letzteres vielleicht wirklich genießen, schon gar nicht jene, die bereits vor dem Reiseantritt Rückenprobleme hatten – doch ein Erlebnis ist es allemal. Vor allem wenn es sich um eine der rotstaubigen Pisten handelt, die wegen ihrer quer zur Fahrtrichtung verlaufenden Wellen auch passenderweise **Waschbrettpisten** genannt werden und die jede Fahrt zu einer wahren Rüttelpartie machen. Wer zudem das Glück einer knappen Reisekasse besitzt und sich mit einem älteren Fahrzeugmodell ohne Klimaanlage, funktionierende Stoßdämpfer und anderem Schnickschnack begnügen darf – vorzugsweise mit einem der vielen **Backpacker-Kombis oder Lieferwagen**, die bis zur Oberkante voll gestopft, den Kontinent schon seit Jahrzehnten auf einer festen Umlaufbahn umrunden – der darf sich eines gesteigerten Fahrerlebnisses erfreuen.
Das Abenteuer beginnt mit einem ersten fröhlichen Sprung über die unsanfte Kante, die Asphalt und Mutter Erde voneinander trennt. Haben alle vier Räder wieder den Erdboden erreicht, geht der Spaß erst richtig los. Ab jetzt bestimmt nicht mehr

Auf ins staubige Vergnügen.

der Fahrer die Geschwindigkeit, sondern die Höhe der Wellenkämme. Nach nur wenigen Kilometern zeigen sich meist die ersten **Verstauungsschwächen**. Den Anfang macht das Besteck, das von den ungewohnten Schwingungen zum Leben erweckt, gegen die nicht minder aktiven Tassen und Teller schlägt. Parallel dazu fällt irgendwo im hinteren Teil des Wagens der nicht allzu sorgfältig verstaute Wasserkanister auf die Geschirrkiste und ein Klirren, das vom Klang her einer Müslischüssel zuzuordnen ist, übertönt für einen kurzen Moment das nervtötende Klongen der Gasflasche, die in regelmäßigen Abständen gegen die metallene Fahrzeugwand schlägt. Landkarte, Sonnenbrille, Kaugummis und eine Hand voll Münzen, die alle bis vor kurzem noch friedlich auf dem Armaturenbrett lagen, fliegen im hohen Bogen dem Beifahrer in den Schoß und eine Dose Erbsen, die den Sprung aus der Vorratskiste in die Freiheit geschafft hat, kullert in einem unvorhersehbaren Zickzackkurs durchs Wageninnere. Der Lärmpegel nimmt stetig zu, die Sichtverhältnisse rapide ab. Im Rückspiegel nur noch Staub, im Auto auch. Der feine Staub dringt durch Ritzen, Löcher, Türgummis und die weit geöffneten Fenster – denn wer hält es bei der Hitze schon lange mit geschlossenen Fenstern aus? Noch undurchsichtiger wird die Angelegenheit, wenn einem ein Fahrzeug entgegenkommt oder man, z. B. beim Abbremsen, von der eigenen Staubfahne überholt wird...

Hat der **Lärmpegel** schließlich den einer landenden Boing 747 erreicht, erstirbt jegliche Unterhaltung. Fahrer und Beifahrer werden zu stummen Statisten, von denen ein jeder mit seinen eigenen Sorgen und Gedanken beschäftigt ist. Während dem unkontrolliert hin und her hüpfenden Beifahrer langsam dämmert, warum in australischen Fahrzeugen die Haltegriffe im Beifahrerbereich immer so abgenutzt sind, versucht der Fahrer mit der Konzentration und Verzweiflung eines in Seenot geratenen Kapitäns, eine **sichere Passage durch das Wellenmeer** zu finden. »Die süßesten Kirschen wachsen stets in Nachbars Garten«. Ja, das trifft auch auf die Waschbrettpisten zu: die sanftesten Wellen befinden sich stets auf der Gegenspur – selbst auf dem Rückweg!

Wer beim Anblick des bedrohlich schwingenden Armaturenbrettes nun glaubt, es kann nicht mehr schlimmer kommen, der irrt. Es gibt etwas, das noch **viel schlimmer ist als die härteste Waschbrettpiste**, schlimmer als Staub, Lärm und Rückenstöße zusammen und das ist der Moment, in dem alle vier Räder wieder den Asphalt berühren. Stille. Grabesstille. Was eben noch munter umhersprang, liegt nun leblos danieder. Das fröhliche Geklirre und Geschwatze der Teller und Tassen findet ein jähes Ende und der farbenprächtige, noch eben im Auto umherwirbelnde Staub legt sich wie ein Totentuch auf die inzwischen rothaarigen Insassen. Aus das Abenteuer.

Aber nein, so ganz ist das Abenteuer noch nicht vorbei. Auch die Stille des Asphalts kann trügerisch sein. Unter seiner schweren Decke werden zwar einige Bodenwellen versteckt, nicht aber entschärft, weshalb manch ein Outback Highway den Pisten an Lebhaftigkeit durchaus Konkurrenz machen kann. Und zu guter Letzt gibt es ja noch die **Kuhgitter**/*grid*, deren kurzes Vibrieren dem Geschirr wieder für einen flüchtigen Moment Leben einhaucht und die Reflexe des Beifahrers prüft, dem das plötzlich nicht mehr ganz so stille Stillleben vom Armaturenbrett freudig entgegenspringt.

Farbliche Einstimmung

Roebuck Bay

Skyline von Perth

Shelley Beach | Leeuwin-Naturaliste NP

Banksia Bay | D´Entrecasteaux NP

Tree Top Walk | Walpole-Nornalup NP

Bluff Knoll | Stirling Range NP

Two Peoples Bay | Two Peoples Bay NR

Shelley Beach | West Cape Howe NP

West Beach | Fitzgerald River NP

Hamersley Inlet

Lucky Bay | Cape Le Grand NP

Kalgoorlie

Boulder

Wave Rock bei Hyden

Bunda Cliffs | Nullarbor Plain

Sanddünenfeld bei Fowlers Bay

Nullarbor Plain

Pier bei Eucla

ake McDonald | Anfahrt zum Point Sinclair

↓↑ Pinnacles Desert | Nambung NP | versteinerte Pflanzenwurzel ↑

Ellendale Pool

Nature´s Window | Kalbarri NP

Butchers Track

Stromatolithen | Shark Bay | Fowler's Camp

ncois Peron NP

↓ Tintos Bay | Francois Peron NP | Hauptpiste ↓

← ↑ Kennedy Range NP

↓ Blas eines Buckelwals hinter der Riffkante | Cape Range NP | Turquoise Bay ↑

Burringurrah | Mt Augustus NP

↓ Hancock Gorge | Karijini NP | Banjima Drive ↑

↓ Hamersley Gorge ↑

↑ Chichester Range | Millstream-Chichester NP | Python Pool

Felsgravur auf der Burrup Peninsula

Gantheaume Point in Broome | Anastasia`s Pool

ndjana Gorge NP | Bandingan Rock ↑

Geikie Gorge NP

Fairfield Leopold Downs Road

Bell Creek Gorge | King Leopold ConP

Caroline Pool Campsite | Duncan Road

China Wall bei Halls Creek

Wolfe Creek Meteorite Crater Reserve

↓ Das Ende des *Mini Palms Walk* | Purnululu NP | *Am Anfang des Piccaninny Gorge Walk* ↑

Carr Boyd Ranges | Blick von der *Lookout Rest Area* (▶ 335)

Mirima NP

Lake Argyle

Jarnem Walk | Keep River NP | *Nganalam Art Site*

Katherine Gorge | Nitmiluk NP

Wangi Falls | Litchfield NP | Florence Falls

Mary River NP

↑ *Anbangbang Gallery* | Kakadu NP | Jim Jim Falls ↑ | oberhalb der Gunlom Falls ↓

Kurzschnabeligel

Quokka

Tammarwallaby

Kurzohr-Felskänguru

Dromedare

Kleiner Kurznasenbeutler

Kleiner Roter Flughund

Sandwallaby

Euro

Honigbeutler

Rotes Riesenkänguru (Jungtier)

Mertens Wasserwaran

Olivenpython

Kragenechse

Australienkrokodil

Dornteuf

Tannenzapfenskink

dwarf bearded dragon

Ringelschwanz-Agame

Teppichpython

yellow-spotted monitor

Kräuselscharben

Kookaburra

Blauflügel-Kookaburra

Gelbwangenrosella

Ringsittich (*twenty-eight parrot*)

Rußwürgerkrähe

Regenbogenspint

Australische Trappe

Spinifex-Taube

Spitzschwanzamadine
& Wulsthonigfresser

Westlicher Laubenvogel

Gelbbauch-Dickkopf

Braunwachteln

Nacktaugenkakadus

Gelbstirn-Schwatzvoge

Eulenschwalme

Ringelastrilden

Zebrafinke

Schwarzmilan

Buschtriel

Fischadler

Riesenstorch

Reiher-Quartett

Brillenpelikan

snappy gum

Karris

weeping gums

Flusseukalyptus

four-winged mallee

Jarrah

salmon gum

woollybutt

mottlecah

Elefantenohr-Akazie

miniritchi

Hamersley-Akazie

Kanji-Akazie

Mulgabusch

Fuchsia Grevillea

Ashby´s banksia

prickly dryandra

hood-leaved hakea

Salzwasser-Papierrindenbäume

balga (Grasbaum)

Westaustralischer Weihnachtsbaum

Marri

Propellerbaum

Weidenmyrte

Boab

Spinifex-Grasland

Kimberley-Heide

Buschtomate

milkwood tree

mersley bloodwood (mit *kino*)

Kimberley-Bauhinie

Sturts Ruhmesblume

weeping mulla mulla

Yardie Creek Winde

many-flowered fringe lily

Verticordia inclusa (Federblüte)

gravel bottlebrush

granite bottlebrush

Calothamnus sp.

heart leaf poison

purple flag

southern cross

Katzenpfote

Rot-Grüne Kängurupfote

tree hovea

blue fanflower

bird orchid

donkey orchid

cowslip orchid

rabbit orchid

scented sun orchid

Reiseteil

Auf der Lucky Bay Campsite im Cape Le Grand National Park.

Streckenabschnitt Süd 1 Perth und Umgebung

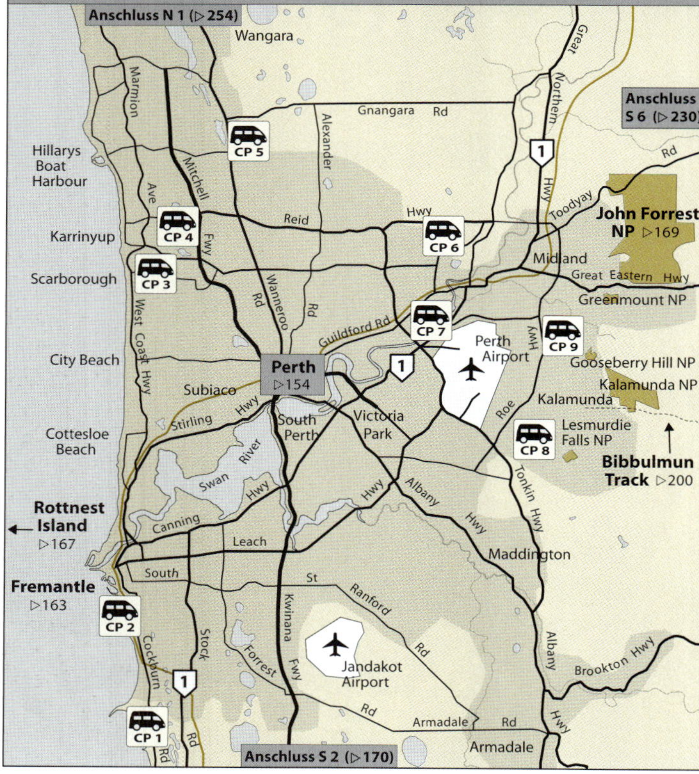

Stadtnahe Campingplätze

1 ***Woodman Point Holiday Park*** (*Big 4*), 132 Cockburn Rd, Tel. 9434 1433, www.aspenparks.com.au
2 ***Fremantle Village***, 1 Cockburn Rd, Tel. 9430 4866, www.fremantlevillage.com.au
3 ***Starhaven Caravan Park***, 18 Pearl Pde, Tel. 9341 1770
4 ***Karrinyup Waters Resort*** (*Top Tourist*), 467 North Beach Rd, Tel. 9447 6665, www.kwr.net.au
5 ***Kingsway Tourist Park***, Wanneroo Rd, Tel. 1800 119 988, www.acclaimparks.com.au
6 ***Perth Holiday Park*** (*Big 4*), 91 Benara Rd, Tel. 9279 6700, www.aspenparks.com.au
7 ***Perth Central Caravan Park*** (*Top Tourist*), 34 Central Ave, Tel. 9277 1704, www.toptourist.com.au
8 ***Perth International Tourist Park*** (*Big 4*), 186 Hale Rd, Tel. 9453 6677, www.perthinternational.com.au
9 ***Banksia Tourist Park***, 219 Midland Rd, Tel. 9250 2236, www.banksiatourist.com.au

Perth. (1.554.769 Einw.) Mit seiner gläsernen Skyline, dem im Schachbrettmuster angelegten Straßennetz, dem endlosen Meer von Einfamilienhäusern und dem täglichen Verkehrsinfarkt unterscheidet sich Perth (▶ 122) auf den ersten Blick nur wenig von den anderen Millionenmetropolen Australiens. Und doch ist Perth, nicht zuletzt auf Grund seiner geographischen Isolation, **konkurrenzlos**. Während auf der östlichen Hälfte des Kontinents gleich mehrere Großstädte um die Gunst von Urlaubern und Einwohnern werben, gibt es im Westen nur Perth.

Perth ist das **administrative, wirtschaftliche, kulturelle und soziale Zentrum** von WA. Hier leben 72 % aller Westaustralier, stehen 90 % aller Verkehrsampeln, ragen die einzigen Wolkenkratzer des Staates gen Himmel, umrundet von der einzigen Autobahn. Nirgendwo sonst im Umkreis von über 2000 km kommt man in den Genuss eines derartig großen Angebots urbaner Vorzüge, darunter ein vielfältiges Freizeitangebot, eine enorme Auswahl an Cafés und Restaurants und ein abwechslungsreiches Kulturprogramm.

Aufgelockert wird der städtische Raum durch **zahlreiche Grünflächen** wie dem Kings Park und der breiten Uferpromenade des Swan River. Hinzu kommt ein rund 80 km langer Küstenstreifen mit vielen schönen Stränden. Nicht

verwunderlich, dass der Zustrom an Einwohnern ungebrochen ist und die städtische Ausdehnung voranschreitet. Schon heute verteilen sich die gut 1.4 Mio. Bewohner auf über 600 km².
Wie in vielen Metropolen haben sich auch in Perth **eigenständige Viertel** herausgebildet, die jedes für sich ein individuelles Ambiente entwickelt haben.

Perth City. Die Innenstadt ist **Sitz der westaustralischen Regierung**, Hauptsitz sämtlicher öffentlicher Institutionen, Banken und Konzerne sowie **geschäftiges Einkaufsparadies**. Im Mittelpunkt stehen die beiden Fußgängerzonen, Murray Street Mall und Hay Street Mall, von denen zahlreiche Einkaufspassagen abzweigen, darunter der bemerkenswerte *London Court*. Die kleine Gasse wurde in den 1930er Jahren im Tudorstil erbaut und wirkt mit ihren schmalen, mittelalterlichen Fachwerkhäuschen historisch seltsam deplaziert. Neben dem *London Court* trotzen rund ein Dutzend weitere **historische Gebäude** dem modernen Stadtbild. Umzingelt von Schatten werfenden Wolkenkratzern, stehen sie noch heute dort, wo sie vor über 100 Jahren erbaut wurden. Das älteste Gebäude ist das 1836/37 erbaute Gericht, das *Old Court House*. In dem unauffälligen, gelb verputzten Steinhaus befindet sich heute ein **Gerichtsmuseum** [*Francis Burt Law Education Centre and Museum*, Barrack St / St. George's Tce, 🕓 Mo Di u. Fr 10-14.30 h]. Nur etwas jünger sind das Wohnhaus des ersten Dekans von Perth *The Old Deanery* (1850er) und *His Majesty's Theatre* (1904), ein prunkvolles Gebäude im Edwardian Stil. Viele der historischen Gebäude wurden von Sträflingen erbaut, darunter das 1864 fertig gestellte Regierungsgebäude, das *Government House*, und das Rathaus/*town hall* (1867-70).
Zu den **ältesten Kirchen** gehören die im gotischen Stil erbaute *St. Mary's Cathedral* (1860er) und die *Trinity Uniting Church* (1894), hinter der noch eine Kapelle von 1864 steht.
Ebenfalls bis ins 21. Jahrhundert überlebt hat die 1899 eröffnete **Münzanstalt** [*Perth Mint*, 310 HaySt, 🕓 Mo-Fr 9-16h Sa So 9-13 h]. Sie ist noch heute in Betrieb und kann selbständig oder mittels einer Führung erkundet werden.
Glänzend rote Feuerwehrmobile aus vergangenen Zeiten kann man im **Feuerwehrmuseum** [*Fire Safety Education Centre & Museum*, Murray St / Irwin St, 🕓 Mo-Fr 10-12 h u. 13-15 h] bewundern, das im ehemaligen Hauptquartier der städtischen Feuerwehr untergebracht ist.
Die wenigen Überreste des alten Hafens liegen am Ende der Barrack Street. Von hier starten **verschiedene Bootstouren**, darunter Weinprobetouren ins Avon Valley, Walbeobachtungstouren (▷ 201) und Fahrten nach Fremantle sowie Rottnest Island. Die Hauptanbieter sind *Boat Torque Cruises* [www.boattorque.com.au], *Captain Cook Cruises* [www.captaincookcruises.com.au], *Golden Sun Cruises* [www.goldensuncruises.com.au] und *Oceanic Cruises* [www.oceaniccruises.com.au], wobei letzterer zurzeit 5 x täglich zwischen Perth und Fremantle verkehrt [$16 Erw. / $11 Kind für eine einfache Fahrt]. Zum gegenüberliegenden Ufer nach South Perth, wo sich der Zoo (▷ 160) befindet, fährt die *Transperth*-Fähre, die zum öffentlichen Verkehrsnetz gehört.
Neben ein paar einladenden Lokalen direkt am Wasser befindet sich am Hafen auch eines jener Bauwerke, die weltweit im Rausche der Millenniumsfestlichkeiten errichtet wurden, *The Swan Bells* [Barrack Square, 🕓 tägl. 10-17 h]. Und wie so viele dieser Bauwerke erwies sich auch der aus Glas und Stahl erbaute **Glockenturm** als Flop, denn trotz des klangvollen Glockenspiels seiner 18 Glocken finden weitaus weniger Besucher

In der City trifft Neu auf Alt.

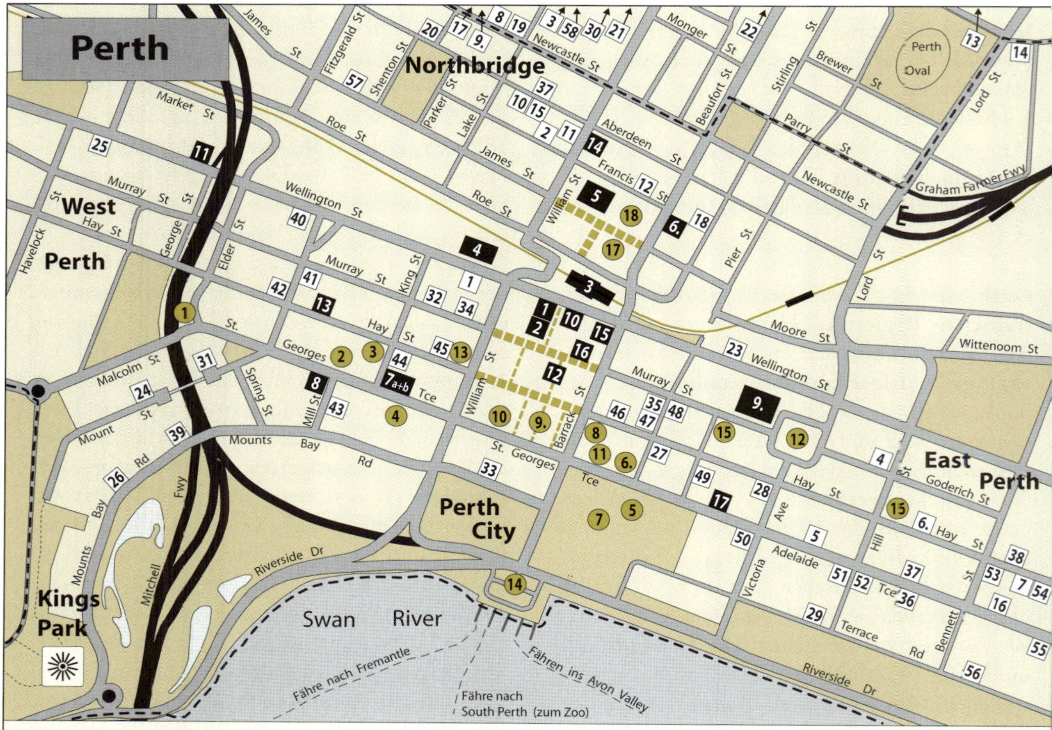

- - - - Grenze der *Free Transit Zone* (▷ 161) innerhalb der die Benutzung aller Busse kostenlos ist

N 100 | 200 | 300 | 400 | m

Grünflächen

Fußgängerzone

■ Praktisches

Allgemeines
1 Touristenbüro [🕓 ▷163]
2 Hauptpostamt [🕓 Mo-Fr 8-17.30 h, Sa 9-12.30 h]
3 Hauptbahnhof
4 Busbahnhof
5 Staatsbibliothek [🕓 ▷158]
6 Polizeiwache
7a *Department of Fisheries* & SGIO Versicherung
8 *Aboriginal Lands Trust Office*
9 Krankenhaus
10 *Department of Immigration and Multicultural Affairs*, 411 Wellington St, Tel. 9415 9286
11 Automobilclub RACW [🕓 ▷12]
12 *Transperth*- Infostand
13 Kartenfachgeschäft ▷22

Internet
14 mehrere Internet-Cafés in der William St
15 mehrere Internet-Cafés in der Barrack St

Supermärkte
16 *Woolworths* [🕓 Mo-Do 8-19 h (Fr -21 h), Sa 8-17 h, So 12-18 h]

Konsulate
17 Deutschland, 16 St. Georges Tce, Tel. 9325 6608
7b Österreich, 168 St. Georges Tce, Tel. 9261 70 75
... Schweiz (außerhalb der Karte), 40 Hillway, Nedlands, Tel. 9389 7097

● Sehenswürdigkeiten

Historische Gebäude
1 *Barracks Arch*
2 *The Cloisters*
3 *His Majesty's Theatre*
4 *Old Perth Boys School*
5 *Government House*
6 *The Old Deanery*
7 *Old Court House*
8 Rathaus
9 *London Court*

Kirchen
10 *Trinity Uniting Church*
11 *St. Georges Anglican Cathedral*
12 *St. Mary's Roman Catholic Cathedral*
13 *Wesley Church*

Museen & Anderes
14 Glockenturm *The Swan Bells*
15 Feuerwehrmuseum
16 Münzanstalt *Perth Mint*
17 Kunsthalle
18 Westaustralisches Museum

Unterkünfte

...unter $70 für ein Doppelzimmer

1 ***Globe Backpackers***, 561 Wellington St, Tel. 9321 4080, www.globebackpackers.com.au
2 ***Easy Perth Backpackers***, 46 Francis St, Tel. 6161 9958, www.easyperthbackpackers.com.au
3 ***Coolibah Lodge***, 194 Brisbane St, Tel. 9328 4080, www.coolibahlodge.com.au
4 ***YMCA Jewell House***, 180 Goderich St, Tel. 9325 8488, www.ymca.org.au
5 ***Townsend City Stay***, 240 St. Georges Tce, Tel. 9325 4143, www.townsend.wa.edu.au
6 ***Hay Street Backpackers***, 266 Hay St, Tel. 9221 9880,
7 ***12:01 East Backpackers***, 195 Hay St, Tel. 9221 1666, www.1201east.com.au
8 ***Ozi Inn***, 282 Newcastle St, Tel. 9328 1222, www.oziinn.com
9 ***Spinners Backpackers***, 342 Newcastle St, Tel. 9227 6137, www.spinnersbackpackers.com.au
10 ***Aberdeen Lodge***, 79 Aberdeen St, Tel. 9227 6137, www.aberdeenlodgebackpackers.com
11 ***Britannia on William***, 253 William St, Tel. 9328 6121, www.yha.com.au
12 ***The Old Swan Barracks***, 6 Francis St, Tel. 9428 0000, www.theoldswanbarracks.com
13 ***Cheviot Lodge***, 30 Bulwer St, Tel. 9227 6817, www.cheviotlodge.com
14 ***Rainbow Lodge***, 133 Summers St, Tel. 9227 1818, www.rainbowlodge.com.au

...zwischen $70 und $100

15 ***Bambu Backpackers***, 77 Aberdeen St, Tel. 9328 1211, www.bambu.net
16 ***Exclusive Backpackers***, 158 Adelaide Tce, Tel. 9221 9991, www.exlusivebackpackers.com
17 ***Witch's Hat Backpackers***, 148 Palmerston St, Tel. 9228 4228, www.witchs-hat.com
18 ***The Emperor's Crown***, 85 Stirling St, Tel. 9227 1400, www.emperorcrown.com.au
19 ***Underground***, 268 Newcastle St, Tel. 9228 3755, www.undergroundbackpackers.com.au
20 ***One World Backpackers*** (minimum Dreibettzimmer), 162 Aberdeen St, Tel. 9228 8206, www.oneworldbackpackers.com.au
21 ***Governor Robinsons***, 7 Robinson Ave, Tel. 9328 3200, www.govrobinsons.com.au
22 ***Billabong Resort Backpacker***, 381 Beaufort St, Tel. 9328 7720, www.billabongresort.com.au
23 ***Perth City YHA***, 300 Wellington St, Tel. 9287 3333, www.yha.com.au

...zwischen $100 und $150

24 ***Mountway Holiday Apartments***, 36 Mount St, Tel. 9321 8307, www.mountwayunits.com.au
25 ***City Stay Apartment Hotel***, 875 Wellington St, Tel. 9322 6061, www.citystay.com.au
26 ***Adelphi Apartments***, 30 A Mounts Bay Rd, Tel. 9322 4666,
27 ***The Kings Perth Hotel***, 517 Hay St, Tel. 9325 6555, www.kingshotel.com.au
28 ***The Commodore Hotel***, 417 Hay St, Tel. 9325 0461,
29 ***City Waters Lodge***, 118 Terrace Rd, Tel. 9325 1566, www.citywaters.com.au
30 ***All Seasons Acacia Hotel***, 15 Robinson Ave, Tel. 9328 0000, www.acaciahotel.com.au

...über $150

31 ***The Marque Hotel***, 24 Mount St, Tel. 9481 8066, www.choicehotels.com.au
32 ***Hotel Ibis***, 334 Murray St, Tel. 9322 2844, www.accorhotels.com.au
33 ***The New Esplanade Hotel***, 18 The Esplanade, Tel. 9325 2000, www.newesplanade.com.au
34 ***Comfort Inn Wentworth Plaza***, 300 Murray St, Tel. 9481 1000, www.comfortinn.com
35 ***Miss Maud Swedish Hotel***, 97 Murray St, Tel. 9325 3900 www.missmaud.com.au
36 ***The Goodearth Hotel***, 195 Adelaide Tce, Tel. 9497 7777, www.goodearthhotel.com.au
37 ***Ambassador Hotel***, 196 Adelaide Tce, Tel. 9325 1455, www.ambassadorhotel.com.au
38 ***Comfort Hotel Perth City***, 200 Hay St, Tel. 9220 7000, www.comforthotelperthcity.com.au
39 ***Mounts Bay Waters Apartments***, 112 Mounts Bay Rd, Tel. 9213 5333, www.mounts-bay.com.au
40 ***Hotel Grand Chancellor***, 707 Wellington St, Tel. 9327 7000, www.ghihotels.com
41 ***Quest West End Apartment Hotel***, 451 Murray St, Tel. 9480 3888, www.questapartments.com.au
42 ***The Melbourne***, Hay St / Milligan St, Tel. 9320 3333, www.melbournehotel.com.au
43 ***Parmelia Hilton***, 14 Mill St, Tel. 9215 2000, www.hilton.com
44 ***Rydges Hotel***, Hay St / King St, Tel. 9263 1800, www.rydges.com
45 ***Holiday Inn City Centre***, 778 Hay St, Tel. 9261 7200, www.holidayinn.com
46 ***The Criterion Hotel***, 560 Hay St, Tel. 9325 5155, www.criterion-hotel-perth.com.au
47 ***Seasons of Perth***, 37 Pier St, Tel. 9325 7655, www.seasonsofperth.com.au
48 ***Aarons Hotel***, 70 Pier St, Tel. 9325 2133, www.aaronshotel.com.au
49 ***Mercure Hotel***, 10 Irwin St, Tel. 9326 7000, www.accorhotels.com.au
50 ***Duxton Hotel***, 1 St. Georges Tce, Tel. 9261 8000, www.duxton.com.au
51 ***Novotel Langley***, 221 Adelaide Tce St, Tel. 9221 1200, www.accorhotels.com.au
52 ***Sheraton***, 207 Adelaide Tce, Tel. 9224 7777, www.sheraton.com
53 ***Saville Park Suites***, 201 Hay St, Tel. 9267 4888, www.mantra.com.au
54 ***The Alderney on Hay***, 193 Hay St, Tel. 9225 6600, www.alderney.com.au
55 ***Hyatt Regency***, 99 Adelaide Tce, Tel. 9225 1234, www.perth.hyatt.com
56 ***Crowne Plaza***, 54 Terrace Rd, Tel. 9325 3811, www.crowneplaza.com
57 ***Quest on James Apartments***, 228 James St, Tel. 9227 2888, www.questapartments.com.au
58 ***Hotel Northbridge***, 210 Lake St, Tel. 9328 5254, www.hotelnorthbridge.com.au

Bei Internetbuchung erhält man in vielen Häusern erhebliche Preisnachlässe.

den Weg in den Turm als erwartet.
Eine 90-minütige **Stadtrundfahrt** in einer Straßenbahn-Nachbildung von 1899 [*Tram City Explorer*, 🕓 tägl. 8-18 h, Zusteigen an den ausgeschilderten Haltestellen möglich, www.perthtram.com.au] führt an allen Attraktionen der Innenstadt vorbei sowie zum Kings Park und zu dem auf der anderen Uferseite des Swan River liegenden Casino. Auf ähnlicher Route verkehrt auch ein offener Doppeldeckerbus, betrieben von *City Sightseeing Perth* [🕓 tägl. 9-18 h, www.citysightseeingperth.com].
Einen **schönen Blick auf die Skyline** hat man vom südlichen Ufer des Swan River und vom Kings Park. Wer jedoch umgekehrt erhofft, von einem der Wolkenkratzer einen Blick hinunter genießen zu können, hofft vergeblich. Nachdem sich vor einigen Jahren ein Besucher mit einem Sprung aus der obersten Etage das Leben genommen hatte, wurden sämtliche Aussichtsetagen geschlossen. Eine verständliche Vorsichtsmaßnahme, bedenkt man, dass WA eine der höchsten Selbstmordraten der Welt hat...

Northbridge. Northbridge ist Chinatown, **multikulturelle Restaurant-Meile**, Vergnügungs- und Rotlichtviertel in einem. Es ist das Viertel der Lokale und Backpacker-Unterkünfte. Ganz gleich, ob man Appetit auf Indisch, Italienisch oder Malaysisch hat, hier findet man das entsprechende Restaurant und die dem Umfang des Geldbeutels angepasste Unterkunft. Vor allem abends erwacht das Viertel zum Leben. Dann herrscht in den Bars und Restaurants Hochbetrieb und wenn diese schließen, wird in den Nachtclubs und Diskotheken weiter gefeiert.
Darüber hinaus ist Northbridge das **kulturelle Zentrum von Perth**. Hier befinden sich die **Staatsbibliothek** [*State Library*, Perth Cultural Centre, 🕓 Mo-Do 9-20 h, Fr 9-17.30 h, Sa So 10-17.30 h] und die **Kunsthalle** [*Gallery of Western Australia*, Perth Cultural Centre, 🕓 tägl. 10-17 h]. Ebenfalls zum Kultur-Komplex gehört das interessante **Westaustralische Museum** [*Western Australian Museum*, Perth Cultural Centre, 🕓 tägl. 9.30-17 h], das sich anschaulich mit dem Land und seiner Geschichte befasst.

Tipp

Kings Park. Der Kings Park ist die **grüne Lunge von Perth**. Bereits 1872 wurde ein Teil des 62 m hohen Mt Eliza als Erholungsgebiet ausgewiesen. Heute umfasst der Kings Park den gesamten Berg und misst 4 km². Zwei Drittel der Fläche sind ursprüngliches Buschland, der Rest wurde in eine großzügige Parklandschaft verwandelt inklusive eines **Botanischen Gartens**, der einen guten Einblick in die Vegetation (▷ 92) von WA gewährt. Besonders eindrucksvoll ist ein Besuch in den Hauptblütemonaten September und Oktober. Für Naturinteressierte werden **kostenlose Führungen** durch den Park angeboten [🕓 tägl. 10 u. 14 h, Treffpunkt: Fraser Ave, vor der Kunstgalerie *Aspects of Kings Park*]. Außerdem gibt es ein kleines Besucherzentrum [Fraser Ave, 🕓 tägl. 9.30-17 h], Cafés und Restaurants, einen Aussichtsturm, den *DNA Observation Tower* [Forrest Dr] und einen luftigen Laufsteg durch die Baumkronen, den *Lotterywest Federation Walkway* [🕓 tägl. 9-17 h].

Blick vom Kings Park auf die Skyline von Perth.

Victoria Park. Victoria Park ist weder besonders in noch außerordentlich chic, dennoch bzw. gerade deswegen **nett und einladend**. Der Stadtteil erstreckt sich entlang des Albany Highway, der sich hier auf zwei Spuren verengt, was das Ver-

kehrsaufkommen etwas reduziert.
Neben einer **großen Auswahl an Cafés und Restaurants** gibt es zahlreiche Geschäfte, ein paar **Autohändler** und ein kleines Einkaufszentrum.

Subiaco. Subiaco ist das **Trend- und Vorzeigeviertel** von Perth, ein Viertel zum Ausgehen und Geldausgeben. Es wirkt gepflegt und aufgeräumt, dennoch nicht unterkühlt, sondern durchaus einladend. In der Hauptgeschäftsstraße, der Rokeby Street, wechseln sich **ansprechende Cafés und Restaurants** mit szenigen Modegeschäften und modernen Galerien ab. Außerdem gibt es **zwei Märkte**, die zum Bummeln einladen, die *Subiaco Pavilion Markets* [🕓 Do Fr 10-21 h, Sa So 10-17 h] mit einer eher trockenen Mischung aus Souvenirs und Kunsthandwerklichem nebst kleinem Foodcourt und die größeren *Station Street Markets* [direkt neben der Metro Station, 🕓 Fr-So 9-17.30 h], die zusätzlich ein großes Angebot an frischem Obst und Gemüse bieten sowie einen gemütlichen Foodcourt unter freiem Himmel.
Etwas abseits des Treibens, auf dem Gelände des King Edward Memorial Krankenhauses, liegt das **Medizinische Museum** [*Medical Museum*, Barker Rd / Railway Rd, 🕓 Mi 10-16 h, So 14-16 h], das sich mit einer kleinen Ausstellung der medizinischen Versorgung zu Beginn des 20. Jahrhunderts widmet.

Cottesloe Beach. Cottesloe Beach ist eines der **populärsten Strandviertel der Stadt**. Hier badet man, um zu sehen und gesehen zu werden. Dementsprechend lebhaft geht es nicht nur auf dem breiten patrouillierten Strand zu, sondern auch in den **vielen Lokalen** entlang der Hauptstraße, der Marine Parade.

onntägliches Strandleben am Cottesloe Beach.

City Beach. City Beach ist ein reines Wohnviertel, dessen **breiter, feiner Sandstrand** der einzige Anziehungspunkt ist. Hier treffen sich Jung wie Alt, Surfer wie Badende und an Wochenenden findet ein reges Strandleben statt.

Scarborough. Obwohl der patrouillierte Strand von Scarborough ein **beliebter Treffpunkt für Surfer** und Sonnenanbeter ist, ist das Viertel selbst nur wenig ansprechend. Es wird von einer vierspurigen Straße durchschnitten und von einem **Hochhauskomplex** dominiert, in dem sich ein Hotel und ein paar Lokale befinden.
Auch die *Scarborough Fair Markets* [Scarborough Beach Rd / West Costal Hwy, 🕓 Sa So 9- 17.30 h], die nur ein gutes Dutzend Stände mit Kunsthandwerk und »Antikem« bieten, sind weit weniger attraktiv als die anderen Märkte der Stadt.

Hillarys Boat Harbour. Inmitten steriler Neubaugebiete liegt der **Jachthafen** *Hillarys Boat Harbour*. In dem riesigen Komplex befinden sich zahlreiche Lokale direkt am Wasser sowie Einkaufspassagen mit Souvenirgeschäften und exklusiven Boutiquen. Außerdem starten von hier **Walbeobachtungstouren** (▷ 201), u. a. angeboten von *Rottnest Fast Ferries* [www.rottnestfastferries.com.au], und am südlichen Ende befindet sich ein **Meeresaquarium** [*AQWA*, Southside Dr, 🕓 tägl. 10-17 h, www.aqwa.com.au]. Da der Jachthafen sehr populär ist, ist der Komplex an Sommerwochenenden hoffnungslos überlaufen.

Weitere erwähnenswerte Viertel sind Leederville (Oxford St / Newcastle St) und Highgate (Beaufort St, zwischen Bulwer St und Walcott St), in denen es jeweils **gemütliche Restaurant- und Café-Meilen** gibt.

Der **größte Markt der Stadt** [*Wanneroo Markets*, Prindiville Dr, 🕓 Sa So 9-17 h] findet in Wangara statt, einem Gewerbegebiet im Norden von Perth. Präsentiert wird eine ähnliche Mischung wie auf den sehr viel zentraler gelegenen *Station Street Markets* in Subiaco.

Der **Zoo** [*Perth Zoo*, Labouchere Rd (vom Fähranleger ausgeschildert), 🕓 tägl. 9-17 h] befindet sich in South Perth auf der südlichen Seite des Swan River. Das Areal ist allerdings sehr klein und kann daher nur einen begrenzten Einblick in die heimische Tierwelt gewähren. Interessant sind das Reptilien- und Nachthaus, deren Bewohner man ansonsten kaum zu Gesicht bekommt.

Geschichte

Die Geschichte von Perth ist zugleich die Geschichte der **Swan River Kolonie**. Sie begann mit Kapitän James Stirling, der 1827 den Swan River erkundete und anschließend die britische Krone erfolgreich überredete, hier eine neue Kolonie zu gründen. Er selbst war zum ersten Leutnant-Gouverneur ernannt worden und steuerte eines der Schiffe, die 1829 die ersten weißen Siedler an den Swan River brachten.

Der Start der Kolonie verlief allerdings alles andere als Erfolg versprechend. Als die erwartungsvollen Siedler eintrafen, war das Land weder vermessen noch gab es Unterkünfte, geschweige denn eine Infrastruktur. Die ersten Monate – und es war immerhin Winter – mussten die Menschen in notdürftig errichteten Zelten hausen und zusehen wie ihr Hab und Gut von Regen durchnässt wurde und langsam vor sich hin rottete. Die meisten finanzkräftigen Siedler verließen die Swan River Kolonie so schnell wie möglich, um in den lukrativeren östlichen Kolonien ihr Glück zu probieren.

Noch gut zwanzig Jahre nach ihrer Gründung bot die zukünftige Hauptstadt Perth einen überaus traurigen Anblick und brachte es gerade mal auf ca. 5000 Einwohner. Erst die Ankunft der knapp 10.000 Sträflinge, die zwischen 1850 und 1868 eintrafen, sorgte für einen ersten nennenswerten Aufschwung. Nicht durch Zufall entstanden die meisten öffentlichen Gebäude innerhalb dieser Jahre und Perth erhielt zum ersten Mal so etwas wie ein Straßennetz. Am Ende des 19. Jahrhunderts kam die Kolonie dann endlich zu ihrem lang ersehnten Kapital, und zwar in Form von Gold. Mit der Entdeckung der reichen Goldfelder bei Kalgoorlie flossen plötzlich ungeheuere Mengen Geld ins Land, die in Perth einen Bauboom auslösten.

Obwohl Perth wohl kaum als Bergbaustadt bezeichnet werden kann, blieb die wirtschaftliche Entwicklung in den folgenden Jahrzehnten stark vom Bergbau beeinflusst. Das größte wirtschaftliche Wachstum erlebte die Stadt in den 1950er und 1960er Jahren, als im Staat große Vorkommen an Eisenerz, Bauxit und Nickel entdeckt wurden. Ohne städtische Konkurrenz auf der westlichen Kontinenthälfte entwickelte sich Perth zusammen mit der Hafenstadt Fremantle zum uneingeschränkten Handelszentrum von WA. Die Zahl der Arbeitsplätze stieg, immer mehr Verwaltungs- und Bürogebäude schossen aus dem Boden, Wohngebiete breiteten sich aus und südlich von Fremantle in Kwinana entstand eine gigantische Ölraffinerie mit ca. 400 Beschäftigten. Von 1966 bis 1996 verdoppelte sich die Bevölkerung von 500.000 auf eine Million und Perth begann sich von einer Großstadt in eine geschäftige Millionenmetropole zu verwandeln.

Gut zu wissen,...

...dass zwischen dem Nationalen / Internationalen Flughafen und der Innenstadt regelmäßig **Flughafen-Shuttlebusse** verkehren [*City Shuttle*, Tel. 9277 7958, www.perthshuttle.com.au, National: $15 1 Pers. / $25 2 Pers. / International: $20 1 Pers. / $30 2 Pers.]. Ein Taxi in die Innenstadt kostet zwischen $33 und $36. Der Nationale Flughafen ist darüber hinaus mit der Buslinie 37 (die direkt in die Innenstadt fährt) ans öffentliche Verkehrsnetz angeschlossen. Einige Backpacker-Unterkünfte bieten bei Buchung mehrerer Nächte einen kostenlosen Flughafentransfer (*Air-*

port Pick Up) an.
...dass sich das **Übernachtungsangebot** auf den Innenstadtbereich und die Viertel Northbridge und Scarborough konzentriert. Dabei sind in der Innenstadt eher die gehobenen Hotels zu finden und in den beiden anderen Vierteln günstigere Alternativen, vornehmlich Backpacker-Unterkünfte. Motels findet man hauptsächlich an den großen Ausfallstraßen, so wie entlang des Great Eastern Highway auf Höhe des Flughafens bis Victoria Park. Wer seine **Unterkunft vorbuchen** möchte, kann neben den im Stadtplan verzeichneten Unterkünften auf verschiedene Websites zurückgreifen, darunter jene, die im Kapitel »Unterkunftsmöglichkeiten« (▷ 38) aufgeführt werden und solche, die auf Perth zugeschnitten sind wie www.accommodationperth.com.au. Mitunter sehr günstige Raten bei Internetbuchung bietet www.check-in.com.au > *Perth*.
...dass zum **öffentlichen Verkehrsnetz** Busse, Bahnen und Fähren gehören [*Transperth*, www.transperth.wa.gov.au, Informationsstände: Plaza Arcade, Bus- und Hauptbahnhof]. Der Fahrpreis richtet sich nach der Anzahl der Zonen, die man durchfährt. Es gibt neun Zonen, wobei die ersten beiden Zonen [1 Zone: $2.30 Erw. / 90 c Kind; 2 Zonen: $3.50 Erw. / $1.40 Kind] bereits einen großen Teil des Stadtbereichs (inkl. Fremantle) abdecken. Die verschiedenen **Zonen-Tickets** sind, je nach Zonenanzahl, zwei bis drei Stunden gültig und es darf beliebig oft umgestiegen werden. Für einfache Kurzstrecken gibt es das ***Two-Section Ticket*** [$1.60 Erw. / 60 c Kind] mit dem man allerdings nicht umsteigen darf.
Für Vielfahrer gibt es den ***SmartRider*** in Form einer Kreditkarte, auf die man eine beliebige Summe einzahlt (Minimum $10). Die Karte kann u. a. in den *Transperth*-Informationsständen sowie in einigen Zeitungsläden erstanden werden und kostet $10. Sie gewährt dem Benutzer einen 15%igen Rabatt auf den Fahrpreis.
Zur uneingeschränkten Benutzung der öffentlichen Verkehrsmittel berechtigen die **Tageskarte**/*DayRider* [$8.40 Erw. / $3.30 Kind; gültig: Mo-Fr ab 9 h, Sa So & in den Ferien ganztags] und die **Familienkarte**/*FamilyRider* [$8.40 für bis zu 7 Personen (max. 2 Erwachsene); gültig: Mo-Do ab 18 h, Fr ab 15 h, Sa So & feiertags ganztags; in den Schulferien werktags ab 9 h].
Ermäßigung/*Concession* gibt es für **Kinder** zwischen 5 und 14 Jahren. Kinder bis 5 Jahre sind kostenfrei. Eine Studentenermäßigung gibt es nur für australische Studenten.
Kostenlos für Jedermann ist die Benutzung der öffentlichen Busse innerhalb der ***Free Transit Zone***, die den gesamten Innenstadtbereich sowie das Zentrum von Northbridge einschließt. Innerhalb dieser Zone verkehren auch die **kostenlosen CAT-Busse** [Red CAT, Blue CAT und Yellow CAT].
...dass es verschiedene **Taxizentralen** gibt, darunter *Black & White Taxis* [Tel. 13 10 08] und *Swan Taxis* [Tel. 13 13 30].
...dass die **Geschäfte** in der Innenstadt auch Samstag [🕓 9-17 h] und Sonntag [🕓 12-17 h] geöffnet haben. Außerdem fällt der lange Einkaufstag nicht wie sonst in WA üblich auf den Donnerstag, sondern auf den Freitag [🕓 - 21 h].
...dass man in Perth und Fremantle folgende Alternativen hat ein **Fahrzeug zu kaufen oder zu verkaufen**:

1. Die **Automeile** von Perth ist der Albany Highway von Victoria Park bis Maddington. Während im oberen Teil des Highways die Autohändler/*car dealer* noch recht verstreut und ohne eigenes Fahrzeug schlecht zu erreichen sind, kann man in Victoria Park die Händler bequem zu Fuß ablaufen und sich einen Eindruck über die Marktlage verschaffen. Im Gewerbegebiet von Wangara (Prindiville St nebst Seitenstraßen) befindet sich ebenfalls eine kleine Auswahl an Autohändlern.

2. Wer das Abenteuer von Anfang an liebt, kann sich ein Fahrzeug auf einer **Auktion**/*auction* ersteigern. Die angebotenen Fahrzeuge sind meist jüngeren Baujahrs und das Preisniveau ist dementsprechend hoch. Damit der Käufer nicht die

Katze im Sack kauft (Probefahren ist nicht gestattet), werden einige Fahrzeuge mit einem unabhängigen Prüfbericht angeboten. Gebühren fallen in der Regel nur für den Verkäufer an. Autoauktionen finden u. a. in folgenden Auktionshäusern statt: *Aberdeen Auto Auctions* [527 Newcastle St, Northbridge, www.aberdeenautoauctions.com.au] und *WA Auto Auctions* [51 Ewing St, Bentley, www.auto-group.com.au].

3. Es gibt drei **Zeitungen,** in denen Gebrauchtwagen/*used cars* angeboten werden. Eine große Auswahl aller Preis- und Modellklassen bietet das jeden Donnerstag erscheinende *Quokka* [www.quokka.com.au]. In diesem Anzeigenblatt inserieren überwiegend private Anbieter und das Aufgeben einer Annonce/*advertisment* [Tel. 9333 3000] ist kostenlos. Der *Auto Trader* [www.autotrader.com.au] erscheint jeden Freitag und enthält überwiegend Anzeigen von Autohändlern. Durch die zahlreichen Fotoabbildungen der angebotenen Fahrzeuge gewinnt man einen guten Überblick über die Modellpalette. In der Tagezeitung *The West Australian* erscheinen mittwochs und in der Samstagsausgabe ebenfalls Autoanzeigen – allerdings auf einem höheren Preisniveau.

4. Der einzige **Automarkt** im Großraum Perth ist der *Private Car Seller Market* in Fremantle [auf dem Parkplatz Beach St, schräg gegenüber der Parry St, 🕓 Sa 8-15 h]. Für den Verkäufer fallen eine Stellgebühr von $40 an plus weiteren $80 bei Verkauf des Fahrzeugs. Allerdings halten sich der Andrang von Käufern wie auch Verkäufern gewöhnlich stark in Grenzen.

5. Auch unter Reisenden existiert ein ausgeprägter Autohandel und da Perth die einzige Metropole im Westen ist, konzentriert sich hier der An- und Verkauf. Der eigentliche Autohandel findet auf den **Schwarzen Brettern/***black boards* (auch *notice boards*) der Backpacker-Unterkünfte und Internet-Cafés statt. Hier hängen meist schichtweise Verkaufsangebote von Fahrzeugen, viele davon inklusive vollständiger Campingausrüstung.

6. Das **Internet** bietet neben den bereits genannten Webadressen noch weitere interessante Websites. Unter www.australien-info.de gibt es ein virtuelles Schwarzes Brett, auf dem auch Wagen zum Verkauf angeboten werden. Einen virtuellen Automarkt bieten www.carmarket.com.au und www.travellers-carmarket.com – allerdings mit einem meist spärlichen Angebot. Größer ist das Angebot unter www.carsales.com.au, einer Website auf der sowohl Privatleute als auch Händler inserieren.

...dass das Angebot an **Autovermietungen** in Perth und Fremantle groß ist. Fast alle Vermieter unterscheiden in ihrer Preisgestaltung zwischen einer Stadt- und Landnutzung. Die verlockend günstigen Angebote von $20 bis $25 pro Tag beschränken sich nur auf Fahrten im Großraum Perth (*metropolitan use* oder *metropolitan area*). Zudem sind sie an eine Mindestmietdauer von meist sechs Tagen gebunden. Günstige Anbieter sind u. a: *Bayswater* [vier Filialen in Perth und Fremantle, darunter eine in der City, 160 Adelaide Tce, www.bayswatercarrental.com.au], *Network Car Rentals* [180 Newcastle St, Northbridge, www.networkrentals.com.au], *ACE Rent-a-Car* [in der City: 311 Hay St, www.acerent.com.au], *Apex Rent-a-Car Rentals* [in der City: 141 Adelaide Tce, www.apexrentacar.com.au] und für jene, die mit einem älteren Modell zufrieden sind *Backpacker Rentals* [235 Hampton Rd, Fremantle, www.backpackerrentals.com.au].
Sobald man mit dem Auto die Großstadt verlassen will (*country use* oder *country area*), steigen die Preise sprunghaft. Je nachdem, wie weit man sich von Perth entfernen möchte, muss man mit $300-$380 pro Woche für einen Mittelklasse Wagen mit Klimaanlage rechnen. Einige Anbieter erhöhen nicht nur die Mietpreise in Richtung Norden, sondern auch den zu bezahlenden Eigenanteil im Falle eines Schadens. Ein Vergleich der verschiedenen Anbieter lohnt in jedem Fall,

zumal es vor allem in der Nebensaison oft günstige Angebote gibt.

Forrest Pl / Wellington St, Mo-Do 8.30-17.30 h, Fr 8.30-18 h, Sa 9.30-16.30 h, So 12-16.30 h

BB*, BP*, CP*, H/M*, JH*, S*

eines der größten Einkaufszentren ist: *Karrinyup*, Karrinyup Rd, *Woolworths*, Mo-Fr 8-18 h (Do -21 h), Sa 8-17 h

Fremantle. (26.289 Einw.) Obwohl Fremantle inzwischen mit der Großstadt Perth zu einer Einheit verschmolzen ist, hat die **historische Hafenstadt** ihren eigenen Charakter bewahren können. Keine Bürohochhäuser oder Geschäftskomplexe prägen das Stadtbild, sondern hübsch restaurierte **Gebäude im Kolonialstil**, darunter über 100, die unter Denkmalschutz stehen. Im Gegensatz zu Perth wirkt Fremantle übersichtlich und beschaulich und viele Reisende ziehen die **entspannte Atmosphäre** Fremantles dem hektischeren Großstadttreiben vor. Ob Lokale, Unterkünfte, Sehenswürdigkeiten oder Supermarkt – alles ist bequem zu Fuß erreichbar.

Kulinarischer und sozialer Mittelpunkt ist die South Terrace mit ihren zahlreichen **Straßencafés und Restaurants**. Nicht minder lebhaft geht es am Fischereihafen, dem *Fishing Boat Harbour* [Mews Rd] zu, wo es eine gute Auswahl an Lokalen gibt, angefangen von exklusiven Fischrestaurants bis hin zu Fish & Chips-Läden mit Selbstbedienung.

Neben zahlreichen Geschäften im Zentrum laden **zwei Märkte** zum Stöbern ein. In der 1897 im viktorianischen Stil erbauten Markthalle [*Fremantle Markets*, South Tce / Henderson St, Fr 9-21 h, Sa 9-17 h, So 10-17 h, Mo (nur feiertags) 10-17 h] präsentieren rund 150 Stände eine gelungene Mischung aus Kitsch, Kunst, Obst, Gemüse und allerlei Köstlichkeiten. Die etwas kleineren, in einer ehemaligen Lagerhalle stattfindenden *E Shed Markets* [Victoria Quay Rd, Fr-So 9-18 h] haben dagegen eher Souvenirgeschäft-Charakter, denn Obst, Gemüse und andere Lebensmittel werden nicht feilgeboten. Erwähnenswert ist jedoch der **Foodcourt** [Fr-So 9-20 h], von dessen großer Terrasse man einen Blick auf die Hafeneinfahrt genießt.

Ebenfalls auf dem Hafengelände befindet sich das Ende 2002 eröffnete futuristische **Westaustralische Schifffahrtsmuseum** [*Western Australian Maritime Museum*, Victoria Quay Rd, tägl. 9.30-17 h, jeden 2. Dienstag im Monat ist der Eintritt frei - sonst: $10 Erw. / $3 Kind], das sich in mehreren Ausstellungen der maritimen Geschichte von WA inklusive der Geschichte des Hafens von Fremantle widmet. Das größte »Ausstellungsstück«, das U-Boot *HMAS Oven*, das auf dem Außengelände des Museums steht, kann via einer (nicht im Eintrittspreis enthaltenen) 30-minütigen Führung [tägl. 10-15.30 h, jede halbe Stunde] besichtigt werden.

Mit dem spannendsten Kapitel der maritimen Geschichte von WA, nämlich der Entdeckung der westaustralischen Küste sowie den dort geschehenen Schiffsunglücken und -tragödien, beschäftigt sich die **Schiffswrack-Galerie** [*Shipwreck Galleries*, Cliff St tägl. 9.30-16.45 h, kostenlose Führungen um 10, 11, 14 u. 15 h], in der u. a. die geborgenen Überreste des Schiffes *Batavia* (▷ 263) zur Schau stehen.

Das **älteste Gebäude von Fremantle**, *The Round House* [Arthur Head, tägl. 10.30-15.30 h], ist ein Gefängnis. Das 12-eckige Gebäude wurde 1830/31 von und für aboriginal Sträflinge/n gebaut. Als 1850 die ersten weißen Sträflinge aus England eintrafen und die wenigen Zellen nicht mehr ausreichten, ließ man die Sträflinge sich ein neues Heim bauen, das **Fremantle Gefängnis** [*Fremantle Prison*, The Terrace, tägl. 10-18 h, Führungen jede halbe Stunde]. Der düstere Kalksteinkomplex, der noch bis 1991 als Hochsicherheitstrakt diente, ist heute eine Touristenattraktion und kann mit oder ohne Führung, tags oder abends mit Taschenlampe [Taschenlampen-Touren Mi u. Fr 19.30 h] erkundet werden.

Der Stadtgeschichte widmet sich **Fremantles Geschichtliches Museum** [*Fremantle History Museum*, 1 Finnerty St, Mo-Fr 10-16.30 h, Sa

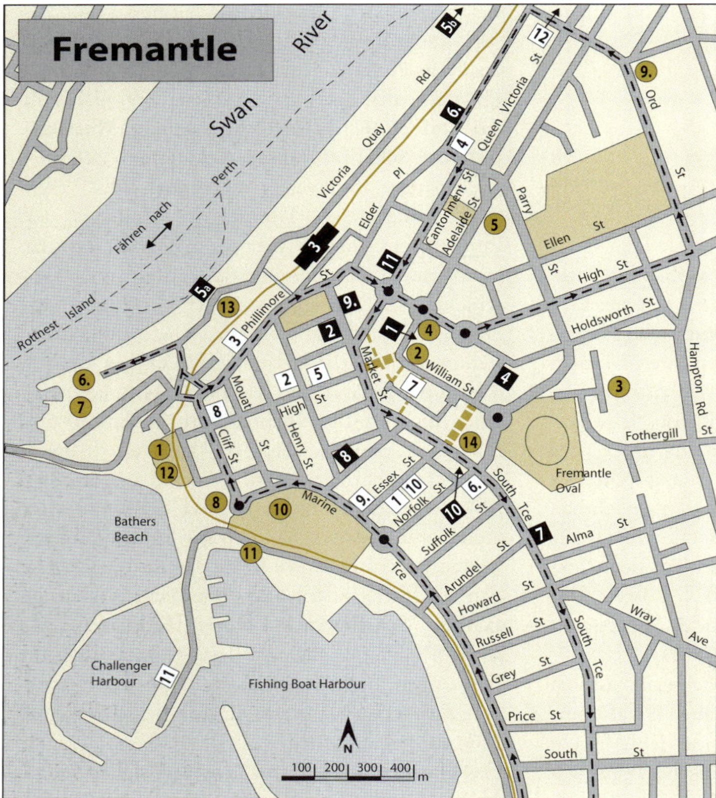

Fremantle Cat (kostenlose Buslinie, nur eine Fahrtrichtung)

Fußgängerzone

Grünflächen

■ Praktisches

Allgemeines

1 Touristenbüro [◷ ▷166]
2 Hauptpostamt [◷ Mo-Fr 8-17 h]
3 Hauptbahnhof
4 Polizeiwache
5 a/b Fähranleger
6 Automarkt [◷ ▷162]
7 Krankenhaus
8 Kartenfachgeschäft ▷22

Internet

9 Internet-Café
10 e-Tech Centre

Supermarkt

11 *Coles* [◷ ▷166]

● Sehenswürdigkeiten

Historische Gebäude

1 *The Round House*
2 Rathaus
3 Fremantle Gefängnis

Kirchen

4 *St. John´s Anglican Church*
5 *St. Patrick´s Church*

Museen & Anderes

6 Westaustralisches Schifffahrtsmuseum
7 U-Boot *Submarine Ovens´*
8 Schiffswrackgalerie
9 Fremantles Geschichtliches Museum & Kunstgalerie
10 Monument
11 Restaurant-Meile am Fischereihafen
12 *Whaling Tunnel*

Märkte

13 *E-Shed Markets*
14 *Fremantle Markets*

□ Unterkünfte

...unter $70 für ein Doppelzimmer

1 ***Pirates Backpackers***, 11 Essex St, Tel. 9335 6635
2 ***Freo Inn Backpackers***, 11 Pakenham St, Tel. 9431 7065
3 ***Old Fire Station Backpackers***, 18 Phillimore St, Tel. 9430 5454, www.old-firestation.net
4 ***Australia Backpackers***, 4 Beach St, Tel. 9433 2055, www.austbackpackers.com
5 ***Sundancer Backpackers Resort***, 80 High St, Tel. 9366 6080, www.sundancer-resort.com.au

...zwischen $70 und $130

6 ***The Norfolk Hotel***, 47 South Tce, Tel. 9335 5405, www.norfolkhotel.com.au
7 ***Rosie O´Grady´s***, 23 William St, Tel. 9335 1645, www.rosieogradys.com.au
8 ***The Fremantle Hotel***, 6 High St, Tel. 9430 4300

...über $130

9 ***The Esplanade Hotel***, Marine Tce / Essex St, Tel. 9432 4000, www.esplanadehotelfremantle.com.au
10 ***Port Mill Bed & Breakfast***, 17 Essex St, Tel. 9433 3832, ww.babs.com.au/portmill
11 ***Quest Harbour Village Apartments***, Mews Rd / Challenger Harbour, Tel. 9430 3888, www.questapartments.com.au
12 ***Tradewinds Hotel***, 59 Canning Hwy, Tel. 9339 8188, www.tradewindshotel.com.au

·mantles Rathaus.

13-17 h, So 10.30-16.30 h], das im ehemaligen Irrenhaus (erbaut 1860er) untergebracht ist. In diesem befindet sich auch die **Kunstgalerie** [*Arts Centre*, 🕓 tägl. 10-17 h] mit wechselnden Ausstellungen und einem kleinen Angebot an Künstler-Workshops.

Wer sich Fremantles Attraktionen im Sitzen anschauen möchte, kann an verschiedenen **Stadtrundfahrten** teilnehmen [🕓 tägl. 10-15 h, meist zur vollen Stunde, Abfahrt: vor dem Rathaus, William St / Adelaide St].

Von Fremantle starten sowohl **Fähren nach Rottnest Island und Perth** als auch **Walbeobachtungstouren** (Anbieter ▷ 155 & 168).

Ein **interessantes Monument** hinsichtlich der schwarzweißen Geschichte Australiens steht in der von Norfolktannen beschatteten Grünanlage beim Fischereihafen. Es handelt sich um einen Gedenkstein, der drei Entdeckern gewidmet ist, die 1864 im Norden von WA von »hinterhältigen Aborigines...attackiert« und »ermordet« wurden. In den 1990er Jahren wurde eine weitere Gedenktafel angebracht, die auf die unangemessene Wortwahl hinweist und richtig stellt, dass die Aborigines nicht vorsätzlich getötet haben, sondern im Zuge der Verteidigung ihres Landes.

Geschichte

Kapitän Charles Howe Fremantle (1800-1869) befand sich mit seiner Fregatte *Challenger* gerade vor Südafrika, als er von der britischen Admiralität den Auftrag erhielt, zum 5. Kontinent aufzubrechen, um dort an der Mündung des Swan River noch einmal die westliche Hälfte des Kontinents für die britische Krone in Besitz zu nehmen. Noch einmal, denn eigentlich hatten dies George Vancouver und Mayor Edmund Lockyer bereits 1791 bzw. 1826 am King George Sound (▷ 199) getan... Also nahm Fremantle jenen bislang so ungeliebten Teil des Kontinents am 2. Mai 1829 ein drittes Mal und endgültig für die britische Krone in Besitz.

Gut einen Monat später erreichten die ersten Siedler den Swan River. Doch ließen sie sich nicht an seiner Mündung, sondern 18 km weiter stromaufwärts nieder, wo die Hauptstadt der neuen Kolonie entstehen sollte. Da die neu gegründete Stadt einen Hafen benötigte, entstand gleichzeitig an der Mündung eine Hafensiedlung, die den Namen Fremantle erhielt.

Bereits nach 18-monatiger Siedlungsaktivität wurde ein Gefängnis erbaut, das auf Grund seiner rundlichen Form *The Round House* genannt wurde. Es war das erste steinerne Bauwerk der Kolonie und entstand bezeichnenderweise vier Jahre vor dem Gerichtsgebäude. Bei den Insassen handelte es sich bis zum Eintreffen der ersten weißen Sträflinge (1850) fast ausschließlich um Aborigines. Wie auch in anderen Gefängnissen Australiens wurden sie wie Sklaven aneinander gekettet, wobei man ihnen zusätzlich schwere Eisenringe um die Nacken legte. Diese menschenunwürdi-

ge Behandlung wurde erst Ende des 19. Jahrhunderts abgeschafft.
Fremantles erster einträglicher Wirtschaftszweig war der Walfang. Zwischen 1837 und 1850 operierte am Bathers Beach, in unmittelbarer Nähe des Zentrums, eine Walfangstation. An diese Ära erinnert noch heute der *Whaling Tunnel* [🕓 tägl. 10.30-15.30 h], der unter einer Kalksteinklippe hindurchführt und so den Abtransport der begehrten Walprodukte erheblich erleichterte. Der ursprünglich 64 m lange Tunnel ist inzwischen auf 46 m Länge geschrumpft, da Teile der Kalksteinklippe als Baumaterial herhalten mussten.
Fremantles Hafen gelangte erst während der vorletzten Jahrhundertwende durch den Ausbau der Hafenanlagen und das Ausbaggern der Fahrrinne an Bedeutung. Bis dahin war Albany der wichtigste Hafen der Kolonie gewesen. Nun aber konzentrierte sich der Handelsverkehr auf Fremantle und ließ das Städtchen zu einer prosperierenden Hafenstadt werden. 1929 erhielt Fremantle die Stadtrechte.
In den 1980er Jahren wurde das touristische Potential der historischen Siedlung entdeckt und viele Gebäude aufwendig restauriert. Noch einmal kräftig »herausgeputzt« wurde Fremantle, als es 1983 den Zuschlag für die Ausrichtung des bedeutendsten aller Hochseesegelwettbewerbe, des *America's Cup*, erhielt. In diesem Zuge wurde die gesamte Stadt »modernisiert« und erhielt ein neues Gesicht – das Gesicht einer lebendigen, weltoffenen Hafenstadt.

Gut zu wissen,...

...dass Fremantle durch einen **Flughafen-Shuttlebus** mit dem Nationalen sowie Internationalen Flughafen verbunden ist [*Fremantle Airport Shuttle*, Tel. 9457 7150, www.fremantleairportshuttle.com.au, $35 1 Pers. / $45 2 Pers.].
...dass man zum **Vorbuchen einer Unterkunft** neben den im Stadtplan verzeichneten Adressen auf verschiedene Websites zurückgreifen kann, darunter jene, die im Kapitel »Unterkunftsmöglichkeiten« (▷ 38) aufgelistet werden und solche, die auf Fremantle spezialisiert sind wie www.fremantle.wa.gov.au > *Accommodation*.
...dass die **Geschäfte** in Fremantle auch Samstag [🕓 9-17 h] und Sonntag [🕓 10-17 h] geöffnet haben. Langer Einkaufstag ist, im Gegensatz zur Innenstadt von Perth, am Donnerstag [🕓 - 21 h] und nicht am Freitag.
...dass in Fremantle ein **kostenloser Bus**, die Fremantle CAT, verkehrt.
...dass Adressen und Tipps für **Autokauf und Mietfahrzeuge** unter »Perth« zu finden sind (▷ 161 & 162). Dasselbe gilt für Informationen über das **öffentliche Verkehrsnetz** (▷ 161).

Adelaide St / William St, 🕓 Mo-Fr 9-17 h, Sa 10-15 h, So 11.30-14.30 h

BB*, BP*, CP², H/M*, JH¹, S*

Coles, Cantonment St, 🕓 Mo-Fr 8-19 h (Do -21 h), Sa 8-17 h, So 12-18 h

1997 gelangte ein wichtiges Stück Geschichte zurück auf den Kontinent: der Schädel des aboriginal **Freiheitskämpfers Yagan** (~1799-1833).
Yagan gehörte zum Beeliar-Volk, das am Swan River zwischen Perth und Fremantle beheimatet war. Als die ersten britischen Siedler 1829 in dieses Gebiet eindrangen und den Aborigines ihr Land streitig machten, versuchte sich Yagan zunächst mit ihnen zu arrangieren. Falls die Weißen seinem Volk ausreichend Nahrung zur Verfügung stellen würden, so lautete Yagans Bedingung, könnten sie auf dem Land der Beeliar bleiben. Die Siedler aber wollten und konnten auf diese Forderung nicht eingehen, hatten sie doch in den ersten Jahren selbst nicht genug zu essen. Doch die Beeliar ließen sich nicht ohne weiteres von ihrem Land vertreiben. Ihrer Jagdgründe beraubt, richteten sie nun unter der Führung von Yagan ihre Speere nicht mehr auf Kängurus, sondern auf Hühner, Schweine und Schafe. Daraufhin verschärften sich die Spannungen zwischen den Ureinwohnern und den Neuankömmlingen und schon bald darauf wurde auf den führenden

Widerständler Yagan ein Kopfgeld ausgesetzt. Das Geld verdienten sich zwei Halbwüchsige, von denen der Ältere Yagan im Schlaf erschoss. Nach seiner Ermordung wurde Yagan enthauptet, sein Kopf konserviert und nach England geschickt, wo er jahrzehntelang zur Schau gestellt wurde. Eine durchaus zeitgemäße Praxis, denn damals sammelten die weißen Kolonialisten eifrig Knochen, Körper und Schädel jener »Wilden«, in deren Territorien sie gerade eingedrungen waren. Erst 164 Jahre später wurde Yagans Kopf der Swan River Aboriginal Community übergeben, um ihn dort zu beerdigen, wo der Rest des Körpers liegt.

Rottnest Island. Quokkas, Strand, Schnorcheln und Radfahren sind die Gründe, warum man nach Rottnest Island fährt. Die beliebte Ausflugsinsel liegt nur 18 km von der Küste entfernt und ist durch einen regelmäßigen Fährverkehr mit dem Festland verbunden. Die leicht hügelige, **karge Kalksteininsel** wird größtenteils von niedriger, schattenloser Heidevegetation bedeckt. Entlang der Küste befinden sich zahlreiche **türkisfarbene Badebuchten** mit weißen Sandstränden. Einige Buchten werden durch vorgelagerte Riffe geschützt, in denen sich, dank der warmen Leeuwin Strömung, für diese Breitengrade ungewöhnlich viele **tropische Fische** tummeln (knapp 100 der insgesamt 360 Arten).

Der bekannteste Inselbewohner ist das **Quokka**/

der Hoffnung auf etwas Wasser mischen sich die Quokkas unter
e Besucher.

quokka (▶ 136), ein ca. 50 cm großes Beuteltier mit kurzem, dünnem Schwanz und kleinen, runden Ohren. Als der holländische Entdecker Willem de Vlamingh 1696 die Insel erkundete und zum ersten Mal ein Quokka sah, beschrieb er das unbekannte Tier als »eine Art Ratte so groß wie eine Katze«. Und da die Insel vor »Ratten« nur so wimmelte, taufte er sie »Rottenest«, zu Deutsch »Rattennest«. Noch heute leben durchschnittlich 10.000 Tiere auf der Insel. Tagsüber ruhen sie bevorzugt im Schatten von Bäumen, daher findet man sie am ehesten an den wenigen waldigen Stellen der Insel. Das Füttern der neugierigen, teils handzahmen Beutler ist verboten. Allgemein toleriert und praktiziert wird das Tränken der Tiere mit Wasser. In den trockenen Monaten, wenn die natürlichen Wasserressourcen zur Neige gehen, sind die Tiere für jeden Tropfen dankbar. An einigen Stellen der Insel, an denen die Tiere regelmäßig getränkt werden, wie z. B. an der Abfahrt zum Parker Point, lockt ein Schälchen Wasser oft Dutzende Quokkas aus ihrem Versteck.

Eine weitere Besonderheit der Insel betrifft die Fortbewegung. Auf Rottnest Island ist das **Fahrrad Transportmittel Nr. 1**, denn privater Autoverkehr ist verboten. Nur ein paar Gemeindefahrzeuge und Busse sind zugelassen. Einer dieser Busse ist der *Bayseeker Bus*, ein Linienbus, der mit Ausnahme der westlichen Landspitze, die ganze Insel umrundet. Er verkehrt, je nach Saison, mehrmals täglich und hält an den verschiedenen Buchten der Insel [aktueller Fahrplan im Touristenbüro]. Außerdem werden **2-stündige Sightseeing-Touren** angeboten [*Island Bus Tour*, Buchung im Touristenbüro].

Die einzige Siedlung der Insel ist **Thomson Bay Settlement**, ein geschäftiger Ferienort mit einigen historischen Gebäuden aus dem 19. Jahrhundert. Hier befinden sich Unterkünfte, Touristenbüro, Supermarkt, Cafés und Restaurants, Fahrradverleih und ein kleines **Museum** [🕓 tägl. 11-16 h], das sich mit der Geschichte der Insel befasst. In der Hauptsaison (Nov.-April) starten im Hafen verschiedene **Bootstouren**, darunter

Schnorchel-Touren und Fahrten mit dem Glasbodenboot.

Geschichte

Noch bis vor 6500 Jahren war Rottnest Island über eine Landbrücke mit dem Festland verbunden. Bis zu diesem Zeitpunkt lebten hier Aborigines. Erst der steigende Meeresspiegel überflutete die Landbrücke und ließ Rottnest zur Insel werden. Die Nyoongar (▷ 183) nennen die Insel seitdem »Wadjemup«, was soviel heißt wie »Ort auf der anderen Seite des Wassers«.

Seit der britischen Besiedlung wurde die Insel auf unterschiedlichste Weise genutzt. Bereits 1830, nur ein Jahr nach Gründung der Kolonie, wurde sie vermessen und verpachtet. Salzgewinnung, Landwirtschaft und Fischfang machten die Insel für die junge Kolonie wirtschaftlich attraktiv. Im I. Weltkrieg diente Rottnest als Internierungslager für deutsche und kroatische Gefangene. Während des II. Weltkrieges wurde die Insel zu einem militärischen Stützpunkt ausgebaut und beherbergte bis zu 2500 Soldaten.

Berüchtigt ist Rottnest für seine grausame Vergangenheit als Gefängnisinsel für Aborigine-Männer. 1838 wurden auf Vorschlag des Gouverneurs James Stirling die ersten sechs Häftlinge nach Rottnest deportiert. Ihre Vergehen reichten von Mord bis zum Diebstahl von Butter. Bis 1903, als das Gefängnis geschlossen wurde bzw. 1931, als der letzte Häftling die Insel verließ, sollten 3700 Häftlinge folgen. Mit einer Kombination aus kalten Wintern ohne Kleidung und Decken sowie überfüllten Zellen, Misshandlungen, harter Arbeit und schlechter Ernährung avancierte Rottnest schnell zu einem der härtesten Aborigine-Gefängnisse jener Zeit. Nach offiziellen Angaben starb jeder 10. Häftling auf der Insel... Die meisten historischen Gebäude, die noch heute auf Rottnest stehen, wurden von Aborigines in Zwangsarbeit errichtet. Noch bis vor wenigen Jahren wurde die grausame Gefängnis-Geschichte erfolgreich verdrängt. So war das Gebiet des Aborigine-Friedhofs, auf dem viele der Häftlinge begraben liegen, noch bis 1984 zum Campen freigegeben. Einige der geschichtsträchtigen Gebäude, so wie das Gefängnis (*The Quod* genannt), wurden darüber hinaus als touristische Einrichtungen genutzt. Heute ist man bemüht, diesen unwürdigen Zustand zu ändern und plant verschiedene für Aborigines bedeutsame Gebäude in Museen oder Gedenkstätten umzuwandeln.

Gut zu wissen,...

...dass die **Fähren** von Fremantle [Überfahrt: 30 min, ca. $51 Erw. / $18 Kind] günstiger sind als von Perth [Überfahrt: 45 min, ca. $65 Erw. / $24 Kind]. Zu den Anbietern gehören *Oceanic Cruises* [www.oceaniccruises.com], *Rottnest Fast Ferries* [www.rottnestfastferries.com.au] und *Rottnest Express* [www.rottnestexpress.com.au].

...dass Rottnest Island zwar nur 11 km lang und 4.5 km breit ist, man aber trotzdem einen ganzen Tag einplanen sollte, um die Insel vollständig zu erkunden. Während einer **Inselumrundung** auf der asphaltierten Küstenstraße (inkl. der Fahrt zum West End und zum Leuchtturm) verfährt man ca. 35 km.

...dass sich in unmittelbarer Nähe des Fähranlegers das **Touristenbüro** und ein **Zimmernachweis**/*accommodation office* befinden. Unterkünfte gibt es in allen Kategorien, angefangen vom Campingplatz bis hin zum Luxusappartment. Spontan über Nacht zu bleiben, ist in der Hochsaison oft nicht möglich, da die Unterkünfte bereits lange vorher ausgebucht sind [Buchungen unter Tel. 9432 9111].

...dass der einzige **Fahrradverleih**/*bike hire* deutlich ausgeschildert ist [vom Anleger aus links halten, ca. 300 m]. Zur Wahl stehen diverse Modelle mit und ohne Gangschaltung, Gepäckträger oder -korb und Kindersitz. Alle Fahrräder werden inkl. Schloss und Helm (Helmtragen ist Pflicht!) verliehen. Die Preise beginnen pro Tag bei ca. $20 zzgl. $25 Pfand. Der Fahrradverleih schließt relativ früh, in der Nebensaison bereits um 16.30 h. Wer zu spät kommt, verliert seinen Pfand. Gewöhnlich ist der Fahrradverleih selbst dem

größten Ansturm gewachsen, an Feiertagen und Ferienwochenenden kann es jedoch zu Engpässen kommen. An solchen Tagen empfiehlt es sich, das Angebot einiger Fährunternehmen anzunehmen und die Räder schon zusammen mit dem Fährticket zu buchen (der Preisunterschied ist gering).
...dass man unter www.rottnest.wa.gov.au nicht nur jede Menge Informationen über die Insel erhält, sondern auch **Kartenmaterial** (> *Useful Information* > *Maps*) zum Ausdrucken.

Colebatch Ave, tägl. 8.15-17 h

CP[1], H/M[1], JH[1], S[1]

General Store, Maley St tägl. 7.30-21 h

John Forrest National Park. (26.7 km²)

Der Park liegt am Rand der bis zu 400 m hohen Darling Range und ist ein beliebtes Ausflugsziel der Städter. Auf Grund seiner Stadtnähe und Lage (direkt am stark befahrenen Great Eastern Hwy) hat er eher **Stadtpark-Charakter**. Im Zentrum des Geschehens stehen ein Restaurant, ein Kiosk und ein riesiger **Picknickplatz** mit kleinen, überdachten Holzhütten und mindestens ebenso vielen Picknicktischen wie Parkplätzen. Hier starten einige Wanderwege durch das mit Grasbäumen (▷ 271), Marris (▷ 180) und Jarrahs (▷ 194) bestückte Buschland. Hinzu kommt ein **10 km langer *Scenic Drive***, der in zwei Schleifen durch das Gebiet führt. Einen schönen Blick auf die winzige, verloren wirkende Skyline von Perth bietet ein Aussichtspunkt an der westlichen Schleife [ca. 1.6 km vom Great Eastern Hwy entfernt].
Geschichtlich ist der Nationalpark in zweierlei Hinsicht bemerkenswert. Erstens ist der 1900 gegründete Park **der älteste Nationalpark von WA** und zweitens befindet sich im Park der **einzige Eisenbahntunnel des Staates**. Der 1895 eingeweihte Tunnel war mit dem Ziel erbaut worden, die bisherige extrem steile Bahnstrecke über die Darling Range zu umgehen. Allerdings erwies er sich schon bald als Flop, denn die Ventilation in seiner engen, 340 m langen Röhre war praktisch gleich Null. Da früher die Lokomotivführerhäuschen offen waren, waren Lokomotivführer und Heizer auf der langsamen Durchfahrt schonungslos dem Rauch der qualmenden Dampfkessel ausgesetzt. Nach mehreren Katastrophen und Beinahe-Katastrophen, bei denen Führer und/ oder Heizer ohnmächtig vom Zug gefallen waren, entschied man 1945 zumindest für die langsam bergauf fahrenden Züge eine weitere Umgehung zu bauen. Diesmal um den Tunnel herum... 1966 wurde die Strecke endgültig stillgelegt.
Heute ist der Tunnel ein beliebtes Wanderziel [8 km ⇆] am *John Forrest Heritage Trail*, der am Picknickplatz startet und am südlichen Ufer des kleinen Wildbachs Ellen Brook entlang führt.

Gut zu wissen,...

John Forrest (1847-1918) war nicht nur der erster Premier von WA, sondern auch ein enthusiastischer Entdecker und so hat man ihm nicht nur in Perth ein Denkmal gesetzt, sondern auch einen Nationalpark nach ihm benannt. Geboren 1847 in WA entdeckte Forrest rasch seine Liebe für den australischen Busch. Zwischen 1869 und 1874 leitete er drei wichtige Expeditionen. Auf allen wurde er von seinem Bruder Alexander Forrest und dem Aborigine **Tommy Windich** (~1840-1876) begleitet. Letzterer machte sich im Alter von 25 Jahren zunächst einen Namen als Police Tracker (▷ 107), bevor Forrest auf ihn aufmerksam wurde. Wenn auch das Wort »Freundschaft« zwischen Windich und den Forrest Brüdern etwas zu hoch gegriffen ist, so war die gegenseitige Beziehung doch von Respekt und Wertschätzung geprägt. Als Windich im Alter von 36 Jahren in Esperance an den Folgen einer Krankheit starb, stifteten die beiden Brüder ihrem verstorbenen Begleiter einen Grabstein. Eine Geste, die für die damalige Zeit durchaus Beachtung verdient.

Streckenabschnitt Süd 2 Mandurah bis Augusta

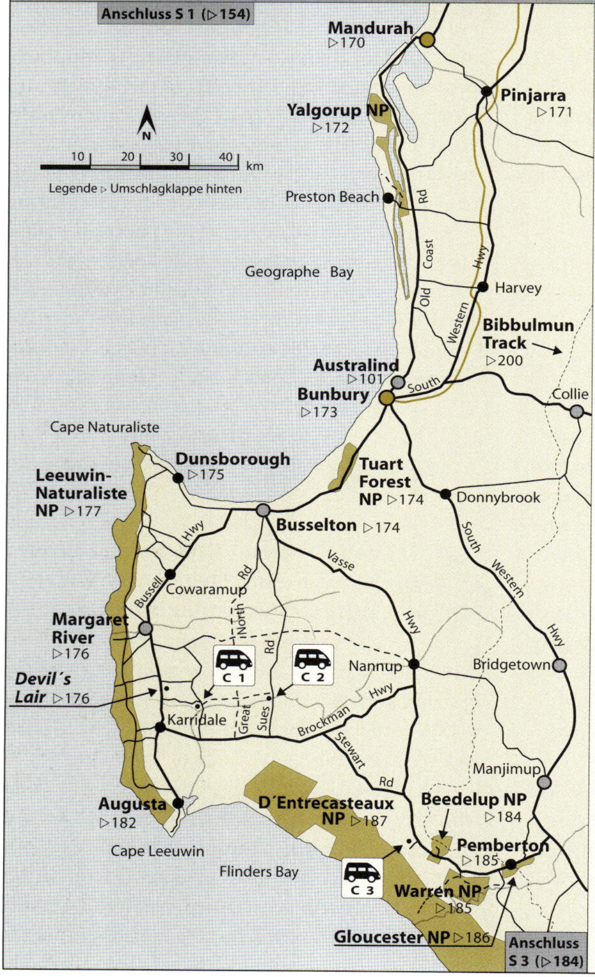

Campsites außerhalb der Nationalparks

1 ***Chapman Pool Campsite*** [Bussell Hwy > 14.5 km südlich von Margaret River links in die Warner Glen Rd > nach weiteren 10 km rechts dem mit WARNER GLEN RECREATION AREA ausgeschilderten Abzweig zum Chapman Pool folgen] - Die Campsite liegt in unmittelbarer Nähe des idyllischen Blackwood River im offenen Eukalyptuswald. Sie bietet über ein Dutzend individuelle Stellplätze, alle ausgestattet mit Feuerstellen.

2 ***Sues Bridge Recreational Area*** [Brockman Hwy > 30 km östlich von Karridale in die Sues Rd > nach knapp 9 km linker Hand der Ausschilderung folgen > weitere 400 m bis zur Campsite] - Das Camp liegt im lichten Wald aus Jarrahs, Banksias und Weidenmyrten und bietet 26 individuelle Stellplätze, alle ausgestattet mit Feuerstellen. Vom Camp führen mehrere kurze Wege an das Ufer des Blackwood River, der zum Baden und Kanufahren einlädt.

3 ***Carey Brook Camping Area*** [Vasse Hwy > 7 km westlich der Einfahrt zu den Beedelup Falls in die Boat Landing Rd > nach jeweils 1.3 & 2.5 km Einfahrten in die Campsite] - Die in zwei Schleifen angelegte Campsite liegt im dichten, schattigen Jarrah- und Marriwald und bietet rund 20 individuelle Stellplätze, alle ausgestattet mit Feuerstellen. Die meisten Stellplätze sind recht klein und daher nur für Zelte oder kleine Campmobile geeignet.

Alle drei Campsites werden von der Naturschutzbehörde verwaltet.

Mandurah. (58.457 Einw.) Mit einer explodierenden Einwohnerzahl, die sich innerhalb der letzten 13 Jahre fast verdoppelt hat, hat sich Mandurah nach Perth und Rockingham zur drittgrößten Stadt in WA gemausert. Da in Australien weniger in die Höhe gebaut wird, wuchert Mandurah in die Fläche, insbesondere gen Süden, wo sich über mehrere Kilometer eine Einfamilienhaussiedlung an die nächste reiht. Im Gegensatz zu diesem recht leblosen Schlafstättenmeer ist das Zentrum überraschend gemütlich und überschaubar. Es gibt eine kurze Fußgängerzone und eine breite, **grüne Uferpromenade** entlang eines ruhigen Seitenarmes des Peel Inlet. Allerdings hat

die Bauwut inzwischen auch das Ufer des weitläufigen Peel Inlet erreicht, an dem erste massige Appartmentbauten die Idylle stören.
Am nördlichen Ende der Promenade liegt das moderne Kulturzentrum einschließlich einiger netter **Cafés und Restaurants direkt am Wasser**. Von hier starten verschiedene **Bootstouren** [Buchungen vor Ort], darunter Fahrten über das Peel Inlet und Delfinbeobachtungstouren, u. a. angeboten von *Mandurah Ferry Cruises* [www.mandurahferrycruises.com].
Weitere **einladende Lokale** befinden sich am *Dolphin Quay*, einem kleinen Komplex direkt am neu erbauten Jachthafen. In dem Gebäude findet auch ein kleiner Markt statt, bestehend aus gut zwei Dutzend Ständen, auf denen überwiegend Souvenirs angeboten werden [*Internal Market*, 🕓 tägl. 10-17 h].
Geschichtliche Informationen über Stadt und Region bietet das **Gemeindemuseum** [*Mandurah Community Museum*, Pinjarra Rd / Mandurah Tce, 🕓 Di-Fr 10-16 h, Sa So 11-15 h]. Neben den üblichen Gegenständen aus der Pionierzeit befindet sich hier ein lebensgroßes Modell (5 m) eines Großmaulhaies/*megamouth*, der 1988 bei Mandurah tot an den Strand gespült wurde. Großmaulhaie leben in den Tiefen der Ozeane und werden nur ganz selten gesichtet. Der Originalfund ist im Westaustralischen Museum in Perth zu bewundern.

Geschichte

Die Stadtgeschichte ist eng mit der Geschichte des Pioniers Thomas Peel verknüpft. Als Cousin des damaligen britischen Premierministers Robert Peel erwarb er 1829 in der neu gegründeten Swan River Kolonie gleich mehrere Grundstücke zu äußerst günstigen Konditionen. Er versuchte sich an mehreren Siedlungsprojekten, die letztendlich alle kläglich scheiterten. Schließlich zog er sich auf ein Stück vielversprechendes Land ca. 80 km südlich der Swan River Siedlung zurück. Doch auch hier blieb er nicht lange, sondern überließ anderen Pionieren die Erschließung des Landes und den Aufbau jener Siedlung, die später den Namen Mandurah erhielt. Warum man von Thomas Peel gemeinhin als »Vater von Mandurah« spricht und sogar die Region nach ihm benannt hat, ist schwer nachvollziehbar – zumal sich Peel in seinem Verhalten nicht gerade mit Ruhm bekleckert hat. Als sein Geld knapp wurde, waren seine Arbeiter und Bediensteten die ersten, die dies zu spüren bekamen. Er strich ihre Löhne und ließ sie hungern, woraufhin 28 von ihnen an Unterernährung starben. Das Massaker von Pinjarra (▽) hatte Peel ebenfalls mitzuverantworten, wenn er auch, stets um seine Sicherheit besorgt, nicht selbst an vorderster Front gekämpft hatte.
»Peels Ortschaft« Mandurah entwickelte sich zunächst nur langsam. Der Fischfang hatte sich zwar früh zu einem lukrativen Wirtschaftszweig herausgebildet, doch erst als 1880 die erste Fischkonservenfabrik öffnete, kam allmählich Schwung in das Wirtschaftsleben. Heute sind die Fischfabriken geschlossen und die Stadt lebt u. a. vom heimischen Tourismus und den umliegenden Industrieanlagen, so wie der 20 km östlich gelegenen, von *Alcoa* betriebenen Aluminiumraffinerie.

Gut zu wissen,...

i Mandurah Tce, 🕓 Mo-Fr 9-16.30 h, Sa So 9.30-16 h

BB*, CP*, H/M*, S*

Forum Shopping Centre, Pinjarra Rd, *Woolworths* 🕓 Mo-Sa 8.30-17.30 h (Do -21 h), So 10-17 h

Drei Kilometer außerhalb der kleinen Ortschaft Pinjarra erinnert ein runder, ungeschliffener Gedenkstein an **das Massaker von Pinjarra**, das hier am 28. Oktober 1834 an den Ufern des Murray River stattfand. Die Region entlang des Murray River war ursprünglich die Heimat des Bindjareb-Volkes. Als die weißen Siedler Anfang der 1830er die fruchtbaren Flussebenen entdeckten, begannen auch sie dieses Land zu besiedeln. Unter ihnen war der einflussreiche Engländer Thomas Peel, der in dieser Region viel Land erworben hatte. Für ihn erwies sich das Bindjareb-Volk zunehmend als Ärgernis, da es sich tatkräftig gegen die weißen Landbesetzer zur Wehr setzte. Die Aborigines töteten Vieh, vernichteten Ernten und brannten Häuser nieder. Im Gegenzug unternahmen die Weißen Rachefeldzüge, bei denen dann eine »gerechte« Anzahl von Aborigines getötet wurde. Dieser latente Kriegszustand führte zu zahlreichen Toten auf beiden Seiten und spitzte sich im Laufe der Zeit immer weiter zu.

Schließlich bat Peel Gouverneur **James Stirling** etwas gegen die Bindjareb zu unternehmen. Stirling stimmte sofort zu, denn er plante den Bau einer Erschließungsstraße direkt durch das Land der aufständischen Aborigines. Zudem fürchtete er, der Funke des Widerstandes könne auch auf andere Nyoongar-Völker (▷ 183) überspringen. Deshalb entschied Stirling, zusammen mit Peel und 24 weiteren Männern, an dem Bindjareb-Volk ein Exempel zu statuieren.

Am 28. Oktober 1834 erreichte der Trupp die Ufer des Murray River. An diesem Tag campten hier schätzungsweise über 100 Mitglieder des Bindjareb-Volkes (die Anzahl variiert, je nach Quelle, zwischen 70 und 300). Im Camp befanden sich überwiegend Frauen und Kinder, da die meisten Männer in einiger Entfernung an einer Initiations-Zeremonie teilnahmen.

Einige von Stirlings Männern ritten direkt ins Lager und eröffneten das Feuer auf die völlig überraschten Menschen. Die wenigen Aborigine-Männer griffen sofort zu ihren Speeren, konnten aber gegen die Übermacht der Schusswaffen kaum etwas ausrichten. Die übrigen Ureinwohner flohen zum anderen Flussufer, wo die restlichen bewaffneten Männer des Vergeltungstrupps sie mit einem ununterbrochenen Kugelhagel empfingen.

Auf der Seite der Weißen gab es nur ein einziges Opfer, die Angaben über die getöteten Ureinwohner schwanken erheblich. Gouverneur Stirling sprach von lediglich 15 getöteten Aborigines. Andere Augenzeugen berichteten von 15 bis 30 Toten. Die genaue Anzahl der Opfer liegt höchstwahrscheinlich deutlich darüber.

Stirling erwarb sich an diesem Tag den unehrenhaften Ruhm, als einziger Gouverneur von WA an einer derartigen Strafexpedition teilgenommen zu haben. Zwar musste er sich später vor der britischen Kolonialbehörde für diese Tat verantworten, doch spielte er das Massaker so erfolgreich herunter, dass er lediglich einen Verweis erhielt.

Yalgorup National Park. (118 km²) Der parallel zur Küste verlaufende Nationalpark umfasst einen schmalen **Streifen waldigen Buschlandes**, in dem Banksias, Grasbäume (▷ 271) und Weidenmyrten (▷ 179) dominieren. Im Grün versteckt, liegen **zehn Seen**, von denen **Lake Clifton** der bemerkenswerteste ist [Anfahrt: Old Coast Rd > 25 km südlich von Mandurah bzw. 18 km nördlich der Preston Beach Rd dem mit LAKE CLIFTON VIEWING PLATFORM ausgeschilderten Abzweig folgen]. Das Besondere an dem flachen See sind seine urzeitlichen Bewohner, die **Thrombolithen**. Thrombolithen erinnern in ihrem unspektakulären Aussehen an Stromatolithen (▷ 276) und bestehen ebenfalls aus einer Vielzahl von Mikroorganismen. Sie unterscheiden sich jedoch von ihren nächsten Verwandten in Entstehung und Aufbau. Die Mikroorganismen der Thrombolithen bauen ihre »Felskolonien« aus Kalziumkarbonat, das sie während der Photosynthese dem Wasser entziehen. Die Organismen der Stromatolithen dagegen verwenden überwiegend winzige Sedimentteilchen als Baustoff.

Südlich von Lake Clifton, am Martin´s Tank Lake, liegt der *Martin´s Tank Campground* mit elf individuellen, schattigen Stellplätzen [WC, $ / Anfahrt: Old Coast Rd > Preston Beach Rd > nach 7 km rechts in die nicht asphaltierte Preston Beach North Rd > nach ca. 5 km der mit MARTIN`S TANK CAMPGROUND ausgeschilderten Piste folgen > 1 km bis zur Campsite].

Gut zu wissen,...

Bunbury. (31.421 Einw.) Die geschäftige Hafenstadt ist auf dem besten Weg sich von einer eher funktionellen Industriestadt in eine **attraktive Wohnstadt** zu verwandeln, die auch für Touristen zunehmend an Reiz gewinnt. Wo sich vor ein paar Jahren noch industrielles Brachland erstreckte, entstanden schicke Villenviertel; häßliche, inmitten der Stadt gelegene Getreidesilos wurden zu schmucken Appartmenthäusern umgebaut und die einst 4-spurige, stark befahrene Küstenstraße entlang der schönen, **von weißen Stränden gesäumten** Geographe Bay wurde auf zwei Spuren zurückgebaut. Dadurch wurden sowohl die kilometerlangen Strände als auch der Stadtraum erheblich aufgewertet. Hinzu kommen ein nettes Stadtzentrum mit einer **lebhaften Hauptgeschäftsstraße**, der Victoria Street, in der sich **viele Restaurants und Cafés** befinden sowie eine der **größten Kunstgalerien** des Südwestens [*Bunbury Regional Art Galleries*, Wittenoom St, 🕓 Mo-Fr 10-16.30 h, Sa So 10-15 h].

Einen **Überblick über die aufstrebende Stadt** bietet ein 14 m hohe Aussichtsturm gleich nördlich des Zentrums, der *Marlston Hill Lookout* [Marlston St, der Ausschilderung ROTARY LOOKOUT folgen].

Von der Aussichtsplattform überblickt man ebenfalls die geschützte, aber nicht ganz so makellose Koombana Bay. Ihr eigentlich cremefarbener Sand verdankt seine schmutzig grauen Schattierungen einem Mineral, das kaum 100 m weiter von dem Unternehmen *Cable Sands* abgebaut und verarbeitet wird. Die Fabrik mit ihren stetig vor sich hin qualmenden Schornsteinen ist nicht nur für das dezente, aber ständige Dröhnen verantwortlich, sondern auch für den süßsäuerlichen Gestank, der bei ungünstiger Windrichtung über der Bucht hängt. Dennoch wird dieser Strand von Touristen mehr besucht als die schönen Stränden entlang der Geographe Bay. Der Grund dafür sind die ca. 100 in der Bucht lebenden Großtümmler, von denen einige seit Anfang der 1990er bis an den Strand herankommen. Hier werden die **Delfine regelmäßig gefüttert** [🕓 tägl. 8-12 h] und als Touristenattraktion vermarktet. Ob und wann die Tümmler auftauchen, ist allerdings ungewiss. Im Sommer kommen sie an durchschnittlich zwei von drei Tagen, im Winter seltener. Ist das Warten von Erfolg gekrönt, so entschädigt die Begegnung mit den verspielten Tieren für das etwas unglückliche Ambiente.

Hinter dem Strand gibt es ein eintrittspflichtiges **Informationszentrum** [*Dolphin Discovery Centre*, 🕓 tägl. 8-16 h], in dem man auch Delfinbeobachtungstouren [🕓 je nach Andrang, meist tägl. 11 u. 15.15 h] buchen kann. Das Personal des Zentrums ist für die Fütterung der Delfine zuständig und steht für Fragen zur Verfügung.

Eine weitere Naturattraktion ist ein kleiner Wald aus **Weißen Mangroven** (▷ 328) im Leschenault Inlet. Seine Existenz in diesen südlichen Breitengraden ist äußerst ungewöhnlich, da Mangroven eigentlich nur in tropischen Regionen gedeihen. Durch das Wäldchen führt ein 200 m langer Holzsteg.

Geschichte

Bunburys Geschichte ist keine sehr spannende. Gegründet wurde die Ortschaft als Militärstützpunkt. Nach der Fertigstellung einer Verbindungsstraße von Pinjarra kamen die ersten Siedler in die Region. Mit dem Bau eines Hafens, insbesondere der Errichtung einer schützenden Kaimauer, entwickelte sich der Ort zu einem geschäftigen Handelsplatz für das gesamte Hinterland.

Als Ende des 19. Jahrhunderts bei Kalgoorlie Gold entdeckt wurde, profitierte auch Bunbury von dem einsetzenden Goldrausch (▷ 234), denn er bescherte dem Küstenstädtchen einen regen »meereshungrigen« Touristenstrom aus den staubigen Goldfeldern. Die Einwohnerzahl stieg langsam aber stetig und 1979 wurden der Ortschaft die Stadtrechte verliehen.

Gut zu wissen,...

...dass in Bunbury ein **öffentlicher Bus** verkehrt. Tickets und Fahrpläne erhält man im alten Bahnhofsgebäude neben dem Touristenbüro. Der Bus fährt nur zu den Hauptgeschäftszeiten.

Old Railway Station, Carmody Pl, 🕓 Mo-Fr 9-17 h, Sa 9.30-16.30 h, So 10-14 h

BB*, BP[2], CP*, H/M*, JH[1], S*

Centrepoint, Blair St, *Coles* 🕓 Mo-Fr 8.30-18 h (Do-21 h), Sa 8.30-17 h

Tuart Forest National Park. (28 km^2) Östlich von Busselton befindet sich der letzte Tuartwald in WA. Der **Tuart**/*tuart* gehört zur Gattung *Eucalyptus* und kommt nur im Südwesten vor. Der bis zu 40 m hohe Baum bevorzugt küstennahe Standorte mit sandigen, kalkhaltigen Böden. Sein hellgrauer, fein geschuppter Stamm kann vor allem an der Basis einen erstaunlichen Umfang erreichen – der dickste Baum im Nationalpark misst immerhin 11 m.

Das gelbliche Holz des Tuarts war bei den europäischen Siedlern derart beliebt, dass es an ein Wunder grenzt, dass überhaupt noch Waldbestand vorhanden ist. Hinzu kommt, dass das Hauptverbreitungsgebiet der Tuarts, nämlich die Region zwischen Busselton und Perth, gleichzeitig der begehrteste Siedlungsraum des Staates war bzw. ist und wo einst Wälder standen, stehen heute Einfamilienhäuser.

Direkt durch den Park, parallel zum Busselton Highway, verläuft der *Ludlow Tuart Forest Tourist Drive* [15 km →]. Ansonsten ist der Park **völlig unerschlossen**. Es gibt weder Wanderwege noch Informationstafeln, nur einen kleinen Parkplatz, die *Membenup Picnic Site*, am südlichen Ende des Parks, von dem man den Wald auf eigene Faust erkunden kann. Die Umzäunung, die es dabei zu überwinden gilt, kann getrost ignoriert werden. Sie stammt aus Zeiten, als hier noch Vieh graste.

Gut zu wissen,…

Busselton. (26.638 Einw.) Busseltons ganzer Stolz ist sein hölzerner, gut **1.8 km langer Pier**, der in einem sanften Bogen in den Indischen Ozean hinausragt. Angeblich ist er der längste Pier (▷ 101) der südlichen Hemisphäre, ganz sicher ist er das unumstrittene Zentrum der Ortschaft. Er ersetzt Busseltons fehlende Strandpromenade, ist Hauptattraktion, Anglertreffpunkt, Flaniermeile und (wie die Gedenktafeln beim Pavillon beweisen) »Letzte Ruhestätte« in einem. Wer nicht zu Fuß über die Dielen schlendern will, kann sich von einer kleinen Lokomotive, die beim Souvenirgeschäft und Ticketkiosk [🕓 tägl. 8.30-17.30 h] abfährt, bis zum Ende des Piers fahren lassen [🕓 tägl. 10-16 h, zu jeder vollen Stunde].

Dort befindet sich ein **Unterwasserobservatorium** [*Underwater Observatory*, 🕓 Dez-April: 8-17 h, Mai-Nov.: 9-16 h], dessen große Fenster eine freie Sicht auf die artenreiche Unterwasserwelt gewähren, die sich im Laufe der Jahre rund um die hölzernen Pfähle entwickelt hat.

Am Strand beim Pier gibt es ein paar **nette Cafés**,

Ob zu Fuß oder per Bahn, Busseltons Pier ist einen Besuch wert.

von deren Terrassen man über den ruhigen Ozean schauen kann. Weitere Lokale befinden sich in der **Hauptgeschäftsstraße**, der Queen Street.
Zwei **bauliche Zeitzeugen** sind die 1918 in Betrieb genommene Molkerei, die *Old Butter Factory*, die heute als **Gemeindemuseum** [*Busselton Historic Museum*, Peel Tce, 🕓 Mi-Mo 14-17 h] dient und *St. Mary's Anglican Church Of Australia* [Causeway Rd], deren Grundstein bereits 1844 gelegt wurde.

Geschichte

Die Geschichte von Busselton ist die Geschichte des Piers. Zwar hatten sich die ersten britischen Siedler schon gut 30 Jahre vor seinem Bau an der Geographe Bay niedergelassen, doch erst 1865, als die ersten Pfähle ins Wasser gesetzt wurden, kam Leben in die Stadtgeschichte.
Der Bau eines Piers kam damals dem Bau eines Hafens gleich und bedeutete stets einen wirtschaftlichen Aufschwung und eine bessere Versorgung. Dementsprechend sehnsüchtig wurde er erwartet. Der Pier maß zunächst lediglich 158.4 m, wurde aber auf Grund einer zunehmenden Versandung während der nächsten 100 Jahre mehrmals verlängert. Pferdewagen transportierten die Güter von einem Ende des Piers zum anderen. Später wurden diese zunächst durch eine Dampflok (1911), dann durch eine Diesellok (1960) ersetzt. Erst mit der letzten Verlängerung im Jahre 1960 erhielt der Pier seine beachtliche Rekordlänge von 1.837 m. Doch schon bald darauf war Busselton als Hafenstandort nicht mehr gefragt und 1974 wurde der Hafenbetrieb vollständig eingestellt. Folglich sparte die Gemeinde die kostenintensiven Instandhaltungsmaßnahmen und der hölzerne Pier begann langsam zu verrotten. 1978 zerstörte Zyklon *Alby* ein beträchtliches Stück im vorderen Teil und 1999 ein Brand im hinteren Teil des Piers.
Dass der Pier heute im alten Glanz erstrahlt, liegt am Engagement einer 1987 gegründeten Bürgerinitiative, die sich für die Restaurierung von Busseltons Hauptattraktion stark gemacht hat. Finanziert wurden die Arbeiten zum Teil aus Spenden und dem erhobenen Eintrittsgeld.

Gut zu wissen,...

Causeway Rd / Peel Tce, 🕓 Mo-Fr 8.30-17 h, Sa 9-16 h, So 10-14 h

BB*, BP¹, CP*, H/M*, S*

Woolworths, Kent St / Duchess St, 🕓 Mo-Fr 8-18 h (Do -21 h), Sa 8-17 h, So 11-16 h

Dunsborough. (3511 Einw.) Dunsborough ist ein äußerst populärer **Ferienort** mit einem modernen, aber etwas nüchternen Stadtzentrum – hoffnungslos überlaufen in der Hauptsaison, ruhig bis ausgestorben den Rest des Jahres. Zwar besitzt Dunsborough keine eigenen Sehenswürdigkeiten, dafür liegen nördlich der Ortschaft ein paar **beliebte Strände** an der geschützten Geographe Bay, darunter Eagle Beach und Meelup Beach [Meelup Beach Rd, Eagle Bay Rd]. Besonders hübsch ist die in Felsen eingebettete Strandbucht Shelley Beach [▶ 122 / Bunker Bay Rd]. Oberhalb der wildromantischen Bucht befindet sich eine Aussichtsplattform [ca. 150 m → vom Parkplatz] mit Bank und Blick über die Küste.
Zwischen Oktober und Dezember starten von Dunsborough **Walbeobachtungstouren** (▷ 201), u. a. angeboten von *Naturaliste Charters* [www.whales-australia.com]. Ganzjährig finden **Tauchtouren** statt, u. a. angeboten von *West Australia Dive Centre* [www.watravelanddive.com] und *Dive Adventures* [www.diveadventures.com.au]. Zu den beliebtesten Zielen gehört das 1997 versenkte Kriegsschiff *HMAS Swan*, aus dem sich ein künstliches Riff gebildet hat, das Heimat von über 100 Fischarten ist.

Gut zu wissen,...

Seymour Boulevard, 🕓 Mo-Fr 9-17 h, Sa 9-16 h, So 10-16 h

BB*, BP*, CP¹, H/M*, JH¹, S*

Coles, Dunn Bay Rd, 🕓 tägl. 8-19 h

Die Margaret River Region gehört zu den **besten Weinanbaugebieten Australiens**. Die über 90 ansässigen Weingüter produzieren zwar nur etwas über 3 % der australischen Gesamtproduktion, dafür aber 25 % aller Spitzenweine/*premium wines*. Margaret River Weine sind so begehrt, dass kaum ältere Jahrgänge auf dem Markt sind. Wenn doch, werden schon relativ junge Jahrgänge dazugerechnet, deren Preise bei $50 aufwärts beginnen. Bereits die Jahrgangsweine haben ihren Preis und beginnen bei stolzen $12 pro Flasche. Allerdings sind auch diese, insbesondere die Rotweine, bereits sehr gehaltvoll und ausdrucksstark.

Die Weinproduktion der Margaret River Region boomt und die Nachfrage nach diesen edlen Weinen wächst im In- und Ausland. Ein großer Anteil der hier abgefüllten Flaschen gehen in den Export, vor allem in die USA und nach England. Rund 60 der Weingüter haben ihre Pforten für Besucher geöffnet und laden zum Probieren und Kaufen ein [🕓 meist tägl. 10-16 h]. Einige Winzer haben ihre **Probierstuben** in vornehme Gourmet Tempel umgewandelt, in denen sie zu ihren großen Weinen auch feine Speisen reichen. Die meisten Güter liegen an der Caves Road oder sind von dieser ausgeschildert.

In Cowaramup gibt es ein **regionales Weinzentrum** mit einer großen Auswahl an Weinen zum Verkauf [*Regional Wine Centre*, Bussell Hwy, 🕓 Mo-Sa 10-19 h, So 12-18 h, www.mrwines.com]. Da sich Autofahren und Weinprobe selten vertragen, werden verschiedene **organisierte Touren zu den Weingütern** angeboten, die von Margaret River starten. Selbstfahrer sollten an die Promillegrenze von 0.5‰ denken.

Margaret River. (4400 Einw.) Die in den 1920er Jahren im Zuge des *Group Settlement Scheme* (▷ 182) gegründete Ortschaft ist der **touristische Mittelpunkt der Weinregion**. In der belebten Hauptgeschäfts- (und leider auch Hauptverkehrsstraße) wechseln sich Surf- und Bekleidungsgeschäfte mit Kunsthandwerks-Galerien, Restaurants und Cafés ab.

Wer etwas über den hiesigen Wein erfahren oder ihn gar verköstigen möchte, kann im Touristenbüro zahlreiche **Weinprobetouren** buchen, auf denen vier bis sechs Weingüter besucht werden, u. a. angeboten von *Margaret River Tours* [www.margaretrivertours.com] und *Bushtucker Tours* [www.bushtuckertours.com]. Die meisten Touren schließen auch den Besuch von mindestens einer **Bierbrauerei** ein. In den letzten Jahren entstanden in dieser Region mehrere Kleinbrauereien, die mit ihren modischen Getränken dem Wein inzwischen Konkurrenz machen, darunter die aromatisierten Biere der *Bush Shack Brewery* [Hemsley Rd, ca. 40 km nördlich von Margaret River, www.bushshackbrewery.com.au].

Gut zu wissen,...

Bussell Hwy, 🕓 tägl. 9-17 h

BB*, BP*, CP¹, H/M*, JH¹, S*

IGA, Bussell Hwy, 🕓 tägl. 7.30-20 h

Das Weingut *Devil's Lair* ist unter Weinkennern und Archäologen gleichermaßen bekannt. Während Erstere für den exquisiten Wein schwärmen, der für durchschnittlich $40 pro Flasche den Besitzer wechselt, gilt das Interesse der Letzteren einer auf dem Gut liegenden Höhle. Die Höhle des Teufels, ***Devil's Lair***, ist der Name der ca. 75 m² großen, unterirdischen Kammer, die zu den **wichtigsten Ausgrabungsstätten Australiens** zählt. In ihr fand man Spuren menschlicher Besiedlung die 31.000 Jahre zurückreichen. Auf der Suche nach Australiens **ältestem Siedlungsbeweis** wird dieses Ergebnis nur von wenigen anderen Ausgrabungsstätten übertroffen.

Ein weiterer Fund von großer archäologischer Bedeutung sind drei verzierte, aus Knochen gearbeitete Perlen, die wahrscheinlich vor 12.000 bis 15.000 Jahren von Menschenhand gefertigt

wurden. Ein Beweis, dass man auch damals schon Wert auf Schmuck und Ornamente gelegt und sich nicht nur auf die Anfertigung überlebenswichtiger Gegenstände beschränkte.
Ihren Namen verdankt die Höhle einem tierischen Besucher, dem Beutelteufel/*Tasmanian devil*. Zahlreiche Knochenfunde weisen daraufhin, dass das kleine, inzwischen nur noch auf Tasmanien vorkommende Raubtier ein häufiger Bewohner der Höhle war. Insgesamt konnten 35 Säugetierarten anhand gefundener Knochenreste identifiziert werden, darunter auch einige Exemplare der längst ausgestorbenen **Megafauna** (▷ 48).
Mehr Informationen über *Devil's Lair* findet man bei *CaveWorks* (▷ 181), denn weder Weingut noch Höhle sind für Touristen zugänglich.

Leeuwin-Naturaliste National Park. (197 km²) Der Nationalpark erstreckt sich vom Cape Leeuwin im Süden bis zum Cape Naturaliste im Norden und besteht auf Grund der großen Popularität der Region aus mehreren von Wirtschaft, Tourismus und Naturschutzbehörde hart umkämpften Teilstücken. Diese bieten eine **urlauberfreundliche Mischung aus verschiedenen Attraktionen**, die den Park in erster Linie für heimische Touristen interessant macht. Dazu gehören 120 km **Küste** mit vielen **hübschen Buchten** zum Schwimmen, Angeln und Surfen sowie der schattige Boranup Forest (▷ 182), ein etwa **100-jähriger Karriwald**, der sich nach einem vollständigen Kahlschlag wieder regeneriert hat. Durch das Kernstück des Waldes führt eine 14 km lange Piste, der Boranup Drive. Die Piste wird, ebenso wie stellenweise die asphaltierte Caves Road, von eindrucksvollen, bis zu 50 m hohen Bäumen gesäumt.
Die größte Attraktion des Parks liegt unter der Erde. Die Region zwischen den Kaps besteht aus uralten Granit- und Gneisschichten, die von einer erst während der letzten 2 Mio. Jahre entstandenen Kalksteinschicht überlagert werden. Trotz der erdgeschichtlich relativ jungen Entstehungsgeschichte des Kalksteins leisteten Ver-

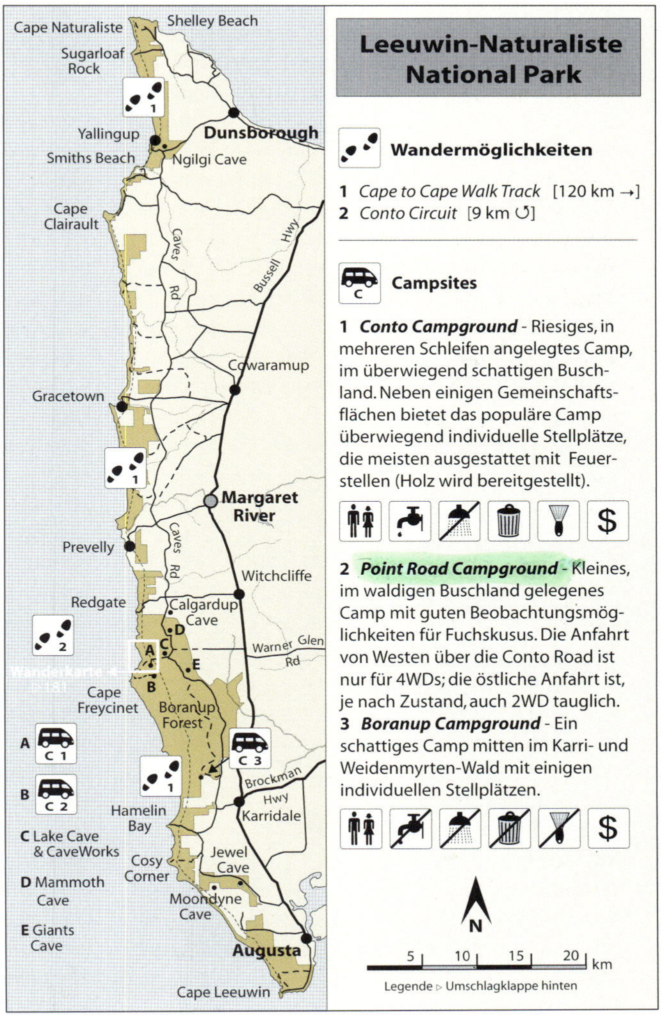

witterung und Erosion erfolgreiche Arbeit und schufen eine unterirdische Welt aus unzähligen Kammern, Gängen und Höhlen. Einige davon verwandelten sich im Laufe der Jahrtausende in fantastische **Tropfsteinhöhlen**, reich verziert mit üppigen Sinterformationen; andere in wichtige **archäologische Fundstätten**. So fand man in der Mammoth Cave Fossilien von Tieren, die heute nicht mehr in WA vorkommen wie Koalas und Beutelteufel.

Der Leeuwin-Naturaliste NP ist der einzige Nationalpark in WA, der gleich **zwei Kaps** sein eigen nennt. Im Süden die flache, umzäunte Landspitze **Cape Leeuwin** [🕓 tägl. 8.45-17 h, an stürmischen Tagen geschlossen], auf der ein 39 m hoher Leuchtturm thront [🕓 tägl. 9-17 h, Führungen alle 30 min] und im Norden das von Steilklippen umgebene **Cape Naturaliste**, welches größtenteils mit Heidevegetation bewachsen ist. Durch diese führen einige kurze Wanderwege u. a. zu einer Walbeobachtungsplattform, von der man zwischen Juni und November **Wale** auf ihren alljährlichen Wanderungen an der Küste vorbeiziehen sehen kann. Neben Buckelwalen (▷ 298) und Südlichen Glattwalen (▷ 251) kann man (insbesondere im Nov.) auch die seltenen Blauwale/*blue whales* erspähen. Die Wege beginnen neben dem eingezäunten Leuchtturmkomplex. Der nur 20 m hohe Leuchtturm wurde 1903 erbaut und kann ebenfalls besichtigt werden [🕓 tägl. 9.30-16 h]

Conto Beach ist einer von vielen schönen Stränden des Nationalparks. Die wellenreiche Bucht ist vor allem bei Surfern beliebt.

Blickpunkt Natur

Durch den wachsenden Touristen- und Ausflüglerstrom wird der Lebensraum der Tiere im ohnehin stark zergliederten Nationalpark immer weiter eingeschränkt. Kleine Beutler wie der Pinselschwanzbeutler/*brush-tailed phascogale* und der Chuditch/*chuditch* (auch *western quoll*), die hier einst zahlreich vertreten waren, sind inzischen ein seltener Anblick. Dafür ist der Park ein wichtiger Lebensraum für den Honigbeutler (▷ 225) und die Dickschwanz-Schmalfußbeutelmaus/*fat-tailed dunnart*. Außerdem gehört er zu den populationsstärksten Gebieten des Westlichen Ringelschwanz-Kletterbeutlers/*western ringtail possum*. Der nachtaktive Kletterbeutler lebt in den Weidenmyrten-Wäldern des Südwestens und ist heute vom Aussterben bedroht. Ein zweiter im Park beheimateter Kletterbeutler ist der weit verbreitete Fuchskusu (▶ 84). Wer die Nacht auf einer der im Wald liegenden Campsites verbringt, insbesondere auf dem *Point Road Campground*, der bekommt regelmäßig Besuch von diesen neugierigen Beutlern.

Zu den häufigsten gefiederten Bewohnern gehören Flötenvögel (▷ 208), Rotlappen-Honigfresser und Westliche Zimtflügel-Honigfresser. Außerdem Arten, die eher im waldigen Buschland zu Hause sind, so wie Kookaburras (▽), Gelbbauch-Dickköpfe/*golden whistlers* (▶ 141), Ringsittiche (▷ 192) und Rotkappensittiche/*red-capped parrots*, und Arten, die die offene Heidevegetation bevorzugen, so wie Rotstirn-Borstenschwänze/*southern emu wrens* und Buntkopf-Honigfresser. Ebenfalls regelmäßig entlang der Küste zu beobachten ist der zierliche Graubartfalke/*nankeen ke-*

.t einer Durchschnittsgröße von nur 33 cm gehört der Graubart-
.ke zu den kleinsten Falken Australiens.

strel (auch *Australian kestrel*).
Ein besonders präsenter Vertreter der Reptilien ist der *dwarf bearded dragon* (▶ 139). Die bis zu 15 cm große Bartagame entdeckt man häufig entlang des Küstenwanderweges.

◆ Kein Vogelruf ist für den 5. Kontinent typischer als das schallende Gelächter des **(Lachenden) Kookaburras**/*laughing kookaburra* (▶ 140 / im Deutschen auch Jägerliest genannt). Es ertönt vor allem in den Morgen- und Abendstunden und stellt das »gewöhnliche« Gezwitscher der anderen Vögel weit in den Schatten. Diesem ungewöhnlichen Ruf verdankt der Vogel seinen Spitznamen Lachender Hans/*laughing jack.* Der Ruf dient der Territoriumsmarkierung, weshalb Kookaburras aus angrenzenden Territorien oft in das Gelächter einfallen.
Kookaburras leben streng territorial. Jeweils ein Pärchen samt Nachwuchs beansprucht ein Gebiet. Nachdem die Jungen flügge geworden sind, bleiben sie bis zu vier Jahren bei den Altvögeln, um bei der Territoriumsverteidigung und der Aufzucht nächster Generationen zu helfen.
Kookaburras gehören zur Familie der Eisvögel/*kingfisher* und ernähren sich von Insekten und allerlei Kleintieren wie Schlangen, Echsen oder Mäusen. Mit einer Größe von bis zu 45 cm ist der Kookaburra der größte Vertreter dieser Familie. Ursprünglich war er nur im Osten des Kontinents beheimatet, in den Südwesten wurde er importiert und ist genau genommen ein Eindringling. Vorkommen (*Dacelo novaeguineae*): im Südwesten und Osten des Kontinents

Wie sehr Klima und Bodenverhältnisse auf die Wuchsform von Pflanzen Einfluss nehmen, zeigt sich in der niedrigen Heidevegetation, die die Küste zwischen den beiden Kaps säumt. Hier wachsen neben den typisch kleinwüchsigen Vertretern dieser Vegetationszone auch einige Arten, die normalerweise aus dem grünen Pflanzenteppich herausragen würden, wie z. B. die Weidenmyrte (▽). Doch während die Weidenmyrte ein paar hundert Meter weiter im windgeschützten Buschland und im feuchtschattigen Klima des Karriwaldes bis zu einem 10 m hohen Baum emporschießt, misst sie in der windgepeitschten Heidevegetation oft nicht einmal 1 m. Weitere Arten, die nicht ihre volle Größe entwickeln sind Jarrah (▷ 194) und Marri (▽), die an der Küste beide in Mallee-Form (▷ 93) wachsen und nur rund 2 m messen. Weiter Inland bilden sie, dann wieder in gewohnter Baumform, zusammen mit Grasbäumen (▷ 271) und verschiedenen Banksiaarten (▷ 98) das waldige Buschland, in das die Heidevegetation übergeht. Das Buschland wiederum grenzte einst an weite Karriwälder, von denen heute nur noch der Boranup Forest übrig geblieben ist.

◆ Die anmutige **Weidenmyrte**/*peppermint tree* (▶ 148) ist ein Charakterbaum des Südwestens. Sie wird bis zu 10 m groß und erinnert mit ihren herunterhängenden Ästen ein wenig an eine Trauerweide. Ihr graubrauner, zerfurchter Stamm ist bei älteren Exemplaren auffällig verdreht und ihre schmalen, bis zu 12 cm langen Blätter besitzen winzige Drüsen, die ein stark aromatisches Öl enthalten, das nach Pfefferminze riecht. Besonders intensiv ist der Pfefferminzgeruch nach Regen oder wenn man eines der Blätter zerreibt. Die

Blätter sind die bevorzugte Nahrung des seltenen Westlichen Ringelschwanz-Kletterbeutlers, dessen kugelige Nester mit Glück in den Baumwipfeln zu entdecken sind.
Im Frühling und Sommer wird der Baum von einem weißen Blütenmeer umhüllt.
Vorkommen (*Agonis flexuosa*): entlang der Küste im Südwesten

◆ Neben dem Jarrah und Karri gehört der **Marri**/*marri* zu den dominantesten Baumarten im Südwesten. Er ist leicht an seinen auffällig geschwungenen Ästen und den großen, goldfischglasförmigen Früchten (▶ 148) zu erkennen.
Der stattliche, bis zu 50 m große Marri besitzt eine graubraune, leicht schuppige Borke und sieht im Grunde genommen aus wie ein Eukalyptus. Allerdings gehört er zu den *bloodwoods* (▷ 305), die eine eigene Gattung namens *Corymbia* bilden. Wie alle *bloodwoods* sondert auch der Marri bei Verletzung der Rinde ein rötliches Harz ab.
Vorkommen (*Corymbia calophylla*): Südwesten

Die Höhlen im Südwesten bestechen durch ihre außerordentliche Vielfalt an **Tropfsteinformationen**/*dripstone formations*. Neben gewaltigen Stalaktiten und Stalagmiten beeindrucken zart gestreifte Sinterfahnen, wirr wachsende Excentriques und meterlange Sinterröhrchen, auch Makkaroni-Stalaktiten genannt. Wie es zur Bildung von Tropfsteinen kommt veranschaulicht die folgende Grafik.

Die Entstehung von Tropfsteinformationen

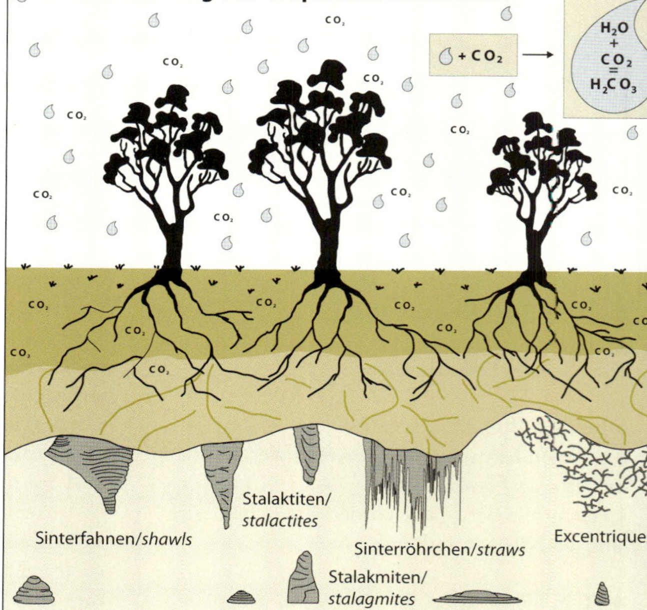

Alle Tropfsteinformationen entstehen durch die Ablagerung von Kalk. Dieser wird von säurehaltigem Sickerwasser Tropfen für Tropfen in die Höhle transportiert. Die entscheidende Rolle bei der Tropfsteinbildung spielt die Kohlensäure (H_2CO_3), die jeder Regentropfen, der auf die Erdoberfläche fällt, bereits in geringen Mengen enthält. Sie entsteht durch die Verbindung von Wasser (H_2O) und dem in der Luft vorkommenden Kohlendioxid (CO_2). Während das Regenwasser durch die Ritzen und Spalten der steinernen Höhlendecke sickert, löst die äußerst aggressive Kohlensäure Kalk aus dem Gestein. Dieser Kalk wird vom Wassertropfen aufgenommen und später beim Eintritt in die Höhle (u. a. auf Grund wechselnder Temperaturverhältnisse) wieder ausgeschieden. Da Mineralausscheidungen des Wassers als Sinter bezeichnet werden, spricht man bei Tropfsteinen auch von Sinterbildungen.
Wie üppig der Tropfsteinschmuck einer Höhle ausfällt, hängt allein vom Kohlensäuregehalt des Sickerwassers ab. Je säurehaltiger das Wasser ist, desto mehr Kalk vermag es aus dem Gestein zu lösen, zu binden und später in der Höhle wieder abzugeben. Regen, der auf nackten Fels fällt, ist nur schwach säurehaltig, da er lediglich das aus der Luft aufgenommene Kohlendioxid enthält. Sickert der Regentropfen jedoch erst durch kohlendioxidreichen Mutterboden, nimmt er noch weitere Kohlendioxidmoleküle auf und wird daher säurehaltiger. Deshalb weisen Höhlen unter nacktem Fels in der Regel sehr viel weniger Tropfsteinformationen auf als solche, die unter bewachsenen Böden oder wie die Höhlen des Südwestens gar unter üppigen Wäldern liegen.

Erkunden & Wandern

Ein **120 km langer Küstenwanderweg**, der *Cape to Cape Walk Track*, verbindet beide Kaps. Der Weg ist in fünf Etappen gegliedert, für die es jeweils eine Wanderkarte gibt, die zusätzlich Informationen über Flora und Fauna beinhaltet [erhältlich u. a. in den Zweigstellen der Naturschutzbehörde und in den Touristenbüros].

Die vierte Etappe, die auch den *Conto Campground* mit dem *Point Road Campground* verbindet [ca. 1.5 km →] lässt sich zu einem interessanten, **9 km langen Rundwanderweg** ausbauen, dem *Conto Circuit*, der am *Conto Campground* beginnt. Zunächst folgt man dem ausgeschilderten BEACH WALK TRAIL Richtung Meer zur Conto Road. Dann rechts bis zum CAPE TO CAPE TRACK Schild, an dem der Trampelpfad zur Küste beginnt. Nach 3 km passiert man eine Kalksteinwand mit tiefer Aushöhlung. Hier wandert man zum Strand hinunter und zurück zur *Conto Spring Picnic Area*. Wieder auf der Conto Road, biegt man nach 300 m rechts in eine durch eine Schranke blockierte Piste ab. Diese führt durch hübsches Buschland zurück auf den Verbindungsweg der beiden Campsites. Bei starken Südwinden empfiehlt es sich, wegen der Strandwanderung, den Weg andersherum zu gehen.

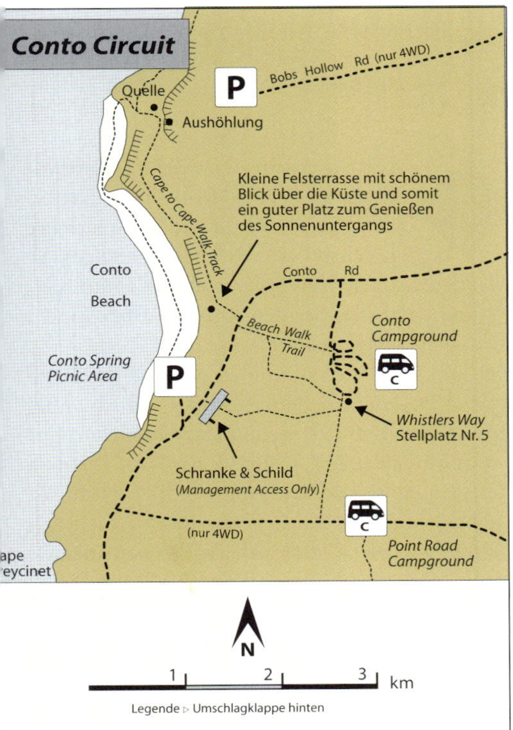

◆ **Sieben Tropfsteinhöhlen** (nicht alle liegen im Nationalpark) können besichtigt werden, darunter zwei, die von der Naturschutzbehörde verwaltet werden und deren Eintrittspreise erheblich günstiger sind [$12 Erw. / $6 Kind]. Zum einen die durch einen unterirdischen See charakterisierte **Calgardup Cave** [Caves Rd, 🕓 tägl. 9-16 h, ohne Führung] und zum anderen die 86 m in die Tiefe führende **Giants Cave** [Caves Rd, tägl. 🕓 9.30- 15.30 h, ohne Führung, ab 6 Jahre]. Letztere beinhaltet eine enge Passage, durch die eine 6 m hohe Leiter führt und ist daher nicht für Besucher mit Platzangst geeignet. Beide Höhlen sind naturbelassen und unbeleuchtet. Außerhalb des Nationalparks liegt die ebenfalls unbeleuchtete »Abenteuer-Höhle« **Moondyne Cave** [Jewel Caves Rd, 🕓 unregelmäßig, meist nur an Wochenenden eine Führung um 14 h, ab 7 Jahre]. Gut ausgebaute Wege sowie Beleuchtung bieten die **Jewel Cave** [Jewel Caves Rd, 🕓 tägl. 9.30 bis 15.30 h, Führungen stündlich], die **Mammoth Cave** [Caves Rd, 🕓 tägl. 9-17 h, ohne Führung], die **Ngilgi Cave** [Caves Rd, 🕓 tägl. 10-16.30 h, kurze Einleitungsführung] und die **Lake Cave** mit ihrem unteridischen See [Conto Rd 🕓 tägl. 9.30-15.30 h, Führungen stündlich].

Mehr über die Höhlen und ihre Entstehung erfährt man anschaulich im **Informationszentrum *CaveWorks*** [Caves Rd, am Eingang zur Lake Cave, 🕓 tägl. 9-17 h].

Gut zu wissen,...

...dass der Tourismusverband von Margaret River, dem die Lake Cave, Jewel Cave und Mammoth Cave unterstehen, für Besucher aller drei Höhlen einen **vergünstigten Höhlenpass** anbietet, den *Grand Tour Pass* [Erw. $45 / Kind $22].

Der erste Wirtschaftszweig, der eine große Anzahl britischer Siedler in diese einst von dichtem Karriwald bedeckte Region lockte, war die Holzwirtschaft. 1882 wurde die erste Sägemühle eröffnet, drei weitere folgten. Das Holz der Karris war ein weltweit gefragter Exportartikel und wurde von zwei extra errichteten Häfen (an der Hamelin Bay und Flinders Bay) verschifft. Die über 1000 Beschäftigten der Holzindustrie gingen mit so viel Sorgfalt ans Werk, dass gut 30 Jahre später kein Wald mehr übrig war. Die Mühlen wurden geschlossen, die meisten Einwohner zogen fort. Im Boden zurück blieben die Samen der gefällten Bäume, aus denen ein neuer Wald heranwuchs, der heutige **Boranup Forest**.
Anfang der 1920er Jahre versuchte man die Region erneut zu beleben, indem man von der Holzwirtschaft auf die Milchwirtschaft umsattelte. ***The Group Settlement Scheme*** hieß der von der westaustralischen, australischen und britischen Regierung ins Leben gerufene Plan. Mit großangelegten Werbekampagnen im Mutterland Großbritannien und günstigen Pachtverträgen köderte man siedlungswillige Einwanderer. Über 3000 Freiwillige meldeten sich und nahmen in Erwartung eines idyllischen Landlebens die lange Reise nach Australien in Kauf. Doch statt der ersehnten Idylle erwartete sie wildes, unwegsames Buschland. Hitze, Staub und Buschfliegen machten ihnen das Leben zur Qual. Nach nur vier Jahren war ein Drittel der Siedlungswilligen geflohen und 1930 wurde der Plan aufgegeben.

Augusta. (1350 Einw.) Die kleine, unauffällige Ortschaft profitiert von der Attraktivität der umliegenden Region und lebt neben dem Fischfang hauptsächlich vom heimischen Tourismus.
Obwohl sich Augusta rühmt die drittälteste Siedlung von WA zu sein (▷ 102), erinnern keine historischen Gebäude mehr an die vergangenen Tage. Allein im **Gemeindemuseum** [*Historical Museum*, Blackwood Ave, 🕓 tägl. 10-12 h, Sept.-April zusätzlich 14-16 h] findet man eine Hand voll Relikte aus der Vergangenheit zusammen mit einigen Informationen über Stadt und Region.
Von Juni bis September starten von Augusta **Walbeobachtungstouren** (▷ 201), angeboten u. a. von *Naturaliste Charters* [www.whales-australia.com]. Die Touren beginnen gewöhnlich einmal täglich um 10 h.
Informationen über aktuelle Walsichtungen erhält man im Touristenbüro.

Gut zu wissen,...

70 Blackwood Ave, 🕓 Mo-Fr 8.30-17 h, Sa 8.30-16 h, So 9-14 h

BP¹, CP*, H/M², JH¹, S*

IGA, Blackwood Ave, 🕓 Mo-Sa 8.30-18 h, So 8.30-12 h

Der englische Navigator **Matthew Flinders** (1774-1814) hat sich seinen Eintrag in die Geschichtsbücher gleich auf zweierlei Weise verdient. Er war der Erste, der Australien vollständig umsegelte und der Erste, der den Kontinent bei seinem heutigen Namen nannte.
Im Juni 1801 verließ Flinders an Bord der *Investigator* England mit dem Auftrag, die noch unbekannte Küste von *Terra Australis* zu kartieren. Gut sechs Monate später sichtete er das Cape Leeuwin und begann mit der Umrundung des Kontinents. Seine 1.5-jährige Umsegelung bewies auch den letzten Zweiflern, dass sich der Westen (damals noch Neuholland genannt) und NSW im Osten, tatsächlich auf demselben Kontinent befanden. Da sein Schiff wegen Seeuntauglichkeit ausgetauscht werden musste, wechselte er in Port Jackson (dem heutigen Sydney) auf die *Cumberland*, mit der er sich auf den Weg zurück nach Eng-

land machte. Doch kurz nach Aufbruch schlug die *Cumberland* Leck und Flinders musste die von den Franzosen besetzte Insel Mauritius anlaufen. Da Großbritannien und Frankreich sich zu jener Zeit im Krieg befanden, wurde er von den Franzosen als vermeintlicher Spion festgenommen und durfte die Insel bis zum Kriegsende 1810 nicht verlassen.

Als er schließlich im Oktober 1810 heimkehrte, arbeitete er vier Jahre lang an der Auswertung seiner Aufzeichnungen. In der Einleitung seines Werkes schrieb er: »Hätte ich mir erlaubt, eine Änderung an dem ursprünglichen Ausdruck [*Terra Australis*] vorzunehmen, wäre er in »Australien« umbenannt worden, da dieser den Ohren gefälliger ist....«. Einen Tag nach der Veröffentlichung von *A voyage to Terra Australis* starb Matthew Flinders. Aber der Name Australien lebte weiter und setzte sich im Sprachgebrauch langsam durch.

Noch vor 200 Jahren war der Westen des Kontinents Heimat von **über 130 verschiedenen Aborigine-Völkern**. Jedes Volk beanspruchte ein eigenes Gebiet und unterschied sich ein wenig vom nächsten, mal im Dialekt, mal in den Bräuchen, den benutzten Werkzeugen, der Kleidung oder anderen Dingen. Die jeweils benachbarten Völker teilten die meisten kulturellen Gemeinsamkeiten und bildeten so etwas wie einen Völkerverband. Grob betrachtet, lassen sich die Völker von WA in mindestens drei solcher Verbände unterteilen: die nordwestlichen Völker, die zentralen Wüstenvölker und die südwestlichen Völker.

Die südwestlichen Völker bezeichnen sich heute gemeinschaftlich als **Nyoongar** (auch Noongar). Ihr traditionelles Land erstreckt sich von Geraldton bis Esperance. Man nimmt an, dass vor der britischen Inbesitznahme in dieser Region zwischen 30.000 und 35.000 Nyoongar lebten. Gemessen an anderen Regionen eine extrem hohe Zahl, die aber wegen der besonders günstigen Lebensbedingungen gerechtfertigt erscheint.

Das Jahr der Nyoongar war in **sechs Jahreszeiten** unterteilt, deren Wechsel die Richtung ihrer Wanderungen und den Speiseplan bestimmten. So war es im Bunuru (Febr./März) für die Völker der trockenen Inland Regionen Zeit zur Küste zu ziehen, denn nur hier gab es noch ausreichend Frischwasser und Nahrung. Fische, Schildkröten und Frösche waren leicht zu erbeuten und Zamia-Nüsse (▷ 119) waren reif. Nach den Winterregen, wenn die Wasserreservoire des Inlandes wieder gefüllt waren, kehrten die Völker im Makuru (Juni/Juli) zurück ins Inland. Makuru war die kälteste und feuchteste Zeit des Jahres. Um sich warm zu halten, trugen die Nyoongar einen **Fellumhang**/*skin cloak*, der aus den Fellen von Westlichen Grauen Riesenkängurus gefertigt wurde. Das ponchoähnliche Kleidungsstück war ein besonderes Merkmal der Nyoongar, das in anderen Völkerverbänden fehlte. Bei extremer Kälte »beheizte« der Träger seinen Poncho, indem er einen glühenden Zweig der Großen Banksia (▷ 190) unter den Umhang hielt.

Das **wichtigste Traumzeitwesen** der Nyoongar ist die Regenbogenschlange **Waugal**. Während der Traumzeit (▷ 54) wanderte sie über das noch gestaltlose Land und erschuf Berge, Täler, Flüsse und Seen. Sie gilt noch heute als Wächterin des Landes und darf nicht gestört oder erzürnt werden. Es gibt viele heilige Stätten, die mit Waugal in Verbindung stehen und noch heute für die Aborigines von großer spiritueller Bedeutung sind.

Einige Worte der Nyoongar finden sich heute im australischen **Sprachgebrauch** wieder, wie z. B. bei den Ortsnamen. Je nach Region enden viele Namen im Südwesten entweder mit »up« oder »in« wie Kojonup, Nornalup, Ongerup oder Merredin, Wagin, Kulin. Beide Endungen gehören verschiedenen Dialekten der gleichen Sprachfamilie an und bedeuten »Ort des/der...«. Nornalup heißt z. B. »Ort der schwarzen Schlange« und Wagin »Ort des Emus«. Auch bei Tiernamen wird zunehmend auf den aboriginal Namen zurückgegriffen. So werden der Kleine Kurznasenbeutler nun *quenda*, der Kaninchennasenbeutler *dalgyte* und die Gelbfuß-Breitfußbeutelmaus *mardo* genannt.

Streckenabschnitt Süd 3 Beedelup NP bis Denmark

Campsites außerhalb der Nationalparks

1 ***Centre Road Crossing Campsite*** [South Western Hwy > ca. 7 km nördlich des Abzweigs zum Mandalay Beach rechts in die Centre Rd > weitere 5 km bis zur Campsite] - Winziges mitten im Wald, am Ufer des Deep River gelegenes Camp mit Platz für zwei bis drei Parteien auf einer Parkplatz ähnlichen Fläche. Außerdem gibt es eine kleine Ho zhütte (ohne Betten, aber mit Holzofen).

2 ***Parry Beach Campsite*** [South Coast Hwy > Parry Beach Rd > nach 5.6 km links zur Campsite] - Das großflächige Camp liegt am westlichen Ende der strandgesäumten William Bay und wird von einem Weidenmyrten- Wäldchen beschattet. Zwar gibt es keine Stellplätze mit Meeresblick, dafür sanitäre Anlagen auf Campingplatz-Niveau, weshalb der Platz im Sommer oft von Wohnwagen dauerbelegt ist.

Beedelup National Park. (15 km²) Im Herzen des Nationalparks liegt der von dichtem **Karriwald** umschlossene Lake Beedelup, **ein hübscher See**, um den man einmal herumwandern kann [4.5 km ↺]. Der Weg führt am *Karri Valley Resort* [www.karrivalleyresort.com.au] vorbei, dessen luxuriöse Bungalows direkt am Ufer liegen.

Gespeist wird der See von einem Bach, der über eine Länge von 100 m über felsige Stufen abwärts stürzt. Beeindruckend sind die als Beedelup Falls bezeichneten Kaskaden allerdings nur in den regenreichen Winter- und Frühlingsmonaten, wenn das Wasser herunterprescht. Ein 1.5 km langer Wanderweg (inkl. wackeliger Hängebrücke) führt

vom Parkplatz aus um die Wasserfälle herum.
Ein weiterer Wanderweg [4 km ⇆] führt zum *Walk-Through Tree*, einem 76 m hohen Karri mit einem mannshohen »Nadelöhr« im Stamm.

Gut zu wissen,...

Der **Karri**/*karri* (▶ 144) gehört zur Gattung *Eucalyptus* und ist mit seiner Wuchshöhe von bis zu 90 m der größte Baum in WA und einer der größten der Welt. Sein durchschnittliches Höchstalter liegt bei 350 Jahren, es gibt aber auch 400 und 500 Jahre alte Exemplare. Obwohl der Karri wie alle Eukalyptusarten immergrün ist, verliert auch er regelmäßig seine Blätter, die jedoch sofort wieder nachwachsen. Ungefähr 70 % der Krone werden schätzungsweise innerhalb eines Jahres Blatt für Blatt erneuert.
In der Blütezeit im Frühling und Sommer umhüllt ein cremefarbenes Blütenmeer die gewaltige Baumkrone. Den prachtvollsten Anblick bietet der Baumriese allerdings im Herbst, wenn er seine alte Rinde verliert und der geschälte Stamm in frischen Grautönen und leuchtenden Gold- und Lachsfarben erstrahlt.
Vorkommen (*Eucalyptus diversicolor*): Südwesten, von Perth bis Albany

Warren National Park. (30 km²) **Karriwald** ist auch die Hauptattraktion des Warren NP. Eine schmale, **idyllische Piste**, der *Heartbreak Trail* [ca. 10 km Einbahnstraße!], windet sich in einem steten Auf und Ab zwischen den majestätischen Baumriesen hindurch. An der Piste liegen zwei **Campsites und Picknickplätze**.
Einer der höchsten Karris im Park ist der 75 m hohe *Dave Evans Bicentennial Tree*, in dessen Krone sich eine **Aussichtskabine** befindet. An diesem beginnt auch ein Wanderweg zum *Warren Lookout* [2.4 km ⇆], einem zugewachsenen Aussichtspunkt über den Warren River (an dem bereits die

130 schwindelerregende Stufen müssen erklommen werden, um den Blick von der kleinen Aussichtskabine in der Krone des *Dave Evans Bicentennial Tree* genießen zu können. Nichts für jedermann, zumal die Kabine bei Sturm bis zu 1.5 m hin und her schwanken kann.

Fahrt über den *Heartbreak Trail* vorbeiführt).

Gut zu wissen,...

Pemberton. (898 Einw.) Von Karriwäldern und Sägewerken umgeben ist Pemberton **eines der wichtigsten Holzwirtschaftszentren** des Südwestens. Allerdings darf das Wort »Zentrum« nicht darüber hinweg täuschen, dass es sich lediglich um eine kleine Siedlung samt Sägemühle handelt. Letztere kann auf einer Tour besichtigt werden [*Pemberton Timbermill Tours*, Brockman St, 🕓 Mo-Do 15 h]. Da die Holzwirtschaft größter Arbeitgeber der Region war und ist, lösten die 2003 von der Regierung in Kraft gesetzten verschärften Abholzgenehmigungen (▷ 188) gerade hier wütende Proteste aus.

Tipp

Pembertons Hauptattraktion ist eine gemütliche **Bahnfahrt durch den Wald** [*The Pemberton Tramway Co.*, Abfahrt am alten Bahnhof, Railways Cr, 🕓 tägl. 10.45 u. 14 h, www.pemtram.com.au]. Auf der ca. 1.5-stündigen Fahrt mit dem gemächlich dahinzuckelnden Schienenbus erhält man vom Lokführer einige Informationen über Wald und Geschichte.

Im Haus des Touristenbüros befinden sich ein winziges **Gemeindemuseum** und das *Karri Forest Discovery Centre*, das seines gewichtigen Namens zum Trotz allerdings nur aus einem kleinem Raum mit buntbemalten Wänden und erleuchteten Fotos von Pflanzen und Tieren besteht [Brockman St, 🕓 tägl. 9-17 h].

Im Touristenbüro können **Weinprobetouren** zu den umliegenden Weingütern gebucht werden.

Geschichte

Pembertons Geschichte begann Anfang des 20. Jahrhunderts, als die Bundesregierung beschloss, den Westen mit dem Osten des Kontinents per Eisenbahnlinie zu verbinden. Dies war das Startsignal für mehrere staatliche Sägemühlen, die in dieser Region gegründet wurden, um die benötigten Eisenbahnschwellen für die geplante Strecke zu liefern. In den 1920er Jahren bekam die Region weiteren Zuwachs durch den *Group Settlement Scheme* (▷ 182), in dessen Zuge Pemberton 1925 offiziell gegründet wurde.

Bis Anfang des 21. Jahrhunderts blieb die Holzwirtschaft der stärkste Wirtschaftssektor. Als 2003 das Abholzen in der Region erheblich reduziert wurde, musste man sich in Pemberton nach anderen Alternativen umsehen. Neben der eingeschränkt betriebenen Holzwirtschaft haben der Tourismus und seit den 1980ern auch der Weinanbau an Bedeutung gewonnen.

Gut zu wissen,...

...dass die Naturschutzbehörde DEC eine Zweigstelle unterhält, in der man **Informationen über die umliegenden Nationalparks** bekommt [Kennedy St (auf der Anfahrt zum Gloucester NP), 🕓 Mo-Fr 9-16.30 h].

ℹ Brockman St, 🕓 tägl. 9-17 h

BB[1], BP[1], CP[1], H/M*, J/H[1], S*

IGA, Dean St, 🕓 Mo-Sa 8-18 h, So 9-18 h

Gloucester National Park. (9 km²) Der *Gloucester Tree*, nach dem der Nationalpark benannt wurde, ist ein **mächtiger Karri**, der einst über 70 m maß. 1947 schlug man ihm seine Krone ab und platzierte auf das Ende des nun nur noch 58 m hohen Stammes eine hölzerne Kabine. Diese bot einen **gewaltigen 360° Blick über das Land** und diente 55 Jahre lang als Feuerausguck. Insgesamt acht Bäume wurden bis 1952 in solche Feuerwachttürme umgewandelt, denn Buschfeuer waren und sind eine ernstzunehmende Bedrohung für die vom Wald umschlossenen Gemeinden. Seit 1972 haben Flugzeuge die Funktion der Feuerwachbäume übernommen. Da jedoch der *Gloucester Tree* bereits zu einer touristischen Attraktion geworden war, ersetzte man seine brüchige Holzkabine durch eine moderne Stahl- und Aluminium-Konstruktion und ließ weiterhin Touristen den Ausblick genießen. Seitdem erklimmen jährlich Zigtausende die luftige Wendeltreppe aus 153 eisernen Stäben.

Die nicht Schwindelfreien, die auf dem von Menschen und Vögeln gleichermaßen stark frequentierten Picknickplatz zurückbleiben, entschädigt eine **bunte, teils handzahme Vogelschar** für die entgangenen Weitblicke. Zu den gefiederten Besuchern gehören neben dem Rotlappen-Honigfresser/*red wattlebird* (leicht zu erkennen an seinen zwei charakteristischen Hautlappen), diverse Staffelschwänze/*fairy-wrens* und viele der 26 in WA beheimateten Papageienarten. Am dominantesten sind der Ringsittich (▷ 192) und der Gelbwangenrosella/*western rosella* (▶ 140). Letzterer ist die einzige Papageienart in WA, in deren Gefieder die Farbe Rot dominiert. Mit ihrer roten Körperunterseite, dem gleichfalls roten Kopf und den blaugrün schimmernden Flügeln sind zumindest die Männchen unverwechselbar (bei den Weibchen überwiegt der grüne Farbton).

Außerhalb des Nationalparks können noch zwei weitere Aussichtsbäume erklommen werden, der *Diamond Tree* [9 km südlich von Manjimup am South Western Hwy / Eastbourne Rd] und der *Dave Evans Bicentennial Tree* im Warren NP.

Gut zu wissen,...

D´Entrecasteaux National Park. (1197 km^2) Weiße Strände (▶ 114), **unberührte Busch- und Heidevegetation**, viele Campmöglichkeiten (teils nur 4WD) und eines der größten mobilen Sanddünenfelder (24 km^2) von WA, die *Yeagarup Dunes*, sind die Höhepunkte des Parks. Allerdings sind die meisten Pisten, die durch das Gebiet führen, nur 4WD tauglich. Es gibt lediglich zwei Orte, die mit einem 2WD erreicht werden können: der breite, cremefarbene Sandstrand Mandalay Beach, an dem sich eine Aussichtsplattform zum **Wale beobachten** befindet und Point D´Entrecasteaux, ein karges Kap, das von bis zu **80 m hohen Kalksteinklippen** begrenzt wird. Am Kap gibt es einen Wanderweg [4 km ⇆], der sich an der Steilküste entlang schlängelt sowie einen kurzen Rundwanderweg, an dem eine Aussichtsplattform liegt, die sich ebenfalls hervorragend zum Wale erspähen eignet. Rechts und links vom Kap liegen zwei nette, aber nicht aufsehenerregende Strände, der Salmon Beach und der Strand am Cathedral Rock bei der **Feriensiedlung Windy Harbour**. In der winzigen Siedlung befindet sich auch die einzige Übernachtungsmöglichkeit vor Ort: ein großflächiger, einfacher Campingplatz ohne Strom.

Auf der Anfahrt zum Kap passiert man Mt Chudalup (188 m). Die nackte Felskuppe des Granitberges bietet einen **endlosen Weitblick** über die grünen Ebenen des Nationalparks [1 km ⇆].

Die einzigen beiden Campsites, die mit einem 2WD anzufahren sind, sind die im schattigen Weidenmyrten-Wald liegende *Crystal Springs Campsite* [WC, $ / Anfahrt: Mandalay Beach Rd] und die in unmittelbarer Nähe des Lake Yeagarup gelegene *Yeagarup Campsite* [WC, $ / Anfahrt: Ritter Rd]. Von Letzterer führt eine 4WD-Piste zum gleichnamigen Dünenfeld weiter [2 km →], das auf eigene Faust erwandert werden kann.

4WD-Fahrer können darüber hinaus das attraktive *Banksia Camp* erreichen [WC, $ / Anfahrt: Mandalay Beach Rd > nach ca. 7.5 km rechts dem mit BANKSIA CAMP ausgeschilderten Abzweig folgen > weitere 3 km auf einer schmalen, sandigen 4WD-Piste], das oberhalb einer hübschen Strandbucht liegt (▶ 122) und neben sieben Stellplätzen auch ein Haus mit vier Schlafkojen (inklusive Hochbetten, aber ohne Matratzen) bietet. Vom Camp aus kann man zu Fuß oder per 4WD weiter zum Aussichtspunkt Cliff Head und der tief in die Klippen gefressenen Bottleneck Bay wandern bzw. fahren [ca. 3 km →]

Gut zu wissen,...

Shannon National Park. (535 km^2) Der Wald des Nationalparks ist nur knapp der Sägemühle entkommen. Erst 1983, nach über 40 Jahren intensiver **Holzwirtschaft**, endete das Abholzen und 1988 wurde das Gebiet zum Nationalpark erklärt.

Ein rund 50 km langer Scenic Drive, der *Great Forest Trees Drive*, führt durch einen **imposanten Wald** aus Karris (▷ 185), Jarrahs (▷ 194), Marris (▷ 180) und *blackbutts*. Das Unterholz bilden *karri hazel*, Große Banksias (▷ 190), Kar-

Die weißen Markierungen an einigen Bäumen stammen aus den 1920er Jahren. Sie dienten als Vermessungspunkte zur Erstellung einer Rasterkarte.

ri-Kasuarinen (▷ 204), vereinzelte Grasbäume (▷ 271) und *snottygobble*, ein zierliches Bäumchen mit langen, dünnen, wirr herunterhängenden Blättern, das irgendwie genauso aussieht, wie sein Name klingt. Besonders eindrucksvoll ist die Fahrt durch den Wald im Herbst, wenn sich die Karris schälen und ihre Stämme goldorange leuchten.

Der *Great Forest Trees Drive* wird durch den South Western Highway in eine südwestliche Schleife [26 km, Start: Middleton Rd] und eine nordöstlichen Schleife [24 km, Start: South Western Hwy gegenüber der Campsite] geteilt. Beide Schleifen sind überwiegend Einbahnstraße und können deshalb nur von den angegebenen Startpunkten aus befahren werden.

Die Fahrt auf den schmalen, einspurigen Forststraßen ist wie ein **Waldspaziergang im Auto**. Erholsam und interessant, jedoch nicht durchgehend spektakulär, denn beide Schleifen führen auch durch jüngeren Waldbestand. Wer gerne durch Wald spaziert bzw. fährt, sollte zumindest eine der Schleifen erkunden. Beide haben ihren Reiz, wobei die Nordöstliche länger durch **alten Baumbestand** und dichteres Unterholz führt. Dafür liegt an der südwestlichen Schleife, nur 2 km von der asphaltierten Middleton Road entfernt (noch nicht im Einbahnstraßenteil!), der *Snake Gully Lookout*, ein **netter Picknickplatz** mit Aussichtsplattform.

Die **Wandermöglichkeiten** beschränken sich auf den *Shannon Dam Trail* [3.4 km ⇆], der beim Parkplatz am South Western Highway beginnt und zu einem kleinen Staubecken, dem Shannon Dam, führt. Von hier aus kann man weiter zu einem Aussichtspunkt, dem Morkare´s Rock, wandern [5.5 km ↺]. Ein dritter Weg, *The Great Forest Trees Walk*, beginnt nach ca. 4 km entlang der nordöstlichen Schleife und führt quer durch den dichten Wald auf die andere Seite der Schleife [8 km ⇆].

Übernachten kann man auf einer **ansprechenden Campsite** [WC, warme Duschen, $ / Anfahrt: South Western Hwy, 3 km südlich der Middleton Rd der Ausschilderung NATIONAL PARK CAMPING AREA folgen]. Die Campsite befindet sich auf dem Gelände der ehemaligen Ortschaft *Shannon Town*, in der von 1948 bis 1968 die Arbeiter der Sägemühle lebten. Während die alten Gebäude nach Aufgabe der Ortschaft Stück für Stück abgebaut und mitgenommen wurden, blieben die von den Siedlern gepflanzten Bäume zurück, darunter einige »Exoten« aus der nördlichen Hemisphäre.

Gut zu wissen,...

Mit **Wald** ist WA nicht übermäßig gesegnet, auch wenn man in dieser Region einen anderen Eindruck gewinnt. Insgesamt sind nur knapp 1 % der gesamten Landesfläche von »richtigem Wald« bedeckt und dieses Prozent steht im Südwesten. Hier gibt es ca. 24.500 km² Wald, von dem sich rund 20 % in Privatbesitz befinden; der Rest wird von der Naturschutzbehörde DEC verwaltet.

Die ersten britischen Siedler erkannten rasch das wirtschaftliche Potential der Riesenbäume. Umfangreich und kerzengerade warfen sie eine beachtliche Menge Nutzholz ab. Immerhin konnte man aus einem 90 m hohen Karri (▷ 185) das Baumaterial für ca. sieben Häuser gewinnen. Noch begehrter war das Holz des halb so mächtigen Jarrahs (▷ 194), das damals in die ganze Welt exportiert wurde. Es gilt bis heute als besonders edel, enorm hart und beständig. Kein Wunder, dass beide Arten im Zuge der sich ausbreitenden Holzindustrie arg dezimiert wurden.

Heute wird der Südwesten zwar immer noch holzwirtschaftlich genutzt, doch ist das Schlagen der Eukalypten inzwischen streng geregelt. Als im Jahre 2003 die **Abholzgenehmigungen** der verschiedenen Sägewerke ausliefen, hatte die seinerzeitige westaustralische Regierung den Schutz der Waldbestände gegen den erbitterten Widerstand der Holzindustrie weiter forciert. Die Abholzgenehmigungen wurden erheblich reduziert und der gewinnbringende alte Baumbestand/*old growth* darf generell nicht mehr geschlagen werden. Zum alten Baumbestand zählen praktisch alle von Menschenhand bislang verschonten Waldflächen, in denen es einen hohen Anteil an alten Bäumen gibt. Weitere Maßnahmen sind die Ausweitung bestehender Schutzgebiete und die Gründung neuer Nationalparks.

Viele Pflanzenarten in Australien werden nicht von Insekten, sondern von Vögeln aus der Familie der Honigfresser (▷ 218) bestäubt. Da Vögel weniger auf Geruch ansprechen als Insekten, sind die Blüten dieser Pflanzen oft geruchsneutral. So auch die Blüte der Wappenpflanze von WA, die **Rot-Grüne Kängurupfote**/*red green kangaroo paw* (▶ 151). Nicht betörender Duft, sondern leuchtende Farben dienen ihr als Lockmittel für die Honigfresser. Ihre kräftigen, bis zu 1 m hohen Blütenstängel leuchten signalrot und die schwungvoll gebogenen Blütenblätter sattgrün. Die Rot-Grüne Kängurupfote ist eine von insgesamt **zwölf Kängurupfotenarten**, die allesamt auf Grund ihrer einzigartigen Blütenform leicht zu identifizieren sind.

Vorkommen (*Macropidia fuliginosa* & 11 x *Anigozanthos spp.*): nur in WA und nur in einem jeweils sehr begrenzten Raum, Hauptverbreitungsgebiet zwischen Geraldton und Esperance

n den Hauptblütemonaten August bis Dezember werden viele traßen im Südwesten von blühenden Kängurupfoten gesäumt. Die Iöhe der Blütenstängel schwankt, je nach Art, zwischen 10 cm wie ei der Katzenpfote/*common cats paw* (▶ 151) und 3 m wie bei der bgebildeten Großen Kängurupfote/*tall kangaroo paw*.

Walpole Wilderness Area. (3633 km²) Das Gebiet der Walpole Wilderniss Area schafft einen zusammenhängenden Korridor aus **mehreren Nationalparks und anderen Schutzgebieten**, der sich von D`Entrecasteaux NP im Osten bis zur Ortschaft Denmark erstreckt. Ziel dieses riesigen Gebietes ist einerseits der Schutz einer einzigartigen Flora und Fauna mit zahlreichen endemischen Arten und andererseits die behutsame Erschließung für den Tourismus. Im Herzen des Walpole Wilderness Area liegt der **Mt Frankland NP** (310 km²). Sein hervorstechendstes landschaftliches Merkmal ist der gleichnamige Berg, der sowohl umrundet als auch bestiegen werden kann. Der Gipfel bietet fantastische Panoramablicke über das waldige Grün aus Jarrahs (▷ 194), Karris (▷ 185) und verschiedenen Tingelarten (▷ 193). Im selben Nationalpark befinden sich 20 km westlich die **Fernhook Falls** [Anfahrt: South Western Hwy > Beadmore Rd > weitere 7 km bis zu den Wasserfällen]. Die ca. 15 m hohen, lang gestreckten Wasserfälle ergießen sich über mehrere steinerne Stufen in einen Pool. Während im Winter das Wasser durch das Flussbett prescht, bleiben am Ende des Sommers nur ein paar »Badepfützen« zurück. Der eigentliche Pool lädt jedoch ganzjährig zum Baden ein. Im angrenzenden Jarrahwald liegt eine kleine Nationalpark-Campsite [WC, Wasser, BBQ, $], die neben Stellplätzen auch kleine Holzhütten mit Pritschen und Holzöfen bietet.

Die **Große Banksia**/*bull banksia* hält in ihrer Gattung zwei Größenrekorde: Sie besitzt die größten Blätter und die größten Blütenstände. Die festen, ledernen Blätter, die mit ihren dreieckigen Zacken wie überdimensional große, doppelseitige Sägeblätter aussehen, werden fast einen halben Meter lang und die wuchtigen Blütenstände können immerhin eine Höhe von 40 cm erreichen und werden an Umfang nur noch von den Blütenständen der *woolly banksia* übertroffen. Die zartgelben, aus Hunderten von Einzelblüten bestehenden Blütenstände erscheinen zwischen Oktober und Januar und ragen senkrecht aus dem zackigen Blättergrün heraus. Sie sind reich an Nektar und dienen zahlreichen nektarfressenden Tierarten, so wie dem Honigbeutler (▷ 225) und verschiedenen Honigfresserarten (▷ 218), als Nahrungsquelle. Aus einem einzigen Blütenstand lässt sich mehr als ein Esslöffel Nektar gewinnen. Deshalb wussten auch die Nyoongar (▷ 183) die Blüten zu schätzen. Sie weichten sie in Wasser ein und verwandelten so das klare Wasser in einen köstlichen Honigwein, der als *mangite* bekannt war.
Vorkommen (*Banksia grandis*): Südwesten, von Dongara bis Bremer Bay

Walpole. (294 Einw.) Die **winzige Siedlung** ist von den Wäldern des Walpole-Nornalup NP umgeben. Obwohl man in Anbetracht der touristischen Popularität dieses Nationalparks etwas mehr Trubel erwarten könnte, geht es hier eher betulich zu. Neben der australischen Minimalausstattung einer Siedlung (Tankstelle, Supermarkt, Café, etc.) lassen lediglich das erweiterte Übernachtungsangebot und der am South Coast Highway gelegene, meist stark frequentierte Picknickplatz [*Pioneer Park Picnic Area*] auf eine etwas größere touristische Aktivität schließen.

Gut zu wissen,...

- South Coast Hwy, Ⓛ Mo-Fr 9-17 h, Sa So 9-16 h
- BB*, BP[1], CP[2], H/M[1], JH[1], S*
- *IGA*, South Coast Hwy, Ⓛ Mo-Sa 8-18 h, So 9-17.30 h
- auf der *Pioneer Park Picnic Area*, South Coast Hwy

Walpole-Nornalup National Park. (220 km^2) Im Herzen des Nationalparks liegt das Tal der Giganten, *The Valley of the Giants*, in dem die letzten der **bis zu 90 m hohen Baumriesen** stehen, die von der Holzindustrie verschont geblieben sind. Nur ca. 30 % des Sonnenlichts erreichen hier den Erdboden, der Rest wird von dem undurchlässigen Blätterdach der **majestätischen Eukalyptusriesen** verschluckt.
Vom Auto aus bewundern kann man die Giganten nicht nur entlang der direkten Zufahrt zum *Valley of the Giants*, sondern auch entlang des eindrucksvollen *Tingle Drive* [6 km, Start: am South Western Hwy, gegenüber dem Abzweig zum *Coalmine Beach Caravan Park*]. Die schmale Einbahnstraße schlängelt sich durch eine **waldige Wildnis**, vorbei an schlanken Karris und bauchigen Rot-Tingles. Nach 4 km gelangt man zum dicksten aller Rot-Tingles, dem *Giant Tingle Tree* (▶ 193). Zu diesem führt ein 400 m [→] langer Weg, der am gleichnamigen Parkplatz beginnt. Dem erst 1952 entdeckten Baum fehlt zwar seine Krone und von seinem Stamm stehen nur noch die »Außenwände« – doch er lebt. Kurz hinter dem *Tingle Tree*-Parkplatz gabelt sich die Straße. Rechts geht es zurück zum Highway, geradeaus zum 6 km entfernt gelegenen Circular Pool, einem netten Picknickplatz am Franklin River, dessen felsiges Bett sich an dieser Stelle zu einem kleinen Pool verbreitert. Wie die meisten Flüsse dieser Region ist das Wasser des Franklin River von Tanninen dunkel gefärbt. Im Sommer ist der Pool ein beliebter Badeplatz und im Winter, wenn das Wasser durch den Fluss prescht, wird er von beeindruckenden

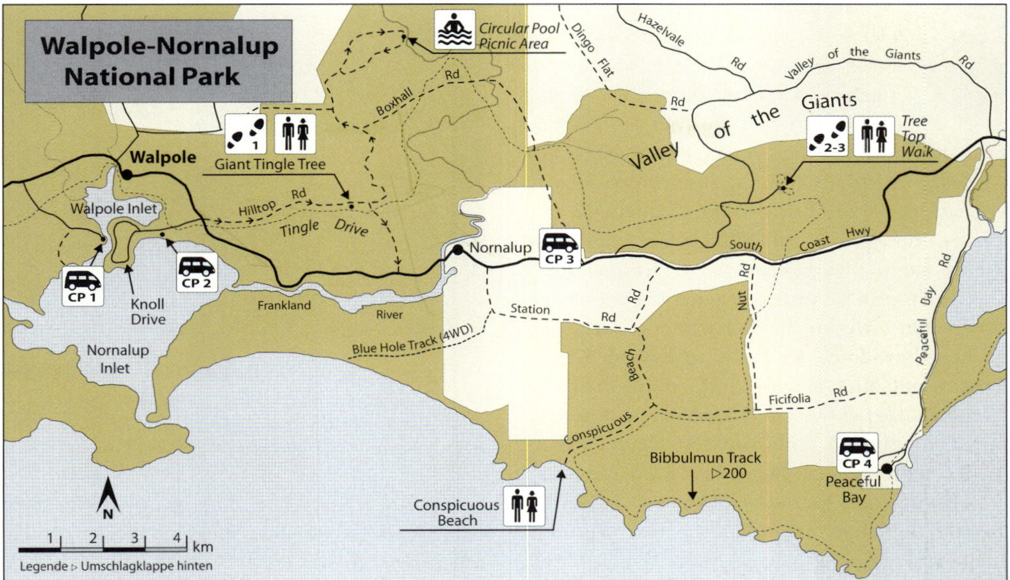

Wandermöglichkeiten

1 *Giant Tingle Tree Walk* [400 m →]
2 *Tree Top Walk* [600 m ↺]
3 *Ancient Empire Walk* [800 m ↺]

Nationalparknahe Campingplätze

1 ***Rest Point Holiday Village***, Rest Point Rd, Tel. 9840 1032, www.restpoint.com.au
2 ***Coalmine Beach Caravan Park***, Coalmine Beach Rd, Tel. 9840 1026, www.coalminebeach.com.au
3 ***Valley of the Giants Ecopark***, South Coast Hwy, Tel. 9840 1313, www.valleyofthegiantsecopark.biz
4 ***Peaceful Bay Caravan Park***, Peaceful Bay Rd, Tel. 9840 8060

Schaumbergen geschmückt.
Ein zweiter Scenic Drive, der *Knoll Drive* [7 km, Start: gegenüber der Einfahrt zum *Tingle Drive*], umrundet eine in das Nornalup Inlet hineinragende Landzunge. Zwar sind die Bäume hier nicht ganz so hoch, dafür mischen sich einige charakterstarke Pflanzenarten ins lichte Unterholz, die in den dunkleren Teilen des Waldes nicht wachsen, so wie Zamia-Palmen und Grasbäume (▷ 271).
Die Küste des Nationalparks ist **weitgehend unzugänglich** und, wenn überhaupt, nur zu Fuß oder per 4WD erreichbar. Einzige Ausnahme ist Conspicuous Beach, eine **Strandbucht von wilder Schönheit**, die von zwei bewachsenen Landzungen begrenzt wird. Von einer Aussichtsplattform kann man die gesamte Bucht überblicken und zwischen Juni und November nach Walen Ausschau halten. Auf Grund starker Strömungen und den ungeschützt in die Bucht hineinpreschenden Wellen, eignet sich die Bucht nur bedingt zum Baden, ist aber dennoch bei Surfern sehr beliebt.
Zwei weitere landschaftliche Charakterzüge des Parks sind das nur rund 1 m tiefe Walpole Inlet und das bis zu 5 m tiefe Nornalup Inlet, die beide durch eine 1 km lange, schmale Passage miteinander verbunden sind. Während Ersteres nur vom Walpole River gespeist wird, besitzt Letzteres eine permanente Verbindung zum Ozean und beeindruckt mit einem artenreichen Unterwasserleben.

Blickpunkt Natur

Der Nationalpark umfasst eine ganze Reihe unterschiedlicher Lebensräume, angefangen vom schattigen Karri- und Tinglewald über die zwei von Brillenpelikanen (▽) und Kormoranen/*cormorants* bevölkerten Inlets bis hin zur strauchigen Heidevegetation, die die Küste säumt. Dabei fällt auf, dass es im Gegensatz zur Pflanzenwelt unter den Tieren kaum spezialisierte Waldbewohner gibt. Der Fuchskusu könnte unter den Säugern noch am ehesten als ein solcher bezeichnet werden. Alle anderen Bewohner des Parks, so wie der Kleine Kurznasenbeutler (▶ 136), die Gelbfuß-Breitfußbeutelmaus/*yellow-footed antechinus* (auch *mardo*) oder der Chuditch sind sowohl im Wald als auch in der angrenzenden Heidevegetation beheimatet. Dies gilt auch für das Quokka (▷ 167), dessen größte Population auf der kargen Insel Rottnest Island zu Hause ist.

Zu den gefiederten Waldbewohnern gehören viele farbenfrohe Sittiche, darunter der Ringsittich (▽), der Rotkappensittich und der Blauscheitellori/*purple-crowned lorikeet*, der aussieht als wäre er durch einen Tuschkasten gelaufen, denn sein grünes Gefieder ist mit bunten »Farbklecksen« besprenkelt. Die küstennahe Heidevegetation dagegen bevorzugen der Buntkopf-Honigfresser/*western spinebill* und der Rotstirn-Borstenschwanz.

◆ Von sieben weltweit vorkommenden Pelikanarten ist nur eine einzige, der **Brillenpelikan**/*Australian pelican* (▶ 143), in Australien beheimatet. Ihres wuchtigen Körpers zum Trotz sind die Tiere grazile Flieger. Nach ein paar kräftigen Flügelschlägen folgt oft eine lange Gleitphase, während der sie sich bei günstigen Aufwinden bis zu 3 km hoch in die Lüfte schrauben. Nicht minder grazil ist ihre Darbietung zu Wasser, wenn sie in kleinen Gruppen Jagd auf Fische machen. Mit der Eleganz einer Balletttruppe gleiten die Tiere scheinbar bewegungslos über das Wasser und treiben so die Fischschwärme vor sich her. Ist der rechte Zeitpunkt gekommen, tauchen die Tiere synchron ihre Schnäbel ins Wasser, wobei ihre stark dehnbaren Kehltaschen ihnen praktisch als Fischernetz dienen.

Fossilfunde lassen vermuten, dass der Brillenpelikan bereits seit . bis 40 Mio. Jahren den Kontinent bevölkert. Sie verraten aber nicht, wann er seine Vorliebe für unbequeme Schlafplätze entdeckt hat.

Vorkommen (*Pelecanus conspicillatus*): australienweit

◆ Der **Ringsittich**/*ringneck* (▶ 140) verdankt seinen Namen dem gelben Kragenband, das den Kopf vom grünen Körper trennt. Es gibt vier Unterarten auf dem Kontinent, wobei sich die beiden im Westen lebenden, von denen im Osten in erster Linie durch einen schwarz statt grün gefiederten Kopf unterscheiden. Etwas verwirrend ist, dass alle vier Unterarten einen eigenen, sehr gebräuchlichen zweiten Trivialnamen haben. So ist die im äußersten Südwesten vorkommende Unterart, wegen ihres schrillen, dreisilbigen Rufes, dessen Betonung der englischen Aussprache der Zahl »28« gleicht, als *twenty-eight parrot* bekannt. Diese Art besitzt einen roten Punkt oberhalb des Schnabels, der den im restlichen WA beheimateten Ringsittichen, den *Port Lincolns*, fehlt.

Bei seiner Nahrungssuche nach Samen profitiert der Ringsittich von seinem kräftigen Schnabel, mit dem er die härtesten Samenkapseln aufbrechen kann. Dank der für Papageien typischen Anordnung der Zehen (zwei Zehen weisen nach

vorne und zwei nach hinten) kann er mit seinen Füßen greifen und Dinge wie Samenkapseln festhalten, um diese besser zu bearbeiten.
Vorkommen (*Barnardius zonarius*): australienweit, mit Ausnahme des tropischen Nordens, der Ostküste und TAS.

Selten sind die endemischen Pflanzen eines Gebietes so schwer zu übersehen wie die drei Tinglearten (▽) im Walpole-Nornalup NP. Mit Maximalgrößen von bis zu 70 m wetteifern sie mit den stattlichen Karris (▷ 185) um das Tageslicht. Nicht ganz so hoch hinaus kommen Jarrah (▽) und Marri (▷ 180), die beide in den lichteren Randzonen die Vorherrschaft übernommen haben.
Im Schatten des dichten Kronendachs dieser Baumriesen konkurrieren kleinwüchsigere Baumarten um Licht und Nährstoffe. Viele davon sind »echte Waldbewohner« und gedeihen ausschließlich in den Wäldern des Südwestens, so wie die schlanke, bis zu 15 m hohe Karri-Kasuarine (▷ 204), die leicht an ihrer korkigen, meist mit Moos bewachsenen Borke zu erkennen ist und die Karri-Akazie/*karri wattle* mit ihren fein gefiederten Blättern und gelben Blütenkugeln. Beide bilden zusammen mit dem bis zu 9 m hohen *karri hazel* das 2. Stockwerk des Waldes. Klassische Vertreter des Unterholzes sind die bis zu 4 m hohe *tassel flower* (▶ 205) und das *sword grass*.
In den Frühlingsmonaten bringen verschiedene *pea flowers* (▷ 220) Farbe ins grüne Unterholz, darunter die lilafarbene, blütenbeladene *tree hovea* (▶ 151). Eine weitere Frühlingsattraktion sind die vielen Orchideen (▷ 198). Der lichte Wald entlang des *Knoll Drive* ist ein vielversprechender Ort, um nach *bird orchids* (▶ 152) und *spider orchids* Ausschau zu halten.

◆ Der **Rot-Tingle**/*red tingle* und der **Gelb-Tingle**/*yellow tingle* verdanken ihre Namen der unterschiedlichen Färbung ihres Holzes. Ihr auffälligstes äußeres Unterscheidungsmerkmal ist die Form ihrer Stämme. Während der schlanke Stamm des

Mit einem Umfang von über 20 m ist der *Giant Tingle Tree* der mächtigste Rot-Tingle der Welt.

bis zu 40 m hohen Gelb-Tingles ebenmäßig emporwächst, ist der Stamm des Rot-Tingles an der Basis beachtlich verdickt. Diese umfangreiche Stammbasis dient dem bis zu 70 m hohen Riesen zur Stabilität, denn der Rot-Tingle besitzt, gemessen an seiner stattlichen Größe, nur ein verhältnismäßig kurzes und flaches Wurzelwerk. Rot-Tingles können ein stolzes Alter von über 400 Jahren erreichen. Bei einigen älteren Exemplaren hat die Zeit deutliche Spuren hinterlassen und die verdickten Stammbasen aufgespalten und ausgehöhlt. Verantwortlich dafür ist meist eine Kombination aus Insekten-, Pilzbefall und Buschfeuern. Dem Rot-Tingle im Aussehen sehr ähnlich ist der engverwandte **Rates Tingle**/*Rate's tingle*.
Alle drei Tinglearten bevorzugen ein feuchtwarmes Klima, so wie es zu Zeiten Gondwanas (▷ 47) noch in weiten Teilen von WA herrschte. Heute gedeihen die Bäume ausschließlich in der Region um Walpole, denn nur hier finden sie noch ähnliche klimatische Verhältnisse.
Vorkommen Rot-Tingle (*Eucalyptus jacksonii*),

Rates Tingle (*Eucalyptus brevistylis*) & Gelb-Tingle (*Eucalyptus guilfoylei*): nur innerhalb eines ca. 20 km Radius um die Ortschaft Walpole

◆ Um in den wasser- und nährstoffarmen Böden von WA gedeihen zu können, hat jede Pflanze ihre eigene Überlebenstaktik entwickelt. So besitzt der **Jarrah**/*jarrah* (▶ 145) mächtige Wurzeln, mit denen er dem Boden das Maximum an Wasser und Nährstoffen entziehen kann. Sein weit verzweigtes Wurzelwerk entfaltet sich in zwei Stufen. Zunächst wächst es dicht unter der Erdoberfläche in die Breite, bis es den ca. 4- bis 5-fachen Umfang der ohnehin ausladenden Baumkrone erreicht hat. Erst dann stoßen die Wurzeln senkrecht in das Erdreich hinab. Dabei dringen sie bis zu einer Tiefe von 40 m vor und werden somit genauso lang, wie der Baum hoch werden kann. Ein ausgedehntes Wurzelwerk wie dieses hat jedoch nicht nur seine Vorteile, sondern bietet auch eine gute Angriffsfläche für den bedrohlichsten Pflanzenkiller in WA, den *Phytophthora cinnamomi*. Deshalb ist der Jarrah in besonderem Maße von der *Phytophthora*-Wurzelfäule (▷ 91) betroffen.
Vorkommen (*Eucalyptus marginata*): Südwesten, von Perth bis Albany

Erkunden & Wandern

◆ Im Zentrum jeglicher touristischer Aktivität steht der 600 m lange, luftige *Tree Top Walk* [▶122 / 🕓 tägl. 9-16.15 h / Erw. $8 / Kinder $4]. Der stählerne Laufsteg steigt langsam bis auf eine Höhe von 40 m an und führt **durch die Baumkronen des Karriwaldes**. Alles in allem ein lohnendes Erlebnis, wenn auch das stete Geschaukel der frei schwingenden Stahlkonstruktion und der nach unten freie Blick durch den vergitterten Fußboden ein wenig von der eigentlichen Attraktion, den Bäumen, ablenken. Wegen des starken Andrangs im Sommer lohnt ein frühes Kommen!

◆ Wer lieber festen Boden unter den Füßen behält, kann den 800 m langen *Ancient Empire Walk* erwandern, der ebenfalls beim *Tree Top Walk* beginnt (durch das Souvenirgeschäft hindurch). Entlang des angelegten Weges stehen einige besonders **alte Rot-Tingles**, deren wahre Größe von unten noch besser zur Geltung kommt.

Gut zu wissen,...

William Bay National Park. (18.6 km^2)
William Bay NP ist einer der wenigen westaustralischen Orte am Meer, wo selbst bei den Australiern nicht das Angeln, sondern das Baden und Strandleben im Vordergrund stehen. Der Grund dafür ist die **idyllische, mit runden Granitfelsen dekorierte Badebucht** William Bay, die durch eine Felsbarriere vollständig von den Wellen des Ozeans abgeschirmt wird. Das entstandene Becken, Greens Pool, eignet sich perfekt zum **Schwimmen, Schnorcheln** oder **Planschen** und entschädigt für den bei Flut relativ schmalen Strand, auf dem sich in den Sommermonaten ungewöhnlich viele Menschen drängen.
Wandert man von Greens Pool Richtung Osten, gelangt man zu einer winzigen Strandbucht namens Elephant Cove [ca. 300 m →], in der eine **Ansammlung besonders wuchtiger Granitfel-**

Die William Bay ist eine der malerischsten Buchten der Südküste.

sen (▷ 203) steht, die Elephant Rocks. Bemerkenswert ist auch die andersartige Gesteinsschicht auf der östlichen Seite der Elephant Cove. Hierbei handelt es sich um Basalt (▷ 213), ein sehr untypisches Gestein an der Südküste.

Zwei **weitere Strände** erreicht man über eine 3 km lange, nicht asphaltierte Straße, die durch von Weidenmyrten (▷ 179) dominierte Strauchheide führt. Am Waterfall Beach plätschert ein mehr als bescheidener Frischwasserstrom über einen kaum mannshohen Felsen auf den Strand und an der Madfish Bay kann man zu Fuß zu einer kleinen Insel wandern. Im flachen, geschützten Wasser zwischen Insel und Festland treffen die Wellen gleichzeitig aus östlicher und westlicher Richtung aufeinander. Kein Wunder, dass hier die Fische verrückt werden...

Gut zu wissen,...

Denmark. (2433 Einw.) Wer sich nach einer schwedischen Massage sehnt, im Kreise Gleichgesinnter meditieren möchte oder sich durch Handauflegen heilen lassen will, der ist in Denmark gut aufgehoben. Der kleine, leicht alternativ angehauchte **Ferienort** ist der touristische Knotenpunkt der Region und wartet mit einem breit gefächerten Übernachtungsangebot, ein paar Restaurants und vielen Cafés auf.

Darüber hinaus hat sich diese Region im letzten Jahrzehnt zu einem **exklusiven Weinanbaugebiet** gemausert. Inzwischen befinden sich über 20 Weingüter im hügeligen Hinterland. Fast alle unterhalten Probierstuben, einige auch Restaurants. Die meisten liegen im Nordwesten der Ortschaft an der Scotsdale Road und an der Mt Shadforth Road, die beide mit TOURIST DRIVE vom South Coast Highway ausgeschildert sind und in einem Bogen wieder zurück auf den Highway führen. Einige Weingüter befinden sich auch direkt am South Coast Highway, darunter *Forest Hill* [www.foresthillwines.com.au] und *West Cape Howe* [www.westcapehowewines.com.au].

Im Touristenbüro wird eine kleine **Austellung von Barometern** gezeigt, darunter das angeblich weltgrößte Barometer, das Bert Bolle Barometer.

Geschichte

Mit rund 50 Wohnhäusern und einer Hand voll Geschäften begann Ende des 19. Jahrhunderts Denmarks Geschichte. Errichtet wurden die Häuser von den Brüdern Charles und Edwin Millar, die zwei gut laufende Sägemühlen am Denmark River besaßen und eine Siedlung für ihre Beschäftigen benötigten. Doch 1905 mussten die Mühlen trotz florierender Geschäfte geschlossen werden, da ihnen der Rohstoff ausgegangen war. Keine zehn Jahre hatten die Mühlen gebraucht, um Denmarks Wald zu Eisenbahnschwellen, Häusern und Möbeln zu verarbeiten. Auf der Suche nach neuer Arbeit verließen die meisten Einwohner die Ortschaft. Als die beiden Brüder schließlich begannen, ihre Ortschaft Haus für Haus wieder abzubauen, baten die wenigen Gebliebenen die Regierung, Denmark zu retten. Diese kaufte daraufhin 1907 den Millars die Siedlung ab.

Statt auf Holz konzentrierte man sich in den folgenden Jahren auf die Landwirtschaft. Weitere Siedler erreichten in den 1920er Jahren im Zuge des *Group Settlement Scheme* (▷ 182) die Region und trugen erheblich zum Wachsen der Ortschaft bei. In den 1970er Jahren ließen sich vermehrt Rentner und mit dem Einsetzen der alternativen Landbewegung auch jüngere Familien im idyllischen Denmark nieder. Eine Mischung, die anscheinend gut harmoniert und Denmark allmählich zu dem familienorientierten, alternativen Ferienort werden ließ, der er heute ist.

Gut zu wissen,...

i South Coast Hwy, westlicher Ortsrand, ◷ tägl. 9-17 h

BB*, BP², CP*, H/M*, JH¹, S*

IGA, North St, ◷ Mo-Sa 8-18 h (Do -20 h), So 9-18 h

Streckenabschnitt Süd 4 — West Cape Howe NP bis Stirling Range NP

Campsites außerhalb der Nationalparks

1 ***Cosy Corner East Campsite*** [Lower Denmark Rd > Cosy Corner Rd > nach 3.4 km links in die Cosy Corner East Rd und dem Schild ANIMAL EXERCISE AREA folgen > weitere 500 m Piste bis zur Campsite] - Die einladende, wenn auch etwas eng bemessene und oft überfüllte Campsite liegt windgeschützt hinter einer Düne (ohne Meeresblick) direkt an einem weißen Strand. Beschattet werden die ca. 12 Stellplätze von einem kleinen Wäldchen aus Weidenmyrten. Das Campen ist maximal sieben Tage erlaubt.

2 ***Two Peoples Bay North Campsite*** [South Coast Hwy > Homestead Rd > nach 8.7 km geradeaus weiter (nicht in die Norman Beach Rd abknicken!) > nach knapp 3 km rechts in die East Bay Rd > weitere 700 m zur Campsite] - Die Campsite befindet sich am nördlichen Ende der türkisfarbenen Two Peoples Bay direkt am Ozean. Da der Platz nur Stellplätze (teils mit Schatten, teils mit Meeresblick) für vier bis sechs Parteien bieten, ist er - zumindest im Sommer - chronisch überfüllt.

N

10 20 30 40 km

Legende ▷ Umschlagklappe hinten

West Cape Howe National Park. (35 km²) Das kleine Schutzgebiet umfasst die südlichste Landspitze von WA. Begrenzt wird das Kap von begrünten Steilhängen, an deren Fuße sich einige **hübsche Strandbuchten** erstrecken, so z. B. Shelley Beach (▶ 123). Die leicht cremefarbene Strandbucht ist zugleich die einzige Bucht, die per 2WD erreicht werden kann. Hier befindet sich eine attraktive, aber schattenlose **Campsite** [WC, BBQ, $] mit freiem Blick über den Ozean Richtung Torndirrup Peninsula. In den windigen Sommermonaten ist die Campsite allerdings oft von **Drachenfliegern** Dauer belegt.

Von der Campsite führt ein 1 km langer Wanderweg den Hang hinauf zu einem Aussichtspunkt, der **wunderschöne Weitblicke** bietet und den Drachenfliegern als Startpunkt dient. Der Aussichtspunkt kann auch per Auto erreicht werden [Anfahrt: Richtung Shelley Beach > ca. 2 km hinter den Informationstafeln, rechter Hand dem Abzweig folgen].

4WD Fahrer können den Westen des Parks, in dem auch das namensgebende Kap liegt, entlang einiger sandiger Pisten erkunden.

Gut zu wissen,...

Albany. (25.106 Einw.) Albany ist die einzige große Stadt an der Südküste von WA. Mit einem relativ mediterranen Klima gesegnet und von sehenswerten Nationalparks umgeben, ist die Hafenstadt **touristischer Mittelpunkt** der Region. Albanys Stadtzentrum liegt eingebettet zwischen zwei Hügeln, Mt Melville (157 m) und Mt Clarence (186 m). Entlang der Hauptstraße, der York Street, befinden sich Cafés, Restaurants, Geschäfte und öffentliche Einrichtungen wie Postamt und Bibliothek. Jeden Samstag findet ein kleiner **Wochenmarkt** statt, der eine gute Auswahl an frischem Obst und Gemüse bietet [York St, hinter der St John`s Church, 🕔 Sa 8-12h].

Am südlichen Ende der York Street liegt ein **kleiner Museumskomplex** [*Western Australia Museum – Albany*, Residency Rd, 🕔 tägl. 10-17 h]. In den diversen Gebäuden erhält man u. a. einen Einblick in die Geschichte Albanys als Hafenstadt und Walfangstation. Ebenfalls auf dem Gelände zu besichtigen, ist eine Nachbildung des Schiffes *Amity*, das 1826 die ersten Siedler an diese Küste brachte.

Direkt neben dem Museumskomplex steht das ehemalige Gefängnis [*The Old Goal*, Residency Rd, 🕔 tägl. 10-16 h]. Von 1851 bis 1868 diente es als **Sträflingsdepot**, aus dem man Sträflinge als Arbeitskräfte entleihen konnte.

Im Eintrittsgeld für das Gefängnis ist der Eintritt für das 1832/33 erbaute *Patrick Taylor Cottage* enthalten [31 Duke St, 🕔 tägl. 14-16.15 h], das zu einem kleinen **Gemeindemuseum** hergerichtet wurde. Es gehört zusammen mit dem 1869/70 erbauten Postamt [*The Old Post Office*, Stirling Tce], dem 1887 erbauten Rathaus [York St] und dem Haus der *Strawberry Farm* [Middleton Rd, 🕔 Sept.-Juni tägl. 10-16 h], in dem sich heute ein Café befindet, zu den **ältesten Gebäuden der Stadt**.

Den **besten Blick über Stadt** und Umgebung hat man vom Gipfel des Mt Clarence, den man bis auf die letzten 150 m bequem per Auto »erklimmen« kann. Auf dem Hügel steht **das bedeutendste Kriegerdenkmal von WA**, das *Desert Mounted Corps Memorial.* Alljährlich am *Anzac Day* (▷ 79) versammeln sich hier Hunderte von Menschen zum legendären *Dawn Service.*

Östlich des Mt Clarence liegt Albanys einziger Stadtstrand, der Middleton Beach. Nach jeder Flut bleiben auf dem **breiten, weißen Sandstrand** zahllose bunte Kammmuscheln (▶ 327) zurück. Wandert man am Strand in nordöstliche Richtung, gelangt man nach 2 km zum Emu Point, einer kleinen Landspitze, die das ruhige Wasser des Fast-Binnenmeeres Oyster Harbour von den ungeschützten Gewässern der Middleton Bay trennt. Hier gibt es ein kleines Strandcafé, von dem man meist zahlreiche Brillenpelikane (▷ 192) beobachten kann.

Der Middleton Beach und das Stadtzentrum werden durch den Marine Drive verbunden. An der reizvollen Küstenstraße befinden sich einige Parkbuchten mit **fantastischen Weitblicken hinaus auf den tiefblauen Ozean** – beliebte Plätze für Einheimische, um Fish & Chips zu verzehren, Zeitung zu lesen oder einfach nur auf das Meer hinauszuschauen.

Von Juni bis Oktober starten von Albany **Walbeobachtungstouren** (▷ 201), u. a. angeboten von *Silver Star Cruises* [www.whales.com.au] und *Albany Whale Tours* [www.albanywhaletours.com.au]. Beide starten, je nach Bedarf, täglich zweimal [🕔 meist 9.30 u. 13 h].

Ganzjährig angeboten werden **Tauchtouren**, u. a.

der gemütlichen Hauptstraße von Albany laden zahlreiche Lokale m Verweilen ein.

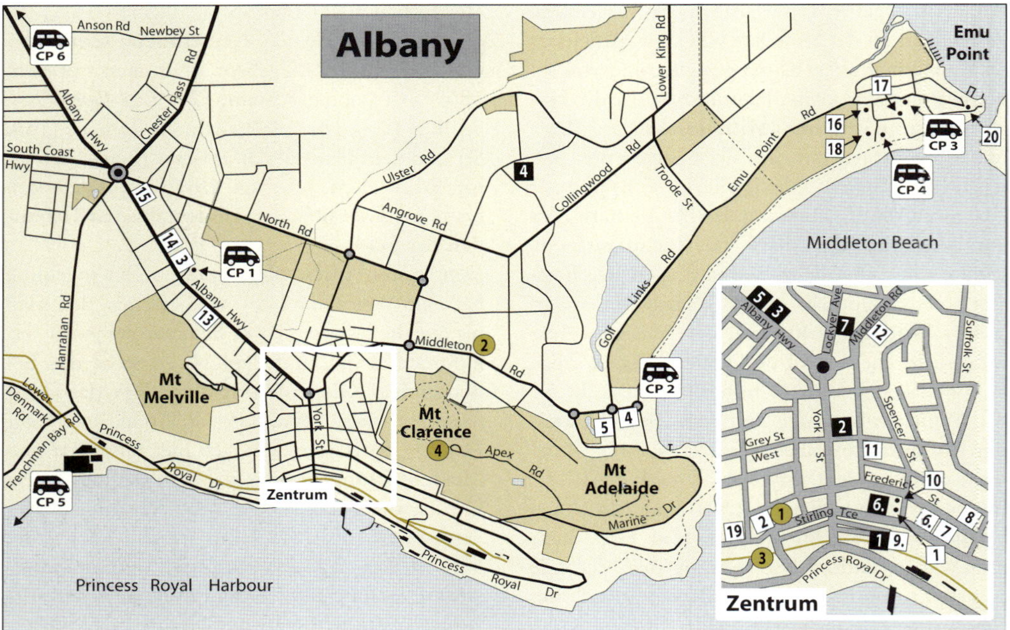

Stadtnahe Campingplätze

1 ***Albany Gardens Holiday Park*** (Big 4), 22 Wellington St, Tel. 9841 4616, www.albanygardens.com.au

2 ***Middleton Beach Holiday Park*** (Big 4), 28 Flinders Pde, Tel. 9841 3593, www.holidayalbany.com.au. Schön gelegener Platz direkt hinter einer Düne am Middleton Beach. Allerdings muss man die gute Lage mit Stellplatzgebühren bis zu $50 teuer bezahlen.

3 ***Rose Gardens Beachside Holiday Park***, 45 Mermaid Ave, Tel. 9844 1868, www.acclaimparks.com.au

4 ***Emu Beach Holiday Park***, 8 Medcalf Pde, Tel. 9844 1147, www.emubeach.com

5 ***Panorama Holiday Cottages & Caravan Park***, Frenchman Bay Rd / Panorama Rd, Tel. 9844 4031. Der Platz liegt ca. 13 km von der Innenstadt entfernt und bietet einige hübsche Stellplätze direkt am Ufer des Princess Royal Harbour mit Blick auf Albany. Die Stellplatzgebühren waren bislang erheblich niedriger als auf den umliegenden Campingplätzen.

6 ***Albany Holiday Park***, 550 Albany Hwy, Tel. 9841 7800, www.albanyholiday.com.au

■ Praktisches

Allgemeines

1 Touristenbüro [🕔 tägl. 9-17 h]
2 Hauptpostamt [🕔 Mo-Fr 8.30-17 h]
3 Automobilclub RACW [🕔 Mo-Fr 9-17 h]
4 Krankenhaus
5 Naturschutzbehörde DEC [🕔 Mo-Fr 8.30-16.30 h]

Internet

6 zwei Internet-Cafés

Supermärkte

7 *Woolworths* [🕔 Mo-Fr 8-18 h (Do -21 h), Sa 8-17 h]

● Sehenswürdigkeiten

Historische Gebäude

1 *Patrick Taylor Cottage*
2 *Strawberry Farm*

Museen & Anderes

3 Museumskomplex & Sträflingsdepot
4 *Desert Mounted Corps Memorial*

N

1 2 km

Legende ▷ Umschlagklappe hinten

Unterkünfte

...unter $70 für ein Doppelzimmer

1 ***Albany Backpackers***, Stirling Tce / Spencer St, Tel. 9841 8848, www.albanybackpackers.com.au
2 ***Albany Bayview Backpackers YHA***, 49 Duke St, Tel. 9842 3388, www.yha.com.au

...zwischen $70 und $100

3 ***Amity Motor Inn***, 234 Albany Hwy, Tel. 9841 2200, www.amitymotorinn.com.au
4 ***Albany Dicovery Inn***, 9 Middleton Rd, Tel. 9842 5535, www.discoveryinn.com.au

...zwischen $100 und $150

5 ***Park Avenue Holiday Units***, 13 Golf Links Rd, Tel. 9842 5242, www.parkavenueholidayunits.com.au
6 ***Norman House B&B***, 28 Stirling Tce, Tel. 9841 5995
7 ***Devines English Style B&B***, 20 Stirling Tce, Tel. 9841 8050,
8 ***Oakview Cottage B&B***, 34 Frederick St, Tel. 9841 4538
9 ***Foreshore Apartments***, 81 Proudlove Pde, Tel. 9842 8800,
10 ***Frederickstown Motel***, Frederick St / Spencer St, Tel. 9841 1600, www.frederickstownmotel.com.au
11 ***My Place***, 47 Grey St East, Tel. 9842 3242, www.myplace.com.au
12 ***Dog Rock Motel***, 303 Middleton Rd, Tel. 9841 4422, www.dogrockmotel.com.au
13 ***Comfort Inn Albany***, 191 Albany Hwy, Tel. 9841 4144, www.comfortinnalbany.com.au
14 ***Metro Inn Albany***, 270 Albany Hwy, Tel. 9841 7399, www.metrohotels.com.au [sehr günstige Last-Minute-Raten bei Internetbuchung!]
15 ***Ace Motor Inn*** (Best Western), 314 Albany Hwy, Tel. 9841 2911, www.acemotorinn.com.au
16 ***Emu Point Motel***, Mermaid Ave / Medcalf Pde, Tel. 9841 1001, www.emupointmotel.com.au
17 ***Havana Villas***, Firth St, Tel. 9844 1085, www.havanavillas.com.au
18 ***Emu Beach Chalets***, 9 Medcalf Pde, Tel. 9844 8889, www.emubeachchalets.com.au

...über $150

19 ***Albany Harbourside Apartments***, 8 Festing St, Tel. 9842 1769, www.albanyharbourside.com.au
20 ***Kenryl House B&B***, 4 Cunningham St, Tel. 9844 8585, www.kenryl.com.au

Eine Liste aller Unterkünfte mit aktuellen Preisen findet man unter www.albanytourist.com.au > *accommodation*.

zum versenkten Kriegsschiff *HMAS Perth*, das zu einem künstlichen Riff geworden ist. Zu den Anbietern gehören *Diving Frontiers* [www.diving-frontiers.com.au], *Dive Adventures* [www.diveadventures.com.au] und *Albany Dive* [www.albany-dive.com].
Albanys **Hauptattraktionen** liegen vor den Toren der Stadt auf der Torndirrup Peninsula (▷ 201).

Geschichte

Einer der ersten Europäer, der die Vorzüge des vor Albany liegenden natürlichen Hafenbeckens entdeckte, war der Engländer **George Vancouver**. Dieser ankerte 1791 in dem von ihm benannten **King George III. Sound** (das III. fiel im Laufe der Zeit weg). Er erkundete 13 Tage lang das Gebiet und nahm es schließlich pro forma für die britische Krone in Besitz. Bis zu diesem Zeitpunkt war die gesamte westliche Hälfte des Kontinents noch Niemandsland und trug den Namen Neuholland.
Nachdem in den darauf folgenden Jahren vermehrt französische Expeditionsschiffe die Küste inspizierten, fürchtete Großbritannien, dass Frankreich ebenfalls ein Kolonisationsinteresse am Westen haben könnte. Um den Franzosen zuvorzukommen, entsandte man 1826 das Schiff *Amity* unter dem Kommando von **Mayor Edmund Lockyer** gen Westen. Sein Auftrag lautete, Neuholland offiziell und vollständig für Großbritannien in Besitz zu nehmen und eine erste Siedlung bzw. Garnison zu gründen. Am ersten Weihnachtstag 1826 betrat die Besatzung, bestehend aus 18 Soldaten, 23 Sträflingen und einem Marinearzt das Festland am King George Sound. Die kleine Garnison erhielt den Namen Frederickstown und überlebte lediglich vier Jahre. Nach Abzug der Truppen blieb eine winzige Siedlung zurück, die 1832 in Albany umgetauft wurde.
Seine erste wirtschaftliche Blütezeit erlebte Albany zwischen 1851 und 1880 als Hafenstadt. Da die mit Kohle betriebenen Post- und Passagierdampfer nicht mit einer einzigen Ladung Kohle

von der Ostküste Australiens bis nach Europa gelangten, mussten die Schiffe in Albany einen Zwischenstopp einlegen, um ihre Kohlevorräte aufzustocken. Als 1880 leistungsstärkere Schiffsmaschinen entwickelt wurden, die diesen Zwischenstopp überflüssig machten, erlitt Albany einen ersten Rückschlag. Dieser währte neun Jahre und endete mit der Eröffnung der Eisenbahnlinie zwischen Albany und Perth. Die Gleise führten über einen weit ins Meer hineinreichenden Pier direkt an die Schiffe heran. Dies erlaubte ein schnelles Be- und Entladen und festigte Albanys Bedeutung als Hafenstandort. Mit dem Ausbau des Hafens in Fremantle Ende des 19. Jahrhunderts verlagerte sich der Handelsverkehr an die Westküste und Albanys Hafen verlor erneut an Bedeutung.

Im nächsten Jahrhundert sorgten Walfang und Tourismus für ein stetes Wirtschaftswachstum. Die walreichen Gewässer der Südküste waren schon seit Beginn des 19. Jahrhunderts Ziel internationaler Walfangflotten gewesen. Amerikaner, Franzosen und Norweger machten zusammen mit den Briten Jagd auf die mächtigen Säugetiere. 1947 stieg dann auch Albany ins Geschäft ein und gründete die *Albany Whaling Company*, aus der sich fünf Jahre später die *Cheynes Beach Whaling Company* (▷ 201 & 202) entwickelte.

Albanys Tourismus florierte bereits in den 1920er und 1930er Jahren. Schon damals war die Stadt eines der beliebtesten Ferienziele der gesamten Kolonie und daran hat sich bis heute nicht viel geändert.

Gut zu wissen,…

…dass ein **öffentlicher Bus** verkehrt, der das Stadtzentrum mit dem Middleton Beach und dem Emu Point verbindet. Den Fahrplan von *Loves Bus Service* erhält man im Touristenbüro.

Old Railway Station, Proudlove Pde, ◷ tägl. 9-17 h

BB*, BP*, CP*, H/M*, JH¹, S*

Woolworths, Lockyer Ave, ◷ Mo-Fr 8-18 h (Do -21 h), Sa 8-17 h & *IGA*, York St, ◷ tägl. 7-21 h

Bibbulmun Track. Der *Bibbulmun Track* ist der **einzige Langstreckenwanderweg in WA**. Er ist 963 km lang und reicht von Albany bis nach Kalamunda (an der östlichen Stadtgrenze von Perth). Der südliche Teil des Weges verläuft bis zum Walpole-Nornalup NP dicht an der Küste entlang, bevor er Richtung Norden abknickt und durch das überwiegend waldige Inland nach Kalamunda weiterführt. Mindestens alle 20 km gibt es am Weg eine Übernachtungsmöglichkeit, bestehend aus einer einfachen, halboffenen Schutzhütte mit hölzernen Pritschen, Wassertank, Plumpsklo und Picknicktisch. Außerdem ist eine Fläche für Zelte vorgesehen.

Der Weg ist mit gelben, dreieckigen Zeichen ausgeschildert, auf denen die Regenbogenschlange Waugal (▷ 183) abgebildet ist. Sie ist das bedeutsamste Schöpferwesen des Bibbulmun-Volkes, nach dem der Weg benannt wurde. Genaues Kartenmaterial und zwei Wanderführer mit detaillierten Wegbeschreibungen sind u. a. in den Zweigstellen der Naturschutzbehörde DEC und in einigen Touristenbüros erhältlich.

Informationen plus Übersichtskarte/*overview map* unter www.bibbulmuntrack.org.au.

5 Montag

Über 20 verschiedene Walarten sind in den territorialen Gewässern des 5. Kontinents beheimatet. Auf Grund dieses Artenreichtums und der einst hohen Populationen spielten **Wale** schon immer eine große wirtschaftliche Rolle. So war die Walfangindustrie nicht nur das erste, sondern bis fast Mitte des 19. Jahrhunderts auch das einzige ökonomische Standbein der jungen Kolonie. Danach übernahmen Rinder und Schafe die »wirtschaftliche Führung«, doch der Walfang blieb weiterhin ein lukratives Geschäft. Allein in WA gab es drei Walfangstationen.

In den 1970er Jahren, als die weltweiten Proteste gegen das Abschlachten der Wale zunahmen, begann auch Australien seine Politik zu ändern, nicht zuletzt weil sich der Walfang finanziell nicht mehr lohnte. 1978 wurde die letzte Walfangsta-

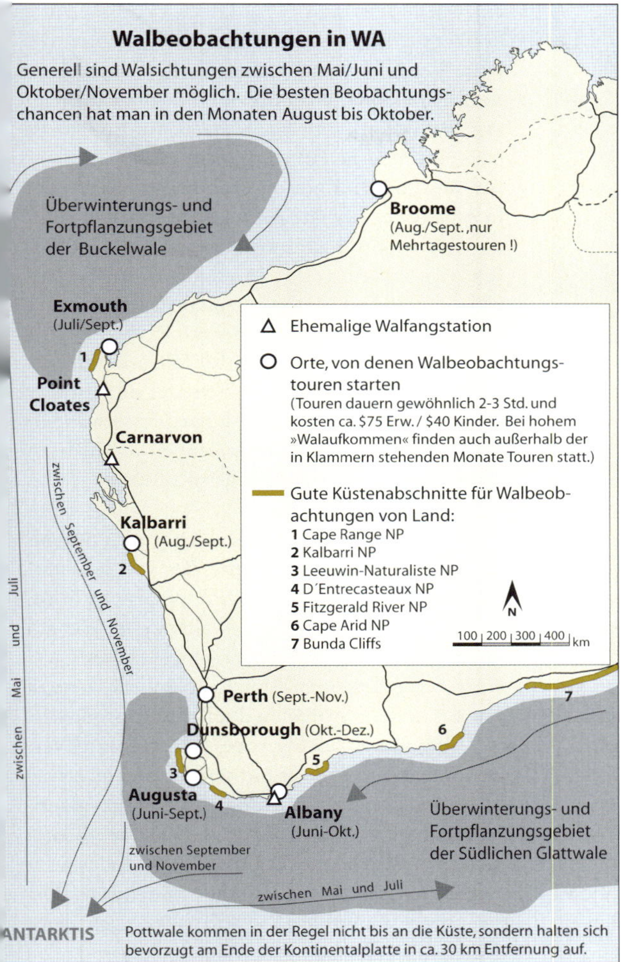

tion, die ***Cheynes Beach Whaling Company*** in Albany, geschlossen. Zwei Jahre später erließ die australische Regierung ein Gesetz, das nicht nur das Töten, sondern auch jegliche anderweitige Störung der Tiere verbietet.

Heute kämpft Australien an vorderster Front um den Schutz der Wale. Schließlich ist auch mit den lebenden Tieren viel Geld zu verdienen. Die jährlich an der Küste entlang ziehenden Riesensäuger haben sich zu einem ausgesprochenen Touristenmagnet entwickelt und seit 1989 werden in WA **Walbeobachtungstouren/** *whale watching tours* angeboten. Doch um Wale zu sehen, muss man nicht unbedingt an einer organisierten Tour teilnehmen. Die Tiere kommen regional so dicht an die Küste, dass man sie vielerorts auch von Land aus beobachten kann.

Torndirrup Peninsula & National Park. Die größtenteils zum Nationalpark erklärte Halbinsel umschließt den Princess Royal Harbour wie ein Schutzwall. Besonders spektakulär ist die dem offenen Meer zugewandte Südküste, an der die tosenden Wellen gegen senkrechte Granitklippen prallen. Das unablässige Nagen des Ozeans hat deutliche Spuren hinterlassen und **interessante Felsformationen** geschaffen, darunter die gewaltige Felsbrücke Natural Bridge und The Gap, ein 40 m hoher, senkrechter Einschnitt in der Klippenwand. Bei entsprechendem Wellengang türmt sich das Wasser in dem schmalen Einschnitt zu beachtlichen Gischtfontänen auf. Beide Sehenswürdigkeiten liegen ca. 150 m vom Parkplatz entfernt. Die dritte Attraktion sind die Blowholes, zu denen ein ca. 800 m [→] langer Weg hinunterführt. Am Ende befindet sich eine unscheinbare Spalte im Fels, durch die (nur!) bei starkem Wellengang das Wasser bis zu 3 m hoch spritzt. Bei ruhiger See entsteht zumindest ein eindrucksvolles Grollen und Donnern, das irgendwo unterwärts in den ausgewaschenen Kammern und Höhlen des Granits seinen Ursprung hat.

Aussichtspunkt der Insel ist der kleine Hügel Stony Hill, um dessen Gipfel ein Rundwanderweg [500 m ↺] mit schönen Weitblicken führt.

Das **östliche Ende der Halbinsel**, die schmale

Die Natural Bridge ist ein riesiger Brückenbogen aus Granit, unter dem bei stürmischer See das Wasser hindurchpeitscht.

Landzunge Bald Head, ist nur zu Fuß erreichbar [8 km →].

Am Ende der Sackgasse befindet sich eine ehemalige **Walfangstation**, die in ein **Freilichtmuseum** umgewandelt wurde [*Whaleworld*, Frenchman Bay Rd, ⏲ tägl. 9-17 h]. Zwischen 1952 und 1978 wurden hier mehr als 15.000 Wale abgeschlachtet. Über 90 % davon waren Pottwale, der Rest Buckelwale (▷ 298) und Südliche Glattwale (▷ 251). Die ***Cheynes Beach Whaling Company Station*** war die letzte operierende Walfangstation Australiens. Geschlossen wurde sie angeblich auf Grund zunehmender Proteste von Tierschützern. Allerdings dürften auch die zurückgehenden Gewinne eine Rolle gespielt haben, denn in den 1970er Jahren drangen immer mehr billigere synthetische Ersatzstoffe auf den Markt. Heute kann man neben den restaurierten Gebäuden ein Walfangschiff und einige der Flugzeuge besichtigen, mit denen nach den Walen Ausschau gehalten wurde. Ein paar Schautafeln, deprimierende Fotos und kurze Videofilme dokumentieren die Jahre des Schlachtens. Alles in allem ist *Whaleworld* ein reines Walfangmuseum, über die Tiere selbst erfährt man kaum etwas. Im Eintritt ist eine 30-minütige Führung enthalten.

Am westlichsten Ende des Nationalparks trifft der in Albany beginnende ***Bibbulmun Track*** (▷ 200) auf die Steilküste. Eine **Holztreppe mit 503 Stufen** führt auf einen extrem schmalen, bei Surfern beliebten Strand hinunter [Anfahrt: Princess Ave > vor dem Gefängnis links der mit WIND FARM ausgeschilderten Sandpatch Rd folgen]. Hier befindet sich auch Australiens neuester und größter **Windpark**, durch den ein kurzer Rundwanderweg führt. Die zwölf Windturbinen produzieren bis zu 75 % des Strombedarfs von Albany.

Als Moby Dick hielt der **Pottwal/** *sperm whale* Mitte des 19. Jahrhunderts Einzug in die literarische Welt. Damals lief die Walfangindustrie auf Hochtouren und der größte aller Zahnwale war eines der gefragtesten Opfer. Besonders wertvoll war das in der Stirnregion des Pottwals produzierte Walrat, das als hochwertiges Schmiermittel Verwendung fand. Auf Grund seiner milchigen Farbe und der leicht zähflüssigen Konsistenz glaubte man früher, dass es sich um die Samenflüssigkeit des Wales handelte. Daher heißt der Wal im Englischen *sperm whale*, also »Samenwal«. Die eigentliche Funktion des Walrats ist noch nicht vollständig erforscht. Eine Theorie besagt, dass es dem Wal auf seinen über 2 km tiefen Tauchgän-

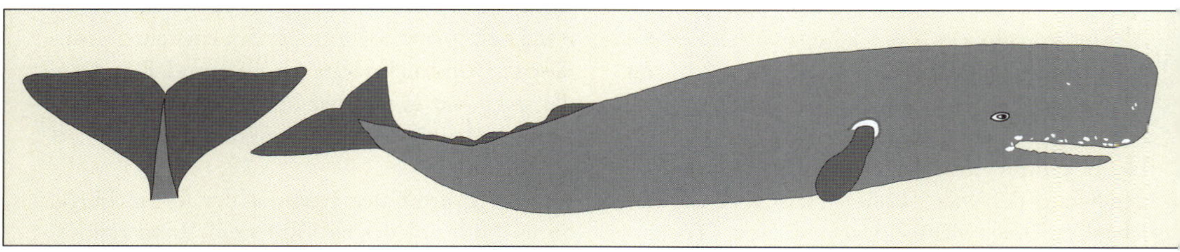

Der Pottwal ist auf Grund seiner kantigen Kopfform leicht von anderen Walen zu unterscheiden. Der Kopf nimmt bis zu 1/3 der Körperlän ein und besitzt das größte Gehirn aller Lebewesen. Die Bullen können bis zu 18 m lang werden.

gen als eine Art »Druckausgleichsmasse« dient. Weit länger als eine Stunde verbringt der Pottwal mitunter in den dunklen Tiefen des Meeres, um dort Jagd auf Tintenfische zu machen.
Ein weiterer Bonus der Walfänger war das Ambra/*ambergris*, das man gelegentlich im Darm der Tiere fand. Bei der wachsartigen, dunkelgrauen Masse handelt es sich um eine krankhafte Absonderung, die bis heute sowohl als Aphrodisiaka als auch in der Parfümindustrie hohe Preise erzielt.
Obwohl der Pottwal aggressiv gejagt wurde, haben sich seine Bestände seit dem 1984 erlassenen Pottwalfangverbot wieder erholt. Nur Norwegen, Island und Japan machen weiterhin Jagd auf die Riesensäuger.
Vorkommen (*Physeter macrocephalus*): in allen Ozeanen

Vor ca. 1.2 bis 1.3 Mrd. Jahren war die Südküste von WA Schauplatz eines gewaltigen geologischen Ereignisses, der Kollision und der **Verschmelzung Australiens mit der Antarktis**. Die Vereinigung beider Landmassen setzte ungeheure Kräfte frei und die erhöhten Druck- und Temperaturverhältnisse führten dazu, dass Gesteine der unteren Erdkruste zu schmelzen begannen und als flüssiges Magma aufstiegen. Das langsam noch unter der Erdoberfläche erstarrende Magma bildete schließlich eine Art unterirdische Schweißnaht zwischen den beiden Landmassen. Im Laufe der darauf folgenden Jahrmillionen wurde diese Schweißnaht von der Erosion freigelegt. Sie besteht aus Granit (▷ 213), dem häufigsten Tiefengestein der Erde. Überreste dieser »Granitnaht« stehen noch heute, dazu gehören die **Granitformationen** des **Torndirrup NP**, die runden Felsen im **William Bay NP** und die Gebirgskette des **Porongurup NP**.

Two Peoples Bay Nature Reserve.

(47.4 km²) Die mit urwüchsiger Heide- und Buschvegetation bewachsene Cape Vancouver Peninsula beheimatet zwei **vom Tode wieder auferstandene** Tierarten. Beide wurden vor mehr als 150 Jahren vom Naturforscher John Gilbert entdeckt und galten lange Zeit als ausgestorben, bis man sie hier wiederfand. Das erste Tier ist der **Braunbauch-Dickichtvogel**/*noisy scrub bird*, dank dessen Wiederentdeckung 1961 die Halbinsel zum Naturschutzgebiet erklärt wurde. Der kleine, stämmige Vogel gehört zu einer alten Singvogelfamilie Australiens, die wahrscheinlich schon seit 35 Mio. Jahren auf dem Kontinent lebt. Im Gegensatz zu anderen Singvogelarten besitzt der Dickichtvogel kein Gabelbein, weshalb er ein schlechter Flieger ist. Mit seinen kurzen, abgerundeten Flügeln vermag er sich nur wenige Meter in der Luft zu halten. Aus diesem Grund lebt er vorzugsweise im undurchdringlichen Dickicht. Dort ist er ganz in seinem Element und hüpft, klettert und läuft so gewandt wie andere Vögel fliegen. Der Braunbauch-Dickichtvogel lebt sehr territorial und die Männchen markieren ihre Territorien mit lauten Gesängen.
Das zweite Tier, das man von der Liste der ausgestorbenen Arten wieder streichen konnte, ist **Gilberts Kaninchenkänguru**/*Gilbert's potoroo*. Das kaninchengroße Beuteltier ward 115 Jahre nicht mehr gesehen, bis es 1994 plötzlich in eine im Gebiet aufgestellte Falle tappte. Trotz einer daraufhin eingeleiteten Suche fand man nur wenige Exemplare und das Überleben dieses seltenen Beutlers ist noch lange nicht gesichert.
Über die beiden tierischen Hauptattraktionen des Parks informiert ein **kleines Besucherzentrum** [🕓 tägl. 10-15 h].
Weitere seltene oder gar vom Aussterben bedrohte Tierarten, die bis heute im unzugänglichen Dickicht überlebt haben, sind die Westliche Langschnabelgrasmücke/*western bristle bird*, der *western whipbird*, der Westliche Ringelschwanz-Kletterbeutler, die Graubauch-Schmalfußbeutelmaus/*grey-bellied dunnart* und das Quokka (▷ 167). Zwar ist die Chance eines dieser Tiere zu sehen sehr gering, dafür entschädigt das Gebiet mit zwei türkisfarbenen, **von einzelnen Granitfelsen geschmückten Strandbuchten** (▶ 123). Zum ei-

nen mit der lang gestreckten, halbkreisförmigen Two Peoples Bay und zum anderen mit der von zwei felsigen Landzungen umrahmten Bucht am Little Beach. Außerdem gibt es einen schönen Rundwanderweg [3 km ↺] mit Weitblicken über die Bucht, von dem wiederum ein Wanderweg [2 km →] zum Little Beach abzweigt.

Gut zu wissen,…

Typische Repräsentanten der Flora des Südwestens sind die **Flaschenputzer**/*bottlebrushes* (im Deutschen auch Schönfaden genannt). Obwohl streng genommen nur die Arten der Gattung *Callistemon* zu den Flaschenputzern zählen, bezeichnet man in Australien auch einige Arten der Gattung *Melaleuca* und *Beaufortia* als solche, wie z. B. den *granite bottlebrush* (*Melaleuca elliptica* / ▶ 150) und den *gravel bottlebrush* (*Beaufortia decussata* / ▶ 150). Alle drei Gattungen zeichnen sich durch ihre ringförmigen, meist roten Blütenstände aus, die genau so aussehen, wie der Name Flaschenputzer vermuten lässt. Die Gattung *Beaufortia* zählt 17 Arten, die ausschließlich im Südwesten vorkommen. Von den »richtigen« Flaschenputzern kommen dagegen nur zwei Arten in WA vor, der Rest wächst im Osten des Kontinents.
Vorkommen (ca. 30 australische Arten der Gattung *Callistemon*): im Südwesten und im Osten des Kontinents

Waychinicup National Park. (39 km²)
Runde Granitberge, bewachsen mit dichter Heidevegetation und bespickt mit einzeln stehenden Felsen charakterisieren den Waychinicup NP. Dank einiger **unberührter Bergkuppen** und unzugänglicher Senken ist der Park ein wichtiges Schutzgebiet bedrohter Tierarten. Zu den **gefiederten Kostbarkeiten** gehören der Erdsittich und der im Park wieder eingeführte Braunbauch-Dickichtvogel (▷ 203). Der seltenste Säuger im Park ist die Südliche Breitfußbeutelmaus (▷ 218). Ebenfalls im Park heimisch und mit etwas Glück zu beobachten sind der Kleine Kurznasenbeutler (▶ 136), der Westliche Ringelschwanz-Kletterbeutler und das Quokka (▶ 136).
Die landschaftliche Hauptattraktion ist das idyllische mit Granitfelsen dekorierte **Mündungsgebiet des Waychinicup River** im Westen des Parks. Hier befindet sich auch eine kleine Campsite [WC, $].

Gut zu wissen,…

Die **Westaustralische Kasuarine**/*Western Australian sheoak* gehört zur Familie der Kasuarinengewächse (*Casuarinaceae*), die mit rund 60 Arten auf dem australischen Kontinent vertreten ist. **Kasuarinen**/*sheoaks* sind äußerst robuste Pflanzen, denen weder Wind, Trockenheit noch Salz etwas anhaben können. Ihr Holz gleicht in Härte dem der europäischen Eiche, weshalb man sie im Englischen Weibliche/*she* Eiche/*oak* nennt. Die Blätter der Kasuarinen, oder besser, das was man zunächst dafür hält, sehen aus wie lange Kiefernnadeln. In Wirklichkeit bestehen die vermeintlichen Nadeln, genau wie der Schachtelhalm, aus mehreren Sprossen. Die eigentlichen Blätter sind nur millimetergroß und ringförmig um die Knoten der einzelnen Sprosse angeordnet.

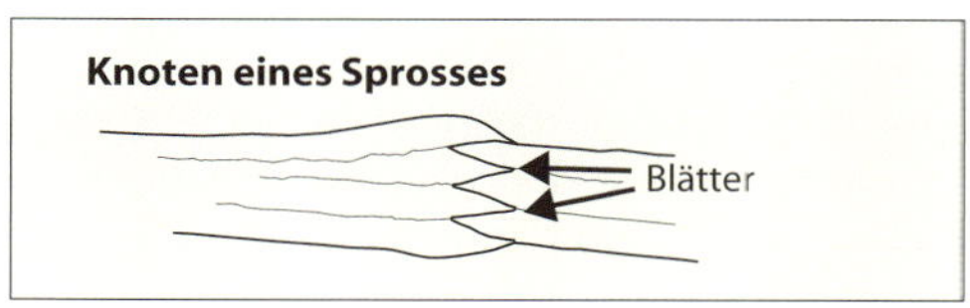

Im Gegensatz zu einigen anderen Kasuarinenarten, wie z. B. der zwittrigen **Karri-Kasuarine**/*karri sheoak*, gibt es bei der Westaustralischen Kasuarine weibliche und männliche Bäume. Beide blühen sporadisch das ganze Jahr hindurch. Da

die Blüten durch Wind bestäubt werden, also folglich keine Tiere anlocken müssen, sind sie nur klein und unscheinbar. Nach der Befruchtung bilden sich auf dem weiblichen Baum zapfenartige, bis zu 4 cm lange Früchte.
Vorkommen Westaustralische Kasuarine (*Allocasuarina fraseriana*): Südwesten, von Perth bis Albany
Vorkommen Karri-Kasuarine (*Allocasuarina decussata*): in den Karriwäldern des Südwestens

Porongurup National Park. (25 km²) Obwohl der Porongurup und der Stirling Range NP für australische Verhältnisse nur einen Steinwurf voneinander entfernt liegen, sind beide Parks von ganz unterschiedlichem Charakter. Während die spitzen, von Heidevegetation bewachsenen Gipfel der Stirling Range über 1000 m emporragen, erreichen die **runden Granitrücken** der Porongurup Range nicht einmal 700 m und empfangen den Besucher in pflanzlicher Hinsicht mit etwas, das man in dieser Region nicht erwartet: Wald – **urwüchsiger, schattiger Wald** mit Farnen, dichtem Unterholz, bemoosten Baumstämmen, Schlingpflanzen und Baumriesen. Der Wald ist ein Überbleibsel aus einem feuchteren Zeitalter, während dem, so weiß man aus Fossilfunden, auch die umliegenden Ebenen von ausgedehnten Wäldern bedeckt waren. Als das Klima trockener wurde, begannen die Waldflächen zu schrumpfen und die majestätischen Baumriesen konnten nur im äußersten Südwesten und in einigen wenigen »Inselgebieten« mit guten Böden und ausreichenden Niederschlägen überleben.
Trotz seines üppigen Grüns zählt der Porongurup NP mit seinen rund 750 Pflanzenarten nur rund halb so viele Arten wie der benachbarte Stirling Range NP. Die drei bestandsbildenden Bäume sind Karri (▷ 185), Jarrah (▷ 194) und Marri (▷ 180). Im Unterholz wachsen *tassel flowers*, Große Banksias (▷ 190) und verschiedene Akazienarten. Zur Blütezeit ganz besonders auffällig sind die lila blühende *tree hovea* (▶ 151) und die rosa blühende *holly-leaved mirbelia*. Im Frühling durchbrechen 55 Orchideenarten (▷ 210) das Grün und im Herbst 300 Pilzarten.

Die *tassel flower* ist leicht anhand ihrer ringförmig angeordneten Blätter zu erkennen.

Der Park kann von zwei Punkten aus erkundet werden. Die besten **Ein- und Ausblicke** bietet der abwechslungsreiche *Nancy Peak Circuit* [5.5 km ↺], der beim Parkplatz am Ende der Bolganup Road beginnt. Er führt zunächst durch feuchtschwülen Eukalyptuswald über runde Felskuppen weiter auf einen Kamm, von dessen drei Gipfeln man schöne Weitblicke hat. Nancy Peak ist mit 660 m der höchste Punkt dieser Wanderung.
Wer noch höher hinaus will, kann vom *Nancy Peak Circuit* einen Abstecher [1.6 km ⇆] auf die Teufelsrutsche/*Devils Slide* machen, deren Spitze mit 670 m **die höchste Erhebung** der Gebirgskette ist.
Zwei **ungewöhnliche Granitformationen**, der

Die von der Erosion rundgeschliffenen Kuppen und Flanken der Porongurup Range, so z. B. die abgebildete Felsformation Castle Rock, entstanden vor über 1 Mrd. Jahren als sich ca. 12 bis 15 km unter der Erde eine mächtige Granitschmelze (▷ 213) aus flüssigem Magma zu bilden begann.

Castle Rock und der Balancing Rock, befinden sich am Ende eines 1.5 km [→] langen Wanderweges, der am Parkplatz der Castle Rock Road startet. Balancing Rock ist eine 6.4 m hohe Felskugel von 16 m Umfang, die mit einer Auflagefläche von nur 1.2 m² auf einem größeren Felsen balanciert. Und Castle Rock (570 m) ist der Gipfelfelsen, der mit seinen steilen, senkrecht aufragenden Felswänden in der Tat an eine Festung erinnert. Auf der »Festung« thront eine luftige **Aussichtsplattform**, die über eine umgitterte Leiter zu erreichen ist. Ein Hinweisschild zeigt, über welche Steine man klettern muss, um zu dieser Leiter zu gelangen.

Gut zu wissen,...

Stirling Range National Park. (1159 km²)

Die Stirling Range ist die einzige Bergkette in WA mit Hochgebirgscharakter. Sie erstreckt sich auf einer Länge von 65 km in Ost-West-Richtung und gleicht mit ihren aus dem flachen Farmland emporagenden Gipfeln einer **schroffen Gebirgsinsel**. Der höchste Berg, der Bluff Knoll (▶ 123), misst **stolze 1073 m**. Sein Gipfel ist der einzige Ort in WA, wo im Winter regelmäßig ein paar **Schneeflocken** fallen. Dem Bluff Knoll folgen zwei weitere Tausender, der Toolbrunup (1052 m) und Ellen Peak (1012 m). Nach Westen hin verliert die Gebirgskette etwas an Höhe, doch überschreiten selbst hier noch einige Gipfel deutlich die 800 m Marke. Je nach dem aus welcher Richtung man sich der Gebirgsinsel nähert, prägt ein anderer Berg das Bild. Von Norden kommend steht der Bluff Knoll im Mittelpunkt, von Süden die drei Spitzen des Toolbrunup.

Neben der asphaltierten Chester Pass Road, die den Park durchquert, gibt es einen nicht asphaltierten 42 km langen Scenic Drive, den Stirling Range Drive, der den westlichen Teil des Parks erschließt. Die Piste wird von einem undurchdringlichen Dickicht gesäumt und eine Fahrt lohnt besonders zur **Hauptblütezeit** (Okt.-Dez.), wenn bunte Akzente das einheitliche Grün schmücken.

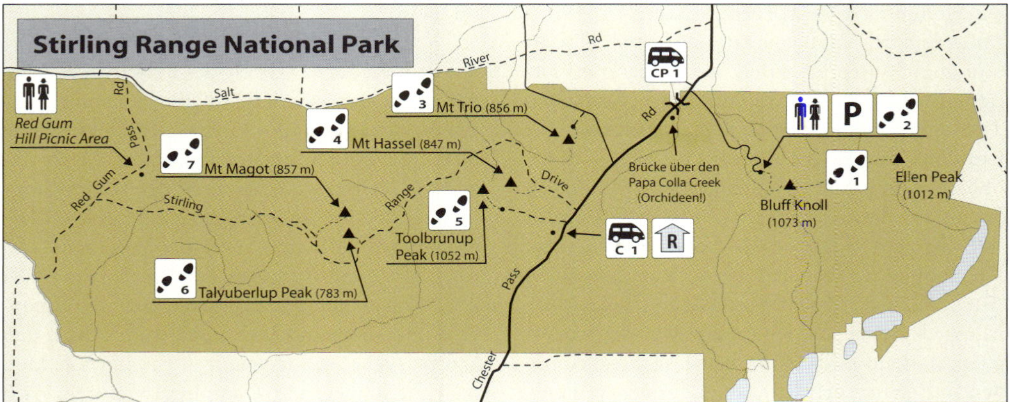

Wandermöglichkeiten

1 *Ridge Walk* [15.5 km →]
Besteigung des...
2 ...Bluff Knoll [6 km ⇆]
3 ...des Mt Trio [3 km ⇆]
4 ...des Mt Hassel [2 km ⇆]
5 ...desToolbrunup [4 km ⇆]
6 ...des Talyuberlup [3 km ⇆]
7 ...des Mt Magot [7 km ⇆]

N

5 10 15 km

Legende ▷ Umschlagklappe hinten

Campsites

1 ***Moingup Springs Camping Area*** - Gemütliches, kleines Camp im offenen Eukalyptuswald, allerdings sehr dicht am Highway, auf dem vor allem zur Erntezeit schon sehr früh morgens der Roadtrain-Verkehr Richtung Albany einsetzt.

$

Nationalparknahe Campingplätze

1 ***Stirling Range Retreat*** [Chester Pass Rd, schräg gegenüber der Zufahrt zum Bluff Knoll, Tel. 9827 9229, www.stirlingrange.com.au] - Ein großer Campingplatz mit hübschen Stellplätzen am Rande des waldigen Buschlandes und einer großen Auswahl an *cabins*.

W $

Blickpunkt Natur

Die Gebirgsinsel ist ein wichtiges Rückzugsgebiet vieler Tiere, deren ursprünglicher Lebensraum durch die stetige Ausweitung landwirtschaftlicher Flächen verloren gegangen ist. Dazu gehören neben der Graubauch-Schmalfußbeutelmaus und dem Honigbeutler (▷ 225), das Westliche Strauchwallaby/*western brush wallaby*, das sich vom Westlichen Grauen Riesenkänguru (▷ 225) deutlich durch seine schwarze, buschige Schwanzspitze unterscheidet. Außerdem versucht man, das vom Aussterben bedrohte Wappentier von WA, den Numbat (▽), wieder anzusiedeln. Damit der Numbat und die anderen kleinen Säuger eine größere Überlebenschance haben, wird im Park ein intensives Fuchs- und Katzenkontrollprogramm (▷ 111) durchgeführt. Von diesem profitiert auch der Kleine Kurznasenbeutler (▶ 136), der mit seinem Durchschnittsgewicht von 750 g ein beliebtes Beutetier von Katzen und Füchsen ist.

Die Vogelwelt zählt über 160 Arten, darunter der lautstarke Kookaburra (▷ 179), der stimmfreudige Eulenschwalm (▷ 355), die mächtigen Rußwürgerkrähen/*grey currawongs* (▶ 140) und die aufdringlichen Flötenvögel (▽). Im waldigen Buschland und der strauchigen Heidevegetation kann man den Rostbauch-Baumrutscher/*rufous treecreeper*, die Rotohramadine/*red-eared firetail*, den Weißbauch-Staffelschwanz, die Mallee-Scheindrossel/*southern scrub-robin* sowie zahlrei-

che Honigfresser (▷ 218) entdecken.
Außerdem im Park beheimatet sind zwölf Frosch- und über 30 Reptilienarten. Neben den zwei giftigsten Schlangen der Südküste, der Westlichen Tigerotter und der Dugite/*dugite*, leben auch der harmlose Tannenzapfenskink (▷ 245) und die hübsch gemusterte Teppichpython (▷ 365) im Schutz der Strauchvegetation. Ebenfalls harmlos sind die fünf Vertreter der Flossenfüße (▷ 86). Die Familie der Flossenfüße zählt insgesamt 38 Arten, die sich auf acht Gattungen verteilen. Ihre Mitglieder sehen auf den ersten Blick wie Schlangen aus, denn sie besitzen keine Vordergliedmaßen und kaum sichtbare, zu Schuppen verkümmerte Hintergliedmaßen.

◆ Der **Numbat**/*numbat* (im Deutschen auch Ameisenbeutler genannt) gehört zu den vom Aussterben bedrohten Tierarten Australiens. In den 1970er Jahren gab es nur noch knapp 1000 Exemplare, wofür hauptsächlich der Fuchs verantwortlich gemacht wird. Seitdem versucht man die Population des Numbats durch zahlreiche Brutprogramme zu stabilisieren und ihn in verschiedenen Gebieten mit ersten, wenn auch zögerlichen Erfolgen wieder anzusiedeln.
Der Numbat ähnelt mit seinem buschigen Schwanz, dem rotbraunen Fell und der durchschnittlichen Größe von 24 cm ein wenig einem Eichhörnchen. Auffälligstes Erkennungsmerkmal sind die weißen Querstreifen am Rücken. Im Gegensatz zu vielen anderen Beuteltieren ist der Numbat tagaktiv. Er ernährt sich fast ausschließlich von Termiten (und nicht, wie sein deutscher Name vermuten lässt, von Ameisen), die er mit seiner klebrigen, bis zu 10 cm langen Zunge aufschleckt. Nachts schläft der Einzelgänger in Baumhöhlen oder unterirdischen Bauten. Obwohl der Numbat zu den Beuteltieren gehört, besitzt er keinen Beutel. Stattdessen klammern sich die Ende Januar oder Anfang Februar zur Welt kommenden Jungen an das struppige Fell, das die Zitzen der Mutter umgibt.
Vorkommen (*Myrmecobius fasciatus*): punktuell im Südwesten

◆ Der melodische Gesang des **Flötenvogels**/*Australian magpie* ertönt fast auf dem gesamten Kontinent. Sein gutturales Flötenspiel dauert häufig mehrere Minuten und erfolgt oft im Duett mit anderen Artgenossen. Es dient der Territoriumsmarkierung und ist besonders häufig in den Morgenstunden zu hören, bevor der Vogel zur Nahrungssuche aufbricht. Die Nahrungssuche findet überwiegend auf dem Erdboden statt, wo er hopsend und schreitend nach Insekten, Früchten und Samen sucht und neugierig menschlichen Müll oder herumliegende Campingausrüstung nach Essbarem durchstöbert.

Der bis zu 40 cm große Flötenvogel ist ein häufiger Besucher au Campsites und Picknickplätzen.

Da der Flötenvogel mit seinem schwarzweißen Gefieder und seinem vorwitzigen Benehmen die ersten britischen Siedler an die heimische Elster erinnerte, gaben sie ihm den Namen »Australische Elster«. Dabei hegen beide keinerlei verwandtschaftliche Beziehungen, denn der Flötenvogel gehört der Familie *Cracticidae* an, deren Verbreitungsgebiet sich auf den australasiatischen Raum beschränkt. Es gibt insgesamt sieben Unterarten auf dem australischen Kontinent, die alle

in ihrer Zeichnung variieren.
Vorkommen (*Gymnorhina tibicen*): australienweit, bis auf wenige Gebiete in den Tropen und im ariden Zentrum

Dank der verschiedenen Höhenlagen mit ihren unterschiedlichen Vegetationszonen ist der Park mit über 1500 Pflanzenarten gesegnet. Die Täler und unteren Höhenlagen werden von waldigem Buschland bedeckt, das teils von stattlichen Eukalypten wie dem bis zu 25 m hohen Yate/*yate* und teils von niedrigen Malleearten wie dem Tallerack/*tallerack* dominiert wird. In diesen Zonen findet man auch die kuriosen Grasbäume (▷ 271) sowie verschiedene Hakeaarten, darunter die *hood-leaved hakea* (▶ 147) mit ihren auffällig schalenförmigen Blättern. Ebenfalls artenreich vertreten ist die Gattung Banksia einschließlich eines Endemiten, der Stirling Range Banksia. Gleich neun der über 80 endemischen Arten im Park stellt die Gattung *Darwinia* mit ihren *mountain bells*. Die kleinen Büsche wachsen alle erst ab einer Höhe von 300 m, in der das strauchige Grün der unteren Höhenlagen langsam in niedrige Heidevegetation übergeht. Jede Art hat ihr eigenes Verbreitungsgebiet. Überschneidungen, wie z. B. auf dem Bluff Knoll, wo sowohl die *yellow mountain bell* als auch die *common mountain bell* vorkommen, sind die Ausnahme. Die großen, glockenförmigen Blüten ziehen zahlreiche Honigfresser (▷ 218) an, die die Bestäubung der Pflanze übernehmen. Schaut man in die Blüten hinein, stellt man fest, dass es sich in Wirklichkeit nicht um eine einzelne Blüte handelt, sondern um eine Gruppe winziger Einzelblüten, die von farbigen Tragblättern umschlossen sind.
Weitere blühende Attraktionen sind die vier weißen »Sterne« des *southern cross* (▶ 151), die meist lilafarbenen Blüten der Gattung *Isopogon*, die weißen und rosafarbenen Blüten von *triggerplants* (▷ 227) und orange blühende Katzenpfoten (▶ 151). Außerdem trumpft der Park mit 123 Orchideenarten (▽) auf, darunter *spider orchids*, *donkey or-*

Obwohl der *kingia* (▷ 271) oft als Grasbaum bezeichnet wird, gehört er einer anderen Familie an und ist im Gegensatz zu den »richtigen« Grasbäumen nicht mit den Lilien, sondern mit den Kräutern verwandt.

Der zwischen Esperance und Albany weit verbreitete Tallerack besitzt große, silberfarbene Blätter und wächst in Mallee-Form (▷ 93).

chids (▶ 152), *scented sun orchids* (▶ 152) und die weit verbreitete *purple enamel orchid*. Die Orchideen zu entdecken ist trotz ihres Artenreichtums nicht einfach. Ein meist erfolgreiches Suchen verspricht das Areal östlich der Chester Pass Road bei der kleinen Brücke, die über den Papa Colla Creek führt.

◆ Die Familie der **Orchideen**/*orchids* ist mit ca. 20.000 Mitgliedern eine der größten Pflanzenfamilien der Welt. In Australien ist sie mit 800 Arten vertreten, 350 davon gedeihen im Südwesten. Eine enorme Anzahl, bedenkt man, dass in ganz Europa nur gut 200 Arten beheimatet sind.
Die Mehrzahl der 20.000 Familienmitglieder wächst auf Bäumen (epiphytisch) und betört durch eine üppige, bunte Blütenpracht. Nicht so die westaustralischen Arten. Sie sind ausnahmslos terrestrisch und ihre Blüten oft kaum größer als eine 1-$-Münze. Darüber hinaus sind sie nur durchschnittlich 10 bis 30 cm groß und stechen farblich kaum aus ihrer Umgebung hervor. Farbliche Ausnahmen sind die kleinwüchsige *cowslip orchid* (▶ 152) mit ihren kräftig gelben Blüten und die *purple enamel orchid* mit ihren lilafarbenen, wie lackiert aussehenden fünf Blütenblättern. Andere Orchideen, wie z. B. die *bird orchid* (▶ 152), *rabbit orchid* (▶ 152) oder die vielen verschiedenen Arten von *spider orchids*, sind ledig-

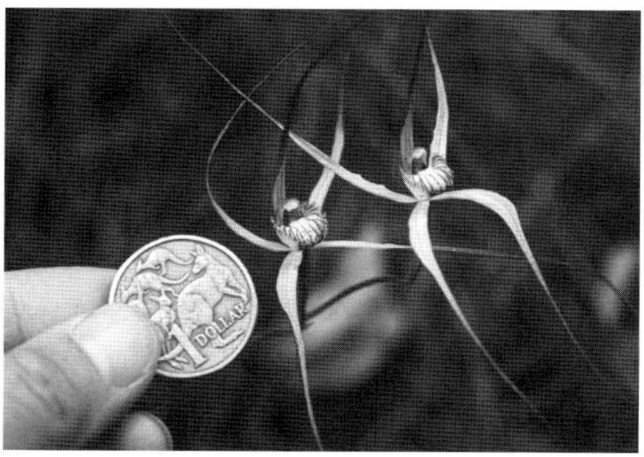

Die filigranen *spider orchids* sind im Südwesten weit verbreitet und kommen überwiegend in weißen und roten Farbschattierungen vor.

Wie die meisten westaustralischen Orchideen ist die Blüte der *purple enamel orchid* sehr klein und daher leicht zu übersehen.

lich auf Grund ihrer außergewöhnlichen Form auffällig.
Ein echter Sonderling unter den westaustralischen Orchideen ist die *underground orchid*, die nicht nur unterirdisch wächst und blüht, sondern (abgesehen von einer verwandten Art im Osten des Kontinents) auch die einzige Orchidee der Welt ist, die von Termiten bestäubt wird. Die meisten anderen Orchideen werden von Insekten bestäubt, wobei der jeweilige Bestäuber gewöhnlich mit Nektar »belohnt« wird. Einige Orchideen betrügen das Insekt allerdings um seinen Lohn, so wie die von Wespen bestäubten ***hammer orchids*** (*Drakaea spp.*). Bei diesen Orchideen ist die Lippe (das familienspezifische, stark vergrößerte Kronblatt) wie das Wespenweibchen geformt und die Pflanze verströmt einen Duftstoff, der dem des Wespenweibchens ähnelt und somit gattungswillige Männchen anlockt. Beim verzweifelten Versuch die Auserwählte, sprich die Lippe, zu umklammern, berührt das Männchen das Fortpflanzungsorgan der Orchidee, die so genannte Griffelsäule, an deren Ende sich die Pollen befinden. Mit Pollen bedeckt fliegt es zur nächsten Täuscherblume und sorgt so für den Fortbestand der *hammer orchids*.
Vorkommen (Familie *Orchidaceae*): australienweit, mit Ausnahme der Trockenzonen

Hinweise auf die geologische Entstehungsgeschichte der Stirling Range findet man u. a. auf ihren Gipfeln, vor allem auf dem des Bluff Knoll und dem des Toolburnup. Dort weisen viele Felsbrocken deutliche Rippelmarken auf. Die kleinen Wellen verraten, dass die Stirling Range nicht wie die meisten anderen Berge und Gebirgszüge des Südwestens aus magmatischem Gestein (▷ 213) besteht, sondern aus **Sedimentgestein**, hauptsächlich Sandstein und Schieferton.

Sedimentgestein entsteht durch die Ablagerung von organischen und mineralischen Substanzen wie Sand und Schlick. Diese wurden vor Hunderten von Millionen Jahren von Flüssen in dieses Gebiet transportiert und lagerten sich Schicht für Schicht ab. Unter dem enormen Druck der oberen Schichten begannen sich die unteren schließlich zu verfestigten. Dieser Vorgang, der als Diagenese bezeichnet wird, markierte die Geburtsstunde der Stirling Range.

Erkunden & Wandern

◆ Höhepunkt eines Nationalpark Besuchs ist im wahrsten Sinne des Wortes **die Besteigung des Bluff Knoll** [6 km ⇆]. Auf seinen Gipfel führt ein gut ausgebauter, stufenreicher Wanderweg, der an dem bereits 461 m hoch gelegenen Parkplatz beginnt. Von diesem hat man ebenfalls schon einen schönen Blick in die Farmlandebene.

Der Gipfel selbst bietet einen beeindruckenden 360° Blick, der sich bei klarer Sicht Richtung Süden bis zum Ozean erstreckt. Einschließlich Gipfelpause sollte man für Hin- und Rückweg mindestens 4 Std. einplanen. Der 1996 aufgestellte Rekord für die Besteigung liegt im Übrigen bei 23.1 min...

Tipp

◆ Eine weitere schöne Wanderung [3 km ⇆] führt auf den 783 m hohen Talyuberlup, dessen Gipfel ebenfalls **beeindruckende Weitblicke** bietet. Der Weg führt zunächst im Schutz der Vegetation steil den Berg hinauf. Allerdings gibt es keine bequemen Stufen wie beim Bluff Knoll, sondern man muss mit einem streckenweise etwas steinigen und daher rutschigen Untergrund vorlieb nehmen.

Kurz vor dem Gipfel des Talyuberlup.

Nach ca. 1 km nimmt die Vegetationsdecke an Höhe ab und man passiert einen kleinen Felsüberhang, der mit seinen schönen Weitblicken zu einer ersten Pause einlädt. Kurz dahinter passiert man einen großen Felsquader, an dem sich der Weg gabelt (der Weg zum Gipfel führt nicht Richtung Felsquader, sondern geradeaus weiter!). Nach weiteren 200 m erreicht man die nackte Felswand, an deren Fuße man sich nach oben arbeitet, zunächst wieder im Schutz der Vegetation, später etwas ungeschützter.

Zu den Höhepunkten des Weges gehört das Durchwandern einer Felsspalte kurz vor dem Gipfel. Die Spalte wird von einem **riesigen Felsüberhang** überdacht, unter dem man, wegen einer erhöhten Steinschlaggefahr nicht länger als nötig verweilen sollte. Die letzten 100 m bis zum aussichtsreichen Gipfeln sind allerdings nur Schwindelfreien vorbehalten.

◆ Gipfelstürmer haben die Möglichkeit noch **fünf weitere Berge zu erklimmen**. Allerdings sind nicht alle Wege so gut in Stand gehalten wie

Anfahrt zum Toolbrunup.

jener, der auf den Bluff Knoll führt. Außerdem sollte man für einige der interessanteren Besteigungen schwindelfrei sein, so z. B. für den Aufstieg zum kleinen Gipfelplateau des 1052 m hohen Toolbrunup [4 km ⇆].

◆ Ein **2-tägiger Gipfelwanderweg**, der *ridge walk*, verbindet den Bluff Knoll mit dem Ellen Peak. Genaue Informationen über diesen Weg erhält man beim Ranger. Außerdem sollte man sich zur eigenen Sicherheit registrieren (gegenüber der Zahlstation an der Zufahrt zum Bluff Knoll).

Gut zu wissen,...

...dass nur für die Zufahrt zum Bluff Knoll **Eintrittsgeld** verlangt wird.

...dass der Nationalpark stark von der ***Phytophthora*-Wurzelfäule** (▷ 91) betroffen ist. Um eine weitere Ausbreitung zu vermeiden, liegen an vielen Wanderwegen Bürsten aus, mit denen man seine Schuhe von Erde befreien sollte.

...dass die Stirling Range für ihre plötzlichen **Wetterumschwünge** berüchtigt ist. Wanderer sollten auf diese vorbereitet sein.

Während das gelbe Känguruwarnschild inzwischen weltberühmt ist, genießt das gleiche gelbe Schild mit einem plumpen Vogel darauf einen sehr viel geringeren Bekanntheitsgrad. Es weist auf die Existenz des vom Aussterben bedrohten **Thermometerhuhns**/*malleefowl* hin. Der 60 cm gro-

Vorsicht Thermometerhuhn!

ße, grau gefiederte Hühnervogel gehört zur Familie der **Großfußhühner** und fällt durch sein außergewöhnliches Nistverhalten auf. Statt ein gewöhnliches Nest zu bauen, auf den Eiern zu sitzen und abzuwarten, haben sich die Hühner etwas Schlaues (wenn auch nicht gerade Arbeitssparendes) ausgedacht: sie bauen einen Brutkasten. Der Brutkasten besteht aus einem umfangreichen, bis zu 1.5 m hohen Komposthaufen, für dessen Bau das Pärchen drei bis vier Monate benötigt. Ist der Bau fertig, legt das Weibchen bis zu 30 Eier in den Kompost und überlässt alles weitere dem Männchen. An diesem liegt es nun, die Temperatur der Brutkammer regelmäßig zu überprüfen und konstant auf 33°C zu halten. Als Thermometer dient dem Männchen sein Schnabel, der leicht geöffnet in den Haufen gesteckt wird. Produziert der vor sich hin gärende Kompost zuviel Hitze, entfernt das Männchen Material und sorgt somit für Abkühlung. Ist die Temperatur zu niedrig, bedeckt es den Haufen mit zusätzlichem Material oder öffnet ihn an warmen Tagen, so dass die Sonne die Eier erwärmen kann.

Nach so viel Fürsorge scheint es paradox, dass die Küken vom Augenblick des Schlüpfens ganz auf sich allein gestellt sind. Ohne elterlichen Schutz ist ihre Überlebensrate extrem niedrig, vor allem da sie importierten Räubern wie Katzen und Füchsen (▷ 111) hilflos ausgeliefert sind.

Ausführliche Informationen über die seltenen Hühnervögel sowie ein Freigehege zum Beobachten der Tiere bietet das *Yongergnow Australian Malleefowl Visitor Centre* in der kleinen Ortschaft **Ongerup** [Jaekel St, 🕓 tägl. 9.30-16 h, www.yongergnow.com.au].

Vorkommen (*Leipoa ocellata*): punktuell im Südwesten und Südosten Australiens

Viele charakterstarke Berge, Bergketten und Felsformationen im Süden von WA bestehen aus **Granit**/*granite*. Aus der Nähe betrachtet, lässt sich erkennen, dass sich Granit aus in Farbe und Größe unterschiedlichen Mineralien zusammensetzt. In der Regel sind dies: Quarz (grau), Feldspat (weiß oder hellrosa) und Glimmer (schwarz).

Wie und wo Granit entsteht, veranschaulicht die nachstehende Grafik.

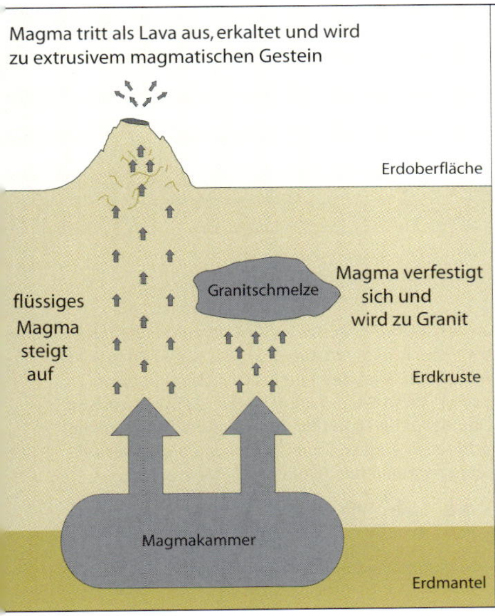

Die Entstehung magmatischer Gesteine

Granit bildet sich tief unter der Erdoberfläche aus erstarrtem Magma. Magma wiederum entsteht, wenn Gesteine der unteren Erdkruste und/oder des Erdmantels durch hohe Druck- und Temperaturverhältnisse (z. B. verursacht durch plattentektonische Kräfte) schmelzen.

Das flüssige Magma steigt zur Erdoberfläche auf, kühlt ab und erstarrt, das heißt es wird zu Stein. Je nachdem, wo diese »Steinwerdung« stattfindet, unterscheidet man zwischen intrusiven und extrusiven magmatischen Gesteinen. Verfestigt sich das Magma noch unter der Erdoberfläche, wie im Falle von Granit, spricht man von intrusiven magmatischen Gesteinen oder auch Tiefengesteinen (Plutonite). Die optimalen Druck- und Temperaturverhältnisse für die Entstehung von Granit liegen bei einer Tiefe von ca. 20 km und Temperaturen zwischen 650 und 800°C. Wie alle Tiefengesteine gelangt Granit erst an die Erdoberfläche, nachdem die darüber liegenden Schichten durch die Erosion abgetragen worden sind.

Flüssiges Magma, das durch vulkanische Aktivität bis an die Erdoberfläche gelangt, nennt man Lava. Aus erkalteter Lava bilden sich extrusive magmatische Gesteine, auch vulkanische Gesteine (Vulkanite) genannt. Das bekannteste ist **Basalt**.

Streckenabschnitt Süd 5 Bremer Bay bis Cape Arid NP

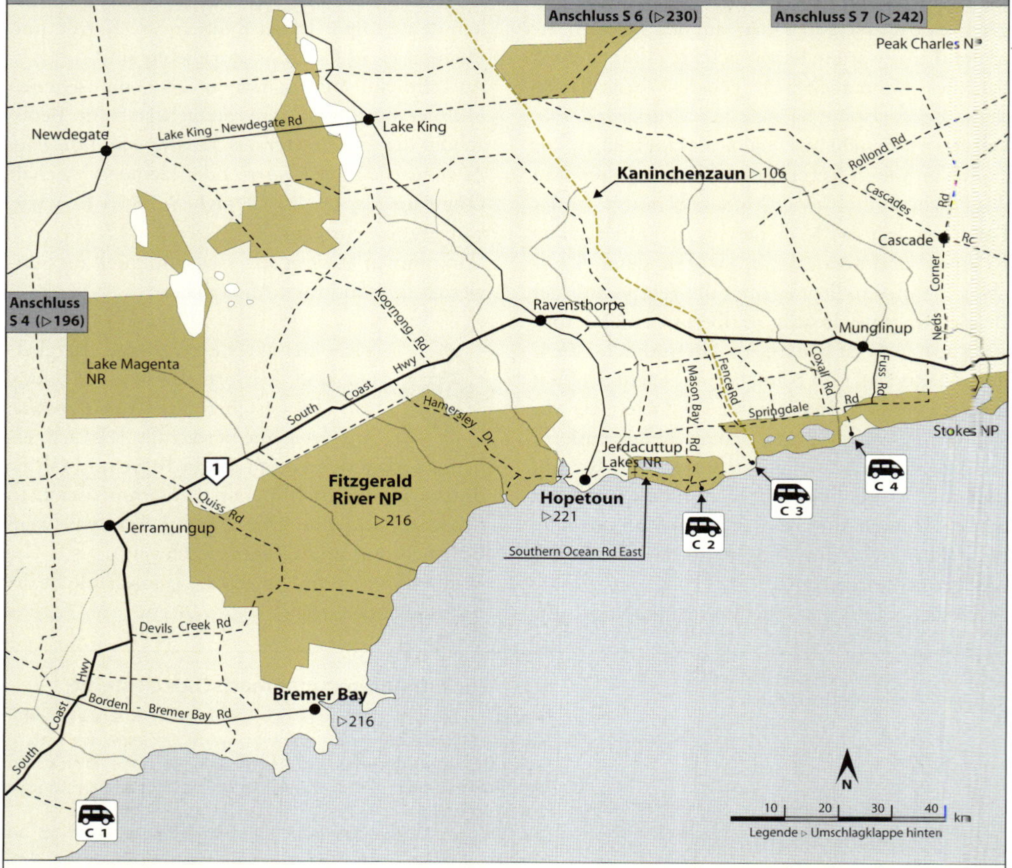

Campsites außerhalb der Nationalparks

1 ***Cape Riche Campsite*** [South Coast Hwy > ca. 95 km östlich von Albany in die nicht asphaltierte Sandalwood Rd > weitere 18 km bis zur Campsite] - Die von Farmland umgebene Campsite liegt an einer seichten, geschützten Badebucht, deren weißer Sandstrand bei Flut fast vollständig überspült wird. Schatten spenden einige Mallees und ein paar der Stellplätze haben direkten Meeresblick.

2 ***Mason Bay Camping & Recreation Grounds*** [von Hopetoun der Southern Ocean Rd East bis zum Ende folgen (ca. 30 km) > rechts in die Mason Bay Rd > nach 200 m links wieder in die Southern Ocean Rd East > 2.2 km bis zum Abzweig zur MASON BAY > 1.5 km bis zur Campsite rechter Hand] - Das idyllische, schattige Camp liegt direkt oberhalb einer geschützten, weißen Strandbucht und bietet, verteilt auf zwei Etagen, mehrere Stellplätze mit Meeresblick.

3 ***Starvation Boat Harbour Campsite*** [Southern Ocean Rd

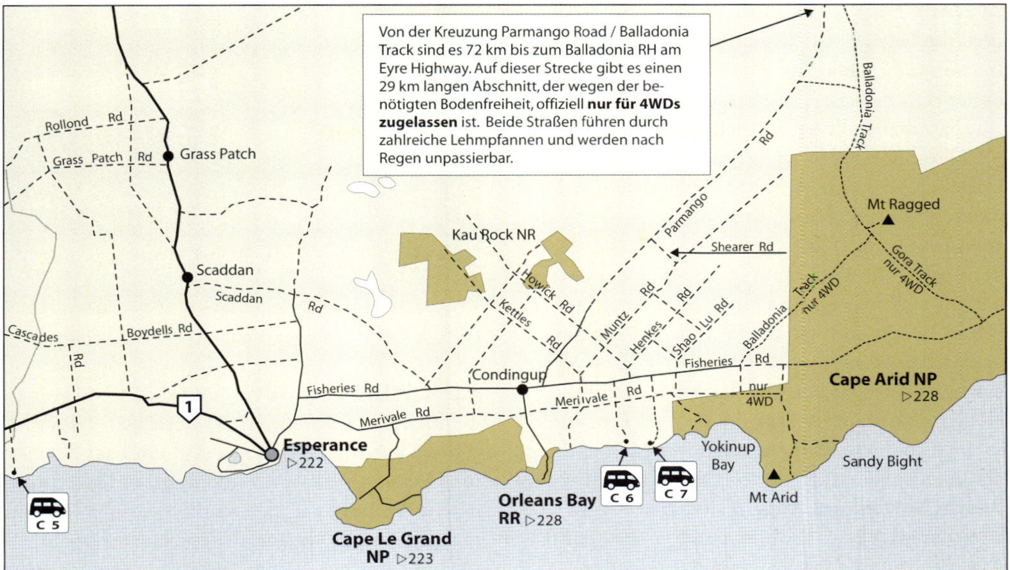

East > 8,5 km östlich der Mason Bay Rd, ausgeschildert mit STARVATION BAY] - Die Campsite liegt an einer geschützten Badebucht mit einem weißen, aber schmalen und oft von Seegras bedeckten Strand. Neben einem großen, schattigen Parkplatzrund bietet sie einige individuelle Stellplätze, teils mit eingeschränktem Meeresblick.

4 ***Munglinup Beach Campsite*** [Springdale Rd > 3 km östlich der Coxall Rd bzw. 10 km westlich der Fuss Rd in die Munglinup Beach Rd > weitere 7 km bis zur Campsite am Ende der Straße] - Die überwiegend schattenlose Campsite liegt hinter einer großen Düne (daher ohne Meeresblick) direkt am schmalen, schräg abfallenden Strand. Die geschützte Bucht lädt zum Schwimmen und die vielen Muscheln zum Sammeln ein. Mit Glück findet man handgroße Meerohren und Napfschnecken/*limpets* sowie filigran gemusterte Australische Fasanenschnecken/*Australian pheasants*.

5 ***Quagi Beach Campsite*** [South Coast Hwy > 140 km östlich von Raventhorpe in die Farrell Rd > weitere 10 km bis zur Campsite] - Das Camp liegt 200 m vom Meer entfernt im dichten Banksia-Buschland und bietet 13 überwiegend individuelle Stellplätze. Die ungeschützte, von einem gräulichen Strand gesäumte Bucht wird von relativ hohen, bewachsenen Dünen begrenzt, hinter denen die Sonne, je nach Jahreszeit, bereits am Nachmittag verschwindet, so dass der Strand in Schatten getaucht ist.

6 ***Alexander Bay Campsite*** [Merivale Rd > Alexander Rd > weitere 12 km bis zur Campsite] - Die Campsite liegt an einer weißen Strandbucht im angrenzenden Buschland und bietet überwiegend individuelle Stellplätze. Da in den angrenzenden Nationalparks das Befahren der Strände mit Quad Bikes verboten ist, ist diese Campsite sehr bei den Besitzern dieses lärmenden Spielzeugs beliebt und dementsprechend laut geht es hier an Wochenenden und in den Ferien zu.

7 ***Kennedy Beach Campsite* / NUR 4WD** [Merivale Rd > Exchange Rd (nach 5 km rechts halten) > weitere 14 km auf einer einspurigen Sandpiste mit einigen tiefen Auswaschungen und Spurrillen bis zur Campsite] - Das eigentliche Camp liegt am Ende der Piste oberhalb des Kennedy Beach und ist völlig verwahrlost. Es gibt einen Wellblechverschlag und eine nicht mehr benutzbare Toilette. Die meisten fahren daher Richtung Westen am Strand weiter über die Granitfelsen und suchen sich dort einen Platz.

Bremer Bay. (239 Einw.) Die kleine Feriensiedlung liegt an der Mündung des Bremer River. Im Sommer, wenn der Fluss zu fließen aufhört, bildet sich zwischen Meer und Fluss gewöhnlich eine Sandbank, die bei Sonnenuntergang gern von 4WD-Fahrern als Parkplatz missbraucht wird.
Unter den lokalen Attraktionen werden in den meisten Touristenbroschüren zunächst die Fischarten aufgezählt, die man hier angeln kann. Eine passende Beschreibung, denn genau darum scheint sich hier alles zu drehen. Bremer Bay ist DER Ort, um mit seinem 4WD an der **türkisfarbenen Bucht** entlang zu fahren, irgendwo anzuhalten und seine Leine ins Wasser zu werfen.
Neben dem kilometerlangen Bremer Beach gibt es noch mehrere kleinere Strandbuchten entlang der Landspitze südlich der Ortschaft, die zum **Baden, Surfen und Angeln** einladen.
Übernachten kann man u. a. auf einem großflächigen Campingplatz [*Bremer Bay Caravan Park*, Bremer Bay Rd, Tel. 9837 4018], dessen Rasenflächen abends von Westlichen Grauen Riesenkängurus heimgesucht werden.

Gut zu wissen,...

i BP Tankstelle, Gnombup Tce, ⌚ tägl. 6-18.30 h

BB[1], CP[2], H/M[1]

General Store, Mary St, ⌚ tägl. 7-18 h

Fitzgerald River National Park. (3290 km²) Als Matthew Flinders (▷ 182) 1802 als erster Europäer dieses Gebiet zu Gesicht bekam – wenn auch nur vom Schiff aus durchs Fernglas – beschrieb er die Landschaft als unfruchtbar und karg und taufte die drei hervorstechenden Berge auf die einfallsreichen Namen East (311 m), Mid (454 m) und West (340 m) Mt Barren (*barren*/ karg, unfruchtbar). Dem Eindruck durchs Fernglas ähnlich ist heutzutage der Eindruck durchs Autofenster. Schon bei einer Geschwindigkeit von nur 40 km/h verschmelzen die über **1800 heimischen Pflanzenarten** zu einem dichten, grünen Teppich, der paradoxerweise durchaus etwas Eintöniges hat. Erst ein Stopp und ein paar Schritte ins Dickicht offenbaren die **unglaubliche botanische Vielfalt**, die sich in diesem oft nicht einmal kniehohen Vegetationsteppich verbirgt.

Die Pisten im Nationalpark sind nicht nur Autos vorbehalten.

Obwohl das ganze Jahr über immer irgendeine Pflanze in Blüte steht, ist der **Blütenreichtum** in den Frühlingsmonaten September bis Dezember am größten. Doch darf man auch dann keinen bunten Blumenteppich erwarten, denn die meisten Pflanzen bringen zwar viele, aber nur sehr kleine Blüten hervor, so dass Grün stets die dominante Farbe bleibt.
Neben seinem enormen Pflanzenreichtum lockt der Park mit einigen **schönen Strandbuchten**. Erwähnenswert sind der West Beach (▶ 123), eine kleine, zwischen schräg stehenden Felsen eingefasste Strandbucht, in die die Wellen ungeschützt hineinpreschen und die lang gestreckte Point Charles Bay, die zu ausgedehnten Strandspaziergängen einlädt.

Blickpunkt Natur

Auf Grund seiner Größe und Unzugänglichkeit ist der Park ein bedeutsames Schutzgebiet für viele Tiere. So gehören zu den 22 heimischen Säugetierarten neben dem weit verbreiteten Westlichen Grauen Riesenkänguru (▷ 225) und dem Kurzschnabeligel (▷ 270) auch seltenere Arten, so wie

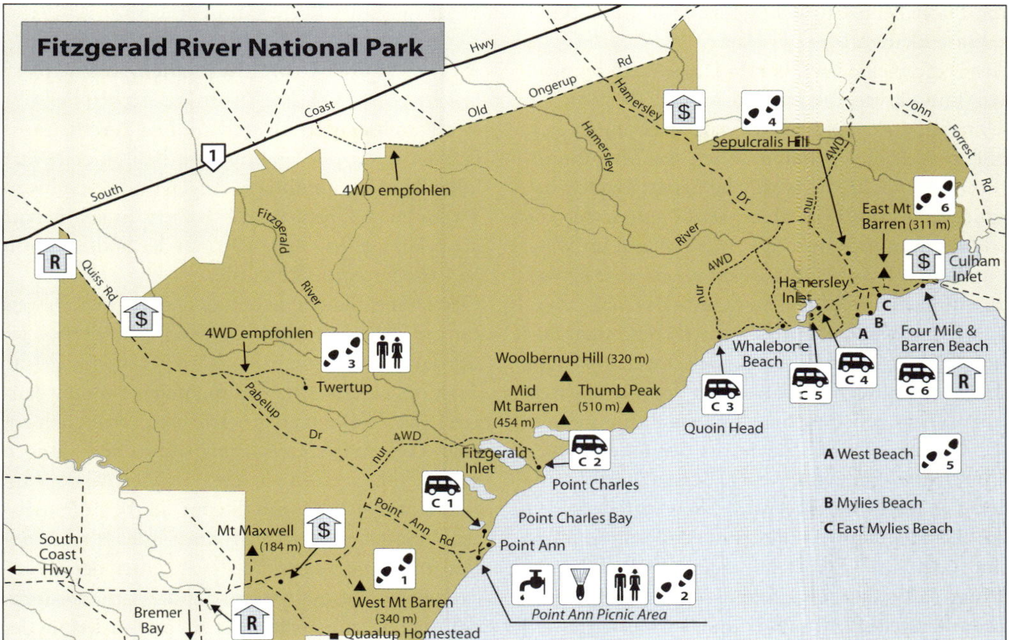

Wandermöglichkeiten

1 Besteigung des West Mt Barren [1.8 km ⇆]
2 *Point Ann Heritage Trail* [1.2 km ↺]
3 Twertup Rundlehrpfade [800 m, 3 & 4 km ↺]
4 *Sepulcralis Hill Walk* [500 ⇆]
5 *Cave Point Lookout Walk* [800 m ⇆]
6 Besteigung des East Mt Barren [2 km ⇆]

N

5 10 15 20 km

Legende ▷ Umschlagklappe hinten

Campsites

1 *St. Mary´s Campground* - Die Campsite liegt im schattigen Buschland zwischen Strand und Inlet und bietet seperate Stellplätze (größtenteils ohne Meeresblick).
2 *Fitzgerald Inlet Campsite* / NUR 4WD - Ein schattiges Camp am Ufer des von waldigem Buschland gesäumten Fitzgerald Inlet.
3 *Quoin Head Campsite* / NUR 4WD [Achtung, die letzten 80 m sind äußerst steil und geröllig!] - Am Fuße der niedrigen Klippen gelegenes Camp, bestehend aus vier individuellen Stellplätzen, teils mit hübschem Blick über die kleine Strandbucht.
4 *Hamersley Inlet Campsite* - Ein schattiges Camp am Ufer des von waldigem Buschland gesäumten Hamersley Inlet, allerdings mit nur eingeschränktem Blick über selbiges.

5 *Hamersley Inlet Reserve Campsite* [am Ende der Piste!] - Die Campsite gehört nicht zum Nationalpark, sondern wird von der Gemeinde Raventhorpe verwaltet. Bis auf drei bis vier hübsche Stellplätze am Ufer und im angrenzenden Buschland gibt es nur recht schräge Flächen mit Parkplatzcharakter. Ein schöner Spaziergang führt (bei niedrigem Wasserstand) am Ufer des Inlet weiter zum Strand [ca. 2 km →]. Wendet man sich dort nach rechts, hat man nach weiteren 200 m einen schönen Weitblick über den Küstenverlauf. 4WD-Fahrer können die Strecke auch per Auto zurücklegen.

6 *Four Mile Campsite* - Gemütliches, kleines Camp mit individuellen Stellplätzen im teils sonnigen, teils schattigen Buschland. Kurzer Fußweg zum Strand.

die Südliche Breitfußbeutelmaus (▽), das Bürstenrattenkänguru/*woylie* (auch *brush-tailed bettong*), die Heide Pseudomys-Maus/*heath rat* und das Tammarwallaby/*tammar wallaby* (▶ 136).
Unter den knapp 170 Vogelarten befinden sich ebenfalls einige Raritäten, so wie das Thermometerhuhn (▷212), die Westliche Langschnabelgrasmücke und der Erdsittich/*ground parrot*, der ansonsten nur noch im Cape Arid NP und im Waychinicup NP vorkommt. Nicht selten, aber schwer zu entdecken, sind die im Schutz der Strauchvegetation lebenden Staffelschwänze. Besonders farbenprächtig ist der Glanz-Staffelschwanz/*splendid fairy-wren*, dessen Männchen in der Paarungszeit koboldblau gefiedert sind. Ein weiteres begehrtes Objekt der Vogelbeobachter ist der äußerst seltene Rotstirn-Borstenschwanz, dessen lange, senkrecht in die Höhe zeigenden Schwanzfedern keine Häkchen besitzen und daher strähnig sind wie die Federn von Emus. Außerdem im Park beheimatet sind Rußwürgerkrähen (▶ 140), Graurücken-Würgatzeln (▷ 294) und 15 Honigfresserarten (▽). Öfter zu hören als zu sehen sind der Kuckuckskauz und der Eulenschwalm (▷ 355). Gute Beobachtungsmöglichkeiten für Wasservögel wie Brillenpelikane (▷ 192), Trauerschwäne oder Eisvögel bieten die Inlets.
Mit 41 Vertretern ebenfalls sehr artenstark sind die Reptilien, darunter der Rosenberg Waran (▶ 225), der Tannenzapfenskink (▷ 245) und die bis zu 1.5 m lange Westliche Tigerotter/*western tiger snake*. Letztere besitzt ein extrem wirksames Gift und ist, wie auch die beiden anderen Reptilien, in der Regel tagaktiv, so dass Begegnungen durchaus nicht selten vorkommen. Die gelblichen Tigerstreifen sind auf der schwarzblauen Haut oft nur andeutungsweise, manchmal auch gar nicht zu erkennen.
In der Walsaison von Juni bis November ziehen Südliche Glattwale (▷ 251) und vereinzelt auch Buckelwale (▷ 298) vor der Küste entlang. Günstigste Bucht für Walbeobachtungen ist die Point Charles Bay, da die Tiere hier bis dicht an den Strand kommen. Gute Sicht bieten zwei Walbeobachtungsplattformen am Point Ann.

◆ Die **Südliche Breitfußbeutelmaus**/*southern dibbler* gehört zu den 27 vom Aussterben bedrohten Beuteltierarten Australiens. Das durchschnittlich 14 cm große, graubraune Beuteltier besitzt auffällig weiß umränderte Augen und einen bis zu 10 cm langen, behaarten Schwanz. Es galt bereits als ausgestorben, bis es 1967 an der Südküste von WA wieder entdeckt wurde.
Der kleine Beutler liefert den tierischen Beweis für die Zähigkeit des weiblichen Geschlechts. Jedes Jahr, gewöhnlich im März, paaren sich die Tiere in einem Akt, der mehrere Stunden dauern kann. Während das befruchtete Weibchen ein paar Tage nach der Paarung bis zu acht Jungen gebärt, die es dann für drei bis vier Monate im Beutel mit sich herumschleppt, sterben die meisten Männchen innerhalb einer Woche nach der Paarung – an Stress. Vielleicht einer der Gründe, warum die zahlreichen Schutz- und Brutprogramme bislang noch nicht zur Stabilisierung der Population geführt haben.
Vorkommen (*Parantechinus apicalis*): punktuell im Südwesten

◆ Die größte und zugleich charakteristischste Vogelfamilie Australiens ist die Familie der **Honigfresser**/*honeyeater*. Sie kommt nur im australasiatischen Raum vor und zählt 167 Arten, von denen 67 in Australien beheimatet sind. Honigfresser ernähren sich hauptsächlich von Nektar und übernehmen bei ihrer Nahrungssuche eine wichtige Bestäuberfunktion. Alle Familienmitglieder besitzen eine stark ausgefranste Zungenspitze, die, je nach Art, bis zu 10 mal in der Sekunde hervorschnellen kann, um das begehrte Grundnahrungsmittel aus der Blüte zu »pinseln«. Viele Honigfresser brauchen daher weniger als eine Sekunde, um eine Blüte zu leeren.
Honigfresser bevölkern alle Klima- und Vegetationszonen des Kontinents, wobei einige Gebiete über ein Dutzend verschiedene Arten aufweisen. Dabei geht es nicht immer friedvoll zu, denn

e massigen Blütenstände der *showy banksia* bieten dem Weißau-
n-Honigfresser ein reichhaltiges Mahl.

manche Arten sind extrem kampflustig und verteidigen ihre Trink- und Fressplätze lebhaft. Typische Honigfresser im Süden von WA sind der Weißaugen-Honigfresser/*New Holland honeyeater*, der Rotlappen-Honigfresser/*red wattlebird* und der Buntkopf-Honigfresser/*western spinebill*. Häufige Honigfresser des tropischen Nordens sind der Blauohr-Honigfresser/*blue-faced honeyeater*, der *yellow-tinted honeyeater* und die verschiedenen Lederköpfe/*friarbirds*.

Vorkommen (Familie *Meliphagidae*, 21 Gattungen, 67 Arten): australienweit

Mit über 1800 Pflanzenarten ist der Nationalpark einer der artenreichsten Australiens (selbst der weltbekannte Kakadu NP zählt »nur« 1700 Arten). Er wird, abgesehen von den waldigen Vegetationsgürteln entlang der Flüsse und Inlets, größtenteils von niedriger Heidevegetation bedeckt. In dieser gedeihen *fringe lilies*, darunter die *many-flowered fringe lily* (▶ 150), verschiedene Federblüten (▷ 226), *pea flowers* (▽), *triggerplants* (▷ 227) und eine große Vielfalt an Banksiaarten, so wie die Boden blühende *creeping banksia* (▶ 98) und Lemanns Banksia/*Lemann's banksia*. Letztere ist eine von fünf Banksiaarten, deren Blütenstände nicht nach oben, sondern nach unten zeigen.

Im westlichen Teil des Parks wird der Heideteppich stellenweise von höherer Mallee-Strauchheide abgelöst. Hier dominieren neben verschiedenen Malleearten, so wie dem *bell-fruited mallee*, dem *four-winged mallee* (▶ 144) und dem Tallerack (▶ 209), einige großwüchsigere Arten wie der Westaustralische Weihnachtsbaum (▷ 226) und der Salzwasser-Papierrindenbaum/*saltwater paperbark* (▶ 148). Ebenfalls weit verbreitet ist der *chittick*, ein bis zu 8 m hoher Strauch aus der Gattung *Lambertia*, von der es im Südwesten acht verschiedene Arten gibt.

Außerdem artenreich vertreten sind die Gattungen *Melaleuca*, *Dryandra* und *Hakea*. Zur Gattung *Hakea* gehört eine der auffälligsten Pflanzen des Parks, die Königs-Hakea (▽). Sie ist eine von 75 Endemiten im Gebiet. Ein weiterer hervorstechender Endemit ist der *weeping gum* (▶ 144), ein schmächtiger Eukalyptus mit herunterhängenden, fast blattlosen Ästen, der nur am Hamersley Drive auf der Höhe des *Sepulcralis Hill Lookout* und am East Mt Barren wächst. Hinzu kommt die zumindest während ihrer Blütemonate (Juli-Okt.) auffällige *quaalup bell* mit ihren großen, roten oder gelben Blüten.

Eine weitere Kostbarkeit sind 81 Orchideenarten (▷ 210), darunter die *rabbit orchid* (▶ 152), die *white spider orchid* und diverse *donkey orchids* (▶

Die großen Blüten der *quaalup bell* sind ein echter Blickfang.

152). Da es die meisten Orchideen feucht mögen, sind sie am ehesten an Bachläufen und dort bevorzugt in felsigem Terrain zu finden.

◆ Die **Königs-Hakea**/*Royal hakea* kann eine Höhe von bis zu 2.5 m erreichen und sieht aus wie ein gigantisches Kohlgewächs. Ihr besonderes Merkmal sind ihre großen, rot, gelb und orange gescheckten Blätter. Als der berühmte Botaniker James Drummond 1847 die Königs-Hakea entdeckte und benannte, war er so entzückt von ihrem farbenprächtigen Anblick, dass er sie im Geiste bereits in allen Gärten Australiens und Großbritanniens wachsen sah. Doch seine Vision sollte sich nicht erfüllen, denn die in den Gärten angepflanzten Exemplare entwickelten seltsamerweise keine bunten, sondern nur ganz gewöhnliche grüne Blätter. Später fand man heraus, dass die Blätter ihre leuchtenden Farben einer Mangelerscheinung verdanken. Um in den nährstoffarmen Böden ihres natürlichen Verbreitungsgebietes überleben zu können, entzieht die Pflanze ihren eigenen Blättern die Nährstoffe, woraufhin diese sich »kränklich« zu verfärben beginnen. In den nährstoffreichen Böden der angelegten Gärten und Vorgärten besteht für die Pflanze dafür keine Notwendigkeit und so bleiben die Blätter grün.

Kein typischer Vertreter der Gattung *Hakea*, aber ein auffälliger.

Vorkommen (*Hakea victoria*): nur im Nationalpark

◆ Zu den ***pea flowers*** gehören alle Repräsentanten der Familie der Schmetterlingsblütler (*Fabaceae*), eine Unterfamilie der Hülsenfrüchtler (*Leguminosae*), die in Australien als eigenständige Familie angesehen wird. Weltweit zählt sie über

Dank ihrer einheitlichen Blütenform sind die *pea flowers* unverwec selbar.

12.000 Mitglieder. In WA kommen rund 650 Arten vor, die sich in 90 Gattungen gliedern. So gehört die *tree hovea* (▶ 151) der Gattung *Hovea* ebenso zu den *pea flowers* wie die *holly-leaved mirbelia* der Gattung *Mirbelia* und die verschiedenen *flame peas* der Gattung *Chorizema*. Sie alle verbindet eine charakteristische Blütenform, bestehend aus fünf stets ähnlich angeordneten Blütenblättern. Auch Sturts Ruhmesblume (▷ 296) aus der Gattung *Swainsona* gehört dazu, selbst wenn diese erst auf den zweiten Blick die typische Anordnung der Blütenblätter erkennen lässt. Ein weiterer wichtiger Vertreter dieser Familie ist die Gattung *Gastrolobium*, deren hochgiftige Arten für die chemische Variante des Giftes 1080 (▷ 111) Modell standen, wie z. B. das *heart leaf poison* (▶ 151).

Pea flowers gedeihen in allen Vegetationszonen, sind aber entlang der Südküste besonders dominant. Dort sind sie ein wichtiger Bestandteil der Heidevegetation und verwandeln im Frühling das grüne Unterholz der Karriwälder in ein buntes Blütenmeer. Da es bei einer derartigen Artenvielfalt schwer fällt die einzelnen Individuen voneinander zu unterscheiden, wird der Begriff *pea flowers* oft als Sammelbegriff benutzt.

Vorkommen (140 australische Gattungen): australienweit

Erkunden & Wandern

Im westlichen Teil am Pabelup Drive (64 km)

◆ Die schattenlose, aber leichte **Besteigung des West Mt Barren** (340 m) dauert knapp 1.5 Std. [1.8 km ⇆] und bietet grandiose Weitblicke über den Park.

◆ Zu langen **Strandspaziergängen** lädt die Point Charles Bay ein. Von Point Ann am westlichen Ende der Bucht bis zum Point Charles am östlichen Ende sind es ca. 11 km. Von Point Charles kann man an der Küste weiter in den östlichen Teil des Parks wandern. Für diese Wanderung sollte man ein bis zwei Tage einplanen und vorher den Ranger kontaktieren, um sicher zugehen, dass der Weg begehbar ist.
Bei Point Ann beginnt außerdem ein **1.2 km langer Rundwanderweg**, der *Point Ann Heritage Trail*. Er führt um die Landspitze herum, teils parallel zum ehemaligen Kaninchenzaun (▷ 106).

◆ **Drei Rundlehrpfade** [800 m, 3 km & 4 km ↺] starten bei Twertup, wo sich ein ehemaliger Spongolit-Steinbruch befindet. Für alle drei Wege gibt es ein Begleitheft, in dem auf ein paar natürliche Besonderheiten aufmerksam gemacht wird. Die Hefte liegen gewöhnlich in dem einstigen Wohnhaus der Steinbruch-Betreiber aus, in dem heute eine einfache Studierstube mit kleiner Bibliothek untergebracht ist. Außerdem gibt es hier einfache Unterkunftsmöglichkeiten und es darf gecampt werden. Beides nach vorheriger Absprache mit dem Ranger bzw. nach Bezahlen eines kleinen Obolus in die Kasse vor Ort.

Im östlichen Teil am Hamersley Drive (51 km)

◆ **Schöne Rundblicke** genießt man von zwei verschiedenen Aussichtspunkten. Einen freien Blick über die Küstenlinie sowie die Chance in der Saison Wale zu beobachten, hat man von dem am Rande der Klippen liegenden *Cave Point Lookout* [Anfahrt: der Ausschilderung zum WEST BEACH folgen > nach ca. 1.4 km, wenn sich die Straße gabelt, links halten > weitere 400 m bis zum Ende der Piste plus ca. 250 m Fußweg].
Einen 360° Blick über das endlose Grün hat man von der Aussichtsplattform auf dem Sepulcralis Hill [direkt am Hamersley Drive, 500 m ⇆].

◆ Der East Mt Barren (311 m) lädt zu einer schattenlosen aber **ausblickreichen Besteigung** [2 km ⇆] ein. Allerdings bietet der Hamersley Drive, der nur rund 190 m unterhalb des Gipfels verläuft, ebenfalls schon fantastische Weitblicke.

Gut zu wissen,...
...dass einige Pisten nach heftigen Regenfällen gesperrt werden, um die Verbreitung der ***Phytophthora*-Wurzelfäule** (▷ 91) zu verhindern.

Hopetoun. (563 Einw.) Hopetoun ist ein aufstrebendes **Fischer- und Feriennest**, in das sich, wegen der umliegenden Strände und seiner Nähe zum Fitzgerald River NP immer mehr Touristen verirren. Besonders populär ist der großflächige, teils im offenen Buschland liegende **Campingplatz** [*Hopetoun Caravan Park*, Spence St].
Einen Bauboom erlebte das Örtchen 2007/08, als der Bergbaugigant BHP Billiton rund 50 km nördlich bei **Raventhorpe** eine **Nickelmine** eröffnete. Doch der Boom währte nicht lange. Als der Nickelpreis im Zuge der Finanzkrise dramatisch sank, wurde die Mine Anfang 2009 wieder geschlossen. Ein herber Schlag für die Region, denn mit der Schließung gingen rund 800 direkte und 1000 indirekt Arbeitsplätze verloren.

Gut zu wissen,...

CP[1], H/M[2]

IGA, Esplanade / Veal St, ◷ Mo-Sa 8-18 h

direkt gegenüber dem Eingang vom Supermarkt

Esperance. (9365 Einw.) Das kleine Hafenstädtchen liegt an einem der **schönsten Küstenabschnitte von WA**. Wer hier einen Tag am Strand verbringen möchte, hat die Qual der Wahl zwischen zahlreichen blendend weißen Strandbuchten. Kein Wunder, dass sich Esperance nicht nur zunehmender Besucher, sondern auch Einwohner erfreut.

Spätestens nach der Fahrt auf dem Great Ocean Drive (ausgeschildert mit ESPERANCE STATE TOURIST WAY) weiß man, was die Menschen in diese entlegene Ecke des Landes lockt. Der ca. **40 km lange Rundtrip** führt vorbei an türkisfarbenen, zwischen flachen Granitlandzungen eingehübschten Buchten und bietet **fantastische Weitblicke** hinaus auf den Ozean, aus dessen tiefblauen Wasser sich die Inseln des Archipelago of the Recherche erheben. Landeinwärts liegt der Pink Lake, ein großer Salzsee, der allerdings nur unter bestimmten Wetterverhältnissen hält, was sein Name verspricht – nämlich eine durch Meeresalgen (▷ 267) hervorgerufene rosa Farbe.

Esperance selbst ist wie die meisten australischen Ortschaften eher praktisch orientiert. Eine Hafenstadt mit breiter Hauptstraße, ein paar Geschäften und einem Einkaufszentrum. Immerhin gibt es inzwischen ein paar einladende Lokale, so wie *The Taylor Street Tearooms* [Taylor St, 🕓 tägl. 7-22 h] am Hafen oder das gemütliche *Café on the Rocks* [Dempster St, 🕓 tägl. 9-18 h] in dem kleinen Museumsdorf beim Touristenbüro.

Das Stadtbild wird von riesigen, teils **über 100 Jahre alten Norfolktannen**/*Norfolk Island pines* geprägt, die neben der Hauptstraße auch die kilometerlange Strandpromenade entlang der Esperance Bay säumen.

Wer die vorgelagerte Inselwelt erkunden möchte, kann an verschiedenen **Katamarantouren** teilnehmen, angeboten von *Mackenzies Island Cruises* [www.woodyisland.com.au]. Hauptziel jeder Tour ist die von Granitfelsen gesäumte Insel Woody Island, auf der sich ein kleines Ressort befindet. Auf dem Weg dorthin passiert man zwei Seelöwen-Kolonien. Zwischen Juni und Oktober wenn Südliche Glattwale (▷ 251) die geschützten Gewässer der Esperance Bay aufsuchen, kann man auf den Touren mit Glück auch die Riesensäuger beobachten. Einzelne **Seelöwen** erspäht man, dank der Fischabfälle der Angler, oft nahe des Piers [*Tanker Jetty*, The Esplanade].

Esperances **Gemeindemuseum** [*Municipal Museum*, James St, 🕓 tägl. 13.30-16.30 h] ist in einer großen Lagerhalle untergebracht und erinnert mit seinem staubigen Sammelsurium auf den ersten Blick ein wenig an einen Flohmarkt. Wie in so vielen Gemeindemuseen steht nicht alles Ausgestellte mit der lokalen Geschichte in Verbindung, so z. B. ein Brett mit Stacheldrähten, unterschiedliche Sargverzierungen und verblichene Poster aus NSW und England...

Geschichte

Wenn es um die Namensgebung neu entdeckter Länder und ihrer landschaftlichen Merkmale ging, hatte jede Nation ihre Eigenarten. Während die holländischen Entdecker in dieser Hinsicht äußerst zurückhaltend waren, benannten die Franzosen munter alles, was zu benennen war. Am liebsten verliehen sie ihre eigenen Namen, den ihrer Schiffe oder den wichtiger Persönlichkeiten.

So auch in Esperance. Das erste Schiff, das 1627 den Archipel durchsegelte war das holländische Schiff *Gulde Zeepaard* unter dem Kommando von Pieter Nuyts. Doch Nuyts ging weder vor Anker noch scherte er sich um die Benennung der Bucht oder der Inseln. Dies holten erst die Franzosen nach, die 1792 mit zwei Schiffen, der *L'Esperance* und der *Recherche*, in der weiten Bucht Schutz vor einem Sturm suchten. Nach dem zuerst einlaufenden Schiff benannten sie die Bucht und nach dem zweiten den Archipel.

Die europäische Besiedlung der Region begann erst viele Jahre später, als sich 1863 die Dempster Brüder nebst Familie an der Bucht niederließen. Wie so oft in Australien tragen die Hauptstraßen des Ortes heute die Namen ihrer ersten Siedler, darunter Dempster, Andrew und James. Erwähnenswerte Ausnahme ist die parallel zur Dempster Street verlaufende Windich Street. Sie verdankt ihren Namen dem Aborigine Tommy Windich (▷ 169), einem berühmten Spurenleser, der am südlichen Ende der Esplanade begraben liegt. Offiziell gegründet wurde Esperance 1895 kurz vor Beginn des Goldrausches (▷ 234). Als nächstgelegene Hafenstadt gewann Esperance schnell an Bedeutung und Einwohnern – aber nur für kurze Zeit. Mit dem Abebben des Goldbooms und der Fertigstellung der Eisenbahnlinie zwischen Coolgardie und Perth, verlor Esperance sowohl seine Bedeutung als Hafenstadt als auch viele seiner Einwohner.

In den kommenden Jahrzehnten gab es mehrere Versuche das umliegende Buschland landwirtschaftlich zu nutzen, die alle auf Grund der armen Böden scheiterten. Erst als Mitte des 20. Jahrhunderts ein neues Düngeverfahren entwickelt wurde, konnte sich die Landwirtschaft in dieser Region etablieren und Esperance gewann als regionales Zentrum wieder an Bedeutung. Noch heute lebt die Stadt hauptsächlich von der Landwirtschaft und seinem Hafen – dem angeblich tiefsten Hafen im Süden Australiens (▷ 101)…

Gut zu wissen,…

…dass Reisende Richtung Nullarbor Plain ihre **Vorräte aufstocken** sollten. Abgesehen von einem kleinen Supermarkt in Norseman, kommt der nächste erwähnenswerte Supermarkt erst nach 1416 km in Ceduna (SA)!

…dass man in der Zweigstelle der Naturschutzbehörde DEC [Dempster St, 🕔 Mo-Fr 8.30-16.30 h] viele **Informationen über die umliegenden Nationalparks** erhält.

Dempster St, 🕔 Mo-Fr 9-17 h, Sa So 9-14 h (in den Sommermonaten auch -16 / 17 h)

BB*, BP², CP*, H/M*, JH¹, S*

Woolworths, Forrest St, 🕔 Mo-Fr 8-18 h (Do -21 h), Sa 8-17 h & *IGA*, Goldfields Rd, 🕔 tägl. 7-19 h

an der Veranda des Touristenbüros

Cape Le Grand National Park. (321 km²) Im Cape Le Grand NP erwartet den Besucher eine **Farbsymphonie der besonderen Art**: fünf strahlend weiße Strandbuchten, umrahmt von graubraunen Granitfelsen und grüner Heidevegetation, vor denen sich ein türkisfarbener Ozean erstreckt.

Am schönsten sind die drei mittleren Buchten Hellfire Bay, Thistle Cove und Lucky Bay (▶ 124). Letztere beeindruckt durch ihren großen, perfekt geschwungenen Halbkreis. Einziger Störfaktor für Perfektionisten sind die vielen Rei-

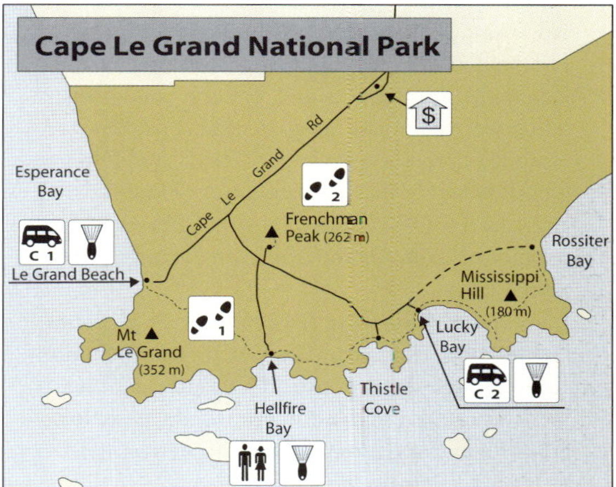

Wandermöglichkeiten

1 Küstenwanderweg [15 km →]
2 Besteigung des Frenchman Peak [3 km ⇆]

N
2 4 6 8 km
Legende ▷ Umschlagklappe hinten

Campsites

1 ***Esperance Bay Campsite*** - Die Campsite bietet viele individuelle Stellplätze im teils schattigen Buschland (ohne Meeresblick).
2 ***Lucky Bay Campsite*** - Die Campsite liegt oberhalb der Bucht, relativ windgeschützt hinter hohem Buschwerk mit eingeschränktem Meeresblick. Für Campmobile gibt es drei Parkplatz ähnliche Flächen mit nur wenig Schatten, für Zelte ein schattiges Areal mit einer gut ausgestatteten Campküche.

fenspuren, denn der Strand darf und wird von 4WDs befahren. Thistle Cove und Hellfire Bay sind zwar etwas kleiner, stehen aber der Lucky Bay an Schönheit in nichts nach. Allen drei Stränden gemein ist der **schneeweiße Strand**. Er ist extrem feinkörnig und feuchtigkeitsspeichernd. Von Wasser benetzt, verschmelzen die einzelnen Sandkörner zu einer fast ebenen Fläche. Schlurft man über den feuchten Sand, quietscht er; stapft man durch trockenen, knirscht er wie Schnee. Das Phänomen ist in der Lucky Bay und Thistle Cove am ausgeprägtesten und hat für Sonnenbadende den kleinen Nachteil, dass ein großer Teil des Strandes immer feucht ist.

Die beiden äußeren Buchten, Rossiter Bay und Esperance Bay (Le Grand Beach), sind ungeschützter und nicht ganz so makellos, da ihre Strände oft von Seegras bedeckt sind. Auf dem Le Grand Beach herrscht zudem in der Hauptsaison ein reger 4WD-Verkehr, da man bei Ebbe von Esperance bis zum Nationalpark am Strand entlang fahren kann.

Für Edward John Eyre (▷ 246), der 1841 dieses Gebiet durchwanderte, war wohl dennoch die Rossiter Bay die schönste aller Buchten. Denn hier traf er nach seiner entbehrungsreichen Nullarbor Plain-Expedition zufällig mit dem amerikanischen Kapitän Rossiter zusammen.

Abgesehen von den Buchten gibt es ein paar **bemerkenswerte Granitformationen**, darunter der einzeln stehende, nach innen gewölbte Whistling Rock an der Thistle Cove, der kartoffelförmige Felsen (▶ 228) an der Lucky Bay und die ausgehöhlte Gipfelkappe des Frenchman Peak (262 m).

Blickpunkt Natur

Die dichte Heidevegetation ist Lebensraum einiger kleiner, schwer zu entdeckender Beuteltiere wie der Kleine Kurznasenbeutler (▶ 136) und der Honigbeutler (▽). Häufiger zu sehen sind Westliche Graue Riesenkängurus (▽), die hin und wieder sogar die Campsite an der Lucky Bay besuchen oder auch direkt am Strand zu beobachten sind. Die Schilder mit der Bitte PLEASE DON'T FEED KANGAROOS ermahnen zu recht, das Füttern der mächtigen Beutler zu unterlassen. Nicht nur zum Schutz der Tiere, sondern auch der Camper und Tagesbesucher, denn wer jemals sein Essen vor einem ausgewachsenen Känguru verteidigen musste, weiß, wie aufdringlich und gefährlich die Tiere werden können.

Auf der Campsite an der Lucky Bay ist mit neugierigen Besuche zu rechnen.

Am auffälligsten unter den rund 100 Vogelarten sind der Westliche Zimtflügel-Honigfresser/*little (western) wattlebird* und der Weißaugen-Honigfresser (▶ 204), die beide von dem ganzjährigen Nektarangebot der Parkfauna profitieren. Ebenfalls häufig zu beobachten sind der Weißbrauensericornis/*white-browed scrubwren* und der Weißohr-Honigfresser/*white-cheeked honeyeater*. Letzterer sieht dem Weißaugen-Honigfresser zum Verwechseln ähnlich, hat aber braune statt weiße Augen. Weitere gefiederte Bewohner sind der Australische Fächerschwanz-Kuckuck und die Graurücken-Würgatzel (▷ 294). Am Strand stochern Australische Austernfischer/*pied oystercatcher* und Rußausternfischer/*sooty oystercatcher* mit ihren roten Schnäbeln im Sand und Weißbauch-Seeadler ziehen über den Buchten regelmäßig ihre Kreise.

Ein oft gesehener Vertreter der Reptilien ist der

r bis zu 1.3 m große Rosenberg Waran ist die einzige Waranart r Südküste.

Rosenberg Waran, der sich genauso wie der urige Tannenzapfenskink (▷ 245) in der kühleren Jahreszeit mit Vorliebe auf den nackten Granitfelsen sonnt.

Bei genauerer Inspektion der Buschvegetation kann man einen weiteren typischen Bewohner der Südküste entdecken, die *leaf-curling spider* (▽).

◆ Das **Westliche Graue Riesenkänguru**/*western grey kangaroo* ist ein äußerst geselliges Tier, das in kleinen Herden lebt. Am Tage döst es im Schatten von Bäumen und Sträuchern, wo man es bei Wanderungen häufig aufschreckt. Im offenen Gelände können fliehende Riesenkängurus Spitzengeschwindigkeiten von über 55 km/h erreichen. Meist hüpfen sie jedoch nur ein paar Sprünge weiter, bleiben stehen und betrachten den Eindringling neugierig, bevor sie entscheiden, ob eine Flucht notwendig ist. Das Westliche Graue Riesenkänguru gewöhnt sich schnell an den Menschen und kommt in der Dämmerung oft zum Grasen auf die Rasenflächen von Grünanlagen und Campingplätzen. Füttert man die Tiere, können sie sehr zudringlich und aggressiv werden. Besonders die mannshohen, bis zu 70 kg schweren Männchen sind mit Vorsicht zu genießen. Im Kampf setzen sie gerne ihre kräftigen Hinterläufe ein, um den Gegner in den Bauch zu boxen. Die Weibchen sind meist nur halb so groß, aber nicht minder beharrlich, wenn sie Futter wittern.

Vorkommen (*Macropus fuliginosus*): auf der südlichen Kontinenthälfte, mit Ausnahme der Ostküste und TAS

Trotz seines niedlichen Aussehens und seiner Zutraulichkeit ist ein respektvoller Abstand beim Westlichen Grauen Riesenkänguru durchaus angebracht.

◆ Der **Honigbeutler**/*honey possum* (▶ 137) ist ein typischer Bewohner der Heidevegetation. Das durchschnittlich nur 7 cm große Tier besitzt eine lange, borstenbesetzte Zunge und ernährt sich ausschließlich von Nektar und Pollen, wobei es eine Vorliebe für die wuchtigen Blütenstände von Banksias (▷ 98) zeigt. Bei seiner Nahrungssuche übernimmt der winzige Beutler eine wichtige Bestäuberfunktion, denn ein paar der Pollen bleiben stets an der spitzen Schnauze oder dem Fell haften und werden so von Blüte zu Blüte weiter getragen.

Normalerweise geht der Honigbeutler erst in der Dämmerung auf Nahrungssuche. In der kühleren

Jahreszeit ist er jedoch auch tagaktiv. Dennoch sind die Chancen den Beutler zu beobachten sehr gering, was neben seiner Winzigkeit an der enormen Geschwindigkeit liegt, mit der sich das Tier gewöhnlich fortbewegt. Wie im Zeitraffer flitzt es durch Bäume und Büsche und selbst auf den Blüten verharrt es nur sehr kurz. Ein verlässliches Erkennungsmerkmal sind die dunkelbraunen Längsstreifen auf seinem Rücken.
Vorkommen (*Tarsipes rostratus*): Südwesten, von Kalbarri bis Esperance

◆ Wer den Anblick von Spinnen nicht mag, wird die ***leaf-curling spider*** mögen, denn man sieht sie fast nie. Es gibt mehrere Arten, deren Netze sich stets durch ein zusammengerolltes Blatt auszeichnen, in dem sich die Spinne verbirgt. Das Blatt dient der Spinne nicht nur als Versteck, sondern bietet auch Schutz vor Feinden und klimatischen Unannehmlichkeiten wie Sonne, Regen und Kälte. Verfängt sich ein Insekt im Netz, schießt die Spinne hervor und »fesselt« ihr Opfer am lebendigen Leib. Erst wenn die Beute bewegungsunfähig ist, versetzt sie ihr den tödlichen Biss. Für den Menschen sind diese Spinnen nicht gefährlich.
Während der Paarungszeit nähert sich das Männchen dem Netz eines Weibchens mit äußerster Vorsicht und beginnt an dessen Fäden zu zupfen. Um nicht mit einem Beutetier verwechselt zu werden, zupft es in einem regelmäßigen Rhythmus. Trotzdem verlässt sich das Männchen nie auf den guten Willen des Weibchens, sondern zieht stets einen »Sicherheitsfaden« hinter sich her. Sollte der Hunger seiner Auserwählten größer sein als ihr Fortpflanzungstrieb, seilt sich das Männchen schnell ab.
Vorkommen (*Phonognatha spp.*): im Süden und Osten Australiens

Im dichten Gestrüpp der Heidevegetation gedeiht eine Vielzahl interessanter Pflanzen. Zu den größeren Gewächsen, die aus dem niedrigen Vegetationsteppich herausragen, gehören der Westaustralische Weihnachtsbaum (▽), einige Eukalyptusarten wie der *ridge-fruited mallee*, verschiedene Banksiaarten wie die *showy banksia* und vereinzelte Grasbäume (▷ 271). Ebenfalls artenreich vertreten ist die Gattung *Calothamnus* (▶ 150). Die Gattung zählt insgesamt 26 Mitglieder, die alle im Süden von WA gedeihen. Bei fast allen Arten handelt es sich um nadelige, bis zu 2 m hohe Büsche, die in Blüte stehend aussehen, als seien sie mit roten Bändchen geschmückt worden.
Weitere auffällige Gewächse sind die *creeping banksia* (▶ 98) und die Wilde Geranie/*wild geranium*, die aus derselben Gattung stammt wie des Deutschen liebste Balkonpflanzen, die Pelargonien (umgangssprachlich besser als Geranien bekannt). Zu den interessantesten Wildblumen, die im Frühling emporschießen, gehören *cowkicks*, die von allen *triggerplants* (▽) die größten Blüten besitzen. Die kleinsten Blüten ihrer Gattung hat dagegen die *Verticordia minutiflora*, eine von zahlreichen **Federblüten**//*featherflowers* im Gebiet. Wie bei vielen Federblüten offenbart sich ihre wahre Schönheit nur von nahem. Erst dann erkennt man den filigranen »Federkranz« (▶ 150), bestehend aus den ausgefransten Kelchblättern, dem die Gattung ihren Namen verdankt.

◆ Nicht Lametta schmückt den **Westaustralischen Weihnachtsbaum**/*christmas tree* (▶ 148) zur Weihnachtszeit, sondern ein üppiges Blütenmeer aus gelb bis goldgelben Blüten. Von seinem festlichen Aussehen abgesehen, hat der Westaustralische Weihnachtsbaum nur wenig mit seinem europäischen Namensvetter gemein. Es handelt sich um einen bis zu 8 m hohen Baum mit dunkelgrauer, manchmal auch hellbrauner Rinde und schmalen, ledrigen, 4 bis 10 cm langen Blättern. Der stämmige Baum gehört zur Familie der Mistelgewächse (*Loranthaceae*) und ist ein Semi-Parasit, der anderen Pflanzen das Wasser bzw. die Nährstoffe entzieht, indem er mit seinen Wurzeln, die Wurzeln anderer Pflanzen anzapft. Auf der Suche nach einer Wirtspflanze streckt der Parasit seine Wurzeln in einem Umkreis von 100 m aus.

Vorkommen (*Nuytsia floribunda*): im Südwesten, von Kalbarri bis Esperance

◆ ***Triggerplants*** gehören zu den faszinierendsten Wildblumen Australiens – auch wenn sie auf den ersten Blick nur wenig bemerkenswert erscheinen. Die Blüten sind gewöhnlich nur Fingernagel groß, unauffällig weiß oder rosafarben und besitzen stets vier, meist paarig angeordnete Blütenblätter. Den höchst interessanten, namensgebenden Abzug/*trigger*, der aus der Verwachsung von Griffel und Staubblättern entsteht, entdeckt

er nicht warten will, bis sich ein Insekt auf der Blüte niederlässt, nn den Abzug auch mit einem Stock oder Grashalm auslösen, so e bei der abgebildeten *cowkicks*.

man erst bei genauerem Hinschauen. Er fungiert als eine Art Pollenschleuder und klemmt im »gespannten« Zustand zwischen zwei Blütenblättern. Setzt sich ein Insekt auf die Blüte, schnellt der Abzug nach vorne und überschüttet das Insekt mit Pollen. Ein Vorgang der mehrmals wiederholt werden kann, denn binnen weniger Minuten biegt sich der Abzug langsam wieder zurück und nach weiteren ca. 10 min ist er sensibilisiert.
Triggerplants kommen bis auf wenige Ausnahmen nur in Australien vor. Der Südwesten ist besonders reich gesegnet. Hier wachsen über 130 Arten, das entspricht ca. 75 % aller bekannten *triggerplant*-Arten.
Vorkommen (*Stylidium spp.*): australienweit

Erkunden & Wandern

◆ Ein reizvoller, insgesamt **15 km langer Küstenwanderweg** verbindet alle fünf Buchten. Der einfachste und kürzeste Abschnitt verbindet die Lucky Bay mit der Thistle Cove [2 km ⇆] und bietet bereits wunderschöne Eindrücke; alle anderen Wege sind zwischen 4 und 6 km [→] lang. Viel Schatten bietet keiner der Wege, da sie alle entweder durch niedrige Heidevegetation oder über nackten Fels führen.
Besonders empfehlenswert ist der Abschnitt zwischen Rossiter Bay und Lucky Bay, der sich dicht an der Küste entlang schlängelt und fantastische Ausblicke über den Park bietet. Wer nicht den ganzen Weg gehen möchte, sollte wenigstens vom Rossiter Bay Parkplatz aus den ca. 15-minütigen Aufstieg zum Gipfel des Mississippi Hill (180 m) auf sich nehmen – die Aussicht lohnt die Mühe.

◆ Einen noch schöneren Weitblick über den Park hat man nur vom **Gipfel des Frenchman Peak** (262 m). Der Weg [3 km ⇆] beginnt am Parkplatz am Fuße des Berges, von dem man ebenfalls schon einen guten Blick genießt. Der steile Aufstieg führt über die östliche, unbewachsene Flanke und wird durch ein paar natürliche »Treppenabsätze« erleichtert. Unter dem Granitgipfel befindet sich eine riesige Aushöhlung, die Schatten und eine schwindelfreie Rastmöglichkeit bietet.

◆ Zum **Strandwandern** eignet sich am besten die Lucky Bay. Bis zur gegenüberliegenden Seite der Bucht sind es gut 2 km. Am östlichen Ende befindet sich eine Aussichtsplattform, hinter der der Weg zur Rossiter Bay weiter führt. Während für 4WD-Fahrer die Fahrt unterhalb der Aussichtsplattform endet, können Fußgänger noch drei weitere, durch Granitfelsen voneinander getrennte Strandabschnitte der Lucky Bay erwandern. Am Ende des 2. Strandabschnittes liegt ein stattlicher, rundlicher Granitfelsen, auf dessen Rückseite sich eine Gedenktafel befindet, die an den Landgang von Matthew Flinders (▷ 182) im Januar 1802 erinnert.

Die gewaltige Granitkartoffel auf der östlichen Seite der Lucky Bay.

4WDs statt Strandkörbe am Wharton Beach.

Auf dieser Seite der Bucht ist der Sonnenuntergang besonders schön, da die nassen Felsen dann in einem warmen Rotbraun leuchten und der Strand von einem silbrig glänzenden Wasserfilm bedeckt wird, in dem sich die letzten Sonnenstrahlen widerspiegeln. Tipp

Gut zu wissen,...

Orleans Bay Regional Reserve. (9 km²) Das kleine Schutzgebiet ist ein weiterer Beweis für die unvergleichliche Schönheit der Südküste. Wie auch in den umliegenden Nationalparks erwarten den Besucher ein paar **türkisfarbene Badebuchten**, die von blendend weißen Sandstränden gesäumt und von dekorativen Landzungen aus Granit getrennt werden. Der eindrucksvollste Strand ist der 4 km lange Wharton Beach, der sich entlang einer **halbkreisförmigen Traumbucht** erstreckt, die bei Badenden und Surfern gleichermaßen beliebt ist. An Sommerwochenenden stehen hier die 4WDs Spalier wie andernorts die Strandkörbe, denn wie alle Strände im Schutzgebiet darf auch der Wharton Beach mit einem 4WD befahren werden. Am Ende des Wharton Beach führt eine Piste zur nächsten Strandbucht. Die einzige **Übernachtungsmöglichkeit** vor Ort bietet ein großflächiger Campingplatz [*Orleans Bay Caravan Park*, Tel. 9075 0033], der mit seinen breiten Straßen und permanenten Behausungen den Charakter einer kleinen Siedlung hat. Zur Saison ist der Platz hoffnungslos überlaufen und Vorbuchen ist ratsam.

Der einzige Makel des Gebietes sind die an diesem Küstenabschnitt immer zahlreicher werdenden, laut röhrenden Quad Bikes, die selbst auf dem Campingplatz das vorherrschende Verkehrsmittel sind.

Einen **Rundblick** über das Schutzgebiet bietet der zentral gelegene Mt Belches, auf den ein nur schlecht in Stand gehaltener und nicht ausgeschilderter Wanderweg führt [Anfahrt: der Hauptstraße vom Campingplatz aus Richtung Wharton Beach weitere 2.3 km folgen, bis links die Nares Island Road abzweigt. Gleich am Anfang der Straße befindet sich rechter Hand eine Parkmöglichkeit, an der der Weg startet]. Der erste Teil des Weges ist mit Stangen markiert und führt durch teils dichtes Strauchwerk, während der letzte Teil über nackten Fels führt. Mit Gipfelpause dauert die Besteigung eine gute Stunde.

Cape Arid National Park. (2800 km²) Der Nationalpark bietet eine attraktive Kombination aus dem Cape Le Grand und dem Fitzgerald River NP. An Ersteren erinnert seine malerische Küste mit den runden Granitrücken und fantastischen, **weißen Strandbuchten**; an Letzteren seine Größe und Unzugänglichkeit, die den Park zu einem wichtigen Schutzgebiet für Pflanzen und Tiere macht. Mit beiden Parks gemeinsam hat er den dichten Vegetationsteppich aus niedriger Heidevegetation, der den südlichen Teil des Parks charakterisiert und der sich in den Frühlingsmonaten in einen **bunten Wildblumengarten** verwandelt. Gen Norden geht die Heidevegetation in waldiges Buschland über. Hier erhebt sich der Mt Ragged (594 m) mit seinem über einen steilen Wanderweg [3 km ⇆] erklimmbaren Tower Peak. Am Fuße des Berges befindet sich eine einfache Campsite [WC, $]. Auf Grund der stellenweise sehr sandigen Pisten ist dieser Teil des Nationalparks nur 4WD-Fahrern vorbehalten.

Auch mit einem 2WD erreichbar ist der eigentlich schönste Teil des Nationalparks, die Sektion am Thomas River. Der kleine Fluß mündet in die Yokinup Bay, eine **20 km lange, elegant geschwungene Traumbucht**, an derem nordwestlichem Ende **zwei Campsites** liegen. Zum einen eine großflächige, aber blicklose Campsite der Gemeinde, ausgeschildert mit SHIRE CAMPSITE [kurz vor dem Ende der Tagon Rd, linker Hand / WC, Wasser (nicht trinkbar), $] und eine etwas erhöht gelegene Nationalpark-Campsite [300 m vor der Gemeinde-Campsite, rechter Hand / WC, Wasser (nicht trinkbar), $]. Letztere besteht aus elf individuellen Stellplätzen, gelegen im hübschen, mit Grasbäumen (▷ 271) und Zamia-Palmen bespickten Banksia-Buschland. Einige der Stellplätze genießen einen fantastischen Weitblick über die ganze Bucht. Ein ca. 300 m langer Fußweg führt zum Strand hinunter, wo man dem Küstenverlauf in Richtung Westen entlang des *Tagon Coastal Walk* [7 km ⇆] folgen kann. Bereits der erste Kilometer bis zur kleinen Strandbucht Dolphin Cove ist unbedingt empfehlenswert. Er schlängelt sich über nackte Granitrücken, vorbei und durch grüne Akazien- und Hakea-Dickichte, in denen Westliche Graue Riesenkängurus (▷ 225) Schutz und Schatten suchen. Zwischen Juni und November bietet der Weg zudem **gute Beobachtungsmöglichkeiten für Südliche Glattwale** (▷ 251), die hier bis dicht an die Küste kommen.

Zwei **weitere Wanderwege** in dieser Sektion sind der abwechslungsreiche *Len Otte Nature Trail* [1km ↻], der sich über einen Granithügel schlängelt und der *Boolenup Walk* [4 km ⇆], der zum gleichnamigen See führt.

Im November 2005 wüteten mehrere schwere **Buschbrände** in diesem Teil des Nationalparks, die zu einer temporären Schließung einiger Wanderwege sowie der Nationalpark-Campsite führten. Auch die Vegetation trägt noch deutliche Spuren und präsentiert sich seitdem ausgesprochen licht.

Wer mit einem 4WD unterwegs ist, kann, je nach Gezeiten, über den Strand der Yokinup Bay zum Mt Arid fahren und diesen besteigen [von Thomas River aus ca. 21 km bis zu einem mit MT ARID ausgeschilderten Abzweig Richtung Inland > 1.2 km bis zu einem Parkplatz]. Für die **Gipfelbesteigung** [4 km ⇆] sollte man inklusive Pause ca. 3 Stunden einplanen. Die ersten zwei Drittel des Weges schlängeln sich durch niedrige Heidevegetation bis zum Fuß des Berges; das letzte Drittel führt über die nackte, leicht terrassierte Felsflanke zum Gipfel, der einen beeindruckenden 360° Blick bietet. Das freie Campen entlang der Yokinup Bay ist erlaubt. Erste breite Strandabschnitte bzw. Durchlässe in den Dünen, die sich zum Campen eignen kommen nach ca. 14 km.

Weitere **Campmöglichkeiten** bestehen im östlichen Teil des Parks bei Thomas Fishery [nur 4WD], am Jondee Creek [WC / nur 4WD], am Seal Creek [WC, Wasser (nicht trinkbar), $], am Point Malcom [nur 4WD] sowie an der ungeschützten Israelite Bay [nur 4WD].

Gut zu wissen,...

...dass die 4WD-Pisten nach heftigen Regenfällen oft unpassierbar werden, weshalb man sich vorher über den **Straßenzustand informieren** sollte (z. B. beim ansässigen Ranger, Tel. 9075 0055)

Streckenabschnitt Süd 6 Norseman bis Wave Rock

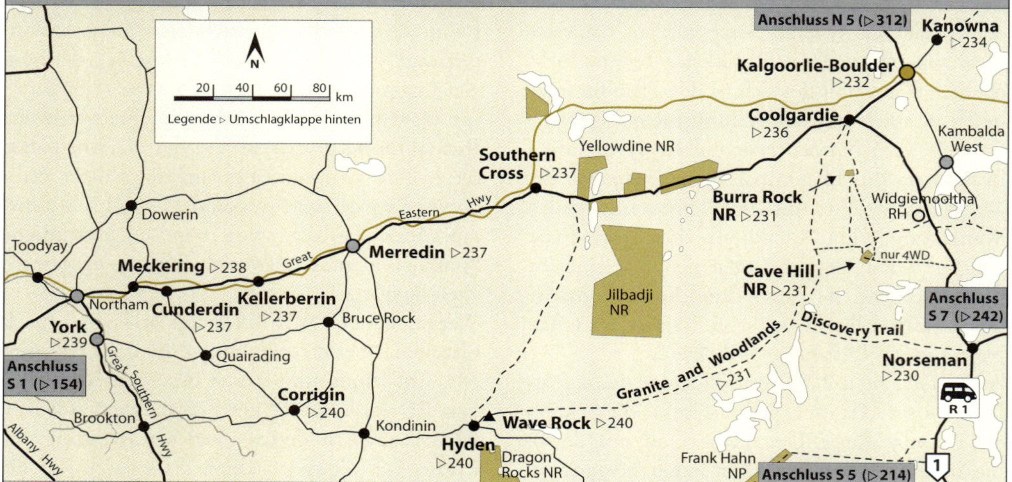

R **Rastplätze** ▷ 41

1 ***Bromus Dam Rest Area*** [34 km südlich von Norseman, mit BROMUS DAM ausgeschilderter Abzweig auf der westlichen Seite des Highways] - Nach ca. 150 m gelangt man zu einem Staubecken, an und hinter dem zahlreiche individuelle Stellplätze im waldigen, von großen *salmon gums* dominierten Buschland liegen.

Norseman. (1058 Einw.) Den von der Nullarbor Plain kommenden Reisenden preist sich Norseman stolz als »Tor zu WA« an, doch wäre »Pforte« wohl die passendere Bezeichnung. Die kleine Ortschaft wirkt wie im Tiefschlaf und ist in touristischer Hinsicht kaum mehr als eine **Versorgungsstation**.

Einen **schönen Blick über die Umgebung** hat man von *Beacon Hill Lookout* [Mines Rd].

Geschichte

In der Geschichte von Norseman spielt ein Pferd die Hauptrolle – das Pferd von Laurie Sinclair, der 1893 in den Goldfeldern von Coolgardie vergeblich sein Glück gesucht hatte. Auf dem Weg zurück nach Esperance schlug er hier sein Lager auf und band sein Pferd fest. Dieses trug den Namen *Hardy Norseman* und legte in der Nacht mit seinem Hufgescharre eine Goldader frei. Die Goldader erhielt, ebenso wie die daraufhin gegründete Stadt, den Namen Norseman. Wie viel Wahrheit und wie viel Dichtung in dieser Geschichte liegt, bleibt dahingestellt. Tatsache ist, dass die Goldader von Laurie Sinclair entdeckt wurde und dass die Bewohner Norsemans seitdem ihre Pferdegeschichte sorgfältig hegen und pflegen. 1990 widmete man dem Pferd sogar eine Bronzestatue [Roberts St / Ramsay St].

Gut zu wissen,...

...dass das Touristenbüro von Norseman sehr gut ausgestattet ist und Reisende in alle Richtungen mit **Informationen und Prospekten** versorgt.

...dass nach Osten Reisende erst nach 1205 km in Ceduna den nächsten Supermarkt vorfinden und deshalb ans **Einkaufen** denken sollten.

i Roberts St, 🕓 tägl. 9-17 h

BP[1], CP[1], H/M*

IGA, Roberts St, Mo-Fr 8.30-18 h, Sa 8.30-17 h, So 9.30-13 h

im kleinen Park neben dem Touristenbüro, Roberts St

Granite and Woodlands Discovery Trail.

Mit der Absicht die Goldfields stärker für den Tourismus zu erschließen, entstand der *Granite and Woodlands Discovery Trail*. Die **297 km lange Route** verbindet Norseman mit Hyden und vereint die vier natürlichen Attraktionen der Goldfields: flache Granitberge, großflächige Salzseen, waldiges Eukalyptus-Buschland und Abschnitte niedriger Heidevegetation, die sich im Frühling in einen bunten Wildblumenteppich verwandeln. Entlang der Strecke gibt es **16 mit Informationstafeln beschilderte Stopps** – ausgestattet mit Picknicktischen und/oder Toiletten. Darüber hinaus gibt es ein paar kurze Wanderwege und an drei Orten darf man campen (Lake Johnston, McDermid Rock, The Breakaways). Wer plant, dieser Route zu folgen, sollte sich die **kostenlose Broschüre** *A guide to The Granite and Woodlands Discovery Trail* aus den örtlichen Touristenbüros besorgen, in der alle Stopps und Besonderheiten detailliert beschrieben sind.

Cave Hill Nature Reserve.

(2 km²) Cave Hill ist ein flacher, **orangebrauner Granitberg** inmitten von idyllischem, waldigem Buschland. Sein welliger, bis auf ein paar Vegetationsinseln unbewachsener Felsrücken ragt gerade so hoch aus dem grünen Kronendach heraus, dass man einen **schönen Weitblick** genießt, ohne bei einer Gipfelbesteigung groß außer Atem zu geraten. Außerdem besitzt Cave Hill entlang seiner Westwand noch ein paar in Form und Farbe bemerkenswerte Charakterzüge: die namensgebende Höhle in Form einer halbgeöffneten Konzertmuschel (inzwischen etwas von Graffiti verschandelt) und ein paar kleinere wellenförmige Auswaschungen [vom Parkplatz am Ende der 2WD-Piste 200 m Fußweg zum Fels und dort der Ausschilderung CAVE AND WAVE weitere 300 m folgen]. Am Fuße des Berges liegen **drei Campsites**. Zwei davon, *Three Dams* auf der Nordseite und das 5 km entfernt gelegene *Main Dam* auf der Ostseite, sind gleichzeitig Besucherparkplatz. Die dritte, nur mit CAMPING ausgeschilderte Campsite befindet sich gleich beim Informationspavillon im prächtigen Eukalyptus-Buschland.
4WD-Fahrer können das Gebiet zwischen Cave Hill und Burra Rock entlang einer schmalen 4WD-Piste erkunden, die parallel zur Hauptverbindungsstraße verläuft und den historischen *woodlines* (▷ 236) folgt. Die 4WD-Piste startet am *Main Dam*, kreuzt nach 11 km die Widgiemooltha Road und endet nach 38 km auf der Hauptverbindungsstraße kurz vor Burra Rock.

Gut zu wissen,...

...dass die **Anfahrt** über die neu gebaute Widgiemooltha Road führt, die am gleichnamigen Roadhouse beginnt [Widgiemooltha Rd > nach 44 km links der Ausschilderung CAVE HILL folgen > weitere 3.5 km bis zum Infopavillon].

Burra Rock Nature Reserve.

(8 km²) Burra Rock ist einer von vielen flachen Granitbergen dieser Region. Ohne besondere Felsformationen und umgeben von relativ jungem, nicht ganz so ansprechendem Eukalyptus-Buschland bleibt er »**einer von vielen**«. Neben dem obligatorischen Weitblick über das grüne Blätterdach bietet er wie auch die meisten anderen Granitberge ein großes Staubecken, das einst den Arbeitern entlang der *woodlines* (▷ 236) als Wasserreservoir diente und heute der einheimischen Bevölkerung als **Freibad**. Im angrenzenden Buschland befindet sich eine kleine, leicht beschattete Campsite.

Gut zu wissen,...

Kalgoorlie-Boulder. (28.262 Einw.) Die Zwillingsstadt Kalgoorlie-Boulder ist das **größte Überbleibsel des Goldrausches** (▷ 234). Während all die anderen Siedlungen und Städtchen entweder ganz verschwunden sind oder stark an Bedeutung und Einwohnern verloren haben, zeigt die Bevölkerungsrate von Kalgoorlie-Boulder, bis auf ein paar kurze Einbrüche, stetig nach oben. Noch an die goldenen Zeiten erinnert die 1 km lange Hauptstraße, die Hannan Street, mit ihren **prächtig restaurierten Gebäuden** (▶ 124) aus den Anfängen des 20. Jahrhunderts, darunter das 1908 erbaute Rathaus [*Kalgoorlie Town Hall*, ⌚ Mo-Fr 10-15 h] und das farbenprächtige *York Hotel* aus dem Jahre 1901. Etwas kürzer, aber nicht minder sehenswert ist die gemütliche Hauptstraße von Boulder, die Burt St. Jenseits der beiden Vorzeigehauptstraßen findet man noch ein paar »historische« Gebäude der anderen Art. Kleine, zusammengeschusterte Wohnhäuschen, die sich kaum von den provisorischen Hütten der ersten Goldgräber unterscheiden. Eine weitere typische Institution, die aus der Männer dominierten Ära des Goldrausches überlebt hat, ist das kleine Rotlichtviertel [Hay St]. Es zeigt, dass sich in gewisser Hinsicht in Kalgoorlie-Boulder nicht viel geändert hat. Noch heute geht es hier hauptsächlich ums Gold, nur ist aus der romantischen Goldgräberstadt inzwischen eine **moderne Bergbaustadt** geworden. In den Straßen verkehren auffällig viele Minenfahrzeuge mit Signallampe und Fahne und in den Bars Männer mit Bärten in staubiger Arbeiterkleidung.

Selbst touristisch dreht sich in Kalgoorlie-Boulder alles ums Gold. So auch im **Museum der Goldfelder** [*Western Australian Museum - Kalgoorlie-Boulder*, Hannan St, ⌚ tägl. 10-16.30 h], das sich eingehend mit der Geschichte der Region beschäftigt und sogar eine kleine Goldkammer besitzt. Vor dem Haupteingang des Museums steht ein 33 m hoher, ehemaliger Förderturm, der *Ivanhoe Headframe*. Das stählerne Gestell dient heute als Aussichtsturm.

Ein zweites Museum, das ***WA School of Mines***

Das *York Hotel* ist eines von vielen stilvollen Gebäuden entlang der Hauptstraße von Kalgoorlie.

Mineral Museum [Cassidy St / Egan St, 🕓 Mo-Fr 8.30-12.30 h], präsentiert eine sehenswerte Ausstellung von Gesteinen und Mineralien, angefangen von Asbest bis hin zu Nachbildungen berühmter Goldnuggets.

An der nördlichen Stadtgrenze befindet sich ein ehemaliges Bergbaugelände, das in ein **Freilichtmuseum** umgewandelt wurde [*Mining Hall of Fame*, Goldfields Hwy, 🕓 tägl. 9-16.30 h]. Zu den Attraktionen gehört eine Darbietung im Goldgießen, eine Filmvorführung, der Besuch verschiedener Ausstellungen zum Thema Bergbau und Mineralien und eine 45-minütige Führung durch eine Untertagebaumine [*underground tours* 🕓 tägl. 10, 12.15, 14.45 h].

Der Grund für Kalgoorlies schnellen Ein- und Aufstieg in der Geschichte liegt im Nordosten der Stadt. Es ist die **Goldene Meile**, eine der reichsten Goldadern der Welt. Hier, nicht unweit der Stelle an der Paddy Hannan 1893 das erste Gold Kalgoorlies fand, befindet sich heute die **ergiebigste Goldmine Australiens**. *The Golden Mile Super Pit* ist ein gigantisches Loch in der Erde, 3.2 km lang, 1.4 km breit und 330 m tief. Am oberen Rand der Mine befindet sich eine Aussichtsplattform [*Super Pit Lookout*, Goldfields Hwy, 🕓 tägl. 7-21 h].

Auf dem Flughafengelände heißt der ***Royal Flying Doctor Service*** (▷ 90) Besucher willkommen. Neben einer Videovorführung kann man an einer Tour [🕓 Mo-Fr 10-15 h, Touren jeweils zur vollen Stunde] teilnehmen, die auch eine Besichtigung der Flugzeuge einschließt.

Geschichte

Wie bei allen Goldgräberstädten begann auch Kalgoorlies Geschichte mit einem ersten Aufsehen erregenden Goldfund, der einen Goldrausch auslöste. Im Falle Kalgoorlies war es Paddy Hannan, der zusammen mit zwei Kumpanen hier im Juni des Jahres 1893 das erste Gold fand. Für den weiteren Verlauf der Stadtgeschichte war jedoch der Fund zweier anderer Goldsucher entscheidend, der von Samuel Pearce und William Brookman. Diese entdeckten noch im selben Jahr ein paar Kilometer südöstlich von Hannans Claim eine Goldader, die später unter dem Namen die Goldene Meile/ *The Golden Mile* in die Geschichte eingehen sollte. Im Gegensatz zu den bisher gefundenen Goldadern barg die Goldene Meile von Anfang an kaum Oberflächengold/*alluvial gold*. Ihr Gold lag unter der Erde verborgen, eingeschlossen in Dolerit und Quarz. Die beiden glücklichen Prospektoren, die den Reichtum der Goldenen Meile erahnten, sicherten sich mehrere Claims und versuchten über die Gründung einer Bergbaugesellschaft und die Ausgabe von Aktien an Investitionskapital zu gelangen. Ihre erste Mine erhielt den Namen *The Great Boulder* und die Siedlung, die rund um diese entsprang, wurde Boulder (▶ 124) genannt. Die Entstehung solcher Zwillingsstädte wie Kalgoorlie und Boulder, die weniger als 3 km voneinander entfernt lagen, war zu Zeiten des Goldrausches nichts ungewöhnliches. Meist wohnten in der einen die Arbeiter (oft in unmittelbarer Nähe der staubigen Minen) und in der anderen »das Kapital«. Während Boulder Wohnstadt blieb, entwickelte sich Kalgoorlie zu einer Vorzeigestadt mit schmucken Gebäuden, Hotels, Lokalen, etc.

Als Boulder 1896 offiziell gegründet wurde, waren die meisten Goldfelder Kalgoorlies bereits abgegrast – zumindest oberflächlich. Die ersten Goldgräber, ausgerüstet mit Spitzhacke, Schaufel oder anderen Gerätschaften konnten nur die Erdoberfläche bearbeiten, nicht aber tiefer in die Erde vordringen. War das Oberflächengold erst einmal abgetragen, übernahmen Bergbaugesellschaften die Claims. Nur diese verfügten über genügend Kapital, um im Untertagebau die Goldadern auszubeuten. Immer mehr Goldgräber gaben auf und immer größere Gesellschaften erwarben Schürfrechte und begannen mit den jeweils modernsten Maschinen den professionellen Abbau von Gold.

Kalgoorlie entwickelte sich alsbald zum wirtschaftlichen Zentrum der Goldfelder und wurde Sitz der großen Bergbaugesellschaften sowie zahl-

reicher äußerst aktiver Aktienbörsen. Die Auszahlungen von Dividenden erreichten für damalige Verhältnisse schwindelerregende Höhen und sorgten zusätzlich für einen regen wirtschaftlichen Aufschwung.
Im weiteren Verlauf der Geschichte musste zwar auch die Hauptstadt der Goldfelder einige Rückschläge einstecken, insbesondere zu Zeiten sinkender Goldpreise, doch konnte sie sich bis heute als wirtschaftliches Zentrum der Region behaupten. Mit der Entdeckung weiterer Rohstoffe in der Umgebung wie Nickel und Eisenerz konnte die Stadt ihre Stellung als regionales Zentrum festigen. Kalgoorlies wertvollstes Gut bleibt allerdings das Gold. 75 % der australischen Gesamtproduktion an Gold kommt aus WA, das meiste davon aus den Goldfeldern um Kalgoorlie.

Gut zu wissen,...

Hannan St, Mo-Fr 8.30-17 h, Sa So 9-17 h

BP², CP*, H/M*, JH¹, S*

Woolworths, Brookman St, Mo-Fr 8-18 h (Do -21 h), Sa 8-17 h & *Hannans IGA*, Maritana St, tägl. 24 h

bei den öffentlichen Toiletten an der Loopline Railway Station, Burt St / Hamilton St, Boulder, tägl. 9-18 h

Kanowna. Kanowna ist eine von ca. 400 Ortschaften, die während des Goldrausches gegründet wurden und nach dessen Abklingen wieder verschwanden. Zu seiner Blütezeit um die vorletzte Jahrhundertwende zählte das kleine Städtchen über 12.000 Einwohner und war durch einen regelmäßigen Eisenbahnverkehr mit Kalgoorlie verbunden.
Besucht man heute die als »**Geisterstadt**« angepriesene Ortschaft, findet man nichts, was auf die Existenz einer Stadt hinweist. Keine Straßen, keine verlassenen Häuser, noch nicht einmal Ruinen. Alles, was an eine Siedlung erinnert, sind zwei Dutzend Gräber, die Reste der Bahnsteigplattform und ein paar neu hinzu gekommene Informationstafeln. Eine Geisterstadt ohne Geister.

Im September **1892** fanden die beiden Prospektoren Arthur Bealey und William Ford in der Nähe der heutigen Ortschaft Coolgardie Gold. Es war zwar nicht der erste Goldfund in dieser Region, aber hinsichtlich der wirtschaftlichen Entwicklung des Staates, der bedeutungsvollste. Kaum hatte sich die Nachricht des Fundes verbreitet, setzte jener **Goldrausch** ein, der dem Staat endlich das langersehnte Kapital und die sehnsüchtig erwarteten Einwohner bringen sollte.
Schon in den ersten beiden Jahren folgten **Tausende Glückssucher** dem Ruf des Goldes. Sie kamen zu Fuß, per Fahrrad oder zu Pferd. Straßen oder gar eine Eisenbahnlinie gab es in dieser Region noch nicht. Wo immer die Goldgräber Platz und Schatten fanden, schlugen sie ihre Lager auf und begannen die Erde zu durchwühlen. Sie hausten in Zelten oder notdürftig zusammengezimmerten Verschlägen, sanitäre Einrichtungen fehlten. Man verrichtete seine Geschäfte dort, wo man campierte – zur Freude der Fliegen (▷ 102), die invasionsartig über die Lager herfielen. Von den Exkrementen wechselten die lästigen Insekten zum Geschirr, zu den Lebensmitteln oder krabbelten in die Nasenlöcher, Mund-, und Augenwinkel der Goldgräber. Krankheiten wie Ruhr und Typhus breiteten sich schlagartig aus. Hinzu kamen ernährungsbedingte Krankheiten wie Skorbut, denn das Angebot an Lebensmitteln war mehr als dürftig und der Versuch die wenigen Nahrungsmittel, die es gab, bei der sengenden Hitze frisch zu halten, war ein fast unmögliches Unterfangen. Statt des erhofften Goldes fanden viele Prospektoren den Tod.
Begünstigt wurde die Verbreitung der Krankheiten durch die fehlende medizinische Versorgung und das damals größte Problem der Goldfelder, den permanenten **Wassermangel**. Solange es nicht einmal genügend Wasser zum Trinken gab, waren Hände waschen oder gar Geschirr abwaschen purer Luxus, den sich niemand leisten konnte. Die extreme Hitzeperiode des Jahres 1893, während der auch die letzten vorhandenen

Wasserlöcher austrockneten, verschlechterte die Lage der Goldsucher noch zusätzlich. Eine weitere Todesursache breitete sich unter den Goldgräbern aus: Durst. In jenen Tagen war Wasser fast ebenso wertvoll wie Gold und der Verkauf des kostbaren Nass´ wurde zu einem einträglichen Geschäft. In Coolgardie, der bereits 1893 gegründeten Hauptstadt der Goldfelder, entstanden erste Entsalzungsanlagen, mit deren Hilfe man das ungenießbare Wasser der umliegenden Salzseen in zumindest einigermaßen genießbares Trinkwasser umwandeln konnte. Als Coolgardie Mitte der 1890er 15.000 Einwohner zählte, verdienten bereits sechs Betriebe gutes Geld mit Entsalzungsanlagen. Den Transport des »flüssigen Goldes« übernahmen geschäftstüchtige Afghanen mit ihren langen Dromedarzügen.

Erst die ausgiebigen Niederschläge der kommenden Jahre und der Bau künstlicher Staubecken verbesserten die Situation und mit der Verwirklichung des ***O´Connor Water Scheme*** im Jahre 1903 war das Wasserproblem endgültig vom Tisch. Die Idee dieses gigantischen Projektes war, Wasser von einem bei Perth erbauten Staubecken (Mundaring Weir) mittels mehrerer dampfgetriebener Pumpstationen, durch eine 566 km lange Pipeline in die Goldfelder zu pumpen. Drei Jahre lang dauerte die Verwirklichung dieses für damalige Verhältnisse technischen Meisterwerks. Überschattet wurde der Erfolg des Projektes von dem Tod des Ingenieurs Charles Yelverton O´Connor (1843-1902). Dieser, ohnehin schon von Selbstzweifeln geplagt, war unter der immer lauter werdenden Kritik, hinsichtlich der immensen Kosten und der langen Bauzeit, zusammengebrochen und hatte sich kurz vor Beendigung der letzten Bauphase das Leben genommen.

Als 1903 das erste Wasser in die Goldfelder gepumpt wurde, lebten bereits rund 70.000 weiße Siedler in dieser Region. Coolgardie hatte inzwischen seinen Hauptstadttitel an das nur 39 km entfernt gelegene Kalgoorlie abtreten müssen. Eine Eisenbahnlinie führte von Perth direkt in die Goldfelder und die ehemaligen Zeltlager waren zahlreichen Ortschaften und Siedlungen gewichen. Manche der neu entstanden Ortschaften wie z. B. Wiluna erreichten in den folgenden Jahren stattliche Einwohnerzahlen und konnten zumindest einen Bruchteil dieser bis ins 21. Jahrhundert hinüberretten. Die meisten Ortschaften waren jedoch nur kurzlebig und verschwanden nach dem Versiegen des Oberflächengoldes genauso schnell, wie sie aus dem Boden geschossen waren. Über 400 Ortschaften entstanden im Zuge des Goldrausches, geblieben sind kaum mehr als ein Dutzend.

Auf dem Höhepunkt der Goldgewinnung im Jahre 1903 wurden in den Goldfeldern von WA mehr als 12 Mio. Unzen Feingold produziert. Nach diesem Höhepunkt folgte ein stetiger **Rückgang der Produktion**. Einige Adern versiegten, andere verschwanden in immer größere Tiefen, so dass das Gold nur noch mit hohem technischen Aufwand geborgen werden konnte. In den 1920er Jahren erlebte die Goldproduktion einen ersten Tiefpunkt. Die Euphorie verebbte und erste Massenentlassungen folgten. Nur wenige Bergbaugesellschaften waren in der Lage, sich am Markt zu behaupten und den Abbau fortzusetzen. Abgesehen von einem kurzen Aufflackern der Goldproduktion in den 1930er Jahren, begann sich der Abbau erst Anfang der 1980er Jahre wieder zu erholen. Dank des Einsatzes **verfeinerter Techniken**, mittels derer u. a. das Restgold aus den ehemaligen Minenabfällen gewinnbringend herausgefiltert werden kann, gehört das Gebiet um Kalgoorlie auch heute noch zu den produktivsten Goldfeldern Australiens. Mitte der 1980er Jahre konnte der 1903 aufgestellte **Produktionsrekord** erstmalig übertroffen werden. Statt im Untertagebau wurden nun die meisten Minen im Tagebau/ *open cut mine* betrieben und die einstigen Schächte zu riesigen Löchern ausgebaggert.

Auch in den Bevölkerungszahlen hat sich seitdem einiges verändert. Obwohl heutzutage die Goldproduktion um ein Vielfaches höher ist als zu Zeiten des Goldrausches, sinken die Einwohnerzahlen in der Goldfelder-Region, anstatt zu steigen. Dies liegt, neben der sich ständig weiterentwickelnden **Mechanisierung des Industriezweiges**, auch daran, dass immer mehr Bergbaugesellschaften dazu übergehen, ihre Arbeiter ein- und ausfliegen zu lassen. Eine Alternative, die viele Arbeiter begrüßen. Und fährt man durch so leblose Ortschaften wie Southern Cross oder Wiluna, dann kann man verstehen, warum. Die Tage der Goldgräber-Romantik scheinen endgültig vorbei...

Coolgardie. (1081 Einw.) Nur die breite Hauptstraße und das stattliche, 1898 erbaute Gerichtsgebäude weisen heute noch daraufhin, dass Coolgardie Ende des 19. Jahrhunderts die drittgrößte Stadt in WA war (nach Perth u. Fremantle). Damals zählte die Ortschaft über 15.000 Einwohner und es gab 60 Geschäfte, 26 Hotels, 2 Börsen, 6 Banken, 14 Kirchen und 17 Frisöre. Will man heute durch Geschäfte bummeln oder sich die Haare schneiden lassen, muss man in das 39 km entfernt gelegene Kalgoorlie fahren. Insofern könnte man die Ortschaft ohne Übertreibung als den **größten Verlierer des Goldrausches** bezeichnen. Zwar war Coolgardie die erste Hauptstadt der Goldfelder, doch währte ihre Blütezeit nicht lange, da die umliegenden Goldadern nicht in die Tiefe reichten. Das Oberflächengold war nach gut drei Jahren abgeräumt und die Adern ausgebeutet. Hinzu kam, dass Paddy Hannan 1893, also im Gründungsjahr Coolgardies, in der Nähe der heutigen Stadt Kalgoorlie Gold fand. Dieser Fund markierte bereits den Anfang vom Ende Coolgardies, denn schon bald sprudelten Kalgoorlies Goldquellen ergiebiger und während des kommenden Jahrhunderts sollte Coolgardie von einer glorreichen Hauptstadt zu einer relativ bedeutungslosen Ortschaft schrumpfen. Einen letzten vernichtenden Schlag erhielt die Ortschaft 1971, als man die transkontinentale Eisenbahnlinie von Coolgardie nach Kalgoorlie verlegte.

Im ehemaligen Bahnhofsgebäude erinnert ein kleines **Eisenbahnmuseum** an Coolgardies Eisenbahnära [*Railway Museum*, Woodward St, 🕒 Sa-Do 9-16 h]. Am Bahnsteig steht noch eine alte Dampflok samt Wagons, ganz so, als warte sie seit Jahrzehnten auf das Signal zur Abfahrt.

Ein zweites Museum, das über die **Geschichte Coolgardies und des Goldrausches** informiert, ist im alten Gerichtsgebäude untergebracht [*The Goldfield Exhibition*, Great Eastern Hwy, 🕒 Mo-Fr 9-16 h, Sa So 11-15 h].

Ebenfalls der Stadtgeschichte gewidmet sind rund 100 im Ort verteilte **Informationstafeln**.

Von den Schattenseiten der Blütezeit wie Mord und Krankheiten erzählen die Inschriften der verfallenen Grabsteine auf Coolgardies **Friedhof** [*Coolgardie Cemetery*, Great Eastern Hwy, 2 km außerhalb der Ortschaft].

Gut zu wissen,...

Great Eastern Hwy, 🕒 Mo-Fr 9-16 h, Sa So 11-15 h

CP^2, H/M^2

General Store, Great Eastern Hwy, 🕒 Mo-Sa 8-17.30 h

Als die Goldgräber 1893 über das Land herfielen, war die Region von waldigem Buschland bedeckt. Doch schon während der ersten Jahre des Goldrausches verbrauchten die zahlreichen Minen **6000 Tonnen Holz pro Woche**. Und so dauerte es nicht lange, bis die Bäume um Kalgoorlie verschwunden waren. Um weitere Holzressourcen zu erschließen, baute man ein schmalspuriges Eisenbahnnetz, die so genannten ***woodlines,*** mittels derer man immer tiefer in den Busch vordrang. Als 1965 der Holzschlag endete, da Diesel das Holz zu ersetzen begann, waren weite Flächen der Region gerodet. Die direkte Folge war der Verlust von Lebensraum für Tiere und Pflanzen, die indirekte führte zusammen mit der Ausweitung landwirtschaftlicher Flächen zum größten Umweltproblem von WA, der Bodenversalzung.

Dank des natürlichen Regenerierungsprozesses wird die Region heute wieder teilweise von wal-

odland nennen die Australier das waldige Buschland, das diese Region prägt.

digem Buschland bedeckt, in dem über **80 verschiedene Eukalyptusarten** gedeihen. Zu den Größten gehört der bis zu 25 m hohe *salmon gum* (▶ 145), dessen Rinde sich im Spätsommer schält und dann in neuem lachsfarbenen Glanz erscheint. Ein weiterer typischer Eukalyptus ist der *gimlet*, ein durchschnittlich 8 bis 12 m großer Baum mit bronzefarbener Rinde.

Southern Cross.

(890 Einw.) Das Kreuz des Südens ist nicht nur der Name der bekanntesten Sternkonstellation des Südhimmels (▷ 112), sondern auch der eines kleinen Bergbaustädtchens. Ein Städtchen, das sich bis auf seinen wohlklingenden Namen kaum von den umliegenden **nüchternen Ortschaften** unterscheidet. In der breiten, meist menschenleeren Hauptstraße befinden sich ein paar Geschäfte und ein **kleines Museum** [*Yilgarn History Museum*, Antares St ⏲ tägl. Mo-Sa 9.30-12 h u. 13.30-16 h, So 13.30-16 h], in dem neben dem üblichen alten Hausrat, Geräten und Fotos auch ein paar Mineralien ausgestellt sind.

Das einzig bemerkenswerte an der Ortschaft ist, dass man auch bei der Straßenbenennung nach den Sternen griff und nicht – wie üblich – nach den Namen britischer Könige und Siedler. Statt William oder Elizabeth, zieren Omega, Orion und Centaur die Straßenschilder.

Geschichte

In der Geschichte der Ortschaft schimmert noch einmal die Goldgräber-Romantik durch. Angeblich war es das Sternbild Kreuz des Südens, das Anfang 1888 den beiden Goldsuchern Tom Riseley und Mick Toomey den Weg zu ihren Goldfunden wies. Aus Dankbarkeit nannten sie den Fundort Southern Cross. Der daraufhin einsetzende Strom von Goldsuchern führte zwei Jahre später zur Gründung der gleichnamigen Ortschaft. Dieser erste kurze Goldrausch verebbte binnen kürzester Zeit, da sich die Goldadern als wenig ergiebig und gewinnbringend erwiesen. Dennoch sicherte das wenige Gold, das in den umliegenden Minen weiterhin abgebaut wurde (später kam auch Eisen hinzu) der Ortschaft über viele Jahre eine relativ stabile Einwohnerzahl. Seitdem allerdings immer mehr Bergbaugesellschaften dazu überzugehen, ihre Arbeiter ein- und ausfliegen zu lassen, sinken die Einwohnerzahlen deutlich und schon heute wirkt die Ortschaft wie ausgestorben.

Gut zu wissen,...

- **i** Antares St, in der Gemeindeverwaltung, ⏲ Mo-Fr 8-16.30 h
- CP[1], H/M[2]
- *IGA*, Antares St, ⏲ Mo-Fr 8-18 h, Sa 8.30-17 h

Merredin, Kellerberrin & Cunderdin.

(2803, 817 & 716 Einw.) Drei Ortschaften im landschaftlich weniger bemerkenswerten Weizengürtel, die in erster Linie der Versorgung der umliegenden Farmen dienen. Die größte der Dreien ist Merredin, in der man vom Brot bis zum Traktor alles kaufen kann, wobei die Auswahl an

Traktoren bezeichnenderweise größer ist als die an Brot.

Heimatkunde wird in allen Dreien großgeschrieben, denn jedes Städtchen hat sein eigenes **Gemeindemuseum**, in dem schonungslos alles ausgestellt wird, was die kurze Pioniergeschichte hervorgebracht hat. In Cunderdin ist das Museum [*Cunderdin Municipal Museum*, Forrest St, 🕓 tägl. 10-16 h] in einer alten Pumpstation untergebracht, die einst Teil des *O`Connor Water Scheme* (▷ 220) war.

Gut zu wissen,...

Merredin: Barrack St, 🕓 Mo-Fr 10-16 h, Sa 10-14 h
Cunderdin: im Gemeindemuseum, 🕓 tägl. 10-16 h

Merredin: CP[1], H/M* / **Kellerberrin**: CP[1], H/M[1], S[1]
Cunderdin: CP[1]

Merredin: *IGA*, Barrack St, 🕓 Mo-Fr 8-18 h (Do -19 h), Sa 8-17 h

Das schwerste Umweltproblem des Südwestens ist die zunehmende **Bodenversalzung**/*salinity*. Schuld an der ökologischen Misere hat größtenteils die Landwirtschaft. Ihretwegen wurden bereits mehr als 175.000 km² Wald und Buschland gerodet, was zu einem folgenschweren Anstieg des Grundwasserspiegels geführt hat. Die ursprüngliche Flora hatte den Grundwasserspiegel durch optimale Nutzung des Grund- und Regenwassers jahrtausendelang niedrig gehalten. Der Jarrah (▷ 194) z. B. hat enorm lange Wurzeln entwickelt, mit denen er bis zu 40 m tief in das Erdreich vordringen kann. Andere heimische Pflanzen wie der Mulgabusch (▶ 146) sind derart gewachsen, dass Blätter und Zweige das wenige Regenwasser auffangen und zum Boden leiten, wo es von den Wurzeln aufgenommen wird. Das angebaute Getreide dagegen besitzt weder lange Wurzeln noch ist es in der Lage, das Regenwasser ähnlich effizient zu nutzen. Als Folge steigt das Grundwasser – in einigen Regionen bis zu 1 m pro Jahr.

Dieser unkontrollierte Anstieg wird zu einem

Tristes Weideland statt waldiges Buschland prägt regional das La schaftsbild. Für die Umwelt ein großes Problem, denn ohne die türliche Vegetationsdecke steigt der Grundwasserspiegel.

Problem, da sich zwischen dem Grundwasser und der Erdoberfläche eine extrem salzhaltige Schicht befindet. Sie entstand vor Millionen von Jahren aus salzhaltigem Dunst, der vom Ozean landeinwärts geweht wurde. Zwischen 20 und 120 kg Salz lagern durchschnittlich unter einem einzigen Quadratmeter Erde. Vielerorts hat das steigende Grundwasser diese salzhaltige Schicht erreicht, die Salze gelöst und sie bis an die Erdoberfläche getragen. Die Auswirkungen für die Natur sind verheerend. Schon heute sind über die Hälfte aller Frischwasserströme salzhaltig und zahlreiche Frischwasserseen haben sich in leblose Sümpfe verwandelt. Doch auch die Landwirtschaft bekommt nun die Quittung für ihren Raubbau, denn immer mehr Ackerflächen sind betroffen. Die einzige dauerhafte und wirksame Gegenmaßnahme ist offenbar eine umfangreiche Wiederaufforstung betroffener Gebiete. Seit den 1990er Jahren wurden bereits Millionen Bäume und Büsche gepflanzt, doch das Problem scheint trotzdem außer Kontrolle zu geraten.

Meckering. (158 Einw.) Da die meisten Erdbeben am Rand von tektonischen Platten auftreten und Australien in der Mitte einer solchen liegt, gilt der 5. Kontinent als einer der erdbebensichersten Kontinente der Welt. Umso erstaunlicher war die Schlagzeile auf der Titelseite der *West Australian* vom 16. Oktober 1968: »**WA**

vom Erdbeben erschüttert – Perth hart getroffen – Weizengürtel Ortschaft dem Erdboden gleich gemacht«. Die Ortschaft, von der die Rede war, heißt Meckering und das besagte Erdbeben war mit 6.9 auf der Richterskala das zweitstärkste, das Australien je erzittern ließ. (Das stärkste Beben mit 7.1 ereignete sich 1941 in einem unbewohnten Gebiet der Murchison Region). Meckering liegt auf einer sehr aktiven Störung, die sich von Geraldton im Norden bis zu den Stirling Range im Süden erstreckt und entlang der es immer wieder zu leichten Erdstößen und Beben kommt. Das letzte Beben der Stärke 4 trat erst im März 2003 auf, richtete allerdings keinen Schaden an. Ganz im Gegenteil zum Beben von 1968, das die Stadt fast völlig zerstörte und eine 37 km lange Verwerfungslinie hinterließ.

Heute erinnern nur noch Fotos und Schilder an das Ereignis, denn die Spuren der bis zu 1.5 m hoch aufgefalteten Verwerfungslinie sind längst beseitigt worden und die ohnehin nur wenigen Häuser wurden ein paar hundert Meter weiter westlich wiederaufgebaut. **Bilder des Erdbebens** sind in einem Informationspavillon gegenüber der Tankstelle ausgestellt [*Memorial Rose Garden*]. Noch mehr Fotos und Infos gibt es in der *Big Camera* [Great Eastern Hwy, 🕓 Fr-Di 10-17 h], einem Gebäude, das wie ein Fotoapparat aussieht und in dessen hinteren Räumen sich ein **kleines Kamera-Museum** befindet.

Gut zu wissen,...

beim Informationspavillon im *Memorial Rose Garden*, Great Eastern Hwy

York. (2015 Einw.) Mit seinen **liebevoll restaurierten Gebäuden** aus dem letzten und vorletzten Jahrhundert hat sich York zu einer kleinen Touristenattraktion mausern können. Die meisten der Häuser stehen entlang der kurzen, aber sehr **stilvollen Hauptstraße**, der Avon Terrace. Hier befindet sich auch das Prunkstück, das 1911 erbaute Rathaus, in dem heute das Touristenbüro seinen Sitz hat. Gleich daneben befindet sich das 1886 erbaute 2-stöckige *Imperial Hotel*, ein schmuckes Gebäude mit schmiedeeisernen Verzierungen, auf dessen gemütlicher Veranda noch heute Gäste bewirtet werden. Neben dem *Imperial Hotel* gibt es noch weitere **einladende Lokale**, so wie das im Hinterhof gelegene *Settlers House* [125 Avon Tce, 🕓 tägl. 10-16 h], in dem u. a. Devonshire Tea (▷ 14) serviert wird.

Das *Imperial Hotel* wirbt mit einem ansprechenden Ambiente um zahlungswillige Gäste.

Unter den historischen Gebäuden der Hauptstraße befindet sich auch der **Gerichtshof nebst Gefängnis** [*Old York Goal & Courthouse*, Avon Tce, 🕓 Mo-Fr 11-16 h, Sa So 10-16 h].

Im ältesten Gebäude der Ortschaft (erbaut ca. 1840) ist heute ein kleines **Gemeindemuseum** [*Residency Museum*, Brook St, 🕓 Di Mi Do 13-15 h, Sa So 11-15.30 h] untergebracht. Die beiden ältesten **Kirchen** sind die 1854 erbaute *Holy Trinity Church* [Pool St] und die 1886 erbaute *St. Patrick's Church* [South St].

Ein Juwel für Autoliebhaber ist das **Automobilmuseum** [*York Motor Museum*, 116 Avon Tce, 🕓 tägl. 9.30-16 h] mit seiner Sammlung historischer Schilder, Plakate, etc. und natürlich mit den herauspolierten Oldtimern.

Geschichte

Bereits kurz nach der Gründung der Swan River Kolonie im Jahre 1829 wuchs der Bedarf an fruchtbarem Land. Deshalb sandte man nur ein

Jahr später erste Expeditionstrupps in Richtung Osten aus. Dort, auf der anderen Seite der Darling Range stießen die Entdecker auf das fruchtbare Avon Valley. Der Anblick der sanften Hügel erinnerte sie an das heimische England, genauer gesagt an Yorkshire, nach dem sie diese Gegend benannten. Im November 1830 wurde das australische Yorkshire zum Siedlungsgebiet erklärt und die »Hauptstadt« erhielt den passenden Namen York. Heute schmückt sich die Ortschaft mit dem Titel »älteste Inlandsiedlung von WA« (▷ 102).
Weizen, Gerste und Schafe waren viele Jahre Yorks einziges wirtschaftliches Standbein. Der Tourismus kam erst in den 1970er Jahren hinzu, als man sich nach dem Erdbeben von 1968 entschloss, die teilweise stark zerstörten Gebäude wieder aufzubauen und sorgfältig zu restaurieren.

Gut zu wissen,...

York Town Hall, Avon Tce, tägl. 9-17 h

BB*, BP¹, CP¹, H/M*, S¹

IGA, Avon Tce, Mo-Fr 8-18 h, Sa 8.30-17 h

Corrigin. (724 Einw.) In der Gemeinde von Corrigin liegt buchstäblich der Hund begraben.

Ein würdiges Grab für den vierbeinigen Freund.

Es begann mit Paddys bestem Kumpel, seinem Hund Strike. Als dieser starb, bat Paddy die Gemeinde um ein Stück Land, um Strike würdig begraben zu können. Die Gemeinde stellte ihm daraufhin ein kleines Stück Land 5 km außerhalb der Ortschaft zur Verfügung. Das war Mitte der 1970er Jahre. Heute liegt Strike nicht mehr allein, denn inzwischen leisten ihm zahlreiche Hunde und sogar ein paar Katzen Gesellschaft. Der kleine **Hundefriedhof** [*Dog Cemetery*, Brookton Hwy, 5 km westlich des Ortes] hat sich zu Corrigins einziger touristischer Attraktion gemausert und wer ohnehin hier entlang fährt, kann einen Blick auf die liebevollen Gräber werfen.

Gut zu wissen,...

Lynch St, in der Gemeindeverwaltung, Mo-Fr 8.30-16.30 h

CP¹, H/M²

IGA, Campbell St, Mo-Fr 8-18 h, Sa 8.30-17 h

Hyden. (100 Einw.) Hyden hätte wohl niemals in einem Reiseführer Erwähnung gefunden, befände sich nicht 4 km östlich der Ortschaft der Hyden Rock mit seiner bekannten »steinernen Welle« namens Wave Rock. Unter der Hand voll Häuser weist lediglich das Motel daraufhin, dass sich ab und zu auch Touristen hierher verirren.

Gut zu wissen,...

H/M¹, S¹

Eziway, Marshal St, Mo-Fr 8-18 h, Sa 8-13 h

Wave Rock. Wave Rock (▶ 124) sieht aus wie eine gigantische Welle, die kurz vor dem Brechen zu Granit (▷ 213) erstarrt ist. Die »**versteinerte Welle**« ist eine der meist fotografierten Felsformationen in WA. Was die üblichen Standardaufnahmen jedoch nicht verraten, ist, dass die Welle nur ein winziger Teil eines ansonsten kaum

: Felswand Wave Rock ist ca. 15 m hoch und 80 m breit.

bemerkenswerten Granitberges ist, des Hyden Rock. Hyden Rock ist flach und großflächig wie ein Kuhfladen. Er besteht aus drei miteinander verbundenen Kuppen, von denen die höchste lediglich 60 m aus der Landschaft emporragt. Bis auf ein paar grüne Bauminseln ist der Berg vollständig unbewachsen. Umgeben wird er von einem schmalen Streifen Buschland, in dem filigrane Kasuarinen dominieren. Seine Entstehungsgeschichte begann vor 2.64 Mrd. Jahren tief unter der Erde in einer Granitschmelze. Seit ungefähr 60 Mio. Jahren liegt der Berg frei und ist der Erosion ausgesetzt. Dies gab der Erosion genügend Zeit außer der bekannten Welle noch ein paar weitere, nicht ganz so aufregende Formationen zu erschaffen, darunter ein paar kleinere Granitwellen, The Breakers genannt [ca. 400 m westlich von Wave Rock], und Hippo´s Yawn [ca. 700 m östlich von Wave Rock], ein ausgehöhlter Felsen, der nur mit sehr, sehr viel Fantasie an ein gähnendes Flusspferd erinnert (*yawn*/gähnen, *hippopotamus*/Flusspferd).

Gleich westlich der Welle befindet sich ein **Wasserreservoir**, das 1928 erbaut wurde und bis heute die Ortschaft Hyden mit Wasser versorgt. Die kleine, unschöne Mauer, die auch oberhalb des Wave Rock verläuft, dient zum Auffangen und Weiterleiten des Regenwassers in das Reservoir.

Der einzige **offizielle Wanderweg**, der schattenlose *Wave Rock Walk Circuit* [3.6 km ↺, Beginn am Wave Rock Parkplatz], führt nicht, wie der Name vermuten lässt, um den Berg herum, sondern von ihm weg in Richtung *Wave Rock Resort*. Das über die Hälfte des Weges direkt an der Straße entlang führt, macht ihn auch nicht gerade attraktiver... Die weiteren Erkundungsmöglichkeiten beschränken sich auf das eigenmächtige Herumstreunen rund um und auf dem Fels. So bietet der Gipfel des Hyden Rock trotz seiner geringen Höhe einen guten Weitblick und ist ein populärer Platz für den **Sonnenuntergang** und zum **Sterne gucken** (▷ 112). Wave Rock ist bei Mondschein und im Strahl der Taschenlampe ebenfalls sehr atmosphärisch. Nach sonnigen Tagen gibt der aufgeheizte Fels in den Abendstunden eine wohlige Wärme ab, ganz so wie ein Heizstrahler.

Der Nachteil des Wave Rock ist seine ungünstige Lage, fern ab der Hauptreiserouten inmitten von nur wenig abwechslungsreichem Farmland – also ein langer Anfahrtsweg für das obligatorische Urlaubsfoto. Etwas befremdlich ist auch, dass der bedeutende Fels nicht in einem offiziellen Schutzgebiet, sondern auf Privatland liegt und ein **Eintrittsgeld** verlangt wird [$7 pro Fahrzeug, zu lösen an der Ticketmaschine am Parkplatz]. Dieses ist zwar nicht hoch, kommt aber, im Gegensatz zum Eintritt in einen Nationalpark, nicht unbedingt der Natur zu Gute. Wer vor Ort auf dem **Campingplatz** [*Wave Rock Caravan Park*, Tel. 9880 5022, www.waverock.com.au] übernachtet, spart den Eintritt, da dieser durch die Campgebühren abgedeckt ist. Weitere **Unterkünfte** bieten das 2 km entfernt gelegene *Wave Rock Resort* und das *Wave Rock Motel* in Hyden.

Im Souvenirgeschäft *Wildflower Shoppe* (gegenüber dem Campingplatz) befindet sich ein privates **Touristenbüro** [🕓 tägl. 9-18 h] und dahinter liegt ein eher trostloses **Wildgehege** mit Emus und Kängurus [*Wildlife Park*, 🕓 tägl. 9-18 h].

Streckenabschnitt Süd 7 Nullarbor Plain

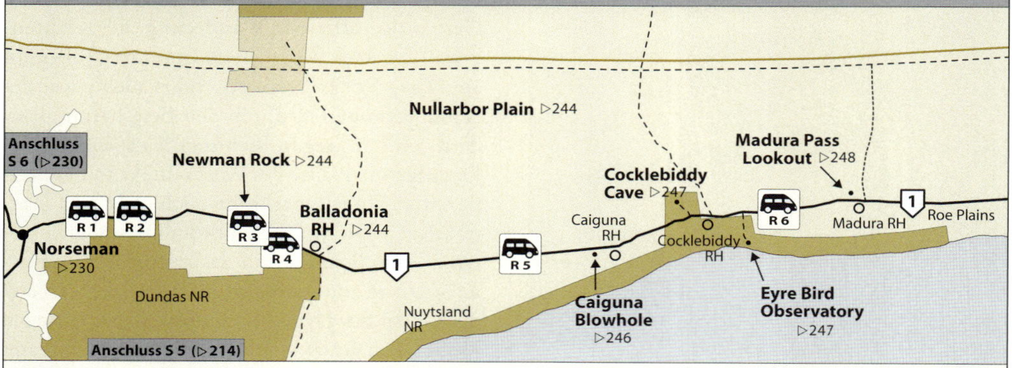

○ Roadhouses von West nach Ost

Balladonia RH [🕓 6-21.30 h, 191 km östlich von Norseman] - ▷244
Caiguna RH [🕓 24 h, 183 km östlich des Balladonia RH] - Modernes, schlichtes Roadhouse im Mallee-Buschland - nicht ganz so ansprechend wie Balladonia, aber einladender als Cocklebiddy.
Cocklebiddy RH [🕓 6.30-19 h, 64 km östlich des Caiguna RH] - Einfaches Roadhouse in der baumlosen Ebene mit schattenloser, (oft) windgepeitschter Stellfläche für Camper.
Madura RH [🕓 6.30-21 h, 83 km östlich des Cocklebiddy RH] - Der kleine Gebäudekomplex liegt auf der Zufahrt zum Madura Pass im schattigen Buschland.
Mundrabilla RH [🕓 6-22 h, 113 km östlich des Madura RH] - Ein kleines, schlichtes Roadhouse inmitten der flachen, überwiegend schattenlosen Ebene. Es steht zusammen mit dem Eucla RH im Ruf das billigste Benzin auf der Nullarbor anzubieten.
Eucla RH [🕓 6-22 h, 62 km östlich des Mundrabilla RH] - ▷248
Border Village [🕓 24 h, 12 km östlich von Eucla] - Border Village hält nur zum Teil was der Name verspricht. Es liegt tatsächlich direkt auf der Grenze/*border*, doch handelt es sich nicht um eine Ortschaft/*village*, sondern lediglich um ein modernes Roadhouse (mit öffentlichem Internetzugang). Hauptattraktion ist ein Schilderbaum mit Entfernungsangaben zu Städten in der ganzen Welt. Nach Berlin sind es 16.025 km.
Nullarbor RH [🕓 7-22 h, 174 km östlich von Border Village] - Das einfache Roadhouse liegt inmitten der baumlosen Ebene und ist sehr dem Wind ausgesetzt. Camper müssen sich mit einer staubigen, von drei Bäumen begrünten Fläche begnügen. Vom angeschlossenen Flugplatz starten Rundflüge zu den und über die Bunda Cliffs sowie Walbeobachtungsflüge.
Nundroo RH [🕓 7.30-23 h, 146 km östlich des Nullarbor RH] - Das schlichte, etwas lieblos wirkende Roadhouse liegt inmitten von Farmland, das von nun an die Landschaft Richtung Osten bestimmt.

Alle **Roadhouses** bieten (wenn nicht anders beschrieben) Motelunterkünfte, Stellplätze für Camper sowie Bar, Take Away und Restaurant. Die Öffnungszeiten der Roadhouses, die nicht 24 h geöffnet haben, variieren saisonal.

Neben den erwähnten Rastplätzen gibt es noch eine Vielzahl weiterer Parkplätze, die sich ebenfalls zum Übernachten eignen. Einige davon sind allerdings in der Hauptreisesaison sehr überlaufen und müllig. Wer es einsamer und sauberer bevorzugt, findet zahlreiche individuelle **Buschcamps** entlang der vielen Pisten, die vom Highway abzweigen.

Außerdem gibt es fünf mit einem Kamerasymbol ausgeschilderte Parkplätze, die als **Aussichtspunkte** dienen [jeweils 12, 16, 41, 75 und 132 km östlich von Border Village]. Alle sind schattenlos (nur Parkplatz Nr. 3 bietet einen überdachten Picknickplatz) und liegen direkt am Rand der Bunda Cliffs mit einer mehr oder weniger guten Weitsicht.

Wassertanks

144 km östlich des Balladonia RH
3 km westlich des Mundrabilla RH
71 km östlich des Nullarbor RH

Nottelefone

110 km östlich von Norseman
50 & 110 km östlich des Balladonia RH
44 km östlich des Cocklebiddy RH
47 km östlich des Madura RH
133 km östlich von Border Village
59 km östlich des Nullarbor RH

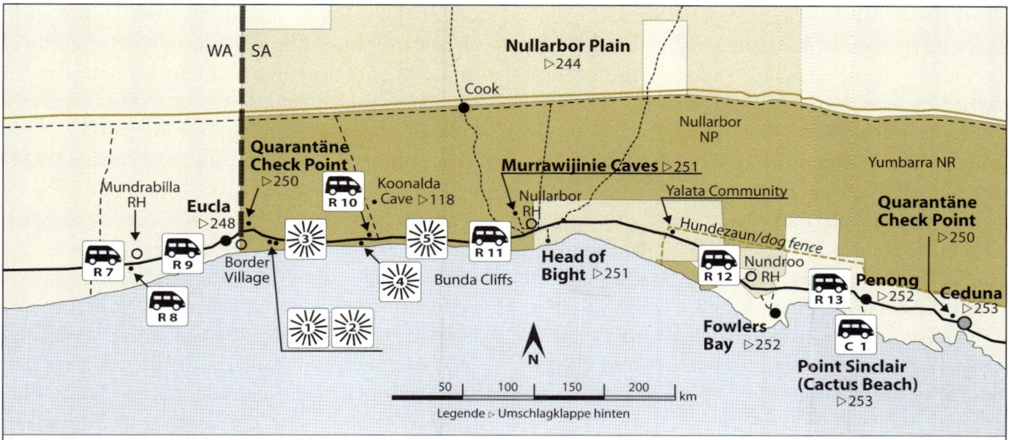

Rastplätze ▷ **41**

1 ***Ten Mile Rocks Rest Area*** [80 km östlich von Norseman, nördliche Seite des Highways, offizieller 24 h Rastplatz] - Großes, verzweigtes Areal im waldigen Eukalyptus-Buschland.
2 ***Dundas Rest Area*** [83 km östlich von Norseman, südliche Seite des Highways, offizieller 24 h Rastplatz] - Relativ kleines Areal zwischen Highway und Salzsee mit einigen leicht beschatteten Seeblick-Stellplätzen.
3 ***Rest Area*** am Newman Rock ▷244
4 ***Rest Area*** [165 östlich von Norseman, nördliche Seite des Highways] - ähnlich wie *Rest Area* 1
5 ***Baxter Rest Area*** [115 km östlich des Balladonia RH, südliche Seite des Highways, offizieller 24 h Rastplatz] - Weitläufiges Areal inmitten der fast baumlosen Ebene mit vielen individuellen Stellplätzen, allerdings mit nur wenig Schatten.
6 ***Rest Area*** [44 km östlich des Cocklebiddy RH, südliche Seite des Highways] - Verzweigtes, weit ins Buschland hineinreichendes Areal untergliedert durch zahlreiche Mallee-Bauminseln.
7 ***Rest Area*** [103 km östlich des Madura RH, nördliche Seite des Highways] - Schönes, weit ins Buschland hineinreichendes Areal mit vielen individuellen, teils schattigen Stellplätzen.
8 ***Rest Area*** [3 km westlich des Mundrabilla RH, südliche Seite des Highways] - Kleiner 500 m vom Highway entfernt gelegener Platz inmitten der meist windgepeitschten Ebene. Den einzigen Schatten spendet ein riesiger Wellblechunterstand unter dem zwei große Wassertanks stehen und mehrere Fahrzeuge parken können.
9 ***Rest Area*** [29 km östlich des Mundrabilla RH, südliche Seite des Highways] - ähnlich wie *Rest Area* 7
10 ***Rest Area*** [80 km östlich von Border Village, nördliche Seite des Highways, nur von Westen kommend ausgeschildert!] - Sehr großes, verzweigtes Areal mit individuellen Stellplätzen, größtenteils windgeschützt, aber kaum Schatten.
11 ***Rest Area*** [155 km östlich von Border Village, nördliche Seite des Highways, nur von Westen kommend ausgeschildert] - ähnlich wie *Rest Area* 9
12 ***Rest Area*** [127 km östlich des Nullarbor RH, südliche Seite des Highways] - Weitläufiges Areal zwischen Highway und Farmland mit vielen individuellen, teils schattigen Stellplätzen.
13 ***Rest Area*** [63 km östlich des Nundroo RH, nördliche Seite des Highways, nur von Westen kommend ausgeschildert! Von Osten ist ein kleinerer Platz 2 km östlich ausgeschildert] - ähnlich wie *Rest Area* 11

Campsites außerhalb der Nationalparks

1 ***Point Sinclair Camping Ground*** [Eyre Hwy > am westlichen Ortsrand von Penong dem mit POINT SINCLAIR ausgeschilderten Abzweig folgen > weitere ca. 18 km bis zur Campsite] - Die private Campsite liegt inmitten schattenloser Küstenvegetation direkt am Meer, aber hinter einer Düne und somit ohne Meeresblick. Sie wird vor allem von Surfern frequentiert und besitzt mit ihren gemeinsamen Lagerfeuerplätzen, den äußerst löchrig ummauerten Außenduschen und den mehr als einfachen Toiletten (bestehend aus einer Klobrille mit eingehängter Tüte) etwas Kommunen-Charakter.

$

Newman Rock. Ca. 50 km westlich von Balladonia, fast auf dem Scheitelpunkt einer Anhöhe befindet sich ein einfacher Parkplatz mit großartiger Sicht auf den sich gen Osten bis zum Horizont erstreckenden Eyre Highway. Schräg gegenüber zweigt eine mit NEWMAN ROCK ausgeschilderte Piste in Richtung Norden zu einem netten Picknickplatz ab. Bereits nach 600 m passiert man rechter Hand einen kleinen Parkplatz mit guten **Campmöglichkeiten**. Nach weiteren 400 m endet die Piste vor einem nackten, flachen Felsrücken, der einen hübschen Weitblick bietet und von dem aus man gut das umliegende Buschland erforschen kann.

Balladonia Roadhouse. Im Jahre 1979 schaute die ganze Welt für einen kurzen Augenblick auf das versteckt im Buschland liegende Balladonia Roadhouse [🕔 tägl. 6-21.30 h, BP, CP, H/M]. Es war das Jahr, in dem die bereits verlassene amerikanische **Raumstation Skylab** ihre angeblich stabile Umlaufbahn verließ und auf die Erde stürzte. Ein großer Teil der Station verbrannte beim Wiedereintritt in die Atmosphäre, der Rest regnete in vielen Einzelstücken zwischen Balladonia und Esperance herab. Einen Tag später, so heißt es, rief der damalige US Präsident Jimmy Carter im Roadhouse an und entschuldigte sich für die Unannehmlichkeiten. Mehr Informationen über dieses Ereignis plus Wissenswertes über die Umgebung bietet ein kleiner, liebevoll hergerichteter **Ausstellungsraum** im Roadhouse.

Nullarbor Plain. Die Nullarbor (▶ 125) zu durchqueren/*crossing the Nullarbor* ist in jeder Hinsicht ein außergewöhnliches Erlebnis. Die einen finden es **außergewöhnlich langweilig** und schaffen die 1200 km lange Strecke in zwei Tagen; die anderen finden es **außergewöhnlich interessant** und verbringen hier eine ganze Woche. Zugegeben, auf den ersten Blick bietet die Nullarbor Plain nicht viel Spektakuläres. Wie ein endloser Asphaltteppich entrollt sich der Eyre Highway bis zum Horizont. Das Land links und rechts des Asphalts ist flach und bar jeder landschaftlichen Attraktion. Die Vegetation scheint eintönig und macht streckenweise ihrem Namen, der aus dem lateinischen abgeleitet ist (*nullius arbor* = kein Baum) alle Ehre. Im Sommer, wenn Temperaturen zwischen 30°C und 40°C keine Seltenheit sind, flimmert der Asphalt und der fehlende Schatten zwingt den Reisenden zur Weiterfahrt. Egal ob Sommer oder Winter, regnen tut es nur selten. Selbst die Aborigines besiedelten dieses Gebiet nur spärlich und gaben der Nullarbor den Namen »Oondiri«, der »die Wasserlose« bedeutet. Und doch zieht die Nullarbor Plain mit ihrer kargen Schönheit viele Reisende in ihren Bann. Nirgendwo sonst scheint die Weite und Einsamkeit des 5. Kontinents greifbarer und das Gefühl fern ab jeder Zivilisation zu sein stärker als auf den endlosen Ebenen der Nullarbor. Sogar die **baumlosen Weiten** sind nicht ohne Reiz. Kein Baum versperrt den Blick auf die am Horizont versinkende Sonne; kein Strauch trübt den nächtlichen 360° Blick auf den **atemberaubenden Sternhimmel** der Südhalbkugel (▷ 112).

Auch in geologischer Hinsicht ist die Nullarbor Plain bemerkenswert, denn es handelt sich um den **größten Kalksteinblock der Welt**. Er entstand vor rund 50 Mio. Jahren aus den Kalkskeletten abgestorbener Meerestiere und erstreckt sich über knapp 250.000 km² (was in Größe etwa der alten Bundesrepublik entspricht). Während

Zwischen Balladonia und Caiguna geht´s immer geradeaus...

der letzten 10 Mio. Jahre, die der Gesteinsblock der Erosion ausgesetzt war, haben heftige Regengüsse (zu Zeiten, als das Klima noch feuchter war) den einst massiven Block bearbeitet und **weit verzweigte Höhlensysteme** mit kilometerlangen Wegenetzen und gigantischen Seen geschaffen. Über 20 dieser unterirdischen Systeme sind bereits erforscht. Viele davon entpuppten sich als wertvolle archäologische Fundgruben, in denen man neben zahlreichen Skeletten der urzeitlichen Megafauna (▷ 48) auch ein 21.000 Jahre altes »Fingerrillengemälde« (▷ 118) von Aborigines fand. Keine der Höhlen ist für den Tourismus erschlossen und so bleibt ihre Erforschung nur voll ausgerüsteten Profis vorbehalten. Was dem Normalsterblichen bleibt, ist der Blick in die finsteren Einstiegslöcher der Unterwelt wie z. B. in das der Cocklebiddy Cave (▷ 247) oder der Murrawijinie Caves (▷ 251).

Zum Meer hin wird der Kalksteinblock von einer senkrechten, bis zu 90 m hohen Klippenwand begrenzt, den **Bunda Cliffs** (▶ 125). Die **gewaltige »Bruchkante«** erstreckt sich über 200 km von Eucla bis zur Head of Bight. Neben einigen nicht ausgeschilderten Pisten, die zum Klippenrand führen, gibt es fünf mit Kamerasymbol ausgeschilderte Parkplätze, von denen man eine hervorragende Sicht genießt. Alle fünf sind gute Beobachtungspunkte für Delfine und Wale (▷ 201).

Gut zu wissen,...

...dass es zwischen Ceduna und Norseman **keine Ortschaften** und somit auch **keine nennenswerten Einkaufsmöglichkeiten** gibt. Sämtliche Punkte auf der Landkarte sind Roadhouses (▷ 109). Dort bekommt man zwar auf Anfrage Grundnahrungsmittel, so wie tiefgefrorenes Brot, Milch oder Käse, allerdings sehr viel teurer als im Supermarkt und auch nur, wenn gerade genügend vorrätig sind. Einige Roadhouses wie Eucla oder Balladonia führen darüber hinaus ein kleines Sortiment anderer Lebens- und Bedarfsmittel, jedoch ebenfalls zu stolzen Preisen.

...dass **Benzin** auf der Nullarbor teuer ist. Einzige Ausnahmen sind die beiden mittleren Roadhouses Eucla und Mundrabilla, die beide um den Ruf »der billigsten Tankstelle« wetteifern. Doch auch hier kostet das Benzin ca. 20 c mehr als in Norseman oder Ceduna. Am teuersten (ca. weitere 20 c) ist meist das Balladonia Roadhouse.

...dass man bei einer Nullarbor Durchquerung zwei **Zeitzonen** passiert. Nach Osten Reisende müssen ihre Uhren in Caiguna und Border Village jeweils um 45 min vorstellen bzw. nach Westen Reisende zurückstellen. Da WA im Gegensatz zu SA nicht an der Sommerzeitumstellung/*daylight saving* teilnimmt, kann es zu einer weiteren Stunde Zeitverschiebung kommen.

...dass man bei der Einreise von WA nach SA oder umgekehrt **Quarantänekontrollen** passiert (▷ 250).

...dass **Wasser** auf der Nullarbor kostbar ist. Bei fast allen Roadhouses darf man, wenn überhaupt, nur auf Anfrage seine Wasserkanister auffüllen. Am freizügigsten (zumindest mit leicht salzhaltigem Brauchwasser) ist Eucla, auf dessen Campingplatz es sogar eine kleine Waschküche gibt. Außerdem gibt es auf insgesamt drei Rastplätzen **Wassertanks** (▷ 242).

...dass entlang des Eyre Highway sieben **Nottelefone** stehen (▷ 242).

Der urige **Tannenzapfenskink**/*shingleback* (▶ 139 / auch *bobtail*) ist einer von sechs **Blauzungenskinkarten** Australiens. Er wird durchschnittlich 28 cm groß und besitzt einen flachen, gedrungenen Körper. Zwei deutliche Erkennungsmerkmale sind sein kurzer, stumpenförmiger Schwanz und seine auffällig großen Schuppen. Es gibt vier Unterarten, deren Farbe, je nach Art, von Dunkelbraun über Rotbraun bis hin zu punktuellen orangefarbenen Einfärbungen variiert. Der Tannenzapfenskink ist wie alle Blauzungenskinks völlig harmlos, auch wenn seine imposante Drohgebärde anderes vermuten lässt. Mit offenem Maul und weit hervorgestreckter Zunge stellt er sich dem potentiellen Angreifer oder dem neugierigen

Beim Überqueren von Pisten oder dem Sonnenbaden auf Asphaltstraßen hilft dem Tannenzapfenskink seine Drohgebärde nur wenig, weshalb man als Autofahrer stets ein besonders wachsames Auge auf die Straße richten sollte.

Betrachter entgegen.
Vorkommen (*Tiliqua rugosa*): auf der südlichen Kontinenthälfte, mit Ausnahme einiger Trockenzonen, der Ostküste und TAS

Caiguna Blowhole. 5 km westlich von Caiguna direkt am Eyre Highway liegt das Caiguna Blowhole. Das ca. 1 m² große Loch ist Teil eines Höhlen-Atmungssystems. Jede Höhle atmet, um ihren Luftdruck dem äußeren anzupassen. Fällt der Luftdruck draußen, atmet die Höhle aus; steigt er, atmet die Höhle ein. Untersuchungen ergaben, dass aus bislang unbekannten Gründen die Höhlen der Nullarbor besonders kraftvoll atmen und an einigen **Atmungslöchern** wurden Windgeschwindigkeiten bis zu 124 km/h gemessen. Das Caiguna Atmungsloch gehört jedoch nicht dazu. Ganz im Gegenteil, es scheint eher an chronischer Atemnot zu leiden...

Der erste Weiße, der die Nullarbor Plain durchquerte, war der englische Entdecker **Edward John Eyre** (1815-1901). Als er 1840 in Adelaide aufbrach, war der größte Teil des Kontinents immer noch unerforscht und niemand – außer den Aborigines – wusste, was im Inneren des Landes lag. Deshalb hielten sich beharrlich Gerüchte von einem riesigen Inlandsee und fruchtbaren Ebenen, denen Eyre auf den Grund gehen wollte. Außerdem hatte er sich zum Ziel gesetzt, eine Landverbindung zwischen Ost und West zu erforschen, denn bislang war WA nur über See erreichbar.
Nachdem Eyre mehrere Monate vergeblich die von Salzseen durchzogene Region nördlich der Flinders Range zu durchqueren versucht hatte, wandte er sich gen Westen in der Hoffnung, eine gute Landroute entlang der Great Australian Bight zu finden. Von Streaky Bay unternahm er mehrere Vorstöße in die karge Nullarbor Plain, auf denen er bereits erkannte, dass das Land jenseits der Great Australian Bight aus keiner fruchtbaren Seenlandschaft bestand. Dennoch beschloss Eyre, seinen Weg nach Westen fortzusetzen. Da jedoch Nahrung und Wasser immer knapper wurden, schickte er einen Teil der Mannschaft zurück. Nur sein langjähriger Freund John Baxter und drei aboriginal Führer begleiteten ihn. Zwei der Aborigines, Joey und Yarry, kamen aus NSW und der dritte, Wylie, war in der Region um Albany (WA) zu Hause. Wylie hatte Eyre schon auf mehreren Viehtrieben begleitet und war auf Wunsch Eyres extra mit dem Schiff angereist, um an der Expedition teilzunehmen.
Am 24. Februar 1841 verließen die Fünf ihr Camp bei Fowlers Bay. Die vor ihnen liegenden 1400 km bis Albany, der ersten Siedlung im Westen, erwiesen sich als schier endlose Qual. Das Land war noch unwirtlicher als befürchtet und der kräftezehrende Marsch versetzte Geist und Körper in einen Zustand lähmender Erschöpfung. Gezeichnet von Hunger und Durst legten sie trotzdem rund 40 km am Tag zurück.
Am Abend des 29. April überschattete ein schwerer Schicksalsschlag die Expedition. Während Eyre bei den ausgemergelten Pferden Wache hielt, hörte er plötzlich einen Schuss. Es stellte sich heraus, dass Baxter die beiden Aborigines Joey und Yarry beim Plündern der Vorräte überrascht hatte und von ihnen tödlich verwundet worden war. Die geflohenen Täter hatten Gewehre und einen Teil der letzten Lebensmittel mitgenommen.

Am nächsten Morgen wickelten Eyre und Wylie den toten Baxter in eine Decke und ließen ihn auf dem für eine ordentliche Beerdigung zu harten Boden liegen. »Für einen Moment«, schrieb John Eyre verzweifelt in sein Tagebuch, »war ich versucht zu wünschen, es wäre mein und nicht sein Schicksal gewesen«.
Erst nachdem sie das westliche Ende der Great Australian Bight passiert hatten, wandte sich das Blatt zum Besseren. Landschaft und Klima änderten sich. Das erste Mal seit Monaten fanden sie ausreichend Wasser und machten erfolgreich Jagd auf Kängurus. Der 2. Juni hielt eine ganz besondere Überraschung für die beiden bereit. Vor der Küste ankerte das französische Walfangschiff *Mississippi*. Der Kapitän war ein Amerikaner namens Rossiter, der die beiden herzlich empfing und zwei Wochen lang verwöhnte. Statt jedoch das Angebot des Kapitäns anzunehmen, bis Albany an Bord zu bleiben, entschied Eyre, auch die letzten 500 km zu Fuß zu bestreiten. Als die beiden am 7. Juli schließlich Albany erreichten, hatte kaum jemand mehr mit ihrer Ankunft gerechnet.

Cocklebiddy Cave. Das Einstiegsloch der Cocklebiddy Cave befindet sich in einer ca. 200 m langen, 100 m breiten und 50 m tiefen Senke, einer so genannten Doline, die inmitten einer baumlosen Ebene liegt. **Dolinen** entstehen durch säurehaltiges Regenwasser, das Spalten in den Kalkstein frisst, die sich im Laufe der Zeit zu trichterförmigen Vertiefungen erweitern. Die Doline der Cocklebiddy Cave »funktioniert« wie eine Badewanne. Auf der einen Seite läuft das Wasser nach Regenfällen über ein kleines Bachbett in die wannenförmige Vertiefung ein und auf der gegenüberliegenden Seite des schräg nach unten abfallenden Wannenbodens verschwindet es wieder in einem 25 x 15 m großen Abflussloch, dem Eingang zur Höhle. Hier hängt eine kurze Leiter, über die man in die Unterwelt hinabsteigen kann bzw. konnte, denn im Januar 2007 wurde der Eingang wegen instabiler Felsen bis auf weiteres geschlossen. Berühmt ist die Cocklebiddy Cave für ihr 6 km langes Wegenetz und ihre großen, unterirdischen Seen.

Das Einstiegsloch der Cocklebiddy Cave ist ein wichtiges »Atmungsorgan« (▷ 246). Wer das Glück hat, die Höhle beim Ausatmen zu erleben, dem weht ein kühler, moderiger Luftstrom entgegen, der ahnen lässt, wie es unten aussieht.

Anfahrt: Knapp 12 km westlich des Cocklebiddy Roadhouse befindet sich ein kleiner Parkplatz auf der nördlichen Seite des Highways, von dem eine Piste in Richtung Norden abzweigt. Nach 300 m steht ein Schild NUYTSLAND NATURE RESERVE mit einem Höhlensymbol. Die Piste ist sehr steinig und nach Regenfällen so schlammig, dass sie zumindest für 2WDs unpassierbar wird. Ansonsten ist die Piste durchaus 2WD tauglich – allerdings sollte man für die 10 km zwischen 30 bis 45 min einplanen. Die Piste verzweigt sich mehrfach, doch alle Wege führen zur Höhle.

Eyre Bird Observatory / NUR 4WD. Die im Nuytsland Nature Reserve liegende Vogelwarte ist von urwüchsigem Buschland umgeben. Über **240 Vogelarten** wurden hier gesichtet, darunter Inkakakadus/*Major Mitchell's cockatoos*, Rotrückenflöter/*chestnut quail-thrushs*, Malleé-Scheindrosseln und das seltene Thermometerhuhn (▷ 212).
Die in einer 1897 erbauten Telegraphenstation untergebrachte Warte wurde 1977 gegründet und ist seitdem permanent besetzt. Besuchern stehen Übernachtungsmöglichkeiten im Haus zur Verfügung [$90 Erw. / $45 Kind], Campmöglichkeiten

bestehen keine. Vorbuchen ist ratsam [Tel. (08) 9039 3450 oder unter eyrebirdobs@bigpond.com]. Für Tagesbesucher wird eine Eintrittsgebühr [$10 pro Fahrzeug] erhoben. Um vorherige Anmeldung wird gebeten. Dies gilt auch für Tagesbesucher.
Anfahrt: 17 km östlich des Cocklebiddy Roadhouse führt ein 35 km langer Abzweig zur Vogelwarte, wobei die letzten 12 km ausschließlich mit einem 4WD zu bewältigen sind.

Madura Pass Lookout. 2 km westlich des Madura Roadhouse am Rande eines Steilhangs liegt ein mit LOOKOUT ausgeschilderter Parkplatz. Von hier hat man **einen fantastischen Weitblick** über die Roe Plains, eine weite Ebene, die sich bis nach Eucla erstreckt und mit schirmförmigen Myall-Akazien/*western myall* bespickt ist.
Gleich hinter der Einfahrt zum Parkplatz gabelt sich die Piste, rechts geht es zum offiziellen Aussichtspunkt und geradeaus gelangt man nach ca. 1.2 km zu mehreren ebenfalls blickreichen, aber weitgehend schattenlosen **Picknickplätzen** oberhalb der Steilklippe. Nach weiteren ca. 1.2 km kommt man an eine kleine Kreuzung, an der man rechts der (ab hier) asphaltierten Straße zurück zum Highway folgt (weitere 800 m). Die Straße endet genau gegenüber der östlichen Einfahrt zum Madura Roadhouse.

Ca. 100 km nördlich des Mundrabilla Roadhouse schlug vor Tausenden von Jahren ein gigantischer Meteorit ein. Bei seinem Aufprall zersplitterte der überwiegend aus Eisen und Nickel bestehende Brocken in unzählige Stücke, von denen das größte gefundene Teilstück stolze 11 t wog. Es ging unter dem Namen *Mundrabilla Meteorite* als der **größte Meteorit Australiens** in die Geschichtsbücher ein. Sein Alter wird auf 4.6 Mio. Jahre geschätzt.
Meteoriten/*meteorites* sind die Überreste von kleinen Himmelskörpern, Meteoriden/*meteoroids* genannt, bei denen es sich wiederum meist um Trümmerreste von Asteroiden oder manchmal auch um Gesteinsbrocken vom Mond oder Mars handelt. Wie alle Himmelskörper in unserem Sonnensystem kreisen Meteoriden auf einer festen Umlaufbahn um die Sonne. Wird ein Meteorid aus seiner Bahn geworfen und gerät in das Gravitationsfeld der Erde, dringt er mit Geschwindigkeiten von bis zu 250.000 km/h in die Erdatmosphäre ein. Durch die dabei entstehende hohe atmosphärische Reibung verdampfen die meisten Meteroiden, wobei sie, je nach Größe und Gewicht, einen mal mehr oder weniger deutlichen Lichtschweif am Himmel hinterlassen. Dieses Phänomen wird als Meteor bezeichnet, im Volksmund besser unter dem Namen **Sternschnuppe/***falling star* (auch *shooting star*) bekannt. Verdampft ein Meteorid nicht vollständig, sondern erreicht die Erdoberfläche, spricht man von einem Meteorit. Rund 20.000 Meteoriten prasseln jährlich auf die Erdoberfläche, gefunden werden allerdings nur durchschnittlich fünf bis zehn. Große Fundstücke wie der *Mundrabilla Meteorite* sind extrem selten. Noch seltener ist der Absturz eines Riesenmeteoriten, der sich durch die Wucht des Aufpralls tief in die Erde bohrt und einen großen Krater hinterlässt, wie z. B. den Wolfe Creek Crater (▷ 350) im Norden von WA.

Eucla. (60 Einw.) Eucla ist der einzige Punkt auf der westaustralischen Seite der Nullarbor, hinter dem sich mehr als nur ein Roadhouse versteckt. Neben diesem gibt es noch eine Hand voll Häuser, die die Hoffnung auf einen Supermarkt oder ein Geschäft wecken könnten – doch die Hoffnung ist vergebens. Alles was man findet, sind ein paar Wohnhäuser, eine Polizeistation, eine Ambulanz, eine zu besichtigende Wetterstation [*Bureau of Meteorology*, 🕓 tägl. 10-13.30 h] und natürlich das Roadhouse. Dies allerdings steht im Ruf das **beste Roadhouse auf der ganzen Nullarbor Plain** zu sein. Insbesondere der Campingplatz ist bei Reisenden wegen seiner sauberen sanitären Anlagen beliebt. Darüber hinaus bietet er sogar eine Waschküche, in der man seine **Wasservorräte auffüllen** kann – allerdings handelt es sich bei dem Wasser um nicht allzu schmackhaftes, leicht salzhaltiges Brauchwasser. Trinkwasser erhält man nur aus den Handwaschbecken der Dusch- und Toilettenräume. Obwohl der Campingplatz direkt am Rand eines Steilhanges liegt, genießen nur wenige Stellplätze einen freien Blick auf die Ebene und den 4 km entfernt liegenden Ozean.

Versteinerte Pflanzenwurzeln gehören zu den Attraktionen einer »Wüstendurchquerung«.

Schräg gegenüber dem Hauptgebäude befindet sich ein kleiner **Ausstellungsraum** [🕓 tägl. 8-18 h] mit geschichtlichen Informationen über das »alte« Eucla und ein paar rostigen Fundstücken aus den Dünen.

Der **aktuelle Wetterbericht**, frisch von der Wetterstation, hängt im Roadhouse gleich rechts am Eingang zum Take Away.

Nicht fehlen darf ein **Gedenkstein** für den berühmtesten Nullarbor Durchquerer Edward John Eyre (▷ 246), der hier im Jahre 1841 auf seiner epischen Expedition vorbeizog. Das *John Eyre Memorial* befindet sich neben dem Campingplatz an der Straße zum alten Eucla und bietet einen fantastischen Weitblick über die Ebene.

Folgt man der zunächst asphaltierten Straße (später Piste) am Gedenkstein vorbei Richtung Meer, gelangt man nach ca. 4 km zu einem Sanddünenfeld, aus dem die **historischen Ruinen** der alten Telegraphenstation/*The Old Telegraph Station* herausragen. Wer von den Ruinen aus gradlinig Richtung Meer wandert, gelangt nach ca. 1.5 km [→] zu einem schneeweißen Strand. Hier stehen die ausgeblichenen Überreste eines Piers (▶ 125), meist bevölkert von zahlreichen Kräuselscharben (▶ 140). Genießer von **einsamen Strandspaziergängen** haben hier Gelegenheit sich ausgiebig die Beine zu vertreten. Obwohl der weiße Sandstrand oft von Seegras bedeckt wird, tut dies der wilden Schönheit des Gebietes keinen Abbruch. Besonders empfehlenswert ist die Wanderung Richtung Osten, wo sich in der Ferne die Sanddünen an den Bunda Cliffs emporarbeiten. Wüstenfans haben die Alternative durch das Sanddünenfeld zu den Ruinen der alten Telegraphenstation zurückzukehren. In einigen Dünentälern kann man das bizarre Gewirr von versteinerten Pflanzenwurzeln entdecken. An windstillen Tagen können allerdings Bremsen und Buschfliegen sehr lästig werden. Dafür sieht man häufig Emus (▷ 258) oder zumindest ihre Spuren, manchmal sogar in unmittelbarer Nähe der Ruinen. Bei längeren Wanderungen in den Sommermonaten sollte man die Kraft der Sonne nicht unterschätzen. Immerhin hielt Eucla mit 50.7°C, gemessen im Januar 1906, lange Zeit den Hitzerekord in WA. Besonders schön sind die Lichtverhältnisse in den Dünen am späten Nachmittag sowie während des Sonnenuntergangs.

Geschichte

Das alte Eucla liegt heute unter cremefarbenen Sanddünen begraben, aus denen nur noch die Ruinen der ehemaligen Telegraphenstation herausragen. Die 1877 errichtete Station war der buchstäbliche Mittelpunkt der ersten Telegraphenlinie, die das bis dahin völlig isolierte WA mit dem Rest des Kontinents verbinden sollte. Als der Plan, eine Telegraphenlinie entlang der unbewohnten Südküste Australiens zu bauen, in den 1870ern beschlossen wurde, entschied man, von beiden Richtungen aufeinander zuzuarbeiten. Und so startete man im August 1875 in Port Augusta (SA) und im Februar 1876 in Albany (WA). Treffpunkt war Eucla, wo am 3. Dezember 1877 die erste Nachricht einging. In den folgenden Jahren arbeiteten sich bis zu zwölf Angestellte durch Telegramme und Nachrichten. Um die Station herum entstand eine kleine Ortschaft, die über See versorgt wurde. Doch mit der Weiterentwick-

lung der Übermittlungssysteme und dem Bau einer neuen Telegraphenlinie parallel zur transkontinentalen Eisenbahn verlor die alte Linie samt Telegraphenstationen zusehends an Bedeutung, bis sie 1927 endgültig eingestellt wurde.
Während all dieser Jahre waren die Sanddünen unaufhaltsam vorgerückt und so manch ein Garten musste regelmäßig von Sand befreit werden. Als nach der Schließung der Telegraphenstation viele Einwohner die Ortschaft verließen und Mitte des 20. Jahrhunderts die ersten Häuser von den Dünen begraben wurden, entschloss man sich, den verbliebenen Rest der Siedlung 4 km entfernt am Rand des Steilhanges neu aufzubauen.

Gut zu wissen,...

Eucla Roadhouse [tägl. ⏲ 6-22 h, BP, CP, H/M]

Um die Ausbreitung von Ungeziefer zu verhindern, gibt es zwischen den einzelnen Staaten und Territorien strikte **Quarantäne**-Vorschriften. Für Einreisende nach WA befindet sich der Quarantäne Check Point direkt in Border Village und für nach Osten Reisende kurz vor Ceduna. Folgende Dinge dürfen weder nach WA noch nach SA eingeführt werden: Obst, Gemüse, Honig, Erde, Pflanzen, Nüsse, Samen und Tiere. Sogar Verpackungskartons, in denen einst Früchte und Gemüse lagerten, werden konfisziert.

Das Dreier-Warnschild ist nicht nur ein weltbekanntes Fotomotiv, sondern mahnt zu Recht zur Vorsicht, da alle drei Tiere dann und wann den Eyre Highway überqueren.

◆ Das **Rote Riesenkänguru**/*red kangaroo* ist das größte lebende Beuteltier der Erde. Die muskulösen Männchen wiegen bis zu 85 kg und können aufgerichtet eine Größe von über 2 m erreichen. Die Weibchen, deren Fell eher bräunlich statt rötlich ist, wiegen und messen nur rund die Hälfte.

Gelegenheit das Schild zu fotografieren hat man gleich östlich v Border Village, auf ca. halber Strecke zwischen Border Village u dem Nullarbor Roadhouse, direkt vor und hinter dem Nullar Roadhouse sowie direkt westlich von der Yalata Community.

Wie alle Beuteltiere (▷ 100) kommt auch das Rote Riesenkänguru als winziger, unfertiger Embryo auf die Welt. Kaum 5 min braucht der Winzling, um sich durch das Fell der Mutter in den Beutel zu hangeln. Dort bleibt er bis zu acht Monate, bevor er das erste Mal sein behagliches Heim verlässt. In den darauf folgenden zwei bis drei Monaten kehrt das Jungtier regelmäßig in den schützenden Beutel zurück – stets kopfüber. Dabei vollführt es einen 180° Salto, so dass es schließlich gegen den Bauch der Mutter blickt und nur seine großen Füße noch herausschauen. Das Rote Riesenkänguru ist eines der wenigen Tiere, das von der Ausweitung landwirtschaftlicher Flächen profitiert hat (▷ 100).
Vorkommen (*Macropus rufus*): in allen Trockenzonen des Kontinents

◆ Die karge Nullarbor Plain ist das letzte große Rückzugsgebiet des **Südlichen Haarnasenwombats**/*southern hairy-nosed wombat*. Das stämmige Tier, das in Statur an ein überdimensional großes Meerschweinchen erinnert, wird fast 1 m groß und bis zu 32 kg schwer. Die dicken Beutler sind äußerst scheu und wachsam und können eine beachtliche Sprintgeschwindigkeit von 40 km/h erreichen. Ihre kräftigen Gliedmaßen befähigen sie selbst in extrem trockenen und harten Böden tiefe Tunnelsysteme zu graben, in denen fünf bis zehn Tiere leben. Angepasst an die harschen

Lebensbedingungen der Nullarbor Plain ist der Südliche Haarnasenwombat sehr genügsam. Er ernährt sich von Gräsern und Sprösslingen, die er mit seinen langen Schneidezähnen direkt am Boden abrupft. Um der Hitze zu entgehen und seinen Wasserverlust zu minimieren, verlässt er seinen Bau erst in den kühleren Abendstunden zur Nahrungssuche.
Vorkommen (*Lasiorhinus latifrons*): Nullarbor Plain und punktuell im Süden von SA

◆ Nach einer letzten Schätzung leben ca. 800.000 wilde **Dromedare**/*one-humped camels* (▶ 136) auf dem 5. Kontinent. Ihre Vorfahren stammen überwiegend aus dem indischen Raum und wurden zwischen 1840 und 1907 meist von Afghanen als Arbeitstiere nach Australien eingeführt. Sie dienten als Transportmittel und Lasttiere und wurden vor allem im Outback eingesetzt, wo sie auf Grund ihrer Genügsamkeit und Kraft ökonomischer waren als Pferde. Nachdem die Eisenbahn und später das Auto die tierischen Transportmittel ablösten, wurden die meisten Dromedare ausgesetzt und ihrem Schicksal überlassen. Doch das Schicksal meinte es gut mit ihnen, denn im ariden Zentrum fanden sie einen optimalen Lebensraum und vermehrten sich kräftig. Zunächst schienen sie kaum negative Auswirkungen auf die Umwelt zu haben, da ihre weichen Hufe dem Boden weniger Schaden zufügten als andere eingeführte Huftiere wie Esel oder Schweine. Inzwischen sind sie jedoch auf Grund ihrer großen Anzahl zur Landplage und in Sachen Nahrung und Wasser zu ernstzunehmenden Konkurrenten für die heimische Tierwelt geworden.
Vorkommen (*Camelus dromedarius*): in allen Trockenzonen des Kontinents

Murrawijinie Caves. Die Murrawijinie Caves sind drei von unzähligen Höhlen, die die Nullarbor Plain durchlöchern. Bei allen drei handelt es sich um schlauchförmige, bis zu **50 m lange Gewölbe**, die sich bis zu 20 m tief unter der baumlosen Ebene erstrecken. Der Einstieg erfolgt über drei unspektakuläre »Löcher« im Erdboden, so genannte Dolinen, von denen die größte ca. 40 m breit ist. Obwohl die Höhlen öffentlich zugänglich sind, sind sie keineswegs erschlossen. Weder Leiter noch Geländer helfen beim Abstieg über den felsigen Rand. Die erste Höhle passiert man nach ca. 10 km vom Eyre Highway. Folgt man der schmalen, im trockenen Zustand durchaus 2WD tauglichen Piste weitere 600 m, gelangt man zu den beiden anderen Einstiegslöchern. **Den einfachsten Zugang** erlaubt die letzte Höhle, in die ein Geröllfeld hinunterführt. In unmittelbarer Nähe des Eingangs befindet sich eine kleine, vegetationslose Fläche, auf der man **Campen** darf.
Anfahrt: Gleich westlich des Nullarbor Roadhouse verläuft auf der nördlichen Seite des Highways eine Piste parallel zum Eyre Highway. Dieser folgt man von Roadhouse ca. 300 m bis zu einem Abzweig rechter Hand, der mit einem unauffälligen Hinweisschild gekennzeichnet ist, auf dem MURRAWIJINIE CAVES 10.4 KM steht. Von hier an folgt man der Ausschilderung.

Head of Bight. **Wale** sind die Attraktion des 12 km langen, asphaltierten Abstechers zur Head of Bight. Von **mehreren Aussichtsplattformen** kann man den riesigen Säugern in der Walsaison (Juni-Okt.) bei ihrem Alltag zuschauen. Zwar kann man dies auch von anderen Stellen entlang der Bunda Cliffs, dort allerdings nur aus größerer Entfernung. Doch auch ohne Wale lohnt ein Abstecher in die Sackgasse, denn hier beginnen bzw. enden die gewaltigen Bunda Cliffs, auf die man einem freien Blick genießt. Leider ist die Zufahrtsstraße außerhalb der Walsaison oft geschlossen. In der Walsaison wird eine Eintrittsgebühr [$8 Erw. / Kinder bis 16 Jahre frei] erhoben.

Jedes Jahr zwischen Juni und Oktober überwintert der **Südliche Glattwal**/*southern right whale*, auch Südkaper genannt, vor der Südküste Australiens. Glattwale gehören zu den Bartenwalen und haben statt Zähne wie der Pottwal (▷ 202) ein

Gebiss aus Hunderten senkrecht vom Oberkiefer herabhängenden Hornplatten, Barten genannt. Mit Hilfe dieser siebartigen Vorrichtung filtern die Wale ihre Hauptnahrung aus dem Wasser, bestehend aus kleinen, garnelenartigen Krillkrebsen (*Euphausia superba*), die in riesigen Schwärmen im antarktischen Meer leben. Den Sommer verbringen die Bartenwale inmitten der Krillschwärme, um sich für die bevorstehenden Wintermonate ein Fettpolster anzufressen. Im antarktischen Herbst, wenn sich das Packeis verdichtet, gehen die Wale auf Wanderung. Die ersten Glattwale erreichen die Südküste Australiens meist Ende Mai und bleiben bis Oktober, um sich dort zu paaren, zu kalben und ihre Jungen großzuziehen.
Noch vor 200 Jahren kamen jedes Jahr Zigtausend Tiere. Heute gehört der Glattwal zu den bedrohten Tierarten, denn er war weltweit eines der ersten Opfer der Walfangindustrie. Dies hatte drei Gründe. Erstens war der bis zu 17 m große Riese ein extrem langsamer Schwimmer und somit eine leichte Beute. Zweitens trieb sein Kadaver praktischerweise auf der Wasseroberfläche und konnte daher leicht geborgen werden. Und drittens erzielten seine verschiedenen Körperteile außerordentlich hohe Gewinne. Seine Barten waren ein gefragter Rohstoff der Korsettindustrie und aus der isolierenden Fettschicht des Wales, der so genannten Blubber, gewann man Walöl, das u. a. zur Herstellung von Lampenöl, Margarine und Seife verwendet wurde. Kurzum, er war in jeder Hinsicht der »richtige« Wal zum Jagen, weshalb er auf Englisch »*right whale*«, also »Richtiger Wal« heißt.
Vorkommen (*Eubalaena australis*): zirkumpolar zwischen 20 und 55 Grad südlicher Breite

Fowlers Bay. (75 Einw.) Die winzige, vor allem bei Anglern beliebte Wellblechsiedlung liegt am Fuße eines **weitläufigen Sanddünenfeldes** (▶ 125). Wer die »Wüste« Richtung Südwesten durchquert, gelangt nach 2 km zu einer schönen, aber ungeschützten Strandbucht, der Scott Bay.

Gut zu wissen,...

CP[1], H/M[1], S[1]

Penong. (250 Einw.) Penong wird wie fast alle Siedlungen in dieser stark landwirtschaflich genutzten Region von einem wuchtigen Kornspeicher dominiert. Das Zentrum bildet das 24 h geöffnete Roadhouse, das neben Übernachtungsmöglichkeiten und warmen Duschen [$2] auch ähnlich günstige Benzinpreise wie Ceduna bietet. Die einzige »Attraktion« sind die vielen für Australien so typischen **Windräder** am östlichen Ortsrand.

Gut zu wissen,...

CP[1], H/M[1]

Penong General Store, Eyre Hwy, ⏲ Mo-Fr 8-17.30, Sa 9-13.30, So 9-12 h

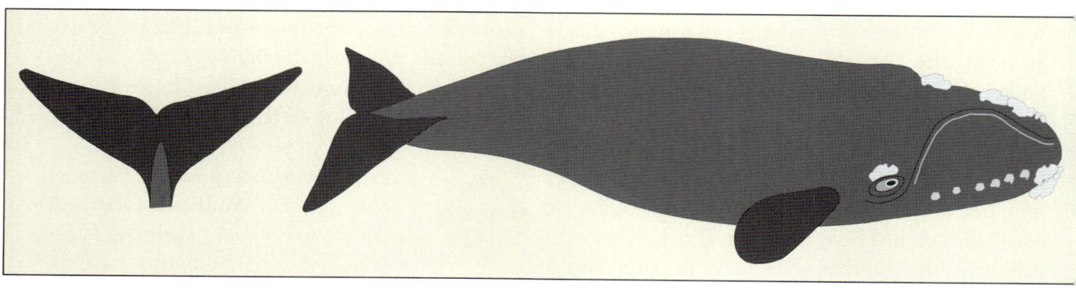

Der Südliche Glattwal sieht aus wie ein urzeitliches Ungetüm. Der Körper ist sackförmig und der bullige Kopf meist von zahlreichen Auswüchsen und Seepocken bedeckt. Außerdem fällt das Tier durch sein seltsam bogenförmiges Maul auf.

Point Sinclair. Point Sinclair ist eine **attraktive Landspitze**, die von schroffen Kalksteinklippen, nackten Granitfelsen und weißen Sandstränden gesäumt wird. An der windgeschützten Ostseite liegt die Bucht Port Le Hunte, die mit ihrem ruhigen Wasser zum **Schwimmen und Planschen** einlädt. Es gibt einen Pier zum Angeln und eine Badezone, die durch ein Netz vor Haien geschützt ist. Von ganz anderem Charakter ist die ungeschützte Westküste. Hier erstreckt sich, begrenzt von schroffen Kalksteinfelsen, der **bei Surfern weltbekannte Cactus Beach**. Dieser geht Richtung Nordwesten in den kilometerlangen Long Beach über, der mit seinem weißen Sand zu ausgedehnten Strandspaziergängen verlockt. Ebenfalls ein Spaziergang wert ist die eigentliche Landspitze Point Sinclair, die aus hellgrauen, teils mit orangefabenen Flechten überzogenen Granitfelsen besteht. Das Kap kann entlang einer 4WD-Piste umwandert werden, die an der Hauptstraße nach Port Le Hunte beginnt [ca. 800 m hinter dem Abzweig zum *Point Sinclair Camping Ground* rechter Hand].
Ein guter Ausgangspunkt für Erkundungen und zudem die einzige Unterkunftsmöglichkeit vor Ort ist der ***Point Sinclair Camping Ground*** (▷ 243), der sich wie auch das meiste Land am Kap in Privatbesitz befindet. Von hier führen mehrere Trampelpfade Richtung Kap. Da in der niedrigen Küstenvegetation nicht nur harmlose Tannenzapfenskinke (▷ 245) leben, sondern auch giftige Tigerottern, wird vom Querfeldeinwandern abgeraten.
Ebenfalls erwähnenswert ist die Anfahrt, die an baiserfarbenen **Sanddünenfeldern** und einem riesigen, meist spiegelglatten Salzsee, dem Lake McDonald (▶ 125), vorbeiführt.

Ceduna. (2753 Einw.) Ceduna ist ein kleines Küstenstädtchen mit grüner Uferpromenade, einem hellgrauen Sandstrand und einem weit ins Meer hineinreichenden Pier, der sich gut zum **Sonnenuntergangspromenieren** eignet.
Gleich südlich von Ceduna befindet sich die kleine Hafensiedlung Thevenard mit ihrem betriebsamen Tiefseehafen und 14 km nordwestlich liegt die winzige Siedlung Denial Bay, die für ihre **Austernfarmen** bekannt ist. Die glibberige Delikatesse kann entweder vor Ort bei den Farmen erstanden werden oder in Ceduna bei der *Ceduna Oyster Bar* [Eyre Hwy, am westlichen Ortsrand, 🕓 tägl. 9.30-16 h], die sowohl Austern zum mitnehmen als auch Gerichte zum dortigen Verzehr anbietet.
Wer darüber hinaus noch etwas Geschichte konsumieren möchte, kann dies im **Gemeindemuseum** [*The Old School House National Trust Museum*, Park Tce, 🕓 Mo Di Do-Sa 10-12 h u. Mi Do 14-16 h].
Für Reisende von besonderem Interesse ist Cedunas Lage, denn Ceduna ist die **erste ernstzunehmende Ortschaft** hinter bzw. die letzte vor der Nullarbor Plain (▷ 244). Wer von hier aus Richtung Westen aufbricht, sollte unbedingt ans Einkaufen und an die Quarantäne-Vorschriften (▷ 250) denken.

Gut zu wissen,...

...dass das Leitungswasser in Ceduna zwar trinkbar, aber kaum genießbar ist, da es sich um behandeltes, stark mineralhaltiges Wasser handelt. Wer in Richtung Nullarbor fährt, sollte wenn möglich schon vorher seine **Wasservorräte** auffüllen.
...dass die Naturschutzbehörde von SA, das *Department of Environment and Heritage*, eine Zweigstelle unterhält, in der man **Informationen über die umliegenden Nationalparks** erhält [McKenzie St / East Tce, 🕓 Mo-Fr 9-17 h].

i Poynton St, 🕓 Mo-Fr 9-17.30 h, Sa So 9-17 h

BP¹, CP*, H/M*, S*

Foodland IGA, Poynton St, 🕓 Mo-Fr 8-19 h, Sa So 8-18 h

kleine Mengen Regenwasser kann man (WENN gefüllt) aus einem Tank neben der Feuerwache entnehmen [Poynton St / South Tce, der Wasserhahn befindet sich etwas versetzt neben dem Scheinwerfer-Pfeiler]

Streckenabschnitt Nord 1 Yanchep NP bis Kalbarri

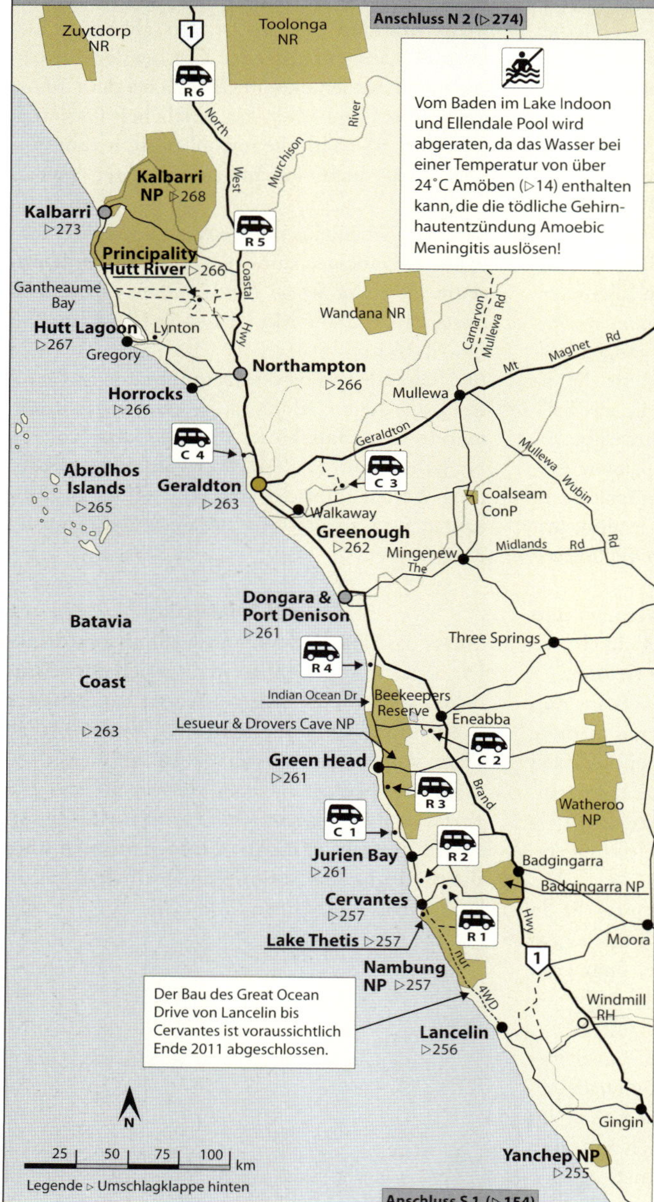

Rastplätze ▷ 41

1 ***Banksia Reserve*** [17 km nordöstlich von Cervantes] - Kleiner, bis auf drei überdachte Picknicktische schattenloser Parkplatz direkt an der Straße. Nicht schön, aber der dichteste Parkplatz zum Nambung NP ohne Campverbotsschild.

2 ***Molah Hill Lookout*** [10 km nördlich vom Abzweig bei Cervantes Richtung Jurien Bay] - Kleiner, asphaltierter und sehr schräger Parkplatz, ca. 600 m vom HIghway entfernt.

3 ***Grigson Lookout*** [20 km nördlich von Jurien Bay] - Der Parkplatz liegt ca. 400 m vom HIghway entfernt. Vom Parkplatz startet ein 100 m langer Fußweg zu einem blickreichen Aussichtspunkt.

4 ***Cliff Head North*** [5 km südlich des Brand Hwy] - Einfache, schattenlose Parkplatzfläche direkt am Meer, von der zwei Pisten abzweigen, an denen mehrere individuelle Stellplätze liegen.

5 ***Galena Bridge Rest Area*** [13 km nördlich des Abzweigs nach Kalbarri] - Ein großflächiges, aber nur wenig beschattetes Areal, das sich über 400 m auf der südöstlichen Uferseite des Murchison River erstreckt. Auf der südwestlichen und nordöstlichen Uferseite bestehen ebenfalls noch Campmöglichkeiten.

6 ***Nerren Nerren Rest Area*** [86 km nördlich des Abzweigs nach Kalbarri] - Großer überwiegend schattenloser Parkplatz mit ein paar individuellen Stellplätzen im angrenzenden niedrigen Buschland.

Campsites außerhalb der Nationalparks

1 ***Sandy Cape Campsite*** [Indian Ocean Dr > 10 km nördlich von Jurien Bay der mit SANDY CAPE RECREATION PARK ausgeschilderten Piste folgen > weitere 6 km bis zur Campsite] - Die Campsite liegt an einer hübschen, weißen Strandbucht - allerdings hinter einer Düne und deshalb (mit einer Ausnahme) ohne Meeresblick. Unter den 38 Stellplätzen gibt es einige Rasen- und einige Schattenplätze. Die Selbstregistrierungsstelle befindet sich ca. 1 km vor der Campsite bei den Informationstafeln.

2 ***Lake Indoon Campsite*** [Indian Ocean Dr > Coolimba-Eneabba Rd > nach 17 km der mit LAKE INDOON ausgeschilderten Piste folgen > weitere 400 m bis zur Campsite] - Der idyllische, von Strand gesäumte Frischwassersee ist von lichtem Banksia- und Eukalyptus-Buschland umgeben und an Wochenenden ein beliebter Treffpunkt für Wassersportler. Campen (größtenteils mit Seeblick) kann man in einem zentralen Bereich mit Duschen und Toiletten und entlang einer 400 m langen Piste, die links herum am See weiterführt. 4WD-Fahrer können zudem direkt am Ufer entlang fahren und dort ihr Lager aufschlagen. Nach langen Trockenperioden, trocknet der See aus.

3 ***Ellendale Pool Campsite*** [Brand Hwy > Walkaway Rd > nach 5 km rechts in die Walkaway-Nangetty Rd > nach 14 km links in die mit ELLENDALE POOL ausgeschilderte Ellendale Rd > weitere 8 km Piste bis zum Pool / ▶126] - Von Farmland umgeben, wirkt der am Greenough River gelegene Platz wie eine grüne Oase. Mittelpunkt ist ein permanenter Wasserpool, der am Fuße einer bräunlichweißen, ca. 50 m hohen Sandsteinklippe liegt. Die Stellplätze verteilen sich auf den Picknickbereich direkt am Pool und auf ein etwas weiter zurückliegendes Areal.

4 ***Coronation Beach Campsite*** [North West Coastal Hwy > 27 km nördlich von Geraldton dem mit CORONATION BEACH ausgeschilderten Abzweig folgen > weitere 8 km bis zur Campsite] - Die Campsite liegt an einer geschützten Bucht, die von einem schmalen, hellgrauen Sandstrand gesäumt wird. Von den gut 20 Stellplätzen genießen einige eingeschränkten Meeresblick und zwei bis drei Schatten. Da die Bucht im Sommer bei Windsurfern und im Winter bei Rentnern sehr beliebt ist, ist die Campsite oft ausgebucht.

Yanchep National Park. (28 km²) Der Nationalpark liegt am nördlichen Rand von Perth und ist ganz auf die Bedürfnisse städtischer Ausflügler eingestellt. Ein kleiner, **durchstrukturierter Park** mit Golfplatz, Restaurant, einem als Besucherzentrum getarnten Souvenirgeschäft [*The Ness House Visitor Centre*, 🕓 tägl. 9.15-16.30 h], ein paar Wanderwegen und einem wechselnden Unterhaltungsprogramm [das aktuelle Programm erhält man an der Einfahrt zum Park].

Im Zentrum liegt ein großer **Süßwassersee**, der Wagardu Lake, um den ein hübscher Rundwanderweg führt, der *Wetlands Walk Trail* [2 km ↺].

Ein großer Hautlappen zwischen Schnabel und Kehle kennzeichnet die Lappenente.

Außerdem finden 20-minütige **Bootstouren** statt [*Wagardu Lake Tour*, 🕓 tägl. 12 h] und im Besucherzentrum kann man **Ruderboote** ausleihen.

Der See ist Heimat der Schmalbrust-Schlangenhalsschildkröte/*oblong turtle* sowie zahlreicher Wasservögel, darunter Purpurhühner/*purple swamphens*, Trauerschwäne/*black swans* und Lappenenten/*musk ducks*. Wer auf der angrenzenden Wiese unter den Schatten spendenden Bäumen picknickt, hat meist Mühe sich und sein Essen vor dieser aufdringlichen Vogelschar zu verteidigen. Zwei weitere tierische Attraktionen sind der seltene über 50 cm große Carnabys Weißohr-Rabenkakadu/*Carnaby's black cockatoo*, den man unter den in den Baumkronen lärmenden Sittichen und Kakadus entdecken kann und ein paar **Koalas**/*koalas*, die in einem kleinen Freigehege gehalten werden.

Besonders reizvoll ist die **Abendstimmung**. Bereits am Nachmittag kommen die ersten Westlichen **Grauen Riesenkängurus** (▷ 225) zum Grasen auf die Grünflächen und spätestens zum Sonnenuntergang bevölkern ganze Scharen der großen Beutler den Park.

Umgeben wird der See von lichtem Tuart-Buschland, unter dem sich ein weitläufiges Labyrinth aus **Kalksteinhöhlen** erstreckt. Eine dieser Höhlen, die Crystal Cave, kann per 45-minütiger Tour besichtigt werden [◷ Zeiten variieren je nach Andrang], eine zweite Höhle, die Yonderup Cave, nur auf Anfrage. In ein paar der Höhlen sind die langen Wurzeln von Tuarts (▷ 174) eingedrungen und haben ausgedehnte Wurzelnetze entlang permanenter Wasserströme gebildet. Dieses Wurzelgewirr ist der Lebensraum tausender wirbelloser Kleinsttiere, von denen einige Vorfahren besitzen, die bereits existierten, als Australien noch Teil des Großkontinents Gondwana (▷ 45) war.

Der heutige Nationalpark liegt im Heimatgebiet der Nyoongar (▷ 183). Um Besuchern die Kultur dieser Aborigines näher zu bringen, werden täglich verschiedene Darbietungen und Kurse angeboten, wie z. B. im **Bumerang-, Speerwerfen** und **Didgeridoo spielen.**

Gut zu wissen,...

$

Lancelin. (667 Einw.) Der einstige Fischerort ist von der Ausbreitung der Millionenmetropole Perth nicht verschont geblieben und hat sich längst in eine **Feriensiedlung** verwandelt. Jährlich kommen neue Häuser hinzu, darunter viele, die nur am Wochenende bewohnt sind, was der Ortschaft unter der Woche ein recht lebloses Ambiente verleiht. Jederzeit belebt dagegen ist der Strand, der stellenweise mit dem Auto befahren werden kann und sich zu Stoßzeiten in einen regelrechten Parkplatz verwandelt. Die **türkisfarbene Bucht** wird von vorgelagerten Felsen geschützt und ist Anziehungspunkt für Angler, Badende und Windsurfer.

Zu den erwähnenswerten Naturschönheiten gehörte einst das **weiße Sanddünenfeld**, das im Norden an die Ortschaft grenzt. Mittlerweile hat man dieses allerdings in eine Sandkiste für Spaß und Action Freunde umgewandelt. Wer also Sandboarden oder seinen 4WD-Wahn ausleben möchte, kann hier die Dünen zerpflügen.

Gut zu wissen,...

...dass die Fahrt an der Küste zum Nambung NP nur für **4WDs** gestattet ist. Wer plant, diese teils raue, teils sandige Piste zu fahren, sollte für die 75 km mindestens drei Stunden einplanen und im Touristenbüro von Lancelin nach einer Karte fragen. Da die Piste stellenweise durch Militärgebiet führt, ist die Straße oft gesperrt. Die Fertigstellung des asphaltierten **Indian Ocean Drive** ist für 2011 geplant.

i 102 Gingin Rd, ◷ tägl. 9-18 h

BP/JH¹, CP², H/M¹, S²

7 Day Supermarket, Gingin Rd, ◷ tägl. 7-19 h

Kwongan, »sandiges Land mit Büschen«, nennen die Aborigines die dichte Heidevegetation (▷ 95), die zwischen Perth und Kalbarri die Küste säumt. Obwohl der grüne Pflanzenteppich auf den ersten Blick nur wenig abwechslungsreich wirkt, steht er an Artenvielfalt den meisten Nationalparks in nichts nach. Über 1000 Pflanzenarten gedeihen auf den sandigen, nährstoffarmen Böden, darunter zahlreiche Vertreter der Gattungen *Acacia*, *Banksia* und *Melaleuca*. Erahnen lässt sich die botanische Vielfalt jedoch nur in den Frühlingsmonaten, wenn sich der grüne Teppich in eine bunte Blumenwiese verwandelt und die verschiedenen Blüten beim Identifizieren der Pflanzen helfen.

Zu den Arten, die ganzjährig aus dem Grün hervorstechen gehört der **Quandong**/*quandong*, ein kleiner, schmächtiger Baum mit hellgrünen, sichelförmigen Blättern. Seine roten, Vitamin C reichen Früchte gehörten zur Buschnahrung (▷ 118) der Aborigines. Weitere auffällige Arten sind die Küsten-Akazie/*coastal wattle* (▶ 97) mit ihren charakteristischen dreieckigen Blättern und *dodder laurel*, eine parasitische Kletterpflanze aus der Familie der Mistelgewächse, deren blattlose Ranken die Sträucher und Bäume überwuchern.

Cervantes. (559 Einw.) Seinen spanischen Namen verdankt die Ortschaft einer gleichnamigen, der Küste vorgelagerten Insel, die ihren Namen wiederum dem 1844 dort gesunkenen Schiff *Cervantes* verdankt. Passend zum Thema Spanien wurden die Straßen nach spanischen Städten benannt – was aber auch das einzig bemerkenswerte an der Ortschaft ist. Folgt man der Hauptstraße, der Seville Street, geradeaus durch die Ortschaft, gelangt man zu der kleinen Landspitze Thirsty Point, die von einem leicht gräulichen Sandstrand umgeben wird und an der im Sommer ein reges Strandleben stattfindet. Hier gibt es einen Aussichtspunkt und ein paar überdachte **Picknicktische mit Meeresblick**. Für Reisende attraktiv ist Cervantes in erster Linie wegen seiner Nähe zum Nambung NP.

Gut zu wissen,...

...dass es auf Grund der Popularität des Gebietes an Feiertagen und in den westaustralischen Ferien (Daten ▷ 27) zu Engpässen bei den **Unterkünften** kommen kann.

Cadiz St, Mo-Fr 9.30-17 h, Sa So 10-16 h

BP[1], CP[1], H/M[1], S[2]

Cervantes General Store, Cadiz St, tägl. 8-18 h

Lake Thetis. Folgt man der mit HANSON BAY ausgeschilderten Piste (Abzweig kurz vor Cervantes), liegt nach ca. 800 m linker Hand der Lake Thetis. In dem kleinen See stehen einige **Stromatolithen** (▷ 276), die im Aufbau und Aussehen fossilen Funden aus der Pilbara gleichen, deren Alter auf 3.5 Mrd. Jahre geschätzt wurde. Die hiesige Kolonie ist dagegen »nur« ungefähr 1200 Jahre alt.

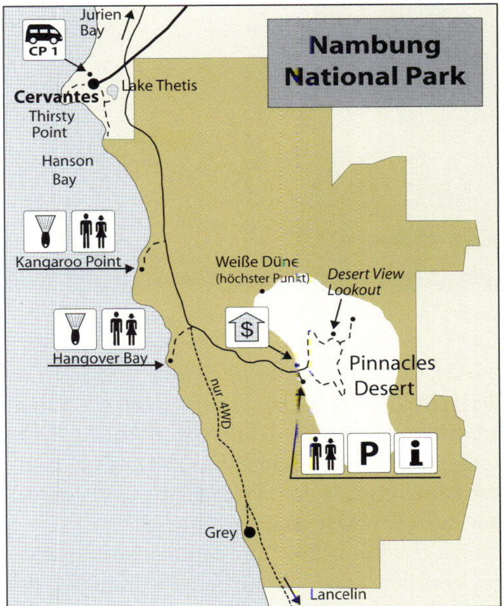

Wandermöglichkeiten

Es gibt keine ausgewiesenen Wanderwege - aber viel zu entdecken...

N
2 4 6 km

Legende ▷ Umschlagklappe hinten

Nationalparknahe Campingplätze

1 ***Pinnacles Caravan Park***, Aragon St, Tel. 9652 7060, www.pinnaclespark.com.au

Besucherzentrum

Das erst im November 2008 eröffnete ***Pinnacles Desert Discovery Centre*** [tägl. 8-16 h] gibt einen guten Einblick in die natürlichen Besonderheiten des Parks.

Nambung National Park. (175 km^2) Die Pinnacles Desert (4 km^2 / ▶ 126) im Herzen des Nambung NP gehört zu den bekanntesten Attraktionen des Kontinents. Es ist schwer zu sagen, was an ihr mehr beeindruckt, die leuchtend gelbe Farbe des Sandes oder die **bizarr geformten Kalksteinsäulen**, die **Pinnacles**. Mal fingerdünn, mal mehrere Meter dick ragen sie bis zu 5 m aus dem sandkuchenfarbenen **Wüstenmeer** heraus. Jeder Pinnacle für sich ist ein vollendetes Kunstwerk. Für den richtigen Rahmen sorgen die sich am Rande der Wüste auftürmenden Sand-

Die bizzare Mondlandschaft der Pinnacles Desert.

dünen, in denen sich noch weitere Pinnacle-Felder verstecken. Die Sanddünen wandern durchschnittlich 2.5 m im Jahr in nordöstliche Richtung und so manch ein Pinnacle wird im Laufe der Jahre verschüttet, während ein anderer wieder das Licht der Welt erblickt.
Durch das Kerngebiet mit den wuchtigsten Pinnacles führt eine 3.5 km lange Sandpiste, der *Loop Drive*, mit zahlreichen Parkbuchten und einer hölzernen Aussichtsplattform, dem *Desert View Lookout*, auf halber Strecke.
Farbliche Höhepunkte sind die Sonnenaufgänge sowie Sonnenuntergänge, wenn der ohnehin schon warme Gelbton seine volle Intensität entwickelt. Auch bei Mondschein, wenn die eigentümlichen Pinnacles im fahlen Licht lange Schatten werfen, ist ein Spaziergang bzw. eine Spazierfahrt auf der Piste äußerst atmosphärisch.
Neben der Pinnacles Desert umfasst der Nationalpark noch einen **schönen Küstenstreifen**, der über zwei Pisten zu erreichen ist. Die eine führt zur Hangover Bay, einer einladenden, geschützten Badebucht mit schmalem, weißem Sandstrand und die andere zum weniger attraktiven, von Seegras bedeckten Strand am Kangaroo Point.

Blickpunkt Natur

Zu den größten Tieren im Park gehören das Westliche Graue Riesenkänguru (▷ 225), das man in der Morgen- und Abenddämmerung häufig an der Nationalparkstraße sieht und Emus (▽), die auf ihrer Nahrungssuche regelmäßig die Sanddünen durchqueren. Noch vor ein paar Jahrzehnten waren auch Dingos (▷ 375) im Nationalpark heimisch. Sie wurden jedoch im Auftrag der Regierung von Hundetötern systematisch ausgerottet. Die ewige Sorge der starken Farmer-Lobby um ihr liebes Vieh dürfte bei dieser Maßnahme von entscheidender Bedeutung gewesen sein.
Häufige Reptilien sind der Tannenzapfenskink (▷ 245), Goulds Waran, die hochgiftige Westliche Braunschlange/*western brown snake* (auch *gwardar*) und die nicht minder gefährliche Dugite, für die der Park das nördlichste Ende ihres Verbreitungsgebietes markiert. Seltener ist der Anblick der Teppichpython (▷ 365), die in den unzugänglichen Gebieten des Parks lebt. In diesen lebt auch der winzige Honigbeutler (▷ 225) und das Westliche Strauchwallaby, ein durchschnittlich 1.20 m großes Tier mit dunkelgrauem Fell.
Zu den gefiederten Bewohnern gehören der Blaubrust-Staffelschwanz/*blue-breasted fairy-wren* und der fast auf dem gesamten Kontinent heimische Pfeifhonigfresser/*singing honeyeater* sowie einige Greifvögel, darunter der mächtige Keilschwanzadler (▷ 311) und der sehr viel kleinere, weißgrau gefiederte Australische Gleitaar/*Australian black-shouldered kite*.

◆ Mit einer Größe von bis zu 2 m ist der **Emu/** *emu* Australiens größter Vogel und (nach dem Strauß) der zweitgrößte der Welt. Der Emu ist flugunfähig und hat ein graubraunes, strähniges Gefieder. Sein zerzaustes Aussehen ist auf das Fehlen der Federhäkchen zurückzuführen, die die einzelnen Federäste zusammenhalten.
Emus leben nomadisch und legen auf ihren Wanderungen nach Wasser und Nahrung, u. a. bestehend aus Gräsern, Samen, Früchten und Insekten, jährlich hunderte Kilometer zurück. Aus diesem Grund bedeutete der durch den ganzen Kontinent gezogene Kaninchenzaun (▷ 106) eine fatale Einschränkung ihrer Wanderzüge.
Die Paarung erfolgt nur für eine Brutsaison, die für das Weibchen mit der Eiablage beendet ist.

uft ein Emu über die Straße, folgt meist ein zweiter! Vorsicht!

Danach wandert das Weibchen davon, während das Männchen ohne Unterbrechung ca. acht Wochen auf dem Gelege sitzen bleibt. Ein Kraftakt, bei dem es bis zu 7 kg seines Körpergewichts verliert. Nach dem Schlüpfen der Küken kümmert sich das Vatertier noch gut ein Jahr um die Jungen. Nicht selten sieht man es dann im Kreise seiner Kleinen durch das Buschland stolzieren.
Vorkommen (*Dromaius novaehollandiae*): australienweit, mit Ausnahme von TAS und einigen stark besiedelten Gebieten an der Ostküste

Der Nationalpark liegt inmitten eines alten dreigeteilten Dünensystems, das sich über 400 km von Busselton bis Jurien Bay erstreckt. Kennzeichnend für die drei Systeme sind ihre unterschiedlichen Böden, die für einen artenreichen und spezifischen Bewuchs der Dünen verantwortlich sind. Am dichtesten zur Küste verläuft das jüngste Dünensystem, das Quindalup System, bestehend aus weißem, kalkhaltigem Sand. Hier wachsen zwei typische Vertreter der küstennahen Heidevegetation: die *blue fanflower* (▶151) und der sukkulente Bodenbedecker *pigface* mit seinen großen, rosa- bis lilafarbenen Blüten.
Die Pinnacles Desert liegt im zweiten Dünensystem, dem Spearwood System, das durch seinen gelbbraunen Quarzsand charakterisiert wird. Begrenzt wird die Wüste von dichter Heidevegetation, in der neben Quandong viele verschiedene Banksiaarten gedeihen, darunter die orange blühende *sawtooth banksia* (auch *acorn banksia*) und die gelb blühende *candle banksia*. Gelb blüht auch eine der am weitesten verbreiteten Dryandraarten des Südwestens, der *parrotbush* (▽).
Weiter Inland im ältesten Dünensystem, dem Bassendean System, bestimmt waldiges Buschland das Vegetationsbild, dominiert von kleinwüchsigen Tuarts (▷ 174) und verschiedenen Banksiaarten.

◆ Die Gattung *Dryandra* kommt ausschließlich im Südwesten von WA vor. Sie zählt 56 Arten, von denen der ***parrotbush*** eine der häufigsten ist. Der bis zu 5 m hohe Busch besitzt kleine, stachelige Blätter und blüht zwischen Mai und November. Die gelben Blütenstände bestehen, wie auch jene der verwandten Gattung *Banksia*, aus zahllosen Einzelblüten. Von dem enormen Blütenreichtum profitieren viele Nektar fressende Tiere und die Samen sind bei Kakadus und Sittichen begehrt.
Vorkommen (*Dryandra sessilis*): im Südwesten, von Kalbarri bis Bremer Bay

Die **Pinnacles** sind die Reste einer wegerodierten Kalksteinschicht, die als Tamala Kalkstein bekannt ist. Wie es zu ihrer Bildung kam, veranschaulicht die Grafik auf der nachfolgenden Seite.

◆ Knapp 200.000 Touristen hinterlassen jährlich ihre Spuren im gelben Sand mit verheerenden Folgen für ein besonders zerbrechliches Kunstwerk der Natur, die **versteinerten Pflanzenwurzeln** (▶ 126). Rund um die stark frequentierte Sandpiste sind bereits alle zertrampelt, doch etwas abseits kann man noch ganze Felder der dürren, seltsam verformten Gebilde entdecken. Ein erhöhter Säuregehalt und ein vermehrter Wasserfluss entlang des Wurzelwerks führten dazu, dass die Wurzeln langsam von einer extrem harten Kalksteinkruste ummantelt wurden, die der Ero-

Die Entstehung der Pinnacles

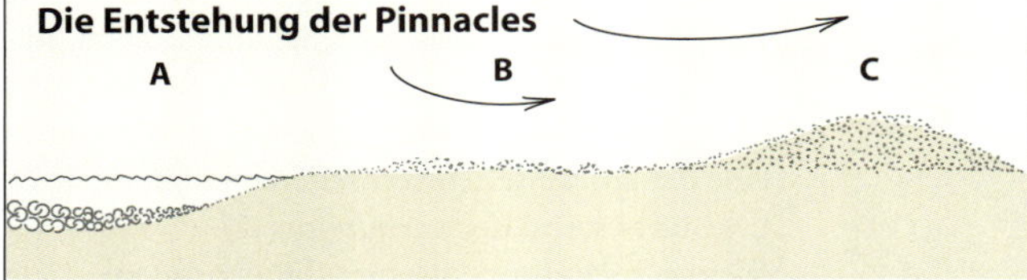

A - Abgestorbene Muscheln sammeln sich auf dem Meeresgrund, wo sie zu Muschelkalk werden, der sich mit quarzhaltigem Sand vermischt.
B - Der muschelkalkhaltige Quarzsand wird ans Ufer getragen.
C - Der Sand wird vom Wind landeinwärts geweht und türmt sich zu hohen Wanderdünen auf.

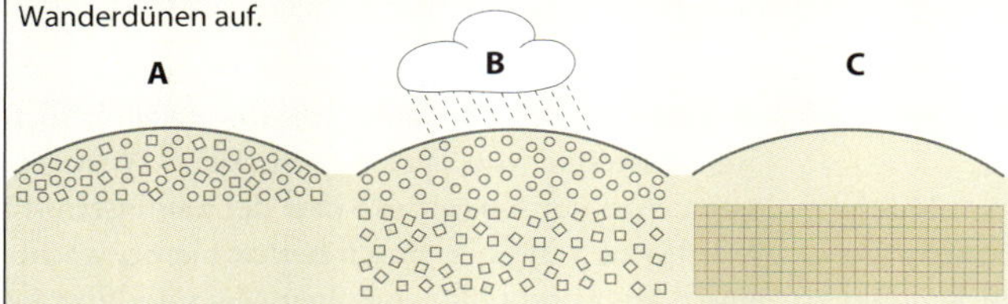

A - Der Sand der Düne besteht überwiegend aus Quarz (○) und Kalziumkarbonat (◇).
B - Regen durchnässt die Düne und löst Kalziumkarbonat auf, das durch den unlöslichen Quarzsand nach unten sickert.
C - Unten verfestigt sich das Kalziumkarbonat allmählich zu einer festen Kalksteinschicht, dem Tamala Kalkstein/*limestone*. Dieser entstand innerhalb der letzten 500.000 bis 50.000 Jahre.

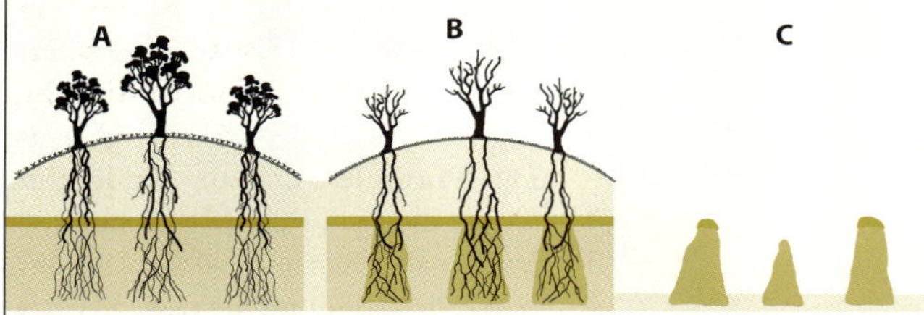

A - Noch während der Entstehung der Kalksteinschicht erobern Pflanzen die Düne und stabilisieren deren Oberfläche. Eine neue Schicht ( ) aus säurehaltiger Erde und Humus (der sich aus Tierkadavern und abgestorbenen Pflanzen gebildet hat) bedeckt die Düne. Nach unten sickernde Säure beschleunigt den »Versteinerungsprozess« und führt zur Bildung einer dünnen, extrem harten Kalksteinkruste ( ). Reste dieser Kruste sind noch heute auf einigen pilzförmigen Pinnacles deutlich als »Kappe« zu sehen.
B - Unter der zementartigen Kruste verfestigt sich der Kalkstein nicht gleichmäßig, sondern wird (u. a. durch einen erhöhten Wasserfluss) härter, wo Pflanzenwurzeln in die Kalksteinschicht eingedrungen sind. Durch das immer trockener werdende Klima während der letzten 20.000 Jahre, vielleicht unterstützt durch ein Buschfeuer, stirbt die Vegetation.
C - Der lose Quarzsand wird vom Wind fortgetragen und die freigelegte Kalksteinschicht ist der Erosion ausgesetzt. Nur die einstigen Wurzelbereiche aus besonders hartem Kalkstein konnten der Erosion standhalten und blieben als Säulen stehen. Sie bilden die heutigen Pinnacles.

sion bis heute standgehalten hat.

Erkunden & Wandern

Da es in der Pinnacles Desert keine ausgewiesenen Wanderwege gibt, kann man die Wüste nur auf eigene Faust erkunden. Allerdings ist das Gebiet so überschaubar, dass man – etwas Orientierungssinn vorausgesetzt – keine Angst haben muss, sich zu verlaufen.

◆ Ein ruhiger Ausgangspunkt für Exkursionen ist der kleine Parkplatz am Ende der 0.7 km langen Sackgasse, die vom *Loop Drive* abzweigt [gleich hinter dem *Desert View Lookout* links halten]. Genießer von **Sanddünen und ihren fantastischen Strukturen** sollten vom Parkplatz aus an der hohen Düne (linker Hand) entlang wandern, vorbei an einer kleinen Gruppe stämmiger, grauköpfiger Pinnacles, und geradeaus weiter in die unbewachsenen Sanddünen, zwischen denen sich noch mehrere Pinnacle-Felder befinden. Der Weg dorthin führt über ein sandiges Meer, das durch die Vermischung von grobkörnigem, gelbem Sand und feinkörnigem, weißem Sand die unterschiedlichsten Wellenstrukturen aufweist.

◆ Einen **eindrucksvollen Weitblick** hat man von der hohen, weißen Düne am nördlichen Rand der Wüste. Auf ihrer Nordseite erstreckt sich dichtes, von zahlreichen Vögeln bevölkertes Tuart-Buschland, das jährlich Meter um Meter von der Düne verschlungen wird. Da diese Düne der höchste

Punkt im Gebiet ist, kann man sie, egal von wo aus man loswandert, nicht verfehlen. Der kürzeste Weg [ca. 1.5 Std. ⇆] beginnt an der linksseitigen Parkbucht, die man nach ca. 500 m auf dem *Loop Drive* passiert.

Gut zu wissen,...

Jurien Bay. (1175 Einw.) Jurien Bay ist die **größte Ortschaft** entlang des Indian Ocean Drive. Sie liegt an einem hübschen, aber nicht aufsehenerregenden Strand und erfreut sich, wie alle Orte an diesem Küstenabschnitt, sowohl eines steten Zuwachses an Einwohnern als auch steigender Besucherzahlen. Insbesondere an Wochenenden und in den Schulferien wird Jurien Bay stark von einheimischen Ausflüglern frequentiert. Auf dem schmalen Sandstrand findet dann ein **reges Strandleben** statt und auf den beiden Piers versuchen Dutzende Angler ihr Glück.

Gut zu wissen,...

BB[1], CP[1], H/M[1], S*

IGA, Indian Ocean Dr, 🕓 tägl. 7-19 h

Green Head. (244 Einw.) In der kleinen, an drei Buchten liegenden Ortschaft stehen wie an der gesamten Küste **Strandaktivitäten** und **Fischfang** im Vordergrund. Besonders erwähnenswert ist die mittlere der drei Buchten, die Dynamite Bay. Sie ist ca. 200 m lang und wird von zwei weit ins Meer hineinragenden Landzungen aus zerklüftetem Kalkstein umrahmt. Einen schönen Überblick über die drei Buchten hat man von der Aussichtsplattform auf der hohen Düne beim Parkplatz der Dynamite Bay.

Gut zu wissen,...

BB[1],CP[1]

Genral Store, Green Head Rd, 🕓 Mo-Sa 8-17 h

auf der Grünflache an der Dynamite Bay

5 Montag

Bis vor einigen Jahren befanden sich große Teile dieses Küstenabschnittes in mehr oder weniger inoffiziellem Privatbesitz und wurden von rostigen, zusammengeschusterten Blechhütten/*shacks* gesäumt. Diese gehörten so genannten ***squatters***, ein Begriff, den man am ehesten mit illegalen Siedlern übersetzen könnte. *Squatters* blicken in Australien auf eine lange Tradition zurück. Bei den Ausmaßen des 5. Kontinents war es früher nicht ungewöhnlich, dass Siedler auszogen, um sich ein Stück Land abzustecken, ohne es vorher rechtlich erworben zu haben. Ganze Farmen wurden auf solch inoffiziellem Landbesitz gegründet. Solange das Land noch nicht knapp und teuer war, kümmerte dies die Regierung nicht.
Die Hütten entlang dieser Küste sind allerdings erst in den 1960er und 1970er Jahren, einige sogar erst in den 1990er Jahren von Wochenendausflüglern und Fischern gebaut worden. Als 2005 die westaustralische Regierung den Wildwuchs stoppte, lebten in den selbsternannten Siedlungen bis zu 5000 Menschen. Die Hütten jüngeren Datums wurden inzwischen ausnahmslos geräumt, den Besitzern von älteren Hütten bzw. Rechten wurden großzügige Fristen eingeräumt.

Dongara & Port Denison. (2199 Einw.) Knapp 100 Jahre alt sind die **gewaltigen Moreton Bay Feigenbäume**/*Moreton bay fig trees*, die die Hauptstraße von Dongara, die Moreton Terrace, säumen. Die kurze, schattige Allee bildet mit ihrer Hand voll Geschäften und Lokalen das gemeinsame Zentrum der beiden zusammengewachsenen Ortschaften, die hauptsächlich von der Langustenindustrie und dem lokalen Tourismus leben.
Dongara wurde 1852 als erste der beiden Städte gegründet. Der florierende Getreideanbau und

die Entdeckung eines nahe gelegenen Kohlevorkommens belebten die Siedlung und Mitte der 1860er begann man mit dem Ausbau eines Hafens, Port Irwin, der später in Port Denison umbenannt wurde. Um den Schiffen die Einfahrt in den Hafen, vorbei an den verhängnisvollen Riffen, zu erleichtern, baute man 1869 zwei große Obelisken. Einer der beiden steht noch heute und bietet einen **schönen Weitblick über Hafen und Ozean** [*Obelisk Lookout*, Leander Point].

Ebenfalls aus dem 19. Jahrhundert stammen die auffällige Ruine der 1894 erbauten, dreistöckigen **Getreidemühle** [*Flour Mill*, Brand Hwy / Waldeck St] und das 1870 erbaute Polizei- und Gerichtsgebäude [*Old Police Station and Court House*, Waldeck St / Hunts Rd]. In dem alten Gerichtssaal, in dem noch bis 1983 verurteilt wurde, befindet sich heute ein kleines **Gemeindemuseum** [*Irwin District Museum*, 🕓 Mo-Fr 10-16 h].

Gut zu wissen,...

Waldeck St / Hunts Rd, 🕓 Mo-Fr 9-17 h, Sa So 9-14 h

BB*, BP/JH¹, CP*, H/M*, S*

IGA, MoretonTce, 🕓 Mo-Sa 7-18 h, So 8-12 h

Jedes Jahr im November stechen zwischen Bunbury und Shark Bay rund 1000 Schiffe in See, um vor der Küste unzählige Körbe im Meer zu versenken. Die Langusten-Saison ist eröffnet. Sie endet im Juni und beschert der westaustralischen **Langustenindustrie** jährlich durchschnittlich $300 Mio. an Einnahmen. Hauptabnehmer sind Japan und Amerika, wo die tierische Delikatesse auf den Tafeln feiner Gourmettempel landet. Verschifft werden die Langusten/*crayfish* entweder lebend oder gekocht. In beiden Fällen wird der Gewinn beträchtlich geschmälert, wenn dem Tier ein oder mehrere Beine fehlen. Doch ausgerechnet die **Westaustralische Languste**/*western rock lobster*, die 90 % des westaustralischen Gesamtfanges ausmacht, neigt dazu, unter Stress ihre Beine abzustoßen. Eine kostspielige Neigung, die der Industrie jährlich geschätzte $3 Mio. Verluste beschert. Wissenschaftler der Universität von WA glauben nun einen Weg gefunden zu haben, den Bein- und Gewinnverlust reduzieren zu können. Gleich nachdem das Tier aus dem Fangkorb geholt wird, wird es für wenige Sekunden in kaltes Wasser getaucht, gewissermaßen abgeschreckt. Durch diesen Kaltwasserschock werden die Tiere so benommen, dass zumindest einige von ihnen »vergessen«, ihre Beine abzuwerfen...

Sprachlich verwirrend ist die Tatsache, dass Langusten auch als *rock lobster* bzw. nur als *lobster*/ Hummer bezeichnet werden. Der auffälligste äußere Unterschied zu den »richtigen« Hummern ist das Fehlen der großen Scheren.

Greenough. Greenough ist keine Ortschaft, sondern ein Bezirk, der die **von Landwirtschaft geprägten Überschwemmungsebenen** des Greenough River, die Greenough Flats, umschließt. Diesen äußerst fruchtbaren Ebenen hat der Bezirk seine Gründung und seinen schnellen wirtschaftlichen Aufstieg Mitte des 19. Jahrhunderts zu verdanken. Als der Entdecker **George Grey** (▷ 267) auf seinem unfreiwilligen Fußmarsch von Kalbarri nach Fremantle als erster Weißer die Ebenen durchquerte, erkannte er sofort ihr landwirtschaftliches Potential. In den folgenden zehn Jahren wurde das Land vermessen, verpachtet, Getreide ausgesät und abgeerntet. Der stetig eintreffende Strom von Siedlern bildete eine gesunde Gemeinde und neben Getreide sprossen Schulen, Hotels, Kirchen und natürlich Getreidemühlen aus dem Boden. Doch eine verhängnisvolle Kombination aus Dürren, Ungezieferbefall und der Jahrhundertflut von 1888 beendete die Blütezeit und zerstörte das Werk und die Träume der Siedler. Als Folge sank die Bevölkerungszahl schneller, als sie gestiegen war.

Geblieben sind ein paar Ruinen und drei Museen, die sich mit der Vergangenheit des Distrikts beschäftigen. In einem **Museumsdorf** [*Central Gree-*

nough Historic Settlement Brand Hwy 🕓 tägl. 9-17 h], das vom National Trust verwaltet wird, können elf wieder aufgebaute bzw. restaurierte Gebäude besichtigt werden.

Den Siedlern und ihrem Wohnalltag widmet sich das sehenswerte **Pionier Museum** [*Pioneer Museum*, Philips Rd /Brand Hwy, 🕓 tägl. 10-16 h]. In den komplett eingerichteten Zimmern des 1837 erbauten Wohnhauses, findet man ein interessantes Sammelsurium alltäglicher Gegenstände sowie zahlreiche Porträtaufnahmen, die mehr erzählen, als jede Ausstellung darzustellen vermag.

Das dritte **Museum** [*Walkaway Station Museum*, Edward Rd, 🕓 tägl. 10-16 h] ist im alten Bahnhofsgebäude untergebracht und beschäftigt sich mit der lokalen Eisenbahngeschichte. Ebenfalls ausgestellt sind landwirtschaftliche Geräte, verschiedene Fuhrwerke und militärische Relikte.

Trotz der großen Anzahl historischer Gebäude ziert ein Baum das offizielle Emblem der Gemeinde, der **Flusseukalyptus**. Der gewöhnlich bis zu 20 m große Baum wird in dieser Region, wegen seiner untypischen Wuchsform, auch Schiefer Baum/*leaning tree* genannt. Grund für die seltsamen Verformungen sind die starken, salzhaltigen Meereswinde, die auf der ungeschützten Ebene wehen. Leider befinden sich die wenigen Exem-

e eindrucksvollsten Bäume stehen nördlich des Museumsdorfes.

plare in einem recht traurigen Zustand und Neuanpflanzungen sind selten.

Batavia Coast. Die Batavia Küste hat durch die vielen Seefahrer, die im 17. und 18. Jahrhundert an den vorgelagerten Riffen Schiffbruch erlitten, eine traurige Berühmtheit erlangt. Eine der bekanntesten **Schiffstragödien** ereignete sich am 4. Juni 1629, als das holländische **Handelsschiff *Batavia*** bei den Abrolhos Islands auf ein Riff auflief. Das eigentliche Drama begann jedoch erst, nachdem sich immerhin 250 der 316 Menschen an Bord auf eine nahe gelegene Insel retten konnten. Um Hilfe zu holen, entschied Kapitän Pelsaert mit einem Teil seiner Besatzung in zwei unbeschädigten Beibooten nach Java zu segeln. In seiner Abwesenheit meuterte der auf der Insel zurückgebliebene Kaufmann Jeronimus Cornelisz zusammen mit einigen Offizieren und Mannschaftsmitgliedern. Cornelisz ernannte sich selbst zum Gouverneur der Insel und begann mit einer Schreckensherrschaft. Jeder, der sich ihm widersetzte, wurde in einem wahren Blutrausch niedergemetzelt. 125 Männer, Frauen und Kinder fielen seiner Grausamkeit zum Opfer. Erst Kapitän Pelsaert, der nach drei Monaten zurückkehrte, gelang es die Meuterei zu beenden. Cornelisz und einige Männer wurden noch vor Ort zum Tode verurteilt und gehängt. Zwei der Meuterer wurden auf das Festland gebracht (▷ 273) und dort ihrem Schicksal überlassen.

Geraldton. (27.420 Einw.) Geraldton ist die **einzige »Großstadt« von WA nördlich von Perth**. Wer auf seinem Weg nach Norden noch einmal Stadtluft schnuppern möchte, kann hier durch die belebte Hauptgeschäftsstraße, die Marine Terrace, bummeln und in einem der vielen Cafés oder Restaurants verweilen.

Vom ansprechenden Zentrum abgesehen, ist das Stadtbild stark von den Hafenanlagen mit seinen großen Getreidesilos und Öltanks geprägt. Allerdings wird Geraldton zurzeit einem millionenschweren Facelifting unterzogen, das den Ort städtebaulich attraktiver machen soll.

Ein wichtiges wirtschaftliches Standbein ist die Langustenindustrie (▷ 262). In der Saison (Nov.-Juni) werden für Touristen **Führungen durch die Anlagen der Langustenindustrie** angeboten [Treffpunkt am *Fisherman's Wharf* am Ende der Connell Rd, 🕓 Touren Mo-Fr 9.30 h, festes Schuhwerk & Kopfbedeckung].

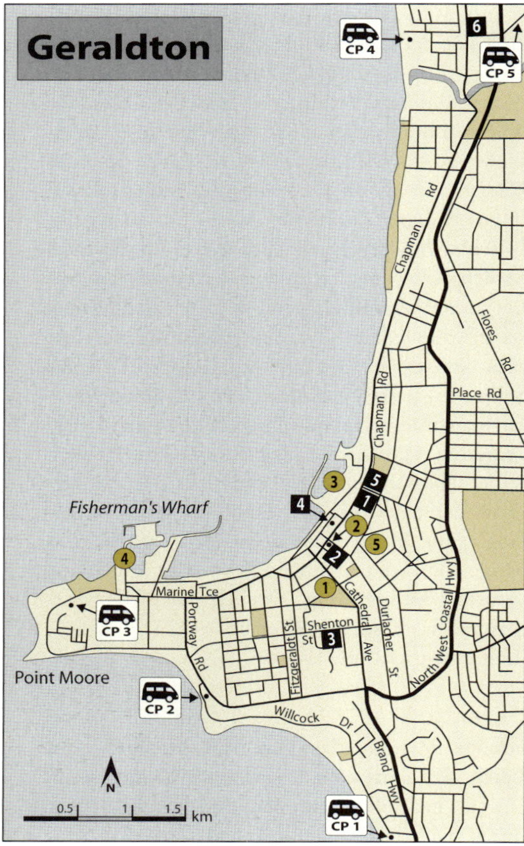

CP Stadtnahe Campingplätze

1 ***Tarcoola Beach Caravan Park***, Broad Head Ave, Tel. 9964 5544
2 ***Separation Point Caravan Park***, Willcock Dr, Tel. 9921 2763
3 ***Belair Gardens Caravan Park***, Marine Tce, Tel. 9921 1997, www.belairbig4geraldton.com.au
4 ***Sunset Beach Holiday Park***, Bosley St, Tel. 9938 1655, www.sunsetpark.com.au
5 ***Batavia Coast Caravan Park*** (gerade außerhalb der Karte), Hall Rd, Tel. 9938 1222, www.bataviacoastcp.com.au

Praktisches

Allgemeines
1 Touristenbüro [🕓 Mo-Fr 9-17 h, Sa So 10-16 h]
2 Hauptpostamt [🕓 Mo-Fr 8.30-17 h]
3 Krankenhaus
Internet
4 Internet-Café
Supermärkte
5 *Coles* [🕓 Mo-Fr 8-18 h (Do -21 h), Sa 8-17 h] & Automobilclub RACW [🕓 Mo-Fr 9-17 h]
6 *IGA* [🕓 tägl. 7-20 h]

Sehenswürdigkeiten

Historische Gebäude
1 *St. Francis Xavier Cathedral*
2 Kunstgalerie
Museen & Anderes
3 *Western Australian Museum Geraldton*
4 *Fisherman's Wharf*
5 *HMAS Sydney II Memorial*

Ein weiterer blühender Wirtschaftszweig ist der Tourismus. Die Strände der Stadt sind dank der verlässlichen Sommerwinde bei **Windsurfern** äußerst beliebt und als Startpunkt für **Touren zu den Abrolhos Islands** erfreut sich Geraldton wachsender Beliebtheit. Bootstouren zu der Inselgruppe werden u. a. angeboten von *Abrolhos Islands Charters* [www.abrolhosislandcharters.com] und *Odyssey Expeditions* [www.abrolhoscharters.com.au]. Flüge über und zu den Abrolhos Islands bietet u. a. das Unternehmen *Geraldton Air Charter* [www.geraldtonaircharter.com.au].

Über die Geschichte der Region und die Schiffstragödien der Batavia Küste informiert anschaulich das moderne ***Western Australian Museum Geraldton*** [Museum Pl, 🕓 tägl. 10-16 h].

Das Touristenbüro ist in einem **historischen Gebäudekomplex**, dem *Bill Sewell Complex*, untergebracht. In der 1884-1887 erbauten Anlage befanden sich zunächst ein Krankenhaus, später ein Gefängnis und heute, abgesehen vom Touristenbüro, verschiedene private Kunstwerkstätten sowie Backpacker-Unterkünfte.

Auch die **Kunstgalerie**/*art gallery* [Durlacher St / Chapman Rd, 🕓 Di-Sa 10-16 h, So 13-16 h] befindet sich in einem historischen Gebäude, dem 1901 erbauten Rathaus.

Einen für Australien ungewöhnlichen Anblick

r Architekt dieser zwischen 1916 und 1938 erbauten Kirche war nsignore **John Cyrill Hawes** (1876-1956). Der in England ge-rene Hawes vereinigte seine beruflichen Fähigkeiten mit seinem istlichen Glauben und entwarf als Architekt viele Kirchen, in de-n er selbst das Wort Gottes predigte.

bietet die *St. Francis Xavier Cathedral* [Cathedral Ave, ◷ Mo 10 h, Fr 14 h], eine **Kathedrale im byzantinischen Stil**, die vom Aussehen her eher nach Italien passen würde.

Ebenfalls von auffälligem Design ist das *HMAS Sydney II Memorial*, eine **Gedenkstätte in Form eines Pavillons** mit einem Dach aus 645 silbernen Möwen. Eine jede Möwe steht für den Tod eines Matrosen. Die Männer befanden sich an Bord des Kriegsschiffes *HMAS Sydney II*, das im II. Weltkrieg vor der Küste von Shark Bay von einem deutschen Kriegsschiff angegriffen wurde und mit samt Besatzung sank. Mysteriöserweise fand man zunächst weder Tote noch das Schiff. Erst im März 2008 nach jahrelanger intensiver Suche wurde das gesunkene Wrack gefunden.

Die erhöht gelegene Gedenkstätte dient gleichzeitig als **Aussichtspunkt** [Gummer Ave, von der Chapman Rd ausgeschildert].

Geschichte

Zu den Kuriositäten der Stadtgeschichte gehören jene Gerichtsverhandlungen der ersten Siedlungsjahre, die geführt wurden, während der Chapman River wegen Hochwasser unpassierbar war. Da damals keine Brücke über den Fluss führte, war Geraldtons Zentrum, in dem sich das Gericht befand, von den Siedlungen nördlich des Flusses, in denen u. a. der Friedensrichter wohnte, abgeschnitten. Statt jedoch die anfallenden Gerichtsverhandlungen zu vertagen, verlegte man den »Gerichtssaal« kurzerhand an das Ufer des Flusses. Zeugen und Angeklagte standen am südlichen und der Richter am nördlichen Ufer. Nachdem alle Betroffenen angehört worden waren, schrie der Richter seinen Urteilsspruch über die Fluten.

Ansonsten verlief Geraldtons Geschichte weniger bemerkenswert. 1849 gegründet, entwickelte sich die kleine, landwirtschaftlich geprägte Ansiedlung an der Chapman Bay schnell zu einer geschäftigen Hafenstadt. Das erste bedeutende Exportgut war das seit 1849 bei Northampton abgebaute Blei. Heute profitiert der Hafen von dem schwunghaften Handel mit Eisenerz, das hier in jährlich wachsenden Mengen umgeschlagen wird.

Gut zu wissen,...

...dass in Geraldton ein **öffentlicher Bus** verkehrt. Fahrpläne sind im Touristenbüro erhältlich.

i — im *Bill Sewell Complex*, Chapman Rd, ◷ Mo-Fr 9-17 h, Sa So 10-16 h

BB*, BP*, CP*, H/M*, JH¹, S*

Coles, Chapman Rd, ◷ Mo-Fr 8-18 h (Do -21 h), Sa 8-17 h & *IGA*, Chapman Rd, ◷ tägl. 7-20 h

Abrolhos Islands. Die Abrolhos Islands bestehen aus einer Gruppe von 122 teils in Korallenriffe und Lagunen eingebettete Inseln. Die warme Leeuwin-Strömung, die die Inseln umspült, sorgt für wohltemperiertes Wasser und ermöglicht das Leben einer **artenreichen Unterwasserwelt**. Die relativ unberührten Inseln sind ein wichtiges Rückzugs- und **Brutgebiet von fast 100 Vogelarten**. Bislang hielt sich der menschliche Eingriff in Grenzen, lediglich 22 der Inseln sind in der Langusten-Saison von Fischern bewohnt und Touristen kommen nur selten. Dies soll sich nun ändern, denn ein Plan sieht die Bebauung von Unterkünften auf mehreren Inseln vor. Versprochen wird ein sanfter Tourismus, doch ob das Versprechen gehalten wird, ist fraglich. Bereits heute können verschiedene Bootstouren und Rundflüge zu bzw. über die Abrolhos Islands im Touristenbüro von Geraldton gebucht werden.

Northampton. (2325 Einw.) Im Gegensatz zur boomenden Stadt Geraldton scheint nur 50 km weiter nördlich in Northampton die Zeit stehen geblieben zu sein – ein **schläfriges Örtchen**, das einst als Bergbaustadt gegründet wurde und dessen locker bebaute Straßen noch heute, anstatt von modernen Einfamilienhäusern mit getrimmten Vorgärten, von schlichten Wohnhäusern auf großzügigen Grundstücken gesäumt werden.
Zu den bemerkenswerten Gebäuden entlang der Hauptstraße gehört *St. Mary's Catholic Church*, die in den 1930ern von John Cyrill Hawes (▷ 265) im gotischen Stil entworfen wurde. Gleich neben der etwas **unproportional wirkenden Kirche** steht ein hübsches zweistöckiges Gebäude, das einst als Kloster diente und in dem heute **einfache Unterkünfte** angeboten werden [*Sacred Heart Convent*, North West Coastal Hwy].
Darüber hinaus gibt es ein winziges **Gemeindemuseum** am südlichen Ortsrand [*Chiverton House Museum*, North West Coastal Hwy, 🕓 tägl. 10-12 h u. 14-16 h].

Gut zu wissen,...

North West Coastal Hwy, 🕓 Mo-Fr 9-17 h, Sa 10-14 h

BP[1], CP[1], H/M[1]

IGA, North West Coastal Hwy, 🕓 Mo-Fr 7-17.30 h (Do -18 h), Sa 8-14 h

bei den öffentlichen Toiletten im *Lion Parks*, Stephen St

Horrocks. (304 Einw.) Das kleine Fischernest, das noch vor wenigen Jahren lediglich bei den lokalen Farmern als **Urlaubsziel** bekannt war, erlebt zurzeit einen Bauboom der Extraklasse, bei dem so manch eine kleine Strandhütte für astronomische Summen den Besitzer wechselt. Immerhin liegt der Ort recht idyllisch, inmitten hoher, bewachsener Dünenkämme an einer **geschützten Badebucht**, die von einem schmalen Sandstrand gesäumt wird.
Sehr viel ungestümer, mit langgezogenen Wellen (und daher bei **Surfern** beliebt) präsentiert sich das Meer einige Kilometer weiter südlich an der Mündung des Bowes River. Die Anfahrt erfolgt über die 3 km lange Bowes River Road [Abzweig 5 km vor Horrocks]. Gleich zu Beginn der nicht asphaltierten Straße erheben sich rechter Hand ein paar niedrige Felsklippen, in der sich eine **Aborigine-Kunststätte**, die *Willigully Art Site*, versteckt. Zu sehen sind überwiegend Handschablonen sowie einige verblichene Bumerangs, Schlangenlinien und Tierspuren.

Gut zu wissen,...

BB[1], CP[1], S[1]

General Store, Glance St, 🕓 Mo-Sa 8-17 h, So 9-12 h

Principality of Hutt River. Es begann mit einem Streit um ein paar Weizensäcke und endete als clevere Geschäftsidee. »**Fürstentum Hutt River**« ist der wohlklingende Name einer 75 km² großen Farm, deren Besitzer sich 1969/70 während eines Streits mit der Regierung über die Weizenverkaufsquoten kurzerhand entschied, sein »Weizenreich« von Australien abzuspalten und zur unabhängigen Provinz zu erklären. Fast überflüssig zu erwähnen, dass die Unabhängigkeit niemals von Australien geschweige denn von irgendeinem anderen Land anerkannt wurde. Doch diese rechtliche Feinheit bremste die Farmersleute nicht, sich selbst in den Adelsstand zu erheben und ihr Spiel mit großem Eifer als »Prinz« und »Prinzessin« fortzusetzen. Sie begannen Pässe auszustellen, eigene Münzen und Briefmarken zu drucken und Adelstitel zu verleihen. In den 1980ern erklärten sie ihre Provinz kurzfristig zum Königreich, bevor sie sich für den Status eines Fürstentums entschieden. Mit einer Mischung aus autistischer Beharrlichkeit und exzentrischem Größenwahn erreichten sie schließlich, wenn auch nicht die Souveränität, so doch ein anderes Ziel, nämlich immer mehr neugierige **Besucher auf ihre Farm zu locken**, die das Spiel mitspielen und die Staatskassen durch den Kauf adeliger Souvenirs bereichern. Das **Campen** im Weizenreich ist ebenfalls gegen eine geringe Gebühr erlaubt. Bezahlt werden muss jedoch in australischen Dollars, denn die hauseigenen »Hutt River Dollars« sind selbst im eigenen Fürstentum nichts wert.

Hutt Lagoon. Die flache Lagune weist, je nach Wetterlage, eine blass bis stark **rosafarbene Einfärbung** auf, denn sie ist, wie auch der Pink Lake bei Esperance, Heimat der **Meeresalge** *Dunaliella salina*. Diese setzt während der Algenblüte den **Farbstoff Beta Karotin** frei, der ein gefragter Farbstoff auf dem Weltmarkt ist und an der Hutt Lagoon kommerziell gewonnen wird. Eine weitere Folge der Algenblüte ist der süßlich faulige Geruch, der entsteht, wenn die Algen absterben. *Dunaliella salina* ist eine der salztolerantesten Pflanzen der Welt und überlebt selbst in Wasser mit einem Salzgehalt von bis zu 35 %.

Die ersten Expeditionen in die noch unbekannten Regionen Australiens verliefen meist alles andere als planmäßig. Neben dem harschen Klima und blutigen Zusammenstößen mit Aborigines waren vor allem Wasser- und Nahrungsmittelknappheit für die Tragödien und Misserfolge verantwortlich. Gleich zwei missliche Expeditionen leitete der Engländer **George Grey** (1812-1898). Schon seine erste, die ihn 1838 an die Küste der Kimberleys führte, endete nach viel Mühsal mit der Verletzung Greys durch einen Aborigine-Speer. Doch die zweite Expedition, zu der Grey im Februar 1839 aufbrach, übertraf die erste an Pleiten und Pannen noch um ein Vielfaches.

Ein Segelschiff hatte den zwölf Mann starken Trupp nach Bernier Island bei Shark Bay gebracht, von wo aus die Männer mit drei kleinen Booten die Küste weiter gen Norden erkunden wollten. Unverständlicherweise begannen die Zurückgelassenen erst mit der Suche nach Wasser, nachdem das Segelschiff wieder in See gestochen war und stellten prompt fest, dass es auf der Insel keinen Tropfen Frischwasser gab. Auf der anschließenden ebenfalls vergeblichen Suche nach Wasser auf der Nachbarinsel zerschellte das erste ihrer Boote an Felsen. Als sie schließlich auf dem Festland Wasser fanden und nach Bernier Island zurückkehrten, stellten sie zu ihrer Bestürzung fest, dass ihr dort zurückgelassener Proviant fast vollständig durch eingedrungenes Seewasser verdorben war. Alles was ihnen blieb, war Proviant für neun Tage. Mit diesem machten sie sich in ihren zwei Booten auf den Weg zurück nach Fremantle. Ohne Unterbrechung ruderten sie zwei Tage, kämpften gegen Sturm und Wellen, bis sie sich nichts sehnlicher wünschten als festen Boden unter den Füßen, um sich auszuruhen. Bei ihrem verzweifelten Versuch in der Nähe des heutigen Kalbarri die Küste zu erreichen, verloren sie ihre letzten beiden Boote. Vor ihnen lag nun ein rund 480 km langer Fußmarsch und das einzige, was sie aus den beiden Wracks an Proviant hatten retten können, waren ein paar Kilo Mehl und Salz.

Dank Greys permanentem Ansporn und den Buschfähigkeiten seines aboriginal Führers und Freundes **Kaiber** überlebten alle bis auf einen. Den Strapazen zum Trotz führte Grey die ganze Zeit Tagebuch und pries die fruchtbaren Ebenen, die sie durchquerten. »Innerhalb der nächsten vier oder fünf Jahre«, notierte George Grey am 20.4.1839, »wird die Zivilisation meinen Fußspuren gefolgt sein, ...und die Wilden werden ihre unangefochtene Herrschaft über das Gebiet verloren haben«. Er sollte Recht bekommen. Seine positiven Berichte legten den Grundstein für die nachfolgende Besiedlung von Greenough.

Kalbarri National Park. (1.830 km²) Die eigentliche Attraktion des Nationalparks, der Tumblagooda Sandstein/*sandstone*, wird von einem dichten Teppich niedriger Heidevegetation verdeckt. Der **mächtige Sandsteinblock** ist bis zu 3 km tief und hat sich vor über 400 Mio. Jahren aus gepressten Sandschichten gebildet. Durch diesen Gesteinsblock hat der Murchison River im Laufe der Zeit eine **80 km lange Schlucht** gefressen, deren größtenteils bewachsene Wände stellenweise über 100 m hoch aufragen. Dort, wo die Vegetation keinen Halt gefunden und die Erosion die oberste Felsschicht abgetragen hat, liegen die verschiedenfarbigen, waagerechten Schichten des Sandsteinblocks frei und bieten ein **fantastisches Farbenspiel** aus roten, braunen und weißen Farbtönen.

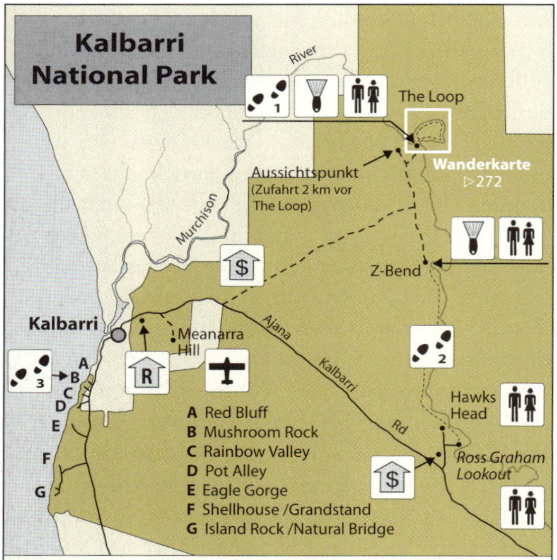

Wandermöglichkeiten

1 *Loop Walk* [8 km ↻]
2 verschiedene Abschnittswanderungen
3 *Mushroom Rock Walk Trail* [3 km ↻]

N

5 10 15 20 km

Legende ▷ Umschlagklappe hinten

Nationalparknahe Übernachtungsmöglichkeiten

In der Ortschaft Kalbarri gibt es eine große Auswahl an Übernachtungsmöglichkeiten einschließlich mehrerer Campingplätze.

Es gibt **vier Aussichtspunkte**, von denen man in die Schlucht hinabschauen oder -steigen kann. Am höchsten sind die Schluchtwände bei The Loop und Z-Bend. Am The Loop liegt auch die Hauptattraktion des Parks, das *Nature's Window* [1 km ⇆ / ▶ 126], ein erodiertes Fenster im roten Sandstein, durch das man einen schönen Blick auf den Fluss hat. Ca. 100 m dahinter gibt es noch ein zweites Fenster, dessen Sandsteinrahmen allerdings unterbrochen ist. Nicht ganz so hoch sind die Wände an den zwei anderen Aussichtpunkten Hawks Head und *Ross Graham Lookout*, deren Zufahrtsstraßen asphaltiert sind. Bei Hawks Head befindet sich eine blickreiche Aussichtsplattform [200 m ⇆] und vom *Ross Graham Lookout* führt ein einfacher Fußweg [300 m →] zum Fluss hinunter.

Ebenfalls Teil des Parks ist ein ca. 20 km langer Küstenstreifen südlich der Ortschaft Kalbarri. Die **zerklüftete Steilküste** markiert das abrupte Ende des farbigen Tumblagooda Sandsteinblocks. Sechs Abzweige führen an diesen Küstenabschnitt.

<u>Von Norden nach Süden:</u>

Vom **Red Bluff**, der höchsten Erhebung, hat man einen freien Blick auf die im Süden liegenden Sandsteinklippen und die Strände im Norden.

Mushroom Rock ist ein kleiner, (mit etwas Fantasie) pilzförmiger Fels, der in einem farbenprächtigen Klippeneinschnitt steht.

Im **Rainbow Valley** kann man die verschiedenfarbigen Lagen einer nackten Sandsteinwand bewundern. Farben, die an leckere Backwaren erinnern, denn sie reichen von köstlichem Schokoladenbraun bis zu appetitlichem Vanillegelb.

Der Parkplatz bei **Pot Alley** bietet einen imposanten Blick hinunter auf eine kleine, in die Klippen gefressene Bucht. Nicht minder eindrucksvoll ist die Szenerie von unten, vor allem bei hohem

Wellengang, wenn die hereinpreschenden Wellen den kleinen Strand fast vollständig überspülen. Bemerkenswert ist auch der Abstieg [200 m →], der durch einen hübschen Mini-Canyon führt.

Eagle Gorge ist ein breiter Einschnitt in der Steilküste mit einer Aussichtsplattform, von der aus man in der Saison gut nach Walen (▷ 201) Ausschau halten kann und einem kleinen Strand, zu dem man hinabsteigen kann.

Natural Bridge, **Island Rock**, **Grandstand** und **Shellhouse** sind vier Aussichtspunkte mit Blick auf die Steilküste, die an diesem Ende allerdings nicht ganz so farbenprächtig ist.

Blickpunkt Natur

Der weitaus dominanteste Vertreter der Tierwelt ist die Ziege/*goat*. Insgesamt, so schätzt man, leben 2 bis 3 Mio. wilde Ziegen auf dem 5. Kontinent, Zigtausende davon im Nationalpark. Die als Nutztiere von den Briten ins Land gebrachten Allesfresser haben sich zu einer ausgemachten Plage entwickelt und da natürliche Feinde fehlen, wird im Park regelmäßig per Hubschrauber Jagd auf sie gemacht. Zu den heimischen Säugern gehören Euros (▷ 355), Westliche Graue Riesenkängurus (▷ 225) und Kurzschnabeligel (▽).

Die Vogelwelt zählt über 170 Arten. Auf dem Grund der Schlucht kann man Wasservögel wie Kormorane, Enten oder Reiher beobachten und in den Felswänden nistende Arielschwalben/*fairy martins*. Durch die Lüfte gleiten Keilschwanzadler (▷ 311) und Wanderfalken/*peregrine falcons*, Emus (▷ 258) überqueren auf ihren Wanderungen gelegentlich die Piste und Honigfresser (▷ 218) wie der Braunscheitel-Honigfresser/*tawny-crowned honeyeater* oder der Braunhonigfresser/*brown honeyeater* suchen in der blütenreichen Heidevegetation nach Nahrung. Ebenfalls artenreich vertreten sind Kuckucks, darunter der Australische Fächerschwanz-Kuckuck/*fan-tailed cuckoo* mit seinen auffällig schwarzweiß gefleckten Schwanzfedern.

Ein häufiges Reptil ist der Dornteufel (▽).

◆ Vor 400 Mio. Jahren, als sich gerade der Tumblagooda Sandstein bildete, spielte sich das Leben auf der Erde noch unter Wasser ab. Erst langsam begannen die ersten Tiere das Land als Lebensraum zu erobern. Damals wurde der Nationalpark von einem niedrigen Dschungel aus Farnen und Moosen bedeckt, der mit allerlei seltsamen Kreaturen bevölkert war. Eines dieser Geschöpfe war der **Eurypterida**/*eurypterid*, ein erbarmungsloses Meeresraubtier, das bereits ab und zu an Land erfolgreich auf Jagd ging. Bei diesen Landgängen hinterließ der Räuber vielerorts im Park seine Spuren. Manche dieser Abdrücke sind bis zu 20 cm breit, weshalb man annimmt, dass einige Exemplare bis zu 1 m groß wurden. Eine dieser versteinerten Spuren befindet sich zu Füßen der Holzbank kurz vor *Nature's Window*.

Die wie eine Reifenspur aussehenden Abdrücke vor der kleinen Holzbank gehören zu den ältesten Fußspuren der Welt.

◆ Die **Kloakentiere**/*monotremes* (*Monotremata*) sind eine echte Kuriosität in der Tierwelt. Sie bilden eine eigene Unterklasse der Säugetiere und unterscheiden sich von den beiden anderen Unterklassen (▷ 100) in zweierlei Hinsicht. Zum einen gebären sie keine lebenden Jungen, sondern legen Eier und zum anderen geben sie ihre Muttermilch nicht über Zitzen sondern Drüsen ab.
Ein 60 Mio. Jahre alter Zahn eines Kloakentieres, der 1992 in Patagonien gefunden wurde, lässt vermuten, dass Kloakentiere bereits zu Zeiten Gondwanas (▷ 45) weit verbreitet waren. Heute dagegen gibt es weltweit nur noch drei Arten, von denen zwei ausschließlich in Australien und eine dritte, der Langschnabeligel/*long-beaked echidna*, nur in Neuguinea vorkommt. Die beiden australischen Arten sind das im Osten lebende Schnabeltier/*platypus* und der in allen Lebensräumen des Kontinents beheimatete **Kurzschnabeligel/** *short-beaked echidna* (▶ 136). Ähnlich dem europäischen Igel ist der Kurzschnabeligel am ganzen Körper, ausgenommen an Bauch und Gesicht, von kräftigen Stacheln bedeckt. Mit einer Größe von bis zu 45 cm und einem Gewicht von bis zu 7 kg ist er jedoch sehr viel umfangreicher als sein europäisches Pendant. Außerdem ist der Kurzschnabeligel nicht nacht- sondern tagaktiv, weshalb er relativ häufig zu beobachten ist. Bei Gefahr rollt er sich zusammen oder, falls die Härte des Bodens es zulässt, gräbt sich mit allen vier Pfoten gleichzeitig ins Erdreich. Seine kräftigen Vorderpfoten nutzt er auch, um in Ameisen- und Termitenbauten einzudringen, deren Bewohner seine Hauptnahrung darstellen.
Vorkommen (*Tachyglossus aculeatus*): australienweit

Der Sonderling unter den Säugern.

◆ Der **Dornteufel**/*thorny devil* (▶ 138) ist eine Agame von recht sonderbarem Aussehen. Ihr Körper ist mit spitzen, in Reihe stehender Dornen bedeckt und auf dem Kopf befindet sich ein seltsamer, runder Höcker, über dessen Funktion man noch rätselt. Man nimmt an, dass es sich um eine Art Kopfattrappe handelt, mit der das sonst wehrlose Tier Angreifer täuscht. Ein weiteres Täuschungsmanöver vollzieht der Dornteufel mit seinem eigenartigen Gang. Statt sich wie andere Agamen flink und behände zu bewegen und dadurch womöglich die Aufmerksamkeit von Fressfeinden auf sich zu lenken, schwankt der Dornteufel wie ein Betrunkener im Zeitlupentempo und verwirrt somit erfolgreich seine Feinde, denn das Sprichwort » Was der Bauer nicht kennt, das frisst er nicht« gilt anscheinend auch für Tiere. Beim Überqueren der Straße wird ihm diese Langsamkeit oft zum Verhängnis. Wer ihm bei der Überquerung behilflich sein möchte, kann das Reptil getrost anfassen und aufheben, es verharrt reglos in der Hand.
Der bis zu 19 cm große Dornteufel ernährt sich ausschließlich von Ameisen, von denen er beachtliche 1000 Stück pro Mahlzeit verspeist. Bemerkenswert ist auch seine Art zu trinken, denn die Feuchtigkeit wird nicht über das Maul, sondern über Bauch und Beine aufgenommen und von dort durch dünne Kanäle zum Maul gepumpt.
Vorkommen (*Moloch horridus*): in allen Trockenzonen des Kontinents

Der niedrige Pflanzenteppich des Nationalparks markiert das nördliche Ende der für den gesamten Südwesten so typischen Heidevegetation (▷ 95). Neben den charakterstarken Grasbäumen (▽), die entlang der Piste zum *Nature's Window* wachsen.

findet man hier eine von sechs *woody pear*-Arten Australiens. Der bis zu 7 m hohe Baum ist leicht an seinen großen, hölzernen Früchten zu erkennen. Eine der wenigen australischen Zypressenarten, die *sandplain cypress*, gedeiht u. a. an der Zufahrt zu Hawks Head. Zu den weiteren pflanzlichen Höhepunkten gehören die vielen Banksia- und Grevilleaarten. Besonders häufig sind die orange blühenden *woolly orange banksia* und *Ashby's banksia* (▶147) sowie die *white plum grevillea*, eine buschige Grevillea, deren weiße Blüten an langen Stängeln aus dem Strauch herausragen.
In den Hauptblütemonaten August bis September kann man zahlreiche Wildblumen bestaunen. Neben Kängurupfoten (▷ 189), Orchideen (▷ 210), *triggerplants* (▷ 227), Federblüten (▷ 226) und *pea flowers* (▷ 220) blüht dann auch eine der häufigsten Wildblumen der Heidevegetation, die *purple flag* (▶151), die mit ihren drei großen, lilafarbenen Blütenblättern unverwechselbar ist.

◆ Zu den pflanzlichen Kostbarkeiten des Kontinents gehören die **Grasbäume**/*grass trees*. Die 29 Arten werden zwischen 50 cm und 6 m groß und bilden die Familie *Xanthorrhoeaceae*, die ausschließlich in Australien vorkommt. Wegen ihrer »wuscheligen Schöpfe«, bestehend aus zahllosen langen, dünnen Blättern sowie den dunklen, oft schwarz verkohlten Stämmen und den langen, speerähnlichen Blütenständen, wurden sie früher von den ersten britischen Siedlern *blackboys* genannt.
Grasbäume gedeihen bevorzugt im offenen Busch- und Heideland und wachsen extrem langsam, nur ca. 0.5 bis 2 cm im Jahr. Eine in WA besonders häufige Art ist der ***balga*** (▶ 148), dessen Blütenstände bis zu 3 m lang werden können. Ebenfalls weit verbreitet ist der ***kingia*** (auch *Western Australian grass tree* / ▶ 209). Er gehört zwar nicht zur Familie *Xanthorrhoeaceae* (sondern zur Familie *Dasypogonaceae*) und ist somit genau genommen kein Grasbaum, wird aber wegen seines ähnlichen Aussehens oft als solcher bezeichnet. Äußerlich unterscheidet sich der *kingia* von den »richtigen« Grasbaumarten lediglich durch seine andersartigen Blütenstände. Jeder *kingia*-Schopf entwickelt bis zu 20 Blütenstände von jeweils 30 bis 40 cm Länge, deren Enden sich wie Paukenstöcke zu einer Kugel verdicken.
Die Aborigines nutzten die Grasbäume auf vielerlei Weise. Da ihre Blüten eine enorme Menge Nektar produzieren, tunkten die Aborigines sie ins Wasser und gewannen so einen schmackhaften Fruchtsaft. Bei einigen Arten, so wie dem im Jarrah- und Karriwald beheimateten *mimidi*, rissen sie den verwelkten Blütenstrunk aus der Pflanze und kauten das saftig süße Endstück. Die Blätter des *balga* wurden zusammengebunden als Fackel benutzt und sein schwarzes, klebriges Harz, um Speerspitzen zu befestigen.

Grasbäume sind extrem feuerresistent. Zwar verbrennt der grüne Schopf binnen kürzester Zeit, doch der gut isolierte Stamm überlebt selbst das heißeste Buschfeuer und treibt schon bald darauf wieder aus.

Darüber hinaus befinden sich im Stamm des *balgas* oft nahrhafte Maden, die entweder roh oder geröstet verzehrt wurden.
Vorkommen *kingia* (*kingia australis*): im Südwesten, von Perth bis Albany
Vorkommen *balga* (*Xanthorrhoea preissii*): Südwesten, von Kalbarri bis Esperance

Die **Bildung des Tumblagooda Sandsteinblocks** begann vor über 400 Mio. Jahren mit Sand, der vom angrenzenden Yilgarn-Block heruntergespült wurde, sich Schicht für Schicht an dieser Stelle sammelte und unter dem zunehmenden Druck verfestigte. Zahlreiche Felsen mit deutlichen **Rip-**

pelmarken (z. B. rund um das *Nature's Window*) zeugen davon, dass die »Geburt« des Sandsteinblocks unter Wasser stattgefunden haben muss. Vor rund 130 Mio. Jahren begann der Murchison River sich seinen Weg über bzw. durch den Block zu bahnen. Unterstützt von einer gewaltigen Anhebung, die vor ca. 10 Mio. Jahren stattfand, drang der Fluss immer tiefer in die nicht sehr erosionsbeständigen Sandsteinschichten ein und erschuf so die heutige Schlucht.

Erkunden & Wandern

◆ Ein **empfehlenswerter Rundwanderweg entlang einer Flussschleife** des Murchison River beginnt und endet am *Nature's Window*. Bis zur ersten Flussbiegung führt der *Loop Walk* [8 km ↺] am oberen Klippenrand entlang mit schönen Weitblicken über die Schlucht und die zerklüfteten Sandsteinwände. Kurz vor der Biegung gelangt man zur *Loop City*, einem Areal, das mit Steinhaufen der unterschiedlichsten architektonischen Baustile bedeckt ist. Inzwischen ist es ungeschriebenes Gesetz, dass ein jeder sein Kunstwerk hinzufügt...

Kurz hinter *Loop City* beginnt der leichte Abstieg in die Schlucht hinunter. Unten angekommen, enden die offiziellen Markierungen und man muss sich seinen Weg über die ausgewaschene, teils unterhöhlte Kante der Felswand suchen. Eine gute Orientierung bieten die Steinhaufen, die von anderen Wanderern hinterlassen wurden. Hinter der nächsten großen Biegung wird der Pfad zunehmend breiter und führt die letzten 3 km im mit Akazienbüschen und weißstämmigen Eukalypten bewachsenen Flussbett entlang. Von hier unten hat man eine großartige Sicht auf die farbenprächtigen Sandsteinschichten. Genau unterhalb des *Nature's Window* beginnt der leichte, gut markierte Aufstieg.

Falls der Fluss zuviel Wasser führt und der erste Teil nach dem Abstieg unpassierbar ist, gibt es eine inoffizielle (nicht markierte!) Alternativroute, die zu Beginn des Abstiegs, kurz vor der scharfen Rechtsbiegung abzweigt. Diese Route ist aber nur etwas für erfahrene Wanderer mit Spürsinn und einer Portion Abenteuerlust, da nur wenige Steinhaufen bei der Orientierung helfen. Der Abstieg erfolgt nach dem Passieren des 4. Einschnittes in einem breiten, gerölligen Einbruch in der Klippenwand. Bei extremen Hochwasser kommt man aber auch von hier nicht weiter, da der Weg in der Schlucht dann vollständig überflutet ist.

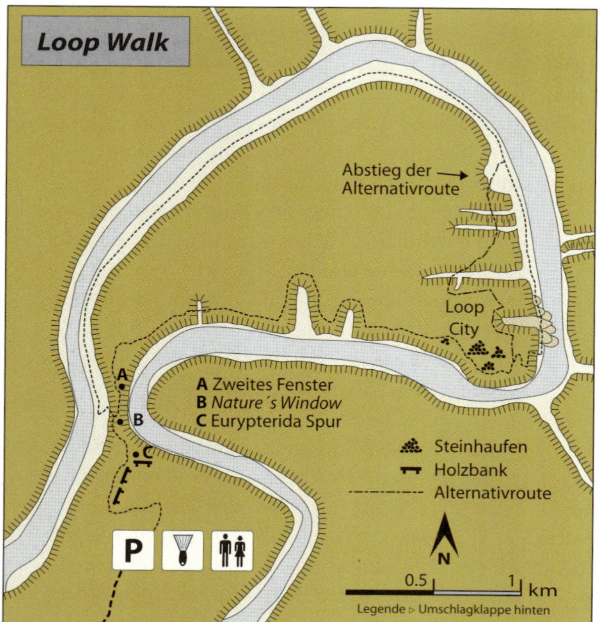

◆ Je nach Wasserstand des Flusses können noch weitere Schluchtabschnitte erwandert werden. Die kürzeste **Abschnittswanderung** verbindet den *Ross Graham Lookout* und Hawks Head [10 km ⇆]; die längste führt von Hawks Head weiter bis Z-Bend [19 km →]. Bei diesen Wanderungen sollte zunächst der Ranger kontaktiert werden zwecks Informationen über die aktuelle Begehbarkeit und einer Sicherheitsregistrierung.

◆ An der Steilklippe verbindet ein schattenloser **Küstenrundwanderweg**, der *Mushroom Rock Walk Trail* [3 km ↺], den Mushroom Rock und das Rainbow Valley. Startet man am Mushroom Rock und folgt dem Weg rechts herum, so passiert man zunächst ein Feld knubbeliger Sandsteinbrocken, die mit einem Alter von ca. 130 Mio. Jahren sehr viel jünger sind als der Tumblagooda Sandstein. Am oberen Rand der Felsklippe kann man die versteinerten, vertikalen Röhren eines prähistorischen Sandwurmes sehen. Der Weg führt weiter durch das Rainbow Valley und durch kniehohe Heidevegetation zurück zum Parkplatz.

Gut zu wissen,...

...dass die Pisten im Park zwar **2WD tauglich** sind, ihr Zustand allerdings oft dürftig ist.

Kalbarri. (2123 Einw.) Ein hübscher, **friedvoller Ort** an der Mündungsschleife des Murchison River. Wer Kalbarri während der Hauptsaison besucht, wird das »friedvoll« vielleicht anzweifeln, denn der ebenfalls bei den Australiern sehr beliebte Ferienort droht dann aus allen Nähten zu platzen. Der ganze Ort lebt vom Tourismus, dementsprechend groß ist das Angebot an Übernachtungsmöglichkeiten, Cafés und Restaurants.

Einen guten **Blick über die Stadt** und die Mündungsschleife hat man vom *Chinaman Lookout* [am Ende der Grey St], wo auch Genießer von **Sonnenuntergängen** auf ihre Kosten kommen.

Im Touristenbüro können zahlreiche Touren gebucht werden, darunter **Walbeobachtungstouren** (▷ 201), u. a. angeboten von *Kalbarri Explorer* [www.kalbarriexplorer.com.au] und Kanutouren im Kalbarri NP, u. a. angeboten von *Kalbarri Adventure Tours* [www.kalbarritours.com.au].

Ein tägliches Ereignis ist die morgendliche **Pelikan Fütterung** [Grey St, schräg gegenüber der Woods St, ◷ 8.45 h], wobei die Anzahl der Schaulustigen die der Pelikane oft übertrifft.

2 km südlich des Ortes liegt der *Rainbow Jungle* [Red Bluff Rd, ◷ Mo-Sa 9-17 h, So 10-17 h], ein **privater Vogelpark**, der sich auf das Züchten farbenprächtiger Sittiche spezialisiert hat.

Eine **kulinarische Attraktion** ist *Finlays Fresh Fish BBQ Restaurant* [Magee Cr, ◷ Di-So 17.30-20.30 h, feiertags & in den Ferien auch Mo]. Es ist kein Restaurant mit Bedienung und gedeckten Tischen, sondern ein echt australisches BBQ im Freien. Bestellt wird am Tresen; gespeist wird an verstreut im Garten stehenden Tischen in uriger Atmosphäre inklusive eines Hauchs Lagerfeuerromantik. Für alkoholische UND nicht alkoholische Getränke PLUS Gläser gilt BYO (▷ 10).

Geschichte

Erst seit 1952 gilt dieser Ort offiziell als permanent besiedelt. Vorher standen hier nur einfache Fischerhütten, darunter das erste informelle Touristenressort – geführt von zwei Fischern. Die ersten zwölf Straßen des Ortes benannte man nach dem Entdecker George Grey (▷ 267) und seiner Mannschaft, die 1839 vor dieser Küste Schiffbruch erlitten hatten. In der Walker Street befindet sich ein Brunnen, der die Quelle umschließt, aus der die Männer ihre Wasservorräte aufgefüllt haben sollen. BBQ und Picknicktische sind erst später dazu gekommen. Einen weiteren Gedenkstein der Geschichte findet man 3 km südlich von Kalbarri am Wittecarra Creek. Er ist den **zwei Meuterern des Schiffes *Batavia*** (▷ 263) gewidmet, die 1629 hier irgendwo ausgesetzt wurden. Ihre blutigen Taten werden jedoch mit keinem Wort erwähnt.

Gut zu wissen,...

...dass es die **besten Fish & Chips** im *The Jetty Seafood Shack* [River Rd neben der Tankstelle, ◷ tägl. 11-20 h] gibt. Tipp

Grey St, ◷ tägl. 9-17 h

BB¹, BP², CP*, H/M*, S*

IGA, Grey St, ◷ tägl. 7-18 h

Streckenabschnitt Nord 2 Shark Bay bis Mt Augustus NP

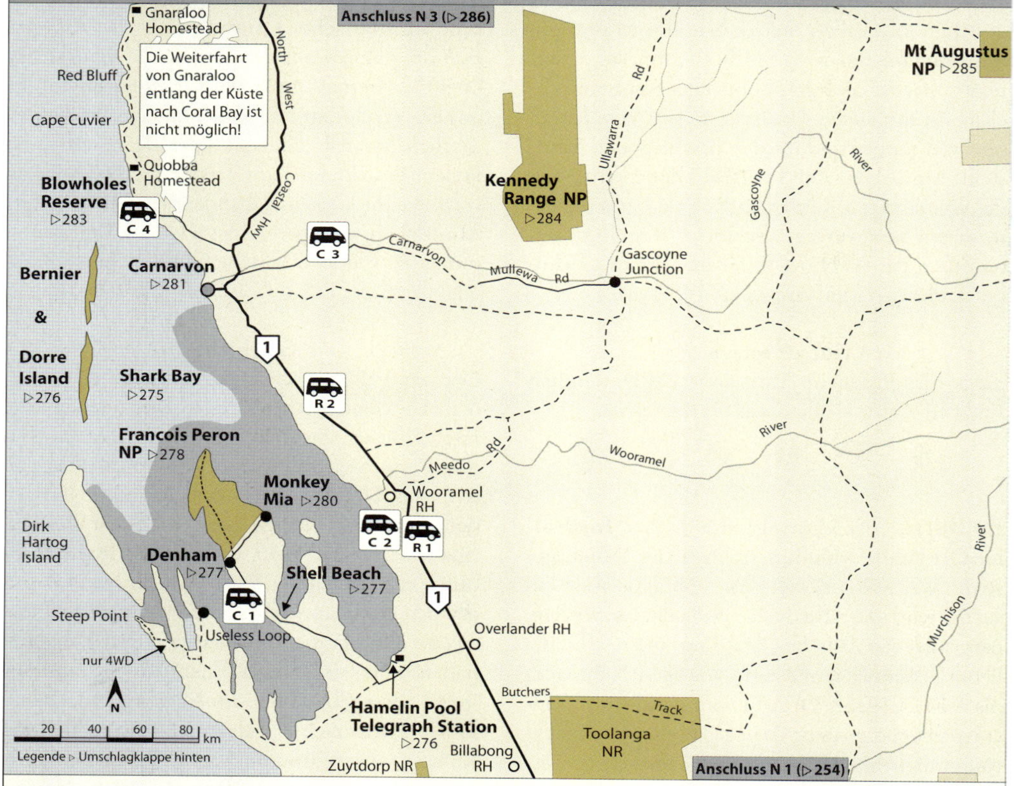

Campsites außerhalb der Nationalparks

1 Zwischen Shell Beach und Denham liegen vier hübsche, aber schattenlose Campsites an der zerklüfteten Kalksteinküste: ***Goulet Bluff*** (mit einem breiten, teils bewachsenen Strand, der wie Shell Beach aus winzigen Muscheln besteht), ***Whalebone Bay*** (kleinstes Camp, daher wenig Privatsphäre, aber schöne Stellplätze direkt am Wasser), ***Fowler´s Camp*** (▶ 127 / lang gestreckte Bucht mit einem kleinen Mangrovenwäldchen) und ***Eagle Bluff*** (am Fuße und oberhalb einer Steilklippe, auf der sich eine **Aussichtsplattform mit Weitblick** über den Ozean befindet, die auch für Nicht-Camper interessant ist). Auf allen Campsites kann man direkt am seichten Wasser campen, nennenswerten Sandstrand gibt es jedoch nicht. Das Campen ist kostenlos, allerdings benötigt man die Genehmigung der Gemeinde/*permission to camp*, die man in der Gemeindeverwaltung/*shire office* von Denham [Knight Tce, 🕓 Mo-Fr 8-16 h oder telefonisch unter 9948 1218] erhält. Dort muss man lediglich angeben, auf welchem Platz man übernachten möchte (max. eine Nacht!).

2 ***Gladstone Campsite*** [North West Coastal Hwy > 55 km nördlich des Overlander RH, gegenüber dem Homestead durch das Gatter der mit GLADSTONE ausgeschilderten Piste folgen > weitere 7 km bis zur Campsite] - Das an der geschützten Küste gelegene Camp erstreckt sich über 1 km entlang der ruhigen Bucht und bietet viele individuelle Stellplätze mit Meeresblick. Schatten oder Strand gibt es nicht, da die nur buschhohe Küstenvegetation direkt ans Ufer reicht. Eine kleine Kaimauer samt Pier sind die Überreste eines Verladehafens, der hier während der ersten

Hälfte des 20. Jahrhunderts in Betrieb war. Die Campgebühr ist mit $1 pro Erwachsenen mehr als bescheiden.

3 ***Rocky Pool Campsite*** [North Coastal Hwy >8 km nördlich von Carnarvon in die Carnarvon-Mullewa Rd > nach 38 km links der Ausschilderung ROCKY POOL folgen > weitere 4 km Piste bis zur Campsite] - Ein weitläufiges Camp entlang eines langgestreckten Wasserpools des breiten, ansonsten nur temporär fließenden Gascoyne River. Campmöglichkeiten bestehen sowohl auf dem schattenlosen, felsigen Uferplateau oberhalb des Pools als auch an den beiden Pisten, die kurz vor Erreichen des Plateaus links und rechs abzweigen. Hier befinden sich einige individuellere, teils schattige Stellplätze.

4 ***Point Quobba Campsite*** [North West Coastal Hwy > 25 km nördlich von Carnarvon in die Blowhole Rd > 49 km bis zum Ende der Straße, dann links > weitere 1.5 km bis zur Campsite] - Die Campsite liegt im Blowholes Reserve (▷ 283) bei einer kleinen Wellblechsiedlung. Es gibt einige Parkplatz ähnliche Stellplätze am Anfang der Siedlung und einige individuellere Plätze am Ende. Schatten gibt es nicht, dafür genießen ein paar der Stellplätze Meeresblick. Die Schließung der Campsite und die Errichtung eines Ressorts ist seit längerem in Planung.

Rastplätze ▷ **41**

1 ***White Bluff Lookout & Rest Area*** [50 km nördlich des Overlander RH, ausgeschildert mit SCENIC LOOKOUT] - Ein großflächiger Rastplatz auf einem baumlosen Hügelplateau mit einem fantastischen 360° Blick über die Ebene.

2 ***Rest Area*** [41 km nördlich des Wooramel RH] - Ein kleiner Parkplatz, relativ dicht am Highway mit einigen Stellplätzen, die durch Buschwerk separiert werden.

Shark Bay. Der Abzweig am Overlander Roadhouse führt in eine der populärsten Sackgassen von WA: Shark Bay. Schon Ende der 1980er Jahre sollte dieses Gebiet zum UNESCO-**Weltnaturerbe**/*world heritage* erklärt werden. Doch anstatt diese Auszeichnung mit Stolz anzunehmen, lehnte die Gemeinde von Denham sie mit einer überwältigenden Mehrheit von 399 Stimmen zu einer Gegenstimme ab. Der Grund war die Furcht vor unerwünschten Restriktionen, wie z. B. Einschränkungen beim Fischfang oder die Schließung der Salinen. Da in Sachen Welterbestätten allerdings das letzte Wort in Canberra gesprochen wird, konnten die Denhamer nicht verhindern, dass »ihr« Gebiet 1991 schließlich doch in die Liste des Weltnaturerbes aufgenommen wurde. Es war das erste Gebiet in WA, das diese Auszeichnung erhielt.

Shark Bay umfasst ein Areal von 22.000 km², von denen über 60 % der Shark Bay Marine Park einnimmt. Dank der zwei weit ins Meer hineinreichenden Halbinseln konnte sich in den geschützten Gewässern eine **einmalige Unterwasserwelt** bilden und erhalten. Fast ein Drittel des Meeresbodens wird von dichten Seegrasweiden bedeckt, die vielen Tierarten Schutz und Nahrung bieten. Neben Haien, nach denen das Gebiet 1699 von William Dampier (▷ 65) benannt wurde, tummeln sich hier seltene Meeresschildkröten, über 10.000 Dugongs/*dugongs* und die **berühmten Delfine** von Monkey Mia.

An Land prägt niedriges Akazien-Buschland auf rotem Sand das Bild und markiert zugleich die Vegetationsgrenze zwischen dem ariden Norden und dem gemäßigten Süden. Eine durch ihre elegante Wuchsform und »gelockte« Borke besonders auffällige Akazienart ist die *miniritchi*. Un-

Die schirmförmige *miniritchi* ist besonders häufig am Anfang der Sackgasse zu bewundern. Andernorts, vor allem an Flüssen, gedeiht sie auch in Baumform (▶ 146).

terbrochen wird das Buschland von weiten Salzpfannen/*gypsum claypans* (auch *birridas*), in denen salztolerante Pflanzen wie die Silber-Melde/*silver saltbush* wachsen.

Die Westküste wird von bis zu **200 m hohen Kalksteinklippen**, den Zuytdorp Cliffs, begrenzt. Die nur über sandige Pisten mit einem 4WD erreichbare Landspitze Steep Point [www.steeppoint.com.au] ist der **westlichste Punkt des Kontinents**. Übernachten kann man auf mehreren **Campsites** [WC, $]. Neben der Campgebühr von $5 pro Person wird eine Eintrittsgebühr pro Fahrzeug [$22] erhoben.

Auch in geschichtlicher Hinsicht ist Shark Bay von Bedeutung, denn 1616 fand auf einer kargen, der Küste vorgelagerten Insel, die heute den Namen Dirk Hartog Island trägt, der **erste bewiesene Landfall** (▷ 64) an der Westküste statt.

Wenn es um die dunklen Kapitel der schwarzweißen Vergangenheit geht, schwört man auch in Australien auf eine »Politik des Vergessens«. Ein Paradebeispiel hierfür ist **die traurige Vergangenheit von Bernier und Dorre Island**. Während die Geschichte der berühmten Nachbarinsel Dirk Hartog Island ganze Seiten in den Touristenbroschüren füllt, findet die von Bernier und Dorre Island kaum Erwähnung.

Elf Jahre lang, von 1908 bis 1919, dienten beide Inseln geschlechtskranken Aborigines als Heim und Sterbeplatz. Ihr Leiden hatte begonnen, als die ins Land strömenden Briten neben zahlreichen anderen Krankheiten auch Geschlechtskrankheiten einschleppten. Krankheiten, die es in der Aborigine-Gesellschaft bis dahin nicht gegeben hatte. Dass sie sich nun besonders stark unter den Ureinwohnern ausbreiteten, hatte zwei Gründe. Zum einen der Mangel an weißen Frauen, denn achtete man auch sonst auf eine strikte gesellschaftliche Trennung, so waren die meisten nicht wählerisch, wenn es um die eigene sexuelle Befriedigung ging und zum anderen die ungenügende medizinische Betreuung der Infizierten.

Als man Anfang des 20. Jahrhunderts die Geschlechtskrankheiten immer noch nicht im Griff hatte, kam man auf die Idee, die infizierten Aborigines auszuquartieren – möglichst weit weg. Die Wahl fiel auf Bernier und Dorre Island. Die männlichen Patienten brachte man auf Bernier Island und die Frauen auf Dorre Island. Ein Hospital wurde nur auf Dorre Island errichtet, wo auch der Arzt mit seiner kleinen Crew lebte. Die Männer auf Bernier Island waren sich zum größten Teil selbst überlassen.

Die Patienten waren aus dem gesamten nördlichen Raum von WA zusammengetrieben worden. Polizeiinspektoren hatten ohne jegliche medizinische Kenntnisse entschieden, wer krank war und wer nicht. Herausgerissen aus ihrem sozialen Gefüge, zusammengekettet mit Aborigines anderer Herkunft, deren Sprache sie oft nicht einmal verstanden, traten die Ausgewählten ihre traurige Reise an. Die meisten sahen ihre Familie, Freunde und Heimat nie wieder und starben einen einsamen Tod auf den Inseln.

Hamelin Pool Telegraph Station. Die Telegraphenstation war eine von 38 Stationen, die einst Wyndham im Norden mit Albany im Süden verbanden. Das **1884 errichtete Gebäude** steht heute auf dem Gelände eines einfachen Campingplatzes und kann im Zuge einer kostenpflichtigen, 20-minütigen Führung besichtigt werden. Zur eigentlichen Attraktion, den Stromatolithen, führt die Straße durch den Campingplatz hindurch.

In der Nähe der Telegraphenstation befindet sich ein kleiner **Steinbruch**, in dem zu Kalkstein gewordene Muschelblöcke abgebaut werden. Ein ausgeschilderter Weg [300 m →] zum Steinbruch startet am Campingplatz.

Angepriesen als die ältesten Lebewesen der Erde, schauen viele Besucher voller Skepsis ins seichte Wasser auf die unbeweglichen, wie Steine aussehenden **Stromatolithen**/*stromatolites* (▶ 127). Zugegeben, sie bieten keinen atemberaubenden Anblick,

doch ohne sie hätte sich auf unserem Planeten nie Leben höherer Ordnung entwickeln können.
Ein jeder Stromatolith besteht aus Millionen von **Cyanobakterien** und wurde von diesen, in einer nicht gerade überwältigenden Geschwindigkeit von einem einzigen Zentimeter in 30 Jahren, aus Sedimenten und organischem Material gebaut. Die Bakterien sind Nachkommen jener Cyanobakterien, die vor ca. 3.5 Mrd. Jahren aktiv am Aufbau der Erdatmosphäre mitgewirkt haben. Damals bestand unsere Atmosphäre überwiegend aus Kohlendioxyd – Sauerstoff gab es noch keinen. Dass wir heute atmen können, verdanken wir allein der Fähigkeit der Cyanobakterien, das Wassermolekül H_2O aufzuspalten und dadurch, den für die Entwicklung des Lebens so wichtigen Sauerstoff freizusetzen. Diesen Prozess kann man noch heute beobachten. Bei Flut, wenn die Stromatolithen von Wasser bedeckt sind, steigt der freigesetzte Sauerstoff in Form winziger Luftblasen an die Wasseroberfläche.
Stromatolithen haben bis heute nur an wenigen Orten der Erde überleben können. In Shark Bay sind die Bedingungen günstig, da in dem extrem salzhaltigen Wasser (die Salzkonzentration ist in dieser Bucht zweimal so hoch wie im Ozean) kaum Feinde überleben können, wie z. B. Schnecken, die die Cyanobakterien abgrasen würden.

Grid Kurz vor dem Shell Beach, an der schmalsten Stelle der Halbinsel, fährt man über ein Kuhgitter. Links und Rechts davon verläuft ein 2 m hoher **Schutzzaun**, der *vermin proof fence*, der mit dem Ziel errichtet wurde, die Halbinsel von importierten Tieren wie Kaninchen (▷ 106), Katzen und Füchsen (▷ 111) freizuhalten. Diese Maßnahme soll die Wiederansiedlung seltener Tierarten im Francois Peron NP unterstützen.

Shell Beach. Shell Beach ist ein breiter Strand aus **Milliarden winziger, weißer Muscheln** der Art *Fragum erugatum*, eine Herzmuschel, die außergewöhnlich stark in diesen Gewässern vertreten ist. Seit mehreren tausend Jahren haben Wind und Wellen die leeren Schalen ans Ufer getragen, wo sie sich zu einer bis zu 10 m tiefen Schicht angesammelt haben. Regen hat über die Jahre Kalziumkarbonat aus den Muscheln gelöst und so zu einer »Zementierung« der Muschelschichten geführt, weshalb nur die ersten 3 bis 4 m direkt am Meer aus lockerem Muschelstrand bestehen.

Muscheln statt Sand.

Bei Sonnenschein besonders beeindruckend ist der **Farbkontrast** zwischen dem weißen Muschelstrand und dem türkisfarbenen Wasser.

Denham. (1388 Einw.) Denham ist die **einzige Ortschaft der Gemeinde** und zugleich die westlichste Australiens. Denhams Geschichte begann 1898 als Perlenfischerstadt, deren einstige Hauptattraktion eine mit Muscheln gepflasterte Straße war. Da es in dieser Gegend an Baumaterialien wie Holz mangelte, wurden viele **Häuser aus Muschelblöcken** gebaut, die in Steinbrüchen entlang des Shell Beach abgebaut wurden. Einige dieser Gebäude wie die 1954 erbaute *St. Andrew Church* [Hughes St / Brockman St] und das *Old Pearler Restaurant* [Durlacher St / Knight Tce] stehen noch heute.
Weniger für seine Baumaterialien als für seine unsensible Architektur bemerkenswert ist das erst 2006 fertiggestellte *Shark Bay discovery centre* [Knight Tce, 🕔 tägl. 9-18 h] – ein 7.7 Mio. teurer Betonklotz, der als Bauwerk an sich völlig unter- und für die kleine, schlichte Ortschaft völ-

lig überdimensioniert ist. Das **Museum** widmet sich der vielfältigen Geschichte der Region sowie den natürlichen Sehenswürdigkeiten mit Schwerpunkt: Weltnaturerbe.
Als einzige Siedlung in der Shark Bay Region ist Denham Startpunkt zahlreicher Touren, darunter **Tagestouren** zum Francois Peron NP und Steep Point, u. a. angeboten von *Shotover* [www.monkeymiawildsights.com.au] und *Shark Bay Majestic Tours* [www.sharkbayholiday.com.au]. **Rundflüge** werden angeboten von *Shark Bay Air* [www.sharkbayair.com.au].
Wer Appetit auf **frischen Fisch** hat, kann sich in der *Denham Fish Factory* eindecken [Dampier Rd, 🕒 Mo-Fr 7.30-16 h, Sa 8-12 h].

Gut zu wissen,...
...dass es eine Zweigstelle der Naturschutzbehörde DEC gibt, in der man **Informationen über die Nationalparks** sowie über die aktuellen Straßenzustände innerhalb der Parks erhält [Knight Tce, etwas zurückliegend hinter der Bäckerei, 🕒 Mo-Fr 9-16 h]

Knight Tce, 🕒 Mo-Fr 9-17 h, Sa 10-16 h

BB², BP/JH¹, CP*, H/M², S*

Shark Bay Supermarket, Knight Tce, 🕒 tägl. 7-19 h

beim *Denham Depot Water*, Anfahrt: kurz vor Denham bei der Informationstafel rechts in die Monkey Mia Rd, erstes Haus linke Seite, gutes Trinkwasser, 20 l für $1

Francois Peron National Park / NUR 4WD. (525 km²) Der Nationalpark beeindruckt durch ein farbliches Kontrastprogramm der Extraklasse – vor allem entlang der Küste, an der die glutroten Sandsteinklippen auf weiße Strände und einen türkisfarbenen Ozean treffen (▶ 127). Obwohl auf der Halbinsel noch bis 1990 Schafe weideten, zählt das Gebiet bereits heute zu den **wichtigsten Naturschutzgebieten in WA**, denn 1995 startete die Naturschutzbehörde DEC hier das »Projekt Eden«. Das Ziel war, alle eingeführten Tiere, insbesondere Raubtiere wie Füchse und Katzen, auszurotten, um einen **Zufluchtsort für bedrohte heimische Tierarten** zu schaffen. Bis 1999 wurden 2500 Füchse getötet und das Gebiet gilt heute als Fuchs und fast Katzen frei (▷ 111). Schon 1997 setzte man die ersten Exemplare bedrohter Tierarten aus. Den Anfang machten das Thermometerhuhn (▷ 212) und das Bürstenrattenkänguru. Bald darauf folgten der Kaninchennasenbeutler (▷ 105), die Shark Bay Pseudomys-Maus/*Shark Bay mouse* und der Streifenlangnasenbeutler/*western barred bandicoot*. Die meisten dieser Tiere sind jedoch nachtaktiv und ihre Population ist immer noch klein, so dass die Beobachtungschancen sehr gering sind. Zudem wird die gesamte Halbinsel genau wie ein Großteil der Region von niedrigem, dichtem Akazienbuschland bedeckt, das den Tieren einen ausgezeichneten Schutz bietet. Nur die vielen Spuren im roten Sand verraten ihre Existenz. Häufiger zu beobachten sind einige Vogelarten, so z. B. Zebrafinken (▶ 142), Glanz-Staffelschwänze und Glockenflöter/*chiming wedgebills*. Wer längere Wanderungen unternimmt, wird zudem häufig von Glücksschwalben/*welcome swallows* begleitet. Die flinken Flieger sind in gewisserweise wirklich ein Glücksfall, denn sie erjagen zumindest einige

Der markante Ruf des Glockenflöters gehört zu den unverwechs
baren Buschmelodien des Kontinents. Er besteht aus vier bis sec
klaren »Blockflöten-Tönen«, die in gleicher Reihenfolge mehrm
wiederholt werden. Der grau gefiederte, bis zu 21 cm große Vog
ist ein typischer Bewohner des Akazien-Buschlandes und daher
Westaustralien weit verbreitet.

der Buschfliegen (▷ 102), die einen umschwärmen. Zu den dominantesten Seevögeln gehört die schwarzweiß gefiederte Kräuselscharbe (▶ 140), die sich entlang der Küste in großen Kolonien versammelt.

Die beiden auffälligsten **Akazienarten** sind *dead finish* (▶ 295) und der *umbrella bush*, ein dichter bis zu 3 m hoher Busch mit runder Krone und schlanken Blättern. In den Frühlingsmonaten beeindruckt das Gebiet durch eine große Vielfalt an Wildblumen.

Der einzige markierte **Wanderweg** ist der *Wanamalu Trail* [1.5 km →], der am Rande einer roten Sandsteinklippe von Cape Peron zum Skipjack Point führt. Dort befinden sich zwei Aussichtsplattformen mit fantastischem Blick sowohl über die Küste als auch hinunter in den von Meeresschildkröten, Rochen, Dugons und Delfinen bevölkerten Ozean. Ein guter Ausgangspunkt, um die Küste entlang der Strände auf eigene Faust zu erkunden, ist die Campsite an der Bottle Bay. Von hier kann man entweder Richtung Süden bis Gregory [2 km →] und South Gregory [weitere 3.5 km →] wandern oder Richtung Norden dem *Peron Trail* [5.5 km →] folgen, der an den zwei farblichen Juwelen Scallop Bay und Tintos Bay vorbeiführt. Auf allen Wegen gibt es Engstellen, deren Passierbarkeit von den Gezeiten abhängt. Da der Abschnitt zwischen Tintos Bay und Cape Peron fast immer überspült ist, empfiehlt sich für eine Wanderung bis zum Kap die Alternativroute via einer unbenutzten Piste, die am nördlichen Ende der Campsite beginnt.

Neben der Campsite an der Bottle Bay gibt es noch **vier weitere Campsites** [WC, $], zwei ebenfalls an der Westküste, eine am Ufer der Big Lagoon und eine an der Ostküste. Letztere ist die einzige Campsite, die zumindest einen, von Bäumen beschatteten Stellplatz bietet. Alle anderen sind schattenlos.

Der Nationalpark kann **nur mit einem 4WD mit hoher Bodenfreiheit** erkundet werden. Da die Pisten extrem sandig sind, sollte der Reifendruck, je nach Modell und Zustand der Piste, auf

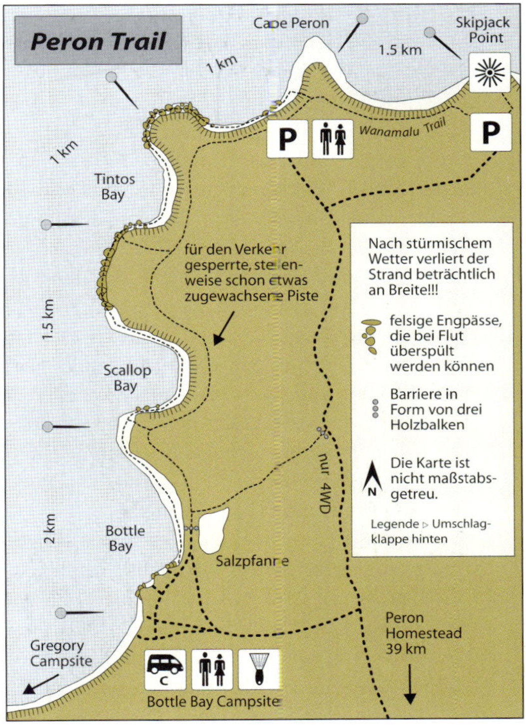

25 bis 20 psi verringert werden (▷ 31).

Nur die ersten 6 km zum Peron Homestead, dem einstigen Farmhaus, können, wenn die Straßenverhältnisse es zulassen, auch von einem 2WD befahren werden. Hier befindet sich ein heißer artesischer Brunnen. Das 44 °C warme Wasser kommt aus einer Tiefe von 580 m und wird in einem großen »**Badebottich**« zur Freude von Badewilligen aufgefangen.

Gut zu wissen,...

...dass **Eintritts-** und **Campgebühren** bereits an der Zufahrt zum Park per Selbstregistrierung bezahlt werden müssen.

...dass es nur einen **zentralen Müllcontainer** gibt [gleich zu Beginn der 4WD-Piste].

Monkey Mia. Monkey Mia ist keine Ortschaft, sondern ein geschäftiges **Touristenressort** [*Monkey Mia Dolphin Resort*, Tel. 1800 653 611, www.monkeymia.com.au] mit Campingplatz, *cabins*, Backpacker-Unterkünften, Bar, Restaurant, einem winzigen Supermarkt und einem lärmenden Generator, der direkt neben den Stellplätzen für Camper ohne Strom steht... Wer angesichts des Delfin-Rummels schlimmste Bettenburgen erwartet, ist dennoch positiv überrascht, denn das Ressort ist zwar chronisch ausgebucht, aber die Ausmaße der Anlage sind im Vergleich zu europäischen Ressorts in solch einer Lage immer noch überschaubar und der Touristenansturm wird durch die begrenzte Anzahl an Übernachtungsmöglichkeiten auf ein erträgliches Maß gehalten. Die meisten Touristen sind Tagesausflügler, die nach ein paar Stunden weiterziehen.

Das Ressort liegt an einer lang gestreckten Bucht, die zu ausgedehnten **Strandspaziergängen** einlädt. Der Strand ist durch die Vermischung von roten und weißen Sandkörnern leicht rosafarben, was ihm bei Sonnenuntergang einen besonders schönen Farbton verleiht. Das Wasser ist seicht und lädt zum **Schwimmen**, **Planschen** und **Schnorcheln** ein. Nicht selten trifft man dicht am Ufer auf Meeresschildkröten oder Rochen. Doch Vorsicht ist geboten, denn auch der gefährliche Steinfisch (▷ 20) und der Blauring-Krake (▷ 15) sind in diesen Gewässern zu Hause.

Ein paar angenehme Stunden auf See versprechen diverse **Bootstouren** [Dauer 1-2.5 Std.], auf denen sich Schildkröten, Seeschlangen, Dugongs, Haie und Delfine beobachten lassen. Äußerst stimmungsvoll sind die **Sonnenuntergangstouren**/*sunset cruises*, auf denen man die Abendstimmung auf See genießen kann. Es gibt zwei Anbieter vor Ort, *Shotover* [Tel. 9948 1481, www.monkeymiawildsights.com.au] und *Monkey Mia Yacht Charters* [Tel. 9948 1446, www.monkeymia.net]

Im modernen, von der Naturschutzbehörde DEC geführten **Besucherzentrum** [🕔 tägl. 7.30-16 h] werden regelmäßig Videos gezeigt und Vorträge gehalten. Hier erhält man auch ein Informationsblatt über einen kurzen (aber nicht sehr spektakulären) **Rundwanderweg**, den *Wulyibidi Yaninyina Trail* [2 km ↺], der an der Zahlstation beginnt. Für geduldige Vogelfreunde befindet sich auf der Hälfte des Weges ein kleines **Vogelbeobachtungshäuschen** an einem aufgestauten Wasserbecken.

Die Hauptattraktion von Monkey Mia sind die **halbzahmen Delfine**. Sie kommen bis ans Ufer, wo sie von Rangern mit Fischen gefüttert werden. Aus ihren täglichen Besuchen ist inzwischen ein großes Touristenspektakel geworden, was die Atmosphäre des Ganzen etwas trübt. Dennoch bleibt Monkey Mia einer der wenigen Orte der Welt, an dem man diese freundlichen Tiere in freier Wildbahn so hautnah erleben kann.

Es gibt in der Regel **drei Fütterungen**, alle zwischen 7.30 und 13 h. Die Zeiten richten sich danach, wann und ob (!) die Delfine kommen. Je früher man also erscheint, desto größer ist die Wahrscheinlichkeit die Tiere bewundern zu können. Allerdings sind die ersten Fütterungen auch die am stärksten besuchten. Selbst in der Neben-

Zeitgleich mit den Delfinen erhält auch die wartende Schar Bri lenpelikane (▷ 192) ihren Anteil an Fischen und erfreut sich dab wachsender Zuschauerzahlen.

saison (Febr./März u. Mai/Juni) steht man meist in einer Traube von 100 bis 200 Schaulustigen. In der Ferienzeit liegt die Zahl etwa bei 300 bis 400, es wurden aber auch schon Rekordzahlen von 800 Besuchern erreicht. Je nach Andrang stehen ein oder mehrere Ranger im Wasser und plaudern über ihre Schützlinge. Hin und wieder tun sie dies über eine Lautsprecheranlage, was der Fütterung einen unangenehmen Entertainment Effekt verleiht. Nach ca. 30 min beginnt die eigentliche Fütterung, während der von Rangern ausgewählte Besucher den Delfinen den Fisch reichen.

Geschichte

Die Geschichte der Delfinliaison begann in den 1960er Jahren, als lokale Fischer anfingen, Delfine mit Fischabfällen zu füttern. Niemand ahnte damals, was sie damit in Gang setzen würden. Heute ist Monkey Mia wegen seiner halbzahmen Delfine weltberühmt. Nicht nur Touristen versammeln sich hier, sondern auch Wissenschaftler aus der ganzen Welt, da sie in den geschützten Gewässern des Meeresschutzgebietes ideale Studienbedingungen vorfinden. Bei den **Delfinen** von Monkey Mia handelt es sich um **Großtümmler/** *Indo-Pacific bottlenose dolphins*, eine von 12 australischen Delfinarten. Bemerkenswert ist, dass bei den hiesigen Exemplaren, auf Grund der geringen Wassertiefe (durchschnittlich nur 10 m), die Lungen weniger trainiert sind, als bei anderswo lebenden Tümmlern. Nach nur 3 min müssen die Tiere wieder auftauchen.

Zwischen den wiederkehrenden Delfinen und den Bewohnern von Shark Bay haben sich fast familiäre Bindungen entwickelt. Man spricht von ihnen wie von alten Bekannten und natürlich hat jeder Delfin seinen Namen. Unterscheiden kann man sie anhand der Rückenflossen. Zur Fütterung erscheint inzwischen die dritte Generation und wer dem Spektakel zuschaut, gewinnt tatsächlich den Eindruck, als ob die Tiere den ganzen Rummel um sie herum genießen würden.

Dabei blieb ihre touristische Vermarktung zunächst nicht ohne Folgen für Gebiet und Tiere, denn mit den wachsenden Touristenströmen nahm auch die Wasserverschmutzung zu. Der Überlauf der septischen Tanks vom Besucherzentrum wurde noch bis Ende der 1980er Jahre direkt ins Meer geleitet, wo die fäkalen Bakterien im warmen, seichten Wasser blühten und gediehen. Wahrscheinlich einer der Hauptgründe, warum die Säuglingssterberate der halbzahmen Delfine doppelt so hoch war wie die der wild lebenden. Auch der enge menschliche Kontakt, vor allem das damals erlaubte Streicheln der Tiere, erwies sich als schädlich, da auf diese Weise Krankheiten übertragen wurden, gegen die die Tiere keine Abwehrstoffe hatten.

Erst als die Naturschutzbehörde sich 1994 des Gebietes und der Delfine annahm, verbesserte sich die Situation und die Sterberate der Jungtiere sank – liegt aber immer noch relativ hoch, denn 30 % aller Jungtiere überleben nicht das erste Jahr und 50 % davon nicht das zweite. Gefüttert werden heutzutage nur ausgewählte weibliche Tiere und nur ein Drittel ihres Tagesbedarfs, so dass ihr natürlicher Jagdtrieb nicht verkümmert.

Gut zu wissen,...

...dass für den Besuch von Monkey Mia eine extra **Eintrittsgebühr** erhoben wird, die nicht durch den Nationalparkpass abgedeckt ist! [Tagespass: $6 Erw. / $2 Kind und Ferienpass (vier Wochen gültig) $9 Erw. / $4 Kind]. Die Zahlstation befindet sich am Ende der Straße kurz vor der Einfahrt zum Ressort bzw. zum Parkplatz und ist zum Kassieren nur zwischen 7.30 und 17.30 h besetzt.

...dass man in den australischen Schulferien (Daten ▷ 27) seine Übernachtung im Ressort sowie die Bootstour **vorbuchen** sollte.

Carnarvon. (7189 Einw.) Kauft man in WA eine **Banane**, kommt diese mit 60 %iger Wahrscheinlichkeit aus Carnarvon. Die restlichen 40 % stammen aus QLD und werden bevorzugt von großen Supermarktketten wie *Coles* oder *Woolworths* angeboten, da diese herausgefunden haben, dass die meisten Kunden Bananen nach der Stückzahl und nicht nach dem Gewicht kaufen. Da die Bananen aus dem Osten größer sind, machen die Supermärkte beim Verkauf einer gleichen Stückzahl mehr Gewinn... Geschmacklich jedoch, darauf schwört jeder in Carnarvon, siegen die heimischen Bananen, schließlich enthalten sie bei geringerer Größe den gleichen Zuckeranteil und sind daher süßer.

Bananen-Fakten wie diese bestimmen das Leben in Carnarvon. Neben anderen tropischen Früchten wie Mangos und Papayas sind Bananen Hauptwirtschaftszweig und Haupttouristenattraktion zugleich. In welche Richtung man auch reist, Carnarvon ist DER Ort, um frisch und günstig **Obst und Gemüse** einzukaufen.

Zu den weiteren Attraktionen gehört die riesige, einst von der NASA benutzte **Satellitenschüssel**, *Big Dish* [vom North West Coastal Hwy mit O.T.C. CENTRE ausgeschildert, 🕓 tägl. 8-16 h]. Seit 1987 stillgelegt, fungiert ihre erste Etage heute als Aussichtsplattform.

Außerdem gibt es eine ***School of the Air*** [▷ 90, Carnarvon Rd, 🕓 aktuelle Besuchszeiten im Touristenbüro], die aber wegen mangelnder Touristenzahlen für Besucher nur unregelmäßig geöffnet ist.

Über die hier beheimateten Aborigine-Völker soll eines Tages das ***Piyarli Yardi Aboriginal Heritage Centre*** informieren [Robinson St]. Obwohl das Gebäude längst fertig gestellt wurde, stand es Ende 2008 immer noch leer.

5 km außerhalb des Stadtzentrums befindet sich der *One Mile Jetty*, ein **1.5 km langer Pier**, dessen ausgetretene, löchrige Jarrah-Bohlen von seiner langen Geschichte zeugen. Die erste Hälfte des Piers säumen **Mangroven**, die zweite **Angler**, zumindest zwischen April und Juni, wenn Schwärme von **Antarktischen Umberfischen/** *mulloways* hier vorbeiziehen. Der schmackhafte Speisefisch wird über 1.5 m groß und über 30 kg schwer. Der kostenpflichtige Pier [Ticketkiosk bis 18 h besetzt, danach steht eine Geldbox bereit] kann zu Fuß oder per Bahn [🕓 Zeiten variieren] erkundet werden und ist ein guter Platz, um den Sonnenuntergang zu genießen.

Direkt am Pier befindet sich ein kleines **Gemeindemuseum**, das *Lighthouse Keepers Cottage and Museum* [Annear Pl, 🕓 Mo-Fr 10-16 h, Sa So 10-14 h].

Genießer von **Garnelen, Kammmuscheln** und anderem Meeresgetier kommen im Verkaufsraum der Fischfabrik *Nor-West Seafoods* [Binning Rd, 🕓 Mo-Fr 8-16 h] auf ihre Kosten.

Geschichte

Carnarvon wurde 1883 als Hafenstadt für die umliegenden Farmen gegründet, gelangte aber erst durch den 1897 fertig gestellten Pier an Bedeutung. Die Tatsache, dass Stadtzentrum und Hafen so weit voneinander entfernt lagen, warf allerdings einige Transportprobleme auf. Zuerst transportierte man die Güter mittels Segel versehender Fuhrwerke, später mit Pferdewagen und seit 1908 verband eine Dampflok das Zentrum mit dem Ende des Piers, die wiederum später durch eine Diesellok ersetzt wurde. Die letzte in Betrieb gewesene Dampflok, die 1922 in Schottland gefertigte *Kimberley*, ist restauriert worden und fährt heute auf alter Strecke als Touristenattraktion [🕓 unregelmäßig, meist nur Juni-Sept.].

In den 1920er Jahren rückte der Obst und Gemüseanbau in den wirtschaftlichen Vordergrund und der Pier samt Hafen verlor langsam an Bedeutung. Als 1931 die ersten Bananen nach Perth exportiert wurden, hatte Carnarvon seine »Berufung« gefunden. Um die zahlreichen Plantagen zu bewässern, wird der Grundwasserstrom des Gascoyne River in einer Tiefe von 8 m angezapft.

Gut zu wissen,...

...dass man **Früchte und Gemüse** am besten auf den Plantagen entlang der South River Road und der North Road kauft. Schilder wie FRUIT & VEGIES weisen auf Verkaufsstände hin.

i Robinson St, 🕓 Mo-Fr 9-17 h, Sa 9-12 h, So 10-13 h

BB², BP², CP*, H/M*, S*

Woolworths, Robinson St, 🕓 tägl. 8-20 h (Do -21h)

Robinson St, bei den öffentlichen Toiletten am *Piyarli Yardi Aboriginal Heritage Centre* (ca. 4.5 km westlich des Abzweigs vom North West Coastal Hwy)

Blowholes Reserve. Das Schutzgebiet umfasst einen schmalen Küstenstreifen südlich und nördlich der kurzen Landspitze Point Quobba. Südlich befindet sich eine geschützte, von einem schmalen Sandstrand gesäumte **Meereslagune**, die mit ihrem Riffsystem zum Schwimmen und **Schnorcheln** einlädt. Zwar ist die Korallenvielfalt nicht so groß, dafür entschädigt ein enormer Artenreichtum an Fischen.

Ein wenig getrübt wird das Ambiente durch die unschöne, direkt an der Bucht gelegene Wellblechsiedlung aus nur temporär bewohnten Hütten. Hier befindet sich auch eine von der Gemeinde bereitgestellte Campsite (▷ 275). Es gibt angeblich Pläne, dass sowohl Campsite als auch die Siedlung einem Urlaubsressort weichen sollen. Eine Umsetzung dieser Pläne ist allerdings zurzeit noch nicht in Sicht.

Nördlich von Point Quobba wird die Küste von flachen, zernagten Felsklippen und -terrassen begrenzt, an der die hereinpreschenden Wellen in einem **Feuerwerk aus Gischtfontänen** zerschellen – ein Naturschauspiel, dessen Intensität

esonders lohnend zum Schnorcheln ist die Meerespassage zwischen er Landspitze Point Quobba und der gegenüberliegenden Insel. Bei bbe kann man von den niedrigen Kalksteinklippen am Point Quoba sogar von Land aus einen Blick in das natürliche Aquarium erfen.

Die natürlichen Wasserspiele der Blowholes.

natürlich je nach Wellengang variiert. Ein (fast) bei jeder Wetterlage verlässliches Schauspiel bieten die **Blowholes** [am Ende der Blowholes Rd links > weitere 300 m bis zu einem Parkplatz mit Toilette und Rettungsring]. Die Blowholes sind eine Hand voll Löcher und Spalten in einer porösen ins Meer hineinreichenden Felsterrasse, durch die das Wasser Welle für Welle, begleitet von einem lauten Grollen, in die Höhe gepresst wird. Die größte der Gischtfontänen kann eine Höhe von 20 m erreichen. Sie ist in der Regel die einzige, die über die Felsklippe hinausragt. Die kleineren Fontänen kann man nur sehen, wenn man sehr dicht an den Klippenrand herangeht – dabei ist allerdings äußerste Vorsicht angebracht. Der Rettungsring und das am Ende der asphaltierten Straße aufgestellte Holzschild KING WAVES KILL haben ihre Berechtigung. Das belegen gleich mehrere Gedenksteine entlang dieses Küstenabschnitts, die an ins Meer gespülte Angler erinnern.

Richtung Norden setzt sich die schroffe Felsküste fort, unterbrochen lediglich von einigen Strandbuchten, die vor allem bei **Surfern und Windsurfern** beliebt sind. Dieser Küstenabschnitt gehört allerdings nicht mehr zum Blowholes Reserve, sondern ist in Besitz zweier Farmen, der Quobba Station und Gnaraloo Station. Beide bieten Unterkunfsmöglichkeiten an, angefangen von Campsites bis hin zu luxuriösen, fest installierten Safarizelten. Die erste Farm die man durchquert ist die **Quobba Station** [www.quobba.com.au]. Auf ihrem Gelände liegen zwei Campsites, eine direkt am Homestead [10 km nördlich der Blowholes] und die andere am Red Bluff [45 km nördlich des Homestead].

Nördlich der Quobba Station liegt die **Gnaraloo Station** [www.gnaraloo.com.au], die inzwischen mehr Geld mit Touristen als mit Schafen verdient. Grund dafür ist das *3 Mile Camp* [20 km nördlich von Red Bluff], das an einem bei Surfern und Windsurfern weltbekannten Küstenabschnitt liegt. Für einen Stellplatz ohne Wasser und Strom muss man stolze $20 pro Person hinblättern.

Bienenwabenstrukturen am Rock Pool in der Honeycomb Gorge

Kennedy Range National Park. (1.416 km²) Der erst 1993 gegründete Nationalpark umfasst einen großen Teil des gleichnamigen **Gebirgszugs** (▶ 128), der sich über 195 km in nord-südliche Richtung erstreckt. Auf der zugänglichen Ostseite wird das Gebirge von **über 100 m hohen, überwiegend unbewachsenen Klippen** begrenzt, die sich wie die Mauern einer uneinnehmbaren Festung aus dem lichten Mulga-Buschland erheben. Die, je nach Sonnenlicht, mokkabraun, rötlich oder orange leuchtenden Sandsteinklippen werden von mehreren Einschnitten zergliedert, in die drei [bis zu 4 km lange ⇆] Wanderwege führen. Doch auch fern dieser offiziellen Wege lädt das Gebiet zum Erkunden ein, z. B. entlang der alten Farmpiste, die Richtung Süden parallel zur Klippenwand verläuft. Folgt man dieser von der Campsite ca. 1.5 km, gelangt man zu einem einzelnen der Klippenwand vorgelagerten Hügel, von dem man einen grandiosen Weitblick genießt.

Besondere Erwähnung verdient das Gestein der Kennedy Range. Das Gebirge besteht überwiegend aus Sandstein und Tonschiefer, die sich beide vor rund 250 Mio. Jahren bildeten, als diese Region von einem Meer bedeckt war. Zeugnisse dieser maritimen Vergangenheit findet man heu-

Die »uneinnehmbare« Klippenwand der Kennedy Range.

te vielerorts in Form von **Meeresfossilien**. Außerdem gibt es fantastische, von der Erosion erschaffene **Felsformationen** wie z. B. in der Honeycomb Gorge sowie einige Felder bzw. einzelne runde Brocken **vulkanischen Gesteins** von bläulicher Farbe.

Am Fuße der steil aufragenden Klippenwand befindet sich eine hübsche **Campsite** [WC, $] im offenen Buschland.

Gut zu wissen,...

...dass die Kennedy Range von drei Flüssen umgeben ist, die nach heftigen Regenfällen regelmäßig (wenn auch meist nur kurzzeitig) bis zur Unpassierbarkeit anschwellen. Deshalb sollte man stets **ausreichend Lebensmittel und Wasser** mit sich führen sowie genügend Benzin, um auf eine Alternativroute ausweichen zu können.

Mt Augustus National Park.

(48 km²) Der **einzeln stehende Burringurrah (Mt Augustus / ▶ 128)** könnte dem Uluru (Ayers Rock) im NT durchaus Konkurrenz machen. Schließlich ist er zweimal so groß und einige seiner Gesteine sind dreimal so alt wie der rote Kultberg im Zentrum Australiens. Doch Burringurrah hat drei »Schönheitsfehler«. Erstens sieht er mit seinem flachen, faltigen Rücken eher wie ein »gewöhnlicher« Gebirgszug aus, zweitens ist er bewachsen und drittens ist er kein Monolith, da er sich aus verschiedenen Gesteinsschichten zusammensetzt. Der obere, sichtbare Teil des Berges besteht aus jüngerem Sedimentgestein, sein unterirdischer »Sockel« aus 1650 bis 1900 Jahre altem Granit (▷ 213).

Trotz dieser Makel ist der Berg beeindruckend. Er **ragt 717 m aus der Ebene heraus** und misst 8 km in Länge. Von kargem, teils stark überweidetem Farmland umgeben, ist er eine **wichtige Zufluchtsstätte vieler Tiere**. Zu diesen gehören Dingos (▷ 375), Euros (▷ 355) und zahlreiche Reptilien und Amphibien wie die Olivenpython (▷ 364) und der Wasserreservoirfrosch/*water-holding frog* (▷ 87). Letzteren benutzten die Aborigines als Notwasserspeicher, indem sie das in der Blase des Frosches gespeicherte Wasser tranken. Gute Beobachtungsmöglichkeiten für die knapp 100 artenstarke Vogelwelt bietet der permanent wasserführende Cattle Pool des Lyons River.

Um den Burringurrah herum führt der 49 km lange Bowgada Drive. Von diesem kann man den Berg in all seinen Facetten studieren. Es gibt **zehn verschiedene Wanderwege**, von denen der Gipfelweg/*summit trail* [12 km ⇆] besonders lohnenswert ist. Dieser führt sanft, aber stetig den Berg hinauf, vorbei an mit Akazien und Spinifex bewachsenen, orangebraunen Felshängen. Da diese besonders schön im Nachmittagslicht anzusehen sind, empfiehlt es sich diesen Weg für den Rückweg aufzusparen. Der Hinweg sollte stattdessen über den 3 km parallel verlaufenden *gully trail* erfolgen [Abzweig gleich 100 m hinter dem Parkplatz], der sich durch ein felsiges Bachbett schlängelt (mit etwas kraxeln) und interessante geologische Formationen sowie fantastische Ausblicke bietet. Wer nicht den gesamten *gully trail* wandern möchte, findet bereits nach 1.5 km eine ausgeschilderte Querverbindung zum *summit trail*. Gleich zu Beginn des *gully trail* [ca. 150 m hinter dem Abzweig] befinden sich einige Aborigine-Malereien unter einem großen, flachen Felsbrocken, der wie ein Deckel auf einem Einschnitt im steinernen Bachbett liegt. Auch andernorts findet man am Berg **Felsmalereien oder -gravuren**, viele jedoch bis zur Unkenntlichkeit verwittert.

Gut zu wissen,...

...dass nur 4 km vom Berg entfernt das ***Mt Augustus Outback Tourist Resort*** [www.mtaugustusresort.com.au] liegt. Allerdings handelt es sich, des wohlklingenden Namens zum Trotz, um kein luxuriöses Urlaubsressort, sondern um eine äußerst schlichte Farm mit Campsite und Motelräumlichkeiten.

Streckenabschnitt Nord 3 Cape Range Peninsula

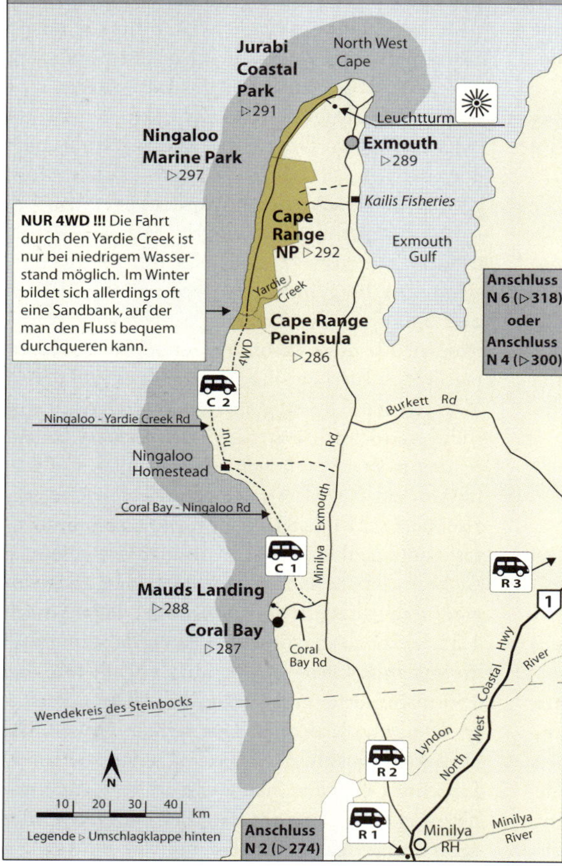

Campsites außerhalb der Nationalparks

1 ***Bruboodjoo Camp*** [nur 4WD / Coral Bay Rd > 3.5 km westlich vom Abzweig der Minilya-Exmouth Rd in die mit COASTAL ACCESS ausgeschilderte Coral Bay - Ningaloo Rd > weitere 16 km bis zum Camp] - Ein einladendes, aber schattenloses Camp am Meer mit einigen Stellplätzen, die direkten Meeresblick genießen. Nennenswerten Strand gibt es nicht.

$

2 ***Ningaloo Station Campsites*** [nur 4WD / zwischen dem 15. und 30. Kilometer nördlich des Ningaloo Homestead an der Ningaloo - Yardie Creek Rd] - Mehrere schöne Campsites, teils direkt am Meer, mit vielen individuellen Stellplätzen.

$

Rastplätze ▷ **41**

1 ***Minilya Bridge Rest Area*** [8 km südlich des Abzweigs nach Exmouth] - Großer, umzäunter und teils beschatteter Parkplatz auf der südwestlichen Uferseite des Minilya River.

2 ***Lyndon River Rest Area*** [33 km nördlich des Minilya RH] - Bis auf zwei überdachte Unterstände schattenloser Parkplatz direkt am Highway in der breiten Flusssenke des nur temporär fließenden Lyndon River.

3 ***Yannarie River Rest Area*** [152 km nördlich des Minilya RH, offizieller 24 h Rastplatz] - Viele schöne Stellplätze auf beiden Uferseiten des breiten, nur temporär fließenden Yannarie River. Den meisten Schatten bietet die nordwestliche Uferseite.

Cape Range Peninsula. In der nordwestlichsten Ecke des Landes grenzen zwei sehenswerte Nationalparks aneinander: der Ningaloo MP mit dem größten Korallenriff von WA und der Cape Range NP, dessen weiße, einladende Strände das Sprungbrett in die farbenfrohe Unterwasserwelt des Riffs sind. Im Kontrast zum lebhaft bunten Treiben an der Küste und unter Wasser, steht die Fahrt durch die fast baumlose Spinifex-Landschaft, in der nur die mächtigen Bauten von Termiten streckenweise für Abwechslung sorgen.

In weiten Teilen der nördlichen Kontinenthälfte prägen Termitenhügel das Landschaftsbild. Zu den fleißigsten Baumeistern der rund 350 australischen Termitenarten gehört die **Spinifex-Termite**/*spinifex termite*. Ihre architektonischen Kunstwerke erreichen eine Höhe von über 7 m und bestehen mitunter aus mehreren Tonnen Erde.
Jedes Bauwerk ist von zahllosen Gängen und Kammern durchzogen und wird gewöhnlich von einer einzigen Termitenkolonie bewohnt. Diese

Obwohl der architektonischen Freiheit kaum Grenzen gesetzt sind, lassen sich, je nach Gebiet, zwei Hauptstilrichtungen erkennen. Zum einen die knubbeligen Termitenhügel wie sie für die Pilbara und Kimberleys typisch sind (oberes Bild, Kimberleys) und zum anderen die faltigen Säulen, wie man sie im Top End findet (linkes Bild, Litchfield NP). Auf Grund dieser regionalen Unterschiede schließen Experten nicht aus, dass es sich bei den Spinifex-Termiten nicht um eine einzige Art, sondern um eine Gruppe artverwandter Termiten handeln könnte.

besteht aus einer Königin, einem König und einem millionenstarken Gefolge, das sich in Arbeiter (90-95 %) und Soldaten (5-10 %) unterteilt. Jeder in der Kolonie erfüllt seinen von Geburt aus vorbestimmten Zweck. Königin und König, die beide ein stolzes Alter von 50 Jahren erreichen können, sind ausschließlich für den Nachwuchs verantwortlich. Sie verlassen ihre königliche Kammer nie und produzieren in Akkordarbeit neue Untertanen. Ihr Nachwuchs ist im Gegensatz zu den königlichen Eltern blind, geschlechtslos und wird selten älter als vier Jahre. Soldaten und Arbeiter unterscheiden sich lediglich durch ihre funktionale Kopfform. Die Soldaten, die für die Verteidigung der Kolonie verantwortlich sind, haben eine spitz zulaufende Schnauze, die ihnen als Spritzpistole dient. Mittels dieser bespritzen sie Angreifer, wie z. B. Ameisen, mit einer klebrigen Flüssigkeit, die den Feind bewegungsunfähig macht. Die Arbeiter dagegen sind mit kräftigen Kiefern ausgestattet, die sie zur Bewältigung ihrer zahlreichen Aufgaben benötigen. Zu ihren Pflichten gehört der Bau und Erhalt des Termitenhügels, die Versorgung der Nachkommen und die Nahrungs- und Wasserbeschaffung. Spinifex-Termiten ernähren sich ausschließlich von Gräsern, die nachts von Arbeiterkolonnen geerntet werden. Zu den »Erntefeldern« und zurück gelangen die Arbeiter durch bis zu 50 m lange, unterirdische Gänge, deren Einstiegslöcher nach Benutzung wieder sorgfältig verschlossen werden.

Einmal im Jahr produziert die Königin geflügelte Nachkommen mit Seh- und Geschlechtsorganen. Diese sind die zukünftigen Königinnen und Könige, die ausfliegen, um irgendwo im Busch eine neue Kolonie zu gründen.

Vorkommen (*Nasutitermes triodiae*): im Norden des Kontinents, von WA bis QLD

Coral Bay. (1008 Einw.) Obwohl der Ort erst seit 1968 auf der Landkarte existiert, standen hier schon lange vorher die ersten Ferienhütten. Nur wenige Meter vom Strand entfernt, konnte man **Fische und Korallen bewundern**, da das Ningaloo Reef an dieser Stelle fast das Land berührt. Als 1978 der erste Campingplatz seine Pforten öffnete, begann allmählich die touristische Vermarktung dieses idyllischen Ortes. Die knappen Frischwasservorkommen bremsten zunächst die touristische Entwicklung, konnten jedoch nicht verhindern, dass sich der einstige Geheimtipp Schritt für Schritt in ein **geschäftiges Ferienressort** für klassische Strandurlauber verwandelte. Auch unter Wasser hat sich seitdem einiges verändert. Um lebende Korallen zu sehen, muss man immer weiter hinaus schwimmen, da direkt am Ufer die meisten bereits abgestorben sind. Grund dafür ist u. a. das jahrelang unkontrollierte Füttern von Fischen mit Brot, denn das nicht gefressene Brot legte sich auf die Korallen und erstickte diese langsam.

Trotz dieses »Makels« boomt Carol Bay. Das seichte Wasser ist kinderfreundlich und die Unterwasserwelt immer noch relativ leicht vom Strand aus zu erschnorcheln. Bei Flut allerdings schrumpft der ohnehin nicht sehr breite Strand zu einem schmalen Streifen und man liegt für australische Verhältnisse dicht gedrängt. **Gefüttert werden die Fische** auch heute noch, allerdings nur ein einziges Mal am Tag [🕓 15.30 h am Strand bei den Booten].

Entlang der Hauptstraße konkurrieren zahlreiche Tourenanbieter um buchungsfreudige Urlauber. Das Tourenangebot ist breit gefächert, darunter **Bootstouren** zum Angeln, Schnorcheln oder Tauchen und zu saisonalen Besonderheiten wie Trips zu den Teufelsrochen (auch Mantas/*manta rays*) oder den Walhaien (▷ 298). Zu den zahlreichen Anbietern gehören *Coral Bay Eco Tours* [www.coralbayecotours.com.au], *Coral Bay Adventures* [www.coralbayadventures.com.au] und *Ningaloo Experience* [www.ningalooexperience.com]. Die meisten Touren starten südlich der Ortschaft bei Monck Head von einem neu errichteten Jachthafen [Anfahrt: Banksia Dr, gleich zu Beginn der Ortschaft links]. *Tipp* Einen guten Einstieg bietet eine Fahrt mit dem **Glasbodenboot**/*glass bottom boat*. Wer selbst das Ruder in die Hand nehmen will, kann am Strand beim Containerbüro von *Kayak Adventure Tours* [www.ningalookajakadventures.com] ein Kajak mit einem kleinen Fenster im Boden mieten oder an einer organisierten Kayak-Tagestour teilnehmen. **Rundflüge** bietet *Norwest Air Work* [www.norwestairwork.com.au].

Gut zu wissen,...

...dass man **Schnorchel- und Taucherausrüstung** bei zahlreichen Anbietern vor Ort mieten kann. Viele Tourenanbieter gewähren, in Kombination mit einer gebuchten Tour, eine freie Nutzung der Ausrüstung für den Rest des Tages, bei einigen Touren auch für den Rest des Aufenthalts.

...dass in den australischen Ferien die zahlreichen Unterkünfte einschließlich beider Campingplätze chronisch ausgebucht sind. Deshalb sollte man in den australischen Herbst- und Winterferien (Daten unter ▷ 27) seine **Unterkunft unbedingt vorbuchen**. Wenn alles ausgebucht ist, wird bislang auch das Campen bei Mauds Landing (linker Hand auf der freien Fläche) toleriert.

ℹ es gibt kein offizielles Touristenbüro, nur eine private Buchungsagentur in der Arkade, 🕓 Mo-Fr 7.30-19 h

BP[1], CP[2], H/M[1], S[1]

Coral Bay Supermarket, Coral Bay Arcade, 🕓 tägl. 8-19 h

5 Montag

Ein paar Kilometer nördlich von Coral Bay bei **Mauds Landing** war der Bau eines riesigen Touristenressorts mit einem Fassungsvermögen von ca. 2000 Besuchern samt Jachthafen geplant. Trotz aller Bedenken der Umweltbehörde und verschiedener regionaler Organisationen hatte die damals amtierende *Labor*-Regierung Anfang 2000 zunächst grünes Licht für das umstrittene Projekt signalisiert. Daraufhin formierten sich die Ressort-Gegner und starteten unter dem Motto **SAVE NINGALOO REEF** eine beispiellose Kampagne, mit der sie auf eine breite öffentliche Unterstützung stießen. Nach hartem Schlagabtausch und zahlreichen Gutachten entschied sich die Regierung

Der Autoaufkleber für den bekennenden Ressortgegner.

im Juli 2003 überraschend gegen den Bau. Für die Ressort-Gegner dennoch kein Grund sich zurückzulehnen, denn solange das Ningaloo Reef nicht zum Weltnaturerbe deklariert worden ist, ist abzusehen, dass weder Mauds Landing noch Coral Bay dem wachsenden Druck steigender Besucherzahlen und geschäftssüchtiger Investoren lange werden standhalten können. Unterstützung bekamen die Ressort-Gegner und Umweltschützer von dem seit 2007 amtierenden Premierminister Kevin Rudd, der sich für die Aufnahme der Region in das UNESCO-Weltnaturerbe einsetzt. Bereits im Juli 2008 hat die Bundesregierung entsprechende Anträge an die UNESCO gestellt, denn die Weltnaturerbelistung liegt nicht im Zuständigkeitsbereich der einzelnen Staaten, sondern ist Bundesangelegenheit. Wohl nicht mehr zu stoppen ist der schon 2006 genehmigte Bau des $60 Mio. schweren *Ningaloo Hilton Resort*, ein Luxusressort, das nun auch den Reichen und Schönen ermöglichen soll, dieses Fleckchen Erde standesgemäß zu genießen. Weitere Pläne sehen die Errichtung eines $20 Mio. teuren Ressorts auf dem Gelände eines der Campingplätze vor.

Exmouth. (2062 Einw.) Exmouth ist auf Grund seiner »Monopolstellung« auf der Halbinsel ein wichtiger **Versorgungs- und Übernachtungsort**. Zu größerer Attraktivität verhelfen soll der ansonsten eher schlichten Ortschaft ein moderner **Jachthafen-Komplex** mit Lokalen und Appartmenthäusern, dessen Bauphase Anfang 2009 allerdings immer noch nicht abgeschlossen war.

Einen Überblick über das **vielfältige Tourenangebot** erhält man im Touristenbüro oder im Tauchzentrum [*Exmouth Diving Centre*, Payne St, www.exmouthdiving.com.au], in dem man auch Schnorchel- und Taucherausrüstung leihen kann. Erwartungsgemäß dreht sich bei den Touren alles ums **Tauchen, Schnorcheln** und **Angeln**. Neben **Tauchkursen** (auch in deutscher Sprache) werden verschiedene Tages- und Halbtagestouren angeboten, die einen bunten Einblick in die Unterwasserwelt gewähren. Die meisten Bootstouren starten am 31 km außerhalb der Ortschaft liegenden *Tantabiddi*-Bootsanleger oder am 10 km außerhalb liegenden *Bundegi*-Bootsanleger. Ein kostenfreier Transfer ist oft enthalten. Zu den Anbietern gehören *Ningaloo Blue Dive* [www.ningalooblue.com.au], *Kings Ningaloo Reef Tours* [www.kingsningalooreeftours.com.au], *Three Islands Marine Charters* [www.whalesharkdive.com], *Ningaloo Whaleshark-N-Dive* [www.ningaloowhalesharkndive.com.au] und *Ningaloo Reef Dreaming* [www.ningalooreefdreaming.com].

Je nach Saison tritt ein anderes Tier oder Ereignis in den Mittelpunkt des Tourenangebots, darunter Buckelwale (Juli-Nov. ▷ 298), die Eiablage und später das Schlüpfen der Meeresschildkröten (Nov.-März ▷ 291) und die Korallenblüte (März/April ▷ 299). Der Höhepunkt ist das alljährliche Auftauchen der **Walhaie** (März-Juli ▷ 298).

Frische **Meerestiere zum Verzehr**, inklusive Garnelen/*prawns*, bietet der Fischereibetrieb *Kailis Fisheries* in einem kleinen Geschäft auf seinem Gelände [Minilya Exmouth Rd, 22 km südlich von Exmouth, 🕓 Mo-Fr 8-16 h, Sa 8-14h].

Geschichte

Exmouths Geschichte begann 1967 als Versorgungsstation für die nördlich der Stadt liegende *Naval Communication Station Herold E Holt*. Bei dieser militärischen Einrichtung handelt es sich um ein Gemeinschaftsprojekt Australiens und der USA zur Weiterleitung von Funksendungen zwischen australischen und amerikanischen Kommandozentralen und ihren Schiffen. Bereits 1960 wurde an der Spitze der Cape Range Peninsula zur Versorgung der amerikanischen Marine der *Navy Pier* errichtet. Der weit ins Meer hineinragende Pier ist für die Öffentlichkeit nicht zugänglich, zählt aber wegen der artenreichen Unterwasserwelt, die sich um seine Pfähle gebildet hat, heute zu den besten Tauchplätzen Australiens.

Gut zu wissen,...

...dass man in den australischen Herbst- und Winterferien (Daten unter ▷ 27) seine **Unter-**

kunft unbedingt vorbuchen sollte.

...dass es im Cape Range NP **kein Frischwasser** gibt. Wer dorthin fährt, sollte deshalb seine Wasservorräte in Exmouth auffüllen.

...dass zwischen Exmouth und den Stränden des Cape Range NP (bis Yardie Creek) ein privater **Linienbus**, der *Ningaloo Reef Bus*, verkehrt. Den aktuellen Zeitplan/*timetable* gibt es im Touristenbüro.

...dass eine **Walhai-Tour** ca. $380 pro Erwachsenen und $270 pro Kind kostet. Kein Anbieter garantiert eine Sichtung der Tiere. Die meisten bieten jedoch im Falle einer Niete mindestens eine »Kulanztour« an. Die Monate mit der größten »Trefferquote« sind April, Mai und Juni.

Murat Rd, 🕔 tägl. 9-17 h

BB[1],BP*, CP*, JH[1], H/M[2], S*

IGA, Maidstone Cr, 🕔 tägl. 7-19 h (Do Fr-19.30 h)

bei den öffentlichen Toiletten, Maidstone Cr & beim *Bundegi*-Bootsanleger an der *Fish Cleaning Area*

Wer zwischen November und April den Norden Australiens bereist, der muss mit stürmischen Zeiten rechnen, denn dies ist die Zeit der **Zyklone**/*cyclones*. Zyklone sind **tropische Wirbelstürme**, die sich über dem aufgewärmten Ozean aus »gewöhnlichen« Tiefdruckgebieten bilden. Je nachdem über welchen Weltmeeren die Wirbelstürme entstehen, wird namentlich zwischen Zyklonen, Hurrikans und Taifunen unterschieden.

Über den tropischen Gewässern Australiens bilden sich jährlich ca. zehn Zyklone, von denen durchschnittlich sechs mit Windgeschwindigkeiten von über 200 km/h die Küste überqueren und weiter Richtung Inland vordringen. Hat der Zyklon das Land erreicht, nimmt seine Windgeschwindigkeit rapide ab; was bleibt, ist ein umfangreiches, regenbeladenes Tiefdruckgebiet, dessen Wassermassen zu schweren Überschwemmungen führen können, von denen selbst die südliche Kontinenthälfte nicht immer verschont bleibt.

Der Name Zyklon stammt von dem griechischen Wort *kukloma* oder *kyklos* ab, welches »Rad« bzw. »Kreis« bedeutet und auf die Drehbewegung des Windes anspielt. Wie alle tropischen Wirbelstürme besitzt der Zyklon ein fast windstilles, durchschnittlich 30 km breites Zentrum, das so genannte Auge, um das der Wind rotiert. Auf der Südhalbkugel dreht er sich (wie auch das Wasser im Abfluss) im Uhrzeigersinn und auf der Nordhalbkugel dagegen. Je nach Windgeschwindigkeit werden Zyklone in fünf Kategorien untergliedert: Kategorie 1 ist die schwächste Stufe mit Böen unter 125 km/h, Kategorie 5 die stärkste mit Böen über 280 km/h. Um ein Tiefdruckgebiet als Zyklon zu bezeichnen, bedarf es, neben dem Vorhandensein des Auges, einer Mindestwindgeschwindigkeit von 63 km/h. Sind beide Bedingungen erfüllt, wird das Tiefdruckgebiet zum Zyklon erklärt und erhält einen Namen. Benannt werden Zyklone in alphabetischer Reihenfolge abwechselnd mit weiblichen und männlichen Namen, eine Praxis, die Ende des 19. Jahrhunderts in QLD ihren Anfang nahm. Dort benannte der Meteorologe Clement Wragge die herannahenden Wirbelstürme zunächst nach Politikern, vorzugsweise nach solchen, die er nicht mochte und später nach deren Frauen. Obwohl die von ihm eingeführte Praxis mit seiner Pensionierung im Jahre 1902 für mehrere Dekaden zum Erliegen kam, knöpfte man Mitte des 20. Jahrhunderts wieder an seiner Tradition an. Bis Ende der 1970er Jahre wurden ausschließlich Frauennamen benutzt, erst im Zuge der Gleichberechtigung erschienen auch Männernamen auf der Wetterkarte.

Zu den folgenschwersten Zyklonen gehören **Tracy** (▷ 386), der 1974 Darwin verwüstete, **Vance**, der 1999 mit Böen bis zu 267 km/h über Exmouth hinwegfegte und **Larry**, der 2006 mit Böen von bis zu 290 km/h Innisfail in QLD zerstörte.

Aktuelle Zyklonwarnungen bietet das **Meteorologische Institut** per Internet [www.bom.gov.au] und zum Ortstarif per Telefon [für WA 1300 659 210 / für das NT 1300 659 211].

Jurabi Coastal Park. (13 km²) Die weißen bis cremefarbenen Sandstrände des Schutzgebietes gehören zu Australiens **wichtigsten Brutstätten von Meeresschildkröten**. Jahr für Jahr zwischen November und Februar schleppen sich die befruchteten Weibchen kurz nach Sonnenuntergang auf den Strand, um dort ihre Eier zu legen. Drei der sechs australischen Meeresschildkrötenarten können dabei regelmäßig beobachtet werden: die Echte Karettschildkröte/*hawksbill turtle*, die Unechte Karettschildkröte/*loggerhead turtle* und die Suppenschildkröte/*green turtle*, die am häufigsten von den dreien ist. Obwohl auch die angrenzenden Strände der Kapspitze und des Cape Range NP von Schildkröten zur Eiablage aufgesucht werden, sind die Strände des Jurabi CP deutlich stärker frequentiert und bieten somit die besseren Beobachtungschancen. Besonders lohnend ist das Warten an den Stränden gleich südlich des Leuchtturms Hunter und Mauritius. Zwischen diesen befindet sich auch das *Jurabi Turtle Centre* [🕓 tägl. 24 h], bestehend aus ein paar (etwas dürftigen) Informationstafeln. Hier starten während der Eiablage-Saison **organisierte Touren**, die den Besuchereinfluss bündeln und dadurch minimieren sollen [🕓 Zeiten variieren nach Monat und Andrang, gewöhnlich Mo-Sa 20 h bei den Informationstafeln bzw. 19.30 h von Exmouth, wenn man den angebotenen Shuttlebus in Anspruch nimmt]. Allerdings ist fraglich, ob die Erschütterung der durch den Sand robbenden Touristengruppe und das ständige Gequassel des Tourenleiters die Tiere nicht mehr stört als ruhig dasitzende Naturfreunde, die sich an die vorgegeben Spielregeln (▽) halten... Wer den Touren aus dem Weg gehen will, sollte sein Glück bei den weiter südlich liegenden Stränden wie z. B. Jansz und Wobiri oder Trisel (vom Strandzugang ca. 200 m Richtung Norden wandern) probieren, die ebenso **verlässliche Beobachtungsmöglichkeiten** bieten. Welcher der Strände sich gerade am besten eignet, hängt neben dem puren Zufall u. a. von den Gezeiten ab, denn einige Strände werden teils von einer flachen Felskante gesäumt, die bei Niedrigwasser für die Schildkröten zu einer unüberwindbaren Barrikade wird. Nicht jeder Strand eignet sich deshalb zu jeder Zeit zum Beobachten.

Gut zu wissen,...

Erst wer jemals einer **Meeresschildkröte**/*sea turtle* bei der **Eiablage** zugesehen hat, der weiß, was der Ausspruch »langsam wie eine Schildkröte« wirklich bedeutet. Während die Dauer der Prozedur, je nach Art und Individuum, zwischen 1.5 und 6 Stunden variiert, so ist der Ablauf stets der Gleiche. Lautlos wie ein Stück Treibgut lässt sich das befruchtete Weibchen im Schutze der Dunkelheit an den Strand spülen, um dann oberhalb der Hochwassermarke zwei Löcher zu graben. Zunächst schaufelt sie mit ihren langen Vorderflossen eine kraterförmige Vertiefung aus, die so genannte Körperkuhle/*body pit*, in der ihr massiger Rückenpanzer fast vollständig verschwindet. Oft bleibt es allerdings nicht beim Ausheben einer einzigen Körperkuhle, denn stößt die Schildkröte auf ein Hindernis oder weist der Sand nicht die optimale Feuchtigkeit und Festigkeit auf, so robbt das Reptil zum Leidwesen der eigenen Energiereserven und des geduldigen Beobachters ein paar Meter weiter und beginnt mit der 20 bis 60-minütigen Prozedur von vorne. Erst, wenn das Weibchen vollständig mit dem Ergebnis zufrieden ist, beginnt es am Grunde der Körperkuhle, hauptsächlich unter Einsatz ihrer kurzen Hinterflossen, die eigentliche Eikammer/*egg chamber* auszugraben. In diese legt sie, je nach Art, zwischen 80 und 180 Eier. Die Temperatur der Eikammer ist für das Geschlecht der Schlüpflinge verantwortlich. Bei über 29°C entwickeln sich Weibchen, darunter Männchen.

Auf Grund zahlreicher Feinde zu Land wie zu Wasser ist die Überlebenschance der zwischen Januar und April schlüpfenden Kleinen äußerst gering. Der größte Nesträuber auf der Cape Range Peninsula ist der Fuchs, der einen hohen Prozentsatz der Gelege plündert. Deshalb versucht man mit ausgelegten 1080-Ködern (▷ 111) die Fuchspopulation zu reduzieren. Weiteren Grund zur Sorge bereitet der zunehmende Tourismus, denn die eierlegenden Weibchen sind sehr störungsanfällig. Bewegung, Erschütterung und künstliches Licht können dazu führen, dass sie unverrichteter Dinge ins Meer zurückkehren. Darum sind unbedingt einige **Spielregeln** einzuhalten. So sollte man sich dem Tier nur langsam und von hinten nähern, sowie stets einen angemessenen Abstand bewahren. Da auch Größe die Tiere irritiert, ist eine geduckte Haltung angebracht. Taschenlampe und Blitzlichtfotografie sind tabu. Wer dennoch nicht auf ein Foto verzichten will, sollte bereits kurz vor Sonnenuntergang den Strand »patrouillieren« (einige Weibchen inspizieren schon dann für wenige Minuten das Land) oder während des Sonnenaufgangs, da erst dann die letzten und langsamsten der Meeresreptilien erschöpft in ihr feuchtes Element zurückkehren.

Cape Range National Park. (506 km²) Der Nationalpark vereint zwei ganz unterschiedliche landschaftliche Attraktionen. Bekannt ist er für seinen 60 km langen Küstenstreifen. An diesem liegen einige **fantastische Sandstrände,** von denen man in die **bunte Unterwasserwelt** des Ningaloo MP (▷ 297) eintauchen kann. Das Wasser ist einladend seicht und das ganze Jahr über wohltemperiert mit maximalen Werten von 26°C bis 30°C (Nov.-März). Farbliches Juwel ist die populäre, in Ferienzeiten mitunter geradezu überlaufene Turquoise Bay (▶ 128 & ▷ 299) mit ihrem weißen Sand und dem türkisfarbenen Wasser, dicht gefolgt von der meist weniger frequentierten Sandy Bay.

Angesichts der traumhaften Strände rückt der **karge Gebirgszug**, die kaum 400 m hohe Cape Range, eher in den Hintergrund des Interesses. Dabei verbirgt sich hinter der gleichförmig wirkenden Gebirgsfassade ein **tief zerklüftetes Schluchtensystem**, das vor allem auf der östlichen Seite Canyon-Charakter annimmt. Doch auch im westlichen Teil laden kleinere Schluchten wie Yardie Creek oder Mandu Mandu zum Erkunden ein.

Blickpunkt Natur

Während der letzten 100 Jahre hat die Cape Range Halbinsel über 50 % ihrer Säugetierarten verloren. Heute leben nur noch 17 verschiedene Arten im Gebiet, darunter das im offenen Buschland beheimatete Rote Riesenkänguru (▷ 250) und das seltene Schwarzfuß-Felskänguru/*black footed rock-wallaby*. Gute Chancen zu überprüfen, ob Letzteres wirklich schwarze Füße hat, bieten die steilen Schluchtwände der Yardie Creek Gorge und der Mandu Mandu Gorge, wo man die Tiere tagsüber in den schattigen Felsnischen entdecken kann. Das häufigste Säugetier ist das Euro (▷ 355), das in den stark verwitterten, felsigen Hängen der Cape Range einen optimalen Lebensraum findet. Am späten Nachmittag, wenn die Euros ihre schattigen Ruheplätze verlassen, sieht man sie links und rechts der Nationalparkstraße scharenweise und jede Autofahrt gleicht einem Hindernisparcours. Doch auch tagsüber ist auf Grund der hohen Populationsdichte vorsichtiges Fahren angebracht. Was zum Nachteil für Autofahrer ist, ist zum Vorteil für Tierbeobachter, die bei einem Abendspaziergang entlang der Piste zur Campsite in Ruhe Kängurus und häufig Emus (▷ 258) und Kurzschnabeligel (▷ 270) beobachten können.

Zu den über 100 Vogelarten im Park gehört der Fischadler (▶ 142), der entlang der Küste auf Beutefang geht, die Schwarzkehl- und die Graurücken-Würgatzel (▽), die sich beide durch ihren melodischen Gesang verraten und Nacktaugenkakadus (▶ 141), die aus Mangel an Bäumen mit den schattigen Felsnischen der Schluchten vorlieb nehmen. Außerdem ist die Halbinsel ein wichtiges Rückzugsgebiet der seltenen Australischen Trappe (▷ 304), die man relativ häufig durch das nied-

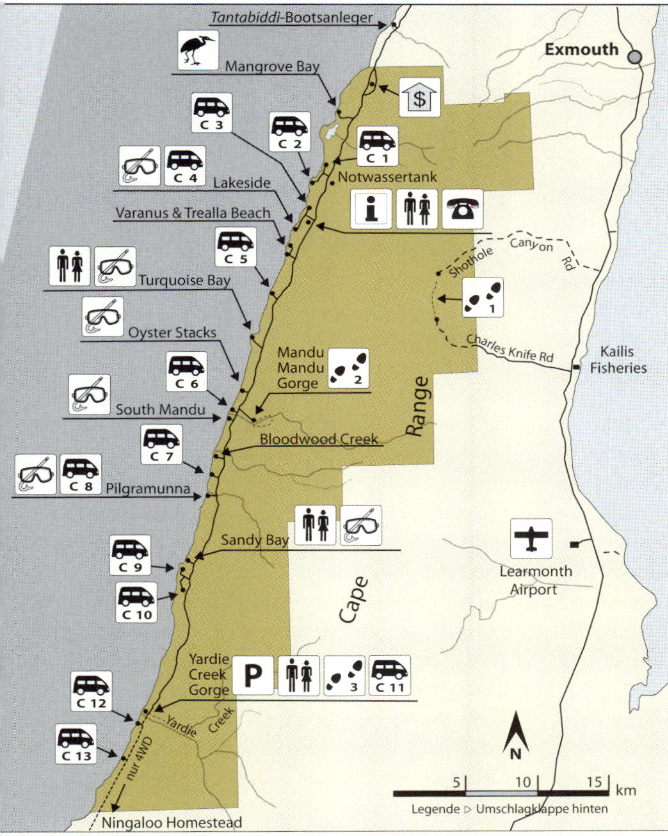

Wandermöglichkeiten

1 *Badjirrajirra Circuit* [8 km ↺]
2 *Mandu Mandu Gorge Walk* [4 km ↺]
3 *Yardie Gorge Trail* [3 km ⇆]

Besucherzentrum

Neben regionalen Informationen gibt es im *Milyering Visitor Centre* [🕓 tägl. 9-15.45 h] eine Bibliothek. Außerdem kann man Taucher- und Schnorchelausrüstung entleihen und am Parkplatz steht eine Telefonzelle (nur Karten).

Campsites

1 ***Neds Camp*** - Lang gestrecktes zwischen zwei niedrigen Dünen gelegenes Camp, bestehend aus 15 individuellen, teils direkt nebeneinander liegenden Stellplätzen. Einige Plätze bieten Schatten und/oder eingeschränkten Meeresblick. Nur auf den Stellplätzen 1 bis 9 sind Generatoren erlaubt.

2 ***Mesa Camp*** - Quadratisch angelegtes Camp, bestehend aus zwei Parkplatzreihen mit 13 Stellplätzen. Die vorderste Reihe genießt etwas Schatten und Meeresblick.

3 ***North T Bone*** - Das Camp liegt am Fuße einer Düne und bietet drei Stellplätze

Cape Range National Park

(zwei mit Schatten), sowie einen freien Blick in Richtung Cape Range und Besucherzentrum.

4 ***Lakeside*** - An einer Bachmündung gelegenes Camp mit sieben aufgereihten Stellplätzen, alle mehr oder weniger beschattet und mit seitlichem Meeresblick. Allerdings befindet sich direkt vor den Plätzen der (wegen der guten Schnorchelmöglichkeiten) sehr belebte Besucherparkplatz. Generatoren sind erlaubt.

5 ***Tulki*** - Kreisförmig angelegtes Camp mit neun dicht nebeneinander liegenden Stellplätzen, einige davon mit etwas Meeresblick. Generatoren sind erlaubt.

6 ***North Mandu*** - Kleines Gemeinschaftscamp mit Platz für 4 Parteien inklusive eines beschatteten zentralen Stell- und/oder Picknickplatzes. Generatoren sind verboten.

7 ***Kurrajong*** - Offenes, zwischen zwei bewachsenen Dünenkämmen gelegenes Camp, bestehend aus zehn teils weit auseinanderliegenden Stellplätzen. Generatoren verboten.

8 ***Pilgramunna*** - Sehr attraktives, an einer Bachmündung gelegenes Camp mit direktem Meeresblick von allen neun nebeneinander liegenden Stellplätzen. Generatoren erlaubt.

9 ***Osprey Bay*** - Das Camp liegt auf einem dem Wind ausgesetzten, aber blickreichen Plateau und bietet 15 individuelle Stellplätze, die meisten mit direktem Meeresblick. Auf den ersten vier Plätzen sind Generatoren verboten.

10 ***Bungarra*** - Kleines Camp, 300 m vom Meer entfernt, das nur Gruppen vorbehalten ist.

11 ***Yardie Creek*** - Ein bei Windsurfern und Surfern beliebtes Camp, das hinter einer flachen Düne und etwas unglücklich in unmittelbarer Nähe des belebten Parkplatzes am Yardie Creek liegt. Das Camp bietet acht aufgereihte, teils beschattete Stellplätze. Generatoren sind erlaubt.

12 ***One K Camp* / NUR 4WD** - In den Dünen gelegenes Camp mit sechs schattenlosen Stellplätzen. Generatoren sind erlaubt.

13 ***Boat Harbour* / NUR 4WD** - Das kleine Camp bietet vier schattenlose, teils sehr sandige Stellplätze. Generatoren sind erlaubt.

Bei Springflut gilt für Camp **4** und **8** **Überflutungsgefahr**! Dasselbe gilt für Camp **3** und **6** nach starken Regenfällen. Im Gespräch sind die Schließung von Camp **3**, **4** und **8** sowie eine Zentralisierung der **Müllentsorgung**.

rige Buschland stolzieren sieht. Westliche Laubenvögel (▷ 370), Zebrafinken/*zebra finches* (▶ 142) und Weißbauch-Staffelschwänze/*variegated fairy-wrens* sind ebenfalls zu entdecken. Gute Beobachtungsmöglichkeiten für Wat- und Stelzvögel, darunter Grünschenkel/*common greenshanks*, Kiebitzregenpfeifer/*grey plovers* und Seidenreiher (▽), bietet das zwischen Mangroven versteckte Vogelbeobachtungshäuschen an der Mangrove Bay. Die besten Beobachtungschancen bestehen bei Flut, da die Vögel dann nicht auf Nahrungssuche sind, sondern in der Lagune rasten. Etwas lästig sind die im Mangrovenwald ganztägig aktiven Mücken.

Zwischen Juni und November lohnt es sich von einigen Buchten, so wie Osprey Bay, Kurrajong oder Bloodwood Creek, nach Buckelwalen (▷ 298) Ausschau zu halten, die auf ihren jährlichen Wanderungen dicht hinter der Riffkante vorbeiziehen. Andere Buchten, wie z. B. Turquoise Bay oder Pilgramunna, sind zwischen November und April gute Beobachtungsplätze für die Eiablage (▷ 291) bzw. das Schlüpfen der Meeresschildkröten.

◆ Die **Schwarzkehl-Würgatzel**/*pied butcherbird* ist ein ebenso ausdauernder Sänger wie der Flötenvogel (▷ 208) und auf Grund ihres gleichfalls schwarzweißen Gefieders leicht mit diesem zu verwechseln. Sie ist jedoch etwas schlanker und mit einer Größe von durchschnittlich 30 cm etwas kleiner als der Flötenvogel. Zudem besitzt die Schwarzkehl-Würgatzel einen kräftigeren Schnabel, dessen Spitze mit einem für alle vier australischen Würgatzelarten charakteristisch nach unten gebogenen Haken versehen ist. Die Würgatzeln gehören zusammen mit den Flötenvögeln und Würgerkrähen/*currawongs* (▶ 140) zur Familie *Cracticidae*, die nur in Australien und auf Neuguinea vorkommt. Von den vier australischen Würgatzelarten sind die Schwarzkehl-Würgatzel und die **Graurücken-Würgatzel**/*grey butcherbird* die am weitesten verbreiteten. Beide sind aggressive Räuber und ernähren sich von Insekten, kleinen Reptilien und Säugetieren sowie den Nestlingen anderer Vögel. Als Ausgangspunkt für ihre Jagd bevorzugen die Würgatzeln einen kahlen, hervorstehenden Ast, von dem aus sie die Umgebung nach Beute absuchen. Ein solcher dient ihnen auch als Podest für ihre unvergleichliche Gesangsvorstellung, mit der sie oft schon vor Morgengrauen beginnen.

Seine schwarze Brust unterscheidet die Schwarzkehl-Würgatzel von der Graurücken-Würgatzel.

Vorkommen Schwarzkehl-Würgatzel (*Cracticus nigrogularis*): australienweit, mit Ausnahme von TAS und einigen Gebieten im Zentrum und im Süden des Kontinents

Vorkommen Graurücken-Würgatzel (*Cracticus torquatus*): australienweit, mit Ausnahme einiger Gebiete im tropischen Norden

◆ Unter der zerfurchten Oberfläche der Cape Range liegt ein Netzwerk aus über 400 Kammern und Höhlen. Dieses unterirdische Labyrinth ist die Heimat von **Troglobiten**/*troglobites*. Troglobiten sind Tiere, die sich im Laufe der Zeit so perfekt an das Leben unter Tage angepasst haben, dass sie nur hier noch überleben können. Viele von ihnen sind auf Grund fehlender Pigmente gespenstisch weiß oder gar durchsichtig. Manchen fehlen die, wegen der ewigen Dunkelheit, unnütz gewordenen Augen; sie haben stattdessen extrem lange Fühler und Gliedmaßen entwickelt.

30 verschiedene Troglobitenarten (überwiegend Insekten) wurden bereits auf der Halbinsel identifiziert. Einige von ihnen ähneln Arten, die noch heute in den feuchtwarmen Laubschichten der

Regenwälder im Osten des Kontinents vorkommen. Ein deutlicher Beweis, dass auch die Cape Range Peninsula früher einem feuchteren Klima ausgesetzt und von Regenwäldern bedeckt war. Als das Klima trockener wurde und Buschland den Regenwald ersetzte, zogen sich die Vorfahren der heutigen Troglobiten unter die Erde zurück, da nur hier noch weitgehend dieselben klimatischen Verhältnisse herrschten wie einst über der Erde.

◆ Der auch auf der Nordhalbkugel vorkommende **Seidenreiher**/*little egret* (▶ 143) wird bis zu 50 cm groß und hat im Gegensatz zu seinen europäischen Artgenossen keine gelben, sondern schwarze Zehen. Während der Brutzeit wird sein weißes Gefieder neben zwei langen Nackenfedern von feinen, flauschigen Schmuckfedern an Brust und Rücken geziert. Diese waren einst ein begehrtes Accessoire in der Modeindustrie, weshalb man früher intensiv Jagd auf den schmucken Reiher machte. Die begehrten Federn (nebst Reiher) sind unter der französischen Bezeichnung »aigrette« bekannt, woraus sich das englische Wort *egret* ableitete. Noch heute unterscheidet man deshalb im Englischen zwischen *egret* und *heron*, obwohl beide Worte mit »Reiher« übersetzt werden. Allerdings hat man die Bezeichnung *egret* auf andere weiß gefiederte Reiherarten ausgedehnt, so wie auf den Silberreiher/*great egret* (▶ 143).
Vorkommen (*Ardea garzetta*): australienweit, mit Ausnahme der westlichen und zentralen Trockenzonen

Obwohl der Cape Range Peninsula permanente Feuchtgebiete fehlen und ihre Kalksteinböden sehr nährstoffarm sind, überrascht die Halbinsel mit einer erstaunlichen Artenvielfalt. Über 600 Pflanzenarten sind hier beheimatet, darunter diverse Arten von Spinifex-Gras, die das Vegetationsbild prägen und einige typische Repräsentanten der Pilbara-Flora, so wie die Kork-Hakea/*corkwood* mit ihrer auffallend korkigen Borke und Sturts Ruhmesblume (▽), der in dieser Region das

Dead finish erinnert mit seinem armseligen »Nadelkleid« an einen Tannenbaum, der bereits 90 % seiner Nadeln verloren hat. Die vermeintlichen »Nadeln« sind in Wirklichkeit Phyllodien (▷ 97). Die Herkunft des eigentümlichen Namens, *dead finish*, der am ehesten mit »absolutes Ende« übersetzt werden könnte, ist nicht geklärt. Es wird angenommen, dass er auf die langen Dürreperioden im Inland anspielt, ganz nach der Devise: wenn die Rinder diese stachelige Akazie fressen müssen, dann steht Vieh und Farmern das absolute Ende bevor.

»schwarze Auge« fehlt. Zwei der dominantesten Akazienarten sind die schmächtige Kanji-Akazie/*kanji* und eine bis zu 4 m hohe, buschige Akazie mit dem seltsamen Namen *dead finish*.
Hinzu kommen 15 endemische Gewächse. Eines davon ist die Yardie Creek Winde/*Yardie Creek morning glory* (▶ 150), ein ausladender Busch mit behaarten, silbriggrauen Blättern und großen, rosafarbenen Blüten (nicht zu verwechseln mit der sehr viel weiter verbreiteten *rock morning glory*, die ebenfalls rosafarbene Blüten, aber hellgrüne, unbehaarte Blätter besitzt!). Ein zweiter aus der Gras- und Strauchsteppe hervorstechender Endemit ist der Cape Range Kurrajong/

Bei der bis zu 5 m großen Kanji-Akazie (▶ 146) von einem »lichten« Baum zu sprechen, wäre eine grobe Untertreibung.

Cape Range kurrajong, ein bis zu 5 m hoher, dickstämmiger Laubbaum, der seine dunkelgrünen Blätter mit dem Einsetzen der heißen Sommermonate verliert.
Da diese Ecke des Landes nicht nur dem gemäßigten Klima des Südens, sondern gleichzeitig tropischen Einflüssen unterliegt, gedeihen hier auch Mangroven (▷ 327). Die meisten wachsen entlang der Ostküste im Exmouth Gulf, doch auch innerhalb der Nationalparkgrenzen sind zwei Arten beheimatet, die Weiße und die Stelzen-Mangrove, die beide an der Mangrove Bay und im Flussbett des Yardie Creek wachsen.

◆ Eine der prächtigsten Wildblumen der Trockenzonen ist **Sturts Ruhmesblume**/*Sturt's desert pea* (▶ 150). Sie ist die Wappenpflanze von SA und gehört zur Familie der Schmetterlingsblütler (*Fabaceae*), deren Mitglieder in Australien *pea flowers* (▷ 220) genannt werden. Ihre charakteristischen Blüten erscheinen hauptsächlich in den Wintermonaten, sporadisch aber das ganze Jahr hindurch. Um jeden Blütenstängel gruppieren sich mehrere der signalroten, bis zu 9 cm langen Blüten. Die meisten haben in der Mitte eine runde, glänzend schwarze Auswölbung. In einigen Regionen fehlt dieses »schwarze Auge«.
Die am Boden entlang kriechenden Ranken der Ruhmesblume können bis zu 3 m lang werden und besitzen gefiederte, hellgrüne Blätter, die von flauschigen Härchen bedeckt sind. Diese Behaarung ist ein typisches Merkmal vieler Pflanzen der Trockenzonen, denn zwischen den Härchen bildet sich ein eigenes Mikroklima, das die Verdunstung und somit den Wasserverlust minimiert.
Vorkommen (*Swainsona formosa*): in allen Trockenzonen

Erkunden & Wandern

Die östliche Seite der Cape Range

Zwei Straßen, jeweils 12 und 13 km lang, führen in den Gebirgszug hinein und gewähren ganz unterschiedliche Einblicke.

◆ Die Charles Knife Road führt steil bergauf an einem Schluchtrand entlang und bietet **atemberaubende Blicke** hinunter in die Canyons und zurück über den Exmouth Gulf. Die beste Aussicht genießt man zwischen dem 5. und 8. km, danach führt die Straße über eine Art hügeliges Hochplateau ohne weitere Weit- und Tiefblicke. Auch vom *Thomas Carter Lookout* [nach ungefähr 10 km rechts abbiegen und dann links halten] ist die Sicht nur mäßig. Die Fahrt bis zum *Thomas Carter Lookout* lohnt daher nur, wenn man plant, den hier beginnenden *Badjirrajirra Circuit* [8 km ↺] zu gehen. Der **nicht ganz so abwechslungsreiche Rundwanderweg** führt über das fast schattenlose Hochplateau zum Shothole Canyon. Höhepunkt ist der Blick hinunter in den Canyon.

◆ Die Shothole Canyon Road schlängelt sich zu fast ebener Erde durch einen langsam an Höhe gewinnenden Canyon. Die Flussbetten, die man auf der Fahrt durchquert, können nach heftigen Regenfällen unpassierbar werden. Am Ende der Straße befindet sich ein schattiger Picknickplatz. Von hier startet ein 250 m langer Wanderweg, der steil auf einen schmalen Kamm hinaufführt und **schöne Blicke zurück in den Canyon** bietet. Ursprünglich führte der Weg weiter auf die Felsklippe, wo er auf den *Badjirrajirra Circuit* traf, doch da dieser Abschnitt als instabil eingestuft wurde, ist er offiziell geschlossen.

Die westliche Seite der Cape Range

◆ Am südlichen Ende des Nationalparks befindet sich die Yardie Creek Gorge. Die Schlucht ist zwar nur ca. 30 bis 50 m hoch, aber die rote Farbe ihrer Wände und das, je nach Lichteinfall, mal Dunkelblau, mal Dunkelgrün des Wassers ergeben ein **schönes Farbenspiel**. Entlang der Schluchtkante führt der *Yardie Gorge Trail* [3km ⇆], der an einem Schild WILDLIFE AREA offiziell endet. Das Schild wurde zum Schutz der scheuen **Schwarzfuß-Felskängurus** aufgestellt, die in der Schlucht leben.

◆ Eine weitere Möglichkeit die Yardie Creek Gorge zu erkunden, ist per **Bootstour** [🕓 Zeiten variieren, meist tägl. 11 h, Buchung im Touristenbüro von Exmouth und im *Milyering Visitor Centre*]. Die ca. 1-stündige, von der Naturschutzbehörde durchgeführte Tour dringt allerdings nicht weiter in die Schlucht vor als der Wanderweg.

◆ Eine zweite zu erkundende Schlucht ist die Mandu Mandu Gorge, deren Wände bedeutend höher als die der Yardie Creek Gorge sind. Zur Schlucht führt ein 1.5 km langer Abzweig, der an einem Parkplatz endet. Hier beginnt der *Mandu Mandu Gorge Walk* [4 km ↺], ein **schöner Rundwanderweg**, der zunächst oberhalb der Schluchtkante verläuft. Dabei müssen zwei felsige Einschnitte durchklettert werden. Nach ca. 2 km folgt ein leichter Abstieg hinunter ins breite, meist trockene Flussbett, dessen weiße Kiesel mit den roten Wänden eindrucksvoll kontrastieren. Im Flussbett geht es zurück zum Parkplatz.

◆ **Schnorchelmöglichkeiten** ▷ 299

Gut zu wissen,...

...dass sich beim Abfahren der Buchten die Kilometer schnell summieren. Die **nächste Tankstelle** befindet sich beim *Lighthouse Caravan Park* [25 km nördlich des Nationalparks].

...dass die **Campsites** in den australischen Herbst- und Winterferien hoffnungslos überlaufen sind. Da man aber zurzeit noch nicht vorbuchen kann (ein Vorbuchungssystem ist in Planung ▷25) und viele Australier eine »sichere« Buchung auf einem Campingplatz bevorzugen, ist auf den Campsites immer etwas Bewegung. Daher lohnt es sich früh morgens entweder in Exmouth in der Zweigstelle von DEC [Nimitz St, 🕓 Mo-Fr 8.15-17 h] oder (besser, da jene bevorzugt werden) direkt an der Einfahrt zum Park bei der Zahlstation [🕓 ab 8 h besetzt] nach einem freien Platz zu fragen, der dann für 1.5 Stunden reserviert werden kann.

$

So unwirtlich die Cape Range Peninsula zunächst erscheint, den Ureinwohnern bot sie alles Lebensnotwendige. Schutz vor Sonne, Wind und Regen fanden sie in den vielen Höhlen, Wasser in den permanenten Wasserlöchern der Schluchten und Nahrung in großer Auswahl im Meer. Krabben, Fische und Muscheln standen ebenso auf ihrem Speiseplan wie Schildkröten und Dugongs. Funde von Mahlsteinen belegen, dass auch Samen gesammelt und zerkleinert wurden. Die Gehäuse von Australischen Walzenschnecken (▶327) fungierten als Wassercontainer und die scharfkantigen Venusmuscheln wurden zu Werkzeugen verarbeitet. **Archäologische Beweise** für die Besiedlung der Halbinsel, wie z. B. von Menschenhand bearbeitete Muscheln oder verblasste Felsmalereien, reichen bis zu 32.000 Jahre zurück. Ganz besondere Aufmerksamkeit verdient ein Fund aus der Mandu Mandu Gorge. Dort entdeckte man die Überreste von 22 fein säuberlich bearbeiteten Kegelschneckengehäusen, die wahrscheinlich einmal zu einer Halskette verbunden waren, eine der **ältesten Halsketten der Welt**. Außer den wenigen archäologischen Beweisen hat das einst hier lebende **Jinigudjira-Volk** nicht viele Spuren hinterlassen. Man nimmt an, dass eine von Perlenfischern eingeschleppte Pockenepidemie bereits in den 1860er Jahren zu seiner Ausrottung führte.

Ningaloo Marine Park. (4587 km²) Die **westaustralische Antwort auf das Great Barrier Reef** an der Ostküste heißt: Ningaloo Reef. Das Riff erstreckt sich über 260 km und verläuft parallel zur Küste von Waneroo im Süden bis zur nördlichen Spitze der Cape Range Peninsula. Obwohl viel kleiner in den Ausmaßen und nicht ganz so artenreich hat das westaustralische Riff im Vergleich zu seinem östlichen Konkurrenten einen entscheidenden Vorteil. Während das Great Barrier Reef durchschnittlich 50 km von der Küste entfernt liegt und daher nur per Boot zu erreichen ist, verläuft das Ningaloo Reef so dicht zur Küste, dass man stellenweise direkt vom Strand aus in seine **farbenprächtige Unterwasserwelt** eintauchen kann. 1987 wurde dieser Riffkomplex zum Meeresschutzgebiet erklärt und in verschiedene Schutzzonen unterteilt.

Blickpunkt Natur

Das Riff besteht aus über 250 verschiedenen Korallenarten. Neben Dugongs, Delfinen und Meeresschildkröten tummeln sich hier über 500 Fisch- und 600 Weichtierarten. Zu den saisonalen Höhepunkten gehören die regelmäßigen Besuche von Buckelwalen (▽) und Walhaien (▽), die jährliche »Fortpflanzungsorgie« der Korallen (▽) und die nächtliche Eiablage (Nov.-Febr.) bzw. das Schlüpfen (Jan.-April) von verschiedenen Meeresschildkröten (▷ 291).

◆ **Buckelwale**/*humpback whales* sind die Lieblinge der Walbeobachter (▷ 201). Die zwischen 13 und 15 m großen Bartenwale sind extrem zutraulich und kommen sowohl nahe an die Küste, als auch dicht an die Walbeobachtungsboote heran. Die blauschwarzen Riesen mit ihren schneeweißen Bäuchen scheinen aktiver und verspielter als alle anderen Arten. Oft »planschen« sie an der Wasseroberfläche herum und schlagen mit ihren extrem langen Brustflossen wiederholt auf die Wasseroberfläche. Ein Schauspiel der besonderen Art ist der Luftsprung, im Englischen *breaching* genannt. Bei diesem springt das mächtige Tier senkrecht in die Höhe und lässt sich dann rücklings oder seitlich wieder ins Wasser fallen, wobei es von einer gewaltigen Spritzfontäne umhüllt wird. Zwar ist dieses Verhalten auch bei anderen Walarten zu beobachten, aber bei keiner so regelmäßig und ausdauernd wie bei den Buckelwalen. Den Grund für das, was aus menschlicher Sicht wie reine Lebensfreude aussieht, kennt man nicht. Die senkrecht aus dem Wasser zeigende Schwanzflosse ist dagegen meist ein deutliches Zeichen, dass die »Vorstellung« beendet ist und der Wal in die Tiefe hinabtaucht.
Ein akustisches Erlebnis sind die Gesänge der Buckelwale. Kein anderer Wal singt mit soviel Hingabe und Intensität. Die bis zu 30 min langen Lieder bestehen aus verschiedenen Strophen, die immer in gleicher Reihenfolge wiederholt werden. Jedes Jahr werden ein paar der Strophen verändert, so dass in einem ca. 10-jährigen Rhythmus das ganze Lied erneuert wird. Unter Wasser kann der Gesang noch in einer Entfernung von über 100 km geortet werden. In Vinyl gepresst, eroberten die Gesänge der Buckelwale in den 1970er Jahren sogar die Plattencharts.
Vorkommen (*Megaptera novaeangliae*): in allen Ozeanen

◆ Mit einer maximalen Länge von 14 m ist der **Walhai**/*whaleshark* der größte Fisch der Erde. Nach einem bislang unbekannten Muster durchwandert der harmlose Planktonfresser die Weltmeere und lässt sich nur an wenigen Orten für kurze Zeit blicken. Die Nordwestküste von WA ist einer dieser Orte. Regelmäßig im März/April, kurz nach der Korallenblüte, besuchen ein paar der gepunkteten Riesen (der Rekord waren zwölf) die dann besonders nährstoffreichen Gewässer des Ningaloo MP. Bei fast allen hier gesichteten Exemplaren handelt es sich um junge, noch nicht

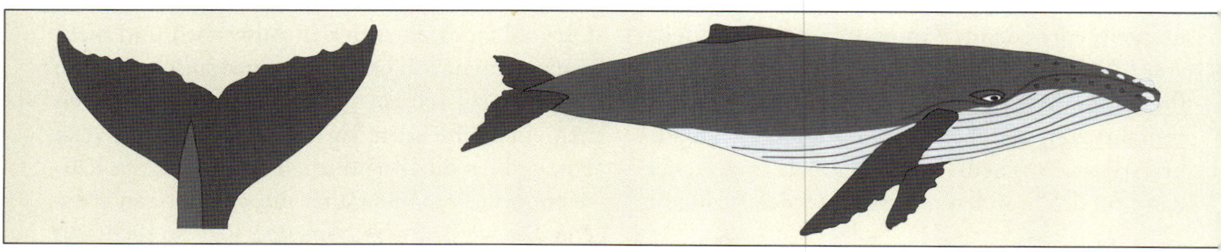

Kennzeichnend für den Buckelwal sind sein weißer Bauch und seine langen Brustflossen.

geschlechtsreife Männchen mit einer maximalen Länge von 12 m. Mit Hilfe einer Identifizierungskartei (das Punktemuster eines jeden Tieres ist einmalig wie ein Fingerabdruck) und Peilsendern versucht man nun herauszufinden, mit welchem Ziel die Tiere im Juni/Juli wieder verschwinden.
Da die weltweiten Sichtungen von Walhaien drastisch zurückgehen, hat man allen Grund zur Annahme, dass der friedvolle Riese vom Aussterben bedroht ist. Trotzdem machen einige Länder wie Taiwan immer noch Jagd auf den Fisch, um ihn für US$10 per Kilo zu verkaufen.
Vorkommen (*Rhincodon typus*): in den warmen Gewässern rund um den Äquator zwischen 30 Grad nördlicher und 35 Grad südlicher Breite

◆ Das Sexualleben von Korallen ist äußerst facettenreich. Je nach Art vermehren sie sich asexuell durch Teilung oder sexuell durch die Befruchtung von Eiern durch Spermien. Die asexuelle Fortpflanzung verläuft relativ unspektakulär: ein abgebrochenes Stück Koralle treibt davon, setzt sich auf dem Boden fest und wächst weiter. Die sexuelle Vermehrung dagegen findet ihren Höhepunkt in einem einzigartigen Naturschauspiel, der **Korallenblüte/***coral spawning*. Während der Korallenblüte bzw. dem so genannten Ablaichen, stoßen Korallen Milliarden winziger Ei- und Samenkapseln aus, die zur Befruchtung an die Wasseroberfläche treiben. Dort platzen sie auf und weibliche und männliche Keimzellen derselben Art finden, durch chemische Faktoren gesteuert, zueinander. Eine Larve entsteht, sinkt auf den Grund und der Lebenskreislauf beginnt von vorn. Was das Ablaichen zu einen solchen Ereignis macht, ist die Tatsache, dass alle Korallen eines Riffs absolut zeitgleich ihre Ei- bzw. Samenkapseln freilassen. Ein Schneegestöber aus Myriaden von Geschlechtszellen trübt an diesen Tagen das Wasser und die Meeresoberfläche ist von einem rötlich schimmernden Film bedeckt. Im Ningaloo Reef findet die Korallenblüte einmal im Jahr für wenige Nächte statt. Meist beginnt sie zehn Tage nach dem Vollmond im März oder April.

Erkunden & Schnorcheln

◆ Gute Ausgangspunkte zum **Schnorcheln direkt vom Strand** bieten die Ortschaft Coral Bay und der **Cape Range NP**. Als beste Bucht im Nationalpark gilt die **Turquoise Bay**, da das Riff hier fast die Küste berührt. Bekannt ist die Bucht zudem für ihre starke Strömung, die für sichere Schwimmer das I-Tüpfelchen der Schnorchelfreuden darstellt. Um mit der Strömung zu schnorcheln, geht man vom DRIFT LOOP Parkplatz ca. 200 m links den Strand entlang und schwimmt dann direkt aufs Meer hinaus in Richtung Korallenteppich. Die Strömung zieht einen automatisch nach Norden zur sandigen Landspitze zurück. Dort sollte man das Wasser spätestens verlassen, da die Strömung sich etwas weiter draußen mit einer aus Norden kommenden vereint, die dann beide Richtung Riffkante ziehen.
Ebenfalls **gute Schnorchelmöglichkeiten** im Nationalpark bieten Lakeside (am Strand dem Schnorchelschild 500 m Richtung Süden folgen), Pilgramunna, Oyster Stacks und South Mandu. Einziger Schönheitsfehler der beiden letzten Buchten ist der fehlende Strand, denn Oyster Stacks ist überwiegend von scharfkantigen Felsen begrenzt und South Mandu von einem Kieselstrand, der erst in Richtung Süden in einen Sandstrand übergeht. An beiden Buchten reicht der Korallenteppich bis ans Ufer und kann bei extremer Ebbe sogar trockenen Fußes bewundert werden, Schnorcheln ist nur bei Flut möglich.
Die meisten anderen Buchten im Park eignen sich ebenfalls zum Schnorcheln, denn ein paar Korallen befinden sich immer in erreichbarer Nähe.

Achtung! Beim Tauchen und Schnorcheln nicht auf die Korallenblöcke stellen. Dies führt zum Absterben der Korallen

Gut zu wissen,...

...dass man **Schnorchel- und Taucherausrüstung** u. a. im *Milyering Visitor Centre* [▷ 293] entleihen kann.

Streckenabschnitt Nord 4 Paraburdoo bis Newman

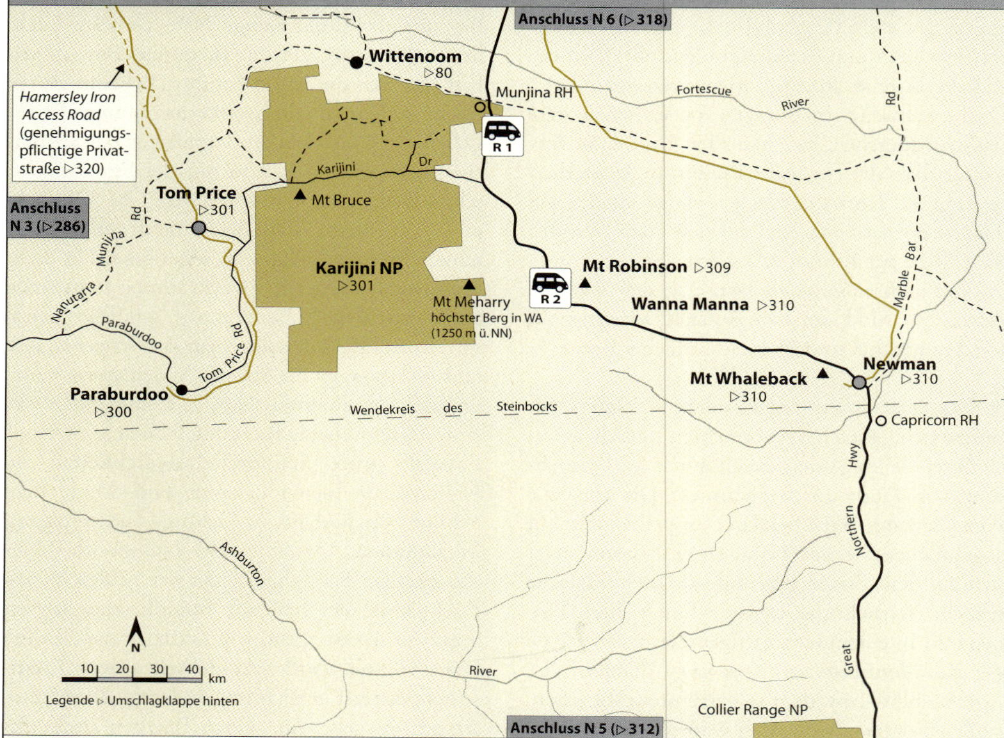

R **Rastplätze** ▷ **41**

1 ***Munjina East Gorge Lookout*** [15 km südlich des Munjina RH] - Ein eingezäunter, 2 km vom Highway entfernt gelegener Parkplatz mit Blick über die umliegenden Bergketten. Kurz vor dem Platz zweigt rechts eine Piste ab mit einigen individuellen Stellplätzen.

2 ***Mt Robinson Rest Area*** [51 km südlich des Abzweigs nach Tom Price, offizieller 24 h Rastplatz] - Ein großer, bis auf ein paar überdachte Picknickplätze schattenloser Parkplatz (1 km vom Highway entfernt) mit schönen Weitblicken. Der Parkplatz ist Ausgangspunkt zweier Wanderungen (▷309).

Paraburdoo. (1201 Einw.) Am Highway steht ein gewaltiger Eisenerz-Truck, der zwischen 1976 und 1987 in den Eisenerzminen der Pilbara im Einsatz war. Einem monströsen Denkmal gleich demonstriert er, wie wichtig der Eisenerzabbau für das Überleben der Ortschaft ist. Die 1971 von der Bergbaugesellschaft *Hamersley Iron* gegründete Siedlung, ist eine reine Arbeiterstadt, deren Einwohner zu einem großen Prozentsatz in der 8 km außerhalb der Ortschaft liegenden Eisenerzmine beschäftigt sind. Sollte die Mine einmal erschöpft sein, wird dies wohl auch das Ende von Paraburdoo bedeuten. Schon heute stehen viele der einfachen Arbeiterhäuschen leer und die Ortschaft wirkt, trotz tropischer Palmen und gepflegter Rasenflächen, wie zum Aussterben verurteilt.

Gut zu wissen,...

H/M[1]

IGA, Ashburton Ave, Mo-Sa 8-17 h

Tom Price. (3094 Einw.) Tom Price ist ein als grüner Garten getarntes Bergbaustädtchen, das mit seinen üppigen Grünanlagen **ein wenig Oasenatmosphäre** zu schaffen versucht. Die Ortschaft wirkt so sauber und gepflegt, als wolle man ein optisches Gegengewicht zur staubigen Minenarbeit schaffen, denn wie fast alle Ortschaften der Pilbara verdankt Tom Price seine Existenz dem Eisenerz. Als die Bergbaugesellschaft *Hamersley Iron* Anfang der 1960er Jahre in diesem Gebiet mit dem Abbau begann, gründete sie Tom Price als Versorgungsstadt für ihre Beschäftigten.
In den 1980er Jahren wurde Tom Price wie auch andere Bergbaustädte im Zuge eines Normalisierungsprozesses vom westaustralischen Staat übernommen und der betreffenden Gemeinde unterstellt. Ziel war, der Ortschaft eine vom Eisenerz unabhängige Entwicklungsperspektive zu geben, schließlich würden die umliegenden Minen eines Tages erschöpft sein. Im Fall von Tom Price war man mit der Umwandlung in eine »normale« Stadt relativ erfolgreich, insbesondere wegen des zunehmenden Tourismus'. Zwar ist die Stadt selbst keine Attraktion, dafür aber der nahegelegene Karijini NP. Nach der offiziellen Schließung der »Asbest-Ortschaft« Wittenoom (▷ 80) ist nun Tom Price für viele Reisende Ausgangspunkt und letzte Versorgungsstation für Fahrten in den Nationalpark. Dennoch bleibt Tom Price unter all dem Grün eine **typische Bergbaustadt** mit einem klimatisierten Supermarkt nebst unattraktiver Ladenzeile als Zentrum anstelle einer einladenden Hauptgeschäftsstraße.
Mehr über den staubigen Minenalltag erfährt man auf einer interessanten **1.5-stündigen Tour durch eine Eisenerzmine** [*Hamersley Iron Mine Site Tours*, Buchung im Touristenbüro, Zeiten variieren, gewöhnlich eine Tour vormittags].

Auf einer Höhe von 747 m gelegen, ist Tom Price die höchste Stadt in WA. Wer noch höher hinaus will, kann den **Mt Nameless (1128 m) besteigen**. Ein Wanderweg, der *Mt Nameless Walk Trail* [ca. 3-4 Std. ⇆], startet an der Zufahrt zum einzigen Campingplatz. Der Gipfel kann auch per 4WD »erklommen« werden. Die Zufahrt zweigt kurz vor dem Wanderweg ab und ist mit MT NAMELESS 4WD ONLY ausgeschildert.

Gut zu wissen,...
...dass man die **Genehmigung** für das Befahren der *Hamersley Iron Access Road* (▷ 320) im Touristenbüro erhält.

Central Rd, Mai-Okt.: Mo-Fr 8.30-17.30 h, Sa So 9-12 h, Nov.-April: Mo-Fr 9.30-15.30 h, Sa 9-12 h

CP[1], H/M[2]

Coles, Central Rd, Mo-Sa 8-18 h (Do-21 h), So 10-18 h

am Gebäude des Touristenbüros (Seite Tamarind St) am mittleren, braunen Pfosten des Vordaches

Karijini National Park. (6204 km²) Der im rostroten Herzen der Pilbara liegende Karijini NP ist **einer der farbenprächtigsten und eindrucksvollsten Nationalparks** Australiens. Der Park umschließt einen großen Teil der Hamersley Range. Der mächtige Gebirgszug ist 400 km lang und wurde von der Erosion auf ein durchschnittlich 550 m hohes Plateau heruntergeschliffen. Durchbrochen wird das Plateau von abgerundeten Gebirgskämmen und Berggipfeln, darunter die Gipfel der beiden höchsten Berge von WA, Mt Meharry (1250 m ü. NN) und Mt Bruce (1230 m ü. NN), von denen sich jedoch keiner mehr als 600 m aus dem Plateau erhebt.
Der nördliche Teil des Hamersley Plateau wird von einem **atemberaubenden Schluchtensystem** durchzogen. Gewaltigen Rissen gleich zerteilen die bis zu 150 m tiefen, senkrechten Spalten die Landschaft. Jede Schlucht beeindruckt durch ihren eigenen Charakter. Einige verengen sich dramatisch und werden zu dunklen, schmalen

Wandermöglichkeiten

1 *Handrail Pool Walk* [1.5 km ⇆]
2 *Kermit´s Pool Trail* [1.5 km ⇆]
3 *Joffre Falls Walk* [3 km ⇆]
4 *Knox Gorge Walk* [1.8 & 2 km ⇆]
5 *Kalamina Gorge Walk* [3 km ⇆]
6 *Circular Pool Walk* [1.2 km ⇆]
7 *Dales Gorge Walk* [3 km ⇆]
8 *Hamersley Gorge Walk* [2 km ⇆]
9 Besteigung des Mt Bruce [9 km ⇆]

N
5 10 15 km
Legende ▷ Umschlagklappe hinten

Besucherzentrum

Das einem riesigen verrosteten Eisenträger ähnelnde ***Karijini Visitors Centre*** [🕓 März-Nov.: tägl. 9-16 h, Dez.-Febr.: tägl. 10-14 h] ist ein geglücktes Beispiel moderner Architektur, denn es verschmilzt, trotz seiner Klobigkeit perfekt mit der Landschaft. Hier erhält man einen ersten Eindruck über die aboriginal Geschichte und die Besonderheiten des Parks.

Campsites

1 ***Savannah Campground*** - Die Campsite gehört zum privaten *Karijini Eco Retreat* [www.karijiniecoretreat.com.au] und besteht aus zwei engen Schleifen mit über 40 Stellplätzen. Es gibt keinen Strom und Generatoren sind erlaubt. Außerdem bietet das Resort ein Restaurant und fest installierte Safarizelte. Zwischen dem Safarizelt Nr. 45 und 46 (im *Snappy Gum Loop*) beginnt ein schöner Weg zu den Joffre Falls [700 m →].

2 ***Dales Campground*** - Das in sieben Schleifen gegliederte Camp liegt im strauchigen Mulga-Buschland und ist daher schattiger als der *Savannah Campground*. Bei Stellplatz 89 (im *Euro Loop*) beginnt ein Wanderweg zum *Circular Pool Lookout* [700 m →] und gegenüber der Selbstregistrierung bzw. dem *camp host*-Haus ein Weg zu den Fortescue Falls [650 m →].

Spalten, in denen das Sonnenlicht nie den Boden erreicht. Andere öffnen sich und Sonne durchflutet ein Idyll aus **einladenden Pools, grünen Oasen und in Stufen herabplätschernden Wasserfällen**. Allen Schluchten gemein sind die waagerechten Schichtstrukturen und die intensive rostrote Farbe ihrer Wände.

Rot ist auch die Farbe des 65 km langen Banjima

Drive (▶ 129), der den Nationalpark erschließt. In einem leichten Auf und Ab schlängelt er sich über die **mit Spinifex bewachsene Hochebene**. Je nach Lichteinfall verändert die fotogene Piste ihren Farbton und wechselt von Rot, über Orange ins Mokkabraune. Für farbliche Kontrastpunkte, in der von Rot und Grün dominierten Landschaft, sorgen weißstämmige Eukalypten.

Blickpunkt Natur

Wie die meisten Nationalparks in den ariden Klimazonen wirkt auch dieser relativ unbevölkert. Dabei fand man bei einer in den 1980er Jahren durchgeführten Untersuchung über 26 Säugetier-, 85 Reptilien-, 7 Amphibien-, 6 Fisch-, 42 Ameisen- und 133 Vogelarten. Viele der Tiere werden jedoch erst in den kühleren Abendstunden aktiv. Das gilt auch für die zahlreichen Kleinsäugetiere, so wie für die Westliche Kieselhaufen Pseudomys-Maus (▽) und das Pilbara Ningaui/*Pilbara ningaui*, ein nur 5 cm großes Beuteltier, das nachts auf Insektenjagd geht. Ein weiterer, wenn auch von Natur aus und nicht der Hitze wegen, nachtaktiver Bewohner ist die Australische Gespenstfledermaus (▷ 346). Sie ist eine von insgesamt zwölf Fledertierarten im Park. Das Euro (▷ 355) und das Rote Riesenkänguru (▷ 250) gehen dagegen schon in der Abenddämmerung auf Nahrungssuche und sind daher häufiger zu beobachten.

Obwohl auch unter den Reptilien einige nachtaktive Vertreter sind, wie z. B. die gefährliche Pilbara Todesotter/*Pilbara death adder*, zeigen sich die meisten bereits tagsüber. Beste Beispiele sind der bis zu 1.5 m große Goulds Waran, die Olivenpython (▷ 364) und der endemische Pilbara Felswaran/*Pilbara rock monitor*, ein extrem schlanker, rötlichbrauner Waran von bis zu 50 cm Länge. Zwei oft zu beobachtende Agamen sind die Ringelschwanz-Agame/*ring-tailed dragon* und der *long-nosed dragon*.
Häufige Repräsentanten der Vogelwelt sind Spinifex-Tauben, leicht zu erkennen an ihren »toupierten« Häubchen, Graurücken-Würgatzeln (▷ 294) und auf den Campsites »herumhängende« Salvadorikrähen/*Torresian crows*. Ebenfalls zu beobachten sind Wellensittiche (▷ 319), Westliche Laubenvögel (▷ 370), Zebrafinken (▶ 142), Grauscheitelsäbler/*grey-crowned babbler* (▶ 341), auffällig rot gefiederte Scharlach-Trugschmätzer/*crimson chats* sowie durch das Grasland stolzierende Emus (▷ 258) und Australische Trappen (▽).

◆ Die nachtaktive **Westliche Kieselhaufen Pseudomys-Maus**/*western pebble-mound mouse* hat eine Vorliebe für extravagante Behausungen. Aus durchschnittlich 2 bis 5 g schweren Kieseln baut sie einen flachen Hügel, der ein Areal von bis zu 6 m² einnehmen kann. Im Schutz dieses Hügels leben gewöhnlich bis zu vier Artgenossen in ei-

Der *long-nosed dragon* (linkes Bild) und die Ringelschwanz-Agame (rechtes Bild, ▶ 139) sind neben ihrer unterschiedlichen Zeichnung deutlich an ihrer Schwanzlänge zu unterscheiden. Die des *long-nosed dragon* erreicht mitunter die dreifache Länge seines Körpers.

nem Labyrinth aus Gängen, Kammern und Sackgassen. Warum sich die nur 6 cm große Maus mit dem Bau eines solchen Steinhügels abmüht, ist bislang unbekannt. Man nimmt an, dass er neben dem Schutz vor Feinden auch der Isolation dient und somit die Maus vor den extremen Sommertemperaturen der Pilbara schützt.
Nagetiere/*rodents* wie die Pseudomys-Mäuse sind im Vergleich zu Beuteltieren Neuankömmlinge auf dem 5. Kontinent. Festgeklammert auf einem Stück Treibholz, erreichten die ersten Nager wahrscheinlich erst vor ca. 3 bis 4 Mio. Jahren das australische Ufer, während sich die Beuteltiere schon seit Australiens Inselwerdung (vor über 45 Mio. Jahren) auf dem Kontinent befanden. Daher blieb den Nagetieren nur eine relativ kurze Zeitspanne, um sich auf dem Kontinent zu behaupten und ihre Artenvielfalt ist erheblich niedriger als auf anderen Kontinenten der Erde. So sind nur 4 % aller lebenden Nagetierarten, aber 66 % aller Beuteltierarten in Australien beheimatet.
Vorkommen (*Pseudomys chapmani*): Pilbara

◆ Von der weltweit 22 Mitglieder umfassenden Familie der Trappen kommt nur ein einziger Vertreter in Australien vor, die **Australische Trappe/** *Australian bustard* (auch *kori bustard* oder Wilder Truthahn/*wild turkey* / ▶ 140). Die Australische Trappe wird bis zu 1.20 m groß und kann eine Spannweite von 2 m erreichen. Ihre Heimat sind das offene Buschland und die weiten Grassavannen, die sie auf der Suche nach Samen, Insekten, kleinen Reptilien und Säugetieren durchschreitet. Sieht man den stattlichen Vogel erhobenen Hauptes durch das Buschland stolzieren, fällt es schwer ihn nicht zu vermenschlichen und als hochnäsig zu beschreiben. Die Australische Trappe ist äußerst flugfaul. Fühlt sie sich gestört, verharrt sie gewöhnlich einen Moment, dreht sich dann um und schreitet betont desinteressiert weiter. Erst wenn man ihr wirklich zu Nahe kommt, ergreift sie die Flucht und fliegt davon.
Vorkommen (*Ardeotis kori*): australienweit, mit Ausnahme des Südwestens und Südostens

Außerhalb der Schluchten bestimmt weites Spinifex-Grasland bespickt mit *snappy gums* (▽), *Hamersley bloodwoods* (▶ 149) und verschiedenen Akazienarten wie dem Mulgabusch (▶ 146) und der endemischen Hamersley-Akazie/*Hamersley wattle* (▶ 146) das Vegetationsbild. In den Hauptblütemonaten Juli bis Oktober bringen diverse Wildblumen Farbe ins Bild, ganz besonders dominant sind die *northern bluebells* mit ihren blauen, glockenförmigen Blüten und die vielen Mulla-Mullaarten (▽) wie *weeping mulla mulla* (▶ 150). Zur gleichen Zeit in Blüte steht Robinsons Wüstenrose/*Robinson`s desert rose*, ein bis zu 3 m hoher Strauch mit 3- bis 5-fach gelappten Blättern und malvefarbenen Blüten.
Anders ist das Vegetationsbild in den Schluchten. Hier klammern sich Eisenerz-Pflanzen/*iron ore plants* (▶ 309), Fels-Kurrajongs/*rock kurrajongs* sowie Felsfeigen (▷ 356) an die steilen Wände und die Wasserläufe und Pools werden von stattlichen Flusseukalypten (▶ 144) und Papierrindenbäumen gesäumt, darunter der bis zu 15 m große *silver cadjeput* (auch *silver-leaved paperbark*).
Eine auffällige Kostbarkeit bietet die Dales Gorge, an deren Hängen (z. B. entlang des Abstiegs zu den Fortescue Falls) Weiße Zypressen/*white cypress pines* wachsen, eine sehr feuerempfindliche Zypressenart, die über 10 m groß werden kann.

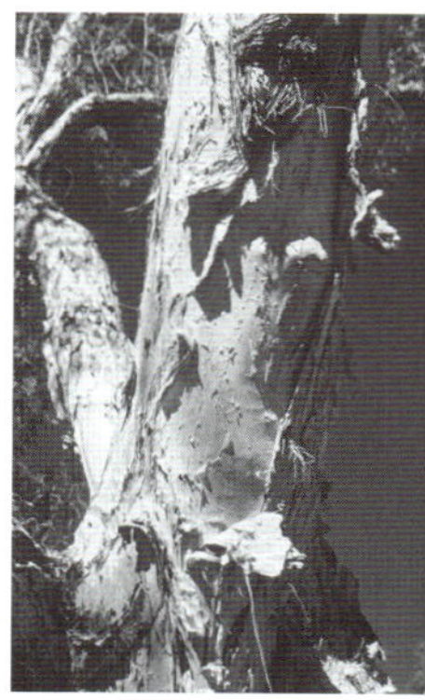

Die weiche, wasserresistent Rinde des Silbernen Cadje puts wurde von den Aborigi nes u. a. zur Auskleidung vo Babyschalen und als Schlafun terlage benutzt.

◆ Mit einer maximalen Größe von nur 6 m kann man den ***snappy gum*** (▶ 144) zwar kaum als stattlich bezeichnen, dennoch ist er dank seiner leuchtend weißen Rinde, den schwungvoll verdrehten Ästen und seiner silbriggrünen Krone ein

…on Buschfeuern verkohlte …ste ummantelt der Baum …it neuer gesunder Rin…e. Erst wenn der Ast nicht …ehr zu retten ist, lässt er …n verotten.

echter Blickfang.
Seine Blätter sind klein und ledern und der helle Stamm ist meist mit dunklen Flecken besprenkelt. Obwohl die Rinde im Sonnenlicht glänzt wie lackiert, stellt man beim Darüberstreichen fest, dass sie nicht glatt, sondern puderig ist. Wie auch andere Eukalyptusarten bildet der *snappy gum* knollenartige, unterirdische Verdickungen an der Stammbasis aus, so genannte Lignotuber. Sie dienen dem Baum sowohl als Nährstoffspeicher als auch zur raschen Sprossbildung nach Buschfeuern.
Vorkommen (*Eucalyptus leucophloia*): punktuell im Norden, von WA bis QLD

◆ ***Bloodwoods*** unterscheiden sich weder auf den ersten noch auf den zweiten Blick sonderlich von Eukalypten. Daher wurden sie lange Zeit derselben Gattung zugeordnet. Inzwischen führten entdeckte Unterschiede im Aufbau der Blüten und Früchte zu einer Umklassifizierung, so dass sie nun eine eigene Gattung namens *Corymbia* bilden. Ihren Trivialnamen, den man am ehesten mit »Bluthölzern« übersetzten könnte, verdanken sie dem blutroten Harz, dem so genannten *kino* (▶ 149), das sie bei Verletzung absondern. Die Aborigines schätzten das *kino* als Medizin. In Wasser aufgelöst, wurde es gegen Erkältung und als Aufbaumittel für ein schwaches Herz verabreicht.
Vorkommen (*Corymbia spp.*): in allen Klimazonen des Kontinents

◆ Mit knapp 100 Mitgliedern ist die Gattung *Ptilotus* eine der artenstärksten Wildblumen-Gattungen Australiens. Ihre Vertreter sind unter dem Namen ***mulla mulla*** bekannt (im Deutschen auch Katzenpfötchen genannt / ▶ 150) und wachsen überwiegend in den trockenen Klimazonen des Kontinents. Kennzeichnend für alle Arten sind die flauschigen meist rosa- oder lilafarbenen Blütenstände, die entweder zylindrisch, pyramidenförmig oder auch rundlich geformt sind.
Vorkommen (*Ptilotus spp.*): australienweit, mit Ausnahme von TAS und entlang der Südküste

Am Anfang der Hamersley Range stand die gewaltige Kollision zweier uralter Landmassen, des Pilbara- und des Yilgarn-Blocks. Die freigesetzten Schubkräfte zerknautschten und falteten das Gestein und **führten schließlich zur Herausbildung einer riesigen Gebirgskette**, der Hamersley Range. Diese Kollision fand vor rund 2 Mrd. Jahren statt und beendete einen geologischen Prozess, der ca. 500 Mio. Jahre früher begonnen hatte. Damals war dieses Gebiet von einem seichten Ozean bedeckt, der außergewöhnlich reich an löslichen Eisensalzen war. Im Ozean lebten Cyanobakterien (▷ 277), die, als Nebenprodukt der Photosynthese, große Mengen Sauerstoff freisetzten. Der über Millionen von Jahren produzierte Sauerstoff reagierte langsam mit dem Eisen und wurde zu unlöslichem Eisenoxid, sprich Rost. Die rotbraunen und blaugrauen eisenhaltigen Gesteinsschichten der Pilbara, die so genannten **Bändereisenerzvorkommen**/*banded iron formations*, sind also nichts anderes als die Reste eines Ozeans, dessen Sedimentablagerungen Schicht für Schicht »verrosteten«.
Nach der anschließenden Aufwölbung der Hamersley Range übernahm die Erosion das Modellieren des Gebirgsmassivs. Zwar sind die eisenhaltigen Gesteinsschichten extrem hart und verwitterungsresistent, doch entlang existierender Risse fand die Erosion genügend Angriffsflächen, um das Gestein zu bearbeiten. Aus diesen Rissen und Spalten formten sich, hauptsächlich durch die Kräfte des Wassers, allmählich die Schluchten des Nationalparks.

◆ Berühmt ist die Hamersley Range für ihr Eisenerz, berüchtigt für ihr **Asbest** (▷ 80). Bis 1966 existierten am nördlichen Ende des Nationalparks zwei Asbestminen, in denen der krebserregende Stoff abgebaut wurde. Auf dem Grund der Dales Gorge, insbesondere rund um den Abstieg, sind ein paar kleinere Asbestadern durch die Erosion freigelegt worden. Die waagerecht verlaufenden Adern sind durchschnittlich 2 cm breit und wegen ihrer hellblauen Farbe und faserigen Struktur sofort zu erkennen. Die brüchigen Fasern werden durch den Verwitterungsprozess irgendwann zu feinem Staub. Eingeatmeter Asbeststaub kann Krebs verursachen. Achtung !

Erkunden & Wandern

Vom Banjima Drive zweigen vier Sackgassen zu sechs verschiedenen Schluchten ab, die erkundet werden können. Die Zugänglichkeit der Schluchten hängt vom jeweiligen Wasserstand ab. Je nach Höhe des Wasserpegels müssen Pools durchwatet oder durchschwommen werden. Nach heftigen Regenfällen (auch außerhalb des Parks!) kann der Wasserstand im Zuge so genannter *flash floods* blitzartig ansteigen. Bei instabiler Wetterlage ist deshalb von Wanderungen in den Schluchten dringend abzuraten!

Die Sackgassen von West nach Ost:

1. Sackgasse [14 km →]. Am Ende der Sackgasse treffen vier schmale, über 100 m tiefe Schluchten aufeinander. Zwei Aussichtsplattformen gewähren einen schwindelerregenden Blick hinunter auf den Grund dieser natürlichen Kreuzung. Wer einen direkten Einblick in das Schluchtensystem vorzieht, hat zwei Möglichkeiten in die Tiefe hinabzusteigen.
Der einfachere Weg, der *Handrail Pool Walk* [1.5 km ⇆], führt über bequeme Stufen hinab in die **Weano Gorge** und weiter zum 350 m entfernt gelegenen Handrail Pool, einem von senkrechten Felswänden umrahmten Badepool. Der Höhepunkt des Weges sind die letzten 80 m, auf denen sich die Felswände auf unter 2 m verengen. In den Pool hinunter führt ein Geländer/*handrail*, an dessen Ende ein Seil hängt, an dem man sich über den extrem rutschigen Fels ! ins Wasser lassen kann. Wer den Pool durchwatet bzw. durchschwimmt, gelangt nach weiteren, überwiegend feuchten 150 m zum Jade Pool. Ab hier nimmt der Schwierigkeitsgrad noch einmal zu, weshalb die letzten 100 m bis zum Ende der

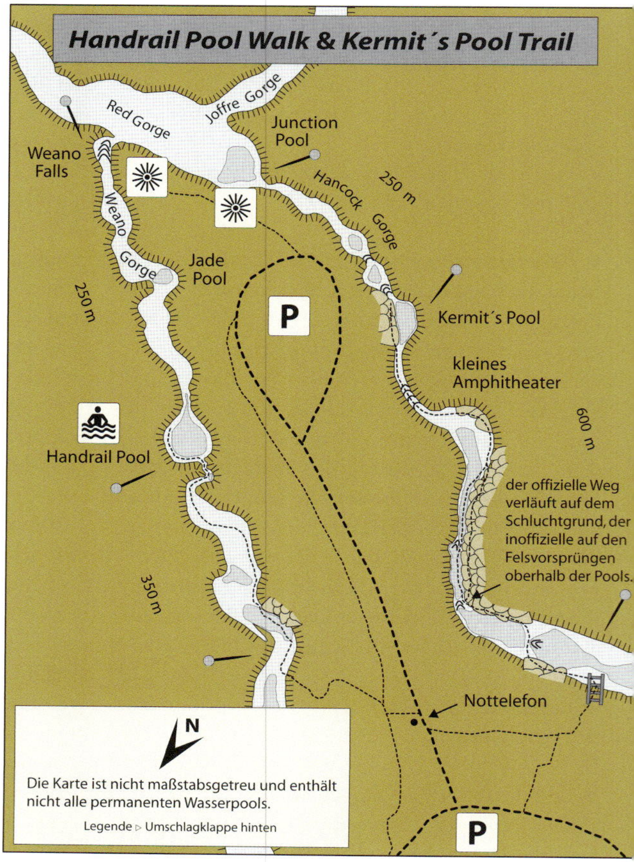

Schlucht nur von erfahrenen Kletterern bewältigt werden sollten. Am Ende befinden sich die 25 m hohen, meist trockenen Weano Falls.
Der zweite Abstieg, *Kermit's Pool Trail* [1.5 km ⇆], ist etwas steiler und führt in die **Hancock Gorge** (▶ 129). Die letzten 5 m überwindet man mittels einer senkrecht am Fels angebrachten Leiter. Folgt man links den Wegmarkierungen, gelangt man nach ca. 600 m zu Kermit´s Pool. Der Weg dorthin ist noch eindrucksvoller, aber auch schwieriger als der zum Handrail Pool, da er wahlweise durch permanente, je nach Wasserstand, bis zu brusttiefe Pools oder oberhalb der Pools über schmale Felsvorsprünge führt. Nachdem man ein kleines »Amphitheater« passiert hat (in dem man am besten seine Schuhe zurücklässt), verengt sich die Schlucht dramatisch auf unter 1 m und führt in mehreren Stufen steil zu Kermit´s Pool hinunter. Wer von hier zum Junction Pool (▶ 81) wandern möchte, sollte nicht nur schwindelfrei und klettererfahren sein, sondern auch bereit kalte Pools zu durchschwimmen.

2. Sackgasse [6 km →]. Die zweite Sackgasse führt zunächst zu den **Joffre Falls**, zu denen nach 1.5 km links eine Piste abzweigt. Von einer Aussichtsplattform hat man einen freien Blick auf die ca. 50 m hohen, in Stufen herabstürzenden bzw. meist tröpfelnden Wasserfälle, die den Beginn der Joffre Gorge markieren. Die Wasserfälle speisen einen Pool, zu dem der *Joffre Falls Walk* [3 km ⇆] hinunter führt. Die letzte Hälfte des Weges führt über unbewachsenen, terrassierten Fels. Die Wanderung kann auch vom Savannah Campground aus erfolgen [ca. 1.4 km ⇆, ▷ 302].
Am Ende der Sackgasse liegt die **Knox Gorge**. Ihre nackten, über 100 m hohen Felswände können von einer kleinen Aussichtsplattform bewundert werden. Ein 500 m langer Abstieg führt durch einen steilen, gerölligen Einschnitt auf ihren Grund hinunter (mit etwas Klettern auf den letzten 10 m). Unten angekommen, befindet sich rechts ein milchiggrüner, von Papierrindenbäumen und Felsfeigen gesäumter Pool. Falls der

Das Ende der Knox Gorge. Ab hier geht es bis zur eigentlichen Mündung nur noch im Fels »klemmend« weiter. Da außerdem steilwandige Felspools überwunden werden müssen, ist vom eigenmächtigen Weiterwandern abzuraten.

Wasserstand es erlaubt, kann man diesen rechtsseitig umwandern und die Schlucht entlang breiter Felsterrassen von Pool zu Pool erkunden. Dieser Teil der Knox Gorge ist nicht ganz so hoch und daher besonders lichtdurchflutet, so dass die »Bauklotzstrukturen« der verwitterten Wände und die fantastischen Farben der Bändereisenerze außerordentlich gut zur Geltung kommen.
Folgt man vom Abstieg dem Schluchtverlauf links herum, gelangt man nach 500 m an das immer schmaler werdende Ende der Schlucht, die als steiler Wasserfall in die Red Gorge mündet. Kurz vorher befindet sich linker Hand ein Warnschild, das auf den erhöhten Schwierigkeitsgrad (Level 2) des Weges aufmerksam macht, denn ab hier verengt sich die Schlucht auf weniger als 1 m.

3. Sackgasse [6 km →]. Die **Kalamina Gorge** ist die niedrigste der Schluchten. Ein ca. 100 m langer Abstieg führt gemächlich in Stufen auf ihren grünen Grund hinunter. Gleich rechter Hand, inmitten eines idyllischen Gartens aus stattlichen Papierrindenbäumen, liegen die ca. 15 m hohen, in einen grünen Pool plätschernden Kalamina Falls. Linker Hand führt der *Kalamina Gorge Walk* [1.5 km ⇆] durch die breite, offene Schlucht, deren Wände allmählich auf 30 bis 40 m ansteigen. Der Weg endet an einem, von terrassierten Felswänden umschlossenen Badepool namens Arch Rock Pool. Bei Niedrigwasser führt der Weg noch ca. 200 m weiter bis zu einem nächsten Pool.

4. Sackgasse [10 km →]. Die **Dales Gorge** unterscheidet sich in ihrem Charakter deutlich von allen anderen Schluchten. Statt einer dunklen, schmalen Spalte erwartet den Besucher ein teils breiter Canyon, dessen Wände nur im untersten Bereich die charakteristischen Bändereisenerzformationen aufweisen. Im oberen Bereich öffnen sich die Wände terrassenartig und sind mit Spinifex und Akazienbüschen bewachsen. Ausnahme sind die über 80 m hohen, senkrechten Wände, die den Circular Pool umschließen, einen beliebten Badepool, zu dem der *Circular Pool Walk* [1.2 km ⇆] über zahlreiche Stufen hinunter führt.
Ein zweiter Wanderweg, der *Dales Gorge Walk* [nach dem Abstieg rechts herum, 1.5 km →], schlängelt sich durch einen Wald aus majestätischen Papierrindenbäumen und Flusseukalypten, vorbei an farbenprächtigen Bändereisenerzformationen, zu den Fortescue Falls [die auch vom gleichnamigen Parkplatz aus erreichbar sind, 400 m →]. Die ca. 25 m hohen Wasserfälle plätschern über flache Terrassen in einen ebenfalls sehr beliebten Badepool. Vom oberen Rand der Wasserfälle kann man entweder zum Schluchtrand hinaufsteigen und entlang des Schluchtrandes zurück zur *Dales Recreation Area* wandern, [1 km →] oder zum dritten Badepool der Schlucht, dem Fern Pool [300 m →], weiter wandern. Der Weg dorthin führt durch einen grünen Dschungel aus riesigen Felsfeigen und Papierrindenbäumen und endet an einer schattigen Aussichtsplattform mit Blick über den romantischen Badepool.

Zwei weitere Attraktionen des Parks, die nicht am Banjima Drive liegen sind die Hamersley Gorge und Mt Bruce.

◆ Die **Hamersley Gorge** (▶ 129) besticht mit ihren nur durchschnittlich 50 m hohen Felswänden weniger durch ihre Ausmaße als durch ihre geologische Andersartigkeit und ihr unglaubliches Farbenspiel. Rund um den Abstieg beeindrucken geknautschte Schichten aus lila- und rosafarbenem Tonschiefer und aus teils gräulichem, teils ockerfarbenem Dolomit. Zwei Pools laden zum Baden ein. Erkunden kann man die Schlucht entlang des empfehlenswerten *Hamersley Gorge Walk* [2 km ⇆], der links vom Toilettenhäuschen beginnt und über einen Hügelrücken wieder in die Schlucht hinunterführt. Nach ca. 300 m ändert sich der geologische Charakter dramatisch. Die vom Papierrindenbäumen und -büschen bewachsene Schlucht wird nun von Kumina Konglomerat/*conglomerate* dominiert, einem rostroten, aus Geröll »zusammen zementierten« Sedimentgestein. Der Weg endet bei The Grotto, einer 12 m hohen, mit Farnen bewachsenen Felsspalte, die einen schmalen Pool umschließt. Der Weg ist unmarkiert, aber gewöhnlich gut ausgetrampelt.

◆ Wer nach soviel tiefen Einblicken mal wieder weite Ausblicke genießen möchte, kann den zweithöchsten Berg von WA, den **Mt Bruce (1230 m)**, besteigen. Sein faltiger Rücken erhebt sich majestätisch aus der Hochebene empor und kann via einer 9 km [⇆] langen Wanderung bezwungen werden. Der Weg führt steil bergauf über einen Kamm, mit einigen Kletterpartien auf der zweiten Hälfte. Da der Weg schnell an Höhe gewinnt, hat man bereits nach 2 km gute Weitblicke.

Gut zu wissen,...

...dass der Park **ganzjährig geöffnet** ist. Nach heftigen Niederschlägen, vor allem in den Sommermonaten und in Verbindung mit Zyklonen (▷ 290) kann er jedoch kurzfristig gesperrt werden bzw. zeitweise nur für 4WDs geöffnet sein. In der

Trockenzeit ist der überwiegend nicht asphaltierte Banjima Drive [65 km] problemlos für 2WDs befahrbar, sein Zustand ist jedoch oft dürftig.

...dass der farbliche Eindruck des Parks und die Begehbarkeit der Schluchten stark von der Jahreszeit abhängen. **Empfehlenswerte Reisezeit** sind die regenarmen Wintermonate mit ihren klaren, meist wolkenlosen Tagen, an denen die farbliche Pracht besonders gut zur Geltung kommt und die Pools nicht durch vorausgegangene Regenfälle schlammigbraun, sondern milchiggrün sind. Zudem ist der Wasserstand in den Schluchten dann am niedrigsten und das Vorankommen am einfachsten. Hinzu kommen die angenehmen Tagestemperaturen zwischen 20 und 25°C (statt der üblichen 35 bis 40°C im Sommer). Einziger Nachteil der Monate Mai bis Juli sind die mitunter frostigen Nachttemperaturen und die eisigen Temperaturen des Wassers. tanken!

...dass es im Park **keine Tankmöglichkeit** gibt! Von Tom Price über den Karijini NP (exkl. der Hamersley Gorge) und weiter nach Newman sind es knapp 400 km ohne Tankstelle.

Keine Pflanze charakterisiert die Trockenzonen Australiens mehr als das **Spinifex-Gras**/*spinifex* (▶ 149). Wie die unzähligen Punkte in dem Bild eines aboriginal Künstlers bedecken die gelbgrünen Grasbüschel die Hügel, Berge und Ebenen des Landes. Ingesamt sind über 20 % des Kontinents von Spinifex-Gras bedeckt. Es gibt über 60 Arten, darunter *Triodia pungens*, dessen Büschel bis zu 1 m hoch werden und einen Durchmesser von 3 m erreichen können und *Triodia basedowii*, das durch seinen ringförmigen Wuchs auffällt. Die kompaktesten Büschel bringt *Triodia irritans* hervor, das auch als *porcupine spinifex* bekannt ist.

Was aus einiger Entfernung wie weiche Büschel aussieht, entpuppt sich spätestens bei Berührung als extrem hart und pieksig. Seine Festigkeit verdankt das Spinifex-Gras einem besonders hohen Anteil an Kieselsäure in seinen Zellwänden. Die Spitzen der Gräser sind sehr brüchig und können bei unsanfter Berührung in der Haut zurückbleiben.

Bei vielen Spinifexarten stirbt das Zentrum des Grasbüschels langsam ab, während die Pflanze nach außen hin weiter wächst. Durch die einsetzende Verrottung herrscht innerhalb des Büschels ein feuchteres und kühleres Klima als außerhalb. Deshalb suchen hier viele Kleintiere nicht nur Schutz vor Feinden, sondern auch vor der sengenden Hitze des Tages. Zu den wenigen Tierarten, die das harte Spinifex-Gras fressen, gehört das Euro (▷ 210).

Vorkommen (*Triodia spp.*): australienweit, besonders dominant in den ariden Klimazonen

Mt Robinson. Am Fuße des Mt Robinson (1157 m) liegt der gleichnamige Rastplatz, der Ausgangspunkt für **zwei kleine Wanderungen** ist. Beide beginnen an der alten 4WD-Piste, die Richtung Schlucht führt. Die Piste macht nach ca. 200 m eine scharfe Rechtsbiegung und windet sich gemächlich den Berg hinauf. Nach ca. 3 km erreicht man eine Bergkuppe, die mit ihren **fantastischen Panoramablicken** dem eigentlichen Gipfel des Mt Robinson [ca. weitere 3 km →] in nichts nachsteht.

Für die zweite Wanderung folgt man nach 200 m nicht der Rechtsbiegung, sondern dem Trampelpfad geradeaus weiter in eine schmale, **malerische Schlucht** hinein. An die roten, bis zu 25 m hohen Felswände klammern sich dürre Eisenerz-Pflanzen und prächtige Felsfeigen und auf dem Grund der Schlucht wachsen Weiße Zypressen. In der Trockenzeit kann man dem Zickzackkurs des Flussbetts beliebig weit folgen.

Eisenerz-Pflanzen weisen angeblich auf einen besonders hohen Eisengehalt des Gesteins hin.

Die Pilbara ist außerordentlich reich an **Aborigine-Felsgravuren**. Die bekanntesten »Kunstgalerien« befinden sich auf der Burrup Peninsula (▷ 320), doch auch rund um Newman gibt es einige sehenswerte Kunststätten, so wie **Wanna Manna** [Abzweig rund 33 km südlich der *Mt Robinson Rest Area* bzw. ca. 75 km nördlich von Newman]. An einem kleinen, braunen Schild mit der Aufschrift WANNA MANNA beginnt eine 1.5 km lange Piste (nach 850 m links halten!), die zum gleichnamigen Wasserpool führt.

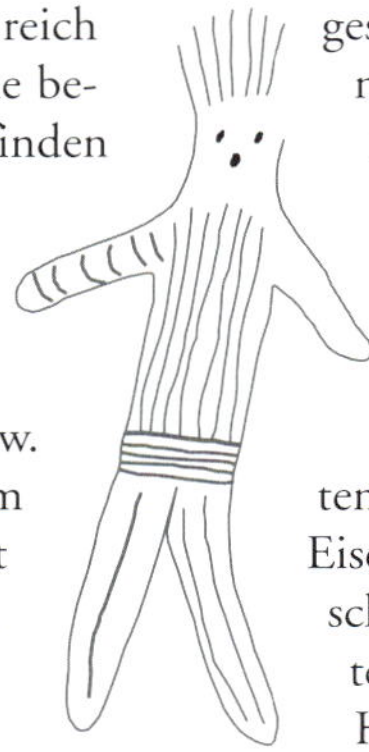

Ein idyllischer, von Flusseukalypten gesäumter Pool, der von roten Felsbrocken umrahmt wird, auf denen zahlreiche Felsgravuren zu sehen sind. An den Felsen links vom Pool befinden sich die meisten Gravuren, darunter Kängurus, Füße (mit sechs Zehen) und gestreifte anthropomorphe Gestalten. Zum Baden ist der Pool nur bedingt geeignet, denn in den trockenen Monaten schrumpft er zu einem moderigen Wasserloch zusammen. Die in einigen Karten noch als 4WD-Piste ausgewiesene Zufahrt, ist in trockenem Zustand auch 2WD tauglich.

Mt Whaleback. Vor 50 Jahren unterschied sich Mt Whaleback äußerlich kaum von anderen Bergen der Pilbara. Ein 5.5 km langer, bis zu 2 km breiter und 230 m hoher (805 m ü. NN) mit Spinifex bewachsener Hügel, dessen runder Rücken/*back* an den eines Wales/*whale* erinnerte. Heute befindet sich hier **die größte im Tagebau betriebene Eisenerz-Mine der Welt** (▶ 77). Seit 1967 wird der Berg Stück für Stück weggesprengt, abgetragen, zerkleinert und in kilometerlangen Zügen nach Port Hedland abtransportiert. Von Port Hedland geht es weiter nach Japan und China, Australiens größten Eisenerzabnehmern. Dort befindet sich bereits ein Großteil des Berges und der Rest wird voraussichtlich in den nächsten 30 bis 40 Jahren folgen. In der Mine, die sich mittlerweile zu 85 % in den Händen des Bergbaugiganten BHP Billiton befindet, wird täglich 24 Stunden gearbeitet, nur Weihnachten ist geschlossen. In anstrengenden 12 Std. Schichten arbeiten sich die Beschäftigten Tag für Tag durch den Fels. Das begehrte Eisenerz ist in verschiedenwertigen Gesteinsschichten eingeschlossen. Am hochwertigsten ist das blaue Gestein, das Brockmann Hämatit mit einem Eisenerzanteil von 68.8 %; am wertlosesten ist das rote.

Eine private 426 km lange Eisenbahnlinie verbindet die Mine mit dem Verladehafen in Port Hedland. Gewöhnlich sind die Züge 2.5 km lang und werden von vier Lokomotiven gezogen, zwei vorne und zwei in der Mitte. Ab und zu verlässt auch ein Rekordzug die Mine, der letzte im Juni 2001. Er war über 7 km lang und zählte 682 Wagons.

Die Mine kann im Zuge einer **1.5-stündigen Tour** (▷ 311) besichtigt werden.

Newman. (3515 Einw.) Im Jahre 1981 wurde die Ortschaft für den symbolischen Wert von $1 an die Gemeinde der Ost-Pilbara verkauft. Bis dahin war die Siedlung, wie so viele in der Umgebung, eine *company town* gewesen, also Eigentum der Bergbaugesellschaft. In diesem Fall gehörte sie einem Joint Venture aus mehreren Gesellschaften, die in den 1960er Jahren am Mt Whaleback mit dem Abbau von Eisenerz begonnen hatten. Als reine Arbeiterstadt konzipiert, lebten in Newman zunächst überwiegend junge, allein stehende Männer, darunter ein hoher Prozentsatz Einwanderer. Einzig die sicheren, gut bezahlten Jobs in den Minen hatten sie ins karge Inland gelockt, kaum einer hatte die Absicht sein Leben hier zu fristen. Der Versuch der Gemeinde, die Arbeiterstadt nach der Übernahme in eine attraktive, familienfreundliche Ortschaft umzuwandeln, ist nur teils von Erfolg gekrönt. Zwar konnte man durch eine

or dem Touristenbüro von Newman steht ein **gigantischer Eisen-z-Truck**. Vollbeladen ist er schwerer als eine Boeing 747.

intensive Subventionierung des Häuserkaufs die unnatürlich hohe Mobilitätsrate abbremsen und durch die Ernennung Newmans zum Verwaltungssitz der Gemeinde neue Arbeitsplätze schaffen, doch sinken die Einwohnerzahlen beharrlich weiter. So trägt Newman noch heute unverkennbar den Stempel einer **schlichten, zweckorientierten Bergbaustadt**. Den Mittelpunkt der Ortschaft bildet das Einkaufszentrum mit seinem großen Parkplatz, um den sich weitere Lädchen und Gemeindeeinrichtungen gruppieren.

Newmans einzige touristische Attraktion ist eine interessante, **1.5-stündige Tour durch die Mt Whaleback Mine** (▷ 310) [🕓 Mo-Fr 8.30 h, April-Sept. auch 10.30 h, festes Schuhwerk ist Voraussetzung, Buchung im Touristenbüro].

Gut zu wissen,...

Newman Dr / Fortescue Ave, 🕓 tägl 8-17 h

CP², H/M²

Woolworths, Newman Dr, 🕓 Mo-Fr 8.30-17.30 h (Do -20 h), Sa 8-17 h

Ein Geräusch und ein Gefühl, das dem Reisenden bei längeren Fahrten durch Australiens Outback in Fleisch und Blut übergeht, ist das typische Rasseln und Rütteln, wenn man über ein **Kuhgitter**/*grid* fährt. Wie sehr man sich an das kurze Vibrieren von Auto und Insassen gewöhnt hat, fällt einem erst auf, wenn es trotz des GRID-Warnschildes ausbleibt. So z. B. in einigen Gebieten der Pilbara, wo seltsamerweise manche Kuhgitter lediglich auf dem Asphalt gemalt sind. Sollte es regionale Unterschiede in der Einfältigkeit der australischen Rindviecher geben?

Eine stark von Roadtrains befahrene Strecke erkennt man stets an der hohen Anzahl von Tierkadavern am Straßenrand. Egal, ob tote Kängurus, Rinder oder Schafe, einer der ersten Aasfresser, der sich zusammen mit Krähen auf die frisch überfahrenen Opfer stürzt, ist Australiens größter Greifvogel, der **Keilschwanzadler**/*wedge-tailed eagle*. Der dunkelbraun gefiederte Vogel kann eine Spannweite von bis zu 2.5 m erreichen. Er ernährt sich bevorzugt von Aas und ist deshalb häufig am Highway zu beobachten. Meist »bearbeiten« zwei oder drei Vögel den Kadaver und abseits warten noch weitere Keilschwanzadler geduldig, bis sie an die Reihe kommen. Nähert man sich der Aasfresser-Schar mit dem Auto, suchen die Krähen meist zuerst das Weite, während die Keilschwanzadler erst im letzten Moment vom Kadaver ablassen. Nicht selten ist ihre Gier größer als die Vorsicht und die schwerfälligen Tiere werden selbst zum Opfer.

Da die Greifvögel früher bei den Farmern in Verdacht standen auch Schafe und Lämmer zu reißen, stellte man ihnen bis Mitte des 20. Jahrhunderts nach. Allein in WA wurden zwischen 1927 und 1968 150.000 Exemplare getötet.

Vorkommen (*Aquila audax*): australienweit

Der große, keilförmige Schwanz unterscheidet den Keilschwanzadler deutlich von allen anderen australischen Greifvögeln.

Streckenabschnitt Nord 5

a. Meekatharra bis New Norcia
b. Wiluna bis Menzies

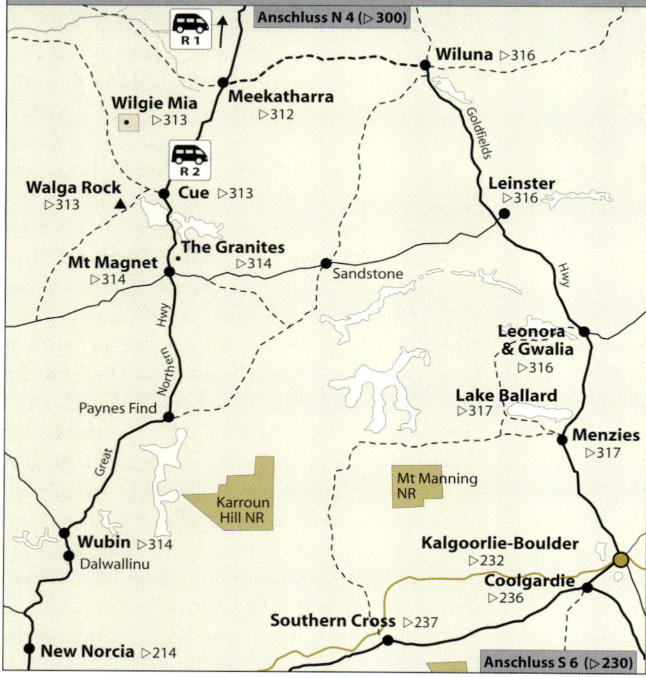

Rastplätze ▷ 41

1 ***Gascoyne River (Middle Branch) Rest Area*** [193 km nördlich von Meekatharra] - Viele Stellplätze entlang einer 800 m langen Piste auf der nordwestlichen Uferseite des nur temporär fließenden Gascoyne River. Die vordersten Stellplätze liegen an einem permanenten Wasserpool, die hintersten in der lichten Ufervegetation, bestehend aus hübschen, rotstämmigen *miniritchis* (▶146).

2 ***Nallan Lake Rest Area*** [20 km nördlich von Cue auf der östlichen Seite des Highways] - Vom Parkplatz führen mehrere Wege an das Ufer eines flachen Süßwassersees, der von einer schmalen (befahrbaren) Landscheide zweigeteilt wird. Der See führt in der Regel ganzjährig Wasser und wird von zahlreichen Wasservögeln bevölkert, die man im Schutz der strauchigen Uferböschung gut beobachten kann.

N
50 100 150 km

Legende ▷ Umschlagklappe hinten

a. Meekatharra bis New Norcia

Meekatharra. (948 Einw.) Meekatharra ist eine Grenzstadt zwischen zwei mächtigen »Abbaugebieten«, den Eisenerzstätten der Pilbara und den Goldvorkommen der Goldfields. Letzteren verdankt Meekatharra seine Gründung. Im Gegensatz zu anderen Goldgräberstädten hat Meekatharra allerdings nie so etwas wie einen richtigen Boom mit explodierenden Bevölkerungszahlen erlebt, denn das Gold lag von Anfang an tief unter der Erde und konnte nur mit entsprechender Ausrüstung und ausreichendem Kapital geborgen werden. Ein Ansturm privater Glückssucher blieb deshalb aus. Als die Ortschaft 1903 gegründet wurde, zählte sie lediglich 100 Einwohner.

Auch heute wirkt Meekatharra mit seiner leeren Hauptstraße und den paar Geschäften (einige mit vergitterten Fenstern) eher wie eine Ortschaft, an der das Leben spurlos vorbeigezogen ist. Dass die Ortschaft immerhin fast 1000 Einwohner zählt, liegt in erster Linie an den vielen staatlichen und sozialen Einrichtungen, die hier ihren Sitz haben, darunter der ***Royal Flying Doctor Service*** [▷ 90 / am nördlichen Ende der Main St, 🕔 Mo-Fr 9-14 h] und die ***School of the Air*** [▷ 90 / Savage St, 🕔 Mo-Fr vormittags, Zeiten variieren], die beide Besucher willkommen heißen.

Gut zu wissen,...

ℹ in der Gemeindeverwaltung, Main St, 🕔 Mo-Fr 8-16.30 h

🛏 CP¹, H/M*

Auf einem Gipfel der Weld Range liegt das **älteste Abbaugebiet in WA, Wilgie Mia**. Lange bevor die Europäer begannen, den Kontinent nach Gold, Eisenerz und anderen Rohstoffen umzugraben, bauten die Aborigines hier **Ocker** ab. Zu Pulver zermahlen und mit Wasser vermischt, benutzten sie das aus Eisenoxid bestehende Mineral als Farbe. Seit mindestens 5000 Jahren folgten die Ureinwohner den Ockeradern durch den Fels. Mit in Feuer gehärteten Stöcken brachen sie große Ockerklumpen aus dem Stein und mit Hilfe hölzerner Gerüste gelangten sie auch an jene Stellen, die außerhalb ihrer Reichweite lagen.
Obwohl Ocker auch in verschiedenen Braun- und Gelbtönen vorkommt, dominieren in Wilgie Mia die roten Pigmente. Glaubt man einer Traumzeitgeschichte der Aborigines, so ist das Rot das Blut eines riesigen Kängurus, das der mächtige Geist Mollong an dieser Stelle erlegt hat. Das Blut des getöteten Tieres durchdrang den Fels und wurde zu Ocker. Um zu verhindern, dass Mollong, der hier immer noch sein Unwesen treibt, den »Minenarbeitern« aus der Höhle heraus folgen konnte, verwischten die Aborignes beim Verlassen der Mine stets sorgfältig ihre Spuren.
Als die britischen Siedler 1944 die Aborigines vertrieben und den Abbau von Ocker »übernahmen«, kümmerten sie sich weder um Mollong noch um etwaige traditionelle Bindungen der Ureinwohner. Bis zum Jahre 1981 wurden 10.000 Tonnen Ocker gewonnen und es ist fraglich, ob in all den Jahren je ein Weißer beim Verlassen der Höhle seine Spuren verwischt hat.
Heute unterliegt die Mine dem Schutz des westaustralischen Museums und darf ohne Genehmigung nicht mehr besichtigt werden.

Cue. (290 Einw.) Königin der Murchison-Region/*Queen of the Murchison* wurde Cue einst wegen seiner zentralen Lage inmitten der Goldfelder genannt. Eine **typische Goldgräberstadt**, die 1893 gegründet wurde und während der darauf folgenden Jahrhundertwende ihre Blütezeit erlebte. Mit dem Versiegen des Goldes nahm auch Cues Bevölkerung wieder ab und heute ist der königliche Glanz von damals sehr verblasst. Geblieben sind ein paar Häuser links und rechts der unverhältnismäßig breiten Hauptstraße, darunter auch ein paar Zeugen aus besseren Zeiten wie der Gebäudekomplex, in dem sich das Postamt befindet. Viele andere Häuser und Geschäfte stehen leer und man braucht schon etwas Fantasie, um sich Cue als blühende Königin unter all den anderen Goldgräberstädten vorzustellen.

Cues übersichtliche Hauptstraße

Gut zu wissen,...

Robinson St, Mo-Fr 9-14 h, Sa 10-13 h

CP[1], H/M[1]

Bell & Co Store, Great Northern Hwy, Mo-Sa 8-17 h

Walga Rock. Walga Rock ist ein fast 2 km langer **Granitmonolith**, der für seine zahlreichen **Felsmalereien** bekannt ist. Viele davon wurden mit Ocker gemalt, das in der Mine von Wilgie Mia abgebaut wurde. Zwischen all den Handschablonen, Tierspuren und anthropomorphen Figuren befindet sich auch die Abbildung eines Segelschiffes. Über den möglichen Künstler dieses Schiffes kursieren die abenteuerlichsten Theorien, angefangen von einem europäischen Schiffbrüchigen bis hin zu einer geheimnisvol-

len, blauäugigen Aborigine-Frau. Die nüchternste und wohl wahrscheinlichste Erklärung ist, dass die Zeichnung von einem Aborigine stammt, der solch ein Schiff während des 19. Jahrhunderts irgendwo an der Küste gesehen hat. Da eine Altersbestimmung der Zeichnung nicht möglich ist und jegliche Beweise für die eine wie auch für die andere Theorie fehlen, wird es wohl auch in Zukunft mehrere Erklärungen geben.
Neben seinen sehenswerten Felsmalereien ist Walga Rock auch ein beliebter Platz zum **Campen**.
Anfahrt: Vom Touristenbüro Richtung Big Bell Mine > nach ca. 11 km links Richtung Walga Rock und Austin Downs Station (die man auf dem Weg durchquert) > ca. weitere 37 km bis Walga Rock. Die gesamte Strecke ist nicht asphaltiert, aber durchaus 2WD tauglich.

The Granites. The Granites ist ein kleines Gebiet mit stark verwitterten Granitfelsen, zwischen denen sich ein paar versprenkelte **Felsmalereien** und **-gravuren** verstecken. Es gibt zwei Einfahrten ins Gebiet, eine ca. 9 km und die andere ca. 6 km nördlich von Mt Magnet. Beide sind über eine durch das Gebiet führende Piste miteinander verbunden. An der südlichen Einfahrt hängt, gleich links vor einem Felsen, eine Orientierungskarte zum Auffinden der Aborigine-Kunststätten. Es handelt sich jedoch um keine großartigen Felsgalerien, sondern nur um einzelne Handschablonen und andere sehr verblasste Abbildungen.
Farblich beeindruckend ist die **orangefarbene Felsklippe** [von der Orientierungskarte aus erst rechts, dann links], die mit ihren schneeweißen Einschnitten das Gebiet im Osten begrenzt.

Mt Magnet. (890 Einw.) Anfang des 20. Jahrhunderts war Mt Magnet eine geschäftige Stadt mit vornehmen Hotels, zwei eigenen Zeitungen, einem Krankenhaus und zahlreichen Geschäften und Regierungseinrichtungen. Heute kämpft Mt Magnet, wie so viele während des Goldrausches entstandene Ortschaften, ums Überleben. Zwar wirkt Mt Magnet nicht ganz so verlassen wie etwa Cue, doch hängt die Zukunft der Siedlung sprichwörtlich an einem goldenen Faden. Als in den 1970er Jahren die wichtigste Goldmine der Umgebung schloss, sank die Einwohnerzahl schlagartig auf 290. Eine Wiedereröffnung der Mine zehn Jahre später belebte die Ortschaft zwar erneut, zeigte aber, wie sehr die Einwohnerzahl von der Produktivität der umliegenden Goldminen abhängig ist. Ohne die Minen würden wahrscheinlich auch bald die letzten Geschäfte aus der breiten Hauptstraße verschwinden.

Gut zu wissen,...

i Great Northern Hwy, ⌚ Mo-Sa 10-16 h

CP[1], H/M[2]

IGA, Great Northern Hwy, ⌚ Mo-Sa 8-18 h

Wubin. (324 Einw.) 30 km nördlich von Wubin ändert sich der landschaftliche Charakter schlagartig. Während im Norden Buschland den Highway säumt, sind es nun Weiden und beackerte Felder, denn hier beginnt bzw. endet der Weizengürtel von WA. Wubin als nördlichster Außenposten der Weizenregion besteht wie die meisten »**Weizenstädtchen**« aus einem riesigen, modernen Kornspeicher umrundet von ein paar Häusern. Im dem noch existierenden alten Speicher [*Heritage Wheatbin Museum*, ⌚ Juni-Okt.: tägl. 10-15 h] befindet sich eine Fotoausstellung über die Pioniertage des Ackerbaus in dieser Region. Bei Interesse öffnet das Personal des Touristenbüros die Pforten des alten Speichers.

Gut zu wissen,...

i im alten Bahnhofsgebäude am Great Northern Hwy, ⌚ Juni-Okt.: tägl. 10-15 h

H/M[1]

New Norcia. New Norcia ist eine Welt für sich. Es ist die einzige gut erhaltene **Klosterstadt** Aus-

Ob das, was in New Norcia geschah, im Namen Gottes oder eher hinter seinem Rücken passierte, ist Ansichtssache.

traliens und besteht aus über 60 Gebäuden. Viele der imposanten Bauten wurden deutlich von der spanischen Baukunst des 19. Jahrhunderts beeinflusst und wirken daher im australischen Buschland seltsam deplaziert.

New Norcias Geschichte begann 1846 mit einer einfachen Buschkapelle und zwei spanischen Benedektiner Mönchen. Dom Rosendo Salvado und Dom Joseph Serra waren vom damaligen Bischof von Perth beauftragt worden, eine **Mission** zu gründen, in der die Ureinwohner den »Segen der Kirche und der Zivilisation« kennen lernen sollten. Schon bald nach der Fertigstellung der Kapelle errichtete man zwei Waisenhäuser für Aborigine-Kinder. Nach und nach entstanden weitere Gebäude und die Mission entwickelte sich zu einer kleinen, autarken Stadt mit Postamt, Gerichtsgebäude, schulischen Einrichtungen sowie über 4000 km² Acker- und Weideland. Glaubt man den Darstellungen der Nonnen und Mönche, so war New Norcia ein Ort des Friedens, in dem weiße und schwarze Bewohner in harmonischer Eintracht lebten. Ein Ort der warmherzigen Nächstenliebe, in dem jeder gerne arbeitete, ausreichend zu Essen bekam und kommen und gehen konnte, wann er wollte.

In den letzten Jahren begann dieses harmonische Bild zu bröckeln. Als ehemalige Missionsbewohner das Leben in New Norcia aus ihrer Sicht schilderten, kam eine sehr gegensätzliche Version der Geschichte ans Tageslicht. Eine düstere Geschichte, in der New Norcia als kühl kalkulierendes Wirtschaftsunternehmen beschrieben wird, das in erster Linie an der Arbeitskraft der Aborigines interessiert war und nicht an ihrem Seelenheil. So erinnert heute in der Klosterstadt nichts an die Schüsse, die, laut ehemaliger Bewohner, auf einen der Insassen abgefeuert wurden, als dieser zu fliehen versuchte, nichts an die Schläge, die bei mangelnder Arbeitswilligkeit ausgeteilt wurden, nichts an den ständigen Hunger, unter dem viele litten und auch nichts an die Kinder, die statt Rechnen und Schreiben zu lernen, Oliven pflücken und Wäsche waschen mussten. Ganz zu schweigen von der Tatsache, dass die Waisenhäuser von New Norcia ihrem Namen nicht gerecht wurden. Viele der angeblichen Waisenkinder waren keineswegs elternlos. Man hatte sie den Eltern gestohlen (▷ 58) oder die Eltern »überredet«, die Kinder herzugeben, damit diese eine anständige Ausbildung erhalten würden.

Der Benedektiner Orden dementiert hartnäckig alle Vorwürfe. Immerhin lebt New Norcia heute überwiegend vom Tourismus und Image schädigende Berichte passen nicht ins Konzept. So konzentriert sich der Orden lieber darauf, das Bild einer harmonischen Klosterstadt aufrechtzuerhalten und verkauft heute »Mönchs-Burger«, klostereigenes Brot, Kekse und selbstgepresstes Olivenöl an zahlungswillige Touristen. Zudem gibt es ein **Museum** [🕓 Nov.-Juli: 10-16.30 h, Aug.-Okt.: 9.30-17 h] und eine **2-stündige Führung** [Treffpunkt vor dem Museum, ◷ tägl. 11 u. 13.30 h] durch die Klosterstadt.

b. Wiluna bis Menzies

Wiluna. (210 Einw.) Fährt man heute durch Wiluna, fällt es schwer sich vorzustellen, dass diese **trostlose Ortschaft** mal eine blühende Stadt mit über 9000 Einwohnern war. Alles was geblieben ist, sind viele leere Grundstücke, ein paar verstreute Häuser und ein vergitterter Pub mit der passenden Aufschrift *Welcome to Paradise.*
Dabei hatte die Geschichte Wilunas recht vielversprechend begonnen. Der Entdeckung von Gold im Jahre 1896 folgten die Inbetriebnahme erster Minen und zwei Jahre später die Gründung der Ortschaft. Seinen Höhepunkt erlebte Wiluna Ende der 1930er Jahre, als verfeinerte Abbautechniken die Goldgewinnung steigerten und eine Eisenbahnlinie Wiluna mit Meekatharra verband. Doch nur zehn Jahre später war alles vorbei und die Ortschaft verfiel zusehends. Obwohl die Goldminen der Umgebung auch heute noch in Betrieb sind, profitiert Wilunas Einwohnerzahl davon nicht, da die meisten Bergbaugesellschaften ihre Arbeiter Ein- und Ausfliegen lassen.

Gut zu wissen,...

in der Gemeindeverwaltung, Scotia St, ◷ Mo-Fr 9-16.30 h

CP[1], H/M[1]

Gunbarrel Groceries, Wotton St, ◷ tägl. 7-19 h

Leinster. (1092 Einw.) Leinster ist eine **klassische Bergbaustadt**, die 1977 von der *Agnew Mining Company* für ihre Beschäftigten in den umliegenden Nickelminen gebaut wurde. Mit ihrem kleinen Einkaufszentrum, den großen Sportanlagen und natürlich dem Pub befriedigt die Ortschaft zwar die Grundbedürfnisse der Minenangestellten – mehr jedoch nicht. Dementsprechend hoch ist die Mobilitätsrate: nur 15 % aller Einwohner bleiben länger als fünf Jahre.

Gut zu wissen,...

CP[1], H/M[1], S[1]

Leinster Supermarket im *Leinster Square Shopping Centre,* ◷ Mo-Fr 7.30-18 h, Sa 8-16 h

Leonora & Gwalia. (1072 Einw.) Leonora wurde 1898 im Zuge des Goldrausches (▷ 234) gegründet. Aus dieser Zeit überlebt haben einige Gebäude entlang der kurzen Hauptstraße, die zwar etwas Farbe ins Stadtbild bringen, aber nicht ausreichen, um die alte Goldgräber-Romantik wieder lebendig werden zu lassen.
Leonoras Hauptattraktion ist die Zwillingsstadt Gwalia [2 km südlich der Ortschaft], eine **kleine Geisterstadt,** mit der 1896 der Aufstieg des Distriktes begann. Damals wurden hier die ersten Claims abgesteckt, darunter auch jener *Sons of Gwalia*-Claim, der die Geschichte Leonoras stark beeinflussen sollte. *Sons of Gwalia* war der Name eines Syndikats reicher Waliser, die am Fuße des Mt Leonoras eine Goldmine gründeten. Da sich die Mine fast 4 km außerhalb von Leonora befand, bildete sich am Rande des Abbaugebietes bald eine zweite Siedlung, die den Namen Gwalia erhielt. Während sich Leonora zu einer attraktiven Stadt entwickelte, ging es in Gwalia sehr viel bescheidener zu. Hier wohnten fast ausschließlich die Minenarbeiter mit ihren Familien in oft nur einfach zusammengeschusterten Hütten. Dennoch war das Leben beider Ortschaften eng miteinander verknüpft und ab 1903 verband eine Eisenbahnlinie beide Siedlungen. Einen Bevölkerungshöhepunkt erreichten beide 1911, als in Leonora und Gwalia jeweils über 1000 Menschen lebten. Als die Mine 1963 geschlossen wurde, starb auch Gwalia. Fast fluchtartig verließ die Bevölkerung den Ort und ließ alles, was sie nicht mitnehmen konnte, stehen und liegen. Sehr zum Wohle des **Gemeindemuseums** [*Gwalia Historical Museum*, Kane St, ◷ tägl. 10-16 h], in dem man heute das Sammelsurium aus rostigen Pöt-

as bescheidene Doppelhaus einer Goldgräberfamilie.

ten, Werkzeugen und Geschirr bestaunen kann. Das Museum befindet sich am Rande der Mine, die seit 1983 wieder in Betrieb ist. Dort befindet sich auch eine **Aussichtsplattform**, die einen tiefen Einblick bietet. Auf jeden Fall eine Inspektion wert sind die liebevoll restaurierten **Arbeiterhütten**, die am Fuße der Mine liegen [🕓 tägl. 24 h].

Gut zu wissen,...

- Goldfields Hwy, 🕓 Mo-Fr 9-15 h
- BB[1], CP[1], H/M*
- *Leonora Supermarket*, Goldfields Hwy, 🕓 Mo-Sa 8-17 h
- bei den öffentlichen Toiletten auf dem Gelände der Gwalia-Arbeiterhütten & Goldfields Hwy bei der Informationsbucht an der südlichen Ortseinfahrt von Leonora.

Lake Ballard. Dürr und geisterhaft stehen **51 Stahlfiguren** inmitten des meist trockenen Salzsees Lake Ballard. Die auf einer Fläche von rund 10 km² verteilten Skulpturen sind das Ergebnis eines **Kunstprojektes des britischen Bildhauers Antony Gormley**, der im Jahre 2003 mit dieser skurrilen Outback-Ausstellung das 50 jährige Bestehen des *Perth International Arts Festival* würdigte. Modell für seine stählernen Menschen standen (abgesehen von einigen Ausnahmen) die Bewohner von Menzies, die sich von Gormley überreden ließen, ihre nackten Körper von einem Laser scannen zu lassen. Der Bildhauer wollte menschliche Vorlagen, um seinen Stahlgeschöpfen Leben einzuhauchen. Bei der Fertigung seiner Figuren erlaubte er sich jedoch die künstlerische Freiheit das tatsächliche Körpervolumen der Bewohner auf ein Drittel zu reduzieren.
Anfahrt: Von Menzies der Menzies-Sandstone Rd folgen > weitere 55 km bis zu mehreren Parkbuchten am See.

Menzies. (130 Einw.) Menzies ist ein schönes Beispiel für die Beständigkeit von Gerüchten. Die kleine Siedlung erblühte während des Goldrausches und erlebte ihren Höhepunkt zu Beginn des 20. Jahrhunderts. Zu den wenigen historischen Gebäuden, die bis heute überlebt haben, gehört das 1889 erbaute Rathaus [am Highway] mit seinem Uhrenturm. Hundert Jahre lang, bis zum 31.12.1999, war dieser Turm uhrenlos. Es heißt, die einst in England bestellte Uhr sei zusammen mit dem Schiff *Orizaba* 1905 vor Rottnest Island gesunken. Ein Gerücht, für das es nicht die geringsten Beweise gibt. Weder fand man bei der Durchsuchung der Stadtakten so etwas wie eine Bestellung oder eine Rechnung noch stand die Uhr nach dem Unglück auf der Schadensliste der Reederei. Tatsache ist, dass zwar eine Uhr geplant war (deswegen ja der Uhrenturm) aber schon früh Stimmen in der Gemeinde laut wurden, dass eine Uhr viel zu teuer und eigentlich purer Luxus wäre. Dennoch hält sich das Gerücht hartnäckig, wahrscheinlich aus Mangel an anderem Erwähnenswerten über die winzige Siedlung. Mehr über **Gerüchte und Tatsachen** findet man im besagten Rathaus in einem **Ausstellungsraum** [🕓 Mo-Fr 9-16 h]mit historischen Fotos und Informationen.

Gut zu wissen,...

- im Rathaus am Highway, 🕓 Mo-Fr 9-16 h
- CP[1]

Streckenabschnitt Nord 6 Onslow bis Port Hedland

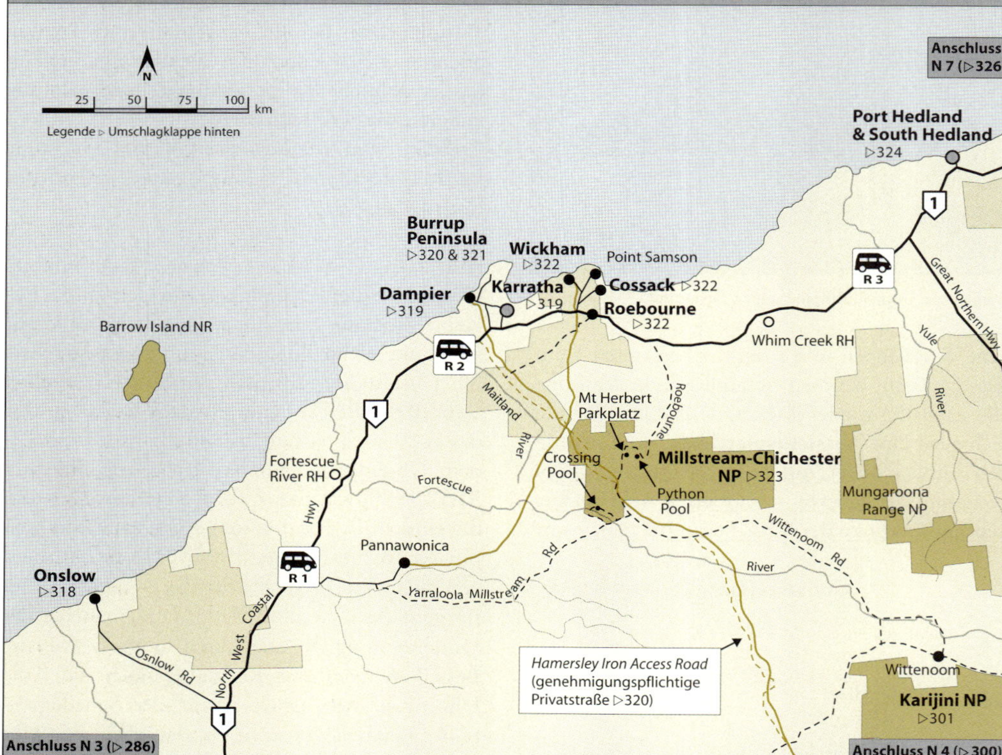

Rastplätze ▷ **41**

Alle genannten Flüsse führen nur temporär Wasser.

1 ***Robe River Rest Area*** [74 km nördlich des Abzweigs nach Onslow] - Ein großer, teils schattiger Platz direkt am Flussufer.
2 ***Miaree Pool Rest Area*** [77 km nördlich des Fortescue River RH] - Sehr populärer Platz mit hübschen Stellplätzen am grünen Flussufer.
3 ***Yule River Rest Area*** [20 km südlich des Abzweigs zum Great Northern Hwy] - Weitläufiger Platz mit vielen Stellplätzen am schattigen Ufer des Yule River, wobei die besten Uferplätze sehr sandig sind und deshalb nur mit einem 4WD erreicht werden können.

Onslow. (795 Einw.) Die **verschlafene Ortschaft** ist bestenfalls unter australischen Anglern populär, denn wirklich Spektakuläres, dass den 180 km langen Abstecher lohnen würde, gibt es nicht. Zwar besitzt Onslow einen breiten, 8 km langen Sandstrand, doch wirken weder seine schmutzig graubraune Farbe noch der meist aufgewühlte Ozean besonders einladend. Hinzu kommt die etwas unromantische Silhouette, der sich am Horizont abzeichnenden **Bohrtürme und Öltanks**, schließlich liegen vor der Küste Onslows Australiens größte Gas- und Ölvorkommen. Außerdem wird in Onslow Salz gewonnen und verschifft. Beladen werden die Schiffe über ein ca. 1.3 km ins Meer hineinragendes Förderband, das auf einem mächtigen Stahlpier ruht.

Gut zu wissen,...

Second Ave, ◷ April-Okt.: Mo-Sa 9-12 h u. 13-16 h, So 10-14 h

CP[1], M/H[1], S[1]

Onslow Supermarket, Second Ave, ◷ Mo-Fr 8-17.30 h, Sa 8-16.30 h

Australien ist die Heimat des beliebtesten Käfigvogel Deutschlands, des **Wellensittichs**/*budgerigar*. Die von Natur aus grün gefiederten Vögel (bei den blau gefiederten handelt es sich um eine Züchtung) sind äußerst scheu und lassen sich nur schwer beobachten. Alles, was man meist von ihnen sieht, ist eine im atemberaubenden Zickzackkurs vorbeiziehende Wolke, bestehend aus bis zu 100 Tieren. Beste Beobachtungschancen hat man in den Morgen- und Nachmittagsstunden, wenn die Vögel ausfliegen, um Nahrung zu suchen bzw. sich an Wasserstellen zum Trinken versammeln.
Wellensittiche sind Nomaden, die weiter ziehen, sobald das Nahrungsangebot eines Gebietes erschöpft ist. Den Frühling/Sommer verbringen sie überwiegend auf der südlichen Hälfte des Kontinents, den Herbst/Winter auf der nördlichen.
Vorkommen (*Melopsittacus undulatus*): australienweit, mit Ausnahme einiger Küstenzonen

Karratha & Dampier. (11.728 Einw. & 1371 Einw.) Karratha und Dampier sind zwei Retortenstädte, die in den 1960er Jahren für die Arbeiter der wachsenden Eisenerz-, Gas- und Salzindustrie gebaut wurden. Dampier wurde 1966 als erste der beiden vom Bergbaugiganten *Hamersley Iron* gegründet, der ein paar Monate zuvor 300 km südlich in der Hamersley Range mit dem Abbau von Eisenerz begonnen hatte und nun einen geeigneten Exporthafen zum Verschiffen der kostbaren Fracht suchte. Seine Wahl fiel auf die geschützte Küste des Dampier Archipelago, wo die beiden Häfen Ledge Point und Parker Point nebst einer Wohnstadt für die dort beschäftigten Arbeiter errichtet wurden. Die Ortschaft erhielt den Namen des englischen Entdeckers William Dampier (▷ 65), der 1699 an dieser Küste an Land gegangen war. Dennoch täuschen weder der geschichtsträchtige Name noch die kurze, Palmen gesäumte Strandpromenade darüber hinweg, dass Dampier eine reine **Arbeiterwohnstadt** und kein gewachsenes, attraktives Küstenstädtchen ist.
Mit dem raschen Wachstum der bestehenden Industriezweige und der Entdeckung weiterer Gasfelder stieg die Zahl der benötigten Arbeitskräfte und somit der Bedarf an Siedlungsraum. Da sich Dampier, umgeben von Überschwemmungsebenen, als nicht ausbaufähig erwies, wurde 1969 auf Antrag der einflussreichen Industriekonzerne die Ortschaft Karratha gegründet. Heute ist Karratha Verwaltungssitz des Bezirks und Mittelpunkt der **stark von Industrie geprägten Region.** Alle drei ansässigen Industriegiganten gewähren Besuchern einen Einblick in ihren Alltag. *Dampier Salt* bietet eine 3-stündige Tour an inklusive **Busfahrt durch die Salzfelder** [◷ Tage und Zeiten variieren, Buchung im Touristenbüro], *Hamersley Iron* bietet eine 2-stündige Tour an inklusive **Busfahrt durch die Hafenanlagen** [◷ Mo-Fr 9 h, Buchung im Touristenbüro] und über die riesige **Gasförderanlage** auf der Burrup Peninsula informiert das *North West Shelf Gas Venture Visitors' Centre* [26 km nördlich von Karratha auf der Burrup Peninsula, ◷ April-Okt.: 10-16 h, Nov.-März: 10-13 h].
Ebenfalls auf der Burrup Peninsula befindet sich die Hearson Cove, eine ca. 800 m lange **Badebucht**, deren grauer Strand aus kleinen Kieseln und Muschelresten besteht. Interessant ist die Bucht in erster Linie wegen ihrer günstigen Lage für das ***Staircase to the Moon***-Schauspiel (▷ 329) [◷ März-Okt., aktuelle Daten unter www.pilbaracoast.com > *Attractions*].

Gut zu wissen,...

...dass es in Karratha das **größte Einkaufszen-**

trum des Nordwestens gibt.

...dass man eine **schriftliche Genehmigung**/*permit* braucht, um die parallel zur Eisenbahn verlaufende Privatstraße der *Hamersley Iron Company*, die ***Hamersley Iron Access Road***, zu befahren. Die Strecke ist nicht asphaltiert, kann aber in der Regel von 2WDs befahren werden. Es gilt eine Höchstgeschwindigkeit von 90 km/h und das Abblendlicht muss auch am Tage eingeschaltet sein. Die kostenfreie Genehmigung erhält man im Touristenbüro von Karratha und Tom Price.

Gut zu wissen,...

Karratha Rd, ⌚ Dez-März: Mo-Fr 9-17 h, Sa 9-12 h, April-Nov.: Mo-Fr 8.30-17 h, Sa So 9-16 h

BP[1], CP*, H/M*, S[2]

Coles/ *Woolworths*, Welcome Rd, ⌚ tägl. 7-21 h

beim Touristenbüro

Die **Burrup Peninsula** gehört zu den reichsten Aborigine-Kunststätten des Kontinents. Auf der Halbinsel verbergen sich mehr als **10.000 Felsgravuren** (▶ 130), viele davon schätzungsweise zwischen 5000 und 6000 Jahre alt. Darüber hinaus zeugen zahlreiche **archäologische Funde** von der langen Siedlungsgeschichte der Ureinwohner. Erst im April 2008 fand man einige einfache Steinwerkzeuge, deren Alter auf mindestens 35.000 Jahre geschätzt wird. Damit gehören diese Werkzeuge zu den ältesten archäologischen Funden auf dem Kontinent.

Das Gebiet war Heimat mehrerer Aborigine-Völker. Rund um Karratha lebte das **Jaburara-Volkes** (auch Yaburrara geschrieben), das hier, neben hervorragenden Lebensbedingungen, einen Fels vorfand (Dolerit), der sich besonders gut zum Gravieren eignete. Fast alle Hügel der Burrup Peninsula weisen Gravuren auf. Eine der beeindruckendsten Felsgalerien befindet sich in der

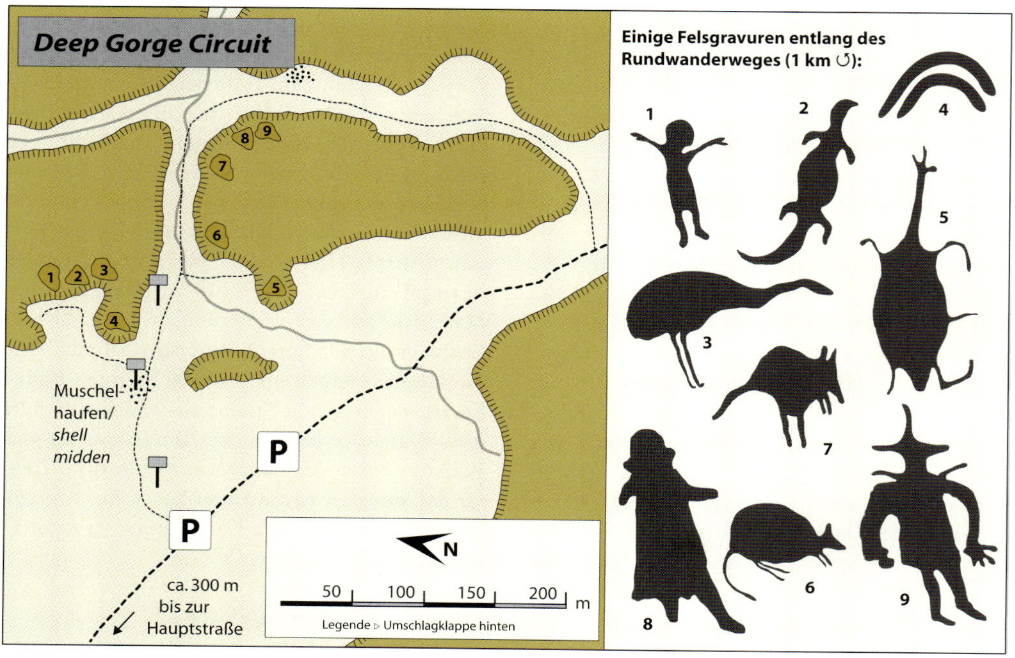

Deep Gorge [Anfahrt: Burrup Peninsula > rechts Richtung Hearson Cove > nach ca. 2.3 km rechts in die schmale Sandpiste einbiegen > ca. weitere 300 m bis zum Parkplatz]. Hinter einem verblassten Schild beginnt der ca. 1 km lange *Deep Gorge Circuit*, der sich durch Geröllberge aus rotbraunem Dolerit schlängelt. Durch ein Fernglas lassen sich die oberen Gravuren besser ausmachen. Allerdings müssen einige Gravuren mit gesundem Misstrauen betrachtet werden, da sich hier mittlerweile auch zeitgenössische Nachahmer verewigt haben. Außerdem wurden einige Gravuren durch Vandalismus zerstört.

Eine zweite Wanderung, die an einigen Gravuren vorbeiführt, der *Jaburara Heritage Trail* [7 km ⇆], beginnt beim Touristenbüro von Karratha. Da man sich dort jedoch ständig in Sicht- und Hörweite der Hauptstraße bewegt, ist dieser Weg bei weitem nicht so stimmungsvoll wie der Weg durch die Deep Gorge.

Heute sind die Felsgravuren, nebst ein paar archäologischen Beweisen, das einzige, das noch an das **Jaburara-Volk** erinnert. Nach dem Vordringen der Briten ereilte sie das gleiche Schicksal wie viele andere Aborigine-Völker: sie starben aus. Grund dafür waren u. a. die damals üblichen Vergeltungsschläge nach der Ermordung eines Weißen. War der Mörder ein Schwarzer, so wurde oftmals nicht nur der Schuldige hingerichtet, sondern ganze Gruppen und Völker in blinder Wut niedergemetzelt. So auch im Falle der Jaburara, in deren Gebiet 1868 ein weißer Polizist und ein Perlenfischer getötet wurden. In dem darauf folgenden Rachefeldzug, der als das **Fliegende Schaum Massaker**/*Flying Foam Massacre* in die Geschichte einging, wurden so viele Frauen, Kinder und Männer der Jaburaras wahllos niedergeschossen, dass das Volk zum Aussterben verurteilt war.

Manchmal kann man den fliegenden Schaum noch heute entlang der Straße zwischen Karratha und Dampier sehen. Er bildet sich auf den salzhaltigen Lagunen und wird bei Wind über die Ebene geweht.

Die **Burrup Peninsula** ist mit ihren vielen Felsgravuren nicht nur eine der bedeutsamsten Kunststätten des Kontinents, sondern auf Grund nahe gelegener Gasvorkommen auch von enormer wirtschaftlicher Bedeutung. Obwohl bereits 20 % der Felsgravuren durch die bestehenden Industrieanlagen zerstört worden sind, wurde die Halbinsel im Jahre 2002 vom westaustralischen Staat **für den Bau weiterer milliardenschwerer Gasförderanlagen auserkoren**.

Der einzige Haken: drei verschiedene Aborigine-Völker hatten zuvor Gebietsansprüche auf das Land erhoben. An diese trat die westaustralische Regierung nun mit einem Kompensations-Angebot in Millionenhöhe heran, um sich die Nutzungsrechte an dem Land zu sichern. Zwei der drei Völker stimmten sofort zu und das dritte schließlich nach längeren Verhandlungen. Für viele Gegner der **Landrechtsbewegung** war diese Zustimmung eine deutliche Bestätigung, dass es den Aborigines bei der Wahrnehmung ihrer Landrechte inzwischen nicht mehr allein um den ideellen Wert des Landes geht, sondern auch um den Marktwert.

Andererseits bleibt die Frage offen, ob die drei Völker wirklich durch eine Ablehnung des Angebots die weitere Zerstörung der Halbinsel hätten verhindern können. Immerhin war ihnen das Land gerichtlich noch nicht zugesprochen worden. Außerdem hat die Geschichte Australiens mehrfach gelehrt, dass sowohl das Land als auch die heiligen Stätten der Ureinwohner nicht unantastbar sind, wenn es um die wirtschaftlichen Interessen des Staates geht. Berühmte Beispiele sind der Uranabbau im Kakadu NP und die ergebnislosen Ölbohrungen auf der Noonkanbah Station (▷ 351). Wie stark im Falle der Burrup Peninsula das wirtschaftliche Interesse ist, wurde noch einmal im Juni 2004 deutlich, als selbst der National Trust seinen Rettungsversuch, die Halbinsel in das UNESCO-Welterbe aufnehmen zu lassen, unter dem Druck der Regierung und der Industriegiganten aufgab.

Wickham. (1824 Einw.) Wickham ist wie Dampier und Karratha eine **nüchterne Retortenstadt** ohne touristische Attraktionen. Die Stadt wurde 1972 für die Beschäftigten des 10 km entfernt liegenden Hafens Cape Lambert gegründet. Cape Lambert ist an diesem Küstenabschnitt zwar eine der kleinsten Verladestationen für Eisenerz, dafür können an seinem 2.7 km weit ins Meer hineinreichenden Pier die größten Schiffe anlegen.

Gut zu wissen,...

S[1]

Woolworths, Mulga Dr, Mo-Fr 8-18 h (Do -20.30 h), Sa 8-17 h

Als 1861 das Schiff *Dolphin* in der Bucht Hearson Cove vor Anker ging, war der tropische Norden von WA noch gänzlich unerforscht. Dies sollte sich ändern, denn an Bord des Schiffes befand sich der englische Entdecker **Francis Thomas Gregory** (1821-1888), der von hier aus zwei Expeditionen startete. Während dieser entdeckte er den Fortescue, Hardey und De Grey River sowie fruchtbares, zum Siedeln geeignetes Land. Auf Gregorys positive Berichte hin begann die britische Regierung günstige Pachtverträge auszugeben, um Siedlungswillige in diesen entlegenen Teil des Landes zu locken. Zwei Jahre später erreichten die ersten Siedler an Bord der *Tien Tsien* die Region. Als Ankerplatz hatte man die Mündung des Harding River ausgewählt, wo der erste Hafen des Nordwestens nebst einer kleinen Siedlung entstand. Diese trug zunächst den Namen Tien Tsien, wurde aber später in **Cossack** umbenannt. Mit dem Eintreffen weiterer Siedler begann sich 14 km südlich des Hafens die Ortschaft Roebourne am Fuße des Mt. Welcome zu bilden. Als schließlich auch die Perlenfischer das wirtschaftliche Potential dieses Küstenabschnittes entdeckten, zog es vermehrt Asiaten nach Cossack, die in der kleinen Ortschaft bald in ihren eigenen Vierteln lebten. Mit dem Versanden des Hafens und der Verlagerung der Perlenindustrie nach Broome begann die Einwohnerzahl jedoch zu fallen und als 1910 niemand mehr übrig war, wurde Cossack offiziell aufgelöst.
Heute versucht Cossack ein Comeback als **geschichtsträchtige Geisterstadt**. Einige der Steinhäuser wurden restauriert und sind zu besichtigen, darunter der Gerichtssaal (erb. 1895), in dem ein kleines Museum untergebracht ist und das Zollhaus (erb. 1894), in dem ein einfaches Café eröffnet hat. In zwei weiteren Gebäuden befinden sich ein Aborigine-Kunststudio und Backpacker-Unterkünfte.

Roebourne. (920 Einw.) Mit seiner trostlosen Hauptstraße, gesäumt von teils leeren Grundstücken, teils verlassenen oder vergitterten Häusern, bietet Roebourne einen recht **deprimierenden Eindruck**. Deprimierend ist auch Roebournes Vergangenheit, in der das 1884 eröffnete Gefängnis eine tragende Rolle spielte. In seinen alten, massiven Steinmauern befindet sich heute das Touristenbüro und in den ehemaligen Zellen eine **informative und ehrliche Ausstellung über die Geschichte des Gefängnises** und der hier begangenen Grausamkeiten (▷ 323).
Erst 1984 wurde Roebournes Gefängnis endgültig geschlossen und die letzten Inhaftierten in ein neues »Heim«, 5 km nördlich der Ortschaft, umgesiedelt.

Im Gefängnis von Roebourne.

Gut zu wissen,...

Queens St, Ⓛ Mai-Okt.: Mo-Fr 9-17 h, Sa So 9-15 h, Nov-April: Mo-Fr 9-15 h

CP[1], H/M[1]

Roebourne Food Store, Padbury St, Ⓛ Mo-Fr 8-17 h, Sa 8-16 h

Zu den ersten »Institutionen«, die im Nordwesten von den weißen Siedlern errichtet wurden, gehörten Gefängnisse. Die Insassen waren zu einem großen Prozentsatz Aborigines, von denen wiederum die meisten wegen »Nichteinhaltung des Arbeitsvertrages« verurteilt waren. Dieser Arbeitsvertrag, der durch den *Master and Servant Act* eine rechtliche Grundlage erhielt, war eigentlich zum Schutz weißer wie auch schwarzer Arbeiter eingeführt worden. Er garantierte den Arbeitern ein Mindestmaß an Rechten inklusive einer gewissen Entlohnung – zumindest theoretisch. Im Gegenzug dafür drohte dem Arbeiter Gefängnis und harte Sträflingsarbeit, sobald er unerlaubt seinen Arbeitsplatz verließ. Da es im Norden chronisch an Arbeitskräften mangelte, war man hier ganz besonders auf die Arbeitsbereitschaft der Ureinwohner angewiesen. Doch wurde, was eigentlich zum Schutz der Aborigines erdacht war, diesen zur Falle. Wer nicht freiwillig unterschrieb, wurde dazu »überredet«..., wobei den Wenigsten die Konsequenzen dieses Vertrages bewusst waren.

Ein Gefängnis, das ganz besonders für seine barbarischen Methoden berüchtigt war, war das **Gefängnis von Roebourne**, in dem die Aborigines Tag und Nacht in schwere Eisenketten gelegt wurden. Bis zu zehn Gefangene wurden über Tage mit eisernen, über 2 kg schweren Halskrausen aneinandergekettet. Manche der Eisenringe waren durch ein Vorhängeschloss abgesichert, andere mit einem Eisensplint, der nur mit Hammer und Meißel wieder entfernt werden konnte. Bei dieser ca. 10-minütigen Prozedur lag der Kopf des Gefangenen auf dem Amboss. Über Nacht wurden die Aborigines mit Hilfe eiserner Riegel und Ringe angekettet, die an der Innenwand der Zellen befestigt waren. Diese Vorrichtung gab es ausschließlich in den Zellen der Ureinwohner, in denen sie noch heute hängen.

Millstream-Chichester National Park.

(2000 km²) Nur zwei relativ kleine Gebiete des Nationalparks sind zugänglich. Beide sind von ganz unterschiedlichem Charakter. Die Hauptattraktion des nördlichen Gebietes ist der **beliebte Badepool** Python Pool (▶ 130), der am Fuße einer ca. 60 m hohen, farbenprächtigen Felswand aus rötlichem Dolerit liegt. Nach langen Trockenperioden ohne Frischwasserzufluss wird, wegen der einsetzenden Algenblüte, vom Baden abgeraten. Umgeben wird der Pool von einer unwirtlichen und gleichzeitig **unwirklichen Szenerie**. Bis zum Horizont erstrecken sich die **gerölligen Tafelberge** und -hügel der Chichester Range (▶ 130), die abgesehen von den grüngelben Spinifex-Punkten (▷ 309) fast bar jeder Vegetation sind. Genießer solch **karger Spinifex-Landschaften** können den *Camel Trail* [8 km →] erwandern, der den Python Pool mit Mt Herbert verbindet. Entlang des Weges kann man mit etwas Glück die Bauten von Westlichen Kieselhaufen Pseudomys-Mäusen (▷ 303) entdecken. Der *Camel Trail* kann von beiden Seiten aus erwandert werden. Besonders

Im nördlichen Teil des Nationalparks laden entlang des *Camel Trail* mehrere Holzbänke zum Genießen grandioser Weitblicke ein.

empfehlenswert ist der Weg vom Python Pool bis zur ersten Sitzbank [1.5 km →], die einen fantastischen Blick über die Chichester Range bietet. Einen ebenfalls schönen Blick genießt man vom Mt Herbert. Der kürzeste Aufstieg beginnt an einem kleinen Parkplatz [600 m ⇆]. Hier startet auch ein Wanderweg zur McKenzie Spring. Die permanente Frischwasserquelle liegt inmitten eines felsigen Bachbettes und eignet sich gut zum Vögel beobachten. Die einzige **Übernachtungsmöglichkeit** in diesem Teil des Parks bietet eine schattenlose, Parkplatz ähnliche Campsite am Snake Creek [ca. 1.5 km südöstlich vom Python Pool / WC].

Im südlichen Teil des Parks steht der Fortescue River im Mittelpunkt. Der Fluss wird auf einer Länge von mehreren Kilometern von unterirdischen Quellen gespeist und führt deshalb permanent Wasser. Entlang beider Uferseiten hat sich ein **üppiger Vegetationsgürtel** gebildet. In diesem gedeihen diverse Eukalyptus-, Papierrindenbaum-, Akazien- sowie zwei Palmenarten, die eingeführte Dattelpalme/*date palm* und die endemische **Millstream-Fächerpalme**/*Millstream fan palm*. Die Millstream-Fächerpalme gehört zur Gattung *Livistona* und war in der Pilbara einst weit verbreitet, kommt aber heute nur noch punktuell in einigen feuchten Gebieten vor. Am Besucherzentrum [*Millstream Homestead Visitor Centre*, 🕓 9-16 h] startet ein attraktiver Rundwanderweg, der *Homestead Walk* [700 m ↺], der durch eine **grüne Oase** führt, vorbei am idyllischen Jimdawurrunha Pool, in dessen ruhigem Wasser sich das Grün der Vegetation widerspiegelt.

Ein zweiter Wanderweg im südlichen Gebiet, der *Murlamunyjunha Track* [3.4 km →], verbindet das Besucherzentrum mit der *Crossing Pool Camping Area* [WC, BBQ, $]. Die schöne, direkt am Fluss liegende Campsite wird von großen Papierrindenbäumen beschattet, in denen tagsüber saisonal **Tausende von Nacktaugenkakadus**/*little corellas* (▶ 141) ruhen. Camper sollten bei der Wahl ihres Stellplatzes den stetig fallenden »Vogelkot-Regen« berücksichtigen. In der Abenddämmerung brechen die Vögel mit einem ohrenbetäubenden Gekreische zu anderen Nahrungs- und Schlafplätzen auf.

Weitere Übernachtungsmöglichkeiten bietet die im offenem Spinifex-Grasland liegende *Stargazers Camping Area* [WC, $].

Gut zu wissen,...

...dass es nur im südlichen Teil des Parks Wasser und Gas-BBQs gibt.

Port Hedland & South Hedland. (11.997 Einw.)

Eisenerz ist Port Hedlands Segen wie auch Fluch. Zwar brachte das kostbare Erz den langersehnten wirtschaftlichen Aufschwung und verwandelte Port Hedland binnen kürzester Zeit in Australiens größten Exporthafen für Eisenerz, doch verlieh es dem Städtchen auch einen **stark industriellen Charakter** und begrub Straßen, Häuser, Pflanzen, Tiere und Bewohner unter einer roten Staubschicht. Besonders farbintensiv ist das winzige Stadtzentrum (in dem es mehr Banken als Geschäfte gibt), das direkt neben den Hafenanlagen und den sich dort auftürmenden Eisenerzhalden liegt.

Für Interessierte der Eisenerzverschiffung bietet der BHP Billiton Konzern eine **1.5-stündige Tour durch die Hafenanlagen** an [🕓 Mo-Fr 9.30 h, Buchung im Touristenbüro].

Freien Blick auf die **Frachtschiffe**, in denen das Erz nach Asien transportiert wird, hat man vom *Marapikurrinya Park* am Ende der Wedge Street. Die Ein- und Auslaufzeiten der Schiffe hängen beim Touristenbüro aus [linker Hand beim Eingang]. Im Aushang stehen auch die An- und Abfahrtzeiten der durchschnittlich **2 bis 3 km langen Züge**, die regelmäßig zwischen den Eisenerzminen und Port Hedland hin- und herpendeln. Am 21. Juni 2001 wurde ein neuer Rekord aufgestellt. An diesem Tag erreichte ein über 7 km langer Zug die Stadt. Seine 682 Wagons wurden von 8 Lokomotiven mit jeweils 6000 PS vorwärts bewegt. Offizieller, wenn auch wenig romantischer **Aussichtspunkt zum Wagonzählen** ist der 10 km vom Stadtzentrum entfernt gelegene *Redbank Bridge Lookout* [direkt auf der Brücke, die über die Schienen führt]. Hier befindet sich auch Port Hedlands Salzgewinnungsanlage mit ihren weißen »**Salzdünen**«.

Geradezu deplaziert in Raum und Zeit wirken die zwischen Hauptstraße und Eisenbahnschienen »eingeklemmten« **Felsgravuren** des *Two Mile Ridge*. Weder Parkplatz noch Schild weisen auf ihre Existenz hin [Wilson St, Fahrtrichtung Zentrum, 750 m hinter der Shell Tankstelle auf der linken Seite]. Lediglich der hohe Drahtzaun verrät, dass sich dort etwas Schützenswertes verstecken muss. Der Cemetery Beach und die Strände um Cooke Point gehören zum **Brutgebiet der Australischen Plattschildkröte/***flatback turtle*. Zwischen Oktober und Februar kann man die Tiere bei der Eiablage bzw. zwischen Dezember und April das Schlüpfen der Jungen beobachten. Cooke Point bietet zudem einen guten Blick auf das ***Staircase to the Moon*-Schauspiel** (▷ 329, 🕓 April-Okt., aktuelle Zeiten im Touristenbüro].

Auf dem Gelände des Internationalen Flughafens befinden sich der ***Royal Flying Doctor Service*** (▷ 90) und die ***School of the Air*** (▷ 90), die beide besichtigt werden können – allerdings nur nach vorheriger telefonischer Anmeldung [🕓 Di-Do 8-10 h, Tel. 9172 8400].

15 km vom Stadtzentrum entfernt liegt die **Trabantenstadt South Hedland**. Sie wurde Mitte der 1960er Jahre gegründet, als die Einwohnerzahl Port Hedlands explodierte, aber eine Ausweitung der Bauflächen wegen der umliegenden Überschwemmungsebenen nicht möglich war. South Hedland ist eine reine Wohnstadt, deren düsteres, aber großes Einkaufszentrum die einzige nennenswerte »Attraktion« ist.

Geschichte

Auf der Suche nach einem Hafen entdeckte Peter Hedland 1863 einen geschützten Ankerplatz, den er Mangrove Harbour nannte. Später wurde dieser ihm zu Ehren in Port Hedland umbenannt. Auf Grund des ungünstig hohen Gezeitenunterschieds und fehlender Lebensgrundlagen wie Frischwasser und Baumaterial ruhte Port Hedlands Geschichte zunächst. Erst 1893 im Zuge eines kurzen Goldbooms errichtete man einen Pier, der bis ins tiefe Wasser hinausreichte und gründete offiziell die dazugehörige Stadt. Eine direkte Eisenbahnlinie zwischen Port Hedland und den Goldschürfgebieten bei Marble Bar sorgte für einen kurzen Aufschwung, der aber schnell wieder verebbte.

Als man Anfang der 1960er Jahre mit dem Eisenerzabbau in der Pilbara begann, zählte Port Hedland nur 1200 Einwohner. Dies änderte sich schlagartig mit der Wahl Port Hedlands zum Exporthafen für das rote Erz, denn mit dem Staub kam der wirtschaftliche Boom.

In ihrem Buch *When the Pelican Laughed* erinnert sich Alice Nannup mit folgenden Worten an diese Zeit: »Ich war dort, als das mit dem Eisenerz begann,...der aufgewirbelte Staub war schrecklich. Er war richtig rot und wurde von Westen nach Osten über den ganzen Hafen geweht. Hedland war so eine schöne Stadt gewesen, aber jetzt ist sie ruiniert.«

Gut zu wissen,...

...dass das Einkaufszentrum in South Hedland **mehr Einkaufsmöglichkeiten** bietet als das in Port Hedland.

...dass es in Port Hedland beim Kauf von **Alkohol** Einschränkungen (▷ 10) gibt.

...dass das **Benzin** im Roadhouse gegenüber dem Flughafen [Great Northern Hwy] oft günstiger ist als in der Stadt.

i: Wedge St, 🕓 Mai-Okt.: Mo-Fr 8.30-16.30 h, Sa 9-16 h, So 10-14 h, Nov.-April: Mo-Fr 9-16 h, Sa 10-14 h

CP², H/M*, S¹

[Port Hedland: *Woolworths*, Wilson St, 🕓 Mo-Fr 8-19 h (Do -21 h), Sa, 8-17 h, So 9-17 h
South Hedland: *Coles*, Throssell Rd, 🕓 tägl. 6-21 h]

im *Marapikurrinya Park*, Richardson St

Streckenabschnitt Nord 7 Eighty Mile Beach bis Broome

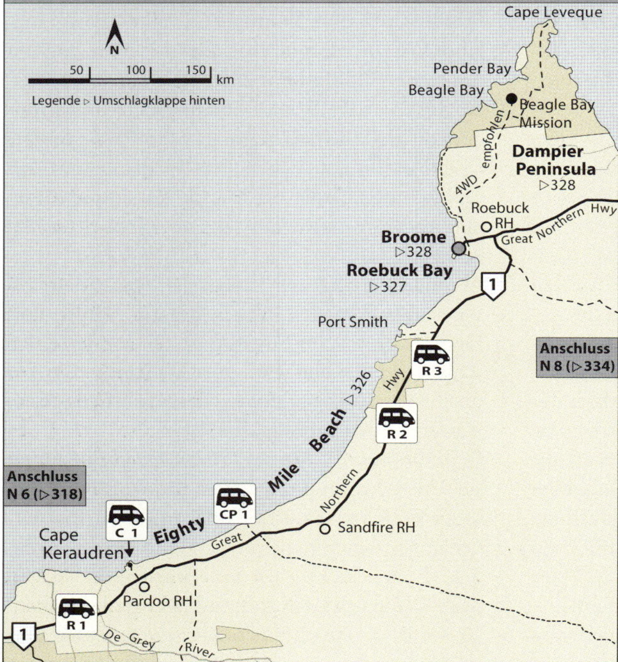

Rastplätze ▷ 41

1 ***De Grey Rest Area*** [70 km nordöstlich des Abzweigs nach Port Hedland] - Weitläufiges Camp mit vielen Schattenplätzen auf der nordöstlichen Uferseite des breiten, nur temporär fließenden De Grey River.
2 ***Stanley Rest Area*** [110 km nordöstlich des Sandfire RH] - Großer Parkplatz etwas abseits des Highways im offenen Buschland.
3 ***Goldwire Rest Area*** [165 km nordöstlich des Sandfire RH] - ähnlich wie *Rest Area* 2

Campsites außerhalb der Nationalparks

1 ***Cape Keraudren Campsites*** [Abzweig gleich westlich des Pardoo RH > weitere 14 km bis zum Kap] - Am Kap liegen mehrere schattenlose, größtenteils dem Wind ausgesetzte Campsites (einige Stellplätze mit Meeresblick). Das leicht hügelige, baumlose Kap markiert das westliche Ende des Eighty Mile Beach. Am dichtesten zum Strand liegt die nach ca. 12 km rechts abzweigende Campsite am Cootenbrand Creek [WC]. Neben einer Übernachtungsgebühr [$6.50 pro Person] fällt eine einmalige Eintrittsgebühr [$10 pro Fahrzeug] an.

$

Schöne Campingplätze

1 ***Eighty Mile Beach Caravan Park*** [Abzweig 93 km nordöstlich des Pardoo RH > weitere 10 km Piste] ▷326

Eighty Mile Beach. Der Eighty Mile Beach ist ein **Paradies für Muschelsammler** und Genießer von **langen Strandspaziergängen**. Zwar hat der Strand einen leicht gräulichen Farbton und ist streckenweise stark von 4WD-Spuren zerpflügt, dafür wird er bei Ebbe von einem gewaltigen Gezeitenunterschied in eine bis zu 1 km breite, hervorragend zum Wandern geeignete Strandpromenade verwandelt.

Ein guter Ausgangspunkt für das Erkunden des Strandes ist der ***Eighty Mile Beach Caravan Park*** [www.eightymilebeach.com.au], ein riesiger, saisonal von Dauercampern belegter Platz mit großzügigen, überwiegend schattigen Grasstellplätzen aber ohne Meeresblick. Abends trifft man sich am Strand zum **Sonnenuntergang**, der besonders bei Ebbe eindrucksvoll ist, wenn sich die Strahlen der untergehenden Sonne auf dem dünnen, den Sand bedeckenden Wasserfilm widerspiegeln.

Schwimmen oder Baden sieht man selten jemanden, da in dem meist aufgewühlten Wasser **Haie und Stachelrochen** zu Hause sind.

Zwischen September und April bevölkern Zigtausende **Zugvögel** den Eighty Mile Beach und die am nördlichen Ende angrenzende Roebuck Bay.

u den begehrten Objekten der mit Tüten bewaffneten Muschel-mmler gehören: 1 Australische Rifftrompete (▷ 43), 2 Australische 'alzenschnecke/*Australian baler*, 3 Glockenklöppel/*bell clapper*, Australische Olive/*Australian olive*, [5 1-$-Münze als Größenver-eich,] 6 Doppelbohrerschnecke/*duplicate auger*, 7 Sand Dollar/*nd dollar*, 8 Kammmuschel/*scallop*, 9 Herzigel/*heart urchin*

Roebuck Bay. Die Roebuck Bay (▶ 121) ist ein **wichtiges Überwinterungsgebiet für Zugvögel**. Jedes Jahr zwischen September und April entfliehen Hunderttausende Wat- und Strandvögel den frostigen Temperaturen der nördlichen Hemisphäre und überwintern an der Roebuck Bay und dem angrenzenden Eighty Mile Beach. Viele der Vögel haben einen 18-tägigen Dauerflug hinter sich, auf dem sie zwischen 10.000 und 15.000 km zurückgelegt haben. Dementsprechend hungrig stürzen sie sich auf die nahrungsreichen Schlammflächen dieses Küstenabschnittes. Die Roebuck Bay mit ihren Mangrovenwäldern ist ein besonders begehrter Futterplatz, denn im tiefen Schlick lebt eine unglaubliche Vielfalt an Krebstieren und Mollusken. Doch auch nachdem die Zugvögel wieder in ihre nördlichen Brutgebiete zurückgekehrt sind, wird die Bucht auf Grund ihres enormen Nahrungsreichtums von zahlreichen heimischen Vögel bevölkert. Beste Beobachtungsmöglichkeiten für die im Schlamm herumstelzenden Küstenvögel bieten die beiden Stunden vor und nach dem Höchststand der Flut. Ganztägig zu beobachten sind einige Greifvögel, so wie der Brahminenweih/*Brahminy kite* und der Weißbauch-Seeadler/*white-bellied sea-eagle*.

Tipp

300 m von der Bucht entfernt liegt eine **Vogelwarte** [*Broome Bird Observatory*, Tel. 9193 5600, bbo@birdsaustralia.com.au] im angrenzenden Buschland, die neben **Vogelbeobachtungstouren** auch diverse Unterkunftsmöglichkeiten anbietet einschließlich einiger Stellplätze für Camper. Da die Anzahl der Unterkünfte äußerst beschränkt ist, sollte man zumindest im Juli und August vorbuchen.

Neben den verschiedenen Vogelarten lassen sich an der Roebuck Bay auch Schlammspringer/*mudskipper* beobachten.

Die gesamte Nordküste von WA wird von großflächigen Mangrovenwäldern gesäumt. Einzig nennenswerte Ausnahmen sind der Eighty Mile Beach und die Strandabschnitte bei Broome. Am größten ist der Artenreichtum der **Mangroven**/*mangroves* an der Küste der Kimberleys mit 17 verschiedenen Arten. Nach Süden hin nimmt die Vielfalt langsam ab, so wachsen an der Küste der Pilbara nur noch sieben, entlang der Cape Range Peninsula nur noch zwei Arten und weiter südlich, so wie in Shark Bay, nur noch eine Art.
Mangroven wachsen ausschließlich in Gewässern, die den Gezeiten unterworfen sind. Bei Flut schaut nur der obere Teil ihrer Kronen aus dem Wasser; bei Ebbe liegt der gesamte Baum einschließlich seiner »Atmungsorgane«, den Wurzeln, frei. Der bei Niedrigwasser durch die Poren der Wurzeln aufgenommene Sauerstoff ist für die Pflanze überlebenswichtig, da die schlammigen Böden extrem sauerstoffarm sind. Es gibt verschiedene Wurzeltypen, anhand derer man die

einzelnen Mangrovenarten gut unterscheiden kann. So auch die beiden am weitesten verbreiteten Arten, die **Weiße Mangrove**/*white mangrove* (auch *grey mangrove*) und die **Stelzen-Mangrove**/*stilt mangrove*. Erstere atmet über dürre, senkrecht aus dem Boden ragende Spargelwurzeln und Letztere durch bogenförmige Stelzwurzeln.
Eine weitere Besonderheit der Mangroven ist ihre hohe Salzverträglichkeit bzw. ihre Fähigkeit sich des Salzes wieder zu entledigen, wobei die verschiedenen Arten jeweils unterschiedliche Methoden entwickelt haben. Während einige Arten wie die Stelzen-Mangrove bereits das Eintreten von Salz verhindern, scheiden andere wie die Weiße Mangrove das aufgenommene Salz über Drüsen wieder aus. Bei der Weißen Mangrove befinden sich diese Drüsen an der Blattunterseite. Die Drüsen sind zwar zu klein, um mit bloßem Auge wahrgenommen zu werden, aber das ausgeschiedene Salz ist deutlich fühl- und sichtbar.
Vorkommen der Weißen Mangrove (*Avicennia marina*): an der gesamten Nordküste Australiens sowie punktuell an der Westküste
Vorkommen der Stelzen-Mangrove (*Rhizophora stylosa*): an der gesamten Nordküste Australiens

Dampier Peninsula / NUR 4WD. Ein Großteil der Dampier Peninsula ist **Aborigine-Land** (▷ 9) und wird von verschiedenen Communities bewohnt, darunter auch das Gebiet der ehemaligen *Beagle Bay Mission*. In der katholischen, 1890 gegründeten Einrichtung lebten überwiegend Kinder, die ihren leiblichen Eltern weggenommen wurden (▷ 58). Die 1917 erbaute Missionskirche mit ihrem Altar aus Muscheln wurde restauriert und kann besichtigt werden.
An der nördlichen Spitze der Halbinsel liegt das **Cape Leveque**, das sich mit seinen feinen Sandstränden, **türkisfarbenen Wasser und roten Sandsteinklippen** bei Touristen wachsender Beliebtheit erfreut. Direkt am Kap liegt das Urlaubsressort *Kooljaman* [www.kooljaman.com.au], das diverse Unterkünfte anbietet, angefangen von Stellplätzen für Camper bis hin zu vollausgestatteten Safarizelten.
Außer dem Ressort gibt es inzwischen rund ein Duzend weitere Unterkunftsmöglichkeiten auf der Dampier Peninsula. Die meisten liegen entweder an der nördlichen Landspitze oder entlang der Westküste zwischen Pender Bay und Beagle Bay. Viele bieten auch Touren an, so z. B. **Bootstouren** oder ***bush tucker*-Touren** (▷ 119). Zu den Anbietern gehören *Lombadina* [www.lombadina.com.au], *Goombaragin* [www.goombaragin.com.au], *Kelk Creek* [www.kelkcreek.com.au]. In der Hauptsaison ist bei allen Unterkünften Vorbuchen ratsam.
Für das Befahren der 220 km langen, teils sehr sandigen Broome-Cape Leveque Road ist ein 4WD zwar nicht zwingend erforderlich, aber unbedingt empfehlenswert. In der Regenzeit ist die Straße oft für mehrere Wochen gesperrt.

Broome. (15.242 Einw.) Broome ist das **touristische Zentrum der Kimberleys** und liegt mit seinem zwischen intellektuell und alternativ schwankenden Flair voll im Trend. Man telefoniert mit Handy, kann in Cafés sitzen, durch Geschäfte bummeln und sogar ins Kino gehen. Letzteres ist schon fast ein Muss, denn das 1916 eröffnete *Sun Picture* [Carnarvon St, 🕔 tägl. ab 10 h] ist nicht nur **eines der ältesten Kinos der Welt,** sondern auch ein echtes Original. Liebevoll restauriert, genießt man auf Liegestühlen, teils überdacht, teils unter freiem Himmel, das aktuelle Filmprogramm. Wer es klimatisiert bevorzugt, kann inzwischen auf ein modernes Kino [*Sun Cinemas*, Weld St] ausweichen.
Mittelpunkt aller städtischen Aktivitäten ist **Chinatown**, ein kleines, einheitlich gestaltetes Stadtzentrum mit leicht asiatischem Touch. Hier befindet sich eine für den Nordwesten außergewöhnlich hohe Anzahl an Straßencafés, Restaurants, Galerien, Souvenir- und Perlenschmuckgeschäften, schließlich war und ist Broome eine **Perlenfischerstadt**. Während früher das Perlmutt der Auster wirtschaftlich im Vordergrund stand, sind es heute **Zuchtperlen**. Nördlich der Stadt

sind mehrere Zuchtfarmen ansässig, von denen eine per Tour besichtigt werden kann [*Willie Creek Pearl Farm*, 38 km nördlich von Broome, Buchung im Touristenbüro, www.williecreek-pearls.com.au].
Einmal jährlich zwischen August und September gedenkt Broome mit einem großen **Festival**, dem *Shinju Matsuri*, seiner langen Tradition als Perlenfischerstadt. Während des 10-tägigen Festes finden zahlreiche Veranstaltungen statt, darunter viele Festlichkeiten asiatischen Ursprungs [aktuelle Daten unter www.broomevisitorcentre.com.au > *Events*].
Die Perlenfischer-Vergangenheit ist auch Thema im **Gemeindemuseum** [*Broome Museum*, Robinson St, ⌚ Juni-Okt.: Mo-Fr 10-16 h, Sa So 10-13 h, Nov.-Mai: tägl. 10-13 h] und auf zwei **restaurierten Perlenloggern** [*Pearl Luggers*, 44 Dampier Tce, ⌚ tägl. 10.30-14.30 h, www.pearlluggers.com.au], auf denen täglich Schauvorführungen [⌚ tägl. 11 h u. 14 h] stattfinden.
5 km südlich von Chinatown liegt der Town Beach. Der Strand ist mit seinem leicht rosafarbenen Sand und den paar »dekorativen« Mangroven nicht nur ein beliebter **Badestrand**, sondern auch ein guter Beobachtungspunkt für das ***Staircase to the Moon*-Schauspiel**. Die so genannte Treppe zum Mond ist eine optische Illusion, die entsteht, wenn der Vollmond bei Ebbe über dem Meer aufgeht und sich sein Licht auf dem Wasserfilm der Wattflächen spiegelt [⌚ März-Okt. einmal monatlich jeweils drei bis fünf Tage, aktuelle Daten unter www.broomevisitorcentre.com.au > *Events*]. Während der ersten beiden Tage wird das Ereignis am Town Beach von ein paar Marktständen begleitet. Als noch besserer Standort für das Naturschauspiel gilt das *Mangrove Resort Hotel* [47 Carnarvon St], von dessen großer Gartenterrasse man angeblich den besten Blickwinkel hat.
Am Wochenende sind zwei **Märkte** ein beliebter Treffpunkt, der *Courthouse Market* [Hamersley St, ⌚ ganzjährig Sa So 8-13 h] und die sehr viel kleineren *Lane Markets* [Chinatown, Jonny Chi Lane, ⌚ Juni-Sept.: Sa So 8.30-13.30 h].

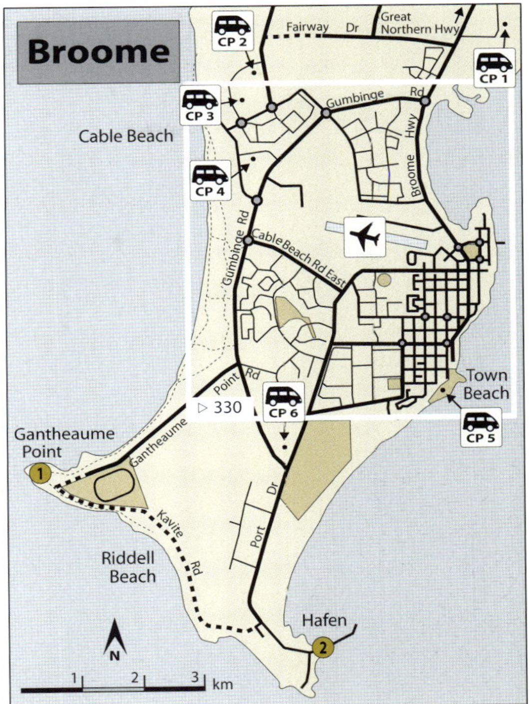

CP Stadtnahe Campingplätze

1 ***Broome Caravan Park***, Wattle Dr, Tel. 9192 1776
2 ***Tarangau Caravan Park***, Millington Rd, Tel. 9193 5084
3 ***Cable Beach Caravan Park***, Millington Rd, Tel. 9192 2066
4 ***Palm Grove Caravan Park***, Cable Beach Rd West / Murray Rd, Tel. 9192 3336, www.palmgrove.com.au
5 ***Roebuck Bay Caravan Park***, Walcott St, Tel. 9192 1366, www.roebuckbaycp.com.au
6 ***Vacation Village Caravan Park***, Port St, Tel. 9192 1057 www.broomevillage.com.au

Sehenswürdigkeiten

1 Dinosaurierspuren und Anastasia's Pool
2 Hafen mit Pier

Broomes unumstrittene Hauptattraktion liegt 6 km vom Stadtzentrum entfernt und heißt **Cable Beach.** Der sich über 20 km erstreckende Sandstrand ist einer der wenigen Strände der

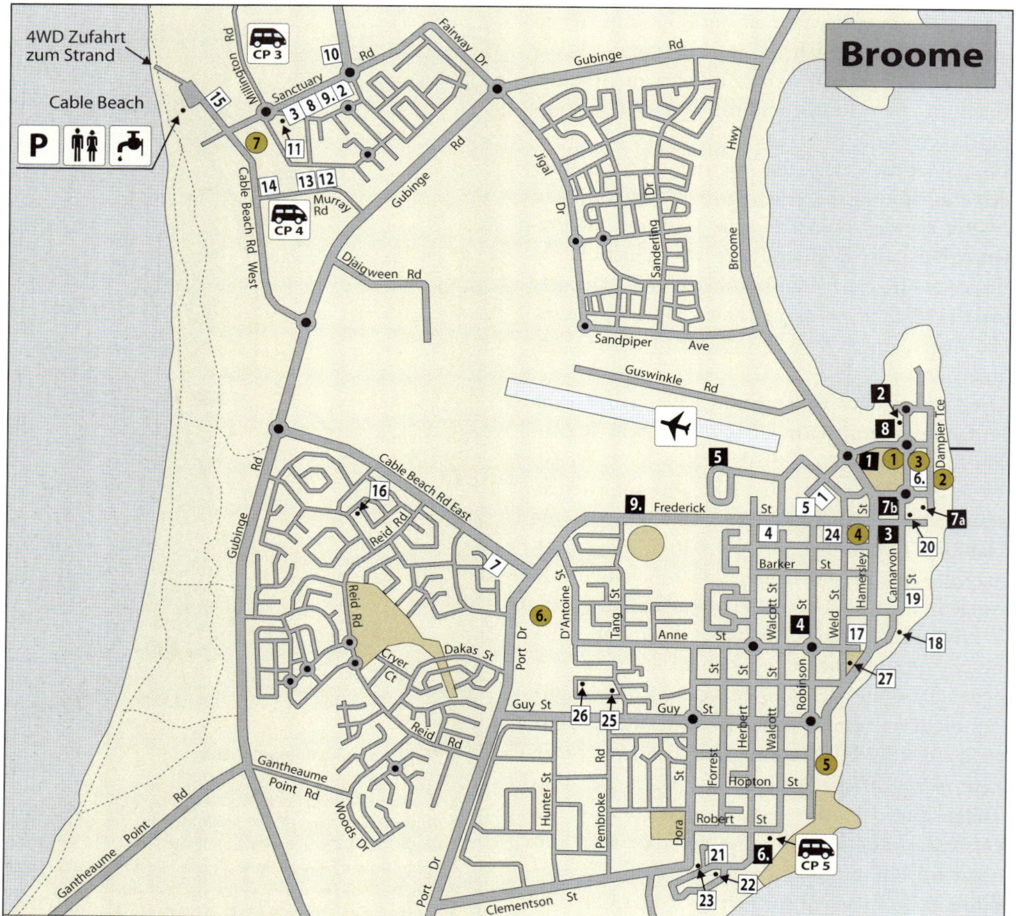

■ Praktisches

Allgemeines

1 Touristenbüro [🕓 ▷333] & Busbahnhof
2 Hauptpostamt [🕓 Mo-Fr 8.30-17 h]
3 Polizei
4 Krankenhaus
5 Flughafen-Terminal
6 Naturschutzbehörde DEC [🕓 Mo-Fr 8.30-16.30 h]

Internet

7 (a & b) Internet-Cafés

Supermärkte

8 *Coles* im *Paspaley Shopping Centre* [🕓 tägl. 6-24 h]
9 *Woolworths* im *Boulevard Shopping Centre* [🕓 tägl. 7-21 h]

● Sehenswürdigkeiten

Historisches

1 Kino *Sun Picture*
2 *Pearl Luggers*

Märkte

3 *Lane Market*
4 *Courthouse Market*

Museen & Anderes

5 *Broome Museum*
6 Chinesischer & Japanischer Friedhof
7 *Malcolm Douglas`* *Crocodile Farm*

N

0.5 1 km

CP Campingplätze ▷ 329

Unterkünfte

...unter $70 für ein Doppelzimmer

1 ***Broomes Last Resort Backpackers***, 2 Bagot St, Tel. 9193 5000, www.broomeslastresort.com.au

...zwischen $70 und $100

2 ***Cable Beach Backpackers***, 12 Sanctuary Rd, Tel. 9193 5511, www.cablebeachbackpackers.com

...zwischen $100 und $150

3 ***Beaches of Broome***, 4 Sanctuary Rd, Tel. 9192 6665, www.beachesofbroome.com.au
4 ***Kimberley Klub Backpackers***, 62 Frederick St, Tel. 9192 3233, www.kimberleyklub.com
5 ***Broome Motel***, 34 Frederick St, Tel. 9192 7775, www.broomemotel.com.au
6 ***Roebuck Bay Hotel/Motel Backpackers***, Carnarvon St, Tel. 9192 1221

...über $150

7 ***Ocean Lodge***, 1 Cable Beach Rd East, Tel. 9193 7700, www.oceanlodge.com.au
8 ***Cocos Beach Bungalows***, 6 Sanctuary Rd, Tel. 9194 1000, www.cocosbeachbungalows.com.au
9 ***Blue Seas Resort***, 10 Sanctuary Rd, Tel. 9192 0999, www.blueseasresort.com.au
10 ***Rendezvous Sanctuary Resort***, Lullfitz Dr, Tel. 9192 8088, www.rendezvoushotels.com
11 ***Seashells Resort***, 6 Challenor Dr, Tel. 9192 6111, www.seashells.com.au
12 ***Bali Hai Resort***, 6 Murray Rd Tel. 9191 3100, www.balihairesort.com
13 ***Broome Beach Resort***, 4 Murray Rd Tel. 9158 3300, www.broomebeachresort.com
14 ***Cable Beachside Resort***, 2 Murray Rd Tel. 9193 5545,www.cablebeachside.com.au
15 ***Cable Beach Club Resort***, Cable Beach Rd West, Tel. 9192 0400, www.cablebeachclub.com
16 ***The Bungalow B&B***, 3 McKenzie Rd, Tel. 0417 918 420, www.thebungalowbroome.com.au
17 ***Bayside Holiday Apartments***, Hamersley St / Anne St, Tel. 9193 7888, www.baysideholidayapartments.com.au
18 ***Moonlight Bay Suites***, 51 Carnarvon St, Tel. 9193 7888, www.mlb.broomeaccommodation.com.au
19 ***The Mangrove Resort Hotel***, 47 Carnarvon St, Tel. 9192 1303, www.mangrovehotel.com.au
20 ***Broome Stay Apartments***, 12 Carnarvon St, Tel. 9193 7200, www.broomestay.com.au
21 ***Reflections B&B***, 69 Demco Dr, Tel. 0419 955 245, www.reflectionsbnb.com.au
22 ***Waterfront B&B***, 10 Demco Dr, Tel. 9192 6661
23 ***Asrama B&B***, 65 Demco Dr, Tel. 9192 5513, www.asrama.com.au
24 ***Broome Town B&B***, 15 Stewart St, Tel. 9192 2006, www.broometown.com.au
25 ***The Red Emperor B&B***, 1 Piggott Way, Tel. 9192 6839, www.redemperorbnb.com.au
26 ***Divers Bell B&B***, 22 Piggott Way, Tel. 9192 5548, www.diversbell.com.au
27 ***Mercure Inn Continental Broome***, Weld St / Guy St, Tel. 9192 1002, www.mercure.com.au

Die angegebenen Preise beziehen sich auf die Hauptsaison (Juni-Okt.). In der Nebensaison (Nov.-Mai) gewähren die meisten Häuser erhebliche Preisnachlässe.
Eine Liste aller Unterkünfte mit aktuellen Preisen findet man unter www.broomevisitorcentre.com.au > *accommodation*.

Kimberleys und daher ein echter Touristenmagnet. Er ist einer der populärsten und gleichzeitig befahrendsten Strände Australiens. Zur »Rushhour«, kurz vor **Sonnenuntergang**, wenn die 4WD Besitzer ihre Jeeps ausführen, ist hier in der Hochsaison mehr los als auf dem Highway. Nicht-Motorisierte genießen den Cable Beach Sonnenuntergang bevorzugt entlang des Holzgeländers oberhalb des Strandes. Hier steht man während der Hauptsaison aufgereiht wie Perlen an der Schnur und schaut der untergehenden Sonne nach. Doch erst, wenn die heimkommenden **Dromedarkarawanen** über den Strand trotten und sich ihre langen Schatten auf dem feuchten Sand widerspiegeln, ist der Sonnenuntergang vollkommen. Dromedare (▷ 251) gehören mittlerweile neben 4WDs zum Hauptverkehrsmittel auf dem Cable Beach. Je nach Saison lassen diverse Anbieter ihre Karawanen mehrmals täglich über den Strand ziehen, darunter *Red Sun Camels* [wwwredsuncamels.com.au] und *Broome Camel Safaris* [www.broomecamelsafaris.com.au].

An der Zufahrt zum Cable Beach liegt *Malcolm Douglas' Crocodile Farm* [Cable Beach Rd, 🕔 April-Nov.: Mo-Fr 10-17 h, Sa So 14-17 h]. Malcolm Douglas gehört mit seiner Fernsehsendung »Unterwegs mit Malcolm Douglas« zu Australiens bekanntesten TV-Exportschlagern und seine **Krokodil-Farm** ist dementsprechend populär. Allerdings handelt es sich nur um ein recht kleines Areal mit ein paar eingezäunten Becken. Ein zweiter von Malcolm Douglas betriebener **Wildpark**, der *Wilderness Wildlife Park*, in dem auch andere heimische Tiere wie Dingos und verschie-

Die Silhouetten vom Cable Beach.

dene Beuteltiere zu sehen sind, liegt ca. 18 km außerhalb von Broome [Broome Hwy, 🕓 April-Nov.: Mo-Fr 10-17 h, Sa So 14-17 h].

Am südlichen Ende des Cable Beach liegt Gantheaume Point (▶ 130), eine niedrige, zernagte Sandsteinklippe aus prächtigen Rot-, Braun- und Ockertönen. Besonders beeindruckend ist ein Besuch bei Flut, wenn die farbenprächtigen Klippen von einem milchig türkisfarbenen Ozean umspült werden. Nur bei extremer Ebbe zu bewundern sind mehrere gut erhaltene **Fußabdrücke von Dinosauriern**/*dinosaur footprints*, die am Fuße der Klippen liegen [Gezeiten Tabelle/*tide chart* u. Lageplan der Abdrücke erhält man im Touristenbüro]. Die gewaltigen Tiere hinterließen ihre Spuren vor über 130 Mio. Jahren, als dieses Gebiet von ausgedehnten Wäldern und Sümpfen bedeckt war. Mindestens neun verschiedene Arten lebten hier, wobei eine Art ganz besonders häufig vertreten war, ein dreizehiger Zweibeiner, der den Namen *Megalosauropus Broomensis* erhielt.

Eine in Beton gegossene Kopie eines Abdruckes des *Megalosauropus Broomensis* befindet sich am Ende des ca. 300 m langen Weges, der zu den Klippen führt. Rechts von der Kopie, ca. 30 m entfernt, liegt Anastasia´s Pool (▶ 130), ein **rundes Felsbecken** von 2.5 m Durchmesser, in dem noch Reste einer Betonverkleidung zu sehen sind. Die Verkleidung wurde in den 1920ern vom damaligen Leuchtturmbesitzer eingefasst, dessen an Arthritis erkrankte Frau in der felsigen »Badewanne« ihre Schmerzen linderte.

Ähnliche **farbintensive Sandsteinklippen** wie am Gantheaume Point kann man auf einer Fahrt entlang der Kavite Road bewundern, die am Riddell Beach vorbeiführt.

Auch der **weit ins Meer hineinreichende Pier** am Hafen ist einen Besuch wert, vor allem bei Flut, wenn man in dem klaren Wasser verschiedene Fischschwärme beobachten kann.

Geschichte

Broomes Geschichte begann weder mit Rindern noch mit Gold, sondern mit Austern. Seit 1850 existierte in WA bereits eine Perlenfischerflotte, die ständig auf der Suche nach neuen Fanggründen war. Als Glückstreffer erwies sich die Roebuck Bay mit ihren reichen Vorkommen der *Pinctada Maxima*, Australiens größten Austernart. 1880 gründete man an dieser Bucht die provisorische Zeltsiedlung Roebuck Bay, die später in Broome umbenannt wurde.

Broome stieg rasch zur Hauptstadt der Perlenfischerindustrie auf. Dabei hatten die Fischer es weniger auf die Perlen als auf das Perlmutt abgesehen, ein gefragter Rohstoff, der für die Herstellung von Knöpfen, Griffen etc. benötigt wurde. Die gefundenen Perlen waren nur ein willkommener Bonus. 1910 erlebte Broome seinen Höhepunkt und zählte 5000 Einwohner, von denen 3500 in der Perlenindustrie beschäftigt waren. Broomes Anteil am Weltperlmuttmarkt betrug damals 75 %.

Die großen Gewinne aus dem Perlmuttgeschäft strichen vor allem die Kaufleute und Schiffseigner ein. Die Taucher, die die eigentliche Arbeit leisteten, gingen oft leer aus. Um den wachsenden Bedarf an Tauchern zu decken, bediente man sich bevorzugt der Ureinwohner, die regelrecht gekidnapped und dann zur Taucharbeit gezwungen wurden. Besonders Frauen waren gefragt, da sie gleich auf zweierlei Weise »benutzt« werden konnten. Nach und nach wurden die Aborigines von Asiaten abgelöst, die von der Perlenindustrie angezogen, nach Broome strömten und dort für einen Minimallohn arbeiteten. Schon bald übertraf die Anzahl der Asiaten, die der weißen Siedler bei weitem – auch auf den Friedhöfen. Noch heute zeugen zwei besondere Ruhestätten von Broomes wohl vermarkteter multikultureller Vergangenheit, der **Chinesische Friedhof** und der **Japanische Friedhof** [beide Port Dr], die mit ihren fremdartigen Grabsteinen inzwischen zu einer Touristenattraktion geworden sind.

Die Risiken für die Taucher waren außerordentlich hoch. In der Anfangszeit der Perlenindustrie blieben die kleinen Segelboote, die Perlenlogger, so lange auf See, bis sie die vom Eigner vorgegebene Fangquote erfüllt hatten. Die Taucher waren täglich 7 bis 10 Stunden in bis zu 10 m Tiefe unter Wasser und wurden über eine mechanische Pumpe mit Sauerstoff versorgt. Während ihrer Unterwasser-Akkordarbeit trugen sie archaische Taucheranzüge mit einem Eigengewicht von rund 200 kg. Diese schützten sie jedoch nicht vor der gefürchteten Taucherkrankheit/*the bends*. Sie trat immer dann auf, wenn der Taucher aus großer Tiefe zu schnell an die Oberfläche aufstieg oder wenn sein Körper den enormen Druckverhältnissen unter Wasser zulange ausgesetzt war. Ein zweites Risiko waren die in diesen Breitengraden wütenden Zyklone, die Dutzende Schiffe samt Mannschaft in die Tiefe rissen.

Mit Ausbruch des I. Weltkrieges, als die Absatzmärkte für Perlmutt zusammenbrachen, endete der wirtschaftliche Aufschwung abrupt. Hinzu kam die Entwicklung synthetischer Produkte, die den Naturstoffen zunehmend Konkurrenz machten. 1935 versetzte ein verheerender Zyklon der Perlenfischerindustrie beinahe den Todesstoß. 22 Schiffe sanken, 142 Männer verloren ihr Leben. Bis zum II. Weltkrieg konnte sich die Branche nur mit staatlichen Zuschüssen über Wasser halten. Wirtschaftliche Bedeutung erlangte die Perlenfischerindustrie erst wieder in den 1960er und 1970er Jahren, als man mit dem erfolgreichen Aufbau von Perlenzuchtfarmen begann. Auf diesen Farmen wird das Perlenwachstum künstlich angeregt, indem man einer Auster ein winziges Gewebestück einer fremden Auster einpflanzt. Dennoch ist die Perlenindustrie heute von verhältnismäßig geringer wirtschaftlicher Bedeutung, bedeutsamer sind der Hafen mit seiner Viehverladestation und der Jahr für Jahr wachsende Tourismus.

Gut zu wissen,...

...dass sich Broomes Einwohnerzahl in der Hauptsaison (Juni-Okt.) verdreifacht. Obwohl das **Übernachtungsangebot** dementsprechend groß ist, kann es vor allem in den Monaten Juli und August zu Engpässen kommen.

...dass an diesem Küstenabschnitt **gefährliche Quallen** (▷ 18) vorkommen – insbesondere von November bis April, vereinzelt aber auch das ganze Jahr über. Vorsicht !

...dass zwischen 7 und 18 h ein **öffentlicher Bus** verkehrt [den aktuellen Fahrplan erhält man im Touristenbüro oder www.broomebus.com.au]

Broome Hwy, Mo-Fr 8-17 h, Sa So 8.30-16 h

BP*, BB*, CP*, H/M*, JH[1], S*

Coles, Carnarvon St, tägl. 6-24 h

auf der »Sonnenuntergangs-Grünfläche« beim Cable Beach Parkplatz

Streckenabschnitt Nord 8 Kimberleys

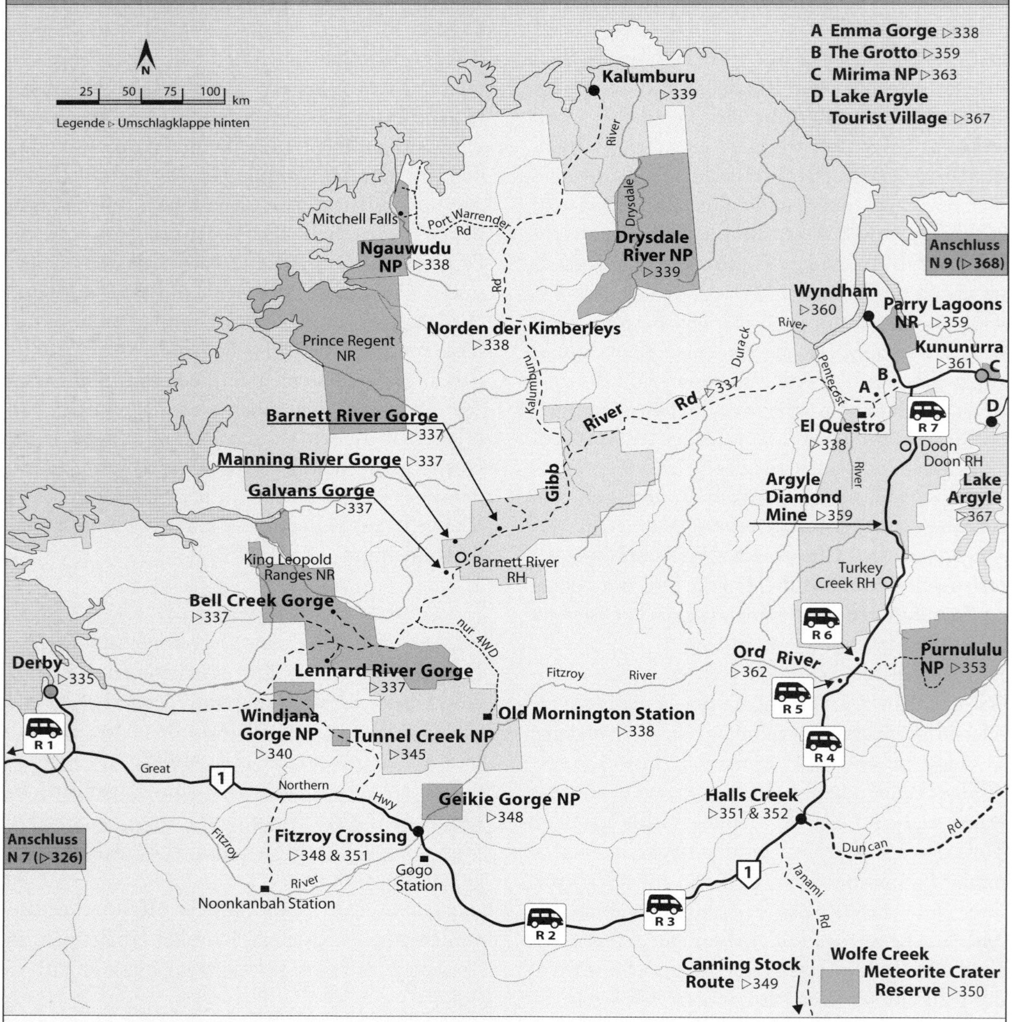

Rastplätze ▷ **41**

1 ***Nillibubbica Rest Area*** [73 km östlich des Roebuck RH, offizieller 24 h Rastplatz] - Bis auf zwei überdachte Picknickplätze schattenloser und umzäunter Parkplatz direkt am Highway.

2 ***Ngumban Cliff Rest Area*** [98 km östlich von Fitzroy Crossing] - Auf einem schattenlosen, meist windigen Plateau gelegener Platz mit schönen Blicken über die roten, mit Spinifex-Gras bewachsenen Felsklippen, die sich an dieser Stelle aus der Ebene erheben.

3 ***Mary Pool Rest Area*** [185 km östlich

von Fitzroy Crossing, offizieller 24 h Rastplatz] - Sehr populärer, von Eukalypten beschatteter Platz am Ufer des Mary River (den man, falls er fließt, via eines betonierten Dammes über- bzw. durchqueren muss).

4 ***Little Panton River Rest Area*** [47 km nördlich von Halls Creek] - 2 km langer, bis auf zwei überdachte Picknickplätze schattenloser Parkplatzstreifen, der parallel zum Highway verläuft.

5 ***Leycester's Rest Area*** [104 km nördlich von Halls Creek, offizieller 24 h Rastplatz] - Großes, verzweigtes Areal mit etwas Schatten und drei überdachten Picknickplätzen. Der Platz ist in der Saison sehr überlaufen, da er vielen Reisenden als Sprungbrett in den Purnululu NP dient.

6 ***Spring Creek Rest Area*** [111 km nördlich von Halls Creek] - Ein winziger Parkplatz unterhalb einer Highway Brücke, der lediglich auf Grund seiner strategischen Lage (direkt am Abzweig zum Purnululu NP) für eine Übernachtung interessant ist.

7 ***Lookout Rest Area*** [10 km nördlich des Doon Doon RH > mit SCENIC LOOKOUT und MANDANGALA ausgeschilderter Abzweig östlich des Highways] - Nach 1.1 km gelangt man zu einem schattenlosen Platz mit schönem Blick auf die Carr Boyd Ranges (▶ 133).

Campsites außerhalb der Nationalparks

1 ***Caroline Pool Campsite*** [▶ 132 / von Halls Creek > Duncan Rd > nach ca. 14 km links der mit CAROLINE POOL ausgeschilderten Piste folgen > weitere 2 km bis zum Pool] - Eine kleine, überwiegend schattenlose Campmöglichkeit nahe einer ca. 12 m hohen orangeroten Felsklippe, an derem Fuße der namensgebende Pool liegt. Auch wenn es sich um keine offiziell ausgewiesene Campsite handelt, ist der Platz meist gut besucht.

Derby. (3661 Einw.) Einmal im Jahr feiert Derby den ***King Tide Day*** [aktuelle Daten unter www.derbytourism.com.au > *Derby* > *Events Calendar*]. An diesem Tag erreicht die Flut ihren höchsten Stand und Jung und Alt, Schwarz und Weiß amüsieren sich bei hausgemachten Leckereien auf dem großen, **halbkreisförmigen Pier**. Doch auch die restlichen Tage des Jahres ist der Wechsel zwischen Ebbe und Flut beachtlich, denn mit Gezeitenunterschieden von über 11 m ist die am King Sound liegende Ortschaft Spitzenreiter in Australien und liegt nur 3 m unter dem Weltrekordler Kanada. Folglich steht das Wasser in Derby nie still und ist immer schlammigbraun. Der besagte Pier ist ein ausgezeichneter Ort, um

Am *King Tide Day* werden die über 13 m hohe Stelzen des Piers fast vollständig vom hereinströmenden Wasser verschluckt.

den »**Gezeitenrausch**« zu beobachten und einen von Derbys **farbintensiven Sonnenuntergängen** zu genießen.

Wenn Derby nicht gerade feiert, ist es ziemlich ruhig in der Ortschaft. Breite, abgesehen von einigen im Schatten sitzenden Aborigine-Gruppen, menschenleere Straßen, die typischen Einfamilienhäuschen und ein winziges Zentrum mit einer Hand voll Läden. Strände gibt es keine, denn Derby liegt auf einer flachen Landzunge, die von weiten, teils mit Mangroven bewachsenen Schlammebenen umgeben ist.

Das **älteste Gebäude in Derby** ist das 1906 erbaute Gefängnis [*The Old Derby Goal*, Loch St], ein primitiver Verschlag, in dem überwiegend Aborigines eingesperrt waren. Das traurige Kapitel der Stadtgeschichte wird auf zahlreichen Informationstafeln aufgearbeitet.

Auf dem **Pionier-Friedhof** [*Pioneer Cemetery*, Lovegrove St] liegen zwei berühmte Australier begraben, William Richardson (▷ 344) und der bekannte *Police Tracker* (▷ 107) Larry Kunamarra.

Wer einer Unterrichtsstunde der ***School of the Air*** (▷ 90) lauschen möchte, ist in der *Kimberley School of the Air* [Marmion St, 🕓 Zeiten variieren, meist Mo-Do 8-10 h] willkommen.

Derbys bekannteste Attraktion ist der **Gefängnisbaum** [*Boab Prison Tree*, Derby Hwy, 7 km südlich der Ortschaft], in dessen ausgehöhltem

Der Gefängnisbaum von Derby.

Bauch früher aboriginal Sträflinge eingesperrt wurden. Heute ist der Boab (▷ 82) selbst hinter einem Zaun »eingesperrt«, denn der knollige Riese wurde in die Liste bedeutsamer Aborigine-Stätten/*Registered Aboriginal Sites* aufgenommen und sollte aus Respekt vor diesem Ort und seiner Geschichte nicht mehr betreten werden.
Kurz vor dem Gefängnisbaum passiert man eine Viehtränke/*cattle trough*, die mit einer Länge von 120 m angeblich die **längste Viehtränke der südlichen Hemisphäre** (▷ 101) ist.
Seine Nähe zu einigen schwer erreichbaren Sehenswürdigkeiten wie den Mitchell Falls im Ngauwudu NP und den Horizontal Waterfalls an der zerklüfteten Küste der Kimberleys macht Derby zum **Ausgangspunkt zahlreicher Rundflüge**, u. a. angeboten von *Kimberley Seaplanes* [www.horizontalfalls.com.au], *Kimberley Extreme* [www.kimberleyextreme.com.au] oder *Reef Flight* [www.reefflight.com]. Preise für Ganztagestouren starten ab $550 pro Person.
Ein **Kulturzentrum mit einer integrierten Galerie**, in der Aborigine-Kunstgegenstände angeboten werden, befindet sich 15 km von Derby entfernt [Gibb River Rd, ca. 4 km östlich des Abzweigs vom Derby Hwy, 🕓 meist Mo-Fr 9-16 h, www.mowanjumarts.com]. Im Mittelpunkt des *Mowanjum Art & Culture Centre* stehen die charismatischen Wandjinas (▷ 339).

Geschichte

Derby konkurriert mit Broome um den Titel »älteste Ortschaft der Kimberleys« (▷ 102). Gemäß der offiziellen Eintragung der zuständigen Behörde verliert Derby – allerdings nur um einen Tag. Demnach beginnt Derbys Geschichte am 22. November 1883 und die von Broome bereits am 21. November – allerdings nur auf dem Papier, denn während Broome lediglich aus ein paar Zelten bestand, gab es in Derby schon richtige Häuser und erste Anzeichen einer Infrastruktur. Einen Schönheitspreis hätte Derby in seinen ersten Jahren jedoch nicht gewonnen. Als der Priester Mc Nab 1884 in der kleinen Siedlung ankam, beschrieb er Derby mit den wenig schmeichelhaften Worten: »Derby ist eine kleine, heiße, hässliche Handelsstation in typisch australisch improvisiertem Stil; hastig zusammengezimmert aus Buschholz und galvanisiertem Eisen. Unter seinen Bewohnern sind ein paar Geschäftsleute, ein Polizeitrupp und die unvermeidliche Gruppe aneinandergeketteter Eingeborenen-Sträflinge.«
Mit dem Einsetzen des Goldrausches von Halls Creek 1885/86 (▷ 352) änderte sich das Stadtbild Derbys schlagartig. Tausende von Menschen strömten über Derby in die Goldfelder und 1888 standen in der Ortschaft bereits fünf Hotels und ebenso viele Bars – stets ein deutliches Zeichen für ein wirtschaftliches Wohlergehen. Doch dieses endete mit dem Versiegen des Goldes und es wurde wieder ruhig in der Siedlung.
Mit der Fertigstellung eines neuen Piers im Jahre 1964 gewann Derby noch einmal als Viehverladehafen an wirtschaftlicher Bedeutung, verlor diese jedoch wieder, als Anfang der 1980er Jahre Broome die Viehverladung übernahm. Seitdem wird der Pier von Derby nur noch für die Verschiffung von Zink und Blei genutzt und natürlich zum Feiern des *King Tide Day*...

Gut zu wissen,...

...dass man in der Gemeindeverwaltung [*Derby – West Kimberley Shire Council*, Loch St, 🕓 Mo-Fr 8-16 h] oft aktuellere **Informationen über die**

Straßenzustände der Umgebung erhält als im Touristenbüro.

Clarendon St, Ⓛ Juni-Aug.: Mo-Fr 8.30-17 h, Sa So 9-16 h, Sept.-Mai: Mo-Fr 8.30-16.30 h, Sa 9-12 h

BP[1], CP[2], H/M*, S[1]

Woolworths, Loch St, Ⓛ Mo-Fr 8-18 h (Do -20 h), Sa 8-17 h, So 10-16 h

Gibb River Road. Die 652 km lange Gibb River Road ist zu einem echten Mythos unter den Pisten aufgestiegen. Ihre Geschichte begann als reine **Viehroute**, entlang derer berittene Farmarbeiter, so genannte *stockmen*, die riesigen Rinderherden der umliegenden Farmen zu den Häfen von Derby und Wyndham trieben. Auch heute dient die Gibb River Road noch als Viehroute, nur haben mittlerweile Roadtrains die Funktion der Viehtreiber übernommen.

Ein weiterer Wirtschaftszweig, der zunehmend an Bedeutung gewinnt, ist der Outback-Tourismus, denn die Strecke bietet eine ideale Mischung aus »4WD-Abendteuer« und »**staubigem Outback-Feeling**« OHNE dabei die Zivilisation allzu weit verlassen zu müssen. Im Gegensatz zu allen anderen Viehrouten in WA führt sie nicht durch menschenleere, wasserlose Halbwüsten, sondern durch die »grünen Kimberleys«. Auf der breiten, **viel befahrenen Straße** muss man bei einer Panne nicht befürchten, mehrere Tage auf Hilfe warten zu müssen und auf halber Strecke gibt es sogar ein Roadhouse [Mt Barnett RH, Ⓛ Trockenzeit: tägl. 7-17 h, Regenzeit: Mo-Sa 8-12 h u. 14-16 h]. Zudem ist die Gibb River Road in der Trockenzeit, wenn der Wasserstand der Flussdurchquerungen dies zulässt (meist von Mai/Juni-Okt.), auch für 2WDs befahrbar. In dieser Zeit führt meist nur noch ein einziger Fluss Wasser und zwar der **größte aller Flüsse**, die es zu durchqueren gilt: der Pentecost River am nordöstlichen Ende der Gibb River Road. Die Durchquerung ist sehr steinig und dementsprechend holprig, weshalb ein Fahrzeug mit hoher Bodenfreiheit erforderlich ist. Zu beachten ist auch, dass der Wasserstand des Pentecost River von den Gezeiten beeinflusst wird.

Die landschaftlichen Höhepunkte sind **sieben Schluchten**, von denen allerdings nicht alle die Bezeichnung »Schlucht« verdienen. So handelt es sich bei der **Galvans Gorge** lediglich um einen idyllischen, von Felswänden umrahmten Badepool und auch die **Barnett River Gorge** lässt nicht einmal ansatzweise einen Schluchtcharakter erkennen (dafür ist das Campen entlang des romantisch grünen Bachbetts bislang nicht verboten!). Relativ unspektakulär ist auch die zwischen zwei Hügeln gebettete, ca. 40 m hohe **Lennard River Gorge**. Hinzu kommt, dass der Abstieg auf ihren Grund zu den permanenten Badepools extrem steil und steinig ist und so bleibt für viele lediglich der Blick hinunter. Imposant dagegen sind die über 100 m hohen Wände der **Windjana Gorge** (▷ 340), die zudem durch ihre geologische Andersartigkeit hervorsticht. Ebenfalls erwähnenswert sind die im King Leopold ConP liegende **Bell Creek Gorge** (▶ 132) und die **Manning River Gorge** – allerdings weniger für ihren Schluchtcharakter als für ihre hübschen, terrassierten Wasserfälle und malerischen Badepools. Die Manning River Gorge liegt auf Aborigine-Land und ein kostenpflichtiges *permit* [$12.50 pro Person, erhältlich im Mt Barnett RH] ist für ihren Besuch erforderlich. Das *permit* ist gleichzeitig für eine Übernachtung auf der Campsite gültig.

Abgesehen von den letzten drei Schluchten hält die Gibb River Road landschaftlich nur streckenweise, was sie verspricht. Bis auf ein paar Abschnitte entlang **eindrucksvoller Gebirgszüge** wie der King Leopold Range und der Cockburn Range entpuppen sich die »grünen Kimberleys« in weiten Teilen als flaches, nicht ganz so spektakuläres Weideland. Im Vergleich zum parallel verlaufenden Great Northern Highway, der vor allem zwischen dem Purnululu NP und der Ortschaft Wyndham landschaftlich außerordentlich reizvoll ist, schneidet die Gibb River Road alles in allem sogar schlechter ab.

Übernachten kann man auf mehreren Campsites und Farmstays. Das Preisniveau ist allerdings recht hoch, da die hiesigen Landbesitzer längst erkannt haben, dass mit dem Outback-Tourismus gutes Geld zu verdienen ist. Bestes Beispiel dafür ist die eintrittspflichtige Manning River Gorge sowie die am östlichen Ende der Gibb River Road liegende ***El Questro***-Farm [www.elquestro.com.au], die in einen privaten *Wilderness Park* umgestaltet wurde und inzwischen dem Unternehmen *Voyages* gehört. Angeboten werden nicht nur verschiedene Unterkünfte, von Luxus-Bungalows bis zu Campmöglichkeiten, sondern auch diverse Touren. Für den Besuch des Ressortgeländes und seiner natürlichen Sehenswürdigkeiten, wie z. B. die **Emma Gorge**, wird ein Eintritt verlangt [*Wilderness Park Permit* $17 pro Person].

Eine zweite Farm die in einen privaten Naturpark umgewandelt wurde, ist die **Old Mornington Station** [Anfahrt: 53 km südlich des Barnett River RH > weitere 88 km auf einer 4WD-Piste bis zum *Mornington Wilderness Camp*]. Das Gelände, auf dem u. a. zwei attraktive Schluchten zu besichtigen sind, gehört der privaten Umweltorganisation *Australian Wildlife Conservancy* [www.australianwildlife.org]. Der Besuch ist ebenfalls eintrittspflichtig [$20 pro Fahrzeug]. Übernachtungsmöglichkeiten, inklusive Campmöglichkeiten, werden vor Ort angeboten.

Anfahrten zu den Schluchten (West nach Ost):

Lennard River Gorge: ausgeschilderter Abzweig 71 km östlich des Abzweigs zum Windjana Gorge NP > weitere 7 km Piste mit einer Bachdurchquerung (bei hohem Wasserstand Anfahrt nur für 4WDs). Die letzten 2 km führen teils über große Steinbrocken und starke Unebenheiten, weshalb empfohlen wird, den Wagen vor dem Warnschild am Parkplatz stehen zu lassen.

Bell Creek Gorge: ausgeschilderter Abzweig 23 km östlich des Abzweigs zur Lennard River Gorge > weitere 29 km Piste mit einer Bachdurchquerung (bei hohem Wasserstand Anfahrt nur für 4WDs)

Galvans Gorge: NICHT ausgeschildert, der Fußweg [800 m ⇆] beginnt ca. 13 km westlich des Mt Barnett RH an einem Parkplatz auf der nördlichen Seite der Gibb River Rd (für aus Westen kommende direkt hinter bzw. für aus Osten kommende direkt vor der Phillips Range)

Manning River Gorge: beim Mt Barnett RH > weitere 7 km 2WD taugliche Piste

Barnett River Gorge: ausgeschilderter Abzweig 27 km östlich des Mt Barnett RH > weitere 3 km raue, aber normalerweise 2WD taugliche Piste

Norden der Kimberleys. Die wahre Schönheit der Kimberleys entfaltet sich erst nördlich der Gibb River Road in Richtung der weitgehend unzugänglichen Küste. Hier wird das Land von hügeligen Gebirgsketten und flachen Hochplateaus geprägt, die von zahlreichen Flüssen und Bächen zernagt wurden. Zurück blieben einige **rotwandige Schluchten**, imposante Wasserfälle und einladende permanente Wasserpools. Begrünt wird diese Landschaft von **Baumsavannen** und rudimentären Beständen von Monsunwald. Zu den Charakterpflanzen gehört die *Michell Plateau fan palm*. Die bis zu 18 m hohe Fächerpalme aus der Gattung *Livistona* charakterisiert vor allem das gleichnamige Hochplateau im Nordwesten der Kimberleys. Auf dem bis zu 370 m ansteigenden Mitchell Plateau erstreckt sich der **Ngauwudu NP** (1153 km²), in dessen Grenzen die bekannteste Attraktionen der Kimberleys liegt: die sich über mehrere Felsterrassen ergießenden **Mitchell Falls**. Die Anfahrt erfolgt über die Port Warrender Road, die von der Kalumburu Road abzweigt. Die bis zur Küste führende Piste ist schmaler und rauer als die Kalumburu Road und wird in der Regel nur einmal jährlich in Stand gesetzt. Ungefähr 8 km hinter dem Abzweig von der Kalumburu Road gelangt man zum King Edward River. Er ist der größte Fluss, der auf dem Weg zu den Mitchell Falls durchquert werden muss. Die Durchfahrt bereitet in der Regel von Ende Mai bis Anfang November kein Problem. Am Fluss liegt eine große Campsite [WC, $], die von der Naturschutzbehörde verwaltet und von einem *caretaker* betreut wird. In der Nähe liegen Aborigine-Kunststätten, in denen Wandjinas (▽) und Gwion Gwion-Figuren (▶ 117) zu sehen sind. Zum Schutz der Malereien erfährt man ihren Standort erst vor Ort vom *caretaker*, der dadurch eine gewisse Kontrolle über den Besucherandrang hat. Außerdem ist geplant, dass die Malereien nur noch im Zuge einer Tour besichtigt werden können. Nach weiteren gut 70 km zweigt eine Piste zu den Mitchell Falls ab. Am Ende dieser 14 km langen Piste liegt eine Campsite [WC, Duschen, $], von der wiederum ein Wanderweg zu den Mitchell Falls führt [6 km ⇆]. Angesichts der Abgeschiedenheit des Gebietes erfreuen sich Rundflüge (per Hubschrauber sowie per Flugzeug) über bzw. zu den Mitchell Falls großer Beliebtheit. Tagestouren starten von Derby und Kununurra; diverse Kurztouren starten in der Hauptsaison von einem sehr geschäftigen Flugplatz nahe des Abzweigs von der Port Warrender Road.

Ein zweiter Nationalpark im Norden der Kimberleys, der **Drysdale River NP** (4482 km²), ist noch überwiegend unerschlossen. Der Park bietet keinerlei Einrichtungen (Buschcampen gegen Gebühren ist erlaubt) und ist nur über eine Farmpiste der von Aborigines geführten Carson River Station zu erreichen. Für die Durchfahrt der Farm ist eine kostenpflichtige Genehmigung erforderlich [per Telefon 9161 4300 oder Fax 9161 4387]. Außerdem muss sich jeder Besucher bei der Naturschutzbehörde in Kununurra registrieren [DEC, 248 Ivanhoe Rd, Tel. 9168 4200].

Gleich zwei Genehmigungen braucht man für die Fahrt bis zur Aborigine-Community **Kalumburu**, die am Ende der Kalumburu Road liegt. Das Erste ist kostenlos und kann auf der Webseite des *Aboriginal Lands Trust* (▷ 9) online bestellt werden und das andere muss man vor Ort in der *Kalumburu Aboriginal Corporation* erstehen [🕓 Mo-Fr 8.30-16 h, $40 pro Fahrzeug].

Ihre Augen sind groß und starr, ihre Nase klein, der Mund fehlt. Sie sind die Herrscher der Regenzeit und besitzen enorme spirituelle Kräfte. Werden sie verärgert, rächen sie sich mit heftigen Gewitterstürmen und Überschwemmungen. Die Rede ist von **Wandjinas**, den charismatischen Ahnenwesen der in den Kimberleys lebenden Aborigine-Völker.

Nach ihrem schöpferischen Wirken während der Traumzeit (▷ 54) zogen sich die Wandjinas in die verborgenen Schluchten und Felshöhlen der Kimberleys zurück, wo sie sich in Felsmalereien verwandelten. Als solche wachen sie über ihr Land und die Einhaltung ihrer Gesetze. Um die Ahnenwesen milde zu stimmen, wurden ihre Abbildungen einmal im Jahr, vor dem Einsetzten der Regenzeit, sorgsam ausgebessert oder, falls nötig, vollständig nachgezeichnet. Eine Arbeit, die nur von männlichen Gruppenältesten durchgeführt und mit anschließenden Zeremonien gefeiert wurde. Einige der von Archäologen untersuchten Wandjinas zählen bis zu 40 Farbschichten.

Wandjina Malereien gibt es ausschließlich in den zentralen und nördlichen Kimberleys. Die meisten der Felsgalerien liegen versteckt und sind nur schwer zugänglich. Der erste Weiße, der jemals einer Wandjina-Figur gegenüberstand, war der Entdecker **George Grey** (▷ 267), der 1837/38 eine kleine Expedition durch die Kimberleys anführte. Er war sofort fasziniert von der außerordentlichen Figur, die da am Eingang einer Höhle auf ihn hinunterstarrte und beschrieb sie eingehend in seinen Tagebüchern. Schon bald nach der Veröffentlichung seiner Tagebücher erregten die bizarren

Eine der am leichtesten zugänglichen Wandjina-Malereien befindet sich an der Gibb River Road in der **Galvans Gorge** (wenn man auf den Pool zukommt rechter Hand an der Felswand).

Figuren großes Interesse in der Welt. Bis heute ist dieses Interesse ungebrochen. Als im September 2000 in Sydney die Olympiade eröffnet wurde, schmückte ein riesiger Wandjina-Kopf das Stadion. An diesem Tag schauten weltweit Millionen von Menschen in die großen, dunklen Augen eines dieser mystischen Ahnenwesen.

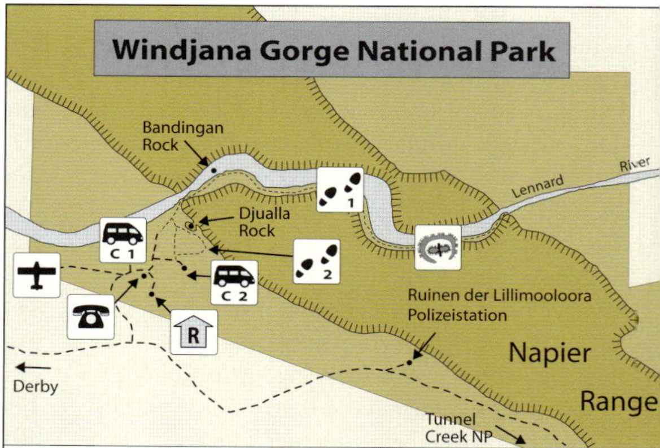

Wandermöglichkeiten

1 ***Windjana Gorge Walk*** [3.5 km →]
2 ***Savannah Walk*** [1.5 km ↺]

0.5 1 1.5 2 km

Legende ▹ Umschlagklappe hinten

Campsites

1 ***Generator Use Area*** - Ein großes Camp in der offenen Baumsavanne mit etwas Schatten und teilweise Blick auf den Schluchteingang. Auf dieser Campsite sind Generatoren erlaubt [🕓 8-21 h]. Gleich nebenan befindet sich das Camp für Tourenbusse.

2 ***Quiet Area*** - Ein großer Platz mit wenig Schatten, aber einem fantastischen Blick auf die senkrechte Felswand. Generatoren sind verboten.

Windjana Gorge National Park.

(21 km²) Schon die Anfahrt zum Nationalpark ist eindrucksvoll. Einer unüberwindbaren Mauer gleich ragen die **dunkelgrauen, senkrechten Felswände** der Napier Range aus der flachen Grassavanne empor. Durch diese bis zu 100 m hohe Felsbarriere hat der Lennard River im Laufe von Millionen von Jahren **eine 3.5 km lange Schlucht** genagt, die Windjana Gorge (▶ 131). Der Weg in die Schlucht führt durch eine schmale Felsspalte – dem passenden Eingangstor in eine andere Welt. Auf der anderen Seite erwartet den Besucher eine **grüne Oase** aus mächtigen Eukalypten, Feigen- und Papierrindenbäumen. Auf den Sandbänken dösen **Australienkrokodile** und für das akustische Ambiente sorgt eine artenreiche Vogelwelt. Begrenzt wird die Oase von den schroffen Felswänden, die vereinzelt mit Boabs und Propellerbäumen (▷ 365) bespickt sind. In der Trockenzeit hört der Lennard River zu fließen auf, doch bleiben stets ein paar permanente Wasserlöcher zurück, die den Erhalt der vielfältigen Tier- und Pflanzenwelt garantieren.

Ganz besonders atmosphärisch ist die Windjana Gorge bei **Sonnenuntergang**, der innerhalb wie auch außerhalb der Schlucht seinen Reiz hat. In der Schlucht spiegeln sich (je nach Wasserstand) die **orangefarbenen Eingangswände** im ruhigen Pool beim Bandingan Rock wider und außerhalb der Schlucht wird die Grassavanne von den letzten Sonnenstrahlen in ein goldgelbes Licht getaucht.

Blickpunkt Natur

Größte Attraktion der Schlucht sind die vielen Australienkrokodile, die tagsüber reglos auf den Sandbänken dösen (vorzugsweise auf jener beim Bandingan Rock). Ebenfalls in den Pools beheimatet ist der Schützenfisch (▽), der im flachen Uferwasser nach Insekten schießt.

Von den über 100 Vogelarten in Lautstärke und Anzahl unübertroffen sind die Nacktaugenkakadus (▶ 141), die am Tage in Schwärmen die Bäume entlang des Flussufers in Besitz nehmen. Dicht gefolgt, zumindest in Lautstärke, von dem markanten Gebelle des Blauflügel-Kookaburras (▽) und des, meist in den Abend- und Morgenstunden ertönenden, seltsam »nachschwingenden« Rufes des Fasanspornkuckucks/ *pheasant coucal.* Zu den lautloseren Bewohnern der Schlucht gehören Regenbogenspinte (▶ 140), rotäugige Streifenpirole/*olive-backed oriole*, Weißkehlmonarche/*restless flycatcher*, Diamanttäubchen/*diamond doves*, Kupfernackentäubchen/*bar-shouldered doves* und durchs Wasser stolzierende Seidenreiher (▷ 295) und Weißwangenreiher/*white-faced heron*. Nicht minder beeindruckend ist der Vogelreichtum außerhalb der Schlucht, vor allem auf der Campsite. Dort versammeln sich an den Wasserhähnen durstige Drosselstelzen/*magpie-larks*, Grauscheitelsäbler, Garten-Fächerschwänze/*willie wagtails* und Prachtfinken wie Spitzschwanzamadinen (▶ 141) und Ringelastrilden (▶ 142). Schwarzmilane/*black kites* (▶ 142) und Keilschwanzweihen/ *whistling kites* ziehen ihre tiefen Kreise und das Hab und Gut der Camper inspizieren Salvadorikrähen nach Essbarem und Graulaubenvögel (▷ 370) nach neuem Dekorationsmaterial. Zu den favorisierten »Bauplätzen« der Graulaubenvögel gehören die Gebüsche bei den Herrenduschen auf der *Quiet Area*-Campsite.

Wegen ihres schrillen, zweisilbigen Schreies wird die Drosselstelze auch »*pee-wee*« genannt.

Mit dem Einsetzen der Dämmerung beginnt für den Eulenschwalm (▷ 355), den Kuckuckskauz/ *southern boobook* und den Kläfferkauz der Tag, die alle drei in der offenen Grassavanne ein optimales Jagdgebiet vorfinden. Der schmucke, zimtfarben gefiederte Rotrücken-Nachtreiher/*rufous night heron* (auch *nankeen night heron*) wird ebenfalls erst in den Abendstunden aktiv genauso wie die Kolonie Schwarzer Flughunde, die saisonal tagsüber in den großen Papierrindenbäumen in der Mitte der Schlucht ruht (ca. 100 m hinter dem vorstehenden Felsen, unter dem der Wanderweg hindurchführt). Während die Kolonie in den ersten Monaten der Trockenzeit nur wenige Hundert Tiere zählt, bevölkern gegen Ende der Trockenzeit bis zu 50.000 Flughunde die Schlucht. Kurz vor Einbruch der Dunkelheit verlassen die Tiere in einem gewaltigen Schwarm über einen der beiden Ausgänge die Schlucht.

◆ Im Vergleich zum bis zu 7 m großen Leistenkrokodil ist das **Australienkrokodil/***freshwater crocodile* (auch *Johnstone's crocodile* / ▶ 138) oder kurz *freshy* mit einer maximalen Länge von 3 m relativ klein. Das Australienkrokodil ernährt sich von Insekten, Vögeln, Fischen und Krustentieren und ist, wie der englische Name »Frischwasser-

Grauscheitelsäbler tauchen meistens in kleinen Gruppen von bis zu zwölf Individuen auf.

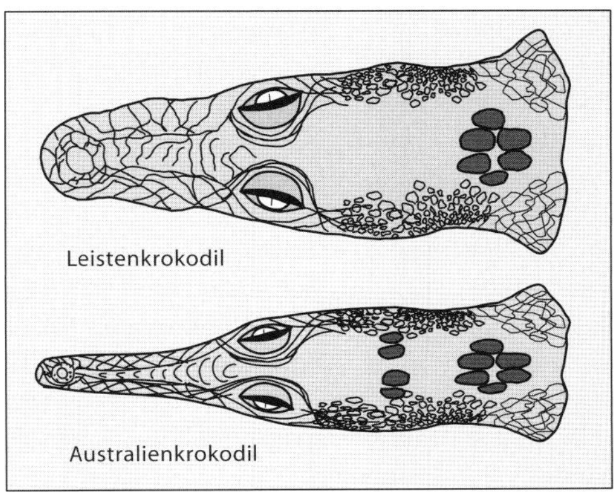

Das Australienkrokodil unterscheidet sich vom Leistenkrokodil nicht nur in der Größe, sondern auch in der Kopfform.

krokodil« verrät, nur im Frischwasser zu Hause. Zwischen August und September gräbt das Weibchen ein Loch in den lockeren Ufersand und legt bis zu 15 Eier. Von den Jungen, die nach ca. drei Monaten schlüpfen, überleben durchschnittlich nur 1 %. Obwohl Australienkrokodile nicht als aggressiv gelten, schnappen auch sie zu, sobald sie sich bedroht fühlen. Ein deutliches Anzeichen von Aggression ist das Anheben von Schnauze und Schwanz.
Vorkommen (*Crocodylus johnstoni*): im tropischen Norden, von den Kimberleys bis Cape York

◆ Der von Insekten lebende **Schützenfisch**/*archer fish* hat eine einmalige Jagdtechnik entwickelt: er schießt auf seine in der Uferböschung sitzende Beute mit einem kräftigen Wasserstrahl. Bei Erfolg – und die Trefferquote ist enorm hoch – fällt das Insekt ins Wasser, wo es sofort verspeist wird. Schützenfische »funktionieren« ähnlich wie eine Wasserpistole. Als Abzug fungieren die sich plötzlich zusammenziehenden Kiemendeckel, die Wasser durch den Gewehrlauf, bestehend aus Gaumendach und Zunge, pressen. Ausgewachsene Tiere können bis zu 2 m weit schießen, wobei sie beim Zielen die unterschiedlichen Lichtbrechungswinkel von Wasser und Luft genau einberechnen, denn das Insekt befindet sich nicht dort, wo sie es sehen. Auf ihren Beutezügen schwimmen die bis zu 25 cm großen, bis auf ihre schwarzen Flecken, recht farblosen Fische dicht unterhalb der Wasseroberfläche am Ufer entlang.
Vorkommen (*Toxotes jaculatrix*): im tropischen Norden, von den Kimberleys bis Cape York

◆ Der **Blauflügel-Kookaburra**/*blue-winged kookaburra*, (▶ 140 / im Deutschen auch Haubenliest genannt) unterscheidet sich von seinem nächsten Verwandten, dem Kookaburra (▷ 179), in nur wenigen Merkmalen. Mit einer Durchschnittsgröße von 40 cm ist er etwas kleiner als sein lachender Artgenosse und seine Flügel sowie seine Schwanzfedern weisen eine deutlich hellblaue Zeichnung auf. Das auffälligste Unterscheidungsmerkmal ist jedoch sein Ruf, der eher einem meckernden Stakkato gleicht als einem rollenden Gelächter. Der Blauflügel-Kookaburra ist äußerst stimmfreudig und einer der wenigen tagaktiven Vögel, der sich auch noch lange nach Sonnenuntergang zu Wort meldet.
Wie auch sein südlicher Verwandter macht er Jagd auf Kleintiere, indem er von einem erhöhten Ast den Boden nach Beute absucht. Wird er fündig, stürzt er auf das Opfer herab und bringt es zu seinem Ausgangspunkt zurück, um es dort zu verspeisen.
Der Blauflügel-Kookaburra nistet entweder in Baumhöhlen, in den Kimberleys vorzugsweise in denen von Boabs (▷ 82), oder in Termitenhügeln, in die er mit seinem kräftigen Schnabel eine Aushöhlung gräbt.
Vorkommen (*Dacelo leachii*): auf der nördlichen Kontinenthälfte, mit Ausnahme einiger Trockenzonen

◆ **Schwarze Flughunde**/*black flying-foxes* (auch *black fruit-bats*) gehören zu den wenigen Tierarten, die man mit drei Sinnen gleichzeitig erfasst. Man riecht, hört und sieht sie. Je nach Windrichtung steigt einem der Geruch ihres strengen Kotes sogar schon in die Nase, lange bevor man ihr zänkisches Gezeter vernimmt bzw. sie zu Gesicht bekommt. Die durchschnittlich 25 cm großen Flughunde leben in Kolonien von Hunderten, manchmal sogar Tausenden Individuen. Als Schlafplätze wählen sie bevorzugt Papierrindenbäume. In der Paarungszeit zwischen März und April erhöhen sich sowohl die Aktivität als auch der Geräuschpegel in den Kolonien beträchtlich. Energisch kämpfen die Männchen dann um die Abgrenzung eines eigenen Territoriums, in dem sie keine Nebenbuhler dulden. Schwarze Flughunde sind Vegetarier, die sich auf der Suche nach Blüten und Früchten bis zu 50 km von ihren Schlafplätzen entfernen.
Vorkommen (*Pteropus alecto*): im tropischen und subtropischen Norden, von der Pilbara bis zur Nordostküste

Im Vergleich zur lichten, mit Boabs (▷ 82), Eukalypten und Bauhinien (▷ 370) bewachsenen Grassavanne, die die Napier Range umgibt, herrscht innerhalb der Schluchtmauern geradezu Dschungel-Atmosphäre. Dafür sorgen neben großen, Schatten spendenden Flussfeigen (▽), Leichhardt-Bäumen/*Leichhardt trees* und verschiedenen Papierrindenbaumarten, die vielen Kletter- und Schlingpflanzen, die sich in der Regenzeit zu einem undurchdringlichen Dickicht verflechten. Mit voranschreitender Trockenzeit lichtet sich der Dschungel, bis er sich schließlich in einen »überschaubaren Garten« verwandelt. Zwei Unkräuter, die von diesem Garten Besitz ergriffen haben, sind die Wilde Passionsblume (▽), ein aggressives Rankgewächs, das viele Pflanzen überwuchert sowie der aus Afrika und Asien stammende, bis zu 3 m große Sodomapfel/*rubber tree* (▶ 356 / auch *calotrope*) mit seinen auffallend großen Blättern.

◆ Die Früchte der **Flussfeige**/*river fig* (auch *cluster fig*) sind, wenn man sich an den Würmern nicht stört, wie alle Feigen essbar. Sie wachsen in Trauben direkt am Stamm und an kräftigen Ästen und sind im reifen Zustand von rötlicher Farbe. Die Stammblütigkeit ist ein charakteristisches Merkmal vieler Tropenpflanzen. Sie erleichtert den Anflug für Vögel und Fledertiere, die die Blüten bestäuben bzw. später die Früchte ernten und dadurch für die Verbreitung der Samen sorgen. Flussfeigen werden bis zu 20 m hoch und haben eine hellbraune, leicht schuppige Borke. Ihre dunkelgrünen, schlanken Blätter werden bis zu 20 cm lang und ihr ohnehin kräftiger Stamm geht an der Basis meist in breite Brettwurzeln über.
Vorkommen (*Ficus racemosa*): im tropischen Norden, von den Kimberleys bis Cape York

◆ Die **Wilde Passionsblume**/*wild passionfruit* stammt ursprünglich aus Südamerika und wurde erstmalig 1905 in den Kimberleys entdeckt. Seitdem hat sich die Rankpflanze unkrautartig verbreitet, da ihre kirschgroßen, gelben Früchte bei Vögeln sehr beliebt sind, die durch ihren Kot für eine weiträumige Samenverbreitung sorgen. Selbst die Ureinwohner haben die süßlich riechenden Früchte schnell in ihr Buschnahrungs-Sortiment (▷ 118) aufgenommen, denn das Fruchtfleisch ist, von den bitteren, harten Kernen abgesehen, sehr schmackhaft. Im unreifen Zustand sind die Früchte allerdings extrem giftig.
Die Wilde Passionsblume gehört zur Familie der Passionsblumengewächse (*Passifloraceae*), die weltweit rund 600 Arten zählt. Die meisten der Arten sind in den tropischen und subtropischen Regionen beheimatet, darunter auch vier Arten, die von Natur aus in Australien vorkommen.
Vorkommen (*Passiflora foetida*): im tropischen Norden, von den Kimberleys bis Cape York

Die Napier Range war einst Teil des **Devonian Great Barrier Reef** (▷ 347). Dies bezeugen u. a. die vielen **Fossilien**, die in den Kalksteinwänden des Gebirges eingeschlossen sind. Da es dem ungeübten Auge nicht immer leicht fällt, die Fossilien als solche zu erkennen, weist am Beginn der Schlucht (ca. 100 m hinter der Eingangsspalte) ein Schild auf die Existenz von zwei Nautiloids/*nautiloids* hin. Der eine befindet sich in der linken Ecke der Felsspalte (etwa auf 1.90 m Höhe) und der zweite etwas niedriger an der rechten Außenwand.

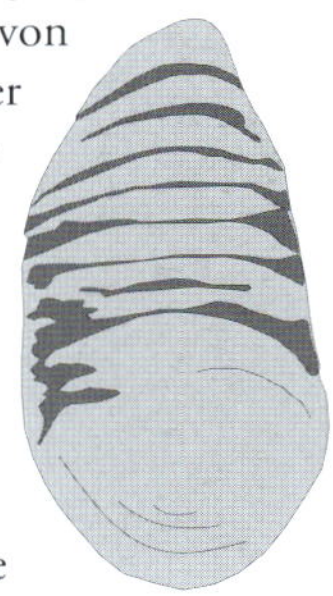

Der Nautiloid in der linken Ecke ist ca. 17 cm groß.

Weitere fossile Spuren der Vergangenheit fand man in einer kleinen, 40 m über dem heutigen Flusspegel liegenden Höhle. Als sich diese einst auf Höhe des Flussbetts befand, wurden neben Geröll auch Knochen toter Tiere in die Höhle gespült. Während sich der Fluss im Laufe der Zeit immer tiefer in den Fels fraß, wurde die Höhle samt Inhalt »trocken gelegt« und einige der Knochen blieben bis heute erhalten, darunter die eines 7 m langen Krokodils und eines

Diprotodons, dem plumpen wombatartigen Vertreter der Megafauna (▷ 48).

Erkunden & Wandern

◆ Der *Windjana Gorge Walk* [3.5 km →] begleitet den Lennard River auf der rechten Uferseite quer durch die Napier Range. Am Anfang der Trockenzeit verliert sich die letzte Hälfte des Weges im grünen Dickicht und erfordert etwas Tatendrang, um bewältigt zu werden. Mit voranschreitender Trockenzeit führen jedoch immer besser ausgetrampelte Pfade an das andere Ende der Schlucht, wo die Gebirgskette genauso abrupt aufhört, wie sie am Anfang beginnt. Nach ungefähr zwei Drittel des Weges passiert man eine orangefarbene Felswand mit einigen Aborigine-Malereien in Form von Handschablonen.

◆ Der *Savannah Walk* [1.5 km ↺] zweigt von dem kurzen Weg ab, der von der *Quiet Area* zur Schlucht führt und schlängelt sich durch die offene Grassavanne.

Gut zu wissen,...

...dass der Nationalpark meist nur **von April/ Mai bis November geöffnet** ist. Der genaue Zeitpunkt hängt von der Passierbarkeit der Flüsse ab, die auf dem Weg zum Nationalpark durchquert werden müssen. Für 2WDs wird der Park gewöhnlich erst ein paar Wochen später geöffnet als für 4WDs, wobei die Anfahrt von Derby über die Gibb River Road meist früher freigegeben wird als die Zufahrt vom Great Northern Highway.
...dass das **Wasser** im Nationalpark von sehr guter Trinkwasser-Qualität ist.

Die tragische Geschichte des Aborigines **Jandammara** (~1874-1897) ist in den Kimberleys so bekannt und lebendig wie kaum eine andere. Jandammara (von den Weißen auch Pigeon genannt) gehörte zum **Bunuba-Volk**. Das Gebiet der Bunubas umschloss die gesamte Napier Range und reichte im Süden bis zum Fitzroy River. Als Anfang der 1880er die ersten weißen Siedler mit ihrem Gefolge von Rindern und Schafen in diese Region vordrangen, stand Jandammara lange Zeit zwischen den sich bildenden Fronten. Da er bereits mit 14 Jahren ein ausgezeichneter Viehtreiber und Schafscherer war, gewann er schnell das Vertrauen und das Ansehen der weißen Farmer. Auf der anderen Seite pflegte er den engen Kontakt zu seinem Volk und wurde gemäß den Bräuchen der Bunubas initiiert. Die geistige Führung seiner Mannwerdung übernahm der angesehene Jäger Ellemarra, der sich im wachsenden Konflikt mit den weißen Siedlern als Viehtöter einen Namen gemacht hatte.

Überall in der Napier Range weisen Felsmalereien auf die einstige Besiedlung durch das Bunuba-Volk hin.

Jandammara, der lange Zeit auf der Lillimooloora Station arbeitete, freundete sich mit dem weißen Viehtreiber **William Richardson** an. Als dieser die Farm verließ, um zur Polizei zu wechseln, nahm er Jandammara als seinen Spurenleser (▷ 107) mit. Zusammen mit Richardson machte Jandammara nun Jagd auf seine eigenen Leute, denn inzwischen hatte sich unter den Bunubas eine sehr aktive Widerstandsgruppe gebildet, die den weißen Siedlern schwer zu schaffen machte und auch vor Mord nicht zurückschreckte. Die Patrouillen von Constable Richardson und Jandammara waren schnell erfolgreich und innerhalb kurzer Zeit waren alle führenden Mitglieder des Widerstandes, einschließlich Ellemarra, gefasst. Um seinen Erfolg auszukosten, hielt Richardson die Widerständler eine ganz Woche zusammengekettet auf der kleinen **Polizeistation Lillimooloora** [3 km südlich der Windjana Gorge] fest. Nicht einen Augenblick kam ihm in den Sinn, seinem schwarzen Helfer und Freund Jandammara zu misstrauen. Jandammara jedoch stand während dieser Tage unter einem ständigen psychischen Druck, da die Gefangenen, allen voran sein ehemaliges Vorbild Ellemarra, unablässig auf ihn einwirkten, sie freizulassen und mit ihnen zu fliehen. Am 3. November 1894 konnte der erst 20-jährige dem Druck nicht mehr standhalten. Er griff zur Winchester, zielte auf den Kopf des schlafenden Richardson und drückte ab. Nach dieser Tat stieg Jandammara rasch zum Führer der Widerstandsgruppe auf. Mit Viehdiebstählen, Überfällen und Morden hielt seine Gruppe die Polizei drei Jahre lang in Atem. In dem unwegsamen Gelände der Napier Range fanden die Widerständler genügend Unterschlupf und Möglichkeiten, um den Patrouillen immer wieder zu entwischen. Selbst während der so genannten **Windjana Gorge Schlacht**/*Battle of Windjana Gorge*, in der 30 berittene Männer das Versteck Jandammaras stürmten, gelang es ihm zu fliehen.

Erst am 1. April 1897 konnte ein Polizeitrupp Jandammara am westlichen Ausgang des Tunnels im heutigen Tunnel Creek NP stellen. Dort wurde der junge Rebell erschossen – von Mongo Mick, einem aboriginal *Police Tracker* (▷ 107) aus der Pilbara.

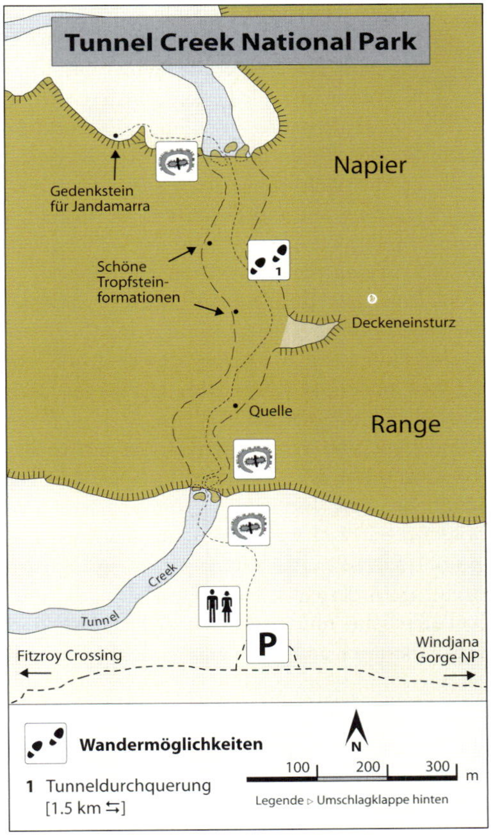

Tunnel Creek National Park. (0.91 km²)
Den Tunnel Creek NP kann man nicht durchwandern, sondern nur, ausgerüstet mit einer Taschenlampe, durchwaten. Der Weg führt im Bachbett des Tunnel Creek durch einen **750 m langen Tunnel unter der Napier Range** hindurch. Der geräumige Tunnel ist das Ergebnis des stetig fließenden Baches, der in der Regenzeit zu einem reißenden Strom anschwillt. Seine Wassermassen haben im Laufe der Zeit das Kalksteingebirge unterhöhlt und einen teils 12 m hohen und 15 m breiten Durchgang geschaffen.

Nahe am Eingang wie am Ausgang des Tunnels gibt es einige verblasste **Aborigine-Felsmalereien**. Die Malereien kurz vor dem Eingang befinden sich unter dem Felsüberhang (rechter Hand) direkt gegenüber der schräg stehenden Felswand, die man auf dem Weg hinunter zum Bachbett passiert. Weitere Malereien, darunter eine Figur in rotem Ocker, sind hoch oben an der Tunneldecke der »Eingangshalle« zu bewundern. Sie sind allerdings nur zu sehen, wenn man in der äußersten rechten Ecke (von außen kommend) steht. Die Malereien am Ende des Tunnels befinden sich hinter dem Ausgang linker Hand an der Felswand. Nach ca. 10 m stößt man auf die roten, verwaschenen Abbildungen mehrerer Figuren. Folgt man dem Trampelpfad weitere 100 m an den zerklüfteten Kalksteinfelsen entlang, kommt man zu einem **Gedenkstein**, der an den Widerstandskämpfer Jandamarra erinnert.

Blickpunkt Natur

Wie so viele Höhlen wird auch diese von Fledertieren bewohnt. Die Ordnung der Fledertiere gliedert sich in Fledermäuse und Flughunde und ist nach den Nagetieren die artenreichste Säugetierordnung der Welt. Ungefähr 20 % aller lebenden Säugetierarten sind Fledertiere. In Australien kommen über 60 Arten vor, gut die Hälfte davon in WA. Die australischen Arten gliedern sich in sechs Familien, von denen alle auch in Südostasien vorkommen. Deshalb nimmt man an, dass Fledermäuse nicht »ur-australisch« sind, sondern vor Millionen von Jahren über Indonesien nach Australien einwanderten.

Mindestens fünf verschiedene Arten suchen das Tunnelgewölbe des Nationalparks regelmäßig auf und haben dem Tunnel den Namen Fledermaushöhle/*cave of bats* verliehen. Unter diesen befindet sich auch die erst 1976 entdeckte Gelblippen-Breitflügelfledermaus/*yellow-lipped bat*, die ausschließlich im nordwestlichen Teil der Kimberleys vorkommt und von deren Lebensweise man bislang kaum etwas weiß.

Weitere Höhlenbewohner sind Schreibers Langflügelfledermaus (▽), die Australische Gespenstfledermaus (▽), die nur 3 bis 4 cm kleine *western cave bat* und als einziger Vertreter der Hufeisennasen, die Goldene Hufeisennase/*orange leafnosed-bat*. Wie alle Hufeisennasen stößt sie ihre Ortungslaute nicht über den Mund, sondern über ihre platte, runzelige Nase aus.

Alle fünf Arten reagieren extrem empfindlich auf Störungen wie Lärm oder Taschenlampenlicht. Daher sollte man die Tiere nicht anleuchten, sondern sich damit begnügen, ihrem schrillen von der Höhlendecke herabschallenden Gezwitscher zu lauschen. Weniger empfindlich auf menschliche Störungen reagiert der Kleine Rote Flughund/*little red fruit-bat* (auch *little red flying-fox*/ ▶ 137). Eine Kolonie Kleiner Roter Flughunde residiert saisonal in den Bäumen, die nahe der eingebrochenen Tunneldecke stehen. Ihr lautes Gezeter ist unüberhörbar.

◆ Die insektenfressende **Schreibers Langflügelfledermaus**/*common bentwing-bat* ist sowohl in den Tropen als auch im kühleren Süden des Kontinents beheimatet. Während die im Norden lebenden Tiere das ganze Jahr über Nahrung finden, fallen die im Süden lebenden Tiere im Winter, wenn die Nahrung knapp wird, in Winterschlaf. Bemerkenswert dabei ist die Fähigkeit der Weibchen, den Zeitpunkt der Geburt zu beeinflussen, so wie es auch einige Beuteltiere (▷ 100) können. Obwohl die im kühlen Süden lebenden Tiere sich bereits vor dem Winterschlaf im Mai/Juni paaren und die im Norden erst ca. drei Monate später, bringen beide Populationen gleichzeitig im Dezember ihre Jungen zur Welt, da während des Winterschlafes der männliche Samen in der Gebärmutter des Weibchens ruht. Erst im Frühling, wenn die Versorgung der Jungen gewährleistet ist, kommt es zu einer Befruchtung.

Vorkommen (*Miniopterus schreibersii*): im tropischen Norden, von den Kimberleys bis Cape York sowie entlang der Ost- und Südostküste

◆ Die seltene **Australische Gespenstfledermaus**/*ghost bat* ist Australiens einzige Fleisch fressende Fledermausart. In der Dämmerung macht die bis zu 11 cm große Fledermaus Jagd auf kleine Reptilien, Säugetiere, Vögel und andere Fledermäuse. Dabei verlässt sie sich nicht nur auf ihre Echoortung, sondern auch auf die Sehkraft ihrer großen Augen und das Hörvermögen ihrer extrem großen Ohren. Hat die Gespenstfledermaus ein Opfer im Visier, stürzt sie auf das Tier herab, umwickelt es mit ihren Flügeln und tötet es mit mehreren kräftigen Bissen. Danach transportiert sie die Beute zu einem Fressplatz, wo das Opfer mit Haut und Knochen verspeist wird.

Vorkommen (*Macroderma gigas*): im tropischen Norden, von den Kimberleys bis Cape York sowie in der Pilbara

Erkunden & Waten

Nachdem man sich seinen Weg durch die den Eingang versperrenden Felsbrocken gesucht hat, kann man den **Tunnel** in seiner gesamten Länge durchwaten [1.5 km ⇆]. Das Bachbett ist größtenteils sandig mit einigen steinigen Abschnitten und einigen permanenten Wasserpools. Je nach Wasserstand und Geschicklichkeit wird man bis zu den Knien oder bis zu den Oberschenkeln nass. Ungefähr auf halber Strecke ist das Dach des Tunnels eingestürzt, so dass das einfallende Tageslicht die Orientierung erleichtert. Die beiden Abschnitte dazwischen sind allerdings stockfinster und eine gute Taschenlampe ist Voraussetzung für jegliche Erkundungen. An einigen Stellen gibt es **interessante Tropfsteinformationen**, so wie kurz hinter dem Deckeneinsturz (linker Hand) und ca. 100 m weiter Richtung Tunnelausgang (ebenfalls linker Hand).

Gut zu wissen,...

...dass der Nationalpark in der Regenzeit **geschlossen** ist.

Auch WA hat ein Great Barrier Reef – nur liegt es bereits seit 250 Mio. Jahren trocken. Es entstand im Zeitalter des Devons, etwa zwischen 350 Mio. und 375 Mio. Jahren, als ein warmes, tropisches Meer die heutigen Kimberleys bedeckte. Das Meer existierte Millionen von Jahren, während denen verschiedene Kalk absondernde Mikroorganismen an der Entstehung eines gigantischen Riffkomplexes arbeiteten, dem **Devonian Great Barrier Reef.**

Eine Reihe geologischer Prozesse führte schließlich dazu, dass die Überreste dieses urzeitlichen Riffs heute als Gebirgsketten aus der Ebene herausragen. Besonders gut erhalten ist das südliche Ende des Riffkomplexes (südöstlich von Derby) mit den drei Gebirgszügen Napier, Oscar und Geikie Range. In diesen wiederum liegen die drei Nationalparks Windjana Gorge NP, Tunnel Creek NP und Geikie Gorge NP, in denen die freigelegten nackten Kalksteinwände des einstigen Riffs

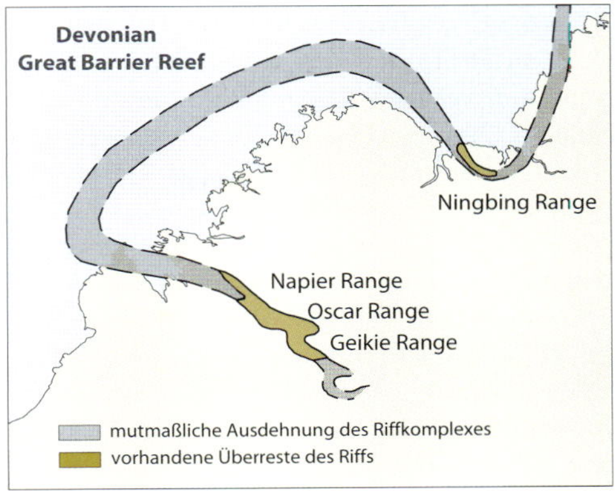

Über 1000 km, so schätzt man, erstreckte sich das halbkreisförmige Riff.

bewundert werden können. Das nördliche Ende der Ausdehnung markiert die nicht zugängliche Ningbing Range (nördlich von Kununurra). Beide Teile, so vermutetet man, waren einst in einem ausladenden Halbkreis miteinander verbunden.

Berühmt ist das Devonian Great Barrier Reef insbesondere für seinen außerordentlichen Reichtum an Fossilien. Im Devon pulsierte das Leben unter Wasser und im Riff tummelten sich neben verschiedenen Fischen allerlei urzeitliche Wassertiere wie Ammoniten, Trilobiten und Nautiloiden. Viele von ihnen hinterließen ihre Körper oder zumindest deren Abdrücke im Stein. Exzellent erhalten sind vor allem die Fischfossilien, die man auf der Gogo Station in der Nähe von Fitzroy Crossing fand. Diese unter dem Namen Gogo Fische bekannt gewordenen Exemplare sind nicht, wie es gewöhnlich bei Fossilien der Fall ist, zweidimensional (da sie von schweren Gesteinsschichten platt gedrückt wurden), sondern durch eine Verkettung günstiger Zufälle in ihrem natürlichen dreidimensionalen Zustand erhalten geblieben.

So war es zum ersten Mal möglich, die genaue Anatomie von Fischen dieses Erdzeitalters zu studieren, was der Wissenschaft einen ganz neuen Einblick in die evolutionären Entwicklungsstadien des Devons eröffnete.

Fitzroy Crossing. (1448 Einw.) Fitzroy Crossing liegt am Fitzroy River und besteht aus einer Ansammlung **verstreut liegender Häuser** und leerer Straßen. Der breite Fluss war für die ersten europäischen Siedler eine echte Barriere, da er in der Regenzeit regelmäßig unpassierbar wurde. Ungefähr 5 km nördlich der heutigen Highway Brücke fanden die Siedler eine **natürliche Furt** [Russ Rd, ca. 1 km nach dem Linksabzweig zum Geikie Gorge NP], die ihnen, zumindest in der Trockenzeit, eine verhältnismäßig leichte Durchquerung ermöglichte. Erst seit der Fertigstellung der Highway Brücke im Jahre 1974 ist eine ganzjährige Überquerung des Flusses möglich. Die natürliche Furt, die 1935 durch eine Betonfurt ersetzt wurde, kann heute in der Trockenzeit ebenfalls noch benutzt werden (in der Regenzeit steigt der Wasserstand bis auf 11 m über die Betondecke an).
Eines der **ältesten Gebäude** in Fitzroy Crossing ist das 1897 erbaute Hotel *Crossing Inn* [Skuthorp Rd], das allerdings seinen historischen Glanz inzwischen verloren hat. 2002 wurde es im Zuge eines Gemeindeprojekts von Schülern bemalt.
Wie auch Halls Creek gehört Fitzroy Crossing zu den wenigen Ortschaften mit einem höheren Bevölkerungsanteil an aboriginal als an weißen Australiern und kämpft mit den Problemen, die sich aus dem Zusammenleben der beiden ungleichen Kulturen ergeben (▷ 351).

Gut zu wissen,...

Flynn Dr, ◷ April-Sept: tägl. 9-17 h, Okt.-März: Mo-Fr 9-16 h, Sa 9-13 h

BP[1], CP*, H/M[2]

Tarunda Supermarket, Forrest Rd, ◷ Mo-Fr 8.30-17.30 h, Sa So 8-13 h

Geikie Gorge National Park. (31 km^2) Der Fitzroy River ist **einer der mächtigsten Flüsse des Nordens**. Er entspringt in den Kimberleys und mündet nach ca. 520 km im King Sound. In der Regenzeit schwillt der Fluss, trotz seines ohnehin schon breiten Flussbetts, regelmäßig über 11 m an und wird zu einem reißenden Strom. Selbst in der Trockenzeit, wenn große Teile des sandigen Flussbetts frei liegen, gehört der Fitzroy River zu den wenigen Flüssen im Norden, die immer Wasser führen.
Auf seinem langen Weg zum Ozean durchschneidet der Fitzroy River die Geikie Range, ein **zerklüftetes Kalksteingebirge**, das einst Teil des Devonian Great Barrier Reef (▷ 347) war. Auf einer Länge von 14 km hat der Fluss die Wände dieses urzeitlichen Riffs freigelegt. Die entstandene **Schlucht**, die Geikie Gorge (▶ 131), ist das Herzstück des Parks. Durch das extrem breite Flussbett und die relativ niedrigen, nur durchschnittlich 30 m hohen Wände, geht der Schluchtcharakter allerdings ein wenig verloren. Dafür besticht vor allem die Ostwand durch ihre **auffallenden Farbkontraste**. Dort haben die Fluten den teils dunkelgrau, teils rötlich eingefärbten Kalkstein bis auf eine Höhe von 10 bis 14 m »weiß gewaschen«, ein Farbenschauspiel, das sich im klaren Wasser des Flusses widerspiegelt und bei Sonnenuntergang noch intensiviert wird.
Erkunden kann man die Schlucht auf dem *Reef Walk* [3 km ⇆], der an der zerklüfteten Westwand bis zur ersten Flussbiegung entlangführt. Gleich zu Beginn des *Reef Walk* zweigt links der *Short Walk* [500 m ↺] ab, ein lohnender Rundwanderweg, der sich durch eine **bizarre Landschaft** aus kantigen Kalksteinfelsen schlängelt. Wenn der Wasserpegel es zulässt, sollte man den Hin- oder Rückweg direkt am Ufer im sandigen Flussbett entlanggehen, da man von hier eine bessere Sicht auf die farbenprächtige Ostwand hat. Außerdem kann man mit Glück Australienkrokodile (▷ 341) beobachten, die sich auf den Felsen und Sandbänken sonnen (während der Brutsaison der Krokodile wird ein Teil des Flussufers gesperrt). Weitere tierische Bewohner des ganzjährig fließenden Fitzroy River sind der treffsichere Schützenfisch (▷ 342), der riesige Barramundi/*barramundi* und einige Arten, die gewöhnlich nur im salzigen Meerwasser leben, so wie Sägefische/*sawfishes* und Stachelrochen/*stingrays*. Ihre

Vorfahren haben einst den Ozean verlassen und sind über die Jahre immer weiter flussaufwärts gewandert, so dass die heutige Generation perfekt an das Leben im Frischwasser angepasst ist.
Die Tatsache, dass in den Kimberleys Gold und Diamanten vorkommen, mag so manch einen verleiten die sandigen Uferbänke genauer zu inspizieren. Dabei stößt man im grobkörnigen Sand auf etwas, das auf den ersten Blick wirklich an Diamanten erinnert: durchsichtige Splitter, die, wenn man sie in die Sonne hält, je nach der Form ihrer Bruchkante, in verschiedenen Farben leuchten. Leider handelt es sich nicht um Diamanten, sondern lediglich um **Quarz**/*quartz*.

Quarz ist eines der am häufigsten vorkommenden Mineralien der Erdkruste. Es ist in seiner Grundform farblos, kann aber durch die Beimengung anderer Elemente in den verschiedensten Farben auftreten.
Quarz ist wie auch der Diamant von großer mechanischer Härte und kann z. B. nicht mit einem Messer geritzt werden.

Die beliebteste Alternative die Schlucht zu erkunden ist per Boot. Zwischen April und November bietet die Naturschutzbehörde regelmäßig 1.5-stündige **Bootstouren** an. [🕓 April u. Nov.: 8 h, Mai u. Okt.: 8, 15 h, Juni u. Sept.: 8, 9.30, 15 h, Juli u. Aug.: 8, 9.30 11, 15 h – Abfahrtzeiten können, je nach Besucherandrang, variieren!]. Die Tickets müssen 30 min vorher direkt vor Ort im Informationspavillon erstanden werden (nur Barzahlung möglich!).
In der Hauptsaison werden auch Bootstouren von der *Darlngunaya Aboriginal Corporation* angeboten, die **von aboriginal Führern geleitet** werden [*Darngku Heritage Tour*, Buchung im Touristenbüro von Fitzroy Crossing].

Gut zu wissen,...
...dass der Nationalpark theoretisch das ganze Jahr **täglich von 6.30 bis 18.30 h geöffnet** ist. In der Regenzeit (Dez.-April) hängt die Zugänglichkeit des Parks vom Wasserstand des Fitzroy River ab. Tritt der Fluss über die Ufer, wird der Park geschlossen.

Canning Stock Route / NUR 4WD. Die Canning Stock Route führt 1700 km quer durch das trockene Inland von WA und verbindet Halls Creek in den Kimberleys mit Wiluna in den Goldfields. Ausgekundschaftet wurde die einstige Viehroute Anfang des 20. Jahrhunderts von dem in Victoria geborenen Alfred Canning (1860-1936). Sein Ziel war die Erforschung einer Route, auf der man die Rinderherden von ihren Weidegründen im Norden hinunter in die Goldfields treiben konnte. Dort hatte der schnelle Bevölkerungsanstieg während des Goldrausches zu einer explodierenden Nachfrage an Lebensmitteln wie Rindfleisch geführt. Entscheidend für den Erfolg des Unternehmens war eine verlässliche Wasserversorgung des Viehs. Deshalb hatte sich Canning zur Aufgabe gemacht, alle 25 km eine Wasserquelle zu finden oder einen Brunnen zu bohren. Wie auch andere Entdecker war Canning bei der Bewältigung seines Vorhabens auf die Hilfe von Aborigines angewiesen, da nur sie die natürlichen Wasservorkommen des jeweiligen Gebietes kannten. Doch nicht alle Aborigines teilten ihr Wissen dem vordringenden Expeditionstrupp freiwillig mit, denn oft gab es kaum genug Wasser für ihr eigenes Volk und bei vielen Quellen handelte es sich um heilige Stätten. Solch unwillige Aborigines wurden von Canning angeblich solange an einen Baum gebunden und, wenn nötig, mit salzigem Fleisch »gefüttert« bis sie ihm schließlich, aus Angst zu verdursten, doch zur nächstgelegenen Quelle führten.
Viel benutzt wurde die Strecke nach ihrer Fertigstellung nicht. Nur rund 30-mal wurden Viehherden über die Canning Stock Route gen Süden getrieben, die letzte 1958. Seitdem liegt die Stre-

cke offiziell brach.
Heutzutage zieht sie mehr und mehr abenteuerhungrige 4WD-Touristen in ihren Bann. Wer die Strecke fährt, sollte nicht nur mit der »vollen Outback-Ausrüstung« inklusive ausreichend Wasser und Benzin ausgestattet sein, sondern auch mit detailliertem Kartenmaterial.

Wer im australischen Busch campt, sollte auf ungebetene Gäste gefasst sein. Zu diesen gehören willkommene Besucher wie neugierige Beuteltiere oder vorwitzige Vögel und weniger willkommene wie handtellergroße **Jagdspinnen**/*huntsman spiders*, auch Riesenkrabbenspinnen/*giant crab spiders* genannt.
Jagdspinnen bilden eine der am weitesten verbreiteten und artenreichsten Spinnenfamilien Australiens. Ihre artspezifischen Merkmale sind acht außergewöhnlich lange, haarige Beine und ein extrem flacher Körper, der es den nachtaktiven Tieren ermöglicht, sich über Tage in schmale Ritzen und Spalten zu verkriechen. Am liebsten quetschen sie sich hinter lose Baumrinde, doch auch offen stehende Fahrzeuge, Buschtoiletten und herumliegende Campingsachen bieten jede Menge dunkle, wohnliche Spalten.
Jagdspinnen bauen keine Netze, sondern erjagen ihre Beute, indem sie ihr flink hinterherlaufen,

Ob im schmalen Griff eines Benzinkanisters oder in einem zusammengeklappten Campingstuhl, Jagdspinnen fühlen sich überall dort zu Hause, wo es eng und dunkel ist.

sich auf sie stürzen und zubeißen. Die Bisse von zwei Arten (*Olios calligaster* und *Olios punctatus*), die nur im Osten des Kontinents vorkommen, können auch für den Menschen unangenehm werden (Kopfschmerzen, Übelkeit, Erbrechen). Alle anderen sind völlig harmlos – das heißt bis auf ihr Aussehen, das angeblich schon so manch einen Verkehrsunfall verursacht hat. Wieso? Wem jemals eine Jagdspinne während der Fahrt von innen über die Windschutzscheibe gelaufen und dann Richtung Fußraum verschwunden ist, der weiß warum…
Vorkommen (Familie *Heteropodidae*, 13 Gattungen, 94 Arten): australienweit

Wolfe Creek Meteorite Crater Reserve. (14 km²) Am Rande der Great Sandy Desert liegt ein sehenswerter Meteoritenkrater, der *Wolfe Creek Meteorite Crater* (▶ 132). Vor ca. 300.000 Jahren schlug an dieser Stelle ein gigantischer Meteorit (▷ 248) ein, der sich 120 m tief in die Erde bohrte, bevor er durch die Wucht des Aufpralls zum größten Teil verdampfte. Der Durchmesser des nahezu **kreisrunden Kraters** beträgt 850 m, seine ursprüngliche Tiefe hat sich jedoch im Laufe der Zeit, durch die Erosion und durch in den Krater gewehten Sand, auf ca. 50 m reduziert. Die mit Spinifex bewachsenen Außenwände ragen lediglich 10 bis 35 m aus der Ebene empor und lassen den Krater von außen eher wie eine unspektakuläre Hügelkette erscheinen. Erst wenn man den Kraterrand erklimmt [400 m ⇆], offenbart sich der Krater als das, was er ist.
In der Mitte des flachen Kraterbodens befindet sich eine ebenfalls **kreisrunde Salzpfanne**, die von einem dunkelgrünen Dickicht aus *salt wattles*, einer besonders salzverträglichen Akazienart, bedeckt ist. Hier befinden sich einige fast ganzjährig mit Wasser gefüllte Einbruchslöcher/*sinkholes*, die Anziehungspunkt vieler Tiere sind. Vom Kraterrand führt ein gut ausgetrampelter Pfad in den Krater hinunter und ein zweiter auf dem Kraterrand entlang, von dem man fantastische Weitblicke über die nahezu baumlose Ebene genießt.

Ca. 500 m vom Krater entfernt liegt eine überwiegend **schattenlose Campsite** [WC] im kargen Spinifex-Grasland.

Gut zu wissen,...

In Ortschaften wie **Fitzroy Crossing** und **Halls Creek** wird deutlich, dass in der Geschichte Australiens etwas falsch gelaufen sein muss: heruntergekommene Häuser mit vergitterten und verrammelten Fenstern; kränklich aussehende Aborigines, die in Gruppen die Straßen bevölkern und ziellos zwischen zwei Kulturen herumzuwandern scheinen; verstreut herumliegende Bierdosen und Weinkartons, die davon zeugen, dass Alkoholismus hier kein Fremdwort ist. Um dieses trostlose Bild zu verstehen, muss man ca. 150 Jahre zurückblicken. Damals begannen die ersten Briten im Norden von WA Farmen zu gründen und die dort lebenden Aborigine-Völker verloren ihre Heimat samt Lebensgrundlage. Damit sie ihr Land nicht verlassen mussten, blieben viele Ureinwohner auf den Farmen und arbeiteten dort als Farmarbeiter. Eine Arbeit, für die die meisten nur einen Hungerlohn bekamen und manche nicht einmal diesen.

Als in den 1960er Jahren entschieden wurde, dass weiße wie auch schwarze Arbeiter die gleichen Löhne erhalten sollten, gab es für die Farmer keinen Grund mehr, Aborigines zu beschäftigen und so wurde vielen Aborigines sofort gekündigt. Arbeitslos zogen sie in die umliegenden Ortschaften, die wiederum auf solch einen Bevölkerungsansturm völlig unvorbereitet waren. Es gab weder Arbeit noch ausreichend Wohnraum. Darüber hinaus kam es wegen der Enge vermehrt zu Spannungen zwischen den verschiedenen Aborigine-Völkern sowie zwischen den Aborigines und den weißen Siedlern. Beschäftigungslos und frustriert, flüchteten viele in den Alkohol und fanden bzw. finden in diesem bis heute einen angenehmen Ersatz für ihr verlorenes Land.

Im Falle von Fitzroy Crossing verschärfte sich die Situation durch die Vorfälle auf der südlich des Fitzroy River liegenden **Noonkanbah Station**. 1971 verließen die letzten aboriginal Beschäftigten wegen Misshandlugen unter Protest die Farm und zogen nach Fitzroy Crossing. 1976 wurde die Farm zwar von der *Aboriginal Land Fund Commission* für die Yangngara-Community aufgekauft und ein Stück Frieden wieder hergestellt, doch zwei Jahre später begannen sich plötzlich Bergbau- und Ölgesellschaften für das Land zu interessieren. Ferner war der Bau einer Straße quer durch ein heiliges Gebiet geplant. Es kam zu heftigen Auseinandersetzungen sowohl vor Ort als auch vor Gericht. Und obwohl die betroffenen heiligen Stätten unter dem *Aboriginal Heritage Act* von 1972 eigentlich geschützt waren, bekamen beide Gesellschaften letztendlich grünes Licht. Unter schwerem Polizeiaufgebot rollten 1980 die ersten Lastwagen auf das Gebiet und man begann mit den Bohrungen. Öl wurde nie gefunden..., aber Zorn und Zweifel an der Gerechtigkeit blieben zurück und prägten lange die Stimmung in Fitzroy Crossing.

Erfreulicherweise hat sich in den letzten Jahren die Situation in beiden Ortschaften erheblich verbessert und ein Blick hinter die Kulissen verrät, dass gerade in diesen Gemeinden aktiv an einem Zusammenfinden der beiden Kulturen gearbeitet wird. In den Gemeindemagazinen findet man ermutigende Berichte, die von einem viel intensiveren Miteinander der schwarzen und weißen Bevölkerung zeugen, als auf den ersten Blick für den Besucher sichtbar wird. Auch die Fotos in den Magazinen, auf denen beide Bevölkerungsgruppen geradezu demonstrativ vereint posieren, lassen auf eine bessere Zukunft ohne vergitterte Fenster hoffen. Und während andernorts die weiße Bevölkerung über die zungenbrecherischen Namen der lokalen Aborigine-Völker stolpert (oder sie noch nicht einmal kennt), unterscheidet man hier im Norden nicht nur ganz selbstverständlich zwischen den einzelnen Völkern, sondern spricht auch deren Namen mit einer bewundernswerten Leichtigkeit aus. Namen wie Jimbalakudunj, Marunbabidingari oder Wangkiyupurnanupurru...

Halls Creek. (1266 Einw.) Obwohl sich Halls Creek als »Oase der Kimberleys« anpreist, vermittelt das Stadtbild einen eher konträren Eindruck, denn es wird geprägt von dem konfliktreichen **Zusammenleben zweier unterschiedlicher Kulturen**. Dass an dem Stadtbild sowie an einer Konfliktlösung gearbeitet wird, zeigt u. a. das 2001 eröffnete Gemeindezentrum samt Touristenbüro und Café. Es ist nicht nur eines der modernsten Gebäude, sondern wurde auch weder vergittert noch mit Maschendraht umzäunt – eine Schutzmaßnahme vor Vandalismus, die noch vor einigen Jahren in Halls Creek durchaus üblich und nötig war. Auch andere Gebäude haben inzwischen ihren Schutzzaun verloren. Dennoch scheint der Weg bis zur Oase noch lang, zumal er immer wieder von Ausbrüchen der Gewalt erschwert wird, so wie im September 2003, als ein wichtiges Symbol der Stadtgeschichte, das Russian Jack Denkmal [Great Northern Hwy, neben dem Touristenbüro], mutwillig zerstört wurde.
Neben **Rundflügen** über den Purnululu NP und den Wolfe Creek Meteorite Crater, u. a. angeboten von *Northwest Regional Airlines* [www.northwestregional.com.au], ist die **China Wall** die Hauptattraktion von Halls Creek [▶ 132 / Anfahrt: Duncan Rd > nach ca. 5 km links durch das Gatter > weitere 2 km bis zu einem kleinen Parkplatz]. Die China Wall ist **eine senkrechte, bis zu 5 m hohe Mauer aus Quarz**, die den Hang eines kleinen Hügels zweiteilt. Obwohl der Vergleich mit der namensgebenden Chinesischen Mauer etwas zuviel erwarten lässt, ist die Bezeichnung Mauer durchaus zutreffend, denn sie sieht aus, wie von Menschenhand errichtet – Block für Block aufeinander gestapelt. Die Mauer ist ein Produkt der Erosion bzw. dem Scheitern dieser. Während das weiche Gestein, in dem die China Wall einmal eingebettet war, wegerodierte, blieb der harte Quarz standhaft. Da das ganze Gebiet von langen Quarzadern durchzogen ist, sind auch an anderen Stellen »Mauerreste« stehen geblieben. Folgt man der Duncan Road weitere 9 km, kommt linker Hand ein Abzweig zur *Caroline Pool Campsite* (▷ 335) und nach einem weiteren Kilometer gelangt man nach Old Hall`s Creek, wo die Geschichte der Stadt begann.

Geschichte

Die Geschichte von Hall´s Creek begann 1885 in einem ausgetrockneten Flussbett. In diesem fanden die zwei Goldsucher Charles Hall und Jack Slattery **Gold** – das erste nennenswerte Gold in WA. Die Nachricht des Fundes verbreitete sich wie ein Lauffeuer und bis 1887 strömten, vom Goldfieber berauscht, 15.000 Menschen in die Kimberleys und die westaustralische Wirtschaft erlebte zum ersten Mal so etwas wie einen Boom. Hall´s Creek wurde gegründet und rückte aus dem Nichts in den Mittelpunkt des Interesses.
Die beschwerliche Reise zu den Goldfeldern begann für die Glücksritter entweder in Derby oder Wyndham, zwei verschlafene Hafenstädtchen, deren Hinterland kaum besiedelt war. Nur wenige Goldsucher besaßen Pferd und Wagen, die meisten machten sich zu Fuß auf den Weg, die Glücklicheren mit einer Schubkarre, in der sie ihre Ausrüstung transportierten. Bis zu den Goldfeldern bei Halls Creek waren es von Derby ca. 600 km und von Wyndham ca. 400 km. Beide Wege hatten ihre Tücken und führten durch das unwegsame Buschland der Kimberleys. In der Trockenzeit war das Land ausgedörrt, die Hitze oft unerträglich und Wasser knapp. Während der Regenzeit verwandelten die herabstürzenden Wassermassen die ausgetretenen Wege in Schlammpisten, ausgetrocknete Flussbetten füllten sich mit Wasser und weite Teile des Landes wurden unpassierbar. Und nach dem Regen kamen die Moskitos... Es heißt, dass man damals für Moskitonetze einen ganzen Wochenlohn hinblättern musste.
Kein Wunder, dass um diese von Gold besessenen Männer und ihren Taten heroische Legenden entstanden, so wie die von Iwan Fredericks, allgemein

bekannt als Russian Jack. Als sein Kumpel ernsthaft krank wurde und nicht mehr laufen konnte, lud er ihn kurzerhand auf seine Schubkarre und schob ihn angeblich über 300 km weit. Allerdings scheint sich niemand mehr so recht daran zu erinnern, in welche Richtung er ihn schob. Je nach Quelle schob er ihn weiter in die Goldfelder oder brachte ihn zurück zu einem Arzt, der mal in Derby, mal in Wyndham praktizierte... Doch wohin auch immer, die Gemeinde von Halls Creek hat Russian Jack ein Denkmal gesetzt, das heute direkt neben dem Touristenbüro steht.
Hall´s Creeks Blütezeit endete bereits 1887 nach nur zwei Jahren. Die Fundstätten in der Nähe erwiesen sich als wenig ergiebig und so zogen die meisten Goldsucher weiter. Lediglich 2000 Menschen blieben zurück. 1955 verlor Hall´s Creek sein Apostroph und versuchte ein Comeback 16 km weiter am Highway. Da Baumaterialien wie Eisen und zugeschnittenes Holz wertvoll waren, wurden die meisten Häuser fein säuberlich zerlegt und am neuen Standort wieder aufgebaut. Alles, was heute noch an das alte Hall´s Creek erinnert, sind ein paar Gedenktafeln und die verwitterten Lehmwände des alten Postamtes, jenes Postamt, in dem einst Fred Tuckett (▷ 89) seine Notoperation durchführte. Heute schützt ein neues Dach die historische Ruine vor Regen und ein Zaun vor Vandalismus.

Gut zu wissen,...

Great Northern Hwy, tägl. 8-16.30 h

CP[1], H/M[2]

eziway Food Stores, Great Northern Hwy, Mo-Fr 8-18 h, Sa 8-12 h, So 9-12 h

Purnululu National Park / NUR 4WD.

(2397 km²) Im Juli 2003 feierte der Purnululu NP (▶ 133) seine Aufnahme in die **Liste des Weltnaturerbes der UNESCO**. Ein schneller Aufstieg bedenkt man, dass das Gebiet bis Anfang der 1980er Jahre nur wenigen Menschen bekannt war. Dies änderte sich schlagartig mit der Ausstrahlung eines Dokumentarfilms, in dem Luftaufnahmen von jenen **rotgrau getigerten Sandsteindomen** gezeigt wurden, für die der Park heute so berühmt ist. Keine fünf Jahre später war ein großer Teil der Bungle Bungle Range zum Nationalpark erklärt worden.
Seinen Eintrag in die bedeutsame Liste des Weltnaturerbes verdankt der Park ebenfalls seinen »steinernen Bienenkörben«. Bis zu 250 m hoch verschmelzen sie zu einem **geheimnisvollen Felslabyrinth**, das von finsteren Spalten, eindrucksvollen Schluchten und grünen Tälern durchbrochen ist. Zwar gibt es anderswo in Australien ähnliche Formationen, wie z. B. im Mirima NP oder im Keep River NP, doch nirgendwo sonst sind die Bienenkorbformen derart ausgeprägt, die Streifenmuster so vollkommen und die Felslandschaft von solch überwältigender Schönheit wie im Purnululu NP. Umso enttäuschender ist für viele die Ankunft per Auto. Obwohl man direkt auf die Bungle Bungle Range zufährt, hält man zunächst vergeblich Ausschau nach den markanten Bienenkörben, denn sie prägen nur ein relativ kleines Areal im Süden des Gebirges. Weitere 27 km Piste müssen bewältigt werden, bevor man in das surreale Felslabyrinth eintauchen kann.
Der Rest der Bungle Bungle Range, insbesondere der nördliche Teil, ist von ganz anderem, wenn auch nicht weniger spektakulärem Charakter. Keine runden Dome, sondern **bis zu 150 m**

Scherenschnitte der Natur.

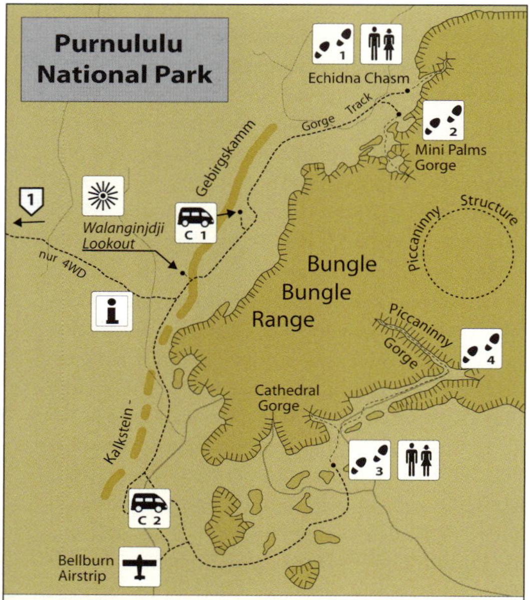

Wandermöglichkeiten

1 *Echidna Chasm Walk* [2 km ⇆]
2 *Mini Palms Walk* [5 km ⇆]
3 *Cathedral Gorge Walk* [3 km ⇆]
4 *Piccaninny Gorge Walk* [28 km ⇆]

N
2 4 6 8 km
Legende ▷ Umschlagklappe hinten

Campsites

1 ***Kurrajong Campground*** - Großes, in drei Schleifen angelegtes Camp inmitten der offenen Baumsavanne. Ein schöner Platz für den Sonnenuntergang ist der graue, scharfkantige (!) Kalksteinkamm [500 m ⇆] nordwestlich des Camps.
2 ***Walardi Campground*** - Die Campsite ist ebenfalls in drei Schleifen gegliedert und befindet sich am Ufer eines (in der Trockenzeit trockenen) Flusses. Sie wird teils von großen Flusseukalypten beschattet, die Lebensraum vieler Vögel sind.

$

Besucherzentrum

Das kleine ***Purnululu Visitor Centre*** [🕓 tägl. 8-12 u. 13-16 h] ist in erster Linie Kiosk, bietet aber einige interessante Informationsblätter.

hohe, teils senkrechte Wände aus orangefarbenem Konglomerat beeindrucken den Besucher. Gespickt sind die Wände und Schluchten mit prächtigen Fächerpalmen, deren Silhouetten sich deutlich wie Scherenschnitte von dem leuchtenden Orange der Wände und dem tiefen Blau des Himmels absetzen.

Ebenfalls erwähnenswert ist der niedrige Gebirgskamm aus grauem, scharfkantigem Kalkstein, der parallel zum Gorge Track verläuft. Es handelt sich um die Überreste eines **urzeitlichen Riffs**, das ähnlich entstand wie das Devonian Great Barrier Reef (▷ 347), aber mit einem Alter von 520 bis 530 Mio. Jahren rund 170 Mio. Jahre älter ist.

Blickpunkt Natur

Der Artenreichtum der Fauna ist ebenso bemerkenswert wie die geologische Einzigartigkeit des Parks. 41 Säugetier-, 81 Reptilien-, 15 Fisch-, 12 Amphibien- und 149 Vogelarten sind im Park beheimatet. Diese enorme Artenvielfalt hängt zum einen mit der Unberührtheit des Gebietes zusammen und zum anderen mit seiner Grenzlage zwischen den subtropischen Kimberleys und dem ariden Inland. Daher kommen im Park sowohl Arten vor, die eher im tropischen Klima zu Hause sind wie das Flachnagelkänguru, der Weißscheitel-Lederkopf/*silver-crowned friarbird* und die Kragenechse/*frilled lizard* (▶ 138) als auch typische Vertreter der Trockenzone wie die Wüsten Pseudomys-Maus/*desert mouse*, die Spinifex-Taube und die *ringed brown snake*. Letztere ist die einzige der sieben australischen Braunschlangen/*brown snakes*, die für den Menschen nicht gefährlich ist. Dies gilt auch für die meisten anderen der 14 Schlangenarten, darunter vier Pythonarten einschließlich der Olivenpython (▷ 364) und der Schwarzkopfpython (▷ 364). Besser aus dem Weg gehen sollte man dagegen der Mulga-Schlange (▷ 364) und der Nördlichen Todesotter/*northern death adder*, deren Bisse tödlich sind.

Weitere Bewohner des Parks sind Kurzschnabeligel (▷ 270), Dingos (▷ 375), Euros (▽) und 15

Fledertierarten, darunter Schreibers Langflügelfledermaus (▷ 346). Ein wahrer Felsbewohner ist der Felsen-Ringelschwanzbeutler/*rock ringtail possum*, ein von Blüten, Früchten und Blättern lebender Beutler, der nur zur Nahrungssuche sein felsiges Reich gegen einen Baum eintauscht.

In der Vogelwelt gibt es ebenfalls einige Arten, die man gewöhnlich nur in der Nähe der Felsen sieht. Zu diesen gehören die Weißspiegeltaube und der Braunbrust-Dickkopf/*sandstone shrike-thrush*. Beide heben sich mit ihrem bräunlichen bzw. gräulichen Gefieder farblich kaum von den Felsen ab. Gut getarnt ist auch der Eulenschwalm (▽), den man eher hört als sieht genauso wie den Buschtriel (▷ 374), dessen schauriges Gejammer die Nachtruhe stört. Gute Beobachtungsmöglichkeiten für Prachtfinken wie die Spitzschwanzamadine (▶ 141), Gelbhaubenkakadus/*sulphur-crested cockatoos* (▶ 85), Braunwachteln/*brown quails* (▶ 141) und verschiedene Honigfresser (▷ 218) wie den *yellow-tinted honeyeater* und den Wulsthonigfresser/*white gaped honeyeater* (▶ 141) bieten die Wasserhähne auf der Walardi Campsite, um die sich (vorausgesetzt das Camp ist nicht zu überlaufen) meist eine große Vogelschar versammelt. Der Star der Vogelwelt ist der Silberfalke/*grey falcon*, von dem es nur noch ca. 5000 Exemplare gibt.

◆ Das Bergkänguru/*common wallaroo* gehört zu den populationsstärksten Vertretern der Beuteltiere. Es gibt vier Unterarten, von denen das **Euro**/*euro* (▶ 137) das mit Abstand größte Verbreitungsgebiet besitzt. Mit seinem kurzen, leicht rötlichen Fell ähnelt es dem Roten Riesenkänguru (▷ 250), ist aber mit einer maximalen Größe von nur ca. 1 m (♂) bzw. 80 cm (♀) deutlich kleiner. Außerdem favorisiert das Euro einen gebirgigen oder zumindest hügeligen Lebensraum, während das Rote Riesenkänguru die offenen Weiten Australiens bevorzugt.

Das Euro ist perfekt an die ariden Lebensbedingungen des Kontinents angepasst. Wie auch andere Tiere ruht es während der heißen Stunden des Tages im Schatten von Büschen oder Felsen, um seinen Wasserverbrauch zu minimieren. Erst gegen Nachmittag bricht es zur Nahrungssuche auf. Bei der Wahl seiner Nahrung zeigt sich das Euro sehr flexibel. Zwar ernährt es sich hauptsächlich von Gräsern und Kräutern, doch gehört in schlechten Zeiten auch Spinifex-Gras (▷ 309) zu seiner Diät. Damit ist es eines der wenigen Tiere Australiens, das von dem nährstoffarmen, harten Spinifex-Gras leben kann.

Vorkommen (*Macropus robustus erubescens*): australienweit, mit Ausnahme der Ost- und Südküste

◆ Der nachtaktive **Eulenschwalm**/*tawny frogmouth* (▶ 142) ist ein echter Tarnungskünstler. Er ruht bevorzugt auf einem leicht beschatteten Ast, mit dem er, dank seiner Reglosigkeit und seines gescheckten, grauen Gefieders, fast vollständig verschmilzt. Das I-Tüpfelchen seiner Tarnung heißt: Augen zu und Schnabel hoch, denn in dieser Position ist er kaum von einem abgebrochenen Ast zu unterscheiden. Selbst bei herannahender Gefahr verharrt er in beispiellosem Selbstvertrauen in dieser Haltung, nur seine leicht ge-

Ast oder Vogel?

öffneten Augen verraten einen erhöhten Grad an Wachsamkeit.
Genauso extravagant wie seine Tarnung ist sein monotoner Ruf, der so klingt als würde man mit geschlossenem Mund langsam und gedehnt von eins bis zehn zählen.
Eulenschwalme werden bis zu 50 cm groß und paaren sich fürs Leben, weshalb man – hat man erst einmal einen erspäht – oft in unmittelbarer Nähe noch einen zweiten entdeckt.
Vorkommen (*Podargus strigoides*): australienweit

Das Gebirge ist von offenen Baumsavannen und kargem Grasland umgeben. Erstere werden neben verschiedenen Akazien und Grevilleas von zwei Bäumen beherrscht, dem *silver-leaved bloodwood* und dem *brittle range gum*. Andere typische Vertreter der Savanne sind Boabs (▷ 82), Kimberley-Bauhinien (▷ 370), Kapokbüsche (▷ 394) sowie ein Unkraut, der Sodomapfel.
Das Grasland dagegen wird allein vom Spinifex-Gras (▷ 309) dominiert. Erstaunliche 13 Spinifex-Grasarten kommen im Park und der näheren Umgebung vor einschließlich einer endemischen Art, *Triodia bunglensis*. Damit weist dieses Gebiet die größte Artenvielfalt an Spinifex-Gras in Australien auf.
Der hervorstechendste Repräsentant der über 600 Pflanzenarten im Park ist die bis zu 12 m große Fächerpalme *Livistona victoriae*. Sie »dekoriert« die Felswände und Täler im nördlichen Teil des Gebirges. Die Gattung *Livistona* zählt allein in WA fünf Arten. Weitere Pflanzen, die die Felswände und Schluchten des Gebirges begrünen sind der *milkwood tree* (▶ 149), die Felsfeige (▽) und der *tropical red box*, ein kleinwüchsiger Eukalyptus, der sich ähnlich wie die Felsfeige mit seinen Wurzeln an die Felsen »krallt«.
Eine ganz eigene Pflanzengemeinschaft, bestehend aus großwüchsigeren Bäumen wie Flusseukalypten/*river red gums* (▶ 144) und *weeping ghost gums*, säumt die Wasserläufe.

Der Sodomapfel gehört zur Familie der Hundsgiftgewächse, deren Mitglieder bei Verletzung einen giftigen Milchsaft absondern, der bei Berührung zu allergischen Reaktionen führen kann.

◆ Die **Felsfeige**/*common rock fig* ist eine der wenigen Pflanzen, die an nackten, steilen Felswänden Halt und Nahrung findet. Mit ihren langen kräftigen Wurzeln dringt sie in die kleinsten Spalten vor und verankert sich fest im Fels. Ihre Samen werden von Vögeln und Fledertieren verbreitet, die sich nach einer schmackhaften Feigen-Mahlzeit in schützende Felsspalten zurückziehen und dort die Samen, eingeschlossen in ihrem Kot, hinterlassen. Nur ein paar Krümel Erde und etwas Feuchtigkeit reichen den genügsamen Samen, um zu keimen.
Die Felsfeige blüht ganzjährig und ihre kirschgroßen Früchte sind auch für Menschen genießbar.
Vorkommen (*Ficus platypoda*): im gesamten Norden von WA bis QLD

Die **Bungle Bungle Range entstand vor 350 bis 375 Mio**. Jahren aus Sedimenten, darunter Sand, Kies und Geröll, die sich an dieser Stelle ansammelten und unter dem Druck immer neuer Schichten verfestigten. Die Sedimente stammen von urzeitlichen, von der Verwitterung zermürb-

ten Gebirgen und Hochebenen, die sich nördlich des heutigen Nationalparks befanden. Abgetragen und transportiert wurden sie von gewaltigen Flusssystemen, die dieses Gebiet einst durchzogen. Da das Gefälle der Flüsse von Norden nach Süden abnahm, lagerte sich zunächst das schwere Geröll ab, während der feine Sand nach Süden weiter getragen wurde. Deshalb besteht der nördliche Teil der Bungle Bungle Range heute überwiegend aus grobem Konglomerat und der südliche Teil aus feinem Sandstein.
In den letzten 65 bis 250 Mio. Jahren war das Gebirge in Folge einer Anhebung den erosiven Kräften ausgesetzt. Heftige tropische Regengüsse fraßen nicht nur Spalten, Schluchten und Täler in das zunächst formlose Gebirge, sondern lösten auch nach und nach das Bindemittel, das den Sandstein zusammenhielt. Ohne dieses war das Gebirge besonders verwitterungsanfällig. Seinen letzten Schliff, bei dem sich die Bienenkörbe herausformten, erhielt die Bungle Bungle Range erst innerhalb der letzten 20 Mio. Jahre. In dieser Zeit bildeten sich auch die **farbenprächtigen Schutzschichten** (▷ 366), welche die eigentlich weißen Bienenkörbe heute überziehen und das fehlende Bindemittel ersetzen.
Eine weitere geologische Besonderheit der Bungle Bungle Range ist nur aus der Luft zu sehen, die Piccaninny Structure. Der kreisrunde Krater misst 7 km im Durchmesser und stammt wahrscheinlich von einem Meteoriten, der vor ca. 180 bis 300 Mio. Jahren auf dem Gebirgsrücken einschlug.

Erkunden & Wandern

Auf Grund der Abgelegenheit und Unzugänglichkeit des Gebirges sind **Rundflüge** eine beliebte Alternative die Sandsteindome zu bewundern. In der Tat lassen sich die wahren Ausmaße der Bungle Bungle Range nur aus der Luft erfassen, doch kann ein Flug nie eine Wanderung ersetzen, denn die unglaubliche Farbintensität und wilde Schönheit des Gebietes kommen NUR vom Boden aus zur Geltung.

Angeboten werden Rundflüge per Flugzeug [von Kununurra / Halls Creek, für ca. 2 Std. ab $270 Erw. / $220 Kind] und per Hubschrauber [vom Turkey Creek Roadhouse oder vom Airstrip im Nationalpark, 30-45 min ab $290 Erw. / $240 Kind]. Zu den **Anbietern** gehören *Slingair* [www.slingair.com.au], *Alligator Airways* [www.alligatorairways.com.au] und *Northwest Regional Airlines* [www.northwestregional.com.au].
Die einzige Tagestour **zu Land** startet am Turkey Creek Roadhouse und wird von *East Kimberley Tours* [www.eastkimberleytours.com.au / $295 Erw. / $236 Kind] angeboten.

Wanderungen im nördlicher Teil

◆ Der *Echidna Chasm Walk* [2 km ⇆] folgt der schmalen, **ca. 400 m langen gleichnamigen Spalte** (▶ 8) in den Berg. Die Spalte verengt sich stellenweise auf 1 m und wird von bis zu 100 m hohen, senkrechten Felswänden aus orangerotem Konglomerat umschlossen. Auf den letzten 100 m vor dem Ende dieser natürlichen Sackgasse müssen einige Felsbrocken und eine kurze Leiter überwunden werden.

◆ Der *Mini Palms Walk* [5 km ⇆] führt zunächst an der äußeren Gebirgswand entlang und weiter in eine kurze, mit Palmen bewachsene und teils von großen Felsbrocken blockierte Schlucht. Diese öffnet sich in ein idyllisches, von hohen Felswänden begrenztes Tal. Nach dem Durchqueren des Tals gelangt man in eine zweite engere Schlucht, in der der Weg an einer Aussichtsplattform endet. Von dieser hat man einen guten Blick auf das imposante Ende der Schlucht, **ein ebenes, von 150 m hohen Wänden umrahmtes »Feld«, auf dem einst Palmen wuchsen**. Das hier heute kaum noch Grünes hervorsprießt, liegt daran, dass der offizielle Weg einst in die Ebene weiterführte und die jungen Sprösslinge unter die Füße der zahlreichen Wanderer gerieten. Verlockend ist der Abstieg in die Ebene allemal, denn auf der anderen Seite des Feldes lädt eine geheimnisvolle, düstere Spalte neugierige (mit einer Taschenlampe ausgerüstete) Wanderer zum Erkunden ein. Wer dieser Spalte nicht widerstehen kann, sollte wenigstens NICHT über das Feld laufen, sondern sich dicht an der Felswand halten, um den Schaden zu minimieren.

<u>Wanderungen im Südlicher Teil</u>

◆ Der *Cathedral Gorge Walk* [3 km ⇆], inklusive des 1 km langen *Domes Trail*-Abstechers, schlängelt sich zunächst durch ein **kleines Areal getigerter Sandsteindome** und folgt danach einer kurzen Schlucht bis zum Ende. Dort befindet sich in den ausgehöhlten, senkrechten Felswänden ein gewaltiges Amphitheater mit einem, von weißem Strand umgebenen Wasserpool in der Mitte.

◆ Der **einzige Langstreckenwanderweg** im Gebiet, der *Piccaninny Gorge Walk* [28 km ⇆], ist zugleich der einzige Wanderweg, der ins Innere der Bungle Bungle Range vorstößt. Gleich zu Beginn des Weges zweigt rechts ein 1 km langer Abstecher zu einem Aussichtspunkt ab. Nach ungefähr 7 km erreicht man die gleichnamige Schlucht, nach weiteren 7 km ihr Ende. Für den Weg sollte man mindestens eine Übernachtung einplanen. Freies Campen ist erlaubt, offizielle Campsites gibt es nicht. Die Campgebühren müssen im Besucherzentrum bezahlt werden, wo man sich vor der Wanderung registrieren bzw. nachher wieder zurückmelden muss.

Tipp <u>Selbst wer nicht plant, den gesamten Weg zu erwandern, sollte die ersten 2 bis 3 km auf sich nehmen, denn in diesem Abschnitt stehen die schönsten und farbenprächtigsten Dome.</u> Zudem wartet auch das ausgetrocknete Flussbett mit einigen interessanten Auswaschungen und Formationen auf, die das surrealistische Bild abrunden.

Gut zu wissen,…

…dass der Park meist von **Januar bis Ende März geschlossen** ist. Je nach Regenfällen auch länger bzw. kurzzeitig auch in den anderen Monaten.

…dass die **einzige Zufahrtsstraße** ausschließlich mit einem **4WD** mit großer Bodenfreiheit zu bewältigen ist. Für die ca. 54 km bis zum Besucherzentrum sollten mindestens 2 bis 3 Std. eingeplant werden, denn die Piste ist stellenweise sehr steinig und waschbrettartig. Außerdem müssen rund **30 Flüsse bzw. Bäche** mit teils steilen Uferbänken durchquert werden. Die meisten davon führen in der Trockenzeit kein Wasser und am Ende der Trockenzeit bleiben in der Regel nur noch zwei »feuchte« Durchquerungen (Wasserstand meist 40 bis 50 cm) übrig. Die genauen Wasserstandsdaten hängen in den umliegenden Touristenbüros und den Zweigstellen der Naturschutzbehörde aus.

…dass die **Eintrittsgebühren** im Besucherzentrum per Selbstregistrierung bezahlt werden müssen. Die **Campgebühren** werden in der Hauptsaison (ca. Mai bis Sept.) von *camp hosts* kassiert, in der übrigen Zeit müssen sie ebenfalls beim Besucherzentrum entrichtet werden.

…dass zum Ende der Trockenzeit (Sept. bis Dez.) **extrem hohe Tagestemperaturen** (bis zu 40°C) herrschen können und es selbst in der Nacht kaum abkühlt. Im Juni/Juli dagegen können die Temperaturen über Nacht auf unter 5°C fallen.

Die Gemeinsamkeiten einer Bleistiftmine und eines **Diamanten**/*diamond* sind auf den ersten Blick nicht gerade frappierend. Dennoch bestehen der weiche Graphit und der harte Edelstein aus demselben Element: kristallisiertem Kohlenstoff. Bedingt durch unterschiedliche Druck- und Temperaturverhältnisse während ihrer Entstehungsphasen, kommt es jedoch zur Ausbildung verschiedenartiger Kristallsysteme. Das heißt, die Atome von Graphit und Diamant unterscheiden sich lediglich in ihrer Anordnung, nur diese ist für das völlig gegensätzliche Aussehen und die verschiedenen Eigenschaften verantwortlich.

Während Graphit relativ häufig vorkommt, gibt

es Diamanten nur an wenigen Orten auf der Welt. Eine der größten Diamantenadern liegt in den Kimberleys. Der Diamantenschlot, durch den die Edelsteine vor Millionen Jahren aus einer Tiefe von 150 km an die Erdoberfläche gestiegen sind, ist 1.6 km lang und zwischen 150 m und 600 m breit. In diesem hochkarätigen Schlot entdeckte man auch die seltenen champagner- und rosafarbenen Diamanten. Seit 1985 ist das Diamanten-Gebiet fest in den Händen der **Argyle Diamond Mine**, die inzwischen zum weltgrößten Produzenten von natürlichen Diamanten aufgestiegen ist. Im Tagebau wird der Bergkamm, durch den die Diamantenader verläuft, Schicht für Schicht abgetragen. Besichtigungen der Mine sind nur mit organisierten Touren von Kununurra aus möglich.

The Grotto. The Grotto (▷ 102) ist der Name eines idyllischen Badepools, der sich am Anfang einer kurzen aber pittoresken, 15 bis 20 m hohen Schlucht befindet. Der von drei steilen Felswänden umschlossene Pool wird in der Regenzeit von einem 15 m hohen Wasserfall gespeist. Im Verlauf der Trockenzeit, wenn das Wasser vollständig zu fließen aufhört, verwandelt sich der einladende Pool in ein trübes, nicht mehr zum Baden geeignetes Gewässer.
Anfahrt: Great Northern Highway > 23 km nördlich des Abzweigs zum Victoria Highway in die ausgeschilderte Grotto Road > weitere 2 km bis zu The Grotto.

Parry Lagoons Nature Reserve. (361 km²)
Im Mittelpunkt des Schutzgebietes steht eine Reihe kleiner Lagunen, die inmitten einer nahezu **baumlosen Ebene** liegen. In einer der Lagunen, dem Marlgu Billabong, steht ein **Vogelbeobachtungshäuschen**, von dem aus man nicht nur einen direkten Einblick in die Vogelwelt genießt, sondern auch einen fantastischen Weitblick über die reizvolle, mit **Seerosen bespickte Lagune** und auf die sich am Horizont abzeichnende Erskine Range. Besonders lohnenswert ist der Besuch des Schutzgebietes zur Trockenzeit, wenn die umliegenden Überschwemmungsebenen des Ord River ausgetrocknet sind und nur die Lagunen noch Wasser führen. Dann konzentriert sich die Vogelwelt auf diese wenigen Wasserlöcher und **das Gebiet ist mit bis zu 20.000 Vögeln bevölkert**. Im September kommen noch Zugvögel aus dem Norden hinzu, die in den Lagunen rasten. Ab Oktober/November, wenn die meisten Lagunen austrocknen, ziehen viele Vögel weiter. Sie kehren erst gegen Ende der Regenzeit zurück, nachdem sich die Überschwemmungsebenen und Lagunen wieder mit Wasser gefüllt haben.

Der bis zu 50 cm große Elsterreiher ist im tropischen Norden heimisch.

Unter den über 180 Vogelarten, die sich im Schutzgebiet versammeln, befinden sich erwartungsgemäß eine große Anzahl Enten-, Schreit-, Küsten-, und Watvögel. Im flachen Uferwasser stelzen Elsterreiher/*pied heron* und Seidenreiher (▷ 295) umher, zierliche Kammblatthühnchen balancieren über Seerosenblätter, Spaltfußgänse (▷ 393), Rosenohrenten/*pink-eared ducks*, Wanderpfeifgänse gleiten über den See und in den Bäumen nisten Gelbschnabellöffler/*yellow-billed spoonbills*. Zu den stattlichsten Repräsentanten der Schreitvögel gehören Australiens einzige Storchenart, der bis zu 1.20 m große, schwarzweiß gefiederte Riesenstorch/*jabiru* (auch *black-necked stork* / ▶ 143) und der ebenso große, graugefiederte Brolga-Kranich/*brolga*. In der spärlichen Ufervegetation zu beobachten sind Regenbogenspinte (▶ 140), Diamanttäubchen, Weißkehlmonarche, Schwarzgesicht-Raupenfänger/*black-faced cuckoo-shrikes* und Ringelastrilden/*double-barred finches* (▶ 142).

Gut zu wissen,...

Wyndham. (787 Einw.) Wyndham ist ein äußerst ruhiger Ort am Ende einer 60 km langen, äußerst ruhigen Sackgasse. Seine ohnehin schon spärliche Bevölkerung verteilt sich auf zwei 6 km auseinander liegende Stadtteile, Wyndham und Wyndham Port. In Letzterem befinden sich die Hafenanlagen und ein paar Häuser aus den Anfängen der Stadtgeschichte, darunter ein **kleines Gemeindemuseum** [*Wyndham Museum*, O´Donnell St, 🕓 Mo-Sa 10-15 h].

Die Ortschaft liegt im Mündungsgebiet von fünf großen Flüssen und ist von weiten, mit Mangroven gesäumten Überschwemmungsebenen umgeben. Einen beeindruckenden **Rundblick über das gigantische Fünf-Flüsse-Delta** bietet der auf dem 350 m hohen Mt Bastion gelegene Five Rivers Lookout [vom Highway ausgeschildert, 5 km vom Zentrum entfernt].

Um Touristen wirbt Wyndham mit zwei Superlativen (▷ 102). Zum einen mit dem angeblich ältesten Boab der Kimberleys und zum anderen mit einem gleich zu Beginn der Ortschaft aufgestellten **20 m langen Betonkrokodil**.

Seltener dagegen ist der Anblick eines der vielen lebenden Krokodile, die die schlammigen Überschwemmungsebenen rund um Wyndham bevölkern. Eine zweite, wenn auch recht nüchterne Alternative lebende Krokodile zu sehen, bietet die in Port Wyndham gelegene **Krokodil-Farm** [Barytes Rd, 🕓 März-Nov.: tägl. 8.30-16 h, Dez.-Febr.: Zeiten variieren]. Obwohl sich die Farm als Zoo anpreist, handelt es sich um eine reine Zuchtfarm mit winzigen Aufzuchtsbecken, die in erster Linie von dem Produkt »Krokodil« lebt.

Auf dem Campinglpatz von Wyndham steht der angeblich »älteste Boab der Kimberleys«.

Den Aborigines dieser Region wurde ein **Bronzemonument**, bestehend aus den überdimensional großen Statuen einer Aborigine-Familie, gewidmet [*Wariu Dreamtime Park*, Koolama St]. Die Inschrift des Monuments lautet: »*Aboriginal Spirits, will always survive in this timeless beautiful land.*« (Der Geist der Aborigines wird ewig in diesem zeitlos schönen Land überleben).

Geschichte

Wyndham wurde 1886 gegründet und erlebte in den zwei darauf folgenden Jahren, ähnlich wie Derby, eine kurze Blütezeit durch den Goldrausch von Hall´s Creek (▷ 352). Tausende von Goldsuchern starteten von hier ihren mühseligen Weg in die Goldfelder und verwandelten das verschlafene Nest kurzzeitig in eine geschäftige Siedlung. Doch schon im Jahre 1900 zählten die Statistiker gerade noch 61 wahlberechtigte Einwohner.

Einen zweiten bescheidenen Aufschwung erlebte Wyndham 1919 mit der Inbetriebnahme eines Schlachthofes, der jedoch 1985 wieder geschlossen wurde. Heute ist nur noch der Hafen mit seiner Viehverladestation von wirtschaftlicher Bedeutung.

Gut zu wissen,...

Mobil Tankstelle, Great Northern Hwy, 🕓 tägl. 6-18 h

CP[1], H/M[2]

Wyndham Supermarket, Great Northern Hwy 🕓 Mo-Fr 7-18 h (Do -19 h), Sa 7-17 h, So 8-17 h

In der unmittelbaren Umgebung von Kununurra befinden sich zahlreiche Kunststätten der Aborigines. Die meisten liegen in dem für die Öffentlichkeit gesperrten Teil des Mirima NP. Eine Ausnahme bildet eine kleine Galerie von allerdings

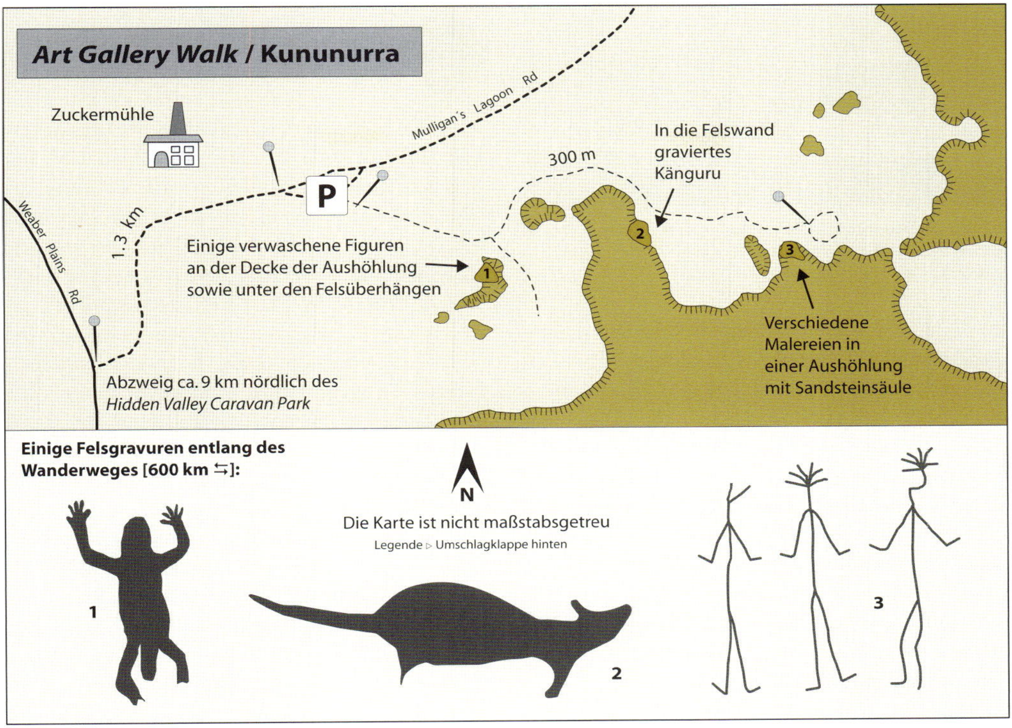

schon recht verblassten **Felsmalereien** 10 km außerhalb der Stadt. Mit etwas Spürsinn kann man dort entlang des *Art Gallery Walk* [600 km ⇆] einige Malereien und Gravuren entdecken.

Kununurra. (5222 Einw.) Kununurra wurde 1960 als Teil des *Ord River Irrigation Scheme* gegründet und strotzt wie alle Retortenstädte nicht gerade vor Charme. Dennoch hat es Kununurra binnen kurzer Zeit geschafft nach Broome zur zweitgrößten Stadt in den Kimberleys aufzusteigen. Dementsprechend vielfältig ist das Einkaufsangebot, darunter auch einige Juweliergeschäfte, in denen die Endprodukte der Argyle Diamond Mine (▷ 359) feilgeboten werden und die *Waringarri Arts Gallery* [Speargrass Rd, 🕓 Mo-Fr 8-16 h], die eine gute Auswahl an **Aborigine-Kunstgegenständen** bietet. Etwas unterentwickelt ist bislang noch das Angebot an ansprechenden Cafés und Restaurants. Dabei ist die Ortschaft schon heute ein wichtiger touristischer Knotenpunkt und Ausgangsort zahlreicher Touren, so wie **Bootstouren** auf dem Lake Argyle und dem Ord River, u. a. angeboten von *Lower Ord River Tours* [www.lowerordtours.com] und *Triple J Tours* [www.triplejtours.net.au] oder **Rundflüge** über das Mitchell Plateau und den Purnululu NP (Anbieter ▷ 357).

Zu Kununurras »hauseigenen« Attraktionen gehören der direkt an die Stadt grenzende **Mirima NP** und der dank des Stausees ganzjährig fließende Ord River mit seinen vielen **Picknick- und Angelplätzen**. Besonders populär sind die Plätze am *Ivanhoe Crossing* [16 km nördlich der Stadt], wo ein ca. 400 m langer Betondamm über bzw. durch den Ord River führt.

Die Flussdurchquerung am *Ivanhoe Crossing* sollte nur von 4WDs mit hoher Bodenfreiheit erfolgen und ist, wie die Gemeinde auf einem großen Schild sicherstellt, auf eigene Gefahr...

Im Süden der Stadt, ebenfalls am Ord River, liegt die **Zebra Rock Galerie** [Packsaddle Rd, 9 km südlich von Kununurra, 🕓 tägl. 8-16 h], eine kleine, private Werkstatt, in der sich alles um einen rötlich-cremefarbenen Stein dreht, der hier abgebaut und zu allerlei Souvenirs verarbeitet wird. Einen **Weitblick über Stadt und Plantagen** hat man vom Iron Knob Lookout [Kelly Rd]. Der offizielle Aussichtspunkt befindet sich auf der Felsklippe beim Parkplatz, der inoffizielle direkt auf dem Gipfel bei den Antennen, wo sich bei Sonnenuntergang mehr Leute einfinden als auf dem offiziellen Lookout...

Jeden Samstag findet ein **kleiner Markt** im Zentrum statt [*Paddys Market*, Coolibah Dr, schräg gegenüber dem Touristenbüro, 🕓 8-12 h].

Gut zu wissen,...

...dass auf den Plantagen um Kununurra **Gemüse und Früchte**, so wie Paprika, Tomaten, Melonen (Saison: Mai-Okt.), Papayas (Saison: ganzjährig) und Mangos (Saison: Okt.-Jan.) gedeihen. Zwei Plantagen im Norden der Stadt haben Verkaufsstände eingerichtet, *Ivanhoe Farms* [Ivanhoe Rd, 🕓 Mai-Sept. tägl. 9-16 h] und die *Mobile Fruit & Vegies* [Research Station Rd, 🕓 April-Anfang Okt. 8-16 h].

Coolibah Dr, 🕓 April-Okt.: tägl. 8-17 h, Nov.-März: Mo-Fr 8-17 h, Sa So 9-13 h

BB², BP², CP*, H/M*, JH¹, S¹

Coles, Konkerberry St, 🕓 tägl. 5-22 h

Mit einem durchschnittlichen Jahresniederschlag von 420 mm ist Australien der trockenste Kontinent der Erde. Große Teile des Landes sind daher für die Landwirtschaft, insbesondere für den Ackerbau, unbrauchbar. Zu diesen Regionen zählt neben den Trockenzonen des Inlandes auch der tropische Norden, obwohl dieser in der Regenzeit ausgiebig »bewässert« wird. Allerdings sind die Regenfälle dann derartig heftig, dass viele Flüsse regelmäßig über die Ufer treten und die dadurch entstehenden Überschwemmungen mehr Schaden anrichten, als landwirtschaftlichen Nutzen bringen. Hinzu kommt, dass der Wasserreichtum nicht lange anhält, denn fast 90 % des Regenwassers verdunstet oder versickert binnen kürzester Zeit. Um einen Teil dieses kostbaren Wassers für die Landwirtschaft in den Kimberleys nutzbar zu machen, entschloss man sich, einen dieser alljährlich überflutenden Flüsse aufzustauen. Die Wahl fiel auf den **Ord River**, der ca. 50 km nordöstlich von Halls Creek entspringt und nördlich von Kununurra in den Cambridge Gulf mündet. Mit dieser Entscheidung begann eines der **gigantischsten Bewässerungsprojekte Australiens,** das ***Ord River Irrigation Scheme*** (ORIS). In zwei Bauabschnitten wurde 1963 der Kununurra Diversion Dam und 1971 der Ord River Dam fertig gestellt. Drei Jahre später verschwanden Hügel, Täler, Pflanzen, Tiere, heilige Stätten der Aborigines und eine Farm unter der Oberfläche eines knapp 1000 km² großen Sees, dem **Lake Argyle**. Das ehrgeizige Projekt sollte den dünn besiedelten Kimberleys einen wirtschaftlichen Anschub geben und die Region zur Reiskammer Australiens machen. Doch statt Reis pflanzten die Farmer lieber hoch subventionierte Baumwolle an. Als Resultat entstanden riesige Baumwollmonokulturen, die rasch Opfer von gefräßigen Schädlingen wurden. Ein erbitterter Kampf begann, aus dem die Schädlinge, trotz des Versprühens unglaublicher Mengen hochgiftiger Insektizide, als Sieger hervorgingen. Bereits 1974, gerade als der Lake Argyle gefüllt war, gaben die

Farmer den Baumwollanbau wieder auf.
Nach diesen verheerenden Erfahrungen mit Monokulturen wollte man nun das bewässerte Land vielfältiger nutzen. Heute gedeihen hier über 60 verschiedene Nutzpflanzen, darunter tropische Früchte wie Papayas und Mangos. Obwohl man mit dieser Mischkultur inzwischen recht erfolgreich ist, schmälern die Abgeschiedenheit des Gebietes und die daraus resultierenden hohen Transport- und Lohnkosten die Gewinne erheblich, so dass das Ord River-Bewässerungsprojekt in wirtschaftlicher Hinsicht eigentlich ein Flop war.

Mirima National Park. (20.6 km²) Der Mirima NP (▶ 133) wird auch gerne als Mini-Purnululu bezeichnet, da er mit seiner **verwitterten Gebirgskette aus rötlichem Sandstein**, den **runden Domen**, versteckten Tälern und **pittoresken Schluchten** die gleichen landschaftlichen Charakterzüge aufweist wie der Purnululu NP. Zwar fehlen seinen Sandsteinfelsen die ausgeprägten Bienenkorbformen, dennoch steht der Park an Farbenpracht seinem großen Bruder in nichts nach. Dafür sorgen u. a. die in den kleinen Tälern und Schluchten wachsenden Gräser, die in der Regenzeit zu einem über 2 m hohen, grünen Teppich emporschießen. Mit nachlassendem Regen verwandelt dieser sich in eine goldgelbe Strohsteppe, die ebenfalls farblich fantastisch mit den rötlichen Felsen harmoniert.
Ein **Farbenschauspiel der besonderen Art** findet bei Sonnenuntergang auf der westlichen Seite des Gebirges statt. Dann nimmt der **orangerote Sandstein** eine unbeschreibliche Farbe an, die je nach Jahreszeit bzw. Sonnenstand, mal an die Farbe von glühenden Kohlen und mal an die von flüssigem Gold erinnert. Selbst nachdem die Sonne längst verschwunden ist, scheint der warme Stein noch »nachzuglühen«.
Noch vor einigen Jahren war der Nationalpark unter dem Namen Hidden Valley NP bekannt. Aus Respekt vor den hier lebenden Aborigines, dem Miriwoong-Volk (auch Mirriwung geschrieben), trägt er heute den aboriginal Namen des Gebietes, Mirima. In der zerfurchten Bergkette, mit ihren ganzjährigen Wasserlöchern und ihrem Pflanzen- und Tierreichtum, fanden die Miriwoong optimale Lebensbedingungen. Auch in religiöser Hinsicht war und ist dieses Gebiet für die Aborigines sehr bedeutsam. Da sich in den Grenzen des heutigen Parks viele heilige Orte befinden, ist der größte Teil für die Öffentlichkeit gesperrt.

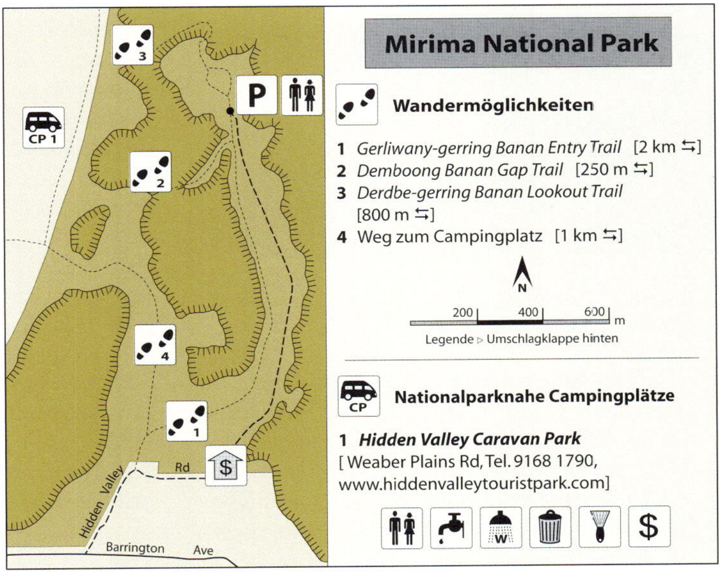

Blickpunkt Natur

Trotz seiner geringen Ausmaße weist der Park eine erstaunliche Artenvielfalt auf, wobei die Säugetiere mit nur 14 Vertretern am artenärmsten sind. Zwei Vertreter der Säuger sind die weit verbreitete Streifgesicht-Schmalfußbeutelmaus/*stripe-faced dunnart* und die nur in den Kimberleys vorkommende Ningbing-Breitfußbeutelmaus/*Ningbing pseudantechinus*. Beide sind nachtaktiv und stehen auf dem Speisezettel der vielen Schlangen im Gebiet. Von den rund zehn verschiedenen Arten sind die meisten zwar für den Menschen ungefährlich, so wie die bis zu 2.5 m lange, braungelb getigerte Schwarzkopfpython (▽) und die kupferfarbene Olivenpython (▽), allerdings kommen auch drei gefährliche Arten vor: die Westliche Braunschlange, Ingrams Braunschlange/*Ingram's brown snake* und die Mulga-Schlange (▽). Ebenfalls im Park beheimatet ist der im Norden und Osten des Kontinents weit verbreitete Gewöhnliche Blauzungenskink/*common blue-tongue*.

Der Gewöhnliche Blauzungenskink ist eng verwandt mit dem Tannenzapfenskink (▷ 245) und ebenfalls völlig harmlos. Seine Zeichnung kann, je nach Unterart, stark variieren.

Zu den dominantesten der über 100 Vogelarten gehören der neugierige Gelbstirn-Schwatzvogel/*yellow-throated miner* (▶ 141), die stimmfreudige Schwarzkehl-Würgatzel (▷ 294) und in der Trockenzeit der hübsche Regenbogenspint/*rainbow bee-eater* (▶ 140). Wer durch den Nationalpark wandert, schreckt häufig Weißspiegeltauben/*white-quilled rock pigeons* auf, die laut flatternd davonfliegen. Entgegen der berechtigten Annahme, dass Weißspiegeltauben weiß sind, sind sie, bis auf einen winzigen, verräterischen weißen Fleck an den Flügeln, dunkelbraun.

◆ Trotz ihrer bräunlichen Einfärbung und ihres Beinamens *king brown snake*, den man am ehesten mit Königs-Braunschlange übersetzen könnte, gehört die **Mulga-Schlange**/*mulga snake* nicht zu den Braunschlangen, sondern zu den Schwarzottern/*black snakes*. Der Beiname stammt noch aus Zeiten, als man die Mulga-Schlange für ein Mitglied der Braunschlangen hielt. Nachdem jedoch in den 1960er Jahren ein Mann gebissen wurde und trotz Behandlung mit einem Gegengift (für Braunschlangen) starb, fand man heraus, dass die vermeintliche Königs-Braunschlange in Wirklichkeit eine Schwarzotter war.
Wie auch die anderen fünf australischen Schwarzotterarten ist die Mulga-Schlange extrem gefährlich. Zwar ist ihr Gift nicht ganz so stark wie das Gift des Inland-Taipans/*inland taipan*, dafür injiziert sie ihrem Opfer eine umso größere Dosis. Die Mulga-Schlange ist die am häufigsten vorkommende ihrer Gattung und mit einer Länge von 2.5 m eine der größten Giftschlangen des Kontinents.
Vorkommen (*Pseudechis australis*): australienweit, mit Ausnahme der Südküste und TAS

◆ Von den 13 australischen Pythonarten sind neun in WA und fünf im Top End beheimatet. Trotz eindrucksvoller Größen von bis zu mehreren Metern sind alle Arten für den Menschen ungefährlich, denn Pythons sind keine Gift-, sondern Würgeschlangen. Beim Aufspüren der Beute hilft den Tieren ihre gespaltene Zunge mittels der sie Geruchsstoffe aufnehmen, die über die Mundhöhle an ein hoch entwickeltes Geruchsorgan, das Jacobson'sche Organ, weitergegeben werden. Darüber hinaus besitzen die meisten Pythonarten ein so genanntes Grubenorgan, das an der Kopfseite sitzt. Dieses befähigt die Schlangen verräterische, auf ein warmblütiges Beutetier hinweisende Temperaturschwankungen von weniger als 0.05°C wahrzunehmen. Lediglich zwei australische Arten, die **Schwarzkopfpython**/*black-headed python* und die ***woma*** besitzen keine Grubenorgane, da sie sich überwiegend von kaltblütigen Reptilien ernähren.
Zu den größten Pythonarten Australiens gehört die **Olivenpython**/*olive python* (▶ 138), die eine

•livenpythons sind oft entlang von Wasserläufen zu beobachten.

Länge von über 5 m erreichen kann; zu den am weitesten verbreiteten Arten gehört die **Teppichpython**/*carpet python* (▶ 133), von der es mehrere in Muster und Farbe variierende Unterarten gibt.
Vorkommen Schwarzkopfpython (*Aspidites melanocephalus*): im tropischen Norden
Vorkommen *woma* (*Aspidites ramsayi*): fast im gesamten Inland sowie regional an der Westküste
Vorkommen Olivenpython (*Liasis olivaceus*): im tropischen Norden, von der Pilbara bis Cape York
Vorkommen Teppichpython (*Morelia spilota*): im Südwesten, tropischen Norden, entlang der Ostküste und punktuell im ariden Zentrum

Im Park gedeihen zahlreiche typische Vertreter der Kimberley-Flora, so wie Bauhinien (▷ 370), die bis zu 4 m hohe, buschige Kimberley-Heide/*Kimberley heath* (auch *turkey bush*) und die beiden weit verbreiteten Eukalyptusarten *woollybutt* (▶ 145) und *stringybark*. Viele Pflanzen sind essbar und gehörten einst zur Buschnahrung (▷ 118) des Miriwoong-Volkes. Neben dem von den Aborigines vielfältig genutzten Boab (▷ 82) und dem Kapokbusch (▷ 394) wachsen zwischen den Sandsteinfelsen Wilde Mangos (▽) und Propellerbäume (▽). Auch Sandpapierfeigen/*sandpaper figs*, deren kräftige, raue Blätter von den Aborigines zum Schmirgeln von Holz und zum Säubern von Wunden benutzt wurden, gedeihen im Park.

◆ Die **Wilde Mango**/*wild mango* ist ein stattlicher bis zu 20 m hoher Baum mit grauer, schuppiger Borke und schlanken, dunkelgrünen Blättern. In der Regenzeit trägt er olivengroße, grüne Früchte, die auch im reifen Zustand ihre Farbe nicht verändern. Um keine unreifen Früchte zu pflücken, haben die Aborigines gewartet, bis die Früchte herunterfielen. War das Verlangen allzu groß, wurde durch Schütteln nachgeholfen. Noch heute sind die Früchte sehr begehrt und werden regelmäßig aufgesammelt.
Im NT ist die Wilde Mango unter dem Trivialnamen Grüne Pflaume/*green plum* bekannt.
Vorkommen (*Buchanania obovata*): im tropischen Norden, von den Kimberleys bis Cape York

◆ Der **Propellerbaum**/*coolamon tree* (▶ 131) ist im Englischen gleich unter drei Namen bekannt, die alle etwas über sein Aussehen und seine Eigenschaften aussagen. Der gebräuchlichste Name *coolamon tree* verrät, wozu die Aborigines den Baum benutzten, nämlich, um aus seinem extrem leichten Holz Tragschalen, so genannte *coolamons*, zu fertigen. Eine weitere Eigenschaft des Holzes ist der entsetzliche Gestank, den es beim Verbrennen verbreitet, der ihm den Namen Stinkholz/*stink wood* einbrachte. Den dritten Namen, Hubschrauberbaum/*helicopter tree*, verdankt der Baum seinen mit zwei »Rotorblättern« versehenen Samenkapseln, die zugleich ein unverkennbares Erkennungszeichen sind. Ein weiteres Merkmal ist die gelbliche, im Sonnenlicht golden glänzende Rinde des bis zu 10 m hohen Baumes. Belaubt ist der Propellerbaum nur in der Regenzeit, denn wie viele Bäume im Norden verliert er zu Beginn der trockenen Monate seine hellgrünen Blätter, um den Feuchtigkeitsverlust zu verringern.

Die »Rotorblätter« des Propellerbaums.

Vorkommen (*Gyrocarpus americanus*): im tropischen Norden, von den Kimberleys bis Cape York

Der Mirima NP blickt zusammen mit dem Purnululu NP auf eine gemeinsame geologische Entstehungsgeschichte zurück, die vor 350 bis 375 Mio. Jahren begann (▷ 356). Eine weitere Gemeinsamkeit sind die **farbenprächtigen Schutzschichten**, die die Felsen überziehen. Würde man einen der Felsdome halbieren, würde man feststellen, dass die eigentliche Farbe des Sandsteins weiß ist, denn das charakteristische Rostrot, Grau und Schwarz ziert nur die Oberfläche der Felsen. Jeder Farbton hat eine andere Ursache. Das Rostrot entsteht durch eine hohe Konzentration von Eisenoxid und das Grau durch Flechten, die auf den Felsen wachsen. Für das Dunkelgrau und Schwarz sind Cyanobakterien (▷ 276) verantwortlich, die an besonders feuchten Stellen gedeihen. Die verschiedenfarbigen Schichten sind für den Erhalt der Felsformationen extrem wichtig, da sie den darunter liegenden fragilen Sandstein vor der Verwitterung schützen.

Erkunden & Wandern

◆ Lediglich **drei kurze Wanderwege** führen durch den Park: der parallel zur Straße verlaufende *Gerliwany-gerring Banan Entry Trail* [2 km ⇆], der sich durch eine schmale Schlucht schlängelnde *Demboong Banan Gap Trail* [250 m ⇆] und der *Derdbe-gerring Banan Lookout Trail* [800 m ⇆], der auf die westliche Felskante des Gebirges zu einem Aussichtspunkt führt. Fast noch interessanter als der Ausblick ist der kopfförmige Sandsteinfelsen, den man kurz vorher passiert. Er soll in der Miriwoong-Traumzeit eine wichtige Rolle in einer Kopflaus-Geschichte gespielt haben, die allerdings im Laufe der Zeit verloren ging. Ein vierter kurzer Wanderweg [1 km ⇆] führt zu dem an den Park angrenzenden Campingplatz.

◆ Zwischen Mai und August werden von der Naturschutzbehörde **interessante 1-stündige Ranger-Touren** angeboten [Treffpunkt auf dem Parkplatz bei den Informationstafeln, ⌚ Mo-Fr 9 h, zum Anfang und Ende der Saison etwas unregelmäßiger]. Die Teilnehmergebühren sind mit der Eintrittsgebühr bzw. mit dem Nationalparkpass abgedeckt. Fußgänger, die keine Eintrittsgebühr bezahlt haben, zahlen $4 Erw. / $2 Kind.

Gut zu wissen,...

...dass die **Eintrittsgebühren** für Fußgänger entfallen. Ansonsten muss man seinen Eintritt an einem Münzautomaten bezahlen, der an der Einfahrt zum Nationalpark steht.

...dass der ***Hidden Valley Caravan Park*** (▷ 363) ein guter Ausgangspunkt für Erkundungen ist, da ein Weg von dort direkt in den Park führt. Zudem hat man von seiner Rasenfläche einen fantastischen Blick auf die bei Sonnenuntergang angestrahlten Felswände.

Der **Savannah Way** verbindet Broome in den Kimberleys mit Cairns in QLD. Die 3700 km lange Strecke ist genau genommen nicht neu – neu ist nur ihr Name, der im Zuge einer geschickten Werbekampagne den Norden Australiens touristisch besser vermarkten soll. Entstanden war die Idee in QLD, um die vom Tourismus nur wenig beachtete Region am Gulf of Carpentaria bekannter zu machen. Die wohlklingende Benennung sollte vermehrt Reisende in diesen abgelegenen Teil von QLD locken. Das Konzept ging auf und so erweiterte man den Savannah Way kurzerhand durch das NT bis nach Broome in WA. Eine neue Abenteuerroute war geboren, die an vielen Nationalparks vorbeiführt – wenn auch das Wort »an« sehr großzügig bzw. großräumig ausgelegt wird. So wirbt der Savannah Way mit fünf Weltnaturerbestätten AN der Route, dazu werden jedoch auch der Kakadu NP (150 km nördlich der Strecke) und das Great Barrier Reef gezählt. Außerdem ist es mittlerweile fast egal, welche Route man wählt, denn außer dem eigentlichen Savannah Way gibt es noch diverse Alternativrouten mit demselben Namen, so dass man fast gar

keine andere Wahl mehr hat, als DEN Savannah Way zu fahren.
Rund 80 % des Savannah Way sind asphaltiert. Lediglich der 750 km lange Abschnitt von Normanton (QLD) bis Roper Bar (NT) ist Piste.

Lake Argyle & Lake Argyle Tourist Village. Nur eine einzige, vergleichsweise winzige Staumauer (335 m lang und 98.5 m hoch) war nötig, um den Ord River zu einem gigantischen, knapp **1000 km² großen See** (▶ 133) aufzustauen, der bei Hochwasser seine Oberfläche sogar noch einmal verdoppelt. Eingebettet in karge, mit Spinifex bewachsene Gebirgsketten bildet das kühle Blau des Wassers einen effektvollen Farbkontrast zu der ansonsten von Rot und Gelb dominierten Landschaft. Allerdings fehlen dem künstlichen See jegliche Reize eines natürlichen Gewässers, so wie flache von Bäumen gesäumte Uferbänke, die zum Wandern oder Verweilen einladen. Statt einer grünen Oase in der Wüste gleicht der Stausee eher einem mächtigen Fremdkörper – dem jedoch eine gewisse Anziehungskraft nicht abzusprechen ist.
Mit dem Aufstauen des Sees ging der Lebensraum vieler Tiere verloren. Einige Arten haben aber auch von der Entstehung des Sees profitiert. Neben Fischen, von denen inzwischen rund 26 Arten einschließlich des kuriosen Schützenfisches (▷ 342) den See bevölkern, gehört vor allem das Australienkrokodil (▷ 341) zu den Gewinnern. Entlang der kilometerlangen sandigen Uferbänke der neu entstandenen Inselwelt finden die Tiere unzählige geschützte Brutplätze, in denen ihre Eier weder von Raubtieren ausgegraben und verspeist, noch von Huftieren zertrampelt werden. Als Resultat der günstigen Bedingungen tummeln sich hier inzwischen über 20.000 Exemplare. An Lebensraum gewonnen haben auch einige Vogelarten, vor allem Wasservögel, Schreitvögel und Greifvögel, so wie der Weißbauch-Seeadler und der Fischadler/*osprey* (▶ 142). Ein schwerer Schlag für das Ökosystem bedeutete die Ankunft der Agakröte (▷ 393) im Februar 2009.

Direkt am Stausee, aber ohne Seeblick, liegt **Lake Argyle Tourist Village** [www.lakeargyle.com], ein äußerst schlichtes Ressort mit Bar, Motel und Campingplatz direkt neben der Straße.
Die Erkundungsmöglichkeiten beschränken sich auf einen Wanderweg [5 km ⇆], der ohne große Ausblicke einmal um den Seitenarm des Sees herumführt, an dem das Ressort liegt. Zwei einfache, etwas erhöht gelegene Parkplätze dienen als **Aussichtspunkte** und am Ende der Straße liegt ein schattiger eingezäunter **Picknickplatz** mit Tischen, Bänken und Toiletten. So richtig »erleben«, kann man den Stausee eigentlich nur per **Bootstour**. Zwei Anbieter bieten vor Ort verschiedene 2- bis 6-stündige Touren an, *Lake Argyle Cruises* [Tel. 9168 7687, www.lakeargyle.com] und *Triple J Tours* [Tel. 9168 2682, www.triplejtoursnet.au]. Besonders stimmungsvoll sind die Sonnenuntergangstouren/*sunset cruises*, da sich dann bei ruhiger Wetterlage die rot leuchtenden Felsen auf der glatten Wasseroberfläche widerspiegeln. Da die Touren äußerst populär sind, ist Vorbuchen in der Hauptsaison ratsam.

5 Montag

Zwischen den einzelnen Staaten und Territorien herrschen **strenge Quarantäne-Vorschriften**, deren Einhaltung bei Grenzüberschreitung meist gründlich überprüft wird. Die Kontrollen sollen verhindern, dass sich Schädlinge wie die gefürchtete Fruchtfliege über den Kontinent ausbreiten.
Wer **von WA in das NT** reist, unterliegt im Grunde keinen Einschränkungen und wird auch nicht kontrolliert. Allerdings darf nur Obst und Gemüse aus der Kununurra-Region eingeführt werden, da diese frei von Fruchtfliegen ist.
Wer **vom NT nach WA** reist, wird strengen Kontrollen unterzogen und darf u. a. folgende Produkte nicht mit sich führen: Früchte, Gemüse, gebrauchte Frucht- oder Gemüsekartons, Honig, Kartoffeln, Reis und Pflanzen.
Außerdem markiert die Staatsgrenze eine **Zeitzone**. Wer in das NT reist, muss seine Uhr 1.5 Std. vor-, wer nach WA reist 1.5 Std. zurückstellen.

Streckenabschnitt Nord 9 Top End

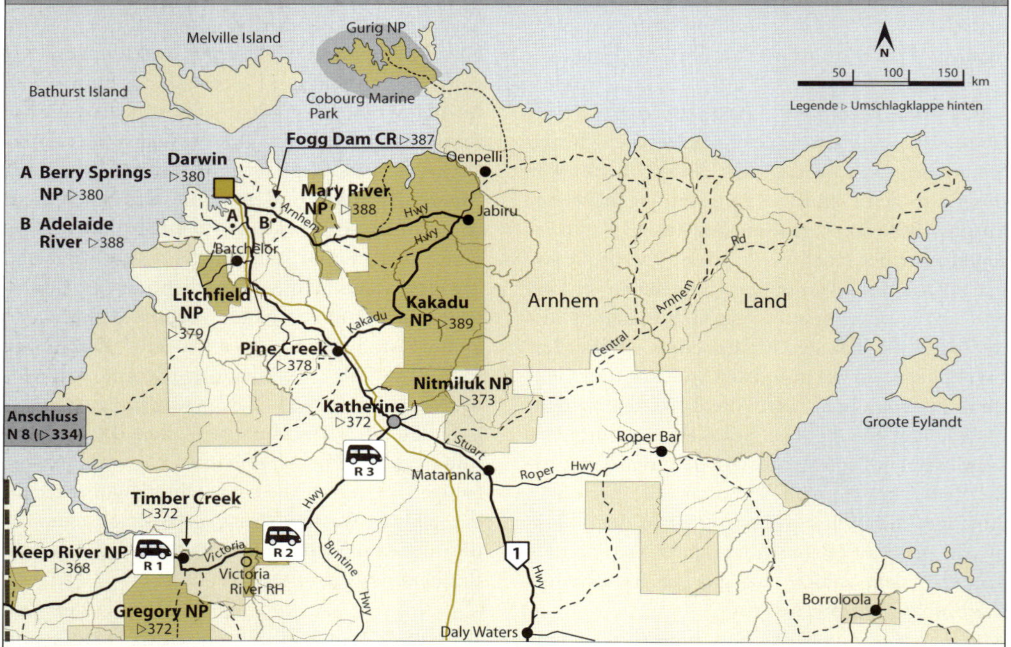

Rastplätze ▷ **41**

1 ***Big Horse Creek Rest Area*** [10 km westlich von Timber Creek] - Großer, umzäunter Platz zwischen Highway und Victoria River (aber ohne Fluss-Stellplätze). Der Parkplatz ist gleichzeitig Nationalpark-Campsite, daher ist das Übernachten kostenpflichtig.

2 ***Sulivans Jump-Up Rest Area*** [107 km östlich von Timber Creek] - Mit Holzbalken verbauter Parkplatz, 200 m vom Highway entfernt. Der Parkplatz ist gleichzeitig Nationalpark-Campsite, daher ist das Übernachten kostenpflichtig.

3 ***Limestone Creek Rest Area*** [217 km östlich von Timber Creek] - Leicht beschatteter Platz direkt am Highway, mit einigen individuellen Stellplätzen.

Keep River National Park. (580 km²) Landschaftliche Attraktion des Parks (▶ 134) sind die vereinzelten Gebirgsrücken, die sich aus der lichten Baumsavanne erheben. Sie bestehen überwiegend aus Sandstein und Konglomerat, zwei Sedimentgesteine, die besonders anfällig für die Kräfte der Erosion sind. Dementsprechend stark sind die Gebirgszüge »zernagt« und von so manch einem Gebirge steht nur noch ein **dekoratives Labyrinth einzelner Felsen**. Andere Gebirgszüge, die der Erosion noch nicht so stark erlegen sind, werden von ähnlichen geologischen Formationen gekennzeichnet wie man sie im Purnululu NP und in geringerem Maße im Mirima NP findet. Deshalb ist der Keep River NP ein guter Ersatz für all jene, die den nur per 4WD erreichbaren Purnululu NP auslassen wollen oder müssen. Besonders frappierend sind die Ähnlichkeiten der Parks entlang der *Jarnem Walk*, die an **roten Sandsteindomen und mit Fächerpalmen bewachsenen Schluchten und Spalten** vorbeiführen. Mit einer maximalen Höhe von ca. 200 m

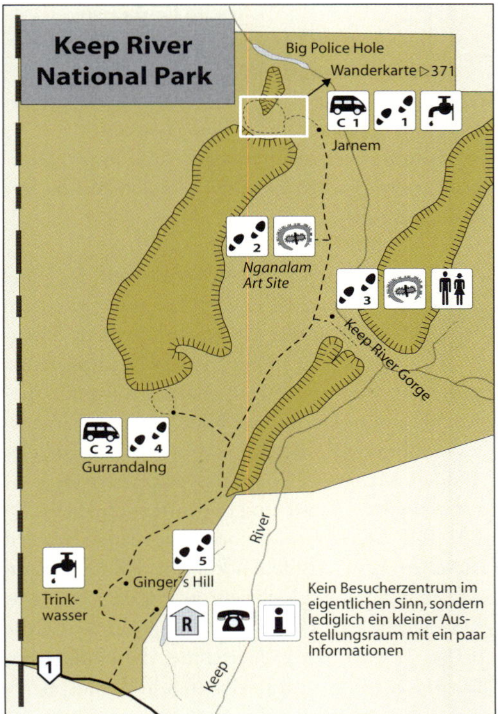

Wandermöglichkeiten

1 *Jarnem Walk* [8 km ↺]
2 *Nganalam Art Site Walk* [1 km ⇆]
3 *Jinumum Walk* [3 km ⇆]
4 *Gurrandalng Walk* [2 km ↺]
5 *Ginger's Hill Walk* [300 m ⇆]

N

2 4 6 8 km

Legende ▹ Umschlagklappe hinten

Campsites

1 ***Jarnem Campground*** - Großes, mit Holzbalken abgestecktes Camp, teils von Eukalypten beschattet. Generatoren sind nicht erlaubt.

$

2 ***Gurrandalng Campground*** - Die idyllische, mit ein paar Felsbrocken »dekorierte« Campsite liegt inmitten der offenen Baumsavanne. Generatoren sind erlaubt.

$

sind die Felsdome allerdings nicht ganz so mächtig wie im Purnululu NP, aber höher und eindrucksvoller als im Mirima NP. Außerdem sind sie mit einem Alter von 250 Mio. Jahren rund 100 Mio. Jahre jünger als die Gesteine der beiden anderen Parks.

Eine zweite Attraktion sind die vielen **Aborigine-Felsmalereien**, von denen die *Nganalam Art Site* (▶ 134) besonders sehenswert ist. Da das Gebiet noch heute für die zwei lokalen Aborigine-Völker, den Miriwoong (auch Mirriwung geschrieben) und Gadjerong, sehr bedeutsam ist, dürfen einige der Kunststätten nicht betreten werden.

Blickpunkt Natur

Neben einer Vielzahl von Reptilien beherbergt der Park über 50 Säugetierarten, darunter das Kurzohr-Felskänguru/*short-eared rock-wallaby* (▶ 136) und das Flachnagelkänguru/*northern nailtail wallaby*, das sich wie die beiden anderen Nagelkänguruarten (eine davon ist bereits ausgestorben) durch einen Hornnagel an der Schwanzspitze auszeichnet. Abends sieht man oft Dingos (▷ 375) um die Campsites streifen.

Bemerkenswert ist der Vogelreichtum mit über 170 Arten. Zu den farblichen Höhepunkten gehören der *red-collared lorikeet* (eine Unterart des Allfarbloris/*rainbow lorikeet*), der mächtige, bis zu 60 cm große Rotschwanz-Rabenkakadu/*red-tailed black-cockatoo*, der leuchtend rote Scharlach-Trugschmätzer und elf Prachtfinkenarten einschließlich des begehrtesten Objektes aller Vogelbeobachter, der vom Aussterben bedrohten Gouldamadine/*Gouldian finch*. Ebenfalls im Park beheimatet sind Graulaubenvögel (▽), Glattstirn-Lederköpfe, Weißspiegeltauben und einige ausdrucksvolle Sänger wie der Blauflügel-Kookaburra (▷ 342), der Fasanspornkuckuck, die Schwarzkehl-Würgatzel (▷ 294) und der Flötenvogel (▷ 208), der sich im Top End in seiner Zeichnung deutlich von den westaustralischen Exemplaren unterscheidet.

◆ Der **Laubenvogel/***bowerbird* ist ein echter architektonischer Aufschneider. Um Weibchen anzulocken, baut er auf dem Boden eine rundbogenförmige Laube aus kleinen Stöckchen. Dieses Liebesnest dekoriert er mit einem farblich abgestimmten Sammelsurium aus Steinen, Blüten, Schneckengehäusen, menschlichen Müll wie glitzernden Scherben oder Plastik sowie vielen anderen »Trophäen«. Geradezu pedantisch ist er fast das ganze Jahr hindurch mit Renovierungs- und Umdekorierungsarbeiten beschäftigt. Kommt ein Weibchen, um das architektonische Kunstwerk zu inspizieren, umtänzelt er sie samt Laube mit herunter hängenden Flügeln und stößt in hellster Erregung eine ganze Palette seltsam schnalzender und rasselnder Laute aus. Nachdem er sie erfolgreich ins Liebesnest gelockt und dort begattet hat, verlässt das Weibchen die Laube, um sich in einiger Entfernung ein eigenes »gewöhnliches« Nest zu bauen. Dort legt sie dann ihre Eier und zieht die Jungen auf, ohne jegliche Unterstützung des Männchens, das sich bereits wieder seiner Laube bzw. dem nächsten Weibchen zugewendet hat.
Laubenvögel bilden die Familie *Ptilinorhynchidae*, die nur in Australien (sieben Arten) und auf Neuguinea (neun Arten) vorkommt. In WA und im NT sind zwei Arten heimisch, der bräunliche,

Der Graulaubenvogel wird bis zu 37 cm groß und ist der größte der australischen Laubenvögel.

auffällig gepunktete **Westliche Laubenvogel/***western bowerbird* (▶ 141) und der hellgrau gefiederte **Graulaubenvogel/***great bowerbird*.
Vorkommen Westlicher Laubenvogel (*Chlamydera guttata*): Pilbara und Rotes Zentrum
Vorkommen Graulaubenvogel (*Chlamydera nuchalis*): im tropischen Norden, von den Kimberleys bis Cape York

Die über 400 Pflanzenarten des Parks lassen sich in zwei Gruppen gliedern. Die größte Gruppe bilden jene Pflanzen, die in der flachen Baumsavanne gedeihen, darunter alle typischen Vertreter dieser Vegetationszone einschließlich der Kimberley-Bauhinie (▽), des Kapokbusches (▷ 394), der Wilden Mango (▷ 365), des *woollybutt* (▶ 145) und *stringybark* und einiger imposanter Boabs (▷ 82). Die zweite Gruppe bevorzugt einen felsigen Standort bzw. das feuchtkühlere Klima, das in den schattigen Schluchten und Spalten herrscht. Der auffälligste Vertreter dieser Gruppe ist die bis zu 12 m hohe Fächerpalme, die entlang des *Jarnem Walk* für etwas »Purnululu-Atmosphäre« sorgt. Sie ist eine (noch unbenannte Art) von ca. 18 australischen Vertretern der Gattung *Livistona*. Weitere dominante Repräsentanten dieser Gruppe sind die Elefantenohr-Akazie/*elephant ear wattle* (▶ 146), ein bis zu 6 m hoher Busch mit elefantenohrförmigen, bis zu einem halben Meter großen Phyllodien (▷ 97) und der ***milkwood tree*** (▶ 149), ein bis zu 20 m hoher Baum mit cremefarbener, korkiger Borke und ausladender Krone. Der *milkwood tree* gehört zur Familie der Hundsgiftgewächse und wird wie alle Familienmitglieder von einem milchigen Saft »durchblutet«. Der Saft ist extrem giftig und kann, in die Augen gerieben, zur Blindheit führen.

◆ Die **Kimberley-Bauhinie/***Kimberley bauhinia*, im Deutschen auch Phiolenbaum genannt, ist trotz ihrer Größe von bis zu 12 m kein Baum, der auf den ersten Blick ins Auge fällt. Selbst während der Blütezeit (April-Okt.) nimmt man den zierli-

chen Baum kaum wahr, denn seine kleinen Blüten sind zwar zahlreich, sehen aber wegen ihrer rotbraunen Farbe, zumindest von weitem, wie vertrocknete Blätter aus. Erst nachdem sich aus diesen feuerrote, bis zu 20 cm lange Schoten entwickelt haben (Mai-Dez.), wird die Bauhinie zu einem echten Blickfang (▶ 149). Mit zunehmender Reife nehmen die Schoten eine bräunliche Färbung an und verdrehen sich, bis sie schließlich aufspringen und die Samen freigeben. Die zweigeteilten Blätter der Kimberley-Bauhinie sind wie die Flügel eines Schmetterlings stets etwas zusammengeklappt, um der brennenden Sonne keine Angriffsfläche zu bieten. Diese »Schmetterlingsblätter« sind typisch für die meisten der über 300 weltweiten Bauhinienarten.
Vorkommen (*Lysiphyllum cunninghamii*): im tropischen Norden, von den Kimberleys bis Cape York

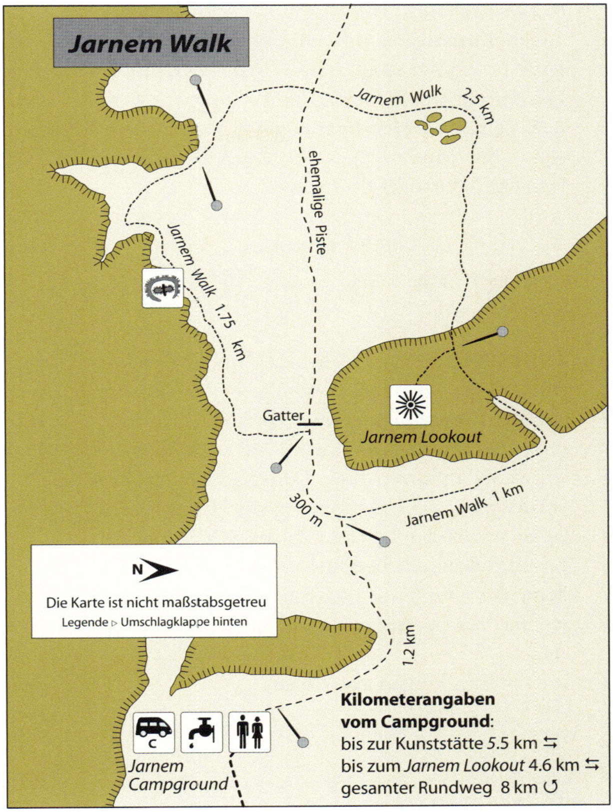

Erkunden & Wandern

◆ Einer der schönsten Wege im Nationalpark ist der *Jarnem Walk* [8 km ↺], ein Rundwanderweg, der an einer ca. 200 m hohen, stark zerklüfteten Felswand vorbeiführt. Diese erinnert mit ihren orangeschwarzen, mit *Livistona*-Fächerpalmen bespickten **Sandsteindomen** an die Bungle Bungle Range im Purnululu NP. Tropische Schraubenpalmen und die ans Gebirge grenzende **goldgelbe Grassteppe** runden das prächtige Gesamtbild ab. Außerdem passiert man entlang des Weges eine kleine Aborigine-Kunststätte und einen Aussichtspunkt, den *Jarnem Lookout*, der einen schönen Weitblick über das Gebiet offeriert.

◆ Der *Gurrandalng Walk* [2 km ↺] startet an der gleichnamigen Campsite und schlängelt sich durch ein interessantes, von der Erosion **kunstvoll erschaffenes Felslabyrinth**. Auf der ersten Hälfte des Weges passiert man mehrere Felsklippen, von denen man fantastische Blicke und schöne Sonnenuntergänge genießt. Ein paar Informationstafeln weisen auf Besonderheiten im Gebiet hin.

◆ Der *Jinumum Walk* [3 km ⇆] führt durch die erste Hälfte der 3 km langen Keep River Gorge, eine nicht ganz so atemberaubende, durchschnittlich 40 m hohe und **250 m breite Schlucht**. Der in der Trockenzeit bis auf ein paar schlammige Wasserlöcher austrocknende Keep River bleibt die meiste Zeit von einem undurchdringlichen Dickicht verborgen. Der Weg endet nach 1.5 km unterhalb einer senkrechten Felswand mit **einigen verblassten Felsmalereien**.

◆ Zwei weitere kurze Wege sind der zur gleichnamigen **Kunststätte** führende *Nganalam Art Site Walk* [1 km ⇆] und *Ginger's Hill Walk* [300 m ⇆], der auf einem kleinen Hügel endet. Auf diesem steht eine **Steinhütte**, von der Art, wie sie einst vom Miriwoong-Volk genutzt wurde, um Jagd auf Greifvögel zu machen.

Gut zu wissen,...

Timber Creek. (293 Einw.) Timber Creek ist eine kleine, verstreute Siedlung, deren Zentrum ein **Roadhouse** bildet. Wegen der Nähe zum Victoria River und zum Gregory NP setzt man hier ein wenig auf Tourismus. Daher gibt es ein kleines Angebot an Unterkünften und Bootstouren, wobei es sich bei Letzteren überwiegend um Angel- und **Krokodilbeobachtungstouren** handelt, denn der ganzjährig fließende Victoria River ist Heimat von Barramundis und Leistenkrokodilen.

Gut zu wissen,...

 CP*, H/M²

 *Timber Creek Supermarket*, Victoria Hwy ⌚ Mo-Fr 9-17 h, Sa 9-12.30 h

Gregory National Park. (13.000 km²) Der Gregory NP ist eines der **größten Schutzgebiete des NT** und in eine westliche und östliche Sektion unterteilt. Das Erkunden der sehr viel größeren, westlichen Sektion kann nur mit einem 4WD erfolgen. Vier bis zu **90 km lange Rundtripps** stehen zur Wahl. An den Pisten befinden sich mehrere Campsites ohne Einrichtungen. Weitere Campmöglichkeiten [WC, $] bestehen in einer **niedrigen, breiten Schlucht** aus grauem Kalkstein, der Limestone Gorge, sowie am ehemaligen, auch per 2WD erreichbaren Bullita Homestead. Eine weitere Attraktionen im westlichen Teil, die mit einem 2WD erreicht werden kann, ist *Gregory's Tree* [vom Victoria Hwy dem ausgeschilderten Abzweig 3.5 km folgen, plus 250 m Fußweg]. An dem riesigen, inzwischen eingezäunten **Boab** schlug Mitte des 19. Jahrhunderts der Entdecker Augustus Charles Gregory sein Lager auf. Die Daten seiner Ankunft und Abreise ritzte er in die Rinde des Boabs.

Ein sehr lohnenswerter Wanderweg, der *Joe Creek Walk* [1.7 km ↺] lädt im östlichen Teil zum Erkunden ein. Der Weg beginnt an einem Parkplatz abseits des Highways und führt an einer roten, mit Fächerpalmen bewachsenen Klippe entlang, vorbei an vielen **interessanten Aborigine-Felsmalereien**.

Gut zu wissen,...

Katherine. (10.500 Einw.) Mit über 10.000 Einwohnern ist Katherine die **drittgrößte Stadt des NT**. Einen Anflug von Stadtcharakter versprühen jedoch lediglich das kleine Einkaufszentrum und die vielen Ampeln (für aus WA kommende, die ersten nach über 2000 km). Katherine selbst ist weniger Urlaubsziel als, dank seiner strategischen Lage, Zwischenstation und Ausgangspunkt für Touren zu den umliegenden Attraktionen, so wie zum Nitmiluk NP.

Zu den Attraktionen innerhalb der Stadtgrenzen gehört ein Besuch der ***School of the Air*** [▷ 90, Giles St, ⌚ März-Nov: Mo-Fr 9, 10, 11, 13, 14 h], deren Schüler sich auf 800.000 km² verteilen.

Der Stadtgeschichte widmet sich das ***Katherine Outback Heritage Museum*** [Gorge Rd, ⌚ Mo-Fr 10-16 h (Nov.-Febr.: 10-13 h), Sa 10-13 h, So 14-17 h], in dem u. a. viele eindrucksvolle Fotos von der Rekordflut 1998 ausgestellt sind.

Alle Fluten überlebt hat das *Springvale Homestead* [Shadforth Rd, 20-minütige, kostenlose Führung ⌚ Mai-Sept.: tägl. 15 h]. Das 1879 erbaute, stei-

nerne Farmhaus ist eines der **ältesten Gebäude des NT**. Ebenfalls bemerkenswert sind die mächtigen Regenbäume/*Indian rain trees*, die den nahe gelegenen Campingplatz beschatten.
Am Victoria Highway, 3.5 km südwestlich des Stadtzentrums liegt der Low Level Nature Park, ein beliebter **Bade- und Picknickplatz** am Ufer des Katherine River, der an dieser Stelle von einer niedrigen Brücke überspannt wird. Die hohen Papierrindenbäume, die das Flussufer säumen, werden saisonal von Flughunden bevölkert.
Wem das Wasser des Katherine River zu kalt ist, kann ein wohltemperiertes Bad in den *Hot Springs* [Victoria Hwy > Riverbank Dr] nehmen. Das hübsche, von Schraubenpalmen/*screw pines* umwucherte Bachbett, in das die **warmen Quellen** sprudeln, wurde auf einer Länge von 60 m in eine Art »öffentliches Kurbecken« verwandelt.

Geschichte

Katherines Geschichte begann 1872 mit der Gründung einer Telegraphenstation 4 km nördlich des heutigen Stadtzentrums bei Knott´s Crossing. Fast 10 Jahre zuvor war der in Schottland geborene John McDouall Stuart mit einem kleinen Expeditionstrupp von Adelaide aufgebrochen, um eine Überlandroute von Süden nach Norden auszukundschaften. Während der Expedition entdeckte und benannte er den Katherine River, dessen Ufer ein paar Jahre später als Standort für eine Telegraphenstation ausgewählt wurde. Obwohl sich um diese Station rasch eine kleine Siedlung bildete, mogelte sich die Ortschaft in den darauf folgenden Jahren mehr schlecht als recht durch die Geschichte. Selbst Funde von Gold, Zinn und anderen Rohstoffen in der näheren Umgebung führten zu keinem nennenswerten Boom.
Eine erste wirtschaftliche Belebung erlebte Katherine ironischerweise durch den II. Weltkrieg, als die Ortschaft zum Truppenstandort erklärt wurde. Damals zählte Katherine zum ersten Mal über 10.000 Einwohner und erhielt eine entsprechend gute Infrastruktur. Diese legte nach dem Abzug der Truppen den Grundstein für Katherines wachsende Bedeutung als regionales Zentrum. Die 10.000er Einwohnermarke hat die Stadt erst kürzlich wieder überschritten, nicht zuletzt wegen der zunehmenden Bedeutung des Tourismus´.
Ein neueres Ereignis, das in die Stadtgeschichte eingegangen ist, war die Rekordflut von 1998. Zwar steigt der Katherine River in der Regenzeit regelmäßig bis auf 17 m an, doch im Januar 1998 waren es entscheidende 3 m mehr, woraufhin sich der Ort in eine Seenlandschaft verwandelte, aus der nur noch die Dächer herauslugten.

Gut zu wissen,...

- **i**: Stuart Hwy / Lindsay Tce, ⌚ Mo-Fr 8.30-17 h, Sa So 9-13 h
- BB[1], BP/JH*, CP*, HM*, S*
- EZ: *Woolworths*, Katherine Tce, ⌚ tägl. 7-22 h

Nitmiluk National Park. (1803 km²) In den Grenzen des Nitmiluk NP liegen gleich zwei landschaftliche Sehenswürdigkeiten. Die bekanntere der beiden ist die **Katherine Gorge** (▶ 134), eine über **15 km lange Schlucht**, deren aboriginal Name Nitmiluk dem Park seinen Namen verlieh. In einem mitunter rechtwinkligen Zick-Zack-Kurs zerteilen die **zerklüfteten Wände** der durchschnittlich 50 m breiten Schlucht die Ausläufer des Arnhem Land Plateaus. Die Katherine Gorge gliedert sich in 13 Abschnitte, von denen der 2. und der 5. zu den eindrucksvollsten gehören, da hier die orangebraunen Sandsteinwände mit über 60 m am höchsten emporragen. In einigen Abschnitten sind **Felsmalereien** des Jawoyn-Volkes zu entdecken. Die größte dieser Felsgalerien befindet sich am Ende des ersten Abschnittes (nördliche Uferseite). Die populärste Art die Schlucht zu erforschen ist per **Kanu** oder **Bootstour**.
Die zweite Attraktion des Nationalparks sind die **Edith Falls**, die heute ebenfalls bevorzugt bei ihrem aboriginal Namen Leliyn genannt werden.

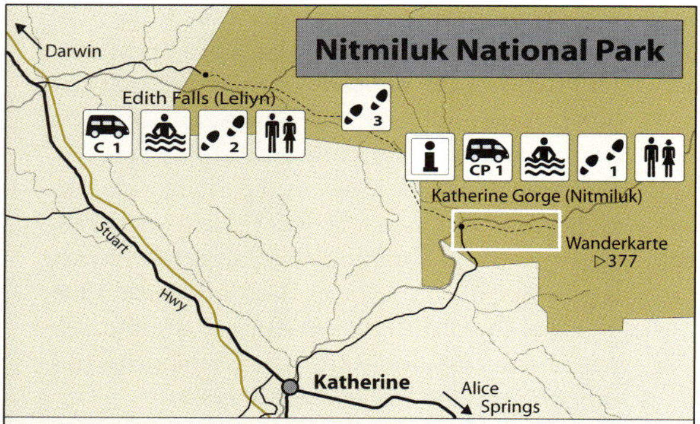

Wandermöglichkeiten

1 mehrere Wanderwege [800 m - 33 km ⇆]
2 *Leliyn Loop Walk* [2.6 km ↺]
3 *Jatbula Trail* [66 km →]

Nationalparknahe Campingplätze

1 ***Nitmiluk Caravan Park*** [Tel. 8972 1253, www.nitmiluktours.com.au] - Großer, stets gut besuchter Rasenplatz, der von *Nitmiluk Tours* verwaltet wird, einem Joint Venture zwischen den traditionellen Besitzern und dem Tourenunternehmen *Travel North*. Der Platz wird von einigen Bäumen beschattet und liegt ca. 200 m von der Schlucht entfernt.

$

Campsites

1 ***Leliyn Campsite*** - Sehr populärer (in der Hauptsaison oft ausgebuchter) Platz mit individuellen, teis schattigen Stellplätzen.

$

Darüber hinaus gibt es eine Reihe Campsites, die nur zu Fuß oder per Kanu erreichbar sind und die keinerlei Ausstattung haben.

Besucherzentrum

Das moderne ***Nitmiluk Visitor Centre*** [Juni-August: tägl. 🕓 7-19 h, Sept.-Mai: tägl. 7-17.30 h, der Infostand von der Parks and Wildlife Commission nur bis 16 h] informiert in einem kleinen Ausstellungsraum über die Besonderheiten des Parks. Neben dem Infostand der Parks and Wildlife Commission gibt es einen Stand des Tourenanbieters *Nitmiluk Tours* (linker Hand im Souvenir Shop), an dem man verschiedene Bootstouren buchen kann. Außerdem gibt es ein Café.

Die **ganzjährig fließenden Wasserfälle** plätschern über einen niedrigen Einschnitt in einer bis zu 50 m hohen Klippenwand. Die Klippe begrenzt jenes Sandsteinplateau, durch das sich auch der Katherine River schlängelt. Die Wasserfälle speisen einen riesigen, fast **kreisrunden Badepool**.

Blickpunkt Natur

Am lebhaftesten geht es (wie so oft in Australien) auf den Campsites und Picknickplätzen zu. Hier sieht man neugierige Gelbstirn-Schwatzvögel (▶ 141), Blauohr-Honigfresser und Graulaubenvögel (▷ 370). Stachelibisse/*straw-necked ibises* stolzieren zwischen den Campern umher und in den Morgen- und Abendstunden versammeln sich die zierlichen Sandwallabys (▶ 137) zum Grasen auf den Grünflächen. Ein weiterer häufiger Besucher ist der mächtige Goulds Waran, der eine Länge von 1.5 m erreichen kann. Zwei Reptilien, auf die man mit Glück beim Bootfahren oder auf Wanderungen stößt, sind Mertens Wasserwaran (▶ 138), der die permanenten Wasserpools bewohnt und das Australienkrokodil (▷ 341), von dem ein kleiner Bestand im Katherine River lebt. Die gefährliche **Nördliche Todesotter** ist ebenfalls ein Bewohner des Parks. Wie die übrigen drei australischen Todesotterarten unterscheidet sie sich von anderen Schlangen durch ihren kurzen (max. 60 cm langen), gedrungenen Körper, der in einer extrem dünnen Schwanzspitze endet.
In der Katherine Gorge befindet sich am Bootsanleger saisonal eine Kolonie von Flughunden (▷ 342) und in der Nacht kann man neben dem monotonen Ruf des Eulenschwalms (▷ 355), dem Geheule von Dingos (▽) und Buschtrielen (▽) lauschen.

◆ Das nächtliche Gejammer des **Busch-**

triels/*bush stone-curlew* (▶ 142 / auch Langschwanztriel) hat schon viele um den Schlaf gebracht. Es klingt wie eine Mischung aus Trillerpfeife und Dingogejaule und übertrifft an Lautstärke beides. Ganz besonders ohrenbetäubend ist das Konzert, wenn mehrere Vögel im Duett jammern, was vor allem während der Brutsaison zwischen Juli und Januar vorkommt.
Der Buschtriel ist einer von zwei Trielarten, die auf dem australischen Kontinent beheimatet sind. Er wird gut 50 cm groß, besitzt lange Beine und einen kräftigen Schnabel. Zu Gesicht bekommt man den nachtaktiven Vogel nur selten. Zwar schläft er tagsüber unverdeckt auf dem Erdboden sitzend, doch lassen sein bräunlich geschecktes Gefieder und seine Reglosigkeit ihn geradezu unsichtbar werden.
Die Population des Buschtriels hat stark unter der Ausweitung landwirtschaftlicher Flächen gelitten. Während man dem nächtlichen Spektakel in den Gras- und Baumsavannen des tropischen Nordens noch relativ häufig lauschen kann, ist es in den lichten Wäldern der südlichen Kontinenthälfte mittlerweile recht ruhig geworden.
Vorkommen (*Burhinus grallarius*): australienweit, mit Ausnahme der Trockenzonen und TAS

◆ Der **Dingo**/*dingo* war wahrscheinlich das erste Tier, das von Menschen nach Australien eingeführt wurde. Der vom indischen Wolf abstammende Hund wurde vor schätzungsweise 3.500 bis 4000 Jahren von Aborigines oder asiatischen Seeleuten nach Australien gebracht, wo er sich rasch über das ganze Land verbreitete. Zwei Indizien, die für seine relativ späte Ankunft auf dem 5. Kontinent sprechen, sind das Fehlen älterer archäologischer Beweise und die Tatsache, dass er den Sprung nach TAS nicht geschafft hat, welches erst vor 12.000 Jahren zur Insel wurde.
Im Gegensatz zu vielen anderen Wildhunden lebt und jagt der Dingo gewöhnlich nicht in großen Rudeln, sondern eher in kleinen Gruppen von zwei bis drei Tieren. Am häufigsten sieht man den bis zu 1.20 m großen Hund jedoch alleine herumstreifen, denn die meisten Tiere sind Einzelgänger. Auf dem Speiseplan einzelner Jäger stehen kleinere Säugetiere, Reptilien oder Vögel, während die Gruppen auch den großen Riesenkänguruarten nachstellen. In schlechten Zeiten wird selbst Aas nicht verschmäht.
Für den Menschen sind wild lebende Dingos normalerweise nicht gefährlich. An Menschen gewöhnte Tiere, die auf Picknickplätzen und Campsites herumlungern und dort sogar gefüttert werden, sind allerdings mit Vorsicht zu genießen. Erst 2002 wurde ein Junge auf Fraser Island (QLD) von einer Horde »halbzahmer« (von Touristen gefütterter) Dingos angefallen und getötet.
Vorkommen (*Canis lupus dingo*): australienweit, mit Ausnahme von TAS und des stark besiedelten Südwestens und Südostens

Die Charakterpflanze entlang der Katherine Gorge ist ein zierlicher Vertreter der Gattung *Livistona*. Die bis zu 8 m hohe Fächerpalme *Livistona inermis* prägt zusammen mit dem Kapokbusch (▷ 394), der Seidenen Grevillea (▽) und verschiedenen Akazien- und Eukalyptusarten die offene Baumsavanne, die das hügelige Sandsteinplateau bedeckt. Rund um die Edith Falls ist die Fächerpalme nicht heimisch, dafür ist in dieser Sektion des Parks eine endemische Akazienart sehr dominant. *Acacia helicophylla* ist leicht an ihren klebrigen, spiralnudelförmigen Blättern (bzw. Phyllodien ▷ 97) und ihrer gelockten Borke zu erkennen, ansonsten fällt der nur 1 bis 4 m hohe, äußerst spittelige Busch kaum ins Auge.
Eine in beiden Sektionen auffällige Eukalyptusart ist der *scarlet gum*. Der bis zu 10 m hohe, in der Regel mehrstämmig wachsende Baum besitzt eine goldbraune, wollig wirkende Borke. In der Trockenzeit überwiegt der goldene und während der Regenzeit der braune Farbton. Der obere Teil des Stammes sowie die kleineren Äste sind glatt und, je nach Jahreszeit, cremefarben bis rötlichbraun.
Wie in vielen Nationalparks des Top End existieren auch in diesem einige kleinflächige **Monsun-**

wälder/*monsoon forests*, so z. B. in der Butterfly Gorge, einer engen Nebenschlucht der Katherine Gorge. Diese isolierten Wälder sind die Reste einer Regenwalddecke, die einst das gesamte NT bedeckte. Als das Klima trockener wurde, wich der subtropische Regenwald zunächst dem Monsunwald, der sich durch ein lichteres und niedrigeres Kronendach auszeichnet sowie dadurch, dass viele seiner Mitglieder während der langen Trockenperiode ihre Blätter abwerfen. Zudem fehlen ihm die wuchtigen Baumgiganten, die den »richtigen« Regenwald kennzeichnen. Als das Klima selbst für den Monsunwald zu trocken wurde, musste er den noch genügsameren Baumsavannen weichen. Nur in besonders feuchten Gebieten, so wie entlang von Flüssen und Pools, konnten sich bis heute rudimentäre Bestände des Monsunwaldes erhalten.
Das Kronendach der Monsunwälder bilden u. a. die bis zu 20 m hohen Vertreter der Gattungen *Syzygium* und *Terminalia*, in deren Schatten Farne, Moose und viele Sträucher gedeihen, darunter die *native lasiandra*, ein bis zu 2 m großer, dichter Busch mit rosafarbenen Blüten.

◆ Die *Grevillea pteridifolia* ist ein gutes Beispiel für die Unzuverlässigkeit von Trivialnamen bei der Pflanzenbenennung. Während der filigrane Baum in WA unter dem Namen **Seidene Grevillea**/*silky grevillea* bekannt ist, heißt er im NT Farnblättrige Grevillea/*fern-leaved grevillea*. Ersterer Name spielt auf die silbrige Blattunterseite an, die für den seidigen Glanz verantwortlich ist und letzterer auf die Blattform, die an schlanke Farnwedel erinnert, wobei die einzelnen nadeldünnen Segmente bis zu 27 cm lang werden können.
Die Seidene Grevillea ist ein klassischer Vertreter der Baumsavanne (▷ 94) und wird durchschnittlich 10 m hoch. In den Hauptblütemonaten (April-Juni) wird der Baum von orangefarbenen Blüten geziert, die in Form und Größe an rechteckige Haarbürsten erinnern und eine begehrte Nahrungsquelle für Vögel sind. Die Aborigines gewannen aus den Blüten einen geschmacksintensiven Fruchttrunk, indem sie die Blüten so lange ins Wasser tauchten, bis sich dieses gelb verfärbte.
Vorkommen (*Grevillea pteridifolia*): im tropischen Norden, von den Kimberleys bis Cape York

Erkunden & Wandern

Katherine Gorge

◆ Die bequemste Art die Schlucht zu erkunden ist per **Bootstour**. Es gibt 2-, 4- und 8-stündige Bootstouren, die jeweils bis zum 2., 3. und 5. Abschnitt vordringen. Da die einzelnen Abschnitte durch flache Stromschnellen bzw. Felsbarrieren voneinander getrennt sind, müssen zwischen 800 m und 2 km zu Fuß zurückgelegt werden. Die beiden längeren Touren finden gewöhnlich nur in der Hauptsaison statt und nur, wenn der Wasserstand des Katherine River es erlaubt; die 2-stündige Fahrt dagegen findet, außer bei extremem Hochwasser, ganzjährig statt [🕓 tägl. Zeiten variieren nach Saison, Buchung im Besucherzentrum]. Bei Hochwasser prescht ein Schnellboot bis

Kanufahrt mit felsigen Hindernissen.

zum 3. Abschnitt durch die Schlucht.

◆ Die Schlucht auf eigene Faust erforschen kann man per **Kanu**. Ein Bootsverleih befindet sich vor Ort. Um bis in den 2. Abschnitt vorzudringen, sollte man das Kanu mindestens einen halben Tag bzw. wer noch weiter paddeln möchte, einen ganzen Tag ausleihen. Außerdem besteht die Möglichkeit das Kanu über zwei Tage zu entleihen, um auf einer der ausgewiesen Campsites am Ufer zu übernachten. Die einzelnen Abschnitte der Schlucht werden von Stromschnellen bzw. Felsbarrieren voneinander getrennt, über die man die Boote stellenweise tragen muss.

◆ Wer den Park lieber zu Fuß erkunden will, findet eine **große Auswahl an Wanderwegen**, darunter ein kurzer Weg, der in der Nähe des Bootsanlegers beginnt und zu einer Aussichtsplattform,

dem *Barrawei Lookout* [800 m ⇆], führt. Alle anderen Wege zweigen von einer unbenutzten, sich über das Hochplateau schlängelnden Piste ab.

Besonders abwechslungsreich ist der *Windolf Walk* [vom Besucherzentrum 8.4 km ⇆, nur die Sackgasse 4 km ⇆], der sich kurz vor der Schluchtkante gabelt. Folgt man dem Pfad nach links in eine Seitenschlucht hinunter, gelangt man zum Southern Rockhole, einem kleinen **Badepool**, der gewöhnlich zwischen Dezember und Juni von einem 20 m hohen **Wasserfall** gespeist wird. In der Trockenzeit versiegt der Wasserfall und der Pool schrumpft zu einem wenig einladenden Wasserloch. Ca. 30 m hinter dem Pool mündet die Seitenschlucht in die Katherine Gorge. Folgt man dem *Windolf Walk* rechts herum, gelangt man zunächst zu einem Aussichts-

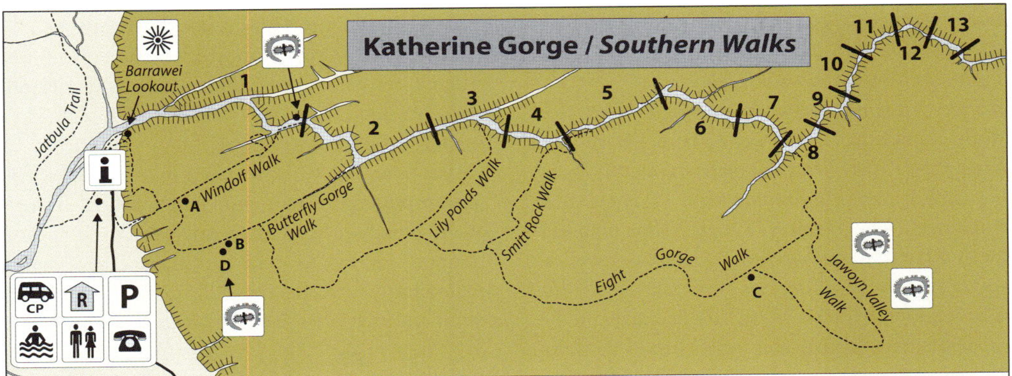

Am Informationsstand des Besucherzentrums erhält man kostenlos eine detaillierte Wanderkarte (*Nitmiluk National Park / Southern Walks*) sowie eine Karte für Kanufahrer (*Nitmiluk National Park / Canoeing Guide*).

1 / 2 Schluchtabschnitte

A, B & C Notwassertanks

D Neben den bekannten Felsgalerien in der ersten Schlucht und entlang des *Jawoyn Valley Walk*, gibt es weitere, oft nur vereinzelte Malereien zu entdecken. Eine dieser unbekannteren Galerien ist die Frauenhöhle. Sie verbirgt sich am Fuße einer niedrigen Felswand unter einem kleinen Felsüberhang ca. 50 m vor dem 2. Notwassertank [500 m vor dem Abzweig zum *Butterfly Gorge Walk*].

In der Frauenhöhle

N

1 2 3 km

Legende ▷ Umschlagklappe hinten

punkt mit hübschen Blicken über die Schlucht und schließlich über einen leichten Abstieg in die Katherine Gorge hinunter. Falls der Wasserstand es zulässt, kann man entlang breiter Felsterrassen ca. 200 m stromaufwärts wandern und dort den Fluss bei einer flachen Stromschnelle überqueren. Auf der anderen Uferseite befinden sich mehrere **interessante Aborigine-Felsmalereien**.

In eine bis zu 30 m hohe, mit **Monsunwald** bewachsene Seitenschlucht führt der *Butterfly Gorge Walk* [vom Besucherzentrum 12 km ⇆, nur die Sackgasse 3.4 km ⇆]. Am schmalen Schluchtende befindet sich ein kleiner Strand nebst schattigem Picknickplatz mit hübscher, aber stark eingeschränkter Sicht in die Katherine Gorge.

Der *Lily Ponds Walk* [vom Besucherzentrum 20 km ⇆, nur die Sackgasse 3.8 km ⇆] führt an einem mit **Seerosen geschmückten Bachbett** entlang und abwärts in die Katherine Gorge, wo er an einem beliebten **Badepool** endet. Der Pool wird zwischen Dezember und Juni von einem schmalen, 40 m hohen Wasserfall gespeist, unter dem man hindurchwandern kann.

Für die anderen Wege, so wie den *Smitt Rock Walk* [vom Besucherzentrum 23.6 km ⇆] und den *Eight Gorge Walk* [vom Besucherzentrum 33 km ⇆], sollte man mindestens eine Übernachtung einplanen. Wenigstens vier Tage sollte man sich für den *Jatbula Trail* [66 km →] Zeit nehmen, der von der Katherine Gorge zu den Edith Falls führt. Alle Wanderer dieses Weges müssen sich im Besucherzentrum registrieren und einen Pfand von $50 hinterlegen, den man beim Zurückmelden an den Edith Falls zurückbekommt. Genaue Informationen erhält man im Besucherzentrum.

Edith Falls

◆ Der *Leliyn Loop Walk* [2.6 km ↻] ist ein lohnender Rundwanderweg, der die Wasserfälle einmal umrundet. Folgt man dem Weg gegen den Uhrzeigersinn, erfolgt zunächst der leichte Aufstieg zum Klippenrand des Plateaus [ca. 600 m →], von dem man einen **freien (Sonnenuntergangs-)Weitblick** gen Westen genießt. Danach führt der Weg durch ein kleines Steinlabyrinth, vorbei am *Bemang Lookout* bis zum pittoresken Oberlauf des Edith Creek. Hier befindet sich der idyllische Upper Pool – ein **felsiges, von Wasserfällen gespeistes »Freibad«**, das von terrassierten, von der Erosion gezeichneten Felswänden umschlossen ist. Rund 400 m hinter dem Upper Pool zweigt der zur Katherine Gorge führende *Jatbula Trail* ab, auf dem man nach 3.4 km [→] zum Sweetwater Pool gelangt. Ein Weiterwandern vom Sweetwater Pool zur Katherine Gorge ist nicht gestattet, da der *Jatbula Trail* nur andersherum erwandert werden darf.

Gut zu wissen,...

...dass man eine **Übernachtungsgenehmigung/** *overnight permit* ($3.30 pro Person) braucht, um auf einer der Campsites zu nächtigen, die nur per Kanu oder zu Fuß erreichbar sind. Diese erhält man nur von 7 bis 13 h im Besucherzentrum.

...dass es sich in den Hauptreisemonaten Juni bis August empfiehlt die Bootstour bzw. das Kanu vorzubuchen [*Nitmiluk Tours*, Tel. 1300 146 743, www.nitmiluktours.com.au]

...dass man bei Wanderungen die **extremen Tagestemperaturen** berücksichtigen sollte, die vor allem zwischen September und Januar herrschen können. Da es auf dem Sandsteinplateau generell mehrere Grad heißer ist als in der Ebene, sind Temperaturen über 40°C nicht ungewöhnlich.

Pine Creek. (600 Einw.) Pine Creek verdankt seine Existenz dem Bau der Telegraphenlinie von Adelaide nach Darwin. Allerdings nicht als Standort für eine Telgraphenstation, sondern weil im Dezember 1870 die Arbeiter beim Setzen der Telegraphenmasten Gold fanden. Weitere Funde in der Umgebung lösten einen kurzen Goldrausch aus, bei dem u. a. auch Pine Creek gegründet wurde.

Heute rühmt sich Pine Creek, die einzige Siedlung zu sein, die das Ende des Goldrausches überlebt hat – wenn auch nur knapp. Denn mit seinen vielen unbebauten Grundstücken und der nur ansatzweise existierenden Hauptstraße wirkt Pine Creek nicht gerade wir ein blühendes Städtchen. Zu den Hand voll »historischen« Wellblechhäuschen, die noch aus dem goldenen Zeitalter stammen, gehört das 1889 erbaute (aber erst 1913 nach Pine Creek »versetzte«) Haus des ehemaligen Minenvorstehers, in dem sich heute ein Museum [*Pine Creek Museum*, Railway Tce, 🕓 April-Sept.: Mo-Fr 11-17 h, Sa 11-13 h] befindet.

Gut zu wissen,...

CP^2, H/M^2, S^1

Ah Toys General Store, Main Tce, 🕓 Mo-Fr 8-17 h, Sa 9-12 h

in der Grünanlage, Jensen St / Moule St

Litchfield National Park. (1554 km^2) Der populäre Litchfield NP ist mit seinen **einladenden, zu 90 % krokodilfreien Wasserpools** so etwas wie das tropische Bäderland des Top End. Die idyllischen Pools werden teils von Felswänden, teils von Monsunwald umrahmt und von **dahinplätschernden Wasserfällen** gespeist. Dass die Wasserfälle auch in der Trockenzeit gewöhnlich nicht versiegen, liegt an der Table Top Range, einem flachen Gebirgsplateau, das das Kernstück des Nationalparks bildet. Die Table Top Range gleicht einem riesigen Wasserspeicher. In der Regenzeit nimmt sie die üppigen Niederschläge auf und über die monatelange Trockenperiode gibt sie das Wasser wieder ab.

Die zwei **schönsten Badepools** befinden sich an den Wangi Falls (▶ 134) und Florence Falls (▶ 134). Mehr zum erfrischenden Abkühlen als zum ausgiebigen Schwimmen eignet sich das Buley Rockhole, das aus einer Reihe kleiner, terrassierter »Badewannenpools« besteht. In allen Dreien herrscht in der Hauptsaison mehr Betrieb als in einer öffentlichen Badeanstalt. Wer mit einem 4WD ausgestattet ist, kann sich in zwei weiteren Pools, an den Tjaynera Falls und Surprise Creek Falls, erfrischen. Während der Regenzeit schwellen die Wasserfälle oft derart an, dass die hinunter preschenden Wassergewalten die ruhigen Planschbecken in gefährliche Whirlpools verwandeln, die dann zeitweise für die Öffentlichkeit gesperrt werden.

Ganzjährig nicht zum Baden geeignet, aber imposant anzusehen, sind die Tolmer Falls, die am Ende der Table Top Range über eine knapp 100 m hohe Klippe in die Tiefe stürzen. Bewundern kann man die Szenerie von einer Aussichtsplattform, die an einem 1.5 km langen Rundwanderweg liegt. An den weniger aufsehenerregenden Tjaetaba Falls gibt es ebenfalls keine Schwimmmöglichkeit, lediglich oberhalb der Fälle ein kleines Becken zum Abkühlen.

Der Nationalpark ist kein Park der langen Wege. Keine Attraktion liegt mehr als 400 m von der Straße entfernt. Einzige Ausnahmen sind die Tjaynera Falls [3.4 km ⇆] und die Tjaetaba Falls [2.7 km ⇆]. An den meisten anderen Pools gibt es kurze Rundwanderwege, von denen der um die Wangi Falls besonders empfehlenswert ist.

Die wasserspeichernde Table Top Range versorgt nicht nur die populären Pools, sondern auch zwei ganz unterschiedliche Vegetationszonen mit dem kostbaren Nass. Zum einen die **Baumsavanne**, die den größten Teil des Parks bedeckt und in der, neben den dominanten Eukalyptusarten *woollybutt* (▶ 145) und *stringybark*, die kleine Sandpalme/*sand palm* und verschiedene Palmfarne/*cycads* gedeihen. Einen grünen Kontrast zur lichten Savanne bildet der schmale Streifen **Monsunwald** (▷ 394), der Pools und Wasserläufe säumt. In dem von Palmen, Farnen und Kletterpflanzen durchdrungenen Dickicht sind viele Vogelarten beheimatet, darunter der samtschwarze Glanzfleckdrongo/*spangled drongo*, der Blauohr-Honigfresser, der Rotflügelsittich/*red-winged parrot*, der Schwarzkopfsittich/*northern rosella* und ein saisonaler Besucher aus Neuguinea, die schwarzweiß gefiederte Zweifarben-Fruchttaube/*Torresian im-*

Die schmalen Bauten der Kompasstermiten erinnern in ihrer Form unweigerlich an Grabsteine.

perial-pigeon. Weitere tierische Bewohner sind Sandwallaby/*agile wallaby* (▶ 137), Australische Gespenstfledermaus (▷ 346), Mertens Wasserwaran/*Mertens' water monitor* (▶ 138), Kragenechse (▶ 138) sowie diverse Termitenarten, deren eindrucksvolle Bauten vielerorts bewundert werden können. Am erhabensten sind die bis zu 6 m hohen, faltigen Säulen der Spinifex-Termiten (▷ 286) [Litchfield Park Rd, entlang der südöstlichen Einfahrt zum Park]; am ungewöhnlichsten sind die flachen, stets in Nord-Süd Richtung ausgerichteten Bauten der Kompasstermiten/*magnetic termites* der Gattung *Amitermes* [Litchfield Park Rd, 6 km östlich des Abzweigs zu den Florence Falls & zwischen der nordöstlichen Parkgrenze und dem Finniss River].

Nicht Termiten, sondern die Erosion ist verantwortlich für ein kleines, hübsches, aber nicht sonderlich spektakuläres **Sandsteinlabyrinth**, das den Namen *Lost City* trägt und nur per 4WD erreichbar ist. Es handelt sich um die Überreste einer harten Sandsteinschicht, die einst die gesamte Table Top Range bedeckte. Weitere Reste dieser Schicht stehen am Abzweig zu den Tolmer Falls.

Campen kann man auf **sieben verschiedenen Campsites** (drei davon sind nur per 4WD und eine nur zu Fuß erreichbar). Da der Park in der Trockenzeit ein beliebtes Ausflugsziel der Darwiner ist, sind die Campsites an Wochenenden und in den Ferien oft ausgebucht.

Gut zu wissen,...

...dass im gesamten Park, insbesondere entlang des Weges zu den *Tjaetaba Falls*, ein erhöhtes Infektionsrisiko mit dem durch Milben (▷ 17) übertragenen **Tsutsugamushi-Fieber** besteht.

...dass nicht ausgeschlossen werden kann, dass in der Regenzeit **Leistenkrokodile** ihren Weg in die Pools finden. Davon betroffen ist vor allem der Pool bei den Wangi Falls, in dem regelmäßig Leistenkrokodile entdeckt und gefangen werden. Nicht ohne Grund liegt hier die Krokodilfalle ganzjährig aus...

Berry Springs Nature Park. (21 km²) Die Aktivitäten im Berry Springs NP [Zufahrt 🕓 tägl. 8-18.30 h] beschränken sich aufs **Picknicken und Baden**. Zu Ersterem lädt eine große Wiese mit vielen schattigen Picknickplätzen ein und zu Letzterem das hübsche, von Monsunwald umgebene Quellbecken der Berry Springs sowie ein ca. 300 m langer Abschnitt des nicht minder attraktiven Berry Creek, in den sich die Quellen ergießen. Vier mit Stufen versehene Badezugänge erlauben das bequeme Eintauchen in das klare, fischreiche Gewässer. Einer der Zugänge befindet sich direkt am flachen **Quellbecken** (ca. 300 m vom Parkplatz entfernt), die anderen entlang des an Tiefe gewinnenden Berry Creek. Eine Schnorchelmaske erlaubt die Bekanntschaft mit den vielen heimischen Fischarten. Vor Ort gibt es einen kleinen Kiosk [🕓 April-Nov.:tägl. 9-17.30 h].

Gut zu wissen,...

Darwin. (109.419 Einw.) Darwin ist das **Nesthäkchen unter den Hauptstädten** der australischen Staaten bzw. Territorien. Kaum mehr als 100.000 Einwohner zählend, fehlen Darwin im

Vergleich zu den anderen Metropolen nicht nur die Bewohner, sondern auch zwei bedeutende Charakterzüge. Zum einen eigenständige Stadtviertel, die sich zu attraktiven Subzentren entwickelt haben und zum anderen eine großstädtisch belebte Innenstadt nebst der typischen Skyline aus gläsernen Bürotürmen und Hotelpalästen. Darwins Stadtviertel sind bis auf ein paar Einkaufsmöglichkeiten reine Wohnviertel und die mehr als überschaubare Innenstadt versprüht mit ihrer kurzen Fußgängerzone und ihren türkisfarbenen Stadtmöbeln einen eher **provinziellen Charme**. Doch das soll sich bald ändern. Dank Milliarden von Dollars und einem Stapel moderner Bauprojekte befindet sich Darwin zurzeit in einem **städtebaulichen Selbstfindungsprozess**, der das hässliche Nesthäkchen in einen stolzen Schwan verwandeln soll – mit ersten Erfolgen. Die Verwandlung vollenden wird ein 1.1 milliardenschwerer Vergnügungskomplex, der innerhalb der nächsten 15 Jahre am Hafen entstehen soll. Ein erster Schritt in Richtung Großstadt fand bereits 1994 mit der Eröffnung eines neuen **Parlamentsgebäudes** [*Parliament House*, Bennett St, 🕓 Mo-Sa 8-18 h] statt. Das strahlend weiße Gebäude, in dem sich u. a. die zentrale Bibliothek des NT [*NT Library*, 🕓 Mo-Fr 10-18 h, Sa So 13-17 h] und ein kleines Café [*Speakers Corner Café*, 🕓 Mo-Fr 8-15 h] befinden, besitzt unumstritten Großstadtklasse und kann auf einer kostenlosen, 1.5-stündigen Führung [🕓 Sa 9 u. 11 h, April-Sept./Okt.: zusätzlich

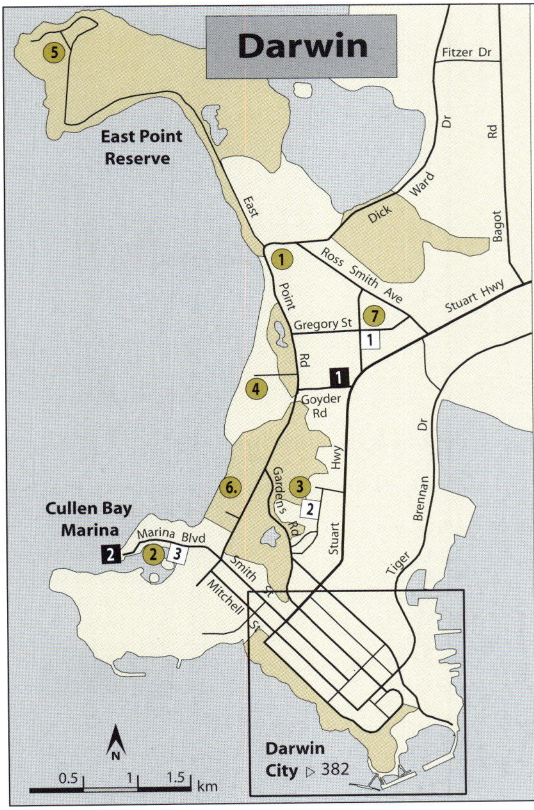

■ Praktisches

1 *Department of Infrastructure, Planning and Environment* (Verkehrsamt), Goyder St, Parap
2 Fähranleger/*ferry terminal*

● Sehenswürdigkeiten

Historische Gebäude
1 Fannie Bay Gefängnis
Museen & Anderes
2 *Cullen Bay Marina* (zahlreiche Restaurants und Cafés)
3 Botanischer Garten
4 Darwins Museum und Kunstgalerie
5 East Point Militärmuseum
Märkte
6 *Mindil Beach Sunset Markets*
7 *Parap Markets*

□ Unterkünfte

... zwischen $70 und $130

1 ***Parap Village Motel***, 52 Gregory St, Tel. 8981 2163

... über $130

2 ***Botanic Gardens Apartments***, 17 Geranium St, Tel. 8946 0300, www.botanicgardensapts.com.au
3 ***Marina View Serviced Apartments***, 32 Marina Boulevard, Tel. 8981 0001, www.marinaview.com.au

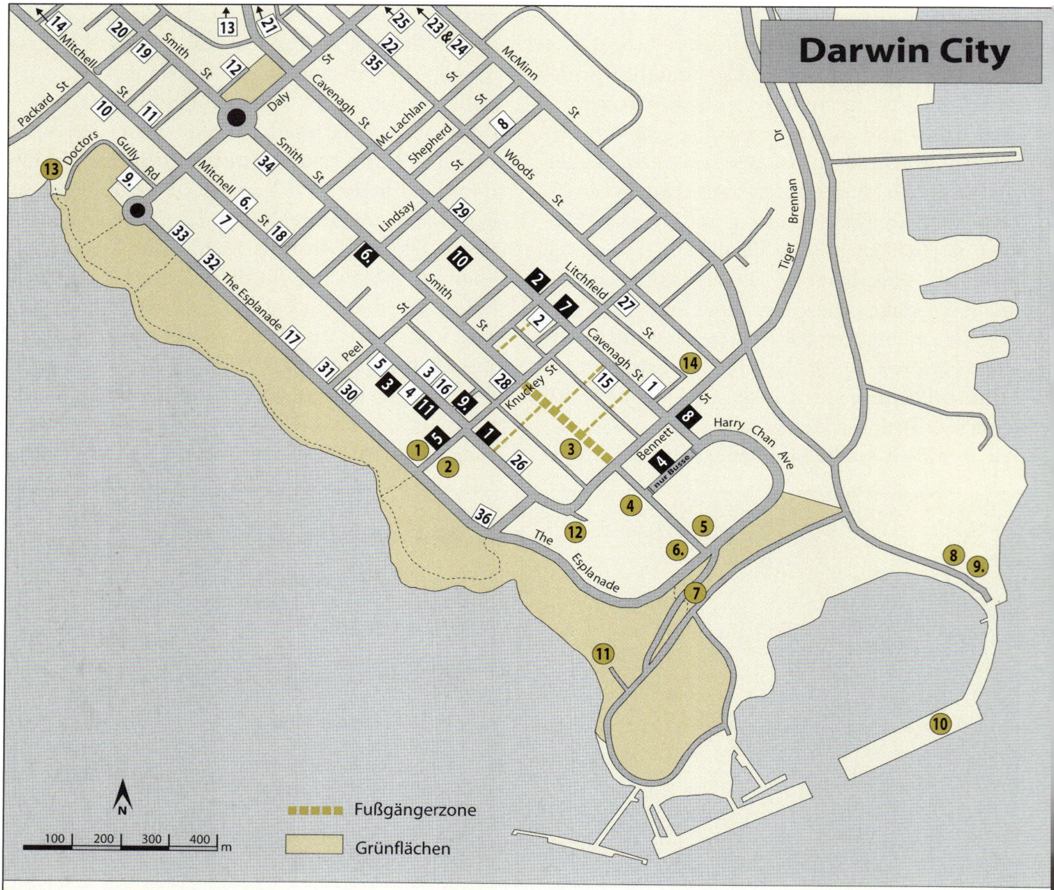

Praktisches

Allgemeines

1 Touristenbüro [🕓 ▷387]
2 Hauptpostamt [🕓 Mo-Fr 9-17 h, Sa 9-12.30 h]
3 *Darwin Transit Centre*
4 Busbahnhof & Information [🕓 Mo-Fr 6.30-17.30 h]
5 Polizeiwache
6 Automobilclub AANT [🕓 Mo-Fr 9- 17 h]
7 *Department of Immigration and Multicultural Affairs*, 40 Cavenagh St, Tel. 8981 6245 [🕓 Mo, Di, Do, Fr 9-16 h, Mi 9-13 h]
8 Kartenfachgeschäft ▷22
... Krankenhaus *Royal Darwin Hospital* (außerhalb der Karte), Rocklands Dr, Tiwi

Internet

9 mehrere Internet-Cafés Mitchell St zwischen Knuckey St und Peel St

Supermärkte

10 *Woolworths* [🕓 Mo-Sa 6.30-24 h, So 6.30-23 h]
11 *Coles* [🕓 tägl. 24 h]

Sehenswürdigkeiten

Historische Gebäude

1 *Lyons Cottage*
2 *Old Admirality House*
3 *Victoria Hotel*
4 Ruinen des Alten Rathauses/*Old Townhall*
5 Ruinen der *Christ Church Cathedral*
6 *Old Police Station and Court House*

Museen & Anderes

7 *Oil Storage Tunnels* (WW II Relikt)
8 *Indo Pacific Marine*
9 *Australian Pearling Exhibition*
10 *Darwin Wharf Precinct* (Fish & Chips-Meile)
11 Freilichtkino
12 Parlamentsgebäude (inkl. Staatsbibliothek)
13 *Aquascene*
14 Chinesisches Museum und Tempel

Unterkünfte

...unter $70 für ein Doppelzimmer

1 ***The Cavenagh***, 12 Cavenagh St, Tel. 8941 6383, www.thecavenagh.com
2 ***Air Raid City Lodge***, 35 Cavenagh St, Tel. 8981 9214
3 ***Melaleuca on Mitchell***, 52 Mitchell St, Tel. 8936 1092, www.momdarwin.com.au
4 *Chilli´s Backpackers*, 69 A Mitchell St, Tel. 8941 9722, www.chillis.com.au
5 ***Youth Shack***, 69 Mitchell St, Tel. 8923 9790, www.youthshack.com.au
6 ***Wilderness Lodge Backpackers***, 88 Mitchell St, Tel. 8981 8363
7 ***Darwin Globetrotters YHA***, 97 Mitchell St, Tel. 8981 5385, www.yha.com.au
8 ***Frogshollow Lodge***, 27 Lindsay St, Tel. 8941 2600, www.frogs-hollow.com.au
9 ***YMCA Darwin***, 7 Doctors Gully Rd, Tel. 8981 8377, www.darwin.ymca.org.au
10 ***Banyan View Lodge***, 119 Mitchell St, Tel. 8981 8644, www.banyanviewlodge.com.au
11 ***Elkes Backpackers***, 112 Mitchell St, Tel. 8981 8399, www.elkesbackpackers.com.au
12 ***Harriets Place Backpacker Lodge***, 4 Harriet Pl, Tel. 8981 5694
13 ***Barramundi Lodge***, 4 Gardens Rd, Tel. 8941 6466, www.barramundilodge.com.au
14 ***Gecko Lodge***, 146 Mitchell St, Tel. 8981 5569, www.geckolodge.com.au

...zwischen $70 und $130

15 ***Metro Accommodation***, 21Cavenagh St, Tel. 8942 0438, www.metrodarwin.com
16 ***Value Inn***, 50 Mitchell St, Tel. 8981 4733, www.valueinn.com.au
17 ***Cherry Blossom Motel***, 108 The Esplanade, Tel. 8981 6734
18 ***Poinciana Inn (Flag)***, 84 Mitchell St, Tel. 8981 8111, www.poincianainn.com.au
19 ***Peninsular Apartment Hotel***, 115 Smith St, Tel. 8981 1922, www.peninsularapartments.com
20 ***Asti Hotel (Comfort Inn)***, 7 Packard Pl, Tel. 8981 8200, www.comfortinnasti.com
21 ***Golf Links Motel***, 38 Gardens Rd, Tel. 8981 1544, www.golflinksmotel.com
22 ***Ti Tree Holiday Apartments***, 92 Woods St, Tel. 8941 0568, www.handr.com.au
23 ***Palms Motel***, 100 Mc Minn St, Tel. 8981 4188, www.palmsmotel.citysearch.com.au
24 ***Alatai Holiday Apartments***, McMinn St / Finniss St, Tel. 8981 5188, www.alataiapartments.com.au

...über $130

25 ***Quality Frontier Hotel***, 3 Buffalo Ct, Tel. 8981 5333, www.frontierdarwin.com.au
26 ***Crowne Plaza Hotel***, 32 Mitchell St, Tel. 8982 0000, www.ichotelsgroup.com
27 ***Luma Luma Holiday Apartments***, Knuckey St / Wood St, Tel. 8981 1899, www.lumaluma.com.au
28 ***Darwin Central Hotel***, 21 Knuckey St, Tel. 8944 9000, www.darwincentral.com.au
29 ***Travelodge Mirambeena Resort Darwin***, 64 Cavenagh St, Tel. 8946 0111, www.mirambeena.com.au
30 ***Mantra on the Esplanade***, 88 The Esplanade, Tel. 8943 4333, www.mantra.com.au
31 ***Novotel Atrium Darwin***, 100 The Esplanade, Tel. 8941 0755, www.novoteldarwin.com.au
32 ***Holiday Inn***, 122 The Esplanade, Tel. 8981 5388, www.ichotelsgroup.com
33 ***Holiday Inn (II)***, The Esplande, Tel. 8980 0800, www.ichotelsgroup.com
34 ***Marrakai Luxury All Suites***, 93 Smith St, Tel. 8982 3711, www.marrakai.com.au
35 ***City Gardens Apartments***, 93 Woods St, Tel. 8941 2888, www.citygardensapts.com.au
36 ***Palms City Resort***, 64 The Esplanade, Tel. 8982 9200, www.palmscityresort.com

In der Nebensaison (Dez.-April) erhält man in vielen Häusern erhebliche Preisnachlässe.

Mi 10.30 h] besichtigt werden (inklusive einer kurzen Lektion über die politischen Verhältnisse im NT). Was Darwin an urbanem Flair noch fehlen mag, ersetzt die Hauptstadt des NT durch tropische Gelassenheit, ein geglücktes multikulturelles Potpourri, eine wohlige Durchschnittstemperatur von 28°C und einen Hauch Karibik, verströmt durch ein üppiges Grün. Palmen und andere tropische Bäume säumen die Straßen und die Vorgärten präsentieren sich nicht englisch gezähmt, sondern gleichen wild wuchernden Urwaldparzellen. Hinzu kommen ein hübscher Küstenstreifen mit einigen Strandbuchten und zahlreiche Grünzonen, wie z. B. der **Botanische Garten** [*Darwin Botanical Gardens*, Gardens Rd] und die zwei Landschaftsschutzgebiete Casuarina Coastal Reserve und East Point Reserve.

Der beliebteste Zeitvertreib der Darwiner ist **über Märkte zu bummeln**. Gleich vier stehen zur Auswahl, die alle von Darwins leicht multikulturellem, leicht alternativem Ambiente geprägt sind. Am bekanntesten ist der *Mindil Beach Sunset Market* [Gilruth Ave, 🕓 April-Okt.: Do 17-22 h, So 16-21 h (in etwas abgespeckter Version)] mit Straßenkünstlern, Live Musik, Ess- und Trinkbuden sowie Ständen, die Kitsch, Kleidung und Kunst feilbieten. Am Abend trifft sich hier die halbe Stadt zum Stöbern, Essen und um vom

Strand aus den Sonnenuntergang zu genießen. Die Ausmaße des extra für den Markt eingerichteten Parkplatzes haben zwar etwas abschreckendes, dennoch konnte der Markt seinen angenehmen Charakter bislang bewahren.
Sehr viel beschaulicher ist der *Nightcliff Market* [Progress Dr, 🕓 So 8-14 h]. Ein kleiner Platz mit Ess-, Schmuck- und Kunstständen sowie Live Musik und einem zentralen, von Feigenbäumen beschatteten Café.
Frisch Einkaufen kann man am besten auf dem *Rapid Creek Market* [Trower Rd, beim *Rapid Creek Shopping Centre* 🕓 So 8-14 h], der mit seinen vielen exotischen Gerichten, Früchten und Blumen sowie asiatischen Fuß- und Rückenmassagen einen Touch Fernost verbreitet.
Ein vierter kleiner Markt, der *Parap Market* [Parap Rd, 🕓 Sa 8-14 h], bietet so etwas wie eine Mischung aus *Nightcliff* und *Rapid Creek Market*.
Außer seinen Märkten bietet Darwin noch **jede Menge netter Ausgehmöglichkeiten**. Es gibt drei **kulinarische Zentren**: den *Darwin Wharf Precinct* mit seiner populären Fish & Chips-Meile direkt auf den Kaianlagen, den Jachthafen *Cullen Bay Marina* mit diversen Restaurants und Cafés und in der Innenstadt die Mitchell Street mit ihren ebenfalls zahlreichen Lokalen.
Wer zu Wasser speisen möchte, kann an verschiedenen **Bootstouren** teilnehmen, z. B. angeboten von *Darwin Cruises & Charters* [www.darwinharbourcruises.com.au] und *Cape Adieu* [www.capeadieu.com.au]. Zudem gibt es diverse **Sonnenuntergangstouren** und **Hafenrundfahrten**, z. B. angeboten von *Australian Harbour Cruises* [www.australianharbourcruises.com.au] und *Spirit of Darwin* [www.spiritofdarwin.net].
Ein weiterer beliebter Treffpunkt ist das **Freilichtkino** [*The Deckchair Cinema*, Kitchener Dr, 🕓 April-Nov., Programm unter www.deckchaircinema.com > *What's On*], auf dessen bequemen Liegestühlen man das aktuelle Filmprogramm unter Sternen genießen kann.
Wer sich das empfindliche Ökosystem eines **Korallenriffs** anschauen möchte, kann dies im *Indo Pacific Marine* [McMinn St, 🕓 tägl. 10-17 h]. Im selben Gebäude befindet sich die *Australian Pearling Exhibition* [🕓 tägl. 10-17 h], eine **Ausstellung rund um die Perlenfischerei**, ihren Anfängen und Entwicklungen bis heute.

Gemütlich und günstig Speisen mit Meeresblick. Die Fish & Chips-Meile am *Darwin Wharf Precinct*.

Fische füttern steht bei *Aquascene* auf dem Programm [Doctors Gully Rd, 🕓 Fütterungen variieren mit den Gezeiten, aktueller Zeitplan an der Eingangstür oder unter www.aquascene.com.au > *Feeding Times*]. Auf dem kleinen direkt am Meer gelegenen Privatgrundstück hatten die damaligen Besitzer vor Jahren mit dem Anfüttern von Fischen begonnen. Eine Tradition, die heute kommerziell fortgeführt wird, denn die vielen Fische, die bei Flut bis dicht vor die Füße der Besucher kommen, haben sich zu einer gewinnbringenden Touristenattraktion entwickelt.
Wie in fast jeder größeren australischen Stadt, kann man auch hier ein Gefängnis besichtigen. Das **Fannie Bay Gefängnis** [*Fannie Bay Goal*,

East Point Rd, ◷ tägl. 10-16.30 h] wurde 1883 errichtet und war noch bis 1979 in Betrieb.

Darwins Museum und Kunstgalerie [*Museum and Art Gallery of the NT*, Conacher St, ◷ Mo-Fr 9-17 h, Sa So 10-17 h] ist genau genommen mehr Galerie als Museum, denn gezeigt wird überwiegend aboriginal Kunst sowie Kunst aus dem pazifischen und ostasiatischen Raum. Die wenigen geschichtlichen Informationen konzentrieren sich auf Zyklon *Tracy*, der im Dezember 1974 die Stadt fast vollständig auslöschte. Die Naturkatastrophe wird mit zahlreichen Fotos visuell und mit einer Ehrfurcht erregenden Tonbandaufnahme akustisch dokumentiert.

Über das Leben der großen chinesischen Gemeinde sowie ihren festen Platz in der Geschichte des NT informiert das kleine **Chinesische Museum** [*NT Chinese Museum*, Litchfield St, ◷ April-Nov. Mi-Mo 10-14 h], das sich auf dem Gelände des ebenfalls zu besichtigenden **Chinesischen Tempels** [◷ tägl. 8-16 h] befindet.

Zwei Dinge, die bei einer Rundfahrt durch Darwin auffallen, sind das fast vollständige Fehlen historischer Gebäude und die vielen **militärischen Relikte**. Letztere gehen auf Darwins aktive Rolle im II. Weltkrieg zurück. Eines dieser historischen Kriegszeugnisse sind die fünf Tunnellager, die 1942 nach dem japanischen Luftangriff angelegt wurden, um einer erneuten Zerstörung der Treibstoffvorräte und anderer Ausrüstungsgüter vorzubeugen. Ein Tunnel inklusive Kriegsfotografien steht zur Besichtigung frei [*Oil Storage Tunnels*, Kitchener Dr, ◷ Mai-Sept.: tägl. 9-17 h, Okt.-April: Di-Fr 10-14 h, Sa So 10-16 h, Febr. u. Dez. geschlossen].

Armee-Fahrzeuge, Kriegsgeräte, Fotos und andere Erinnerungsstücke sind im **East Point Militärmuseum** ausgestellt [*East Point Military Museum*, Alec Fong Lim Dr, ◷ tägl. 9.30-17 h].

Das **Luftfahrtmuseum** [*Australian Aviation Heritage Centre*, Stuart Highway (Höhe Flughafen), ◷ tägl.9-17 h] informiert zwar auch über die Luftfahrtgeschichte des NT, wirbt aber vor allem mit seiner kleinen Ausstellung an Kampfflugzeugen.

Zu den wenigen **historischen Gebäuden**, die sowohl die Bombenangriffe als auch Zyklon *Tracy* überlebt haben, gehören das 1894 erbaute *Victoria Hotel* in der Fußgängerzone, das 1937 erbaute *Old Admiralty House* [Knuckey St / Esplanade] und das 1925 erbaute *Lyons Cottage* [Knuckey St / Esplanade ◷ Mo-Fr 10-16 h], in dem heute eine kleine Fotoausstellung mit Bildern aus den Familienalben altansässiger Darwiner zu sehen ist.

Im krokodilreichsten Teil des Landes darf natürlich ein **Zoo** nicht fehlen, der mit den großen Reptilien wirbt. Allerdings sind auf dem kleinen Areal des *Crocodylus Park* [Brandt Rd, ◷ tägl. 9-17 h] auch viele Tiere zur Schau gestellt, deretwegen man nicht nach Australien reisen muss.

Einen sehr viel besseren, auf die Region zugeschnittenen **Einblick in die Tierwelt** erhält man im ca. 60 km außerhalb Darwins liegenden ***Territory Wildlife Park*** [Cox Peninsula Rd, Berry Springs, ◷ tägl. 8.30-18 h]. Auf dem weitläufigen Gelände kann man viele heimische Tiere des Top End bewundern.

Rund 16 km von der Innenstadt entfernt, auf einer freien Wiese im Industriegebiet von Berrimah befindet sich der **Bahnhof** [*Rail Passenger Terminal*, Berrimah Rd]. Das schlichte Gebäude wurde 2004 im Zuge der Bahnstreckenverlängerung von Alice Springs nach Darwin errichtet und wird zurzeit zweimal wöchentlich vom legendären ***The Ghan*** angefahren.

Geschichte

Darwins Geschichte lässt sich in drei Kapitel gliedern. Das erste Kapitel eröffnet John Lort Stokes, erster Offizier der *HMS Beagle*, die im September 1839 in der Nähe des heutigen Hafens vor Anker lag. In Gedenken an seinen ehemaligen Schiffskameraden, den damals noch unbekannten Naturforscher Charles Robert Darwin, nannte Stokes den derzeitigen Ankerplatz »Port Darwin«. Darwin selbst war ein paar Jahre zuvor mit demselben Schiff auf Expeditionsfahrt gewesen, hatte aber diesen Küstenabschnitt weder zu Gesicht bekommen, noch sollte er jemals seinen Fuß in die nach

ihm benannte Stadt setzen.
Das zweite Kapitel beginnt knapp 30 Jahre später, am 5. Februar 1869, als der Landvermesser George Goyder im Auftrag der südaustralischen Regierung (die das NT annektiert hatte ▷ 73) in Port Darwin an Land ging, um einen Standort für die zukünftige Hauptstadt des Nordens auszuwählen. Seine Wahl fiel auf die kleine Halbinsel, auf der sich heute das Stadtzentrum befindet. Ein halbes Jahr später hatte Goyder seine Aufgabe erfüllt und über 2660 km² vermessen und abgesteckt. Ende 1869 erreichten die ersten Siedler die neu gegründete Stadt, für die der Name »Palmerston« vorgesehen war. In den 1870ern, im Zuge des kurzen Goldbooms von Pine Creek, erlebte Palmerston einen kleinen Zustrom von Einwanderern, darunter viele Chinesen, die als billige Arbeitskräfte ins Land geholt wurden und deren Geschäftssinn erheblich zum Aufbau eines Wirtschaftslebens beitrug.
1911, knapp drei Monate nachdem die Bundesregierung das NT übernommen hatte, wurde Palmerston in Darwin umbenannt, hauptsächlich weil dieser Name ohnehin von den meisten Einheimischen bereits verwendet wurde. Trotz des neuen Namens ließ der Aufschwung weiterhin auf sich warten. Ein paar Goldfunde, ein wenig Fischfang und Perlenfischerei hielten die Siedlung gerade so über Wasser. Bis zum II. Weltkrieg dümpelte Darwin vor sich hin und 1939 zählte die Stadt gerade mal 3900 Einwohner.
Im II. Weltkrieg wurde Darwin überraschend zum Hauptangriffsziel japanischer Kampfflugzeuge, die im Februar 1942, ohne nennenswerte Gegenwehr von Seiten der Australier, den Norden des Kontinents bombardierten. Hafen und Stadt wurden in Schutt und Asche gelegt. 292 Menschen kamen ums Leben. Kurz danach wurde die Stadt unter militärischer Kontrolle gestellt und evakuiert.
Nach dem Krieg wurde Darwin nur schleppend wieder aufgebaut. Erst in den 1950er und 1960er Jahren profitierte die Stadt von einer einsetzenden Einwanderungswelle und ihr Hafen mit seiner Viehverladestation profitierte von der enormen Nachfrage nach Rindfleisch auf dem Weltmarkt. In diese Zeit fallen auch die ersten Rohstofffunde von Uran, Magnesium und Bauxit, deren Exportgeschäfte für einen wichtigen Aufschwung sorgten. 1959 erhielt Darwin die Stadtrechte.
Das dritte Kapitel trägt die Überschrift ***Tracy*** und beginnt am Heiligen Abend des Jahres 1974. An diesem Tag fegte Zyklon *Tracy* mit Windgeschwindigkeiten von bis zu 217 km/h über die inzwischen 46.000 Einwohner zählende Stadt und hinterließ ein Feld der Verwüstung. 94 % aller Häuser wurden zerstört oder schwer beschädigt, 65 Menschen starben. Innerhalb einer Woche flohen 35.000 Einwohner, während die Zurückgebliebenen ohne zu zögern und mit Unterstützung der Armee mit dem Wiederaufbau begannen. Schon im April 1978 verzeichnete Darwin wieder die gleiche Bevölkerungszahl wie vor *Tracy*. Als Anfang der 1980er Jahre alles Bauland im Norden der Stadt verplant war, erschuf man ein paar Kilometer weiter östlich eine neue Wohnstadt, die den »alten« Namen »Palmerston« erhielt.
Darwin wie auch Palmerston erfreuen sich inzwischen eines ungebrochenen Bevölkerungszuwachses, denn Hafen, Tourismus und das Militär, das in Stadt und Umgebung immer noch Stützpunkte unterhält, haben während des letzten Jahrzehnts für eine hohe wirtschaftliche Prosperität gesorgt.

Gut zu wissen,…

…dass es einen privaten **Flughafentransfer** gibt, den *Darwin Airport Shuttle*, der zwischen Flughafen und dem Innenstadtbereich verkehrt. Er kann entweder telefonisch, online oder persönlich angefordert werden [*Transit Centre*, Shop 8, 69 Mitchell St, Tel. 8981 5066, www.darwinairportshuttle.com.au]. Die Fahrt kostet $11 pro Person bzw. $9 ab drei Personen, eine Taxifahrt dagegen kostet tags ca. $23 und nachts ca. $28.

…dass es zwei **Taxizentralen** gibt, *City Radio Taxis* [Tel. 8981 3777] und *Darwin Radio Taxis* [Tel. 131 008].

...dass in Darwin ein **öffentlicher Bus** verkehrt. Der *Darwinbus* bedient verschiedene Linien täglich zwischen 6 und 24 h, am Wochenende allerdings nur eingeschränkt. Den aktuellen Fahrplan erhält man im Touristenbüro oder unter www.nt.gov.au > *Transport & Travel* > *Timetables*. Ein einfaches Ticket ist drei Stunden gültig und kostet $2 Erw. / $0.50 Kind, eine Tageskarte/*show&go daily* kostet $5 Erw. / $2.50 Kind und eine Wochenkarte/*show&go weekly* $15 Erw. / $7.50 Kind. Außerdem gibt es günstige 10er-Packs/*adult 10 book*, bei denen man zehn Tickets erwirbt und neun bezahlt. Die 10er-Packs sowie die Wochenkarte sind nicht beim Busfahrer erhältlich, sondern nur beim Informationsstand im Busbahnhof [*Public Transport Information*, Harry Chan Ave, 🕓 Mo-Fr 6.30-17.30 h].
...dass das **Übernachtungsangebot** im Wesentlichen auf die Innenstadt beschränkt ist. Während sich die meisten Backpacker-Unterkünfte in der Mitchell Street befinden, findet man in den Parallelstraßen überwiegend Unterkünfte der höheren Preisklassen. Die Campingplätze dagegen liegen alle am äußersten Rand von Darwin.
...dass das Angebot an **Autovermietungen** relativ klein ist. Zwar haben fast alle größeren nationalen Anbieter (▷ 34) in Darwin eine Zweigstelle, doch gibt es nur wenige regionale Anbieter, darunter *Cheapa Rent-A-Car* [90 Mitchell St, Tel. 8981 8400], *Port Rent A Car* [Shed 14, Fisherman's Wharf, Tel. 8981 8441, www.port-rent-a-car.com.au], *Nifty Rent A Car* [86 Mitchell St, Tel. 8981 2999] und *Advance Car Rentals Darwin* [86 Mitchell St, Tel. 8981 2999, www.advan-cecar.com.au]. Mit den Fahrzeugen der regionalen Anbieter kann man sich meist nur innerhalb eines vertraglich festgelegten Radius bewegen.
...dass das **Angebot an Gebrauchtwagen**, vor allem an Kombis und Lieferwagen, dem einer Kleinstadt entspricht!
Um ein **Fahrzeug zu kaufen oder zu verkaufen**, hat man folgende Möglichkeiten:

1. Die **Automeile von Darwin** ist der Stuart Highway zwischen Innenstadt und Goyder Road sowie auf der Höhe des Flughafens.

2. Es gibt **zwei Zeitungen**, in denen Gebrauchtwagen annonciert werden. Die *Trading Post* erscheint alle 14 Tage donnerstags und enthält überwiegend Anzeigen privater Verkäufer. Fahrzeuge unter $5000 nehmen allerdings im Durchschnitt weniger als eine Seite ein. Das günstigste Inserat kostet $10.20. Aufgeben kann man die Annonce telefonisch, persönlich oder via Internet [*Trading Post*, 43 Cavenagh St, Tel. 13 26 26, 🕓 Mo- Fr 8-20 h, Sa 9-12 h, www.tradingpost.com.au].
In der Tageszeitung *Northern Territory News* [www.ntnews.com.au] ist jeden Samstag der *Cars Guide* enthalten, in dem aber noch weniger Fahrzeuge unter $5000 zu finden sind.

3. Autoverkaufs-Annoncen von anderen Reisenden findet man auf den **Schwarzen Brettern** der Backpacker-Unterkünfte sowie einiger Internet-Cafés.

4. Im **Internet** lohnt ein Blick auf das virtuelle Schwarze Brett von www.australien-info.de. Einen virtuellen Automarkt bieten www.carmarket.com.au und www.travellers-carmarket.com – allerdings mit einem meist spärlichen Angebot. Größer ist das Angebot unter www.carsales.com.au, einer Website auf der sowohl Privatleute als auch Händler inserieren.

i Mitchell St / Knuckey St, 🕓 Mo-Fr 8.30-17 h, Sa 9-15 h, So 10-15 h

BB[2], BP*, CP*, H/M*, JH[1], S*

größtes Einkaufszentrum: *Casuarina Square*, Trower Rd / Vanderlin Dr, *Woolworths* 🕓 Mo-Sa 7-22 h, So 8-22 h

Fogg Dam Conservation Reserve. (24 km^2) Der in den 1950er Jahren im Zuge eines groß angelegten Reisanbauprojektes erbaute **Stausee** ist ein wahres **Juwel für Vogelfreunde**. Die Staumauer bildet ein 1.6 km langer, befahrbarer Damm, der das Wasser von zwei Bächen, die ansonsten in den Adelaide River fließen, zu einem weitläufigen, seichten See aufstaut. Während das Reisprojekt zum Scheitern verurteilt war, erwies sich der Fogg Dam – zumindest aus Sicht der Vögel und ihrer Beobachter – als voller Erfolg. Heute ist der von Seerosenteppichen und Schilfrohr begrünte Stausee ein Refugium für eine große Schar Wasservögel, die man von mehreren überdachten **Aussichtspavillons** beobachten kann. Am großen Parkplatz vor dem Damm beginnen zwei Wanderwege zu weiteren Aussichtspunkten, der *Monsoon Forest Walk* [3.6 km ⇆] und der *Woodlands to Waterlily Walk* [2.2 km ⇆].

Gut zu wissen,...

Adelaide River.

Der Adelaide River ist einer von acht großen Flüssen, die sich durch das Top End schlängeln und deren Überschwemmungsebenen sich in der Regenzeit zu einem riesigen Feuchtgebiet vereinen. Inmitten der Überschwemmungsebenen des Adelaide River erhebt sich ein kleiner Hügel, auf dessen Gipfel das ***Window on the Wetlands Visitor Centre*** [Arnhem Hwy, 🕓 tägl. 7.30-19 h] steht – ein Besucherzentrum, das weniger für seinen Informationsgehalt als für seine Ausblicke erwähnenswert ist.
Wie die meisten Flüsse im Top End ist auch der Adelaide River **Heimat des Leistenkrokodils**. Die gleichermaßen gefürchteten und geliebten Reptilien sind die Hauptattraktion diverser Bootstouren, auf denen die Tiere gefüttert werden. Da die Fütterung mittels eines weit über der Wasseroberfläche schwebenden Köders erfolgt, werden die mächtigen Tiere dazu genötigt, aus dem Wasser zu springen. Drei Anbieter teilen sich den boomenden Markt mit den **springenden Krokodilen**: *Hunter Safari Adelaide River Experience* [in der Nähe des Fogg Dam CR], *Jumping Crocodile Cruise* [2 km hinter dem *Window on the Wetlands Visitor Centre*, www.jumpingcrocodile.com.au] und *Adelaide River Queen* [Arnhem Hwy, an der Brücke über den Adelaide River, www.jumpingcrocodilecruises.com.au].

Mary River National Park.

(1217 km²) Der Nationalpark bietet im Grunde nichts, was nicht auch der Kakadu NP bietet (ist aber meist weniger frequentiert!): **gute Vogelbeobachtungsmöglichkeiten**, einen von **Leistenkrokodilen** bevölkerten und mit **Seerosen »dekorierten« Fluss** (▶ 135) und während der Regenzeit weite Überschwemmungsebenen, die das Landschaftsbild charakterisieren. Im Laufe der Trockenzeit schrumpfen diese Feuchtgebiete zu einer Hand voll permanenter Wasserlöcher, so genannter Billabongs, zusammen, die dann zu ausgezeichneten Vogelbeobachtungsplätzen werden. Besonders empfehlenswert ist das westlich vom Mary River liegende Bird Billabong [Anfahrt: Arnhem Hwy, 2.7 km westlich des Mary River dem mit BIRD BILLABONG ausgeschilderten Abzweig folgen > 3.5 km Piste plus 2.8 km Wanderweg ⇆]. Der große, von Baumsavannen umgebene See beeindruckt durch ein reges Vogelleben und bietet gute Beobachtungschancen für **Wasserbüffel** (▷ 392) und **Australienkrokodile** (▷ 341). Am Ende des Weges spendet ein Pavillon Schatten.
Auf der östlichen Seite des Mary River liegen **zwei Campsites** [Anfahrt: Arnhem Hwy > 23 km östlich des Mary River in die Point Stuart Rd]: das schattenlose Anglercamp *Shady Camp* [WC, $] und *Couzen's Camping Area* [WC, $], ein schöner, etwas erhöht gelegener Platz mit etwas Schatten und einem (teils von Bäumen versperrten) Blick über den Mary River. Wegen der großen Anzahl an Leistenkrokodilen, Wasserbüffeln und Dingos (▷ 375) ist vor allem während des abendlichen Spazierganges gesunde Vorsicht angebracht.
3 km vor *Couzen's Camping Area* führt ein ebenfalls 3 km langer Abzweig zum North Rockhole. Hier starten **2-stündige Bootstouren** [🕓 nur in der Trockenzeit, Zeiten variieren nach Andrang, meist 10 u. 16 h], auf denen man viele tierische Bewohner des Parks beobachten kann.

Gut zu wissen,...

...dass bis auf die ersten 16 km der Point Stuart Rd, alle Straßen im Park nicht asphaltiert und nach Regenfällen extrem überflutungsgefährdet sind. In den regenreichen Monaten sind die Pisten deshalb nur für 4WDs geöffnet.

Kakadu National Park. (19.120 km²) Der Kakadu NP ist einer der wenigen Nationalparks der Welt, der sowohl für seine natürlichen als auch kulturellen Werte in die **UNESCO-Liste des Welterbes** aufgenommen wurde. Der Park liegt am Fuße des Arnhem Land Plateaus. Das Tausende Quadratkilometer große Hochplateau besteht aus orangegrauem Sandstein und Konglomerat und wird von einer 500 km langen, bis zu 300 m hohen Klippenwand begrenzt, die im Osten und Süden in den Nationalpark hineinragt. Für den Park fungiert dieses von Schluchten und Spalten zerteilte Plateau als Trichter, da es die Niederschläge der Regenzeit auffängt und über Risse, Spalten und Wasserfälle in die Ebene hinunterspült. Dort lassen die Wassermassen Bäche und Flüsse über die Ufer treten, so dass sich diese zu einem großflächigen, **bis zu 2 m tiefen Feuchtgebiet** verbinden, den Wetlands. Mit Seerosenteppichen begrünt und Papierrindenbäumen gespickt sind die Wetlands Heimat unzähliger **Wasservögel und Leistenkrokodile**. Die zwei wichtigsten »Zuläufe« des Feuchtgebietes sind der South Alligator River, dessen Einzugsgebiet vollständig innerhalb der Nationalparkgrenzen liegt und der Jim Jim Creek, der in Ersteren mündet. Die Überschwemmungsebenen rund um dieses Mündungsgebiet tragen den Namen Yellow Water und sind eine der Hauptattraktionen des Parks. Neben einer regen Fauna und üppigen Flora besticht Yellow Water durch seine glatte Wasseroberfläche, auf der sich fantastische Spiegelungen und Lichtreflexionen ergeben. Außerdem führt Yellow Water auch zum Ende der Trockenzeit noch Wasser, wenn alle anderen Überschwemmungsebenen schon ausgetrocknet sind.

Die zwei **imposantesten Wasserfälle** im Park sind die 150 m hohen Jim Jim Falls (▶ 135) und die etwas niedrigeren, nur per Boot erreichbaren Twin Falls. Beide stürzen direkt über den Klippenrand des Arnhem Land Plateaus. Mit einer Höhe von knapp 70 m weniger mächtig, aber dennoch sehr idyllisch sind die von einer unterirdischen Quelle gespeisten und daher ganzjährig fließenden Gunlom Falls. Sie befinden sich zusammen mit zwei nur zu Fuß erreichbaren Wasserfällen, den Kurrundie Falls und den Motor Car Falls, im hügeligen südlichen Teil des Parks.

Ebenfalls innerhalb der Parkgrenzen liegen einige durch die Erosion abgetrennte Ausläufer des Arnhem Land Plateaus, darunter Ubirr Rock und Nourlangie Rock. Beide **Felsinseln** beeindrucken durch grandiose Weitblicke und **spektakuläre Felsgalerien der Aborigines**, in denen Felsmalereien der **verschiedensten Stilrichtungen** (darunter die bekannte Röntgenmalerei ▷ 117) und Zeitalter bewundert werden können. Die jüngsten Malereien stammen aus dem 20. Jahrhundert, die ältesten sind über 20.000 Jahre alt, einige Messergebnisse sprechen sogar von 50.000 und 60.000 Jahren. Insgesamt, so schätzt man, gibt es rund **7000 Kunststätten im Nationalpark**, die neben einer Reihe anderer archäologischer Fundstätten von der ununterbrochenen Besiedlung dieses Gebietes durch die Aborigines zeugen. Noch heute ist das Gebiet mit seinen vielen heiligen Stätten für die lokalen Aborigine-Völker extrem bedeutsam. So auch für das im Süden des Parks heimische Jawoyn-Volk und das einst im Norden lebende Gagudju-Volk, dessen falsch betonter Name dem Nationalpark den Namen »Kakadu« einbrachte. Verwaltet wird der Park von den traditionellen Besitzern in Zusammenarbeit mit dem nationalen *Department of En-*

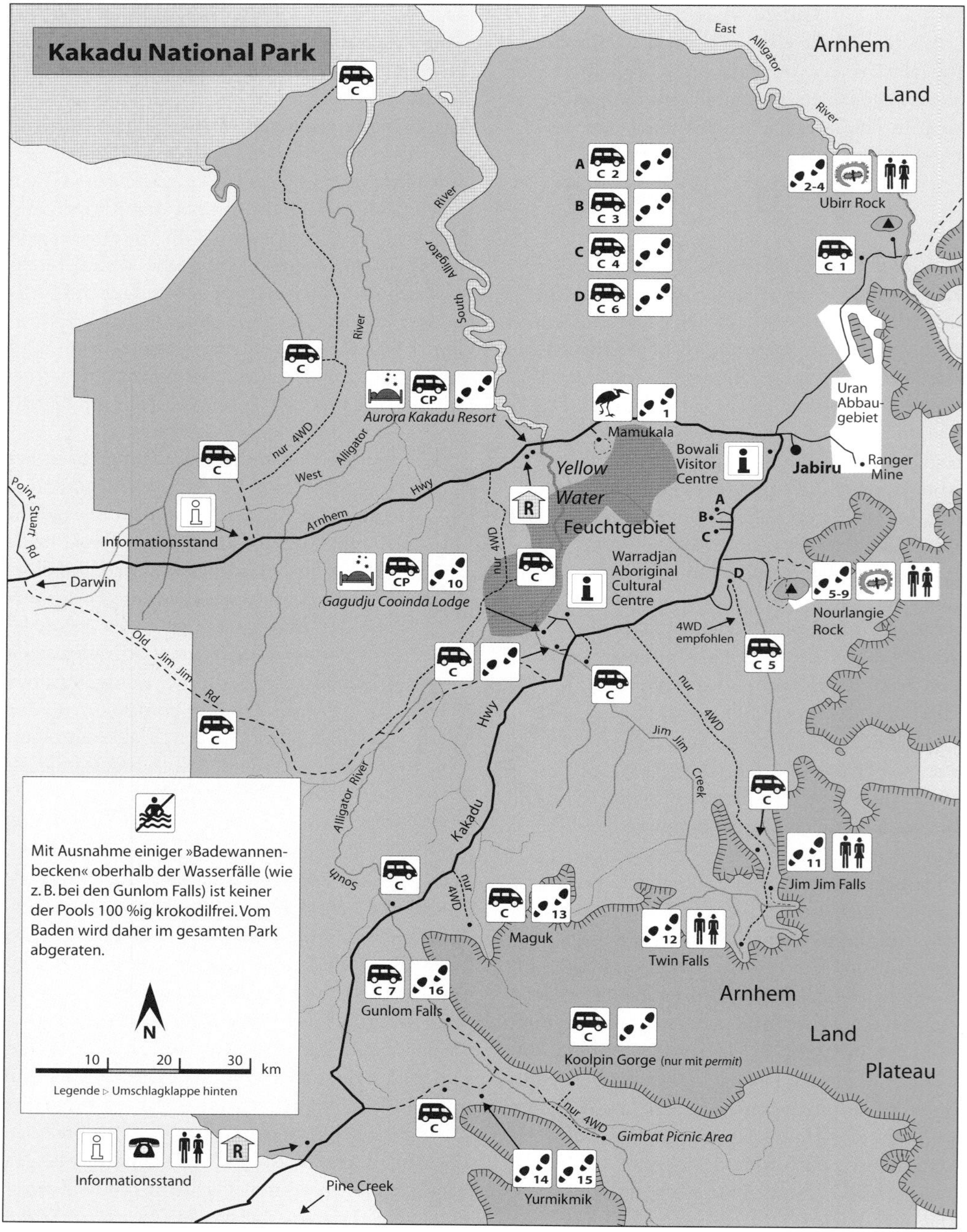
Kakadu National Park
East Alligator River
Arnhem Land
A C 2
B C 3
C C 4
D C 6
2-4
Ubirr Rock
C 1
Uran Abbau-gebiet
South Alligator River
West Alligator River
nur 4WD
Aurora Kakadu Resort
CP
1
Mamukala
Bowali Visitor Centre
Jabiru
Ranger Mine
Yellow Water
Feuchtgebiet
Point Stuart Rd
Arnhem Hwy
Informationsstand
Darwin
Gagudju Cooinda Lodge
10
Warradjan Aboriginal Cultural Centre
D
5-9
Nourlangie Rock
4WD empfohlen
C 5
Old Jim Jim Rd
nur 4WD
Kakadu Hwy
Jim Jim Creek
South Alligator River
11
Jim Jim Falls
13
Maguk
12
Twin Falls
C 7
16
Gunlom Falls
Arnhem Land Plateau
Koolpin Gorge (nur mit permit)
nur 4WD
Gimbat Picnic Area
14
15
Yurmikmik
Informationsstand
Pine Creek
Mit Ausnahme einiger »Badewannen-becken« oberhalb der Wasserfälle (wie z. B. bei den Gunlom Falls) ist keiner der Pools 100 %ig krokodilfrei. Vom Baden wird daher im gesamten Park abgeraten.
N
10 20 30 km
Legende ▷ Umschlagklappe hinten

Wegen der großen Anzahl an Wanderwegen und Campsites können hier nicht alle beschrieben werden, sind aber mit einem nummernlosen Symbol in der Karte eingetragen. Eine ausführliche Broschüre, der *Kakadu NP - Visitor Guide and Maps*, liegt an den Informationsständen entlang der Parkzufahrten und im *Bowali Visitor Centre* aus.

Wandermöglichkeiten

1 *Mamukala Walk* [3 km ↺]
2 *Ubirr Gallery Walk* [1 km ↺]
3 *Manngarre Walk* [1.5 km ↺]
4 *Bardedjilidji Walk* [2.5 km ↺] / *Sandstone & River Bushwalk* [6.5 km ↺]
5 *Anbangbang Billabong Walk* [2.5 km ↺]
6 *Nourlangie Rock Gallery Walk* [1.5 km ↺]
7 *Barrk Bushwalk* [12 km ↺]
8 *Nanguluwur Art Site Walk* [3.4 km ⇆]
9 *Nawurlandja Lookout Walk* [500 m ⇆]
10 *Yellow Waters Walk* [1 km ⇆]
11 *Jim Jim Falls Plunge Pool Walk* [1.8 km ⇆] /*Barrk Marlam Walk* [6 km ⇆]
12 *Twin Falls Walk* [2 km ⇆]
13 *Maguk Plunge Pool Walk* [2 km ⇆]
14 *Motor Car Falls Walk* [8 km ⇆]
15 *Kurrundie Falls Walk* [12 km ⇆]
16 *Gunlom Falls Walk* [800 m ⇆]

Besucherzentren

Das moderne ***Bowali Visitor Centre*** [◷ 8-17 h] präsentiert ein paar allgemeine Informationen über den Park und besitzt eine kleine Bibliothek sowie einen Videoraum, in dem verschiedene Filme gezeigt werden [◷ 9-16 h]. Außerdem gibt es ein kleines Café.

Das ***Warradjan Aboriginal Cultural Centre*** [◷ tägl. 9-17 h] informiert anschaulich über die Kultur und Geschichte der hier heimischen Aborigine-Völker.

Campsites

1 ***Merl Campground*** - In zwei große Schleifen (in einer davon sind Generatoren erlaubt) untergliedertes Camp mit vielen individuellen Stellplätzen mitten in der idyllischen Baumsavanne.

2 ***Malabanjbanjdju Campground (tent camping)*** - Ein kleines (nicht nur für Zelte geeignetes) Areal in der lichten Baumsavanne mit einigen hübschen Stellplätzen direkt oberhalb eines Billabong.
3 ***Malabanjbanjdju Campground (caravan camping)*** - Das kleine, teils schattige Camp liegt am selben Billabong wie das *tent camping*-Areal, allerdings 20 bis 30 m vom Ufer entfernt und somit ohne Blick auf selbiges.
4 ***Burdulba*** - Ein nur für Zelte geeignetes Camp, 1 km vom Highway entfernt. Der Wagen muss auf einem Gemeinschaftsparkplatz abgestellt werden.
5 ***Sandy Billabong Campground*** (4WD empfohlen) - Drei große Stellplätze für jeweils bis zu drei Parteien mit etwas Schatten und freiem Blick über ein Billabong.

6 ***Muirella Park Camping Area*** - Großes, in mehrere Sektionen untergliedertes Camp mit etwas Schatten.
7 ***Gunlom Camping Area*** - Weitläufiges Camp in der offenen Baumsavanne in unmittebarer Nähe der Wasserfälle (aber ohne Blick auf diese).

vironment and Heritage (*Parks Australia*), wobei in dem 14-köpfigen *Kakadu Board of Management* zehn Aborigines und vier weiße Australier sitzen.

Blickpunkt Natur

Der Kakadu NP beeindruckt durch eine enorme Artenvielfalt. Den über 10.000 verschiedenen Insekten (einschließlich zahlreicher Mückenarten) folgen an Artenreichtum die Vögel mit über 280 Arten. Besonders zahlreich vertreten sind Wasservögel, von denen sich zum Ende der Trockenzeit über 2 Mio. in den verbleibenden Wasserlöchern und Feuchtgebieten versammeln. Einen großen Prozentsatz davon stellen die Wanderpfeifgans/ *wandering whistling-duck* und die Spaltfußgans (▽), die beide in Feuchtgebieten wie den Mamukala Wetlands zu Abertausenden zu beobachten sind. Weitere häufige Arten sind der Riesenstorch (▶ 143), der Seidenreiher (▷ 295), das Kammblatthühnchen/*comb crested Jacana*, die Radjahgans/*radjah shelduck* und die Australische Zwergente/*green pygmy-goose*. In den angrenzenden Baumsavannen leben der Rotschwanz-Rabenkakadu, eine Vielzahl lebhafter Honigfresser (▷ 218), der vom Aussterben bedrohte *hooded*

Tagsüber schläft der bis zu 40 cm große Kläfferkauz reglos auf einem Ast. Seinen Namen verdankt er dem bellenden Ruf, der in der Nacht durchs Buschland dringt.

parrot sowie die farbenprächtige Gouldamadine. Den Schatten der Monsunwälder bevorzugen der Glanzfleckdrongo, der Regenbogenpitta/*rainbow pitta* und das zur Familie der Großfußhühner gehörende Reinwardthuhn/*orange-footed scrubfowl*, das wie alle Großfußhühner (▷ 212) kein gewöhnliches Nest baut, sondern eine Art Bruthügel. Für die nächtliche Unterhaltung sorgen der Buschtriel (▷ 374) und der Kläfferkauz.
Trotz der Dominanz der Vogelwelt ist der Park in erster Linie für seine Reptilien bekannt, das heißt genau genommen, nur für eines der über 120 Arten: das Leistenkrokodil/*saltwater crocodile*. Ca. 10.000 der imposanten Tiere sind im Park beheimatet. Die besten Beobachtungschancen hat man am East Alligator River, South Alligator River und am Feuchtgebiet Yellow Water. Zwei weitere Reptilien, die man nur aus sicherer Entfernung beobachten sollte, sind die Nördliche Todesotter, die sich gerne unter Laub versteckt und die Mulga-Schlange (▷ 364). Ungefährlich dagegen sind der *yellow-spotted monitor* (▶ 139), der Gepunktete Baumwaran/*spotted tree monitor* und die Kragenechse (▶ 138).
Die Säugetiere sind mit gut 60 Arten vertreten. Um der Hitze des Tages zu entgehen, werden die meisten erst in der Abenddämmerung aktiv, so wie das Sandwallaby (▶ 137), der Dingo (▷ 375) und der Nördliche Kurznasenbeutler/*northern brown bandicoot* (ein enger Verwandter des Kleinen Kurznasenbeutlers / ▶ 136). Zwei reine Felsbewohner sind der Felsen-Ringelschwanzbeutler und das nur auf dem Arnhem Land Plateau vorkommende Schwarze Bergkänguru/*black walleroo*.
Die Feuchtgebiete, Flüsse und Wasserlöcher sind Heimat von über 25 Froscharten und 55 Fischarten, darunter der Schützenfisch (▷ 342) und der von Anglern heiß begehrte Barramundi.
Der Kakadu NP rühmt sich zwar, einer der wenigen australischen Nationalparks zu sein, in dem seit der Ankunft der weißen Siedler keine Tierarten ausgestorben sind – allerdings wurden welche eingeführt, die das empfindliche Ökosystem erheblich aus dem Gleichgewicht gebracht haben, wie z. B. der **Wasserbüffel**/*swamp buffalo*. Die ersten, aus Indonesien stammenden Büffel wurden zwischen 1825 und 1843 ins NT eingeführt, wo sie nach gescheiterten Siedlungsversuchen freigelassen wurden und sich kräftig vermehrten. Der enorme Appetit der Büffel (ausgewachsene Tiere verspeisen täglich bis zu 30 kg Pflanzenmaterial) führte zu einer starken Überweidung des Gebietes und beschleunigte dadurch die Bodenerosion. Mit ihren Hufen zerstörten sie die Ufervegetation und verwandelten klare Gewässer in trübe Tümpel. Den größten Schaden richteten sie jedoch durch ihre tiefen Wanderkanäle an, durch die salzhaltiges Meerwasser in Frischwasserströme eindrang und viele Gewässer »verseuchte«. Obwohl bis in die 1960er Jahre die Büffel wegen ihres Fleisches und ihrer Häute kommerziell gejagt wurden, half dies nicht die Population zu reduzieren. In den 1980er Jahren lebten schätzungsweise 340.000 Tiere im Gebiet. Erst ein daraufhin durchgeführ-

Der bis zu 60 cm große Gepunktete Baumwaran ist in den Baumsavannen des tropischen Nordens heimisch und ein nur wenig wählerischer Allesfresser.

tes Dezimierungsprogramm sorgte für eine Bestandsreduzierung. Heute sind ca. 2000 Tiere im Park beheimatet.
Weitere nicht heimische Tiere, die erheblichen Schaden anrichten sind Wildpferde/*brumbies*, Esel/*donkeys* und Wildschweine/*feral pigs*. Nachdem man nun auch ihre Populationen weitgehend im Griff hat, steht dem Park jetzt seine größte Bedrohung bevor: die Ankunft der Agakröte (▽).

◆ Nach Kaninchen (▷ 106), Katzen und Füchsen (▷ 111) erreichte 1935 dank menschlicher Kurzsicht eine weitere Landplage den australischen Kontinent, die **Agakröte**/*cane toad* (▶ 87). Die ursprünglich aus dem süd- und mittelamerikanischen Raum stammende Kröte sollte mit ihrer allgemein bekannten Gefräßigkeit die Zuckerrohrfelder von QLD von einem Schädling befreien, der die jährlichen Gewinne der Zuckerindustrie erheblich schmälerte. Leider richtete sich ihr Appetit nicht gegen die Schädlinge, sondern gegen das große Angebot nützlicher Insekten sowie kleiner Vertreter der heimischen Fauna wie Frösche, Skinke, Beutelmäuse etc.
Agakröten sind extrem langlebig (in Gefangenschaft werden sie bis zu 15 Jahre alt) und überaus fruchtbar (mindestens zweimal im Jahr legt das befruchtete Weibchen zwischen 8.000 und 35.000 Eier). Hinzu kommt, dass die Agakröte hinter jedem Ohr jeweils eine Drüse besitzt, die ein hochtoxisches Gift verspritzt, mit dem sie sich erfolgreich gegen Angreifer zur Wehr setzt. Daher wird sie von Raubtieren wie dem Nördlichen Tüpfelbeutelmarder/*northern quoll* und verschiedenen Greifvogelarten verschmäht. Nichts und Niemand so scheint es, kann die Kröte aufhalten und so vergrößert sich ihr Verbreitungsradius um jährlich ca. 30 km. Im Februar 2009 überschritt die gefräßige Kröte die Grenze nach WA, wo sie nun in dem empfindlichen Ökosystem der Kimberley ihren Vernichtungsfeldzug fortsetzen wird. Die einzige Hoffnung ist, dass die Natur selbst Wege findet, sich des Eindringlings zu entledigen. So gibt es Beobachtungen, dass Schwarzmilane (▶ 142) inzwischen gelernt haben, die Kröten blitzschnell auf den Rücken zu drehen, so dass sie von dem Giftstrahl nicht getroffen werden können.
Die Agakröte ist Australiens einziger Vertreter der Kröten. Die bis zu 20 cm große, grün- oder graubraun gescheckte Kröte ist u. a. an ihren kaum ausgebildeten Schwimmhäuten und knöchernen Augenwülsten zu erkennen. Da jedoch auch einige heimische Froscharten ähnliche Merkmale besitzen, sollte man beim Auffinden einer Kröte auf jegliche Eigenmaßnahmen verzichten.
Vorkommen (*Bufo marinus*): im tropischen Norden, vom Top End bis Cape York sowie an der Ostküste bis NSW

◆ Die **Spaltfußgans**/*magpie goose* besitzt mehrere für Wasservögel ganz untypische Merkmale. Neben ihren stark verkürzten Schwimmhäuten und der Tatsache, dass sie ihre Jungen füttert, ist vor allem ihre polygame Lebensweise auffällig. Viele Männchen bevorzugen eine Dreierbeziehung und paaren sich gleich mit zwei Weibchen. Das Trio teilt sich die während der Brutzeit anfallenden Arbeiten, angefangen vom Nestbau bis hin zur Fütterung der Jungen. Das äußere Erkennungsmerkmal der schwarzweiß gefiederten Spaltfußgans ist der Höcker auf ihrem Kopf. Je größer der Höcker, desto älter ist gewöhnlich das Tier. Mit einem Alter von bis zu 20 Jahren sind Spaltfußgänse ausgesprochen langlebig.
Vorkommen (*Anseranas semipalmata*): im tropischen Norden, von den Kimberleys bis Cape York sowie entlang der Ostküste bis NSW

Kein anderer australischer Park wartet mit so vielen unterschiedlichen Lebensräumen auf wie der Kakadu NP. Die daraus resultierende Artenvielfalt schlägt sich nicht nur in der Tier- sondern auch in der Pflanzenwelt nieder. Über 1700 Arten gehören zur Flora, darunter über 90 Arten, die als selten eingestuft werden bzw. von denen man noch kaum etwas weiß.
Die größte Fläche des Parks wird von lichten

Sein dorniger Stamm und seine roten Blüten unterscheiden den Kapokbaum/*kapok tree* deutlich vom Kapokbusch.

Baumsavannen bedeckt, den so genannten **Lowlands**. Neben altbekannten Mitgliedern dieser Pflanzengemeinschaft wie dem Kapokbusch (▽), der Wilden Mango (▷ 365) und der Sandpalme, wachsen hier verschiedene Schraubenpalmen, vereinzelte Kapokbäume, rot blühende *red-flowered kurrajongs* und der *quinine tree*, ein 3 bis 5 m hoher Baum, der während der Trockenzeit kleine, orangefarbene (nicht essbare) Früchte trägt. Den Unterwuchs bildet u. a. das in der Regenzeit mannshoch emporsprießende Speergras.

Nur etwa 20 % des Parks nehmen die **Wetlands** ein. Diese werden in der Regenzeit vom Arnhem Land Plateau nicht nur mit Wasser, sondern auch mit heruntergespülten Nährstoffen versorgt. Der jährliche Nährstoffschub sorgt für eine gewaltige Wachstumsexplosion und »begrünt« die Feuchtgebiete binnen weniger Wochen (Höhepunkt zwischen März und Juni). Zu den Charakterpflanzen der Feuchtgebiete gehören verschiedene Papierrindenbäume, darunter der *silver cadjeput* und der *liniment tree* sowie eine enorme Vielfalt an Seerosen einschließlich den gelb und weiß blühenden *snowflakes* (Gattung *Nymphoides*), deren Blüten nur zwischen 2 und 3 cm groß werden. Einige Unkräuter sind ebenfalls in den Wetlands zu Hause, darunter mehrere Schwimmfarngewächse der Gattung *Salvinia*, die ähnlich wie die europäischen Wasserlinsengewächse (*Lemnaceae* / auch als Entengrütze bekannt) dichte Matten bilden und dadurch die Gewässer ersticken.

Als **Sandstone Country and Ridges** werden die felsigen Ausläufer des Arnhem Land Plateaus bezeichnet. Hier wachsen Felsfeigen (▷ 356), verschiedene Grevilleaarten sowie einer der auffälligsten Endemiten des Parks, die Schraubenpalme *Pandanus basedowii*. Sie unterscheidet sich von den anderen Vertretern ihrer Gattung durch einen hellen, seltsam künstlich aussehenden Stamm.

Ein zweiter Endemit, der *Eucalyptus koolpinensis*, ist im hügeligen Süden des Parks, den **Southern Hills**, beheimatet. Der bis zu 10 m hohe Eukalyptus wurde erst 1978 entdeckt und gedeiht an nur zwei Orten in der Nähe der Koolpin Gorge.

Die den Gezeiten unterworfenen Mündungsdeltas sowie der Küstenstreifen, **The Estuaries and Tidal Flats** genannt, werden von Mangrovenwäldern gesäumt, in denen 39 Mangrovenarten heimisch sind, darunter auch die Weiße Mangrove und die Stelzen-Mangrove (▷ 328).

In allen fünf verschiedenen Lebensräumen gibt es isolierte **Monsunwälder** (▷ 375), von denen viele weniger als 1 km² an Fläche einnehmen. Zu den dominantesten Individuen der Wälder gehören die bis zu 30 m große *Allosyncarpia ternata*, die *cabbage palm* aus der Gattung *Livistona* und diverse Feigenbäume wie die Flussfeige (▷ 343).

◆ Viele Bäume im tropischen Norden verlieren mit dem Einsetzen der Trockenzeit ihre Blätter und beginnen zu blühen. So auch der bis zu 6 m hohe **Kapokbusch**/*kapok bush*, der sowohl in Strauch- als auch in Baumform wächst. Nachdem er seine samtweichen, dunkelgrünen Blätter abge-

Ostereiern gleich hängen die Früchte des Kapokbusches dekorativ im Strauch.

worfen hat, erscheinen an den Enden seiner dürren, wie tot aussehenden Zweige, leuchtend gelbe Blüten. Aus diesen entwickeln sich zwischen Juli und Oktober große, hellgrüne Früchte.
Der Kapokbusch ist auch unter dem Namen Baumwollbaum/*cotton tree* bekannt, da seine Samen in einem baumwollartigen Härchenbausch eingebettet sind. Die Bäusche wurden von einigen Aborigine-Völkern bei Zeremonien als Körperschmuck benutzt. Außerdem lieferte der Kapokbusch den Ureinwohnern gute Buschnahrung. Gegessen wurden die jungen Sprösslinge und die gelben, sehr geschmacksneutralen Blüten, die entweder gekocht oder roh verzehrt wurden.
Vorkommen (*Cochlospermum fraseri*): im tropischen Norden, von den Kimberleys bis zum Top End

Das Vorkommen wertvoller Mineralien innerhalb der heutigen Parkgrenzen weckte schon früh das Interesse der Bergbau-Industrie. Seit den 1920er Jahren gab es diverse Minen, in denen u. a. Gold, Zinn und später **Uran**/*uranium* abgebaut wurden. Uran ist ein weißliches Schwermetall, das in der Natur nur gebunden in Uranmineralien, wie z. B. Kupferuranglimmer (Torbernit/*torbernite*), vorkommt. Alle Uranisotope, natürliche wie auch künstlich hergestellte, sind hochradioaktiv.
Zwischen 1954 und 1964 waren bereits 13 Uranminen im südlichen Teil des Parks in Betrieb. Sie wurden schließlich durch die Anfang der 1980er Jahre eröffnete Ranger Mine »abgelöst«, die sich 5 km östlich der eigens für die Mine errichteten Versorgungsstadt Jabiru befindet. In der gigantischen, im Tagebau betriebenen Mine wurden 2002 über 5000 t Uran gewonnen, dies entsprach über 50 % der australischen Gesamtproduktion.
Die Lage der Mine inmitten einer Welterbestätte macht nicht nur überzeugte Atomkraftgegner nervös, zumal der radioaktive Abfall, in diesem Fall radioaktiver Schlamm, in einem über 1 km² großen Rückhaltebecken mitten im Park deponiert wird. Die am stärksten belastete Substanz in diesem Schlamm hat eine Halbwertzeit von 80.000 Jahren. Außerdem ist die Ranger Mine nicht gerade für ihre Sicherheit bekannt. Über 100 Vorfälle wurden innerhalb der letzten 20 Jahre registriert, darunter das mehrfache Entweichen verseuchten Wassers in umliegende Bäche und Feuchtgebiete. Erst im März 2004 geriet die Mine wieder in die Schlagzeilen, als Arbeiter sich über einen durchs Duschen ausgelösten Juckreiz beschwerten und man feststellte, dass der Urangehalt des Wassers den von »unbedenklichem« Trinkwasser um ein 400-faches überstieg…

Erkunden & Wandern

Den Nationalpark erkundet man größtenteils per Auto, denn die Distanzen zwischen den einzelnen Attraktionen sind groß und die Wanderwege sind, bis auf wenige Ausnahmen, kurz.

Ubirr Rock [Zufahrt 🕓 8.30 h (April-Nov.) bzw. 14 h (Dez.-März) bis Sonnenuntergang / in den Hauptregenmonaten (Nov./Dez.-März/April) gewöhnlich temporär geschlossen]

◆ Der *Ubirr Gallery Walk* [1 km ↻] verbindet eine Reihe **eindrucksvoller Felsgalerien**. Die bekannteste der Galerien befindet sich unter einem mächtigen Felsüberhang und zeigt neben vielen farbenprächtigen Beispielen der Röntgenmalerei (▷ 117), einen Beutelwolf/*thylacine* und zwei Männer mit Händen in den Taschen (eindeutig europäischer Abstammung). Weitere Galerien befinden sich entlang des 250 m langen Aufstiegs zum Ubirr Rock. Der Felsrücken ist ein beliebter, wenn auch nicht gerade einsamer Platz, um den Sonnenuntergang zu genießen (in der Saison versammeln sich hier bis zu 400 Menschen!).

◆ Der *Manngarre Walk* [1.5 km ↻] schlängelt sich durch einen kleinen, saisonal von Flughunden bewohnten **Monsunwald**, vorbei an einigen

Aussichtspunkten mit Blick über den von Leistenkrokodilen bevölkerten East Alligator River. Da sich auf halber Strecke ein riesiger Feigenbaum befindet, der eine heilige Stätte der Aborigine-Frauen ist, werden männliche Besucher gebeten auf eine vorher abzweigende Alternativroute auszuweichen.

◆ Der empfehlenswerte *Bardedjilidji Walk* [2.5 km ↻] windet sich durch ein **interessantes Areal verwitterter Sandsteinfelsen**, vorbei an einzeln stehenden Säulen, balancierenden Felsen, dunklen Höhlen, schmalen Spalten, in und zwischen denen sich einige Felsmalereien verstecken.
Auf ungefähr halber Strecke zweigt der nicht ganz so abwechslungsreiche, überwiegend durch Baumsavanne führende *Sandstone & River Bushwalk* [6.5 km ↻] ab. Dieser lohnt am ehesten zu Beginn der Trockenzeit, wenn die Wasserpools und -läufe entlang des Weges noch Wasser führen.
In unmittelbarer Nähe des Parkplatzes startet eine knapp **2-stündige, von Aborigines geführte Bootstour** [*Guluyambi Boat Cruise*, ◷ Mai-Okt.: 9, 11, 13 u. 15 h].

Nourlangie Rock [Zufahrt ◷ 8 h bis Sonnenuntergang]

◆ Der *Nourlangie Rock Gallery Walk* [1.5 km ↻] verbindet verschiedene **Felsgalerien**, darunter die *Anbangbang Gallery* (▶ 135), mit einem Aussichtspunkt, dem *Gunwarddehwarde Lookout*, der fantastische Weitblicke bietet.

◆ Kurz vor dem *Gunwarddehwarde Lookout* zweigt linker Hand der *Barrk Bushwalk* [12 km ↻] ab, ein **lohnender Rundwanderweg**, für den man sich den ganzen Tag Zeit nehmen sollte. Kurz hinter dem Abzweig liegen gewöhnlich Informationsblätter (inkl. Wanderkarte) aus. Zunächst geht es steil den Berg hinauf bis auf ein idyllisches Hochplateau, auf dem neben Seidenen Grevilleas (▷ 376) und *woollybutts* (▶ 145) auch die endemische *Pandanus basedowii* wächst. Danach schlängelt sich der Pfad durch ein fantastisches Felslabyrinth, bevor er auf der nördlichen Seite wieder in die Baumsavanne hinunterführt. Die letzte Hälfte des Weges führt durch die flache Ebene am Berg entlang, vorbei an der sehenswerten *Nanguluwur Gallery*, eine Felsgalerie mit vielen interessanten Aborigine-Malereien. Diese ist auch per Auto und weiter über den *Nanguluwur Art Site Walk* [3.4 km ⇆] zu erreichen.

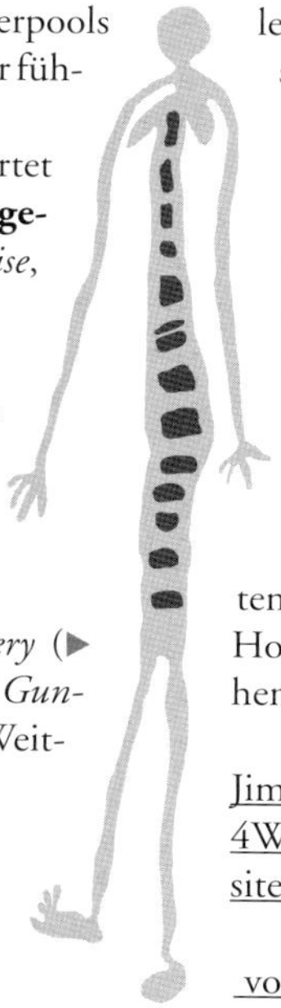

◆ Am Fuße des Nourlangie Rock liegt das Anbangbang Billabong, das via des *Anbangbang Billabong Walk* [2.5 km ↻] umrundet werden kann. Während der Trockenzeit schrumpft der hübsche, **mit Seerosen bespickte Wasserpool** allerdings zu einem schlammigen Tümpel zusammen.

◆ **Die besten Ausblicke in dieser Sektion** genießt man vom *Nawurlandja Lookout Walk* [Anfahrt: 2 km vor dem eigentlichen Parkplatz am Nourlangie Rock rechts der 700 m langen Piste folgen plus 500 m ⇆ Fußweg]. Von dem auf einem flachen Felsrücken liegenden Aussichtspunkt hat man einen grandiosen Panoramablick über den (bei Sonnenuntergang angestrahlten!) Nourlangie Rock und auf die sich am Horizont erstreckende Klippenwand des Arnhem Land Plateaus.

Jim Jim Falls und Twin Falls / offiziell NUR 4WD – obwohl die ersten 50 km bis zur Campsite im trockenen Zustand auch 2WD tauglich wären... [Zufahrt ◷ 6.30 bis 20.30 h / von Okt./Nov. bis Mai/Juni geschlossen]

◆ Der *Jim Jim Falls Plunge Pool Walk* [1.8 km ⇆] führt teils durch Monsunwald, teils über große Felsbrocken hinweg direkt am Jim Jim Creek entlang bis zu dem Wasserpool, in den sich die

Jim Jim Falls (▶ 135) ergießen. Wer das Glück hat die **Wasserfälle in voller Kraft über die 150 m hohe Klippe** stürzen zu sehen, wird bereits auf dem letzten Drittel des Weges von einem gewaltigen Sprühnebel umhüllt, der von den Fallwinden in die Schlucht gepresst wird. Da der Jim Jim Creek nur ein sehr kleines Einzugsgebiet hat, ist das Fließen der Fälle stark von lokalen Niederschlägen abhängig. Im Laufe der Trockenzeit verkümmern die Fälle zu einem dünnen Rinnsal bis sie gänzlich versiegen. Auf ungefähr halber Strecke des Weges zweigt der *Barrk Marlam Walk* [6 km ⇆] ab, der über einige steile Abschnitte **auf das Arnhem Land Plateau** hinaufführt.

◆ Zu den Twin Falls sind es weitere 9 km auf einer 4WD-Piste. Diese führt nach 1.5 km direkt durch den Jim Jim Creek (▶ Umschlagklappe vorne), eine Durchquerung, für die gewöhnlich ein **4WD mit nach oben gelegtem Luftansaugrohr** nötig ist. Am Ende der Piste beginnt der *Twin Falls Walk* [2 km ⇆]. Die **ganzjährig fließenden Twin Falls** waren lange Zeit nur schwimmend erreichbar. Da jedoch mit der wachsenden Krokodilpopulation im Park auch die Gefahr eines unentdeckten Leistenkrokodils wuchs, überbrücken seit 2005 ein schwimmender Steg und ein Bootshuttle [🕓 tägl. 8-16 h] die feuchten Abschnitte des Wanderwegs zu den idyllischen Wasserfällen.

Yellow Water [Zufahrt 🕓 24 h]

◆ Abgesehen von dem kurzen, teils auf Stelzen errichteten *Yellow Water Walk* [1 km ⇆], gewährt nur die Teilnahme an einer **Bootsfahrt** [Buchung vor Ort in der *Gagudju Cooinda Lodge*, Tel. 8979 0111, www.yellowwatercruises.com, $74 Erw. / $55 Kind] einen Einblick in die Feuchtgebiete. Besonders stimmungsvoll ist die erste, bereits in der Morgendämmerung startende Tour. Zwar sind zu dieser Zeit mitunter noch Mücken aktiv, doch dafür entschädigen das **eindrucksvolle Farbenspiel der aufgehenden Sonne** und die guten Beobachtungschancen für Tiere.

Gunlom Falls [Zufahrt 🕓 24 h / in den Hauptregenmonaten (Nov./Dez.-März/April) gewöhnlich temporär geschlossen]

◆ Der *Gunlom Falls Walk* [800 m ⇆] führt steil auf die Felsklippe hinauf, von der die Gunlom Falls hinabstürzen. Hier befinden sich neben einer kleinen Aussichtsplattform ein paar idyllische, **in Fels gefasste Badepools** (▶ 135).

◆ In diesem Teil des Parks bestehen noch **weitere Wandermöglichkeiten**, darunter der *Motor Car Falls Walk* [8 km ⇆] und der *Kurrundie Falls Walk* [12 km ⇆], die beide am *Yurmikmik*-Parkplatz beginnen.

Gut zu wissen,...

...dass für den gesamten Park **Vorsicht vor Krokodilen** gilt. In der Regenzeit wandern viele Leistenkrokodile stromaufwärts, wo sie in der Trockenzeit in den zurückbleibenden Wasserpools stranden. Obwohl zu Beginn der Touristensaison alle Pools und Flüsse abgesucht werden, gibt es keine Garantie, dass nicht eines übersehen wird.

...dass **Mücken** (▷ 17) zu einem äußerst lästigen Problem werden können, vor allem am Ende der Regenzeit und zu Beginn der Trockenzeit, wenn das Wasser zum Stillstand kommt.

...dass der Park zwar **ganzjährig geöffnet** ist, viele Gebiete jedoch in der Regenzeit temporär geschlossen werden. Lediglich Yellow Water und Nourlangie Rock können gewöhnlich das ganze Jahr angefahren werden.

...dass die Minenstadt Jabiru (1731 Einw.) **Unterkünfte** und einen Supermarkt [*IGA Foodland* 🕓 Mo-Fr 9-17.30 h, Sa 9-15 h, So 10-14 h] bietet.

... dass man für den Besuch des angrenzenden Arnhem Land Plateaus sowie für den Besuch der Koolpin Gorge, auch Jarrangbarnmi genannt, eine **Genehmigung** (▷ 9) des *Permits Officer Kakadu NP* (Tel. 8938 1140) braucht. Weitere Informationen dazu erhält man im *Bowali Visitor Centre*.

Literaturnachweis / Literaturempfehlungen (gelb unterstrichen)

Sachliteratur

Aboriginal History herausgegeben von Aboriginal History Inc., Canberra Australia, ANU Central Printery Canberra, Ausgaben 1991 & 1993

Aboriginal Mythology von Mudrooroo Thorsons, Imprint of Harper Collins Publishers, London 1994

Aborigines of the West - their past and their present von R. Berndt & C. H. Berndt (Editors), University of Western Australia Press, Perth 1980

A complete guide to reptiles of Australia von Steve Wilson & Gerry Swan, Reed New Holland, Sydney 2003 (Bestimmungsbuch aller australischen Reptilien)

Archaeology of the dreamtime von Josephine Flood, William Collins Pty Ltd, Sydney 1983

Australian Aboriginal Culture herausgegeben von AGPS Press publication, Australian Government Publishing Service, Canberra 1995

Australia since the coming of man von Russel Ward, The Macmillian Company of Australia Pty Ltd, Melbourne 1987 (sorgfältig recherchierte britische Siedlungsgeschichte)

Australia´s most dangerous... herausgegeben von Australian Geographic Pty Ltd, NSW 2001

Australien - Perthes Länderprofile von Heinrich Lamping, Klett-Perthes, Stuttgart 1999

Complete book of Australian birds von verschiedenen Autoren, Reader´s Digest (Australia) Pty Ltd, NSW 1997 (Bestimmungsbuch der australischen Vögel als großformatiger Bildband)

Das geheime Leben der Pflanzen von David Attenborough, David Attenborough Production Ltd., deutschsprachige Rechte Scherz Verlag, Wien 1995 (humorvolle Einführung in die Pflanzenwelt)

Das Vermächtnis der Traumzeit von Anna Voigt & Nevill Drury, Droemer München 1998 (interessantes Buch über die Religion der Aborigines)

Die Kunst der Aborigines von Wally Caruana, Lichtenberg Verlag GmbH, München 1997

Encounters in place von D. J. Mulvaney, University of Queensland Press 1989

Enzyklopädie der Vögel von Joseph Forshaw, Weltbild Verlag GmbH, Augsburg 1999

Exploring in Western Australia von Hazel Biggs, The National Library of Australia, published and printed by the Western Australian Museum Perth Jan. 1997

Far country - a short history of the Northern Territory von Alan Powell, Melbourne University Press, VIC 2000

Field guide to the birds of Australia von Simpson & Day, Penguin Books Australia, VIC 1999 (handliches Bestimmungsbuch der Vögel Australiens)

Grzimeks Tierleben Enzyklopädie des Tierreichs in 13 Bänden, Bernhard Grzimek & weitere Autoren, Weltbild Verlag, Augsburg 2000

Kimberley von Hugh Edwards, herausgegeben von Hugh Edwards, Swanbourne 1991 (ausführliche Geschichte der Kimberleys)

Native plants of Northern Australia von John Brock, Rees New Holland, NSW 2001

Mining towns of Western Australia von Garrick Moore, herausgegeben vom Chamber of Minerals and Energy 1998

Prehistory of Australia von John Mulvaney & Johan Kamminga, Allen & Unwin Pty Ltd, NSW 1999 (aktuelle Einführung in die archäologische Vergangenheit der Aborigines)

Shark Bay von Hugh Edwards, herausgegeben von Hugh Edwards, Swanbourne 1999 (umfassende Geschichte der Shark Bay Region)

The Aborigines from prehistory to the present von Elizabeth Foster, Oxford University Press 1985

The exploration of Australia von diversen Autoren, Reader´s Digest (Australia) Pty Ltd, NSW 2001

The fatal impact von Alan Moorehead, Mead and Beckett Publishing, Sydney 1987

The journals of Captain James Cook on his voyage of discovery Band 1- 4 published for the Hak-

luyt Society at the University Press, Cambridge 1955
The mammals of Australia von verschiedenen Autoren, Reed New Holland, NSW 2000 (Enzyklopädie der australischen Säugetiere)
The nature of hidden worlds von Mary E. White, Reed Books Pty Ltd 1990 (anschauliches Buch über die geologische Geschichte Australiens inkl. diverser Fossilfunde von Pflanzen und Tieren)
Wörterbuch der Tiernamen Lateinisch-Deutsch-Englisch/Deutsch-Lateinisch-Englisch von Theodor C.H. Cole, Spektrum Akademischer Verlag, Heidelberg-Berlin 2000
Zeitschriften wie **The West Australian** und **The Australian**
Magazine wie **Landscope**, **Australian Geographic** und **National Geographic** sowie die vom Australian Institute of Aboriginal and Torres Strait Islanders herausgegebenen **Australian Aboriginal Studies**

Romane / Erzählungen

The fatal shore von Robert Hughes, The Harvill Press, London 1987 (die ersten Siedlungsjahre der weißen Australier in Romanform)
Triumph of the nomads - a history of ancient Australia von Geoffrey Blainey, Sun Books Pty Ltd, Victoria 1983 (die Geschichte der Aborigines in Romanform)
Spuren von Robyn Davidson, Rowohlt Taschenbuch Verlag GmbH, Reinbek 1994 (Erzählung einer Frau, die mit Dromedaren von Alice Springs zur Westküste nach Shark Bay wandert)
When the pelican laughed von Alice Nannup, Lauren Marsh und Stephen Kinnana, Fremantle Arts Centre Press, WA 1992 (autobiografische Geschichte einer Mischlings-Frau im 20. Jahrhundert)
Wanamurraganya - Die Geschichte von Jack McPhee von Sally Morgan, Unionsverlag, Zürich 1997 (autobiografische Geschichte eines Mischlings im 20. Jahrhundert)

Web-Adressen

Amtliches & Statistiken: www.abs.gov.au (Seite des *Australian Bureau of Statistics*), www.aec.gov.au (Seite der *Australian Electoral Commission*), www.wa.gov.au (Seite der westaustralischen Regierung), www.nt.gov.au (Seite der Northern Territory Regierung), www.australia gov.au (Seite der australischen Regierung)
Natur: www.worldwidewattle.com (ausführliche Seite über Akazien), www.birdsaustralia.com.au (Seite über die australische Vogelwelt), www.avibase.bsc-eoc.org (Vogel-Kontrolllisten aus aller Welt), www.frogsaustralia.net.au & www.frogs.org.au (informative Seiten über die Frösche Australiens)
Geschichte: www.adb.online.anu.edu.au (Biographien bedeutender Australier), www.gutenberg.org (Tagebücher verschiedener australischer Entdecker)
Allgemeine Informationen: www.australien-info.de, www.australia.com, www.westernaustralia.com, www.ntexplore.com

Vielen Dank... an all jene, die uns bei der Fertigstellung dieses Buches geholfen haben. Ein ganz besonderes Dankeschön geht an Karl-Heinz Günther für das Erstellen der Grafiken und Landkarten, Philipp Lux für Soft- und Hardware Support, Lutz Jäkel für Fallkorrekturen und seine Verdienste rund um die Fotos, Jörg Block für das Hinterlassen seiner Telefonnummer und somit wichtige grafische Hilfestellungen, Lech Wojciechowski, der uns das Reisen ermöglichte, indem er sich erneut überreden ließ, unsere Katze zu hüten sowie an unsere Testleser Manfred Knies, Ursula Knies, Addi Krüger, Beate Langkopf, Annette Niemann, Beate Schadow-Krüger und Jürgen Schneider.

Australian bustard (304) → wird auf Seite 304 übersetzt

bird orchid (–) → es gibt keine deutsche Übersetzung

Alle Tier- und Pflanzenarten sind im Register (▷ 403) gelistet. Arten ohne deutsche Übersetzung sind unter ihrem englischen (in *kursiv* geschriebenen) Namen aufgeführt. Existiert auch keine englische Bezeichnung, steht im Register der lateinische (ebenfalls in *kursiv* geschriebene) Name.

Eine englisch-deutsch-lateinische Namensliste aller im Buch vorkommenden Tier- und Pflanzenarten findet man unter www.australienweit.de/englisch-latein.

Augusta → **in Gelb**: Orte, Nationalparks (= **NP**) etc., die auch im Reiseteil eine gelbe Überschrift haben

Beuteltiere 47, 48, 84, **100** → **Fettdruck**: ausführliche Informationen

Chuditch 178, 192 → Normaldruck: wird erwähnt

Drosselstelze 317 → Unterstreichung: Foto oder Grafik

A